1 MONTH OF
FREE
READING

at

www.ForgottenBooks.com

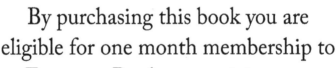

By purchasing this book you are eligible for one month membership to ForgottenBooks.com, giving you unlimited access to our entire collection of over 1,000,000 titles via our web site and mobile apps.

To claim your free month visit:
www.forgottenbooks.com/free999643

ISBN 978-0-364-28855-9
PIBN 10999643

allgemeines

Journal der Chemie.

Von

C. F. Bucholz, L. von Crell, Hermbstädt, Klaproth, J. B. Richter, A. N. Scherer, J. B. Trommsdorff.

———— ∞ ————

Herausgegeben

von

Adolph Ferdinand Gehlen.

Ehrenmitglied der Gesellschaft Naturforschender Freunde zu Berlin.

———— ∞ ————

Vierter Band.

Mit dem Bildnisse A. G. Werners und einer Kupfertafel.

———————∞∞∞∞∞∞∞∞∞———————

Berlin 1805.
Bei Heinrich Frölich.

I. Abhandlungen.

I.

Ueber die Verschiedenheit der Ameisensäure von der Essigsäure.

Von J. F. Schersen, Apotheker in Kiel.

Nicht bloß der Glanz neuer Entdeckungen, nicht allein der Ruhm, welchen neuaufgestellte, interessante Ansichten über die Erklärungsweise chemischer Erscheinungen zur Folge haben: sondern auch der Beyfall, welcher der Berichtigung von sich widersprechenden Anzeigen, über Eigenschaften längst bekannter, chemischer Educte und Producte, gezollt werden muß, ehrt den Chemiker.

In jedem der drey angeführten Fälle erweitert er den Kreis unserer Kenntnisse; nur erfodert es für ihn oft mehr Anstrengung und Ausdauer, eine Berichtigung der Geschichte von bekannten Thatsachen und chemischen Substanzen, als die Entdeckung von unbekannten zu liefern; weil der Zufall auch diese letztern gewöhnlich in die Hände führt.

I. Abhandlungen.

I.

Ueber die Verschiedenheit der Ameisensäure von der Essigsäure.

Von J. F. Süersen, Apotheker in Kiel.

Nicht bloß der Glanz neuer Entdeckungen, nicht allein der Ruhm, welchen neuaufgestellte, interessante Ansichten über die Erklärungsweise chemischer Erscheinungen zur Folge haben: sondern auch der Beyfall, welcher der Berichtigung von sich widersprechenden Anzeigen, über Eigenschaften längst bekannter, chemischer Educte und Producte gezollt werden muß, ehrt den Chemiker.

In jedem der drey angeführten Fälle erweitert er den Kreis unserer Kenntnisse; nur erfordert es für ihn oft mehr Anstrengung und Ausdauer, eine Berichtigung der Ansichten von bekannten Thatsachen und chemischen Substanzen, als die Entdeckung von unbekannten zu liefern; weil der Zufall uns diese letztern gewöhnlich in die Hände führet.

Mit Recht darf man voraussetzen, daß derjenige, welcher uns die Mängel älterer Vorstellungsweisen von einer chemisch bearbeiteten Substanz aufdecken will, die Wiederholung der Versuche, worauf sich dieselben gründen, und deren Unrichtigkeit gezeigt werden soll, mit der größten Vorsicht vorgenommen haben müsse. Ist dieses nicht der Fall, und hat sich bey den zur Berichtigung angestellten Versuchen ein neuer Irrthum eingeschlichen; so bedarf eine solche Arbeit einer abermahligen Verbesserung, und die Wissenschaft hat durch eine solche Bemühung nicht nur nicht gewonnen, sondern sie hat durch die Verwirrung der älteren richtigeren Ansichten verloren.

In wiefern sich diese Bemerkungen auf dasjenige, was seit Entdeckung der Ameisensäure, für und wider die Eigenthümlichkeit derselben, gesagt und bemerkt worden ist, anwenden lassen, mögen sich die Leser am Schlusse dieser wenigen Blätter selbst sagen.

Marggraf, Arvidson und Hermbstädt bemüheten sich die Eigenthümlichkeit der aus den Ameisen durch Destillation erhaltenen Säure zu beweisen, und diese Beweise wurden erst neulich durch die so genauen Neutralitäts= versuche Richter's bekräftiget.

Deyeux und ganz neulich Fourcroy und Vauquelin, halten sich durch ihre über diesen Gegenstand an= gestellte Versuche überzeugt, daß die Ameisensäure mit der Essigsäure völlig übereinkomme. In wiefern Deyeux's Versuche etwas über die Identität dieser beyden Säuren beweisen, kann ich nicht beurtheilen, indem ich die Anzeige seiner, dieserhalb angestellten Arbeiten, weder in den

chemischen Lehrbüchern Gren's, Hermbstädt's, Sche=
rer's, Trommsdorff's, noch in den Zeitschriften von
Crell's, Scherer's und Trommsdorff's zu finden
vermag. Ob aber die zuletzt durch Fourcroy behauptete
Gleichheit der Ameisensäure und Essigsäure, welche nach
der entscheidenden Stimme eines so berühmten Chemikers,
gewiß für völlig ausgemacht angenommen, und durch alle
neu herauskommende chemische Lehrbücher verbreitet werden
wird [1]), sich wirklich ganz so verhalte, ob die Säure der
Ameisen künftig zugleich mit der Essigsäure abgehandelt
werden müsse, hierüber lege ich dem chemischen Publikum
folgende Bemerkungen vor, welche meiner individuellen An=
sicht zu Folge hinlänglich genug dafür sprechen, daß man
es zugeben müsse, die Ameisensäure bis jetzt noch ihren
eigenthümlichen Platz unter den Säuren behaupten zu lassen,
und sie nicht der Essigsäure zu coordiniren.

Fourcroy und Vauquelin fanden im Saft der
zerquetschten Ameisen die gleichzeitige Gegenwart der
Aepfelsäure, und der den Ameisen eigenthümlichen flüchtigen
Säure, und Fourcroy hält es für wahrscheinlich, daß
die Chemiker, welche vor ihm diese Säure der Ameisen
bearbeiteten, durch die erstere Säure zu unrichtigen Schlüs=
sen über die eigentliche Natur der Ameisensäure verleitet
worden sind. Er sagt nähmlich [2]): „Während die Che=

---

1) Herr Bourguet hat hiermit schon den Anfang gemacht.
Siehe dessen Uebersetzung von Morveau's Grundsätze über die
Säuren, 3. Band. Zusätze zur Abhandl. über die Ameisen=
säure. S. 454.

2) Siehe dieses Journal 2. Band S. 47.

niker an der Säure der Ameisen viele Aehnlichkeit mit dem Essig erkannten, fanden sie doch auch wieder Verschiedenheiten, welche sie veranlaßten, dieselbe als eine eigenthümliche anzusehen, die aber von der mit Essigsäure verbundenen Aepfelsäure herrührten."

Es entspringen aus dieser Behauptung sehr natürlich zwey Fragen:

Erstens, war die von den Chemikern bisher als reine Ameisensäure angenommene Säure wirklich mit Aepfelsäure vermischt?

Zweytens, ist die reine Ameisensäure mit der Essigsäure identisch?

Um die erstere Behauptung Fourcroy's näher zu würdigen, sey es mir erlaubt, die bisher gebräuchlichen Methoden, welche zur Erhaltung reiner Ameisensäure bey uns Deutschen üblich gewesen sind, mit einem aufmerksamen Blicke durchzugehen.

Marggraf, dem wir die erste zweckmäßige Bereitung der Ameisensäure verdanken ³), destillirte die Ameisen mit Wasser übergossen aus einer gläsernen Retorte in einer Capelle, und zog die Hälfte des aufgegossenen Wassers ab, wobey derselbe das ätherische Oel der Ameisen fand. Der von der Destillation übrig gebliebene Rückstand wurde hierauf in einen leinenen Beutel geschüttet, und ausgepreßt, wobey er das fette Oel der Ameisen auf der sauren Flüssigkeit entdeckte. Diese vom Oel befreyte Flüssigkeit lieferte

---

3 S. Marggraf's chem. Schriften 1. Th. S. 312.

hierauf mit Kali gesättigt, das entstandene Salz krystallisirt und getrocknet, und mit so viel Schwefelsäure zerlegt,
als zur Sättigung des Gehalts an Kali nöthig war, wobey die Säure durch Destillation im Sandbade abgeschieden wurde.

Diese Bereitungsmethode, von welchen die chemischen
Lehrbücher der letzteren, worin sich die Abscheidung auf ein
genaues und geprüftes Verhältniß der Schwefelsäure zu
dem Kali gründet, nicht ausführlich genug erwähnen, sind
es, welche bisher von den deutschen Chemikern zur Gewinnung der Ameisensäure angewendet wurden, und da
bey allen die Destillation der Säure zum Grunde liegt;
so läßt sich nicht erwarten, daß die von ihnen abgeschiedene Säure eine Mischung von Aepfelsäure und Ameisensäure gewesen sey, weil, wie bekannt, die Aepfelsäure nicht
destillirt werden kann, ohne eine Zerstörung zu erleiden.

Uebrigens ist die zusammengesetzte Beschaffenheit des
Ameisensaftes den deutschen Chemikern nicht unbekannt gewesen, und Hermbstädt führt in den Beweisen, daß der
Ameisensaft keine einfache Säure sey [*], ausdrücklich an,
daß Kalkerde mit demselben ein Salz bilde, welches nach
Zerlegung durch Schwefelsäure eine angenehme Säure liefere, die mit Scheele's Aepfelsäure Aehnlichkeit
habe. Fourcroy war also nicht der erste, welcher die
Gegenwart der Aepfelsäure im Safte der Ameisen fand.

Um die zwente Frage, die Gleichheit oder Ungleichheit der Ameisensäure mit der Essigsäure betreffend, zu

---

[*] Hermbstädt a. a. O. S. 24.

hensten, war es zuvörderst nöthig, eine hinlängliche Menge reiner Ameisensäure aus den Ameisen abzusondern. Absichtlich wählte ich hiezu einen andern als den
von Jouvroy eingeschlagenen Weg, welcher die zerquetschten Ameisen mit alcoholisirtem Weingeist digerirte,
wobey, wie schon Arvidson[9] bemerkt, eine versüßte,
und daher veränderte Säure durch mehrmahlige Destillation
erhalten wird.

Fünf und ein halbes Pfund reiner trockner Ameisen
(Formica rufa L.) wurden in eine gut verzinnte kupferne
Blase geschüttet, mit 15 Pfund Wasser übergossen, und so
lange destillirt, bis sich ein brenzlicher Geruch zu zeigen
anfieng. Die übergegangene wasserhelle Säure wurde hierauf mit mildem, durch Verbrennung des Weinsteins erhaltenen Kali, neutralisirt und zur Trockenheit gebracht.

Bey dem vorsichtigen Abdampfen der Salzlauge wurde
eine Erfahrung gemacht, welche Arvidson schon gekannt
zu haben scheint, und wovon die chemischen Lehrbücher
nichts erwähnen. Arvidson[10] führt nähmlich an, daß
diese Salzlauge nicht ganz zur Trockenheit gebracht werden
könne, und es trat wirklich ein Zeitpunkt ein, bey welchem
die Salzauflösung nicht mehr dampfte, und daher auch
keine Wässrigkeit mehr absonderte, dennoch aber immer
flüssig blieb. Durch Entfernung des Gefäßes vom Feuer,
und durch Umrühren bis zum Erkalten, wurde ein trocknes
weißes Salzpulver erhalten, welches die Feuchtigkeit der
Luft an sich zog.

---

9) Arvidson a. a. O. S. 252.
10) S. a. a. O. S. 262.

Dieses trockne ameisensaure Kali, wurde hierauf mit einer durch Berechnung gefundenen, zur Neutralisation des angewendeten Kali hinlänglichen, Quantität Schwefelsäure von 1,860 spec. Gew., welche vorher mit der Hälfte Wasser verdünnt worden war, in einer gläsernen Retorte übergossen, und bis zur Trokenheit des Rückstandes destillirt, die übergegangene Flüssigkeit noch einmahl im Sandbade bey gelindem Feuer rectificirt, und hiedurch 3 Unzen und 2 Quentchen einer Säure von 1,102 spec. Gew. erhalten.

Eine solche, auf diesem Wege aus unzerquetschten Ameisen, durch Destillation mit Wasser, Sättigung mit Kali, Zerlegung mit Schwefelsäure und nochmahlige Rectification erhaltene Ameisensäure, wurde zu den in der Folge zu erzählenden Versuchen jedes Mahl angewendet.

Der Rückstand in der Blase wurde ausgepreßt, die erhaltene Flüssigkeit filtrirt, mit Kali neutralisirt, und dieser Lauge so lange ameisensaures Bley hinzugetröpfelt, als noch ein Niederschlag zu bemerken war. Die abgeschiedene salzige Flüssigkeit wurde bis zur Syrupsdicke abgeraucht, hierauf mit einer verhältnißmäßigen Menge wenig verdünnter Schwefelsäure in einer Retorte übergossen, und so lange destillirt, bis die übergehenden Tropfen gefärbt zu werden anfiengen. Die auf diese Weise erhaltene Säure wurde noch ein Mahl mit Kali neutralisirt, das entstandene Salz zur Trockenheit gebracht, und mit hinlänglicher Menge concentrirter mit etwas Wasser verdünnter Schwefelsäure aus einer Retorte destillirt, wobey eine wasserklare Säure von 1,113 spec. Gew. erhalten wurde, welche 3 Unzen an absolutem Gewicht betrug.

Der abgewaschene Bleiniederschlag wurde, nach Verschüttung des aufgenommenen Bleyes, mit einer angemessenen Menge verdünnter Schwefelsäure in Digestion gestellt, und nach abgeschiedenem schwefelsauren Bley wurde eine dunkelbraune saure Flüssigkeit erhalten, welche sich wie eine unreine Apfelsäure verhielt.

Die Eigenschaften der durch die vorhin angeführten Operationen zu wiederholten Mahlen erhaltenen Säure bestanden in Folgendem:

1. Sie war wasserklar.

2. Sie besaß ein specifisches Gewicht, welches von 1,102 bis 1,113 abwechselte.

3. Sie hatte einen eigenthümlichen Geruch, der völlige Aehnlichkeit mit der Ausdünstung eines Ameisenhaufens hatte, und sich merklich vom Geruch der concentrirten Essigsäure unterscheidet.

4. Sie hatte einen merklich weniger sauren Geschmack als eine reine Essigsäure von 1,052 spec. Gewichts.

Schon die drey letzteren angeführten Eigenschaften unterscheiden diese Säure von der Essigsäure, denn

1. das möglichhöchste spec. Gewicht der flüssigen Essigsäure ist 1,080. [*]

2. Der Geruch der reinen Essigsäure ist dem eines Ameisenhaufens nicht völlig ähnlich.

3. Bey dem größeren spec. Gewicht sollte man auch die Säure der Ameisensäure von größerer Intensität als die der Essigsäure finden müssen.

Da ich aber, außer dem größeren spec. Gewichte, auf keine der beyden übrigen, vom Geschmack und Geruch

[*] S. Richter u. Gr. §. 1.

Mit Recht darf man voraussetzen, daß derjenige, welcher uns die Mängel älterer Vorstellungsweisen von einer chemisch bearbeiteten Substanz aufdecken will, die Wiederholung der Versuche, worauf sich dieselben gründen, und deren Unrichtigkeit gezeigt werden soll, mit der größten Vorsicht vorgenommen haben müsse. Ist dieses nicht der Fall, und hat sich bey den zur Berichtigung angestellten Versuchen ein neuer Irrthum eingeschlichen; so bedarf eine solche Arbeit einer abermahligen Verbesserung, und die Wissenschaft hat durch eine solche Bemühung nicht nur nicht gewonnen, sondern sie hat durch die Verwirrung der älteren richtigeren Ansichten verloren.

In wiefern sich diese Bemerkungen auf dasjenige, was seit Entdeckung der Ameisensäure, für und wider die Eigenthümlichkeit derselben, gesagt und bemerkt worden ist, anwenden lassen, mögen sich die Leser am Schlusse dieser wenigen Blätter selbst sagen.

Marggraf, Arvidson und Hermbstädt bemüheten sich die Eigenthümlichkeit der aus den Ameisen durch Destillation erhaltenen Säure zu beweisen, und diese Beweise wurden erst neulich durch die so genauen Neutralitätsversuche Richter's bekräftiget.

Deyeux und ganz neulich Fourcroy und Vauquelin, halten sich durch ihre über diesen Gegenstand angestellte Versuche überzeugt, daß die Ameisensäure mit der Essigsäure völlig übereinkomme. In wiefern Deyeux's Versuche etwas über die Identität dieser beyden Säuren beweisen, kann ich nicht beurtheilen, indem ich die Anzeige seiner, dieserhalb angestellten Arbeiten, weder in den

mischen Lehrbüchern Gren's, Hermbstädt's, Sche-
r's, Trommsdorff's, noch in den Zeitschriften von
trell's, Scherer's und Trommsdorff's zu finden
seyn mag. Ob aber die zuletzt durch Fourcroy behauptete
Gleichheit der Ameisensäure und Essigsäure, welche nach
r entscheidenden Stimme eines so berühmten Chemikers,
als für völlig ausgemacht angenommen, und durch alle
herauskommende chemische Lehrbücher verbreitet werden
(¹), sich wirklich ganz so verhalte, ob die Säure der
Ameisen künftig zugleich mit der Essigsäure abgehandelt
werden müsse, hierüber lege ich dem chemischen Publikum
folgende Bemerkungen vor, welche meiner individuellen Ansicht zu Folge hinlänglich genug dafür sprechen, daß man
zugeben müsse, die Ameisensäure bis jetzt noch ihren
eigenthümlichen Platz unter den Säuren behaupten zu lassen,
als sie nicht der Essigsäure zu coordiniren.

Fourcroy und Bauquelin fanden im Saft der
sauerichten Ameisen die gleichzeitige Gegenwart der
Apfelsäure, und der den Ameisen eigenthümlichen flüchtigen
Säure, und Fourcroy hält es für wahrscheinlich, daß
die Chemiker, welche vor ihm diese Säure der Ameisen
bearbeiteten, durch die erstere Säure zu unrichtigen Schlüs-
sen über die eigentliche Natur der Ameisensäure verleitet
worden sind. Er sagt nähmlich ²): „Während die Che-

---

1) Herr Bourguet hat hiermit schon den Anfang gemacht.
Siehe dessen Uebersetzung von Morveau's Grundsätze über die
Säuren, 3. Band. Zusätze zur Abhandl. über die Ameisen-
säure. S 454.

2) Siehe dieses Journal 2. Band S. 47.

hierauf mit Kali gesättigt, das entstandene Salz krystallisirt und getrocknet, und mit so viel Schwefelsäure zerlegt,
als zur Sättigung des Gehalts an Kali nöthig war, wobey die Säure durch Destillation im Sandbade abgeschieden wurde.

Diese Bereitungsmethode, von welchen die chemischen
Lehrbücher der letzteren, worin sich die Abscheidung auf ein
genaues und geprüftes Verhältniß der Schwefelsäure zu
dem Kali gründet, nicht ausführlich genug erwähnen, sind
es, welche bisher von den deutschen Chemikern zur Gewinnung der Ameisensäure angewendet wurden, und da
bey allen die Destillation der Säure zum Grunde liegt;
so läßt sich nicht erwarten, daß die von ihnen abgeschiedene Säure eine Mischung von Apfelsäure und Ameisensäure gewesen sey, weil, wie bekannt, die Apfelsäure nicht
destillirt werden kann, ohne eine Zerstörung zu erleiden.

Uebrigens ist die zusammengesetzte Beschaffenheit des
Ameisensaftes den deutschen Chemikern nicht unbekannt gewesen, und Hermbstädt führt in den Beweisen, daß der
Ameisensaft keine einfache Säure sey[*], ausdrücklich an,
daß Kalkerde mit demselben ein Salz bilde, welches nach
Zerlegung durch Schwefelsäure eine angenehme Säure liefere, die mit Scheele's Apfelsäure Aehnlichkeit
habe. Fourcroy war also nicht der erste, welcher die
Gegenwart der Apfelsäure im Safte der Ameisen fand.

Um die zweyte Frage, die Gleichheit oder Ungleichheit der Ameisensäure mit der Essigsäure betreffend, zu

---

[*] Hermbstädt a. a. O. S. 24.

war es zuvörderst nöthig, eine hinlängliche Ameisensäure aus den Ameisen abzuson-
lich wählte ich hiezu einen andern als den
... eingeschlagenen Weg, welcher die ...
... mit alcoholisirtem Weingeist digerirte,
schon Arvidson[9] bemerkt, eine versüßte,
... Säure durch mehrmahlige Destillation
...

... Ein halbes Pfund reiner trockner Ameisen
... L.) wurden in eine gut verzinnte kupferne
..., mit 15 Pfund Wasser übergossen, und so-
... bis sich ein brenzlicher Geruch zu zeigen
... übergegangene wasserhelle Säure wurde hier-
..., durch Verbrennung des Weinsteins erhal-
neutralisirt und zur Trockenheit gebracht.

... vorsichtigen Abdampfen der Salzlauge wurde
... gemacht, welche Arvidson schon gekannt
..., und wovon die chemischen Lehrbücher
... Arvidson[10] führt nähmlich an, daß
... nicht ganz zur Trockenheit gebracht werden
... trat wirklich ein Zeitpunkt ein, bey welchem
... nicht mehr dampfte, und daher auch
... mehr absonderte, dennoch aber immer
... Durch Entfernung des Gefäßes vom Feuer,
... bis zum Erkalten, wurde ein trocknes
... erhalten, welches die Feuchtigkeit der
...

... son a. a. O. S. 252.
a. a. O. S. 262.

Dieses trockne ameisensäure Kali, wurde hierauf und einer durch Berechnung gefundenen, zur Neutralisation des angewendeten Kali hinlänglichen, Quantität Schwefelsäure von 1,850 spec. Gew., welche vorher mit der Hälfte Wasser verdünnt worden war, in einer gläsernen Retorte übergossen, und bis zur Trockenheit des Rückstandes destillirt, die übergegangene Flüssigkeit noch einmahl im Sandbade bey gelindem Feuer rectificirt, und hiedurch 3 Unzen und 2 Quentchen einer Säure von 1,1021 spec. Gew. erhalten.

Eine solche, auf diesem Wege aus ausgequetschten Ameisen, durch Destillation mit Wasser, Sättigung mit Kali, Zerlegung mit Schwefelsäure und nochmahlige Rectification erhaltene Ameisensäure, wurde zu den in der Folge zu erzählenden Versuchen jedes Mahl angewendet.

Der Rückstand in der Blase wurde ausgepreßt, die erhaltene Flüssigkeit filtrirt, mit Kali neutralisirt, und dieser Lauge so lange ameisensaures Bley hinzugetröpfelt, als noch ein Niederschlag zu bemerken war. Die abgeschiedene salzige Flüssigkeit wurde bis zur Syrupsdicke abgeraucht, hierauf mit einer verhältnißmäßigen Menge wenig verdünnter Schwefelsäure in einer Retorte übergossen, und so lange destillirt, bis die übergehenden Tropfen gefärbt zu werden anfiengen. Die auf diese Weise erhaltene Säure wurde noch ein Mahl mit Kali neutralisirt, das entstandene Salz zur Trockenheit gebracht, und mit hinlänglicher Menge concentrirter mit etwas Wasser verdünnter Schwefelsäure aus einer Retorte destillirt, wobey eine wasserklare Säure von 1,113 spec. Gew. erhalten wurde, welche 3 Unzen an absolutem Gewicht betrug.

Der abgewaſchene Bleiniederſchlag würde, nach Verluſt des angewendeten Bleyes, mit einer angemeſſenen
Menge verdünnter Schwefelſäure in Digeſtion geſtellt, und
nach abgeſchiedenem ſchwefelſaurem Bley wurde eine dunkelbraune ſaure Flüſſigkeit erhalten, welche ſich wie eine
reine Aepfelſäure verhielt,

Die Eigenſchaften der durch die vorhin angeführten
Operationen zu wiederholten Mahlen erhaltenen Säure
beſtanden in Folgendem:

1. Sie war waſſerklar.

2. Sie beſaß ein ſpecifiſches Gewicht, welches von 1,102
   bis 1,113 abwechſelte,

3. Sie hatte einen eigenthümlichen Geruch, der völlige
   Aehnlichkeit mit der Ausdünſtung eines Ameiſenhau-
   fens hatt~~und ſich weſentlich von concen~~-
   trirten Eſſigſäure unterſcheidet.

4. Sie hatte einen merklich weniger ſauren Geſchmack
   als eine reine Eſſigſäure von 1,052 ſpec. Gewichts.

Schon die drey letzteren angeführten Eigenſchaften
unterſcheiden dieſe Säure ~~von der Eſſigſäure, denn~~ -

1. das möglichhöchſte ~~ſpec. Gewicht der flüſſigen~~ Eſſigſäure iſt 1,080. [11])

2. Der Geruch der reinen Eſſigſäure iſt dem eines Amei-
   ſenhaufens nicht völlig ähnlich,

3) Bey dem größeren ſpec. ~~Gewicht ſollt man auch die~~
   Säure der Ameiſenſäure ~~von größerer Concentration als~~
   die der Eſſigſäure finden müſſen.

Da ich aber, außer dem größeren ~~ſpec. Gewichte,~~
auf keine der beyden übrigen, vom Geſchmack und Geruch

hergenommene, Unterscheidungszeichen großen Werth legte;
so prüfte ich die Aehnlichkeit der erhaltenen Ameisensäure
mit der Essigsäure durch vergleichende Neutralisations=
Versuche,

Erster Versuch.

Zu drey Unzen reiner Ameisensäure von 1,0525 spec.
Gewicht, wurde unter Befolgung der nöthigen Vorsichtsre=
geln, und unter wiederholter Erwärmung, eine Auflösung
des milden, aus Weinstein bereiteten Kali, in destillirtem
Wasser, welche 1,380 spec. Gewicht besaß, bis zur völli=
gen Neutralisirung der Säure hinzugegossen, und hiezu
1244 Gran der Kaliauflösung verbraucht. Die erhaltene
klare Salzlauge wurde in einer kleinen Pfanne von engli=
schem Zinne abgedampft, wobey die vorhin schon bemerkte
Erscheinung aufs Neue bemerkt wurde. Es trat nähmlich
ein Zeitpunkt ein, bey welchem die salzige Flüssigkeit nicht
mehr dampfte, dennoch aber durch Wärme aufgelöset blieb.
Fährt man jetzt mit der Erhitzung der Auflösung fort, so
wird ein Theil der Ameisensäure zerstört.

Bey dem ruhigen Erkalten schoß die Flüssigkeit in un=
deutlichen Krystallen an, welche die Feuchtigkeit der Luft bald
anzogen und völlig zerflossen. Die zur völlig staubichten
Trockenheit gebrachte Salzmasse wog 9⅓ Quentchen.

Drey Unzen Ameisen Säure von 1,0525 spec. Gewicht
neutralisiren also 336,8 Kalimasse,[12] und 1000 Theile
dieser Säure 233,8 Theile derselben.

Zweyter Versuch.

Drey Unzen durch Destillation des Bleyzuckers, ver=

12) Richter 6. St. S. 36.

mittelst Schwefelsäure abgeschiedener, völlig reiner Essigsäure von 1,0313 spec. Gewicht, wurden mit einer Auflösung von mildem aus Weinstein erhaltenen Kali, welche
das oben angeführte spec. Gewicht besaß, wie im vorigen
Versuch neutralisirt, wozu 1729 Gran dieser Auflösung
verbraucht wurden.

Die gewonnene Salzauflösung ließ sich völlig bis zur
Trockenheit in einer kleinen zinnernen Pfanne verdampfen
und lieferte, bis zur staubichten Trockenheit gebracht, 15½
Quentchen essigsaures Kali. Drey Unzen Essigsäure von
1,0525 spec. Gewicht neutralisiren daher 465,1 Kalimasse,
und 1000 Theile dieser Säure 323,9 Theile derselben.

Dritter Versuch.

Drey Loth Ameisensäure vom angegebnen spec. Gewicht wurden nach und nach mit äußerst feingepülvertem
cararischen Marmor unter wiederholter Erwärmung der
Mischung neutralisirt, und hiezu 166 Gran des Marmors
verbraucht.

Die erhaltene Auflösung wurde in einem gläsernen Gefäße der unmerklichen Verdunstung auf einem Stubenofen
unterworfen, wobey sie in plattgedrückten sechsseitigen Säulen mit zugespitzten Endflächen krystallisirte. Die Krystalle
blieben an der Luft völlig trocken.

Drey Loth Ameisensäure von 1,0525 spec. Gewicht
neutralisiren 166 Gran Marmor und 1000 Theile dieser
Säure 230,6 Theile desselben.

Vierter Versuch.

Drey Loth Essigsäure vom angegebenen spec. Gewicht,
erforderten zur Neutralisation, unter Erwärmung der Mi-

chung 231 Gran cararischen Marmor. Von der hierdurch erhaltenen und auf einem Stubenofen unmerklich ab-
dunstenden Salzlauge, stieg ein Theil des Salzes an den
Seitenwänden des Glasgefäßes in die Höhe und trocknete
dort zu einer unregelmäßigen Salzmasse aus; ein anderer
Theil krystallisirte in nadelförmigen Krystallen, welche die
Feuchtigkeit an sich zogen. Die bis zur gänzlichen Trockenheit abgedampfte Salzmasse blieb aber an der Luft völlig
trocken.

Drey Loth Essigsäure von 1,0525 spec. Gewicht nehmen also 231 Gran Marmor zur völligen Neutralisation
in sich, und 1000 Theile dieser Säure neutralisiren 320,8
desselben.

Fünfter Versuch.

Drey Loth Ameisensäure, von gleichem spec. Gewicht,
wie vorher, wurden unter öfterer Erwärmung der Mischung
mit kohlensaurer Tallerde neutralisirt, wozu 150 Gran verbraucht wurden.

Die Salzauflösung, welche bis zuletzt dünnflüssig blieb,
lieferte beym unmerklichen Verdunsten, eine Menge sehr
kleiner undeutlicher Krystalle, deren Gestalt nicht hinlänglich bestimmt werden konnte, und welche an der Luft
trocken blieben.

Drey Loth Ameisensäure von 1,0525 spec. Gewicht
neutralisiren folglich 150 Gran kohlensaurer Tallerde, und
1000 Theile dieser Säure neutralisiren 208,3 dieser kohlensauren Erde.

Sechster Versuch.

Drey Loth Essigsäure vom bemerkten spec. Gewicht

wurden wie vorher mit kohlensaurer Talkerde neutralisirt, und erforderten 213 Gran derselben. Die hierdurch erhaltene Salzauflösung trocknete sehr langsam zu einer saftartigen und endlich bey stärkerer Erwärmung zu einer gummichten Masse ein, welche die Feuchtigkeit der Luft sehr bald anzog.

Drey Loth Essigsäure von 1,0525 spec. Gewicht erfordern also 213 Gran kohlensaure Talkerde zur Neutralisation, und 1000 Theile derselben Säure 295,8 Theile einer solchen Talkerde.

Diese Neutralisationsversuche hätten leicht noch weiter ausgedehnt werden können, da ich aber nicht zur Absicht hatte, das Verhalten aller Alkalien und Erden zur Ameisen= und zur Essigsäure zu prüfen, sondern bloß die Verschiedenheit der ersteren von der letztern Säure darzuthun; so hielt ich die vorstehenden Versuche schon für hinreichend, um das verschiedene Verhalten der reinen Ameisensäure zu den Alkalien und Erden von demjenigen der Essigsäure zu denselben zu erweisen.

Was spricht wohl mehr für die Verschiedenheit dieser beyden Säuren, als die auffallend ungleiche Menge der zur Neutralisation nöthigen Alkalien und Erden, und daß so ganz ungleiche Verhalten der hierdurch gebildeten Salzauflösungen bey der Eindickung in gleicher Temperatur. —

Es folgt daher aus den vorstehenden Versuchen, daß die Ameisensäure, als eine von der Essigsäure verschiedene Säure, noch ferner von den Chemikern angesehen werden müsse; denn

1) besitzt sie einen von der Essigsäure unterschiedenen Geruch.

2) Kann sie, indem sie im flüssigen Zustande bleibt, ein weit größeres spec. Gewicht annehmen, als die Essigsäure.

3) Hat sie bey dieser unweit größeren Dichtigkeit einen merklich minder sauren Geschmack, als wie die Essigsäure.

4) Erfordert sie bey gleichem spec. Gewicht weit weniger Kali, Kalk und Talkerde zu ihrer Neutralisation, als wie die Essigsäure [13]).

2. Beyträge

13) Ich enthielt mich bey der im 2. Bande S. 42 — 51 abgedruckten Abhandlung Fourcrop's aller Nachweisungen auf frühere unter den Deutschen Statt gefundene Verhandlungen über die Ameisensäure, und aller Bemerkungen über Fourcrop's Untersuchungsweise und seine Resultate, indem ich dies in einer eigenen Abhandlung geben wollte. Ich habe Ende dieses Sommers Versuche mit Ameisen angefangen; daß ich sie bisher, wie manches andere nicht beendigen konnte, das hängt leider nicht von mir und meinem guten Willen ab. Es freut mich daher, den Lesern die obige Abhandlung des Herrn Süersen haben vorlegen zu können; sie bestättigt die früher vom Herrn Dr. Richter (Ueber die neuern Gegenstände der Chymie, 6. Stück S. 135 u. f.) bekannt gemachten Thatsachen, und beweißt, wie ich glaube, auf eine eben so einfache als genugthuende Weise: daß die durch Destillation aus den Ameisen erhaltene Säure keine Essigsäure, sondern eine eigenthümliche sey. Ob aber diese destillirt Ameisensäure die in den Ameisen befindliche, ob sie nicht viel mehr Product als Educt ist, das geht aus Herrn Süersens Untersuchung noch nicht hervor und eben dies ist der Gesichtspunkt, aus welchem ich die meinige führte. Aber auf solchem Wege

2.

Beyträge zur Chemie der Metalle.

1.

Beyträge zur nähern Kenntniß der chemischen Verhältnisse des Urans zu andern Substanzen.

Von Christian Friedrich Bucholz.

Versuche über das Uran im regulinischen und verkalkten Zustande.

Einleitung.

Es sind nun beynahe 15 Jahre; seitdem der verdienstvolle Zergliederer der Mineralkörper, Klaproth, das von ihm so genannte Metall in der sogenannten Pechblende ent- und mit vielen Eigenschaften desselben bekannt

gen findet man Schwierigkeiten, die man weder alle vorher-
t, noch gleich zu überwinden im Stande ist. Ich werde
in Versuche verfolgen und seiner Zeit das Resultat derselben
gen; doch wird es mir nicht wehe thun, wenn mir Merin
genskommt und mich bald in Stand setzt, dem chemi-
völlige Aufklärung über einen Gegenstand vorzu-
sein Interesse eben nicht dadurch, daß über den Ge-
mehr oder weniger entschieden werden soll, son-
andere Beziehungen gewähren muß. Daß in

machte. Seitdem sind nur wenige Fortschritte zu dessen
näherer Kenntniß gemacht worden: denn außer Richter [*])
haben bloß Tychsen [*]) und Bucholz [*]) sich noch etwas
damit beschäftiget; an eine planmäßige chemische Unterfuchung desselben war bisher nicht gedacht worden. Ich
glaubte daher kein unverdienstliches Werk zu beginnen, wenn
ich zur Gewinnung des reinen Urans und dessen ausführ-
lichern chemischen Untersuchung meinen kleinen Vorrath von
dem oben erwähnten Fossil anwendete, welches ich der
Güte meines Freundes Haberle, der keine Gelegenheit
vorbey läßt, den Naturwissenschaften nützlich zu werden,
verdankte.

Ehe ich zur Mittheilung meiner mit dem Uran angestellten Versuche und ihrer Resultate schreite, will ich zu
meiner Rechtfertigung vorher die Methode mittheilen, wodurch ich das Uran in den nöthigen Zustand der Reinheit
versetzte, ehe ich es zur Prüfung seines Verhaltens gegen
andere Stoffe anwendete.

---

den Ameisen selbst Aepfelsäure oder nach Hermbstädt (Physika-
lisch-chemische Versuche und Beobachtungen Bd. 2 S. 3 u. f.) außer
dieser noch Weinsteinsäure vorhanden sey, und bey ihrer üblichen
chemischen Behandlung als Educt hervorgehe, habe ich mehrere
Gründe zu bezweifeln.   G.

1) Ueber die neuern Gegenstände der Chemie 1. St. S. 1. u. f.

2) Trommsdorffs Journal der Pharmacie, Bd. 5 Heft 1
S. 121 — 134.

3) Beyträge zur Erweiterung und Berichtigung der Chemie,
Heft 1 S. 62 — 68.

scheidungsmethode des Urans aus dem
schwarzen Uranerze.

Sechszehn Unzen feingepülvertes, mit Kupferkiesadern
durchsetztes, schwarzes Uranerz, wurden nach und nach mit
reiner Salpetersäure von 1,220 Eigenschwere
übergossen, bis durch anhaltendes Sieden kein Aufeinander-
wirken der Stoffe durch Salpetergasentwickelung mehr
werden war. Bey jedesmaligem Hinzugießen der
erfolgte eine solche Erhitzung und Gasentwickelung,
Anwendung äußerer Wärme, daß mehrmahls
heil des Gemenges dem geräumigen Glaskolben zu
drohte. Wie die Säure weiter keine Wirkung
die Auflösung von dem Unaufgelösten durchs
und Aussüßen mit destillirtem Wasser abgesondert.
getrocknete Rückstand betrug 2 Unzen und ver-
wie ein Gemenge von Eisenoxyd, Schwefel, et-
kalkerde u. s. w.

die Erfahrung gemacht hatte, daß, ungeachtet
Siedens des Uranoxyds mit freyer Sal-
die Auflösung keinesweges eisenfrey könne dar-
werden, welcher Fall auch gegenwärtig eintrat; so
es, die von Richter angegebene Abschei-
methode anzuwenden (m. s. über die neuern Eigen-
r. Thl. 1. St. 2. Aufl. 1799 Seite 25 die

In dieser Absicht wurden sämmtliche uranhaltige
zur Trockne verdünstet und nun dermaßen er-
die Salzmasse in ihrem Krystallwasser zu fließen
petersauren Dampf auszustoßen anfieng. In diesem
wurde solche unter anhaltendem Umrühren mit

einem gläsernen Spatel eine Stunde erhalten. Die bräun=
lichgelbe Masse wurde hierdurch schmutzig rothbraun. Ich
löfete jetzt etwas davon auf, sonderte das Aufgelöste von
dem rothbraunen Rückstande durchs Filtrum ab, verdun=
stete das gelbe Filtrat zur Trockne, und erhitzte es aber=
mahls zum Zerfließen: allein jetzt blieb die Masse rein gelb
und löfete sich auch vollkommen bis auf einige rein gelbe
Flocken, welche durchs Schütteln mit einigen Tropfen
Salpetersäure sogleich verschwanden, wieder auf; zum
Beweise der erfolgten vollkommenen Abscheidung des Eisen=
oyds vom Uranoxyde. Jetzt löfete ich die Salzmasse in
drey Pfund destillirtem Wasser auf, und sonderte den schmutzi=
gen rothbraunen Rückstand durchs Filtrum ab, der getrock=
net 10 Drachmen wog, gelbbraun aussah und nur eine
geringe Menge Uranoxyd enthielt. Dieser letztere Erfolg
war auch vorauszusehen; da nach meinen anderweitigen,
unten mitzutheilenden, Versuchen das krystallisirte salpeter=
saure Uran eine große Portion Salpetersäure verlieren
kann, ohne Oxyd fahren zu lassen oder schwerauflöslich zu
werden. Die abfiltrirte uranhaltige Flüssigkeit sahe grün=
lichgelb aus. — Etwas davon mit polirtem Eisen in Be=
rührung gesetzt, überzog solches sogleich mit einer Kupfer=
rinde. Eine kleine Menge davon mit Ammonium in Ueber=
schuß versetzt, gab eine mäßig blaue Flüssigkeit. Durch schwe=
felsaures Ammonium erfolgte nicht die mindeste Trübung;
zum Beweise der gänzlichen Abwesenheit des Bleyes.

Zur Absonderung des Kupferoxyds vom Uranoxyde,
wurde jetzt die sämmtliche eisenfreye Flüssigkeit durch reines
Ammonium zerlegt, solches im Ueberfluß zugesetzt und zur
Wiederauflösung des mitgefällten Kupfers 24 Stunden un=

ſterem Umſchbreken in Digeſtion geſtellt. Durch Filtri-
und Ausſüßen wurde jetzt alles Salzige vom Nieder-
ge abgeſondert. Er wog ſcharf getrocknet 12 Unzen
hatte die reu ſte citronengelbe Fӓrbe. Etwas davon
Kleßball vermiſcht und gerieben verbreitete einen ſtarken
umangeruch; daſſelbe erfolgte, als etwas davon roth-
hie wurde, und nach einer Viertelſtunde blieb das
s gelblichgrün, ins Bräunliche fallend, zurück. Daß
uf die bisher angeführte Weiſe dargeſtelltes Uranoxyd
r dem ſo eben bemerkten Ammoniumgehalt, auch noch
uده enthalten könne, wenn ſolche zur Miſchung des
erzes gehörte, das war voraus zu ſehen, allein uner-
et war es, daß es Kalk enthalte, da reines, völlig von
lenſäure freyes Ammonium den Kalk aus ſeiner Auf-
g in Salpeterſäure nicht fällt, wenn er darin nicht
mit einer Säure verbunden iſt, mit welcher er ſchwer-
löslihe Verbindungen macht *). Dieſer Kalkgehalt war
leider wirklich da, denn als ich einen Theil des obi-
Oxyds in verdünnter Schwefelſäure auflöſte und die
löſung bis zur Hälfte verdunſtete, ſo ſonderte ſich eine
unverhältnißmäßig große Menge eines lockern weißen Pulvers
welches aus lauter ſehr kleinen Spießchen beſtand und
nach gehöriger Ausſüßung und Unterſuchung mit kohlenſaurem und kleeſaurem Kali und ſalzſaurem Baryt, wie
kleeſaurer Kalk verhielt, und ſo viel betrug, daß der

*) Es ſind bereits mehrere Erfahrungen vorhanden, daß me-
tallone Erden mit ſich verbinden, wenn ſie gemeinſchaftlich
 vorhanden ſind, und daraus durch Niederſchla-
, die ſonſt die Erden für ſich nicht niederſchlagen, ge-

Gehalt an Kalkerde in dem obigen Oxyd beynahe auf 0,07 gesetzt werden konnte.

Da nun durch Ammonium und durch kleesaures Kali der Kalk nicht von dem Uran zu trennen ist, weil die Klee= säure ebenfalls eine im Wasser sehr schwerauflösliche Ver= bindung mit dem Uran macht ¹), so ist kein anderer Weg zur Reinigung davon (wenn wir nicht durch Auflösung des Uranoxyds in Schwefelsäure und Krystallisation des da= durch gebildeten Salzes, solche bewerkstelligen wollen, wel= ches seine großen Schwierigkeiten hat) übrig, als die wie= derholte Krystallisation und Wiederauflösung des salpeter= sauren Urans, wodurch letzteres vom salpetersauren Kalk getrennet wird. Und so bin ich denn auch mit dem erhaltenen und geglühten Uranoxyd verfahren: indem ich es wieder in reiner Salpetersäure auflöste, die Auflösung zum Krystallisiren verdunstete, die durch langsames Erkal= ten gewonnenen regelmäßigen Krystallen zwischen Löschpa= pier trocknete und die Krystallisation noch zwey Mahl wie= derholte. Sämmtliche durch ein solches Verfahren erhal= tene trockne Krystalle, von rein gelber auf den Kanten ins Zeisiggrüne schielender Farbe, wurden nun durch reines Aetzkali zerlegt, der wohlausgesüßte citronengelbe, ins Orangengelbe sich neigende, Niederschlag getrocknet und

---

⁵) Hat sich der Hr. Vf. durch eigene Versuche davon überzeugt? Ich habe durch natrische Sauerkleesalz=Auflösungen nicht sehr verdünnter, fast keine überflüssige Säure besitzender salpetersaurer Uranauflösung keine Fällung bewirken können, aber, was bemerkenswerth ist, auch salzsaurer Kalk, der vor oder nach dem Zusatz des Sauerkleesalzes der Uranauflösung hinzugefügt wurde, wurde nicht gefällt, was nebst der obigen Beobachtung auf ein besonderes Verhältniß des Urans zum Kalk hinzudeuten scheint.   G.

eine halbe Stunde rothgeglüht, durch welches Verfahren er seine Farbe unverändert behielt und das von jeder andern Substanz eine Uranoxyd darstellte.

Versuche zur Reduction des Uranoxyds.

Klaproth's und Richter's Versuche über die Reduction des Urans, sind zu bekannt, als daß sie hier weitläufig erwähnt werden dürften; ich werde nur die Resultate von einigen derselben für meinen Zweck anzuführen haben. Der erstere sah durch die Behandlung des Uranoxyds mit Salz- oder Glasflüssen, solches jederzeit verschlackt werden; nie wurde er bey einer solchen Behandlung etwas Regulinisches gewahr. Durch Behandlung desselben Oxyds mit blos brennlichen oder kohlenstoffhaltigen Substanzen, erhielt solcher mehr oder weniger lose zusammenhängende, leicht zerreibliche, wenig metallisch glänzende Massen von 6,440 Eigenschwere. Das noch am meisten genügende Resultat erhielt derselbe Scheidekünstler, als er 50 Gran seines ausgeglühten Uranoxyds mit Wachs zur Kugel bildete und in einem Schmelztiegel mit Kohle umgeführt, dem stärksten Feuer des Porcellainofens, wo das Wedgewoodsche Pyrometer die Hitze von 170 Grad anzeigte, aussetzte. Das davon erhaltene Metallkorn wog 21 Gran und bestand in einer dunkelgrauen, harten, festzusammenhaltenden, kleinkörnigen, sehr zartporösen, äußerlich schimmernden Masse, die unter der Feile einen metallisch glänzenden eisengrauen Strich zeigte und eine Eigenschwere von 8,100 besaß [*]. Nach Herrn Doctor Rich-

[*] Siehe dessen Beyträge zur chemischen Kenntniß der Mineralkörper. 3r Band. Seite ...

t e r's Erfahrungen hat die Reduction und Zusammenschmelzung des Urans bey weitem die Schwierigkeiten nicht,
welche der vorhin angeführte Scheidekünstler erfuhr; denn
solcher erhielt durch Behandlung eines Gemenges aus gleichen Theilen Uranoxyd und getrocknetem Rindsblut, welches er mit Kohlenpulver bedeckt, einem schnellwirkenden
Gebläsefeuer eine Stunde lang aussetzte, nach Erkaltung
des Tiegels ein dem Kabaltkönig in der Farbe ähnliches
und sprödes Metall mit einer braunen Schlacke bedeckt.
Beynahe eben so leicht will derselbe Scheidekünstler die Reduction durch bloßen Kohlenstaub vor dem Gebläsefeuer gefunden haben, besonders, wenn er etwas Flußspath und
Kalkerde zusetzte und ein rasches Feuer anwendete [7]). Der
Umstand, daß Richter, ungeachtet er einen vollkommen
geflossenen Regulus erhielt, dennoch dessen Eigenschwere
nur sechs Mahl schwerer als die des Wassers fand, da
doch Klaproth bey seinem nicht völlig geflossenen Regulus die Eigenschwere 8,100 fand, muß Verdacht gegen die
Reinheit des von Richter erhaltenen Uranmetalls erregen,
und uns auf die Vermuthung bringen, daß solches nicht
rein und das durch die Behandlung mit Blut erhaltene
phosphorhaltig gewesen sey. In wie weit diese Vermuthung
gegründet, wird sich vielleicht aus den mitzutheilenden Versuchen ergeben.

Die Abweichung der Resultate dieser beyden Scheidekünstler veranlaßte mich, ebenfalls einige Reductionsversuche zu veranstalten, um die Wahrheit auszumitteln und

7) Ueber die neuern Gegenstände der Chemie. 9. St. S. 3.

zu erfahren, in wie weit der Vorwurf Richters, daß das
Mißlingen des Klaprothschen Reductionsversuches in einem
Eisengehalt des Uranoxyds gelegen habe, gegründet sey.

Erster Versuch. Eine halbe Unze eines völlig ei-
senfreyen, hingegen noch Ammonium und etwas Kali
enthaltenden Uranoxyds, wurde äußerst genau mit einer
halben Drachme Kohlenpulver gemengt und hierauf mit
über Unze reinem Kochsalz, in einem mit Oel ausgestrichenen hessischen Schmelztiegel drey Viertelstunden, vom Anfange des Weißglühens des Tiegels gerechnet, dem anhaltendsten Gebläsefeuer ausgesetzt. Bey der Untersuchung
des erkalteten Tiegels zeigte sich nun Folgendes: das Kochsalz schien größtentheils verflüchtiget und zersetzt zu seyn.
An den Wänden des Tiegels war eine rothbraune Schlacke,
hier und da mit grünlichgelben Punkten bedeckt war;
die metallische Masse war nur etwas zusammengesintert,
ließ sich leicht zerreiben und von metallischem Glanze
war nichts zu bemerken: zerrieben stellte sie ein schwarzes
Pulver dar, welches ¾ Drachmen schwer war. Ich mengte
solches mit etwas Olivenöl in einen neuen Schmelztiegel
und bedeckte das Gemenge mit einer halben Unze weißem
gepulverten Glase. — Der mit einem Deckel von Schmelztiegelmasse bedeckte Tiegel wurde nun eine Stunde dem
heftigsten Weißglühfeuer vor dem Gebläse ausgesetzt. Nach
dem Erkalten fand sich das schwarze Pulver am Boden des
Tiegels, ohne nur einen einigermaßen bedeutenden Zusammenhang zu besitzen, das Glas lag völlig geflossen darüber,
und der Schmelztiegel war mit einer rothbraunen Glas-
masse gänzlich überzogen. Etwas des schwarzen Pulvers

löſete ſich bis auf etwas Kohliges in Salpeterſäure unter
Entwickelung von Salpetergas auf.   Es betrug jetzt 1⅔
Drachmen.

Zweyter Verſuch.   Das ungünſtige Reſultat des
vorigen Verſuchs veranlaßte den folgenden.   Eine halbe
Unze Uranoxyd von der Beſchaffenheit des vorigen Verſuchs wurde mit 2⅓ Drachme weißem Wachs zu einer Kugel geformt, ſolche in einem kleinen heſſiſchen Schmelztiegel, welchen ſie beynahe ausfüllte, mit ausgeglühtem Kohlenpulver umgeben und dem heftigſten Gebläſefeuer ausgeſetzt.   Das Feuer wurde hierbey ſo heftig, daß das ganze
Innere des Ofens eine Stunde weißglühte, die Backſteine,
zu dünnem Glaſe geſchmolzen, herabfloſſen und das den
Tiegel zudeckende Ziegelſtück ſich völlig in denſelben hinein-
brückte.   Nach Zerſchlagung des Tiegels fand ſich an der
Stelle, wo die Kugel gelegen, eine nur loſe zuſammenge-
backene Maſſe, von Kohlenpulver umgeben.   Dieſe Maſſe
hatte ſo geringen Zuſammenhang, daß ſie ſich leicht mit
den Fingern zu einem ſchwarzen nur wenig glänzenden
Pulver zerreiben ließ.

Dritter Verſuch.   Der vorige Verſuch wurde mit
der Hälfte Materialien wiederholt und die Hitze hierbey ſo
verſtärkt, daß nicht nur die im vorigen Verſuche erwähnten Wirkungen des Feuers Statt hatten; ſondern auch das
Schmiedeeiſen in weniger als 5 Minuten herabfloß und
zu brennen anfieng.   Nach dem Erkalten war das umgebende Kohlenpulver noch unverändert, der obere Theil des
Schmelztiegels gelb angeflogen; gelbgrau und völlig pul-

rig zeigte sich die Mitte der Substanz, die von der mit Wachs gefüllten Kugel übrig geblieben war.

Vierter Versuch. Eine halbe Unze des mehrbeschriebenen Uranoxyds, eine halbe Unze weißer Flußspath und 2 Drachmen chemisch reiner kohlensaurer Kalk, nebst 40 Gran Kohlenpulver, wurden miteinander zum feinsten Pulver verrieben und das Gemenge in einem wohlbedeckten Tiegel 1½ Stunde dem heftigsten Glühfeuer ausgesetzt. Die Hitze erreichte hierbey, wo möglich einen noch höhern Grad, als in den vorigen Versuchen: allein der Erfolg zeigte, daß sie noch nicht viel Wirkung auf den Inhalt des Tiegels geäußert hatte; denn am Boden war das Gemenge bloß ein Paar Linien hoch zu einer kupferfarbenen, glasartigen Schlacke geflossen; weiter nach oben hatte die Masse ebenfalls eine Erweichung erlitten, aber nur sehr unvollkommen; denn sie hatte ein bisheriges, schwarzes Ansehen. In der Mitte war sie bloß etwas zusammengebacken und schwarz geworden.

Diese ungünstigen Erfolge veranlaßten mich, die Versuche mit bloßem Kohlenpulver in geringerm Verhältnisse, ohne allen weitern Schmelzzusatz, mit kleinern Mengen zu wiederholen.

Fünfter Versuch. 100 Gran Uranoxyd wurden auf das genaueste mit 10 Gran Kohlenpulver durch anhaltendes Reiben gemengt, hierauf eine halbe Stunde in einem hessischen Schmelztiegel, mit einem andern bedeckt, dem heftigsten Gebläsefeuer ausgesetzt. Nach dem Erkalten fand sich eine grauschwarze, ins Bläuliche schielende, ins bräunliche Masse, welche leicht zusammenhing, so

daß sie mit dem Finger ohne Mühe zerdrückt werden
konnte. — Unter dem Vergrößerungsglase zeigte sie sich
als ein Haufwerk von lauter sehr feinen Spießchen, an
welchen ich aber keinen Metallglanz wahrnehmen konnte. —
Sie betrug 70 Gran. Etwas davon löste sich, mit reiner Salpetersäure übergossen, unter Entwickelung von Salpetergas auf. Ich drückte dieses Pulver jetzt in ein kleines Schmelztiegelchen und bedeckte solches mit etwas Kohlenpulver. Nachdem solcher in einen größern gethan, und
mit einem Deckel von Schmelztiegelmasse bedeckt worden, so
wurde er eine Stunde dem anhaltendsten Gebläsefeuer ausgesetzt. — Nach dem Erkalten fand sich der Tiegel, in welchem die Masse befindlich war, inwendig und auswendig
schwarzgrau, gleichsam von Kohlenstoff durchdrungen. An
Gewicht war der Inhalt bis auf einige Gran, welche im
Tiegel hängen geblieben seyn mogten, noch derselbe: er
war etwas zusammenhängender; besonders da, wo der Feu-
erstrom am stärksten auf den Tiegel gewirkt hatte; aber
nicht so stark, daß er nicht leicht mit den Fingern zu zerreiben gewesen wäre. Uebrigens war jetzt auch der krystal-
linische Zustand der Masse deutlicher mit bloßen Augen zu
erkennen als vorher,

Sechster und siebenter Versuch. 100 Gran
Uranoxyd und 20 Gran Kohlenpulver wurden auf das genaueste durch anhaltendes Reiben mit einander gemengt
und wie im vorigen Versuche vor dem Gebläse bearbeitet;
allein ich konnte keinen Unterschied zwischen den Resultaten
dieses und des vorigen Versuchs bemerken: es war eine
graufschwarze, nur wenig Zusammenhang zeigende Masse
im Tiegel.

Bisher hatte ich die Reductionsversuche mit einem Uranoxyde veranstaltet, welches, — wie ich auch zu Ehren, — außer etwas Ammonium noch Kalk enthielt. Das Ammonium war der Reduction des Urans, keineswegs hinderlich; vielmehr beförderte es solche; allein dem, obgleich geringen, Kalkgehalt könnte man leicht eine hindernde Wirkung beyzulegen geneigt seyn; indem er das Zusammentreten der metallischen Theile wenigstens erschweren kann. In dieser Rücksicht versuchte ich auch noch mit völlig reinem und von Kalk freyem Uranoxyde die Reduction.

Achter und neunter Versuch. 100 Gran völlig reines Uranoxyd und 10 Gran Kohlenpulver wurden auf das innigste mit einander durchs Reiben vermengt, mit Wachswasser zu einer Kugel gebildet, solche in einem kleinen hessischen Schmelztiegel mit Kohlenpulver bedeckt, und hierauf in einen größern Tiegel gestellt. — In denselben Tiegel wurde noch ein kleinerer mit einem Gemenge von 100 Gran ebenfalls reinen Uranoxyd, 10 Gran Kohlenpulver, ebenviel Menge weißem Flußspath und 2 Drachmen reinem Kalk, welcher fest eingestampft und mit Kohlenpulver bedeckt worden war, gethan. Der gemeinschaftliche wohlbedeckte Tiegel wurde nun 1½ Stunde dem heftigsten Gebläsefeuer ausgesetzt. — Das Feuer wurde hierbey so heftig, daß binnen 3 Minuten Schmiedeeisen floß und brannte, und alle Wände des Ofens verschlackten und zu Glas herabflossen. — Nach dem Erkalten fanden sich die Tiegel folgender Gestalt: der mit Flußspath war auf der einen dem Feuer abgewendeten Seite völlig durchfressen und leer, bis auf eine schlackenartige, schwach metallisch glänzende

daß sie mit dem Finger ohne Mühe zerdrückt werden
konnte. — Unter dem Vergrößerungsglase zeigte sie sich
als ein Haufwerk von lauter sehr feinen Spießchen, an
welchen ich aber keinen Metallglanz wahrnehmen konnte. —
Sie betrug 70 Gran. Etwas davon löste sich, mit reiner Salpetersäure übergossen, unter Entwickelung von Salpetergas auf. Ich drückte dieses Pulver jetzt in ein kleines Schmelztiegelchen und bedeckte solches mit etwas Kohlenpulver. Nachdem solcher in einen größern gethan, und
mit einem Deckel von Schmelztiegelmasse bedeckt worden, so
wurde er eine Stunde dem anhaltendsten Gebläsefeuer ausgesetzt. — Nach dem Erkalten fand sich der Tiegel, in welchem die Masse befindlich war, inwendig und auswendig
schwarzgrau, gleichsam von Kohlenstoff durchdrungen. An
Gewicht war der Inhalt bis auf einige Gran, welche im
Tiegel hängen geblieben seyn mogten, noch derselbe: er
war etwas zusammenhängender; besonders da, wo der Feu-
erstrom am stärksten auf den Tiegel gewirkt hatte; aber
nicht so stark, daß er nicht leicht mit den Fingern zu zerreiben gewesen wäre. Uebrigens war jetzt auch der krystal-
linische Zustand der Masse deutlicher mit bloßen Augen zu
erkennen als vorher,

Sechster und siebenter Versuch. 100 Gran
Uranoxyd und 20 Gran Kohlenpulver wurden auf das genaueste durch anhaltendes Reiben mit einander gemengt
und wie im vorigen Versuche vor dem Gebläse bearbeitet;
allein ich konnte keinen Unterschied zwischen den Resultaten
dieses und des vorigen Versuchs bemerken: es war eine
grauschwarze, nur wenig Zusammenhang zeigende Masse
im Tiegel.

Bisher hatte ich die Reductionsversuche mit einem Uranoxyde veranstaltet, welches, — wie ich auch an führte, — außer etwas Ammonium noch Kalk enthielt. Das Ammonium war der Reduction des Urans keinesweges hinderlich, vielmehr beförderte es solche; allein dem gleich geringen Kalkgehalt konnte man leicht eine hindernde Wirkung beyzulegen geneigt seyn; indem er das Zusammentreten der metallischen Theile wenigstens erschweren kann. In dieser Rücksicht versuchte ich auch noch mit völlig reinem und vom Kalk freyem Uranoxyde die Reduction.

Achter und neunter Versuch. 100 Gran völlig reines Uranoxyd und 10 Gran Kohlenpulver wurden auf das innigste mit einander durch Reiben vermengt, mit Mohnöl zu einer Kugel gebildet, solche in einem kleinen hessischen Schmelztiegel mit Kohlenpulver bedeckt, und hierauf in einen größern Tiegel gestellt. — In denselben Tiegel wurde noch ein kleinerer mit einem Gemenge von 100 Gran, ebenfalls reinen Uranoxyd, 10 Gran Kohlenpulver, einer halben Unze weißem Flußspath und 2 Drachmen reinem Kalk, welcher fest eingestampft und mit Kohlenpulver bedeckt worden war, gethan. Der gemeinschaftliche wohlbedeckte Tiegel wurde nun 1½ Stunde dem heftigsten Ofenfeuer ausgesetzt. — Das Feuer wurde hierbey so heftig, daß binnen 3 Minuten Schmiedeeisen floß und brannte, auch alle Wände des Ofens verschlackten und zu Glas sich abschließen. — Nach dem Erkalten fanden sich die Tiegel folgende Gestalt: der mit Flußspath war auf der einen dem Feuer abgewendeten Seite völlig durchfressen und leer, bis auf eine schlackenartige, schwach metallisch glänzende

Maſſe von 56 Gran, welche ſich unter Salpetergasentwi=
ckelung in Salpeterſäure, durch Hülfe der Wärme, bis auf
einige ſchwarze Flocken auflöſete, und durch Ammonium
blaßgelb fällen ließ. Ich hielt ſolche für eine Zuſammen=
ſetzung von erdigten durch Flußſpath aufgelöſten Theilen
mit dem reducirten Uran ſehr genau vereinigt. Der Tie=
gel, welcher das bloße aus Uranoxyd und Kohlenpulver
beſtehende Gemenge enthielt, war noch unverſehrt, aber
ich ſahe auch nicht eine Spur von zuſammengeſchmolzener
Maſſe. Eine lockere, zartſpießige, metalliſch glänzende
Maſſe, die ſehr leicht zerreiblich war, ſich in Salpeterſäure
unter Salpetergasentwickelung auflöſte, und durch Ammo=
nium wieder mit zitronengelber Farbe fällen ließ, lag an
der Stelle des Oxyds, welches folglich zwar reducirt, aber
ungeachtet der großen Hitze nicht zuſammengeſchmolzen war.
Die Wände beyder Tiegel waren übrigens kupferfarben
verſchlackt.

Aus den bis jetzt mitgetheilten Verſuchen, welche mit
einem von Eiſen und zum Theil auch von Kalk völlig reinem
Uranoxyde angeſtellt worden ſind, glaube ich mit ziemlichem
Grunde ſchließen zu können, daß dem Uran, ſelbſt bey völ=
liger Reinheit von Eiſen, allerdings ein ſo hoher Grad
von Unſchmelzbarkeit zukomme, als Klaproth gefunden
hat, obwohl die Reduction leicht bewerkſtelliget werden zu
können ſcheint, und daß daher Richters Behauptung, als
wenn der Eiſengehalt des Uranoxyds, welches Klaproth zu
ſeinen Reductionsverſuchen anwendete, die leichtere Zuſam=
menſchmelzung verhindert habe, als ungegründet angeſehn
werden muß; zweytens daß ohnfehlbar die im Blute be=

liche Phosphorsäure das übrige zu der von Richter so

gerühmten Schmelzbarkeit des Urankönigs beigetragen.

Hätte ich nicht schon so viele Reductionsversuche ver-

loren und dadurch meinen Vorrath an Uranoxyd ge-

räubt, so würde ich es nicht unterlassen haben, die

Richtersche Reductionsmethode mit Blut und den dadurch

reinen Urankönig zu prüfen, was ich in der Folge noch

thun werde.

Ich beschloß jetzt noch einen Reductionsversuch mit Zu-

satz von Eisenoxyd zu machen, und zur Gegenprobe noch

eine ohne Eisenzusatz.

Zehnter und eilfter Versuch. 100 Gran Uran-

oxyd 5 Gran rothes Eisenoxyd und 10 Gran Kohlenpul-

ver wurden durch anhaltendes Reiben auf das genaueste

einander vermengt, und in ein bedecktes Schmelztie-

gel gethan; In ein anderes von gleicher Größe eben

so viel Uranoxyd und 10 Gran Kohlenpulver. Beyde Tie-

gel wurden in einem größern lutirten eine Stunde dem

heftigsten Gebläsefeuer ausgesetzt. Nach dem Erkalten zeigte

sich der Inhalt weder in dem einen noch in dem anderen

zur dichten Masse geschmolzen, sondern nur lose zusam-

menhängend und zwischen den Fingern zerreiblich; beyder

Farbe schwärzlich ins Bläuliche schielend; die mit Ei-

senoxyd versetzte Masse wog 80 Gran, die ohne Eisenzusatz

82 Gran. Beyde bestanden aus lauter kleinen, nur unter

dem Vergrößerungsglase erkennbaren metallischglänzenden

Körnern. Auch diese beyden Versuche geben zu erkennen,

daß der Gehalt des Uranoxyds kein Hinderniß der

Reduction des Urans seyn könne.

Jetzt beschloß ich die Reihe der Reductionsversuche mit einem letzten für jetzt zu schließen, und zu sehen: ob nicht ein geringerer Zusatz von Kohle die Schmelzung erleichtere.

Zwölfter Versuch. 100 Gran reines Oxyd wurden mit 5 Gran gepülvertem Kohlenpulver durch anhaltendes Kolben auf das innigste gemengt, das Gemenge in ein kleines Tiegelchen fest eingedrückt, mit einer Lage Kohlenpulver zur Abhaltung der Luft bestreuet, der Tiegel nun in einen größern gesetzt und mit einem andern überstülpt, 3 Stunden dem heftigsten Gebläsefeuer ausgesetzt. Nach dem Erkalten fand sich die Masse ziemlich zusammenhängend; weit zusammenhängender als sie es je bey einem der erzählten Versuche war; besonders fest war sie, wo sie mit den Wänden des Tiegels in Berührung gekommen war. Sie war bis auf den dritten Theil ihres anfänglichen Umfangs zusammengesunken, hatte keinen metallischen Glanz, sondern sah nur erdig eisengrau aus und unterm Vergrößerungsglase zeigte sie sich als ein Haufwerk von feinen, schwach metallischglänzenden Nadeln. Sie war so porös, daß ein Tropfen Wasser sogleich davon eingesaugt wurde. In Salpetersäure löste sie sich unter Erhitzung und Salpetergasentwickelung bis auf einige Flocken Kohligts auf. Ihre Eigenschwere betrug 9,000; eine bedeutend größere als die von Klaproth gefundene. Ich fand solche auf folgende Weise: ein Stückchen davon, genau 27 Gran schwer, wurde an dem Waagebalken einer sehr feinziehenden Waage, vermittelst eines feinen seidenen Fadens befestiget und ins Gleichgewicht gebracht. Jetzt ließ ich das gewogene Stückchen in ein Schälchen mit destillirtem Wasser ein-

poröses zur Bestimmung der Eigenschwere anwenden muß,
solches aus bekannten Gründen nie die oben gefundene von
9,000 haben wird. Man muß es daher dem Zufalle dan-
ken, daß die Porosität meiner erhaltenen Masse des reducirten Urans gerade von der Art war, daß sie völlig vom
Wasser durchdrungen werden könnte, wodurch das Gleichgewicht mit dem äußern Wasser, worin sie gewogen wurde,
beynahe völlig hergestellt wurde, und ein der Wahrheit sich
mehr näherndes Resultat erfolgen mußte. Aus den erzählten Versuchen ergiebt sich nun, daß

1) die große Strengflüssigkeit des Urans nicht einer Beymischung von Eisen zuzuschreiben sey, sondern solchem
wesentlich zukomme.

2) Die Absonderung des Sauerstoffs vom Uranoxyde nur
eine geringe Menge kohlenstoffhaltiger Körper und einen
bey weitem nicht so hohen Feuersgrad, als wobey das
reducirte Metall schmilzt, erfordere.

3) Daß, um ein geschmolzenes Metallkorn des Urans zu
erhalten, es wohl am besten seyn mögte, die Desoxydation durch innige Beymischung der geringsten erforderlichen Menge Kohle in dem möglichst heftigsten Feuer
zu bewirken. Da aber, wie wir unten hören werden,
das Uran sich beym Zutritt der Luft schon in geringer
Hitze oxydirt, so wird es nöthig seyn, jenes Gemenge
aus Uranoxyd und der geringsten Menge Kohle mit mehr
Kohle zu umhüllen, um den Zutritt der Luft abzuhalten.

4) Daß das Uranmetall eine größere Eigenschwere habe
als man bisher glaubte, und die vielleicht noch

höher steigen wird, wenn man einen vollkommen dichten
Regulus anwenden wird.

Berhalten des reducirten Urans im Feuer unter freyem Zutritt der Luft.

Dreyzehnter und Vierzehnter Versuch. In
einem saubern hessischen Schmelztiegelchen wurde ein Stückchen des oben beschriebener Maßen erhaltenen Uranmetalls
der stufenweise vermehrten Glühhitze ausgesetzt: als der
Tiegel kaum roth zu glühen anfieng, entglimmte das Metall wie brennende Kohle; es schwoll auf und zerfiel zu
einem zarten Pulver, welches nach dem Erkalten sich graulichschwarz zeigte. Das Glühen wurde noch eine halbe
Stunde fortgesetzt: allein die Farbe blieb unverändert, so wie
sie eben beschrieben worden. Ein anderes Stückchen des erwähnten Metalls, $14\frac{1}{2}$ Gran schwer, wurde in demselben
Tiegel eben so behandelt. Der Erfolg zwar das nähmliche
Entglühen oder Brennen des Metalls bey anfangender Rothglühhitze, das Aufschwellen und Zerfallen zu einem grau-
lichschwarzen Pulver, wie gebrannter mit Wasser befeuch-
teter Kalk. Genau gesammelt fand sich eine Gewichtsvermehrung von $\frac{3}{4}$ Gran. Es nehmen diesemnach 100 Gran
Uranmetall $5\frac{3}{17}$ Gran Sauerstoff auf und bilden damit das
schwarze Uranoxyd ersten Grades der Oxydation.

Berhalten des Uranmetalls zu der Schwefel-säure, Salzsäure und Salpetersäure.

Funfzehnter Versuch. Drey Gran gedachten Metalls wurden mit einem Gemische von 20 Gran reiner con-

Wenn man durchs Erhitzen des schwarzen Uranoxyd mit concentrirter Schwefelsäure eine Auflösung bewirkt, und die hierdurch erhaltene gelblichgrüne Auflösung durch Ammonium zerlegt, so entsteht ein schwarzgrauer stark ins Violette ziehender Niederschlag, welcher an der Luft in noch feuchtem Zustande nach und nach in das gelbe Oxyd übergeht. Höchstwahrscheinlich befindet sich hier das Uran auf einer etwas höheren Stufe der Oxydation.

Wenn man reinen Uransalpeter durch Glühhitze zerlegt, so wird ein Zustand eintreten, wo der Rückstand gelblichbraun, ins Grüne ziehend, erscheint; eben so gefärbt erhält man das vollkommene gelbe Uranoxyd, wenn solches mit Ammonium gerieben und alsdann geglüht wird. Wahrscheinlicher Weise ist dieses abermahls ein eigener etwas höherer Zustand der Oxydation des Urans, als die vorhin erwähnten. Löset man diese Oxyde in Salzsäure oder Schwefelsäure auf, so erhält man grünlich gefärbte Auflösungen, aus welchen sich durch Ammonium graugrüne Niederschläge fällen lassen. Hier befindet sich das Uran wieder auf einer andern und höhern Stufe der Oxydation. Auf eine gleiche Stufe der Oxydation wird das Uran geführt, wenn schwefelsaures Uran, salpetersaures Uran und salzsaures Uran, in Alkohol oder Aether aufgelöst, den Sonnenstrahlen ausgesetzt werden. Hier entstehen Verbindungen des durch die gemeinschaftliche desoxydirende Wirkung der Bestandtheile des Alkohols und des Lichts auf eine niedrige Oxydation gebrachten Uranoxyds mit der angewandten Säure, welche entweder zu

sten Daten sich bis auf eine Spur Kohliges, unter
Abrauchsschluß und Erhitzung vollkommen aus...
Aus diesen vier Versuchen ergiebt sich: 1) daß die
Verwandtschaft des Sauerstoffs in der Salzsäure, Schwefelsäure
und dem Wasser zu den Grundlagen dieser Säuren
größer als zum Uranmetall sey, daher wegen
seiner Oxydation die Auflösung des Metalls schwieriger;
wogegen 2) die Salpetersäure, wie in so vielen
Fällen diese Oxydation und Auflösung leicht be-

Verhältnisse des Urans zum Sauerstoff.

Als wie oben sahen, so wurde das Uranmetall durch
Glühen unter Zutritt der Luft sehr leicht in ein
schwarzes Oxyd verwandelt, und daß dieses der
höchste Grad der Oxydation sey, leidet wohl keinen
Zweifel. In denselben Zustand läßt sich das
versetzen, wenn schwefelsaures oder salzsaures Uranerz durch die Glühhitze zerlegt werden; es bleibt dadurch
ein schwarzes Oxyd, je nachdem die Hitze schwächer
stärker war, mit einem mehr oder weniger starken
Gehalt von Säure zurück. In diesem Zustande
hält Uran in 100 Theilen 5 — 6 Theile Sauerstoff
befindet sich in diesem Verhältniß unverändert, bey
anhaltender mäßig starker Glühhitze.
Bey Zerlegung des salzsauren Urans entwickelt
Salzsäure im Zustande oxygenirter Salzsäure. —
ganz eben so gefärbtes Oxyd erhält man durch Zer-
des salpetersauren Urans und hinlänglich starkes

Wenn man durchs Erhitzen des schwarzen Uranoxyds mit concentrirter Schwefelsäure eine Auflösung bewirkt, und und die hierdurch erhaltene gelblichgrüne Auflösung durch Ammonium zerlegt, so entsteht ein schwarzgrauer stark ins Violette ziehender Niederschlag, welcher an der Luft in noch feuchtem Zustande nach und nach in das gelbe Oxyd übergeht. Höchstwahrscheinlich befindet sich hier das Uran auf einer etwas höheren Stufe der Oxydation.

Wenn man reinen Uransalpeter durch Glühhitze zerlegt, so wird ein Zustand eintreten, wo der Rückstand gelblichbraun, ins Grüne ziehend, erscheint; eben so gefärbt erhält man das vollkommene gelbe Uranoxyd, wenn solches mit Ammonium gerieben und alsdann geglüht wird. Wahrscheinlicher Weise ist dieses abermahls ein eigener etwas höherer Zustand der Oxydation des Urans, als die vorhin erwähnten. Löset man diese Oxyde in Salzsäure oder Schwefelsäure auf, so erhält man grünlich gefärbte Auflösungen, aus welchen sich durch Ammonium graugrüne Niederschläge fällen lassen. Hier befindet sich das Uran wieder auf einer andern und höhern Stufe der Oxydation. Auf eine gleiche Stufe der Oxydation wird das Uran geführt, wenn schwefelsaures Uran, salpetersaures Uran und salzsaures Uran, in Alkohol oder Aether aufgelöst, den Sonnenstrahlen ausgesetzt werden. Hier entstehen Verbindungen des durch die gemeinschaftliche desoxydirende Wirkung der Bestandtheile des Alkohols und des Lichts auf eine niedrige Stufe der Oxydation gebrachten Uranoxyds mit einem Theile der gegenwärtigen Säure, welche entweder zu Boden fallen oder aufgelöst bleiben; im letztern Falle bil-

den sich die vorher gelben Auflösungen in grüne um, aus
welchen sich durch Ammonium dunkel graugrüne Niederschläge darstellen lassen, die im feuchten Zustande nach und
nach in den gelbgefärbten vollkommenen Zustand der Oxydation übergehen, und sich in Salpetersäure unter Entwickelung von etwas Salpetergas auflösen. Ueber die besondern Erscheinungen, unter welchen das vollkommene
Uranoxyd durch die Einwirkung des Lichts und Alkohols
in den unvollkommenen Zustand der Oxydation, in welchem
es grün erscheint, übergeht, wird unten mehr vorkommen.

Endlich erscheint das Uran auf der höchsten Stufe
der Oxydation mit gelber Farbe, wenn entweder jene unvollkommenen Uranoxyde in Salpetersäure aufgelöset und
durch Alkalien gefällt werden, oder wenn man sie aus ihren Auflösungen in Schwefelsäure und Salzsäure durch
hierzu wählte Stoffe fällt und in diesem feuchten Zustande
dem freyen Zutritt der Luft aussetzt, wo sie dann aus
dem bläulich oder grün gefärbten und unvollkommenen Zustande der Oxydation in den vollkommenen übergehen und
gelb gefärbt erscheinen. In diesem vollkommenen Zustande der Oxydation scheint das Uran mit 20 bis 24
Theilen Sauerstoff in 100 Theilen verbunden zu seyn; oder
100 Theile mögen zwischen 26 bis 31 Theilen davon aufnehmen. Um dieses bestimmt angeben zu können, so wie
überhaupt das quantitative Verhältniß des Sauerstoffs zum
Metall in den übrigen Zuständen der Oxydation genau zu
bestimmen, müssen noch mehrere und genauere Versuche
angestellt werden. Das eben angegebene Verhältniß schließe
ich nur aus dem in einigen unvollkommenen Reductions-

von Uranfäure verneinend beantwortet wurde. Jedoch wurde jetzt der 4 Theil davon mit deftillirtem Waſſer aufgelöſt, durch Aetzkali zerlegt, mit ſolchen im Ueberfluß eine Viertelſtunde gekocht, die Flüſſigkeit durchs Filtrum von dem helloranjengelben Niederſchlage abgeſondert und durch Salpeterfäure und Ammonium auf das genaueſte neutraliſirt: allein es erfolgte nicht der mindeſte Niederſchlag, ſobald aber etwas Uranſalpeterauflöſung hinzukam, zeigte ſich ein rothbrauner. Ich veranſtaltete nun noch den folgenden Verſuch.

Zwanzigſter Verſuch. Der Rückſtand des vorigen wurde jetzt aufs Neue mit 2 Unzen Salpeterfäure und einer halben Unze Salzfäure von 1,135 Eigenſchwere übergoſſen und die Flüſſigkeit wiederum überdeſtillirt. Die häufige Entwickelung von oxygenirter Salzfäure verſprach auch hier keine Bildung von Uranfäure. Es wurde dennoch abermahls ebenſoviel Salzfäure und Salpeterfäure darüber abdeſtillirt, unter denſelben Erſcheinungen. Der rückſtändige trockne Salzklumpen wurde in Waſſer aufgelöſt, und zum Kryſtalliſiren gebracht, wodurch die regelmäßigſten Kriſtallen des ſalpeterſauren Urans erhalten wurden.

Verhalten des Uranoxyds zum kohlenſauren Kali auf dem naſſen Wege.

Ein und zwanzigſter Verſuch. Klaproth und Richter machten die Erfahrung, daß, wenn man ein Uranſalz durch kohlenſaures Kali zerlege und letzteres in Ueberſchuß zuſetze, ſich eine große Portion des Gefällten wieder auflöſe, und daß friſch niedergeſchlagenes Uranoxyd durch

... Digeriren mit kohlensaurem Kali aufgelöst werde ... ... strohgelbe Auflösung giebt; in ... ... Uranoxyd auf diese Art wieder in kohlen... ... Kali aufgelöst haben. Erstere Angaben habe ich ... durch eigene Erfahrungen bestätiget gefunden; allein bey letztern war dieß nicht der Fall; denn als ich ... reines citronengelbes, staubigtrockenes Uranoxyd mit ... Auflösung von 2 Drachmen reinen kohlensauren Kali ... halben Unze Wasser gelinde kochte, zur Trockne ... in einem geräumigen Glase mit engem Halse ... ... wieder in destillirtem Wasser aufstellte, die Flüssigkeit ..., daß wasserhelle Filtrat mit reiner Salpetersäure ... und die Hälfte mit Schwefelammonium, die andere ... mit Blausaurem Kali prüfte, so erfolgte nicht die ... Röthung. Das rückständige Uranoxyd war aus ... ... ins hell Orangegelbe übergegangen.

...halten des Uranoxyds zum reinen Kali auf dem nassen Wege.

Zwey und zwanzigster Versuch. 30 Grän ..., citronengelbes, staubigtrockenes Uranoxyd, wurde mit ... Unze Lehrlauge, welche die Hälfte Kali enthielt, ... einer Unze Wasser gekocht, zur Trockne eingedickt, wieder in soviel Wasser aufgelöst und noch zwey Mahl, wie ... verfahren. Jetzt wurde die Salzmasse von dem Oxyde ... Auflösen in destillirtem Wasser und gehöriges Nach... ... Filtriren getrennt. Das Filtrat war wasserhell, ... durch kein Reagens ließ sich etwas Metallisches darin ... entdecken. Das jetzt oraniengelbe Oxyd wurde in

Salpeterſäure aufgelöſt und zum Kryſtalliſiren gebracht; es kryſtalliſirte, wie gewöhnlich, und die Kryſtallen löſeten ſich völlig in abſolutem Alkohol auf, welches der Fall nicht geweſen ſeyn würde, wenn das Uranoxyd etwa Kali aufgenommen hätte, womit die Salpeterſäure, ſalpeterſaures Kali, welches in abſolutem Alkohol höchſt ſchwer auflöslich iſt, gebildet haben würde. Ob ich nun ſchon bey dem kaum erwähnten Verfahren nicht bemerken konnte, daß ſich das getrocknete Uranoxyd mit einer Portion Kali verbunden hätte; ſo habe ich doch erfahren, daß ſolches unter gewiſſer Umſtänden ſtatt finden kann. Als ich nähmlich, aus der Auflöſung in Salpeterſäure, friſch gefälltes Uranoxyd, zur Abſonderung einer dabey vermutheten kleinen Portion Thonerde mit einer hinreichenden Menge reiner Aetzlauge eine halbe Stunde kochte, ſo erhielt ich, nach dem genaueſten Ausſüßen ein Oxyd, welches bey ſeiner Auflöſung in Salzſäure ein Salz lieferte, welches, in abſolutem Alkohol aufgelöſt, eine ziemliche Portion eines weißen Salzes zurückließ, das ſich völlig wie ſalzſaures Kali verhielt. Ich ſchließe daraus, daß das reine Uranoxyd in feuchtem friſchgefällten Zuſtande etwas Kali anzuziehen fähig ſey.

Verhalten des Uranoxyds zum reinen Ammonium im flüſſigen Zuſtande.

Drey und zwanzigſter und vier und zwanzigſter Verſuch. Wenn ſchwefelſaures oder ſalzſaures Uran durch Ammonium nämlich das niedergeſchlagene Uranoxyd zugeſetzten Ammonium in Berühr

... letzterm eine gute Portion auf, welche nur durch Er... bis zum Glühen abgeschieden werden kann. Hierbey ... das ... bezorydirend auf das vollkommen ... Uranoxyd und es erscheint gelblichbräun... ... ziehende und dieses zerlegt nun bey einträchtiger ... rung die Salpetersäure. Derselbe Erfolg findet Statt ... nicht in gleichem Grade, wenn man getrocknetes ... feingepulvertes gelbes Uranoxyd mit Ammonium in ... ... zieht. Dann auch eine Portion ... an, welche nur durchs Glühen zu entfernen ist und ... ebenfalls bezorydirend auf das Uranoxyd wirkt ... ... Flüssigkeit enthält übrigens keine Spur ... Uranoxyd. Diese unter 12 bis 24 mitge... ... Erfahrungen über das Verhalten einiger Alkalien ... reinen vollkommnen Uranoxyde zeigen meines Da... ... durch die Anziehungsfähigkeit des letztern zu ... ... auch die oben angeführte Niederfällung des ... durch Ammonium bey Abscheidung des vollkommnen ... aus seiner Auflösung in Säuren gehört. ... ... Fähigkeit des Urans einer genauen Unters... ... auch mit anderen alkalischen Stoffen; ich begnüge ... ... nicht damit, darauf aufmerksam gemacht zu ...

... halten des Uranoxyds zu den fetten Oelen (Olivenöl.)

Fünf und zwanzigster Versuch. 2 Drach... reines Olivenöl wurden mit 20 Gran gelbem Uran... in einem sauberen Gläschen erhitzt. Es dauerte ... lange, so erfolgte ein bedeutendes Aufwallen und...

das Uranoxyd gieng ins Oraniengelbe und Braun
über, hierauf schien es endlich gar ins Schwarze über zu
gehen. Das Oel schäumte hierbey beständig auf und roch
eben so, als wenn es mit Bleyoxyden erhitzt würde, und
nach einer halben Stunde erschien es schwarzbraun und
hatte erkaltet eine etwas dickliche Consistenz. Vom Oxyd
schien sich eine nur unbedeutende Menge aufgelöset zu haben. Das Oel wurde mit 6 Mahl soviel Terpentinö
vermischt und vom unaufgelösten durchs Filtrum abgesondert: es lief fast undurchsichtig dunkelbraun durch, aber
ohne vom Oxyd verunreiniget zu seyn. Es wurde in einer Porcellainschale verdunstet, verbrannt und der Rückstand geglüht; er betrug 4 Gran. Durch Salpetersäure
ausgezogen und mit Ammonium gefüllt, zeigte sich solche
größtentheils als Uranoxyd. Das auf dem Filter zurückgebliebene zeigte sich zu oberst als ein feines grauschwarzes
unten als ein gröberes röthlichbraunes Pulver, welches an
der Luft schwarz wurde.

Verhalten des Uranoxyds zu den ätherischen Oelen (Terpentinöl.)

Sechs und zwanzigster Versuch. Eine halbe
Unze Terpentinöl und 10 Gran gelbes Uranoxyd wurden
miteinander zum Sieden gebracht und darin erhalten, bis
davon die Hälfte verdunstet war. Es sahe blaß gelbbraun
gefärbt aus. Das Oxyd war gelbbraun geworden. Das
Oel wurde in einer Porcellainschale verbrannt. Es blieb
hierdurch nur eine Spur leichter grauer Asche zurück, welche
in Salpetersäure aufgelöst, durch Ammonium nicht gefüllt
wurde.

... Das Oxbe wirken als, ... auf das ... allein ... ... Dxde ... ... und ... Leden ... ...

Verhalten des Uranerzes zum Schwefel und zum Schwefelkali auf nassem und trocknem Wege.

Der verdienstvolle Klaproth hat schon gezeigt, daß das Uranerz sich leicht mit dem Schwefel verbinde, daß aber diese Verbindung auch leicht wieder, beynahe völlig, durch Erhitzung könne getrennet werden. Ich stellte daher, da ich meinen Vorrath von Uranerz zu Rathe halten mußte, für jetzt nur folgende Versuche mit dem Schwefelkali an.

Sieben und zwanzigster Versuch. 5 Gran reines vollkommnes Uranoxyd wurden mit 1 Drachm. einer Schwefelkaliauflösung, welche 20 Gran Schwefel und 20 Gran reines Aetzkali enthielt, langsam bis zur Trockne unter Sieden verdunstet. Jetzt wurde das Gemenge mit 2 Unzen destillirtem Wasser aufgelöst und verdünnt. Nach einiger Ruhe sonderte sich ein bräunlichgraues Pulver ab, welches seinem Volumen nach den angewendeten 5 Granen reinen Uranoxyds gleich zu kommen schien. Nachdem ich solches hinlänglich mit destillirtem Wasser abgespült hatte; so übergoß ich es mit ¼ Drachme reiner Salzsäure, wodurch es sogleich ohne Entwickelung von Schwefelwasserstoffgas vollkommen aufgelöst wurde; welches auf die Abwesenheit von Schwefel und Schwefelwasserstoffgas in dem grauen Uranoxyd hindeutet. Ich zerlegte nun die Schwefelkaliaufs lösung durch reine Schwefelsäure; allein ein schöner graulichgelber Niederschlag zeigte gegen die Aufnahme einer merklichen Menge Uran. Das Uranoxyd war sonach bloß etwas desoxydirt worden.

Acht und zwanzigster Versuch. 5 Gran Uranoxyd 20 Gran Schwefel und eine Menge Aetzlauge, welche doppelt soviel reines Aetzkali enthielt, wurden mit einander in einem Gläschen zur Trockne verdunstet und nun eine Viertelstunde in mäßiger Glühhitze gehalten, worauf es nach dem Erkalten eine schwarzbraune Masse darstellte. Ich suchte solche durch destillirtes Wasser aufzulösen: allein ohne vollständigen Erfolg, denn es blieb etwas Pulvriges zurück, welches sich beym ruhigen Hinstellen in ein schweres schwarzbraunes und ein leichteres kermesbraunes Pulver schied. Beym ersten Uebergießen der Masse mit Wasser, zeigten sich stellenweise an den Rändern des Gläschens karmesin und fast karminroth gefärbte Punkte. Die abfiltrirte Flüssigkeit durch reine Schwefelsäure zerlegt lieferte nichts als einen schönen weißen Niederschlag, welcher sich kaum ins Graulichte neigte. Ich übergoß das kermesbraune Pulver mit reiner Salzsäure; es wurde dadurch im Augenblick der Berührung hell braunroth, hierauf löste es sich vollkommen auf, ohne bemerkbar Hydrothionsäure zu entwickeln und aus der Auflösung ließ sich das Uranoxyd mit grünlichgrauer Farbe, welche gegen das Kerzenlicht gehalten röthlichbraun erschien, fällen.

Das Schwefelkali zeigt demnach auf das Uranoxyd keine Auflösungskraft; sondern es dringt es blos auf

lung auf dem trocknen Wege scheint dieser Zustand der
Hydation von dem auf dem nassen Wege bewirkten verschieden zu seyn. Auch läßt sich aus dem Erfolg der angeführten Versuche schließen, daß der Schwefel und das Uran
sich nur schwach anziehn, wodurch die schon erwähnte Erfahrung Klaproth's abermahls bestättigt wird. Merkwürdig ist es übrigens, daß ich bey Wiederholung dieses acht
und zwanzigsten Versuchs, wobey ich die Masse stärker
glühte, einen nur bräunlichgrauen Rückstand erhielt, welcher beym Auflösen in Salzsäure etwas Hydrothionsäure
fahren zu lassen schien, übrigens aus dieser Auflösung
durch Ammonium sich graulichbraun, ins Bläuliche fallend, fällen ließ.

Gerne hätte ich nun auch über das Verhalten des Urans
gegen andere Metalle in Absicht der gegenseitigen Verbin-
dungsfähigkeit Beobachtungen angestellt, allein mein Vorrath
von Uran erlaubte mir für jetzt nicht, die dazu nöthige Reihe
für Versuchen anzustellen, und ich muß sie daher auf eine
künftige günstige Gelegenheit aufschieben.

II.

Versuche und Beobachtungen über verschiedene
girungen des Goldes, ihr specifisches Gew
und ihre Fähigkeit der Reibung zu widerstehen

Von Carl Hatchett,

Mitglied der Königl. Gesellschaft der Wissenschaften zu Lon

———————————

Diese Versuche waren den Herren Hatchett und Cav
dish von der Regierung aufgetragen worden, um
tauglichste Legirung zu den Goldmünzen aufzufinden, da
sie der wenigsten Abnutzung unterworfen wären. Die
nutzung der Münzen rührt von mechanischen Ursachen
die aber durch gewisse physische Eigenschaften, als Deh
barkeit und Härte, modificirt werden können, Eigensch
ten, die durch die chemischen Wirkungen der Legirung d
Metalls der Münze mit andern Metallen in verschieden
Grade abweichen können. Es scheint demnach zweckmäßi
zu untersuchen.

———————————

9) Ausgezogen aus der Bibliotheque britannique. Scienc
et Arts. Vol. 24 Nro. 2. 3. 4. S. 132 — 157; 220 — 237; 217 — 34
Ich hoffte bisher von einer Zeit zur andern, das Original in d
Phil. Transact. 1803 benutzen zu können; daher die verspäte
Mittheilung. G.

1. Die Wirkungen, welche verschiedene Metalle auf das Gold hervorbringen, wenn sie in bestimmten Verhältnissen damit verbunden werden: so daß man mit $\frac{1}{12}$, als dem gesetzlichen Verhältniß anfängt und, in gewissen Fällen, bis zu $\frac{1}{4}$ Gran auf die Unze Troy=Gewicht [10]), oder höher des Ganzen herabsteigt.

2. Das specifische Gewicht der verschiedenen Legirungen des Goldes, und die Ursachen der verschiedenen Abweichungen, deren es fähig ist, zu untersuchen.

3. Die Wirkungen des auf verschiedene Art abgeänderten Rothens zu bestimmen.

Erster Abschnitt.

Von verschiedenen Legirungen des Goldes.

1. Mit Arsenik.

a) Eilf Unzen, ein Denier, drey Grains $= 5370$ Grains Gold, von 23 Karat $3\frac{1}{2}$ Gr. Gehalt, wurden in völligen Fluß gebracht, dann 453 Gr. Arsenikbuig zugesetzt, das Ganze schnell umgerührt, und in einen mit Fett ausgestrichenen eisernen Einguß gegossen.

Die Stange besaß eine schöne Farbe, und obgleich sie spröde war, ließ sie sich doch biegen, ehe sie brach. Die Gewichtsvermehrung betrug nur sechs Gr.; alles übrige Arsenik war verflüchtigt.

---

[10] Die Unze Troygewicht wird in 20 Deniers zu 24 Grains getheilt. Sie verhält sich zu der Unze von 576 Markgewicht = 110 : 111. Anm. des Rbl. her.

D 2

Dehnbarkeit behalten; alles in weniger als einer Viertel-stunde.

e) Man wollte ausfindig machen, welches das Mi-nimum von Zeit und von Hitze wäre, welche zu der eben erwähnten Veränderung erfordert würden. Nachdem daher in den Rand eines Decktiegels, in welchem eine der vori-gen ähnliche Goldplatte hing, eine Seitenöffnung gemacht worden, die man mit einem Stück glühender Kohle ver-schlossen hielt, so wurde das Ganze rothglühend gemacht, dann der Apparat aus dem Feuer genommen und durch die Oeffnung eine halbe Unze Arsenik hineingeworfen. Die bloße Hitze der Tiegel bewirkte sogleich eine Flamme und Rauch, die von der Wirkung des Wärmestoffs und Sauer-stoffs auf das Arsenik herrührten, der nach 5 Minuten, dem Zeitraum, während dessen die Tiegel sichtbar roth-glühten, großen Theils verflüchtigt war.

Nach dem Erkalten erschien die Goldplatte entfärbt und ihre Ränder waren durch die sehr schmelzbare Legi-rung, die sich gebildet hatte, aber nur bis dahin laufen können, ohne die Platte zu verlassen, dicker geworden. Wegen dieser anhängenden Legirung war sie weniger dehn-bar, als die vorige.

Der Verfasser schließt aus dieser Reihe von Versu-chen, daß die Wirkung des Arsenik's auf das Gold in der Glühhitze sich in vieler Rücksicht mit der des Schwefels und Phosphors auf verschiedene metallische Substanzen un-ter denselben Umständen vergleichen lasse.

Legirung des Goldes mit Spießglanz.

a) Man verfuhr genau so, wie in 2 mit Arsenik. Legirung ließ sich schwer aus dem Einguß des ma... und schien selbst ihn angegriffen zu haben. Es war (mit Uebergehung der Brüche) auf 11 Unzen Gold Deniers Spießglanzkönig genommen worden, von wel- sich in dem Uebergewichte der Goldstange nur 15 Den. fanden; 4 Den. ungefähr hatten sich demnach ver... Die Legirung hatte ein fades Weiß und war ... spröde; ihr Korn glich dem des Porcellains.

b) Man stellte den Versuch b der vorigen Reihe an, daß hier in demselben Verhältniß Spießglanz genom- wurde. Die Farbe der Oberfläche des Korns glich im gewöhnlichen Gehalt, mit Kupfer legirtem Golde, die des Bruchs glich der des vorigen Versuchs; und war die Legirung sehr spröde.

c) In einer Reihe von Versuchen (deren Detail wir ...hen) wurde das Verhältniß des Spießglanzes zum s in der Legirung nach und nach bis auf ⅓ Gran in ...ge vermindert und man überzeugte sich dadurch, daß ...genwart einer so geringen Menge Spießglanz, als ...nnten, nämlich $\frac{1}{1018}$, hinreicht, dem Golde seine ...arkeit zu rauben.

d) Wie vorhin in c wurde das Gold dem Dampf des ...glanzes ausgesetzt. Das Goldkorn zeigte sich nach- ...falls sehr spröde und um beynahe 4 Gr. vermehrt.

e) Der vorige Versuch wurde in der Art wiederholt, ...ß Spießglanz nur erst, nachdem das Gold im in...

nern Tiegel geschmolzen war, in den äußern Tiegel gewor=
fen wurde, worauf beyde Tiegel unbedeckt eine halbe
Stunde durch im Schmelzfeuer blieben. Das Goldkorn
fand sich ebenfalls sehr spröde und entfärbt.

Es folgt aus diesen letztern Versuchen, daß das
fließende Gold sowohl in verschlossenen Gefäßen als bey
offenem Feuer den Dampf des Spießglanzes anziehe und
sich damit verbinde, was nicht in beyden Fällen beym
Arsenik geschah. Diese Verschiedenheit der Resultate rührt
ohne Zweifel von den relativen Verwandtschaften dieser Me=
talle zum Golde und zum Wärmestoffe her.

3. Legirung mit Zink.

Es wurde hier dasselbe Verfahren mit Anwendung der
gleichen Verhältnisse, wie bey den beyden vorigen Metallen
beobachtet; nur daß man, wegen der äußerst großen Flüch=
tigkeit des Zinks, unmittelbar nach Hinzufügung des letztern
die Legirung ausgoß; man fand indessen doch nur $\frac{3}{4}$ des
angewandten in dem Uebergewicht der Stange wieder. Diese
hatte die blaßgrünliche Farbe des Messings, und war von
aller Dehnbarkeit durchaus entblößt.

In einem der folgenden Versuche, wo nur 8 Gran
Zink zu dem schmelzenden Metall gethan wurden, verflüch=
tigte sich diese kleine Menge, ohne irgend eine Wirkung
hervorgebracht zu haben: das Gold blieb rein und dehn=
bar.

Die Legirung des Goldes mit Messing gab ebenfalls
ein brüchiges Metall von grobem Korn. Auch der Dampf
des Zinks, das bey offenem Feuer in der Nähe des Gol=

das flüssig erhalten wurde, verband sich mit letzterm und
beraubte es seiner Dehnbarkeit.

4. Legirung mit Kobalt.

Die Wirkungen, welche die Gegenwart dieses auf das
Gold hervorbringt, scheinen bis jetzt noch nicht untersucht
zu seyn. Folgendes ist die Uebersicht der darüber angestellten Versuche:

In dem Verhältniß von ungefähr $\frac{1}{8}$ dem fließenden
Golde gesetzt, wurde eine Stange erhalten, die eine dunkelgelbe Farbe hatte, auf dem Bruche hellgelb, von erbi-
gem Korn und sehr spröde war.

Bey allmähliger Verminderung des Zusatzes von Kobalt fieng die Legirung, wie dasselbe nur noch 4 Gr. auf
18 Den. 10 Gr. Gold oder ungefähr $\frac{1}{15}$ der Masse betrug, an, dehnbar zu werden, worauf man nicht weiter
gieng.

5. Legirung mit Nickel.

Es wurden hierüber vier Versuche gemacht, in allmählig abnehmenden Verhältnissen, wie beym Kobalt. Die
Gegenwart desselben benahm dem Golde ebenfalls seine
Dehnbarkeit; nur in dem Verhältniß von $\frac{1}{15}$ schien es
auf diese Eigenschaft nicht gewirkt zu haben, man mogte
es unter dem Hammer oder in dem Streckwerke prüfen.

6. Legirung mit Manganes.

Diese Versuche bieten ein besonderes Interesse durch
ihre Neuheit dar.

a) In dem ersten Versuche blieben 480 Gran Gold, die in einem Tiegel mit einer halben Unze gepülvertem schwarzem Manganesoxyd bedeckt und $1\frac{1}{2}$ Stunden der Hitze eines Windofens ausgesetzt wurden, gänzlich unverändert, die durch das Schmelzen erlittene Formänderung ausgenommen.

b) Man brachte hierauf in einen mit Kohlenpulver ausgekleideten Tiegel, mitten in eine Art von Cement, welches aus Mangenesoxyd und verbranntem Olivenöl bestand, eine Unze Gold. Nach $1\frac{1}{2}$ stündigem starken Feuer fand man das Oxyd noch pulverig, aber in Dunkelgrün umgeändert, und das Gold auf dem Boden des Tiegels in ein blasses Korn zusammengeschmolzen, welches spröde und von schwammigem grobkörnigem Bruche war.

c) Der Versuch wurde in der Art wiederholt, daß man ein dreystündiges Feuer gab: der Tiegel fieng an zu schmelzen. Nach dem Erkalten fand man das Manganesoxyd an einigen Orten pulverig, an andern zusammengebacken, aber nirgend in metallischen Kügelchen, immer mit grünlicher Farbe. Das Goldkorn hatte einen Glanz, fast wie polirter Stahl; es war blaß gelblichgrau, mit einigen Spuren von Email auf der Seite, wo es den Tiegel berührt hatte. Es war sehr hart, und wurde auf dem Amboß unter den Schlägen eines schweren Hammers etwas platt, ehe es sprang. Der Bruch war grob, sehr schwammig und man bemerkte in seinen Höhlungen dunkelgrünes Manganesoxyd. Diese Legirung behielt ihren Glanz und ihre Farbe, nachdem sie mehrere Monate der Luft ausgesetzt gewesen war; bey Legirungen anderer Metalle n Manganoxyd sieht man den entgegengesetzten

) war interessant, das Manganes in dieser Verbin=
it dem Golde noch weiter zu untersuchen. Herr
robirer Bingley beschäftigte sich eifrig damit. Er
rch die gewöhnlichen Verfahrungsarten seiner Kunst,
s Manganes vollkommen reducirt war; aber un=
r verschiedenen Theilen der Masse; sein Verhältniß
zwischen ⅓ und ⅕ des Ganzen.

ne Gold schützte jetzt das Manganes gegen die Wir=
r Säuren, die es sonst angreifen.

rd diese Legirung unter Zutritt der Luft einem stär=
er ausgesetzt, so verliert sie ihren metallischen Glanz
deckt sich mit einem dunkelbraunen Oxyd. 24 Kar=
ben, unter einer Muffel, einer beträchtlichen Hitze
ge, nahmen ₁⁄₇ am Gewicht zu und ein ander Mahl
des Verhältniß von Sauerstoff brachte einen Anfang
nglasung hervor, welche die metallische Masse durch
ge dunkelblauen Glases an die Kapelle befestigte.

Die Salpeter= oder Schwefelsäure konnten für sich
Oxyd nicht vollständig auflösen; auf Zusatz von ei=
mer aber kann die Salpetersäure das Oxyd von der
ße auflösen und es von dem Golde abscheiden, wel=
dann seine natürliche Farbe annimt. Das Innere
asse behält seine graue Farbe,

an kann das Manganes durch die bloße Cupella=
it Bley, bey hinlänglichem Feuer, absondern; man
ber sicherer zum Zweck, wenn man Silber zusetzt,
f man die Scheidung durch die Quart folgen läßt,

Die Kapellen werden durch das Glas des Ma
und Bleyoxyds stark angegriffen, was man bey
Legirungen des Goldes nicht bemerkt.

Die Verbindung von Gold und Manganes ist
zu schmelzen, als das Gold allein; wenn indessen die (
zung bewirkt ist, und die Luft dann Zutritt hat,
alles Manganes auf der Oberfläche oxydirt und bil
Kruste, die nach dem Erkalten durch einen Hamm
sich absondern läßt.

Behandelte man in verschlossenen Gefäßen mi
und Oel 24 Karat dieser Legirung, die durch O
$\frac{1}{15}$ am Gewicht zugenommen hatte, so wurde da
ganes reducirt. Die Legirung nahm ihre graue Fa
Sprödigkeit wieder an und erhielt ihr erstes Gew
rück.

Wird die Auflösung in Salpetersäure durch
nium gefällt, so erhält man einen Niederschlag, b
so knallend ist, als der von reinem Golde.

7. Legirung des Goldes mit Wismut

Sechs nach den vorhin angegebenen Method
immer abnehmenden Mengen von Wismuth angestell
suche zeigten, daß schon $\frac{1}{4}$ Gran desselben auf die Un
oder $\frac{1}{1520}$ der ganzen Masse hinreichend war, u
alle seine Dehnbarkeit zu nehmen. Die hierauf mit
Metalle im Zustande des Dampfs, theils in verschl
theils in offenen Gefäßen angestellten Versuche
daß es immer auf die Dehnbahrkeit des Goldes de
theiligsten Einfluß habe.

8. Legirung mit Bley.

Dieselbe Reihe von Versuchen, die mit dem Bley angestellt wurden, beweißt, daß dieses Metall, welches auch einige Aehnlichkeit mit dem Wißmuth besitzt, eben so viel Einfluß auf die Dehnbarkeit des Goldes hat, mit dem Unterschiede, daß das Bley weniger fähig ist, in dieser Gestalt zu wirken, wie das Wißmuth.

Diese beyden letztern Metalle bringen, wenn sie mit dem Golde in gewissen Verhältnissen verbunden werden, auf sein Gewebe und sein spec. Gew. einen ausgezeichneten Erfolg hervor. Wenn es mit Kupfer legirt ist, so macht schon der Zusatz von ½ Gr. des einen oder des andern dieser Metalle zu jener Legirung, dieselbe besonders schwammig und vermindert beträgtlich ihr spec. Gew.

9. Legirung mit Zinn.

In dem ersten dieser Reihe von Versuchen setzte man zu der in den frühern Versuchen angewandten Menge Gold (11 Unzen 1 Den. 3 Gr.) 18 Den. 21 Gr. feines Zinn. Die Stange wurde noch einmahl geschmolzen und war nun, wenn auch nicht vollkommen dehnbar, wenigstens doch fähig, in einem gewissen Grade das Strecken zu ertragen.

In dem letzten Versuche behandelte man 2 Pfund mit Kupfer legirtes Gold mit 8 Gr. Zinn auf jede Unze. Das Metall fand sich sehr dehnbar und ließ sich in der Plattmühle von der Dicke ¼ Zolls bis zu der einer Guinea bringen.

der gewöhnlichen Ursachen der Ungeschmeidigkeit des Gol=
des sey.

In drey Versuchen, wo das Gold mit Smirgel in
sehr hohen Temperaturen und mit schicklichen Zusätzen, um
die metallischen Theile dieses letztern zu reduciren, behan=
delt wurd, blieb das erstere vollkommen unverändert. Seit=
dem Hr. Tennant uns die Natur des Smirgels ken=
nen gelehrt hat, muß man sich über die Existenz des die=
se· Beobachtung entgegengesetzten Vorurtheils wundern und
muthmaßen, daß diese Meynung auf einem Mißverstand ge=
gründet ist, durch welchen man Statt Smirgel irgend
eine metallische Substanz, welche fähig war, auf das
Gold zu wirken, genommen hat.

12. Legirung mit Platin.

Die Eigenschaften des Platins und die Resultate sei=
ner Verbindung mit Gold sind bereits so gut bekannt, daß
H. seine Versuche auf zwey einschränkte. Die erste Legirung
enthielt ungefähr $\frac{1}{25}$ Platin. Das Metall glich angelaufe=
nem Silber und war ausnehmend dehnbar. In dem zwey=
ten Versuch wurde, mit der doppelten Menge der gesetzlichen
Legirung an Kupfer, versetztes Gold genommen. Das Metall
war noch hellgelb und etwas weniger dehnbar, als das erstere.

13. Legirung mit Kupfer.

Diese Legirung ist noch bekannter als die mit Platin;
es sind jedoch hier über sie die meisten Versuche angestellt,
von welchen, 17 an der Zahl, der Verf. ausführlich Nach=
richt giebt.

Die

...... beweisen, daß das nach dem Wälz-
... dem reinsten schwedischen Kupfer legirte Gold
... Verbesserung seine Dehnbarkeit, so wenig durch
... oder weniger starke Hitze, der man es aussetzt,
... die Natur der Formen von Eisen oder Sand, in
... gegossen wird, erleide.

... den 7 folgenden Versuchen wurde schwedisches
... von verschiedener Beschaffenheit angewandt; die ...
... Zeichen von Ungeschmeidigkeit, die man nur
... des Kupfers zuschreiben kann.

... andere Versuche, die mit englischem Kupfer,
... Händel vorkam, angestellt wurden, beweisen, daß
... obschon es in allen äußern Eigenschaften
... scheint, doch nicht immer zur Legirung des
... anwendbar ist. Die Versuche dieser Art
... auf die Ueberzeugung, daß, wenn bey sehr
... die Natur der Formen, in welche die ...
... wird, gleichgültig ist, bey unreinem das Ent-
... Sand finden und daß dann die Formen oder
... von Eisen vorzuziehen sind.

... auszumitteln, bis zu welchem Punkt das Kupfer
... Spießglanz und Wismuth legirt seyn könne,
... seine äußern Eigenschaften merklich verändert wür-
... machte man drey Gemenge, jedes von 476 Gran
... 4 Gran von jedem der drey genannten Me-
... Das Bley und Spießglanz hatten in dieser Menge
... Einfluß auf die Dehnbarkeit des Kupfers,
... aber machte es sehr schwammig und spröde.
... demnach, daß die verschiedenen in Han-
... kommenden Kupferarten bereits Legirungen seyn kön-

nen, ohne daß man es vermuthet. Auf naſſem Wege an-
geſtellte Verſuche zeigten dem Verfaſſer, daß die verſchiedenen Arten Kupfer aus Schweden und England in Tafeln und Körnern Spießglanz enthielten. Sage hat die
Gegenwart des letztern in dem Kupfer von Poullaouen
in Bretagne gefunden.

14. Legirung mit Silber.

Dieſe Legirung, im gewöhnlichen Gehalt, iſt ſo allgemein bekannt, daß die Verfaſſer auch nichts weiter darüber ſagen, als daß ſie diejenige ſey, deren Dehnbarkeit
ſich der des feinen Goldes am meiſten nähert und deren
ſpec. Gewicht nur ſehr wenig von demjenigen abweicht
welches die Berechnung nach den relativen Verhältniſſen der
beyden Metalle angiebt.

Aus den vorhin dargelegten Verſuchen, bemerkt Ha-
chett, iſt es deutlich, daß verſchiedene unter den metalliſchen Subſtanzen, mit denen das Gold legirt werden kann,
mehr oder weniger fähig ſind, ſich während des Schmel-
zens von ihm abzuſondern, je nach ihren relativen Ver-
wandtſchaften mit dem Wärmeſtoff und dem Sauerſtoff,
die aber durch die, welche zwiſchen den verſchiedenen Metallen und dem Golde ſelbſt Statt haben, modificirt werden. Es ſcheint auch, daß ſelbſt die oxydirbarſten Metalle durch das Gold, welches ſie in der Legirung umhüllt,
gegen die Wirkung des Sauerſtoffs geſchützt werden.

Um dieſen Einfluß auf verſchiedene Metalle vergleichend zu prüfen, wurden zehn Metallmaſſen, jede von 6
Unzen zuſammengeſetzt, wovon die erſte Gold zu 23 Kar.
3¼ Gr. war und die 9 andern Legirungen mit Silber,

pfer, Zinn, Bley, Eisen, Wißmuth, Spießglanz, Zink
und Arsenik in dem Verhältniß von 5 u. 10. Den. 4 Gr.
.... und 9 Den. 10 Gr. von iedem der genannten Metalle. Man setzte sie eine Stunde durch in offenen Tiegeln dem Schmelzfeuer aus und wog sie nach dem Erkalten wieder. Das seine Gold und die Legirungen mit Silber,
Kupfer und Zinn verloren nichts am Gewicht. Die Legirung
mit Bley verlor 3 Gr., vorzüglich durch die Verglasung
des Bleys; die mit Eisen verlor 12 Gr., welche eine Schlacke
bildeten, die mit Wißmuth verlor 12 Gr., vorzüglich durch
Verglasung; die Spießglanzlegirung ebenfalls 12 Gr. theils
durch Verflüchtigung, theils durch Verglasung; die Zinklegi-
rung verlor 1 Den. durch Verflüchtigung; die Legirung mit
Arsenik endlich verlor nicht nur alles legirte Metall, sondern
auch 3 Gr. von dem Golde selbst, die durch den Arsenik
bey seiner schnellen Verflüchtigung mit fortgerissen wurden.

Der Verfasser zieht aus den Versuchen, welche dieser
Abschnitt einschließt, eine allgemeine Folgerung, nähmlich
daß die angenommene Meynung, es gebe nur zwey zur
Legirung mit Gold taugliche Metalle, Silber und Kupfer,
in der That gegründet sey. Alle übrige verändern, entweder die Farbe, oder vermindern die Dehnbarkeit des Goldes; man kann sie nach dem Grade ihres Einflusses ungefähr in folgende Ordnung stellen: Wißmuth, Bley und
Spießglanz auf der ersten Stufe und fast gleich; dann Arsenik, Zink, Kobalt, Manganes, Nickel, Zinn, Platin,
Kupfer und Silber.

Ueber die dem Platin angewiesene Stelle blieb dem
Verfasser ein Zweifel übrig. Er glaubt, daß, wenn das
angewandte vollkommen rein gewesen wäre, die Legirung

auch noch in einen andern, ebenmäßig glühenden Tiegel.
Das Resultat war das umgekehrte, die Stange hatte

    ein specifisches Gew. oben von 17,035

             unten — 17,364

Das größere spec. Gewicht des untern Theils rührte
nicht davon her, daß der Gehalt desselben besser war, denn
die Probe zeigte in dieser Hinsicht die genaueste Uebereinstimmung.

  Es war nun nöthig zu wissen, ob die beyden in dieser Legirung so gleichförmig vertheilten Metalle sich in einer folgenden Schmelzung absondern würden. Man erhielt
daher dieselbe Stange eine halbe Stunde durch in vollkommenem ruhigem Fluß und goß sie nachher aus. Man erhielt

	spec. Gew.	Gehalt bey der Probe.
1. oben	— 17,203	10 Gr. Troy-Gewicht über
		den gesetzl. Gehalt
2. unten	— 17,387	eben so.

  Diese letzte Stange war folglich in Hinsicht ihres
Gehalts gleichförmig geblieben, aber die zweyte Schmelzung hatte eine Verfeinerung in der ganzen Masse und
eine Vergrößerung des spec. Gewichts bewirkt.

  Es scheint demnach, daß wenn man eine Stange in
einer vertikalen Lage gießt, der Druck des obern Theils
der Säule thätig dazu beytrage, den untern dichter zu
machen; diese Wirkung aber wird durch diejenige, welche
von den _____
_____
_____

ner dichter als der obere. Die sehr dehnbaren Metalle
können durch die Wirkung des Hammers oder des Streck-
werks in einen gleichförmig dichten Zustand versetzt werden;
aber die spröden sind dieser Behandlungsart nicht fähig
und man kann sie nur durch die Phlogung dem Verdachte
daß sie mehr oder weniger Zwischenräume versteckt hielten,
sichern, eine Operation, die wieder andere Irthümsquelle
hervorbringt. Ueberdies kann keine dieser drey vorstehenden Behandlungsarten bey gewissen Legirungen angewandt
werden, die weder hinlänglich dehnbar sind, um sich strecken,
noch hinlänglich spröde, um sich phlöern zu lassen.

Endlich weiß man, daß das spec. Gewicht eines
solchen selten mit demjenigen stimmt, welches der Cal-
cul nach den einzelnen Dichtigkeiten und den Verhältnissen
der Legirungen angiebt: es ist bald größer, bald kleiner.
Diese Thatsache ist von mehreren beobachtet worden, und
folgt einleuchtend auch aus der Reihe von Versuchen
über die Legirungen des Goldes mit verschiedenen Metallen in verschiedenen Verhältnissen.

Die Wäge, die der Verfasser in diesen Versuchen anwandte, gab bey einer Belastung von 1000 Gr. auf jeder
Seite einen Ausschlag von $\frac{1}{100}$ Gr. d. h. $\frac{1}{100000}$ des
ganzen Gewichts.

Das Gefäß, welches das Wasser enthielt, war durch
Umhüllung von Flanell gegen schnelle Temperaturab-
wechslungen der umgebenden Luft geschützt und es wurden
alle übrige in dieser Art von Versuchen übliche Vorsichtsmaßregeln genommen.

Auf diese Weise wurden 42 Goldlegirungen untersucht

und die Verhältniſſe ihrer Beſtandtheile ſind nebſt ihren ſpec. Gewichten in einer Tabelle dargeſtellt.

Der Verfaſſer zeichnet nächſtdem einige merkwürdige Reſultate aus, welche dieſe verſchiedenen Legirungen darbieten, unter andern die des Bleys und Wismuths. Dieſe beyden Metalle, die mit dem Golde in zwey parallelen, jede aus ſechs Verſuchen beſtehenden, Reihen legirt wurden, ſo daß die Verhältniſſe allmählig von $\frac{1}{15}$ bis $\frac{1}{1515}$ des Gewichts der Legirung abnahmen, brachten auf das ſpec. Gewicht der Legirungen faſt durchaus gleiche Wirkungen hervor, obgleich das ſpec. Gewicht des Bleys 11,352 und das des Wismuths 9,822 beträgt. Die äußern Eigenſchaften des ſo in verſchiedenen Verhältniſſen mit Bley und Wismuth legirten Goldes ferner, entſprechen den Modificationen des ſpec. Gewichts. Denn in dem erſten Verſuche der beyden Reihen, wo das Bley und Wismuth in dem höchſten angegebenen Verhältniß zugegen waren, (formaient la totalité de l'alliage), fand ſich das Gold ſpröde wie Glas, und ſein Bruch glich dem des Porcellains; in den folgenden Verſuchen wurde, in dem Maße, wie das ſpec. Gewicht verringert wurde (étoit reduit) [12], der Bruch gröber und in dem vierten, wo das Verhältniß des Bleys und Wismuths nur 4 Gr. auf 480 Gr. betrug, fieng der Bruch an, etwas metalliſchen Glanz anzunehmen, der im fünften Verſuch, wo das Verhältniß der Metalle in den

---

[12] Es ſcheint nähmlich, ſieht man zugleich auf das, was S. 61 von dieſer Legirung geſagt iſt, daß das ſpec. Gew. bey einem geringern Zuſatz ſtärker von dem berechneten abwich als bey einem größern. Da der franz. Epitomator die Tabellen nicht geliefert hat, ſo kann man die etwas mangelhafte Darſtellung nicht genauer beſtimmen.   G.

ren Reihen nur 3 Gr. auf 450 Gr. Gold betrug, zu-
Zugleich erhielt das Gold in diesen beyden Versu-
ein bemerkenswerth grobes und schwammiges Korn.

Der Verfasser schließt aus dieser Reihe von Versuchen,
das spec. Gewicht des mit verschiedenen Metallen le-
Goldes von demjenigen sehr verschieden sey, welches
relativen Verhältnissen und den specifischen Gewichten
Ingredienzien der Legirung berechnet worden, und daß
die Ursachen, welche auf diese Verschiedenheiten Ein-
haben, sich auf äußerst zahlreiche Weisen verbinden
unendlich abwechselnde Wirkungen hervorbringen können.

In einer folgenden Tabelle, welche die Resultate von
Legirungen des Goldes mit verschiedenen Metallen in
auf die Ausdehnung oder Zusammenziehung,
die Bestandtheile der Legirung durch ihre Verbin-
erlitten, darstellt, bemerkt man 29 Fälle von größe-
Verdichtung, Ausdehnung und nur sechs von Zusam-
ziehung. Die beyden beträchtlichsten Ausdehnungen sin-
bey der Legirung des Bleys und Wismuths mit kupfer-
zum Golde statt: sie betragen 1,56 und 7,21 auf
von 26,31 und 27,28 vor der Verbindung; die
des Wismuths mit dem reinen Golde hingegen
im Verhältniß von 1/7 bringt vielmehr eine Zusammen-
g von 0,31 hervor. Die stärkste Verdichtung betrug
auf ein Volum von 28,26 einer Legirung des Goldes
Bey Ansicht der Tabelle bemerkt man, daß die-
Metalle, die das Gold am meisten spröde machen,
die größte Verdichtung hervorbringen, wenn man sie
in gewissen Verhältniß legirt.

In gewissen Fällen scheint der Grad der Ausdehnung mit dem Verhältniß des Kupfers zu wachsen; aber dieses Wachsthum ist oft weit größer als es seyn müßte, rührte die Wirkung bloß von der Menge des Kupfers her. Man kann daraus schließen, daß die Eigenschaften eines Metallgemisches ihm eigenthümlich sind, d. h. daß sie nicht das Mittel der Eigenschaften der Bestandtheile desselben halten, sondern davon abweichen.

Der Verfasser schließt aus den in dieser Tabelle aufgestellten Thatsachen, daß man die Angaben verschiedener angesehenen Schriftsteller über die Dichtigkeit der Legirungen nicht als vollkommen genau ansehen dürfe. Brisson z. B. in seiner vortrefflichen Arbeit über die spec. Gew. der Körper bemerkt, daß bey Legirung von 11 Theilen Gold und ein Theil Kupfer eine wechselseitige Durchdringung Statt finde, daher er das spec. Gew. dieser Legirung = 16,486 fand, anstatt 17,153, die es nach der Berechnung hätte haben sollen. Der Verfasser hingegen hat gerade das Gegentheil gefunden, nähmlich eine bemerkliche Ausdehnung bey der Legirung von 442 Gran Gold mit 38 Kupfer: das Volum war vor (?) der Verbindung 27,98 und nach (?) derselben war es auf 27,32 (die Einheiten bedeuten hier das Volum eines Gran Wasser) gebracht. Diese Abweichung wird vom Verfasser den verschiedenen Umständen zugeschrieben, unter welchen sie arbeiteten. Er nahm zum Versuch eine ganze Stange, zwey Unzen (Troy) an Gewicht und Brisson mögte vielleicht nur einen Theil der Stange gewogen haben. Man weiß aber, daß die Legirung ungeachtet der

angewandten Vorsicht sich ungleich in der Masse
...

Noch ein anderer Umstand hat auf die Dichtigkeit der
... Einfluß, vorausgesetzt auch, daß sie übrigens viel
...förmig sey, nämlich der Druck des obern Theils
... auf den untern während der Erstarrung. Der
...machte hierüber eine sehr merkwürdige Erfahrung. Er
... Pfund mit Kupfer legirtes Gold in einen vertikal
...rinn Einguß, worin es die Gestalt einer Barre, ...
... aus einem Fuß Länge annahm. Die Probe gab in
Stücken von dieser Barre, die von den beyden Enden
... waren, genau denselben Gehalt an, aber das
... jedes Stücks vom obern Ende betrug 17,035
... des vom untern 17,364. Die auf die Data des
... gegründete Berechnung giebt für den obern Theil
... eine Ausdehnung von 0,91 und für den untern
... 0,37.

Man muß indessen darin überein kommen, daß die
...ste Ursache der Verschiedenheiten im specifischen
...t des legirten Goldes in der ungleichartigen Vertheil...
der Legirung durch die ganze Masse liegt. Die Oper...
..., wodurch ein gleichförmiges Gemisch hervorgebracht
... soll, ist, wenn die Quantitäten des Metalls beträcht...
...nd, nicht leicht. Eben wegen der hieraus entstehen...
...glichkeit räumt man den Münzdirectoren, unter
Nahmen des Remedium, eine bestimmte mögliche
...chung vom Gehalt ein. Diese beträgt 40 Gr...stig
...old auf das Pfund oder $\frac{1}{1\cdot8}$ des Werths;

...ey Gelegenheit der Schwierigkeit einer genauen M...
... besonders des Goldes und Silbers erwähnt der

Verf. zweyer Erfahrungen Schlütters und Hombergs
(Mem. de l'Academie dc Paris 1713.) aus denen herr
vorgeht, daß diese Metalle, wenngleich sie verbunden waren, sich durch die Schmelzung unter gewissen Umständen,
die theils von den relativen Verwandschaften, theils den
specifischen Gewichten dieser Metalle, theils von der Temperatur, die man ihnen während des Flußes mittheilt, abhängen, wieder von einander trennen.

Diese Erfahrungen und einige andere, die im Tower
(wo die Münze ist) über das spec. Gew. verschiedener Portionen von den legirten Goldstangen gemacht wurden, und
sehr merkliche Abweichungen darboten, indem die Extreme
17,372 und 16,225 waren, veranlaßten die Commissarien,
eine neue Reihe von Versuchen zu unternehmen, um die
Ursache dieser Abweichungen zu entdecken zu suchen. Es
wurden deren 7 mit eben so viel, zwey Pfund schweren,
Stangen angestellt, von deren jeder man den untern und
obern Theil besonders prüfte. Man bemerkte indessen ohne
Ausnahme ein größeres spec. Gew. in dem obern Theil als
in dem untern. Das mittlere Verhältniß der 7 Versuche,
die in einer Tabelle aufgeführt sind, beträgt 17,813 für
den obern und 16,991 für den untern Theil. Bey dem
mit Bley legirten Golde war der Unterschied zwischen dem
obern und untern Theil der Stange am kleinsten.

Dieses Resultat veranlaßte die Vermuthung, daß ungeachtet der Sorgfalt, die man bey Mengung der Legirung im Tiegel anwandte, diese sich doch ungleichförmig
vertheile, und daß das Gold als schwerer immer sich auf
den Boden des Tiegels begebe und daher zuletzt in den

Frage gezogen wurde. Um diese Foderung zu rechtfertigen, müßte man den Gehalt der Goldbleche, deren Dichtigkeiten so sehr von einander abweichen, vergleichend untersuchen. Alle Versuche zeigten, daß der Gehalt mit der Dichtigkeit in geradem Verhältnisse stehe, und daß das Gold in dem obern Theil der Stange reiner sey, als in ihrem untern.

Indessen war die Frage noch nicht vollständig aufgelöst. Man machte ausdrücklich eine Legirung von Gold und Kupfer zu 22 Kar! Gehalt; nachdem die Metalle geschmolzen waren, rührte man das Gemenge schnell um, ließ es sodann während einer halben Stunde in ruhigem Fluß, worauf es in eine eiserne Form gegossen wurde. Man nahm von dieser Stange drey Proben, aus der Mitte und von den beyden Enden und untersuchte ihren Gehalt und ihr spec. Gewicht. Folgendes sind die Resultate:

	spec. Gew.	Gehalt bey der Probe.
Nro. 1, von oben	18,141	$3\frac{1}{2}$ Gr. vom Karat über den gesetzlichen Gehalt
— 2, aus der Mitte	17,043	$1\frac{1}{4}$ — — —
— 3, von unten	16,689	$3\frac{1}{4}$ — vom Karat unter dem gesetzl. Gehalt.

Es hatte demnach entweder eine unvollkommene Mischung der Legirung oder eine Absonderung der beyden Metalle während der Ruhe Statt gefunden. Um hierüber zu entscheiden, machte man eine neue Legirung zu demselben Gehalt, und rührte sie vor dem Ausgießen nicht nur mit einem porcellainnen Spatel gut um, sondern goß sie erst auch noch in einen andern, ebenmäßig glühenden Tiegel. Das Resultat war das umgekehrte, die Stange hatte

ein specifisches Gew. oben von 17,035

— — — unten — 17,364

Das größere spec. Gewicht des untern Theils rührte nicht davon her, daß der Gehalt desselben besser war, denn die Probe zeigte in dieser Hinsicht die genaueste Uebereinstimmung.

Es war nun nöthig zu wissen, ob die beyden in dieser Legirung so gleichförmig vertheilten Metalle sich in einer folgenden Schmelzung absondern würden. Man erhielt daher dieselbe Stange eine halbe Stunde durch in vollkommenem ruhigem Fluß und goß sie nachher aus. Man erhielt

	spec. Gew.	Gehalt bey der Probe.
1. oben —	17,203	10 Gr. Troy-Gewicht über den gesetzl. Gehalt
2. unten —	17,387	eben so.

Diese letzte Stange war folglich in Hinsicht ihres Gehalts gleichförmig geblieben, aber die zweyte Schmelzung hatte eine Verfeinerung in der ganzen Masse und eine Vergrößerung des spec. Gewichts bewirkt.

Es scheint demnach, daß wenn man eine Stange in einer vertikalen Lage gießt, der Druck des obern Theils der Säule thätig dazu beytrage, den untern dichter zu machen; diese Wirkung aber wird durch diejenige, welche von der Unvollkommenheit des Gemenges herrührt, modificirt und bisweilen ganz ausgeglichen. Es könnte daher der Fall eintreten, daß das spec. Gewicht einer Stange in ab-

ben ihren Theilen gleichförmig wäre, ihr Gehalt dagegen
abweichend.

Der Verf. argwöhnte noch das Daseyn einer andern
Ursache der Veränderung des spec. Gewichts der Metalle,
von welcher er glaubt, daß ihrer noch nie erwähnt wor-
den: nähmlich ein lange Zeit durch fortgesetztes Reiben.
Er machte, um diesen Einfluß auszumitteln den folgenden
Versuch:

Er nahm 42 Goldstücke vom Durchmesser einer Guinee und von verschiedenen Legirungen, 6 und 6 zusammen,
nähmlich feines Gold mit Silber, mit Silber und Kupfer,
mit Kupfer und Eisen, mit Kupfer und Zinn, endlich mit
Kupfer zu gleichen Theilen legirt. Es wurde mit aller
möglichen Genauigkeit das spec. Gewicht einer jeden Reihe
von 6 Stücken abgenommen; nachher befestigte man sie
in einer Reibemaschine, so daß immer drey und drey derselben Reihe einander entgegen gesetzt waren. Die Maschine
wurde in Bewegung gesetzt und die Stücke rieben sich nun
gegenseitig eine beträchtliche Zeit hindurch, bis die Maschine
200300 Umdrehungen gemacht hatte. Hierauf wurde das
spec. Gewicht jeder Reihe von Neuem untersucht. Die
Tabelle der Resultate vor und nach dem Reiben zeigt einleuchtend, daß dieser Umstand Einfluß gehabt habe. Um
nur das mittlere Verhältniß anzuführen, so betrug das spec.
Gew. vor dem Versuch 17,215 und nach demselben
17,177.

Er wurde mit 12 Stücken Kupfer von demselben Volum wie das Gold wiederholt; sie wurden, nach Bestimmung des spec. Gew. 6 gegen 6 in die Maschine gesetzt,

2. Das Entgegengesetzte findet Statt, wenn Stücke von verschiedener Beschaffenheit auf einander reiben. Denn, wird das geschmeidigste Metall von dem weniger geschmeidigen angegriffen.

3. Die pulverig erdigen Substanzen und metallischen Feilspäne bringen ähnliche Wirkungen hervor und nutzen die verschiedenen Legirungen des Goldes in Verhältniß ihrer respectiven Geschmeidigkeit ab.

Also das feine Gold auf der einen Seite ist, abgesehen von der Leichtigkeit, mit der es durch leichte Stöße sein Gepräge verliert, durch die meisten Arten von Reibung, einer beträgtlichen Verringerung ausgesetzt, und es ist dennoch von dieser Beschaffenheit zum Münzen nicht zu wählen. Auf der andern Seite scheint das Gold, welches so hart ist, daß es die Grenze berührt, wo es noch gestreckt werden und den Druck des Prägewerks aushalten kann, eben so unpassend zum Münzen zu seyn. Denn der Zuwachs an der bey diesen beyden Operationen nöthigen Arbeit, die vielen fehlerhaften Stücke, das öftere Zerbrechen der Stempel, sind Mißverhältnisse, die ein etwas größerer Grad des Widerstandes der geprägten Münze gegen Abnutzung nicht ausgleichen könnte.

Man muß sich also innerhalb dieser beyden Grenzen halten. Das Silber und Kupfer taugt am meisten zur Legirung des zum Münzen bestimmten Goldes und was auch, sagen die Verfasser, der Grund gewesen seyn mag, der zur Annahme des Gehalts von 22 Karat bestimmt hat, so folgt aus allen Versuchen, daß dieses Verhältniß von 1/12 der beyden genannten Metalle zur Legirung in mechanischer

Maße in dem Maße zunehme als sie kleiner werden. So betrug es bey 5 Guineen 17,712; bey 10 halben Guineen 17,750 und bey 15 Siebenschillingstücken (⅐ Guinee) 17,793.

Da die Dichtigkeit eines Metalls oder einer bestimmten Legirung dem Einfluß so mannigfaltiger Ursachen unterworfen ist, so würde die Hoffnung eitel seyn, eine absolute Bestimmtheit in den durch verschiedene Personen erhaltenen Resultaten zu finden. Wenn man auf alle erwähnte Umstände aufmerksam ist, so kann man einen Grad von Genauigkeit erwarten, der für alle wirklich nützliche Gegenstände hinreicht; nur muß man sich hüten, eine Meynung auf beobachtete Unterschiede von kleinen Brüchen zu gründen. Der Verfasser hat z. B. mit der größten Sorgfalt das spec. Gewicht dreyer Goldstangen von demselben Gehalt (22 Kar.), die genau auf dieselbe Weise behandelt waren, untersucht und folgendes Resultat erhalten:

Gold mit Silber legirt — 17,927
— — Silber und Kupfer legirt 17,344
— — Kupfer legirt — 17,157

Zwey Proben Gold können demnach bey gleichem Gehalt im spec. Gewicht in dem Verhältniß = 18 : 17 von einander abweichen, wenn man alle mögliche Ursachen der Abänderungen in Rechnung bringt.

Zur Unterstützung dieser Behauptung stellt der Verf. in einer Tabelle 30 von verschiedenen Schriftstellern erhaltene Resultate über die specifischen Gewichte, sowohl des reinen Goldes, als des 22 karatigen zusammen. Die Unterschiede beym reinen Golde halten sich zwischen 19,640 und 18,750

und brym legirten zwischen 18,888 und 17,157. Er untersucht die Ursachen, welche diese Unterschiede mögten h-
keu bewirken können, und glaubt, daß in den Versuche
welche das spec. Gewicht des Goldes auf 19,640 gese
haben, ein Irrthum Statt gefunden habe, indem er die
Dichtigkeit nie erreicht hat. Brisson giebt 19,361 u
das specifische Gewicht des unter dem Hammer gehärten
24 karatigen Goldes an.

Dritter Abschnitt.

Von der comparativen Abnutzung des Golde
nach den verschiedenen Metallen, womit e
legirt ist.

Diese Untersuchung ist neu; man glaubt gewöhnlich
daß das reine Gold in gegebener Zeit und unter gleiche
Umständen der Reibung sich stärker abnutze, als das hä-
tere Gold. Wäre dies gegründet, so würde es nach de
Erfahrungen des ersten Abschnitts nicht schwer seyn, da
Gold, bey gleichem Gehalt, so hart zu machen, als e
die Wirkung des Prägewerks nur erlaubte: aber diese Sach
war noch nicht hinlänglich untersucht.

Das gemünzte Gold scheint überhaupt dreyen Arte
von Reibung ausgesetzt zu seyn:

1) Dem Reiben der Goldstücke, vom gleichem und verschiedenem Korn, unter einander.

2) Dem Reiben der Goldmünzen gegen andere, z. B
silberne und kupferne.

3) Demjenigen, welchem die Goldstücke durch fremdartig
Körper, als Feilspäne, Sand ꝛc. ausgesetzt sind.

Alle in diesem Abschnitt erzählter Versuche sind nach
... drey Rücksichten angestellt und bilden drey Haupt-
... Es waren bey denen der ersten und zweyten Reihe
... Bedingungen zu erfüllen, nähmlich:

...) daß alle Stücke eine gleichförmige Bewegung erhielten;

...) daß alle durch ein gleiches Gewicht gegen einander ge-
drückt würden;

... daß sie immer gut aneinander schlossen.

Herr Cavendish erdachte eine Vorrichtung, welche
diese Bedingungen erfüllte, vermittelst welcher man
... die Zahl der Hin- und Herreibungen bestimmen und
... Richtung der Bewegung abändern konnte, ohne ...
... letztere die Stücke Furchen bekamen, statt sich mit
... gewöhnlichen Reiben abzunutzen.

Mit ... Apparats untersuchte man nun mit
... Genauigkeit; 1.) die comparative Abnutzung des
... und harten Goldes; 2.) die comparative Abnutzung
... Stücke mit glatter und mit unebener Oberfläche. Im
... der zahlreichen deshalb angestellten Versuche traf
... auf Hindernisse, welche bewirkten, daß die Resultate
immer so strenge genau ausfielen, als man erwarten
... Indessen wurde doch alles Wesentliche mit hinrei-
... Genauigkeit bestimmt. Zu den Versuchen unter 2
... man Stücke mit besonders dazu gestochenen Stem-
... darauf runde, auf der ganzen Oberfläche regel-
... vertheilte Erhabenheiten hervorbrachten, deren ge-
... Walzung beynahe nach allen Richtungen hin
... seyn mußte.

Die Verfasser geben außer der ausführlichen Darstel-
... jeder einzelnen Reihe von Versuchen eine vergleichende

Ueberſicht beyder, um die Abweichungen und die Urſachen, von welchen ſie abhängen, auszuheben. Man ſieht daraus, daß, ungeachtet der Vollkommenheit des Apparats und der beſtändig ausgeübten Vorſicht, unbemerkte nnd unbeſtimmbare Urſachen die Reſultate innerhalb gewiſſer Grenzen der Unſicherheit abweichend machen. Mit Uebergehung nun aller partiellen und iſolirten Thatſachen ziehen die Verfaſ-ſer aus dieſem Theil ihrer Arbeit, indem ſie ſich bloß an die allgemeinen und bleibenden Erfolge halten, nachſtehende Folgerungen:

1. Feines Gold, welches der Reibung mit demſelben Golde unter einem beträgtlichen Drucke ausgeſetzt iſt, er-leidet einen merklichen Verluſt. Man hat Grund zu glau-ben, daß die Abnutzung von Goldſtücken mit andern von gleichem Gehalt unter einem mäßigen Druck im umgekehr-ten Verhältniß des Grades ihrer Dehnbarkeit iſt. Das feine Gold iſt auch mehr als das legirte der Fortnahme, oder vielmehr der Vertiefung oder Ebnung aller vorſprin-genden Theile ſeines Gepräges unterworfen.

2. Feines Gold, welches gegen legirtes gerieben wird, erleidet immer den größten relativen Verluſt.

3. Das 22 karatige Gold, welches mit Kupfer, Sil-ber oder mit beyden zu gleicher Zeit legirt worden, leidet weniger durch Reibung als das feine Gold. Es ſcheint, daß das mit Silber und Kupfer zugleich legirte, in dieſer Hinſicht vor dem mit einem von beyden verſetzten den Vor-rang hat.

4. 22 karatiges Gold, deſſen Legirung aus Kupfer und Eiſen, Kupfer und Zinn beſtand, iſt einer größern

Zerstörung durch das Reiben unterworfen als die bisher
erwähnten Legirungen.

4. 18 karatiges Gold, wenn es mit sich selbst gerieben wird, nutzt sich mehr ab, als das 22 karatige;
wird es hingegen mit Goldstücken von höherm Gehalt gerieben, so leiden letztere den größten Verlust.

6. Derselbe Erfolg hat beym Golde von niedrigem
Gehalt, z. B. dem mit gleichen Theilen Kupfer legirten,
Statt.

7. Die Abnutzung des gesetzlich legirten Silbers scheint
der des feinen Goldes fast gleich zu seyn. Sie ist geringer als beym Golde von niedrigem Gehalt.

8. Das gesetzlich legirte Gold nutzt sich im allgemeinen weniger ab, als eben solches Silber und letzteres weit
weniger als reines Kupfer.

Ueberhaupt sind diejenigen Metalle am meisten der
Abnutzung durch das Reiben unter sich unterworfen,
welche die meiste Wirkung auf andere Metalle, gegen
welche man sie reibt, ausüben; und, was merkwürdig ist,
der Verlust fällt im letztern Fall nicht immer auf die Seite
des einen, vorzugsweise vor dem andern, sondern man
muß ihn als gemeinsam ansehen, wiewohl das eine der beyden Metalle als die vorzüglichste Ursache davon betrachtet
werden kann.

Bey Gelegenheit der vorhergehenden Arbeiten waren
an dem 22 karatigen Golde, nach der Beschaffenheit des
Kupfers, womit es legiret war, zwey verschiedene Eigenschaften bemerkt worden. Der Verfasser bezeichnet sie mit

F 2

den Ausdrücken hart und spröde. Wenn das Metall geneigt war, in dem Walzwerke zu reißen, ohne eine besondere Kraft zu erfordern, um es zwischen die Cylinder zu bringen, so nannte man es spröde; erforderte es aber viel Kraft zum Laminiren, und riß es während desselben nicht, so war es hart. Man erhielt einen Mittelzustand zwischen diesen beyden Extremen, welcher der Ausmünzung und der Conservation der geprägten Stücke vorzüglich günstig war, durch Verbindung gleicher Theils dieser beyden Arten. Es wurde eine besondere Reihe von Versuchen unternommen, um die Wirkung dieser feinen Verschiedenheiten zu bestimmen. Man fand:

1. Daß ein sehr dehnbares 22 karätiges Gold, der Reibung gegen Gold von derselben Beschaffenheit unterworfen, weniger leide, als ein in Vergleichung spröderes.

2. Daß, wenn dehnbares und sprödes Gold gegen einander gerieben werden, das erstere den beträchtlichsten Verlust erleide.

3. Daß, alles übrige gleich gesetzt, die Stücke mit unebener Oberfläche mehr leiden.

In allen vorhergehenden Versuchen waren die Goldstücke sich mit ihren Flächen entgegengesetzt gewesen. Um alle Fälle von zufälliger Berührung der Untersuchung zu unterwerfen, wurden 200 Goldstücke von fünferley Beschaffenheit, wovon die Hälfte jeder Art glatt, die andere Hälfte auf die oben erwähnte Art geprägt waren, alle unter einander in eine viereckige Büchse von Eichenholz von acht Zoll innerem Durchmesser geworfen und letztere in 40 Stunden 71720 Mahl umgedreht. Alle diese Stücke schlie-

mehr an den Rändern als auf den Flächen gelitten
haben; das Gepräge der geprägten Stücke war um so
mehr verlöscht oder abgestumpft, als ihre respective Geschmeidigkeit größer gewesen war. Sie hatten ein besonderes Kennzeichen: man bemerkte auf den Rändern, welche ab-
gerieben und polirt waren, eine kleine wurstförmliche Erha-
benheit, welche die Stücke, deren Flächen mehr oder weniger rauh geworden waren, einfaßte. Ihr erster Durchmesser war ebenfalls im Verhältniß der verschiedenen Grade
ihrer Härte und des Verlustes, welchen sie während
des Reibens erlitten hatten, kleiner geworden. Uebrigens
zeigten alle Wirkungen im Allgemeinen die mit dem
vorigen wahrgenommenen. Zwischen den glatten und
rauhen Stücken zeigte sich in diesem Versuche kein wesentlicher Unterschied.

Eine dritte Reihe von Versuchen wurde über die Ab-
reibung durch verschiedene fremde Körper unternommen.
Man bediente sich dazu der Kreide, des feinen Streusan-
des, Feilstaubs von 22 karätigem mit Kupfer legirtem
Golde und der Eisenfeile. Die Abnutzung war bey jeder dieser einzelnen Substanzen verschieden, aus der Vergleichung
derselben aber gieng einleuchtend hervor, daß sie mit dem
Grade der Dehnbarkeit jedes gebrauchten Metalls in Verhältniß stand.

Nimmt man das Ganze zusammen, so lassen sich folgende
Grundsätze daraus ziehen:

1. Wenn eine gleichförmige Reibung unter mäßigem
Drucke zwischen Münzen derselben Art Statt findet, so ist
die Abnutzung gewöhnlich im umgekehrten Verhältniß der

2. Das Entgegengesetzte findet Statt, wenn Stücke von verschiedener Beschaffenheit auf einander reiben. Dann wird das geschmeidigste Metall von dem weniger geschmeidigen angegriffen.

3. Die pulverig erdigen Substanzen und metallischen Feilspäne bringen ähnliche Wirkungen hervor und nutzen die verschiedenen Legirungen des Goldes in Verhältniß ihrer respectiven Geschmeidigkeit ab.

Also das feine Gold auf der einen Seite ist, abgesehen von der Leichtigkeit, mit der es durch leichte Stöße sein Gepräge verliert, durch die meisten Arten von Reibung einer beträgtlichen Verringerung ausgesetzt, und es ist demnach von dieser Beschaffenheit zum Münzen nicht zu wählen. Auf der andern Seite scheint das Gold, welches so hart ist, daß es die Grenze berührt, wo es noch gestreckt werden und den Druck des Prägewerks aushalten kann, eben so unpassend zum Münzen zu seyn. Denn der Zuwachs an der bey diesen beyden Operationen nöthigen Arbeit, die vielen fehlerhaften Stücke, das öftere Zerbrechen der Stempel, sind Mißverhältnisse, die ein etwas größerer Grad des Widerstandes der geprägten Münze gegen Abnutzung nicht ausgleichen könnte.

Man muß sich also innerhalb dieser beyden Grenzen halten. Das Silber und Kupfer taugt am meisten zur Legirung des zum Münzen bestimmten Goldes und was auch, sagen die Verfasser, der Grund gewesen seyn mag, der zur Annahme des Gehalts von 22 Karat bestimmt hat, so folgt aus allen Versuchen, daß dieses Verhältniß von $\frac{1}{12}$ der beyden genannten Metalle zur Legirung in mechanischer

Hinsicht, das beste oder wenigstens so gut als irgend ein anderes sey, so man aussuchen könnte.

Es bleibt noch die relative Vorzüglichkeit der Legirung mit reinem Silber, oder mit Silber und Kupfer oder mit bloßem Kupfer, die zu $\frac{1}{12}$ genommen werden sollen, auszumitteln.

Das mit $\frac{1}{12}$ Silber legirte Gold ist blaßgelb, sehr dehnbar, läßt sich leicht strecken, und braucht, ehe es der Wirkung des Prägewerks ausgesetzt wird, nicht angelassen zu werden, daher man es nachher nicht gelbsieden darf. Nach dem Prägen behält seine Oberfläche eine gleichförmige Farbe, welche durch die Abnutzung nicht verändert wird. Dies sind seine Vortheile, folgendes die Nachtheile:

1. Die Vermehrung der Kosten durch den Werth des Silbers, gegen diejenigen, wenn man Kupfer zur Legirung nimt.

2. Die sehr blaßgelbe Farbe dieser Legirung.

3. Ihre zu große Geschmeidigkeit, welche verursacht, daß ihr Gepräge fast eben so leicht verlöscht wird, als beym reinen Golde.

Das mit $\frac{1}{24}$ Silber und eben so viel Kupfer legirte Gold ist nicht so weich als das vorhergehende; seine Farbe nähert sich mehr der des feinen Goldes; es reinigt sich leichter nach dem Anlassen als die Legirung mit bloßem Kupfer durch eine Alaunauflösung. Es läßt sich sehr leicht strecken und prägen und unter verschiedenen Umständen scheint es besser der Reibung zu widerstehen, als die Legirung mit bloßem Silber oder Kupfer.

Nach dem Reiben beym gewöhnlichen Umlauf aber ist seine Farbe einer Verdunckelung in den hervorragenden Stellen unterworfen.

Das bloß mit Kupfer legirte Gold ist weit dunkler als die beyden vorigen und noch sehr dehnbar, sofern das Kupfer rein war. Es wird beym Anlassen schwarz, läßt sich aber durch Alaunauflösung gelb sieden. Es leidet etwas mehr durch das Reiben als das vorgehende, der Unterschied ist indessen unbeträgtlich.

Die Kupferfarbe, welche diese Legirung an den vorspringenden Stellen annimt, rührt davon her, daß, wenn das Reiben die äußerst dünne Schichte von reinem Golde, welche die auflösende Flüssigkeit auf der Oberfläche des Stücks gebildet hatte, von den Hervorragungen fort genommen hat, daselbst das Kupfer der Legirung erscheint, während das Feld des Stücks seine schöne Farbe behält.

Ohne Zweifel hat die Legirung aus Kupfer und Silber zur Hälfte einige geringe Vortheile vor der aus bloßem Kupfer; würden aber diese Vortheile wohl die größere Ausgabe, die das $\frac{1}{24}$ Silber veranlaßt, aufwiegen? Besonders wenn man bedenkt, daß das zur Münze geschickte Gold immer schon etwas Silber enthält, was man bey der Legirung in Rechnung bringt.

Die Gewichtsverringerung, welche die englischen Goldmünzen in einem begrenzten neuern Zeitraum erlitten haben, wird von den Verfassern nicht einem Fehler in der Legirung, sondern der wechselseitigen Wirkung der vorspringenden Theile des Gepräges und des Randes zugeschrieben, die gleich einer Feile wirkten.

durch Zusammenschmelzen vermehrt, das anderer verminde
werde. Diese Wirkung folgt aber in ihren Abstuffung
keineswegs den relativen Verhältnissen der Metalle, du
die sie hervorgebracht wird; so wie auch in der größe
Schmelzbarkeit, die einige Metalle durch Legirung mit a
dern erhalten, ein Maximum Statt findet, welches we
aus der Schmelzbarkeit des einen noch des andern Metal
abgeleitet werden kann, sondern durch ihre Verbindung sel
entsteht und von bestimmten Verhältnissen, in welchen
verbunden werden, abhängt.

Die Versuche des dritten Abschnitts über die comp
rative Abnutzung des Goldes waren die schwierigsten, u
es sind nur diejenigen Thatsachen als sicher angenomm
worden, die sich gleichförmig unter allen Umständen gezei
haben. Es hat sich aus ihnen als Hauptresultat ergebe
daß Gold von einer mittlern Dehnbarkeit zum Münzbeh
das vorzüglichste ist, und daß seine natürliche Abnutzun
den Betrug ausgeschlossen, nur ausnehmend langsam se
müsse.

„Die Metallurgie, sagen die Verfasser beym Schl
ihrer großen und wichtigen Arbeit, würde gewiß durch e
Reihe von Versuchen über die Verbindungen der Met
unter einander zu zwey, drey u. s. w. sehr erweitert w
den, wenn man dabey von den einfachern Verbindung
zu den zusammengesetztern überginge, und zugleich gen
Versuche über den Glanz, die Farbe, die Dehnbarkeit, b
specifische Gewicht und die Härte der Gemische anstellte.

„Unsere Kenntnisse über die Eigenschaften der Meta
gemische sind in Wahrheit sehr unvollkommen und man

in diesem Zweige der Chemie noch weit zurück. Den schon
den Alten bekannten Metallcompositionen sind nur wenige
hinzugefügt worden. Die verschiedenen Verbindungen von
Gold und Silber, unter dem Nahmen Electrum (Plin.
XXIII. 4), das Corinthische Metall (Plin. XXIV. 2),
Arten von Bronze (ebdsbst, und cap. 9), die Zusammensez-
zung von Kupfer und Zink, die wir Messing nennen (Plin.
XXXIV. 10), das Spiegelmetall (Plin. YXIII. 9 und
XXIV. 17), das mit dem Nahmen Argentarium belegte
(ebdsbst), welches unserm mit Bley legirten Zinn sehr ähnlich ist; die Kunst, das Eisen zu verzinnen und zu platti-
ren (ebdsbst), endlich das Verfahren beym Amalgamiren
(Vitruv. VII. 8), alle diese Entdeckungen gehören ihnen
eben so wohl als uns.‘‘

„Aber es ist noch viel zu thun übrig, und man kann
von einer Reihe genauer und systematisch angestellter Versuche über die Eigenschaften der Metallgemische sehr viel
erwarten. Denn abgesehen von der Anwendung, die vielleicht von einer großen Anzahl Legirungen in technischer
Hinsicht zu machen seyn würde, so würde ohne Zweifel
auch die Wissenschaft Vortheile daraus ziehen. Unsere Begriffe über die Eigenschaften, sowohl der einfachen als zusammengesetzten Metalle würden sich sehr erweitern, und
die Irthümer und Vorurtheile, welche diesen Theil der
menschlichen Kenntnisse noch umhüllen, würden nützlichen
Wahrheiten Platz machen.‘‘

durch Zusammenschmelzen vermehre, das anderer vermindert werde. Diese Wirkung folgt aber in ihren Abstuffungen keineswegs den relativen Verhältnissen der Metalle, durch die sie hervorgebracht wird; so wie auch in der größern Schmelzbarkeit, die einige Metalle durch Legirung mit einander erhalten, ein Maximum Statt findet, welches weder aus der Schmelzbarkeit des einen noch des andern Metalls abgeleitet werden kann, sondern durch ihre Verbindung selbst entsteht und von bestimmten Verhältnissen, in welchen sie verbunden werden, abhängt.

Die Versuche des dritten Abschnitts über die comparative Münzung des Goldes waren die schwierigsten, und es sind nur diejenigen Thatsachen als sicher angenommen worden, die sich gleichförmig unter allen Umständen gezeigt haben. Es hat sich aus ihnen als Hauptresultat ergeben, daß Gold von einer mittlern Dehnbarkeit zum Münzbehuf das vorzüglichste ist, und daß seine natürliche Abnutzung, den Betrug ausgeschlossen, nur ausnehmend langsam seyn müsse.

„Die Metallurgie, sagen die Verfasser beym Schluß ihrer großen und wichtigen Arbeit, würde gewiß durch eine Reihe von Versuchen über die Verbindungen der Metalle unter einander zu zwey, drey u. s. w. sehr erweitert werden, wenn man dabey von den einfachern Verbindungen zu den zusammengesetztern überginge, und zugleich genaue Versuche über den Glanz, die Farbe, die Dehnbarkeit, das specifische Gewicht und die Härte der Gemische anstellte."

„Unsere Kenntnisse über die Eigenschaften der Metallgemische sind in Wahrheit sehr unvollkommen und man ist

Pulver zurück, welches größten Theils aus Spießglanz-oxyd besteht, zuweilen auch mit etwas Kieselerde vermischt ist. Durch Verdampfen erhält man aus der Auflösung das salpeterfaure Bley in Kryftallen, ein Salz, welches hinlänglich bekannt ift, um einer nähern Beschreibung zu bedürfen.

1. Setzt man die so erhaltenen, und auf Löschpapier getrockneten Kryftallen einer Temperatur von 300° aus, so verlieren sie im Durchschnitt 3 Procent ihres Gewichts. Dieser Verlust rührt nicht bloß vom Wasser her, denn die Dämpfe riechen ftark nach Salpeterfäure.

2. Löst man 69 Gran Bley in Salpeterfäure auf und dampft man die Auflösung zur Trockne ab, so wiegt das salpeterfaure Bley, nachdem es in einer Hitze von 300° getrocknet worden, 112 Gran. 100 Gran Bley geben also 162⅓ Gran salpeterfauren Bleyes. Wir lernen hieraus, daß 100 Theile salpeterfauren Bleyes beftehen aus

$$61\tfrac{2}{3} \text{ Bley,}$$
$$\underline{38\tfrac{1}{3} \text{ fremden Körpern.}}$$
$$100$$

3. Werden 112 Gran salpeterfauren Bleyes (bey 300° getrocknet) in Wasser aufgelöft und mit aufgelöftem kohlenfauren Kali vermischt, so fällt ein reichlicher weißer Niederschlag von kohlenfaurem Bley. Bergmann zeigte schon längft, daß das im Handel vorkommende Bleyweiß mit diesem kohlenfauren Bley völlig einerley sey. Abgewaschen, auf ein Filter gesammelt, und bey 300° getrocknet, wiegt es 90 Gran. Dies zeigt uns, daß 69 Gran Bley 90 Gran kohlenfaures geben, und folglich 100 Gran Bley

120⅔ Gran kohlenſaures liefern wůrden. Aus dieſem Verſuche lernen wir, daß 100 Theile gefällten kohlenſauren
Bleyes beſtehen aus

76⅔ Bley,

23⅓ fremden Körpern.
_____
100

4. Werden 90 Gran des gefällten kohlenſauren Bleyes
in einer Retorte nach und nach bis zum Glühen erhitzt,
ſo werden die darin enthaltene Säure und Waſſer verjagt,
und es bleibt ein gelbes Oxyd zurück. Dies wiegt 77
Gran, und es enthält alſo 69 Gran Bley. Daraus folgt,
daß das gelbe Bleyoxyd zuſammengeſetzt ſey, aus 69
Bley + 8 Sauerſtoff, oder auf 100 aus

89,7 Bley,

10,3 Sauerſtoff.
_____
100

Bekanntlich ſchmelzen die Bleyoxyde ſehr leicht zu
Glas. Dies erfolgt auch in dem vorhergehenden Verſuche,
wofern man nicht beſondere Sorgfalt anwendet. Alsdann
greift das Bley die Retorte ſtark an; aber der Gewichtsverluſt iſt derſelbe, wenn anders die Hitze nicht zu groß
war. Schmilzt man das Oxyd in einem irdenen Gefäß,
ſo überzieht es die Oberfläche mit einem gelben Glaſe, wie
bey der groben Töpferwaare. In dieſem Falle geht, wenn
nicht die nöthige Vorſicht angewendet wird, von dem Oxyde
etwas verloren. Es iſt bemerkenswerth, daß wenn kohlenſaures Bley in einer Glasretorte langſam bis zum Schmelzen erhitzt wird, die geſchmolzene Portion ſchön gelb iſt,
das zurückbleibende Pulver aber eine ſchmutzige, blaß

ziegelrothe Farbe hat. In einem Platintiegel hingegen ist die geschmolzene Portion roth, und die ungeschmolzene gelb.

5. Aus den vorhergehenden Versuchen folgt, daß das gelbe Bleyoryd 10, 5 Procent Sauerstoff enthält. Hr. Proust hat nach seinen Versuchen das Verhältniß des Sauerstoffs zu 9 Procent angegeben. [*)] Dies Resultat weicht von dem meinigen nicht sehr ab. Habe ich einen Fehler begangen, so ist, glaube ich, das Verhältniß des Sauerstoffs zu hoch angegeben worden; denn das von mir angewendete Bley enthielt 1½ Procent Spießglanz, dessen Oryde weit mehr Sauerstoff enthalten, als das gelbe Bleyoryd. Vielleicht kommen wir der Wahrheit näher, wenn man das Mittelverhältniß beyder Resultate annimmt. Man kann daher das gelbe Bleyoryd als zusammengesetzt ansehen aus

$$90\tfrac{1}{2} \text{ Bley,}$$
$$\underline{9\tfrac{1}{2} \text{ Sauerstoff.}}$$
$$100$$

6. Die vorhergehenden Versuche setzen uns in Stand, die Bestandtheile des salpetersauren Bleyes folgendermaßen anzugeben:

1. Auf Löschpapier getrock-net.	2. In einer Hiße von 300 Gr. getrocknet.
66 gelbes Oryd,	68,5 gelbes Oryd,
34 Säure und Wasser	31,5 Säure und Wasser
100	100,0

[*)] Man sehe dieses Journal Bd. 3 S. 35.

1. Auf

Sie geben uns also das gefällte kohlensaure, bey 300°
getrocknete Bley folgendermaßen:

86 gelbes Oxyd,

14 Säure und Wasser.

100

Das natürliche kohlensaure Bley enthält etwa 16 Procent Kohlensäure. Das gefällte enthält also entweder
weniger Säure als das natürliche, oder es verliert in gelinder Wärme einen Theil davon. Bekanntlich enthalten
die kohlensauren Verbindungen im krystallisirten Zustande
gewöhnlich mehr Säure als in Pulvergestalt.

7. Das gelbe Bleyoxyd ist ein Pulver von einer lebhaften gelben Farbe, geschmacklos, im Wasser nicht, aber
in den feuerbeständigen Alkalien und Säuren auflöslich.
Die alkalischen Auflösungen sind gelb, aber die sauren mei-
stens ungefärbt. In der Hitze schmilzt es leicht, und bildet ein gelbes, halbdurchsichtiges, zerbrechliches, hartes
Glas. Durch das Erhitzen verliert es kein Sauerstoffgas.
In heftigem Feuer geht etwas Oxyd verloren. In freier
Luft erhitzt, wird seine Oberfläche ziegelroth. Mit metallischem Bley vermischt, fließt es nach Proust zu einem
grünen Glase.

8 Man kann das gelbe Oxyd unmittelbar aus dem
salpetersauren Bley erhalten, wenn man dieses Salz einer
hinlänglichen Hitze aussetzt; aber der Gewichtsverlust ist
alsdann gewöhnlich größer, als er seyn sollte. Dies ist,
glaube ich, eine Ursach, warum Proust das Verhältniß
des Sauerstoffs in dem gelben Oxyde so geringe fand.
Hundert Gran salpetersauren Bleyes (durch Verdampfung

ziegelrothe Farbe hat. In einem Platintiegel hingegen ist die geschmolzene Portion roth, und die ungeschmolzene gelb.

5. Aus den vorhergehenden Versuchen folgt, daß das gelbe Bleyoxyd 10, 5 Procent Sauerstoff enthält. Hr. Proust hat nach seinen Versuchen das Verhältniß des Sauerstoffs zu 9 Procent angegeben. *) Dies Resultat weicht von dem meinigen nicht sehr ab. Habe ich einen Fehler begangen, so ist, glaube ich, das Verhältniß des Sauerstoffs zu hoch angegeben worden; denn das vor mir angewendete Bley enthielt 1½ Procent Spießglanz, dessen Oxyde weit mehr Sauerstoff enthalten, als das gelbe Bleyoxyd. Vielleicht kommen wir der Wahrheit näher, wenn man das Mittelverhältniß beyder Resultate annimmt. Man kann daher das gelbe Bleyoxyd als zusammengesetzt ansehen aus

$$
\begin{array}{l}
90\tfrac{1}{2}\ \text{Bley,} \\
9\tfrac{1}{2}\ \text{Sauerstoff.} \\
\hline
100
\end{array}
$$

6. Die vorhergehenden Versuche setzen uns in Stand, die Bestandtheile des salpetersauren Bleyes folgendermaßen anzugeben:

1. Auf Löschpapier getrocknet.	2. In einer Hitze von 300 Gr. getrocknet.
66 gelbes Oxyd,	68,5 gelbes Oxyd,
34 Säure und Wasser	31,5 Säure und Wasser
100	100,0

in allen Fällen nichts weiter, als gelbes Oxyd mit eb

Säure, verbunden.

Aber Proust hat in seinen Bemerkungen über die ... chimiques des Fourcroy, die Berei... ganz eines Bleyoxyds angegeben *), ... lches weniger ... ... als das gelbe enthält. Kocht man Bley in ... salpetersauren Bleyauflösung, so nimt die Flüssigkeit ... und nach eine gelbe Farbe an, und setzt beym Er... schuppige Krystalle ab. Nach Proust enthalten ... Krystalle das verlangte Oxyd; allein seine Folgerun... scheinen bloß aus dem einzigen erzählten Versuche ge... ... zu seyn. Das Salz scheint er nicht zersetzt, noch ... Grundlage untersucht zu haben.

... Werden 100 Gran salpetersauren Bleyes in Wasser gelöst, und in einer Phiole mit einem Bleycylinder (... Gran Bley) gekocht, so verliert das Metall bald sei... Glanz, und wird mit einer weißen Rinde bedeckt, wäh... die Flüssigkeit eine gelbe Farbe annimt. Das Kochen ... unterhalten, und so oft Wasser zugegossen, als es ... ... bis die Flüssigkeit nicht weiter auf das Bley ... schien. Nun wurde der Cylinder herausgenom... und gewogen. Er hatte 44 Gran verloren. Hieraus ... ..., daß 100 salpetersauren Bleyes, in Wasser auf... ..., sich mit 44 Gran Bley, oder beynahe der Hälfte ... Gewichts verbinden können. Gänzlich wurde es ... ... nicht aufgelöst. Es fiel ein bläulich graues Pulver ... ..., welches sich in dem Maße vermehrte, als der

Cylinder abnahm. Orydirten sich diese 44 Gran auf ﬤ
ſten des gelben Oryds im ſalpeterſauren Bley, ſo hätt
wir ein neues Oryd mit weit weniger Sauerſtoff, und b
Verhältniß ſeiner Beſtandtheile würde leicht anzugeben ſey
denn 100 Gran ſalpeterſauren Bleyes enthalten 66 Gr
gelben Oryds, welches aus 59¼ Bley und 6¼ Sauerſt
beſteht. Das neue Oryd enthält alſo 59¼ + 44 Bley u
6¼ Sauerſtoff, oder in Hundert:

$$94,3 \text{ Bley,}$$
$$\underline{5,7 \text{ Sauerſtoff.}}$$
$$100,0$$

Nun iſt es aber höchſt unwahrſcheinlich, daß die ﬤ
Gran Bley allen Sauerſtoff, der erforderlich iſt, ſie z
Auflöſung fähig zu machen, von dem Oryde des ſalpete
ſauren Bleyes aufnehmen ſollten, ſo lange ein Ueberm
von Salpeterſäure in der Auflöſung vorhanden iſt. ﬤ
wollen daher das neue Salz unterſuchen.

2. Beym Erkalten ſetzt die Auflöſung dünne, ſchu
pige Kryſtalle von lichtgelber Farbe ab. Dieſe haben da
ſelben ſüßen zuſammenziehenden Geſchmack, als das g
wöhnliche ſalpeterſaure Bley, nur ſind ſie im Waſſer nicht
ſo auflöslich. Dampft man die übrige gelbe Flüſſigk
weiter ab, ſo ſetzt ſie beym Erkalten kleine Nadeln v
blaßgelber Farbe ab, die dem Bleyzucker ſehr ähnlich ſﬤ
Ihr Geſchmack iſt ſüß und zuſammenziehend. In ﬤ
Luft verändern ſie ſich nicht. In kaltes Waſſer geworfe
fallen ſie zu Boden, die Flüſſigkeit wird nach und ﬤ
milchig, und ſetzt ein weißes Pulver ab. Dieſes verſchw
det nicht, wenngleich die Auflöſung bis zum Sieden e

hitze wird, sondern die Flüssigkeit erhält die Eigenschaft
noch mehr von dem Salze aufzulösen, ohne weiter von
dem weißen Pulver etwas abzusetzen. Kochendes Wasser
löset das Salz ohne eine solche Abscheidung auf. Hieraus
läßt sich meiner Meynung nach schließen, daß das weiße
Pulver von etwas Kohlensäure im kalten Wasser herrührt,
und daß unser Salz in dieser Rücksicht dem essigsauren
Bley ähnlich ist.

3. 30 Gran des beym Kochen des Bleyes im salpetersauren Bley) abgesetzten Salzes, vorsichtig bis zum Glühen erhitzt, schmolzen zu einer gelben Masse, die 24,5 Gr.
wog. Der Verlust von 5,5 Gran muß der Säure und
dem Wasser zugeschrieben werden. Dies Salz besteht also
aus

      81,5 Oxyd,

      18,5 Säure und Wasser.

      $\overline{100,0}$

Diese 24,5 Gran Oxyd in Salpetersäure aufgelöst,
gaben 35 Gran gewöhnlichen salpetersauren Bleys (bey
300° getrocknet). Aber 35 Gran salpetersauren Bleyes
enthalten 24 Gran gelben Oxyds, welches kaum von der
aufgelösten Menge abweicht. Aus diesem Versuche scheint
zu folgen, daß das vorliegende Salz bloß gelbes Oxyd
enthalte, und sich von dem gewöhnlichen Nitrat nur durch
ein geringeres Säureverhältniß unterscheide. Man wird
aber vielleicht sagen, das Oxyd des Salzes absorbirte, bey
Anwendung der Wärme, aus der Salpetersäure Sauerstoff, und würde dadurch zu gelbem Oxyd oxydirt.

4. Es wurden 23 Gran nadelförmiger Krystalle in
Wasser aufgelöst und durch kohlensaures Kali zersetzt.

Das Carbonat hatte das gewöhnliche Ansehen, und wog, bey 300° getrocknet, 24 Gran. Aber 24 Gran des gewöhnlichen Carbonats enthalten etwa 21½ Oxyd, und mußten daher, in Salpetersäure aufgelöst, etwa 31½ Gran gewöhnlichen Bleynitrats (bey 300° getrocknet) geben; welches bey der Untersuchung beynahe zutraf. Das in den nadelförmigen Kryſtallen enthaltene Oxyd iſt alſo gelbes; denn es ereignet ſich in obigem Verſuche nichts, woraus der Sauerſtoff entlehnt werden könnte. Iſt dies nun mit den nadelförmigen Kryſtallen der Fall, ſo muß es auch bey den ſchuppigen Statt finden, denn beyde Salze ſind ſich offenbar gleich.

5. 63 Gran des Salzes, theils in Schuppen theils in Nadeln, wurden mit kohlenſaurem Kali in einem Wedgewood Tiegel geſchmolzen. Durch Auflöſen und Durchſeihen erhielt ich ein fleiſchfarbenes Pulver, welches aus Bleyoxyd und Kieſelerde gemiſcht war. Es wog 53 Gran; aber eine nicht zu ſchätzende Portion hieng noch an dem Tiegel. Die Kieſelerde rührt offenbar von dem Gefäße her. 30 Gran dieſes Pulvers in Salpeterſäure digerirt, ließen 3½ Gran Kieſelerde zurück; es hatten ſich alſo nur 26½ aufgelöſt. Die Auflöſung gab 39½ Gran ſalpeterſauren Bleyes. Nun enthalten 39½ Gran Nitrats 27 Gran gelbes Oxyd, oder nahe die aufgelöſte Menge. Das in dieſem Verſuche erhaltene Oxyd war alſo gelbes; es iſt folglich mit dem vorhergehenden einerley.

Prouſt's Salz ſcheint kein anderes Oxyd, als das gewöhnliche Nitrat zu enthalten, ſondern ſeine neue Eigenſchaften rühren von dem verſchiedenen Verhältniß ſeiner Säure her. Es iſt vollkommen neutraliſirt, da hingegen

[...]lische Nitrat ein Uebermaß an Säure enthält [...] ein Supernitrat ist. Wäre aber dieser Schluß [...] müßte Proust's Nitrat entstehen, wenn man [...] Nitrat so stark erhitzte, daß die überschüssige [...] verjagt würde. Diese Vermuthung mußte durch [...] bestätigt werden.

[...] 100 Gran Bleynitrat (bey 300° getrocknet) wur [...] einer Flasche allmählig erhitzt. Es entwichen sal [...]petersaure Dämpfe, und das Salz verlor 5 Pro [...] seinem Gewichte. Bey erhöheter Temperatur [...] das Salz zu einem durchsichtigen sehr blaßgelben [...]. Das Gewicht der Masse war nun auf 85 Gran [...]. Sie bestand daher aus 68,5 Oxyd und 16,5 [...], oder in 100 aus:

80 Oxyd,
20 Säure.
——
100

[...] Wasser in die Flasche und erhielt durch Di [...] eine gelbe Auflösung, die der durch Kochen des [...] in Bleynitrat erhaltenen ähnlich, nur nicht so dun [...]. Es blieb ein gelbes Pulver unaufgelöst zurück, [...] hauptsächlich aus der Salzpartien am Boden der [...] bestand, die ein stärkeres Feuer ausgehalten hatte. [...] geschmolzen und hatte Aehnlichkeit mit dem Bley [...]. In der Rothhitze schmolz es zu einem gelben [...] und verlor 14 Prozent. Es bestand also

86 Oxyd,
14 Säure und Wasser.
——
100

Nach dem Verdampfen der Auflösung, schossen zwey
Lagen von Krystallen an; die eine bestand aus gewöhnli-
chem Bleynitrat, die andere war denen ähnlich, welche
Proust erhielt.

7. Aus den gegebenen umständlichen Berichten lernen
wir, daß es drey verschiedene Arten von Bleynitrat giebt.
Die erste ist ein Supernitrat, oder enthält überschüssige
Säure; die zweyte ist neutral; die dritte enthält überschüssige Basis, und ist also ein Subnitrat. Die erste
Art begreift das gewöhnliche Nitrat der Chemiker mit allen seinen Abänderungen unter sich; die zweyte das Nitrat
von Proust; die dritte das gelbe Pulver, welches man
durch hinlängliche Erhitzung des gewöhnlichen Nitrats erhält.

III. Braunes Oxyd.

Man erlaube mir dies Oxyd, ungeachtet es ein Maximum von Sauerstoff enthält, hier anzuführen, weil die
Kenntniß seiner Zusammensetzung zur Zerlegung des rothen
Bleyoxyds nothwendig ist. Scheele entdeckte und beschrieb es in seiner Abhandlung über den Braunstein. [4]
Gießt man verdünnte Salpetersäure auf Mennige, so läßt
sich der größte Theil des Oxyds auf, aber es bleibt ein
braunes Pulver zurück, worauf die Säure keine Wirkung
hat. Dieses ist das braune Bleyoxyd. Proust entdeckte,
daß es auch entsteht, wenn man das oxydirt salzsaure
Gas durch Wasser strömen läßt, worin Mennige schwebend
erhalten wird.

---

[4] Scheele's vermischte Schriften von Hermbstädt B. 2.
S. 90.

1. Dieß Oryd ist ein geschmackloses Pulver von floh-
brauner Farbe, äußerst fein und leicht. Weder Schwefel-
noch Salpetersäure wirken darauf. Der Salzsäure giebt
es Sauerstoff, und verwandelt sie in oxydirte. Die oxydirte Salzsäure löset es auf, und bildet zwey Salze, gewöhnliches Bleymuriat und überoxydirtes. Die vegetabilischen Säuren bringen es in den Zustand des gelben Oryds
zurück. Fourcroy behauptet, auf Vauquelin's Auto-
rität gestützt, daß der Schwefel sich entzünde, wenn man
ihn mit braunem Bleyoxyde zusammenreibt. Mir gelang
der Versuch nicht; ich vermuthe daher, das von Vauquelin angewandte Oryd enthielt etwas überoxydirtes Bleymuriat. *)

2. Glühet man 100 Gran dieses, vermittelst Salpetersäure aus der Mennige bereiteten Oryds, so verlieren sie
9 Gran, und verwandeln sich in gelbes Oryd. Diese 9
Gran sind Sauerstoffgas. Das braune Oryd besteht also
aus 91 gelben Oryds, und 9 Sauerstoff. Aber 91 gelben Oryds enthalten 9,4 Sauerstoff. Hundert Theile braunen Oryds sind daher zusammengesetzt aus;

81,6 Bley,
18,4 Sauerstoff.
100

3. Proust giebt, seinen Versuchen zufolge, das Verhältniß des Sauerstoffs in diesem Oryde zu 21 Procent
... Nimt man nun aus beyden Resultaten das Mittel,
... man 19,7. Man kann daher 20 Procent für

ten im braunen Bleyoxyde enthaltenen Sauerstoff festsetzen welches nicht sehr von der Wahrheit abweichen wird.

IV. Rothes Oxyd.

Die Bereitungsart der Mennige haben Dr. Watson seinen chemischen Versuchen, Jars in den Abhandlungen der französischen Akademie für 1770, und Ferber in seiner Mineralogie von Derbyshire beschrieben.

1. Sie ist ein geschmakloses, sehr schweres, und hoch rothes, oft ins Orange spielendes Pulver. Ich habe sie nie vollkommen rein gefunden, aber gewöhnlich betrage die fremdartigen Beymischungen nicht mehr als 1 oder Procent, die aus Sand und Spießglanzoxyd bestehen. Dr. Watson fand Spuren von Silber darin. In einer Hitze von 400° verliert sie nicht merklich am Gewicht

2. Digerirt man 50 Gran Mennige in verdünnter Salpetersäure, so bleiben 12 Gran braunen Oxyds zurück Die Auflösung giebt, zur Trockne abgedampft, 56 Gran Bleynitrat. Nun enthalten 56 Gran Nitrat 38,36 Gran gelben Oxyds; das rothe Bleyoxyd besteht also aus 38,3 gelben Oxyds und 12 braunen Oxyds, oder in Hundert aus:

76,72 gelben Oxyds,
24,00 braunen Oxyds.
——————
100,72

Der Ueberschuß muß der Unvollkommenheit unserer Methoden zugeschrieben werden. Ich werde ihn in der Berechnung herergeben, nicht als sey Mennige eine Mischung aus gelbem und braunem Oxyde, sondern die Verhältniß

Diese beyden geben die Summe von Bley und Sauerstoff
an, die in ersterm befindlich ist. Nun bestehen aber,

76 Bley gelben Oxyd aus	—	68,8 + 7,2
24 — braunen	— —	19,2 + 4,8

Folglich ist die Mennige zusammenges. aus $88 + 12 = 100$

2. Bekanntlich giebt die Mennige in der Hitze Sauerstoffgas, und nähert sich dem Zustande des gelben Oxyds.
Der Gewichtsverlust müßte uns das Verhältniß des Sauerstoffs angeben, den sie über den zur Darstellung des gelben Oxyds erforderlichen Antheil enthält; allein ich konnte
auf diesem Wege keine befriedigende Resultate erhalten.
In einem Versuche verloren 100 Gran Mennige 4½ Procent, in einem andern 7. Die Versuche wurden in kleinen
irdenen zugedeckten Tiegeln angestellt. Das Oxyd schmolz
zu einem dunkelbraunen durchsichtigen Glase, dem Spieß-
glanzglase ähnlich, aber viel härter. Beym Zerbrechen
fand ich darin reducirte Bleykügelchen: dies gehört zum
Theil den Gewichtsverlust, und beweist zugleich, daß,
gegen die Meynung der Chemiker, das rothe Bleyoxyd sich
wenigstens zum Theil, durch bloße Hitze reduciren läßt.
Höchstwahrscheinlich verhindert bloß seine schnelle Vereinigung mit dem Gefäße, worin der Versuch angestellt wird,
die vollständige Reduction. Ich änderte den Versuch zwey
Mahl ab, indem ich die kleinen irdenen Tiegel, welche die
Mennige enthielten, in einen Platintiegel einschloß; aber
in beyden Fällen erhielt ich kein sichtbares Kügelchen, und
doch blieb der Gewichtsverlust derselbe. Dies macht es
wahrscheinlich, daß eine Portion Bley sich reducirt, und
nachher im Oxyde vertheilt wird.

4. Das rothe Bleyoxyd scheint keiner Verbindung mit Säuren fähig zu seyn. Es wirken freylich manche Säuren darauf, aber sie bringen es immer erst in den Zustand des gelben Oryds zurück. Die feuerbeständigen Alkalien verändern seine Farbe nicht, lösen es aber allmählig auf. Aus dieser Auflösung wird es immer als gelbes Oryd gefället; es muß daher während der Auflösung Sauerstoff verlieren [7]).

V. Glätte.

Ungeachtet die Glätte von der Mennige sehr verschieden ist, so werden doch einige Bemerkungen darüber, da sie auf ähnliche Art bereitet wird, hier nicht am unrechten Orte stehen.

Sie besteht aus Schuppen, die theils goldgelb, theils roth sind, und einige Elasticität haben. Dr. Watson, Smelin und andere chemische Schriftsteller haben die Bereitungsart der Glätte beschrieben.

1. Werden 100 Gran Glätte geglühet, so schmelzen sie zu einem gelben Glase, und verlieren im Durchschnitt 4 Gran von ihrem Gewichte. 50 Gran zerstoßene Glätte lösen sich in Salpetersäure mit Aufbrausen auf, und verlieren zwey Gran am Gewicht. Das Aufbrausen und der Gewichtsverlust rühren von Entweichung von kohlensaurem Gase her. Hieraus läßt sich schließen, daß die Glätte 4 Procent Kohlensäure enthält.

2. 50 Gran Glätte in Salpetersäure aufgelöst, die

---

7) Man vergleiche hier Klaproth's Versuche in diesem Journal Bd. 2 S. 501.　　　　　G.

Auflösung zur Trockne verdampft und wieder in Wasser aufgelöst, ließen bey meinen Versuchen $1\frac{1}{2}$ Gran eines grauen Pulvers zurück, welches Spießglanzoryd war. Die Glätte enthielt daher 3 Procent Spießglanzoryd.

3. Die Auflösung gab, zur Trockne abgedampft, 68,5 Gran Bleynitrat; aber dieses Nitrat enthält 46,72 Gran gelben Bleyoryds. Die Glätte besteht also aus:

$$93{,}44 \text{ gelben Bleyoryds,}$$
$$3{,}00 \text{ Spießglanzoryd,}$$
$$\underline{4{,}00 \text{ Kohlensäure.}}$$
$$100{,}44$$

Der geringe Ueberschuß muß unvermeidlichen Fehlern in der Analyse zugeschrieben werden.

4. 50 Gran Glätte in Salpetersäure aufgelöst, von Spießglanzoryd befreyet, und dann durch kohlensaures Kali niedergeschlagen, gaben $52\frac{1}{2}$ Gran kohlensauren Bleyes. 97 Gran Glätte würden also (wenn man das Spießglanz als fremde Beymischung ansieht) 105 Gran Carbonat geben. Aber 97 Gran Glätte enthalten beynahe 4 Gr. Kohlensäure. Das Carbonat ist also zusammengesetzt aus 93 Oryd und 12 Säure.

In diesem Versuch fiel das entstandene Carbonat etwa einen Gran geringer aus. Dies rührte zum Theil daher, weil etwas von dem Pulver, bey seiner Absonderung vom Filter, verloren gieng. Da ich indessen den Verlust nicht schätzen konnte, so ließ ich ihn bey der Berechnung weg, und bestimmte den Gehalt genau so, wie ich ihn fand.

Aus den vorhergehenden Versuchen folgt, daß die
Glätte ein Subcarbonat des Bleyes sey, da es hauptsächlich besteht aus ungefähr:

96 gelbem Oryd,
4 Kohlensäure.
___
100

Wahrscheinlich weicht das Verhältniß seiner Bestandtheile nach den Umständen etwas ab: aber meine Versuche
wurden sämmtlich mit einerley Glätte angestellt. Auch in
der Mennige habe ich oft Spuren von Kohlensäure bemerkt,
aber so wenig, daß sie auf das Gewicht keinen Einfluß
hatte.

VI. Folgerungen.

Aus den vorhergehenden Versuchen und Beobachtungen können wir nun, wie ich glaube, folgende Schlüsse
ziehen:

1. Bis jetzt sind nur drey Bleyoryde bekannt. Die
Bestandtheile derselben zeigt folgende Tabelle;

Oryde	Farbe	Bestandtheile	
		Bley	Sauerstoff
Protoryd	Gelb	90,5	9,5
Deutoryd	Roth	88	12
Peroryd	Braun	80	20

Bley   Sauerstoff.

$$100 + 10,6 = 110,6 \text{ Protoxyd.}$$
$$100 + 13,6 = 113,6 \text{ Deutoxyd.}$$
$$100 + 25 = 125 \text{ Peroxyd. [*])}$$

2 Die Bleyasche ist eine Mischung aus Protoxyd und gepülvertem Bley.

3. Bleyweiß und Glätte sind Verbindungen des Protoxyds mit Kohlensäure. Ersteres ist ein Carbonat, letzteres ein Subcarbonat des Bleyes.

4. Proust's gelbes Nitrat enthält mit dem gewöhnlichen Nitrat einerley Oxyd, aber es ist kein Uebermaß von Säure darin; da hingegen das gewöhnliche Nitrat ein wirkliches Supernitrat des Bleyes ist. In starker Hitze wird es zum Theil in ein Subnitrat verwandelt.

5. Protoxyd des Bleyes verbindet sich mit allen Säuren, Deutoxyd mit keiner einzigen, und Peroxyd bloß mit überoxydirter Salzsäure.

Das Protoxyd des Bleyes kann durch Verbrennung entstehen, die beyden andern aber nicht; diese verlieren in

---

[*]) Da die Farbe ein sehr schwankendes Merkmal zur Unterscheidung der Metalloxyde ist, so pflege ich seit einiger Zeit das Oxyd mit einem minimum von Sauerstoff so zu bezeichnen, daß ich dem Worte Oxyd die griechische Ordnungszahl vorsetze. So ist Protoxyd des Bleyes Bley mit einem minimum von Sauerstoff verbunden. Das Oxyd mit einem maximum von Sauerstoff nenne ich Peroxyd. So ist das braune Bleyoxyd das Peroxyd des Bleyes. Die Mittelgrade der Oxydirung bezeichne ich durch Vorsetzung der griechischen Ordnungszahlen zweytes, drittes, viertes ꝛc. So ist Deutoxyd das zweyte Bleyoxyd, Tritoxyd des Kobalts das dritte Kobaltoxyd, u. s. w.

künste sehr verhält Sauerstoff. Daraus ergiebt, wenn ...ren ... einer gegebenen Temperatur mit der Basis in Verbindung erhalten und ... Proceße durch die Wirkung der Säuren ... den Zusätzen auf das Neutral.

Nachtrag

des Herausgebers.

Herr Thomson hat sich die Weerlegung der Meynung Prouſt's über das geld ſalpeterſaure Mineral und die Begründung seiner eigenen etwas leicht gemacht. Seine Versuche sind zu beßern nicht hinreichend. Diejenigen, wodurch er die quantität den Verhältniße bestimmt, sind mit sehr kleinen Mengen von 30 Gran u. s. w. angestellt. Versuche, behufs einer solchen Zweck, ſollten die Chemiker doch nicht mit so geringen Quantitäten unternehmen, wenn sie sie nicht selbst zu Spielereien herabsetzen wollen. Bey solchen, die man mit mehreren 100 Gran anstellt, ist der Verlust in den verschiedenen Operationen nicht viel bedeutender, als wenn man mit 30 gearbeitet hat; berechnet man aber nachher Verhältniſſe daraus, so macht es einen sehr großen Unterschied, ob dieser Verlust auf mehrere 100 oder auf 30 Gran Statt gefunden hat. Nun ist der Unterschied in der Oxydation des Bleyoxyds in dem weißen ſalpeterſauren Bleyoxyd und dem gelben ſalpeterſauren Bleyoxydul so geringe, daß auf jene 30 Gran nur etwa ein Gran verloren gegangen seyn darf, um zu dem Resultat zu gelangen: jene beyden Salze enthielten einerley Oxyd. Derjenige

... in welchem T. durch Wiederauflösung des ... weißen salpetersauren Bleyes zum Theil das ... Salz, erhält, ist auch nicht ... beweisend, wenn man bedenkt, was salpetersaure Salze durch Schmelzen für eine Veränderung erleiden und daß, wenn die Basis dieser Salze ein Metalloxyd ist, durch Verbindung der zurückbleibenden salpetrigen Säure mit dem vollkommenen Oxyd dasselbe Resultat hervorgehen könne, als wenn ein unvollkommenes Oxyd mit vollkommener Salpetersäure in Verbindung gesetzt wird.

Außer diesen Gründen habe ich Herrn Thomson auch Thatsachen entgegen zu setzen. Er selbst bemerkt, daß, wenn man eine Auflösung des salpetersauren ...oxyds mit Bley kocht, noch eine sehr beträchtliche Menge Bley aufgenommen werde. Dieses muß darin als Oxyd eingehen, und wenn es, was er behauptet, den Sauerstoff nicht durch Vertheilung erhält und das Ganze ein Oxyd wird, so muß es diesen Sauerstoff anders woher nehmen.

Dieses könnte geschehen: 1) aus der Atmosphäre und ... müßte die Auflösung nicht in verschlossenen Gefäßen bewirkt werden können; 2) durch Zerlegung des Wassers, und dann müßte sich Wasserstoffgas entbinden, wenn man ... Entdeckung (dieß Journ. Bd. 3. S. 361 u. f.) nicht annehmen wollte, daß das von T. bemerkte bläulichgraue Pulver etwa Hydrogenblex seyn könnte. Wenn aber nicht zu viel Bley gegenwärtig war, so betrug in meinen Versuchen dieses Pulver nur eine äußerst geringe Menge; 3) durch Zersetzung eines Theils Salpetersäure, und dann müßte sich Salpetergas entwickeln.

In meinen Versuchen zeigte sich von Allem diesem nichts. Ich bewirkte die Auflösung des Bleys (250 Gran mit 500 Gr. salpeters. Bleyoxyd und 2500 Gr. Wasser) in einem Kolben, der nur noch wenig leeren Raum enthielt und durch eine luftdicht damit verbundene Röhre mit dem pneumatischen Apparat in Verbindung stand. Die Auflösung gieng sehr gut vor sich, färbte sich gelb und beym Erkalten schoß das gelbe schuppige Salz an. Im Anfange gieng die atmosphärische Luft der Gefäße über, und wenn das Sieden der Flüssigkeit dann etwas nachließ so stieg sogleich das Sperrwasser in die Röhre.

Ein zweyter Beweis für die Meynung Prousts ist der: daß, wenn man zu der gelben Auflösung mit dem gelben Salze etwas reine Salpetersäure setzt und das Ganze erhitzt, röthe Dämpfe entstehen und sich Salpetergas entwickelt; ich glaube, dieser Beweis ist bündig.

Wäre Thomson's Meynung gegründet, so müßte man das gelbe Salz erhalten, wenn man eine Auflösung des salpetersauren Bleyoxydes mit gelbem Oxyd kochte; dies geschieht aber nicht. Ich erhielt durch diese Operation ein schneeweißes Salz in dünnen fast federförmigen Krystallen. Es giebt also wohl ein salpetersaures Bley mit einem etwas größern Gehalt an Oxyd, aber dieses unterscheidet sich sehr von dem, so Proust gefunden hat.

II. Correspondenz.

1.

Freyberg den 5. December 180?;

— Meine Verkohlungsversuche, deren ich in meinem frühern Schreiben erwähnte [1]), sind recht gut ausgefallen. Ich
ließ während 12 Stunden 12 Ctr. Blevery mit $\frac{1}{4}$ Klafter
Holz rösten und dabey, in einem über der Röststäche ange-
brachten Gewölbe, vier Dresdener Tonnen Steinkohlen ab-
schwefeln. Es wurden hierbey 15 Pfund brenzliches Oel
gewonnen und eine Flamme erhalten, welche 50 Pfund
Wasser in 22 Minuten zum Kochen brachte. Diese Flamme
dauerte 12 Stunden fort. Sie soll in der Folge in einen
zweyten Röstofen zur Benutzung geführt werden. Aus dem
Gewölbe erhielt ich nach beendigtem Proceß $5\frac{1}{4}$ Tonne
schöne Coaks. — Die Hauptabsicht ist, neben dem Rösten Steinkohlen oder Holz zu verkohlen, das Destillat zu
verdichten, die Kohle in den Schachtöfen und die entzündeten Gasarten zum Rösten zu gebrauchen. —

W. A. Lampadius.

2.

Riga im December 180?;

Dies ist der letzte Brief aus Riga; wenn Sie ihn empfangen, bin ich reisefertig [2]).
— Die bekannten Räucherungen mit Salpeter-, Salz-
und auch Salzsäure in Krankenzimmern sind schon allgemein mit so entscheidendem glücklichen Erfolg unternommen,
daß wohl nicht viel mehr darüber zu sagen ist. Wenn wir

---

1) Man sehe dieses Journal Bd. 2 S. 470.   S.

2) Es wird den meisten Lesern wohl bereits bekannt seyn, daß
Herr Dr. Grindel an Herrn Scherer's Stelle als Professor
der Chemie nach Dorpat geht.   S.

aber untersuchen, ob man mit gehöriger Vorsicht zu Werke
geng, ob man diese Mittel und besonders die oxydirte
Salzsäure nicht mißbrauchte, so finden wir sehr oft: daß
man da mit oxydirter Salzsäure räucherte, wo es nicht nöthig war und dadurch wirklich schadete. Aus diesen Gründen habe ich hier seit einiger Zeit, wenn mir von Aerzten
Aufträge gegeben wurden, zwey Fälle unterschieden: 1) ob
ein allgemein ansteckender Stoff in einem öffentlichen Krankenzimmer herrschte, oder 2) ob die Luft nur durch weniger
schädliche Ausdünstungen verunreinigt wurde. In dem ersten Fall ließ ich geradezu nach Guytons Angabe mit oxydirter Salzsäure in kleinen Quantitäten räuchern; im zweyten Fall, (wenn man nicht gehörig lüften konnte und andere Räucherungsmittel nicht besonders wirkten) schwängerte
ich 6 bis 8 Pfund Wasser mit oxyd. Salzsäure, die ich aus
$1\frac{1}{2}$ Pf. Küchensalz, $\frac{1}{2}$ Pf. Schwefelsäure und $\frac{1}{2}$ Pf. Braunstein, für diese Wassermenge, entband. Mit diesem
Wasser ließ ich Leinwandstreifen anfeuchten und diese in
dem Krankenzimmer bald hoch bald niedrig aufhängen. Auch
ließ ich Bette, Wände und den Fußboden besprengen. Nie
war die Ausdünstung der Säure auffallend streng und doch
bemerkte man in einigen Minuten eine große Verbesserung
der Luft. In einem Volkszimmer, wo durch Unreinlichkeit
in einem Winter eine unausstehliche Luft war und das Oeffnen der Thüren nur auf kurze Zeit die Luft verbesserte, that
dieses Wasser treffliche Dienste. Auch scheint mir die Wirkung der oxyd. Salzsäure, in dieser Art angewendet, noch
einen andern Nutzen zu haben, als den, die schädlichen
Stoffe zu entfernen; unter gewissen Umständen glaube ich
eine anderseitige Verbesserung der Luft bemerkt zu haben:
ich ließ in einem Krankenzimmer mehrere Lappen vertheilen,
die mehrsten aber gerade gegenüber einem Fenster, wo die
Sonnenstrahlen die Lappen treffen konnten. Der üble Geruch der Zimmerluft war nicht nur fort, sondern man bemerkte auch, daß sie gleichsam frischer geworden war (so
druckte sich mein damahliger Beobachter aus). Wenn ich
nun auch nicht selbst darüber bestimmt entscheiden kann, —
ich müßte dazu mehrere Versuche anstellen, — so scheint
doch die Sache nicht ungereimt, da das Sonnenlicht bekanntlich aus der oxyd. Salzsäure Sauerstoffgas entb

D. H. Grindel.

Chemisch-Litterarischer Anzeiger.

Neues Berlinisches Jahrbuch der Pharmacie, 2r Band, für 1804, herausgegeben von Valentin Rose und Adolph Ferdinand Gehlen. Berlin, bey Oehmigke dem Aeltern.

Dem Verleger hofft, daß das pharmaceutische Publikum diesem 2ten Bande des Jahrbuchs eben den Beyfall zu geben veranlaßt seyn werde, als man dem ersten gewidmet hat. Die Herausgeber verfolgen hier den angelegten Plan, und sie haben sich außer bewilligter Unterstützung der schon aus dem vorigen Bande rühmlich bekannten Mitarbeiter auch noch interessanter Beyträge von andern zu gefreuen gehabt; so daß die Leser über sehr viele Gegenstände Belehrung finden werden.

Handbuch der Apothekerkunst in 6 Abtheilungen. Erster Theil, 1. und 2. Abtheil. Mit Kupfern und Tabellen. Von G. F. Westrumb. Dritte verbesserte Auflage. Hannover, Gebr. Hahn. 1804.

Bey der wiederholten Auflage dieses Werks ist der Gedanke sehr erfreulich, wie viel Gutes der würdige Verfasser dadurch gestiftet haben mag. Diese 3te Auflage hat er der widrigen, für ihn mit vielen bürgerlichen Arbeiten verknüpften, Zeitverhältnisse wegen nicht selbst durchsehen können, sondern es ist von zwey andern, dem Publikum vortheilhaft bekannten Männern, Herrn Raths-Apoth. Schröder und Herrn Basse geschehen. Möchten doch bald friedlichere, glücklichere Zeiten eintreten; damit der verdienstvolle Verf. selbst für die Wissenschaft ungestört thätig seyn könne!

Von dem bekannten Werke:

Essai de statique chimique par C. L. Berthollet. 2 Vol.

erscheint in meinem Verlage eine Uebersetzung von der Hand des Herrn Professors Fischer in Berlin, der sich schon als würdiger Uebersetzer eines frühern Werks Berthollet's bewährt hat. Der Uebersetzer wird oben genanntes Werk mit Anmerkungen begleiten.

Heinrich Fröhlich in Berlin.

Auch von dem neuesten Werke Berthollet's:

Elemens de l'art de la Teinture. 2 Vol.

erscheint bei mir eine Uebersetzung, welche Herr Gehlen, der Redacteur des Neuen Journals der Chemie, besorgen und welcher Herr Geheime Rath Hermbstädt Anmerkungen beifügen wird.

Heinrich Fröhlich.

Ferner liefere ich ununterbrochen hinter einander die in 4 Bänden bestehende und in Edinburg erschienene Chemie von Thomas Thomson (nach der 2ten Ausgabe) in einer Uebersetzung von der Feder des Herrn Professors Friedrich Wolff in Berlin, (dem Uebersetzer von Fourcroy's System.) Der erste Band ist bereits vollendet und wird in Zeit von 4 Wochen in allen Buchhandlungen Deutschlands zu haben seyn. Dieser erste Theil kostet 3 Thlr.

Berlin im Februar 1805.

Heinrich Fröhlich.

Neues

allgemeines

Journal

er

Chemie.

― ❦ ―

Zweyten Jahrganges

Achtes Heft.

― ❦ ―

Vierten Bandes zweytes Heft.

― ❦ ―

I. Abhandlungen.

5.

Versuche über die Färbung der Thierknochen durch genossene Färberröthe.

Von J. Berzelius.

Es ist eine vollkommen ausgemachte Thatsache, daß, wenn man ein Thier einige Zeit mit Färberröthe füttert, davon die Knochen, die Milch, der Harn und zuweilen der Speichel roth gefärbt werden. Man hat das Phänomen gesehen, ohne, wie es entsteht, zu erforschen.

Die irrige Vorstellungsart des Herrn Dr. Schultens, (Neues Allg. Journ. d. Ch. 3. Bd. 4. H. S. 339) gab mir Veranlassung, durch einige Versuche eine Vorstellungsart, die ich seit langer Zeit hegte, näher zu prüfen.

Er sagt: — — „aber nicht so bewiesen, sondern sehr zweifelhaft ist es, daß erdige, metallische und andere fremdartige Theile aus den ersten in die zweyten Wege übergehen; ich konnte wenigstens auch bey der größten Sorgfalt keine Spur von Eisen und Bley in dem Urin von

Menschen entdecken, die täglich eine große Menge Eisenfeile oder essigsaures Bley gebrauchten. Die Beobachtung über das Rothfärben der Knochen und der Bodensätze des Urins, auf den einige Zeit fortgesetzten Gebrauch der Färberröthe, die man dafür ausführt, läßt doch noch einigen Zweifel übrig, denn die Art und Weise, wie die Färberröthe jenen Erfolg bewirkt, liegt noch ganz im Dunkeln, und es scheint nicht ganz ungereimt zu seyn, ihn von einer besondern Mischung, welche die Röthe in den Säften des Körpers bewirkt, und wodurch sie die färbende Eigenschaft erhalten, abzuleiten, ohne daß von der Substanz der Röthe selbst etwas zu den Knochen geführt wird u. s. w. [1]"

Was sein ersteres Argument betrifft, so beweiset es gar nichts, wenigstens nicht die Unmöglichkeit, daß fremde Stoffe aus den Därmen ins Blut übergehen können; denn Eisenfeile ist für sich unauflöslich und setzt, wenn sie aufgelößt werden soll, eine freye Säure im Magen oder im Darmkanal voraus, die nicht immer da ist. Findet sie sich, so ist sie nach aller Wahrscheinlichkeit Phosphorsäure, oder wenn sie diese auch nicht wäre, so muß doch das neugebildete Eisensalz durch phosphorsaure Salze im Magen zersetzt werden; in beyden Fällen entstehet ein schwach oxydirtes phosphorsaures Eisen, das unauflöslich ist, und mit dem Stuhlgang fortgehet. Ganz dasselbe muß auch mit

---

[1] Weiter unten sagt Hr. B.: „Es sey wahrscheinlich, daß der im Urin befindliche, durch überschüssige Säure aufgelöste Kalk, in den Nieren nicht aus dem Blute ausgeschieden, sondern durch absorbirende Gefäße unmittelbar aus den Knochen in dieselben geführt worden. Mögte er uns doch diese bisher unbekannten Harnwege vorzeigen.

essigsauren Bley vorgehen; wenn es anders möglich, daß ein Mensch dieses schleichende Gift in großen Quantitäten bekomme. Weder Eisen noch Bley wird man ssen Fällen im Urin finden. Hr. S. scheint auch die che Lorrys, der im Urin des berühmten Büffon ....hof, und vieler anderen, die mehr oder weniger .erte Rückstände von Medicamenten im Urin fanden, .salpetersaures Kali, oxydirtsalzsaures Kali, Gall.... .are u. dgl., nicht gekannt zu haben.

... einer nähern Untersuchung des Ernährungs- und ... des Digestions-Processes gehet hervor, daß fremde .. in den Flüssigkeiten des Körpers aufgenommen, ... und darauf durch den Urin weggeschafft wer.... ....; denn man denke sich einen Menschen, der mit .... eine gewisse Quantität salpetersaures Kali, ... anderes Salz, das sich im Körper nicht zersetzt, ... hat: wenn nun der im Magen aufgelöste Spei... ... worin das Salz mit aufgelöst ist, zum duodenum ... und sich mit der Galle vermischet, so wird das ... der Galle nicht wie der Speisenbrey gefällt, son.... .lebt mit dem Chylus aufgelöst.

Schwerlich wird man sich nun vorstellen können, daß .... nur das für den Körper nützliche, mit Zu... .... des für ihn untauglichen, aufnehmen können; ... sie saugen alles ein, was aufgelöst ist; offenbar ... Darmkanal ein Seihezeug, wodurch das aufgelöste .. unaufgelöst gebliebenen abgesondert wird, und wo .....schlag, der die Excremente bildet, durch den .... abgesondert und wiederum eingeso....

gen wird, vom Chylus und den darin aufgelösten Stoffen
gewaschen wird. Das salpetersaure Kali wird also bis auf
den letzten Theil eingesogen und ins Blut aufgenommen,
was auch Versuche mit dem Blute und dem Urin derer,
die dieses Salz in größern Gaben einnahmen, bewiesen
haben. Der Salpeter wird demnach mit dem Blute durch
alle Theile des Körpers umlaufen, denn nur der Theil des
Bluts, der durch die Nieren gehet, kann sich in jedem Augenblick davon befreyen, und da der Ernährungsproceß dieses Salz nicht merklich zerlegt, wird es als solches nach
und nach durch den Urin aus dem Blute ausgeschieden.
Was hier mit dem Salpeter geschiehet, muß auch mit allen andern Substanzen, die von der Galle nicht gefällt werden, vorgehen. Freylich werden viele durch den Ernährungsproceß zersetzt und können daher nicht in demselben
Zustande, in welchem sie in den Körper kamen, ausgeleert
werden, wie es mit den Nahrungsstoffen und vielen vegetabilischen Arzneymitteln geschiehet; andere aber werden dadurch weniger verändert, und lassen sich im Urin wiederfinden, wiewohl die Anzahl dieser letztern Körper nicht sehr
groß ist.

Man findet also, daß durch den Urin zwey Classen
von Körpern ausgeschieden werden müssen, die einen, die
ich nothwendig nennen will, sind durch den Ernährungsproceß gebildet, und es gehören dahin der Harnstoff, die
phosphorsauren Salze, das Eyweiß, die Harnsäure u. s. w.
die andern, die ich zufällig nennen will, bestehen aus fremden Stoffen, die aus dem Darmkanal ins Blut übergiengen und ohne darin verändert worden zu seyn, wieder

gelöst werden. Versuche beweisen auch dieses aufs
deutlichste.

Nachdem ich diese allgemeinen Begriffe über die Auf=
nahme fremder Stoffe ins Blut vorausgeschickt habe, hoffe
ich, wie die Knochen durch die Röthe gefärbt werden, deut=
lich zeigen zu können.

Der Farbestoff der Röthe wird im Magen und in
Dünnen vom Magen= und Darmsaft aufgelöst und mit
Chylus gemischt, von den Saugadern aufgenommen,
ins Blut übergeführt.

Dieser Farbestoff gehört zu den oxydirten, die bekanntlich
im Wasser nicht oder nur sehr wenig auflösen, dage=
gen in Alkalien und in Alkohol leicht auflöslich sind. Da
aber im Körper zum Auflösungsmittel nicht dienen
können, so glaubte ich, die Salze oder der Eyweißstoff
Magen= und Darmsaftes theilten diesen Flüssigkeiten
auflösende Eigenschaft mit.

Ich löste daher, um dieses auszumitteln, einige Salze
solchen Mengen Wasser auf, und digerirte darin gleiche
getrockneten Färberröthe. Die Salze waren z. B. salzsaure
Natrum, phosphorsaures Ammonium, salzsaure Kalk=
= schwefelsaure Talkerde u. m. Diese Auflösungen wa=
ren wenig gefärbter als bloßes Wasser und hatten eine
braune rothe Farbe, besonders die der salzsauren Kalkerde;
waren aber ungleich reichhaltiger an diesen Salzen,
die Säfte des Darmkanals, und verdünnte man sie
so wurde auch, wie natürlich, die Farbe sehr ge=
acht. Ich hoffte daher im Eyweiß ein wirksames
Auflösungsmittel zu finden.

Menschen entdecken, die täglich eine große Menge Eisenfeile oder essigsaures Bley gebrauchten. Die Beobachtung
über das Rothfärben der Knochen und der Bodensatze des
Urins, auf den einige Zeit fortgesetzten Gebrauch der Färberröthe, die man dafür aufführt, läßt doch noch einigen
Zweifel übrig, denn die Art und Weise, wie die Färberröthe jenen Erfolg bewirkt, liegt noch ganz im Dunkeln,
und es scheint nicht ganz ungereimt zu seyn, ihn von einer besondern Mischung, welche die Röthe in den Säften
des Körpers bewirkt, und wodurch sie die färbende Eigenschaft erhalten, abzuleiten, ohne daß von der Substanz der
Röthe selbst etwas zu den Knochen geführt wird u. s. w. [1]"

Was sein erstes Argument betrifft, so beweiset es
gar nichts, wenigstens nicht die Unmöglichkeit, daß fremde
Stoffe aus den Därmen ins Blut übergehen können; denn
Eisenfeile ist für sich unauflöslich und setzt, wenn sie auch
gelöset werden soll, eine freye Säure im Magen oder im
Darmkanal voraus, die nicht immer da ist. Findet sie sich,
so ist sie nach aller Wahrscheinlichkeit Phosphorsäure, oder
wenn sie diese auch nicht wäre, so muß doch das neugebildete Eisensalz durch phosphorsaure Salze im Magen zersetzt werden; in beyden Fällen entstehet ein schwach oxydirtes phosphorsaures Eisen, das unauflöslich ist, und mit
dem Stuhlgang fortgehet. Ganz dasselbe muß auch mit

---

[1] Weiter unten sagt Hr. B.: „Es sey wahrscheinlich, daß
der im Urin befindliche, durch überschüssige Säure aufgelöste Kalk,
in den Nieren nicht aus dem Blute ausgeschieden, sondern durch
absorbirende Gefäße unmittelbar aus den Knochen in dieselben
geführt worden. Mögte er uns doch diese bisher unbekannten
Harnwege vorzeigen.

Sind die Stoffe, durch welche die Galle außer dem Niedergeschlagen wird, auch das Eyweiß gerinnen und
so wäre ich vielleicht eine im Körper nicht Statt
habende Erscheinung hervorgebracht haben. Wie es mit
Versuchen von Halle zu Paris, der einem Hunde wiederholt Pigmente mit der Nahrung gab, und ihn dar
... diese Pigmente im Chylus wieder zu fin
... zugegangen ist, kann ich nicht einsehen. Daß viele
... von der Art sind, daß sie sich nicht in den Säf
... Darmkanals auflösen, oder zum Gallenstoff eine
... Verwandtschaft als zu den Säften haben, wodurch
... gefällt werden, läßt sich freylich nicht läugnen;
... andere im Magen zerlegt und ihre
... zerstört. Man muß daher annehmen, daß die von
... angewendeten Pigmente von dieser Beschaffenheit
...

Die Färberröthe ist ohnehin die einzige Substanz nicht,
... Farbstoff ins Blut übergehen kann; man hat ja ge
... daß bey Menschen, die einige Tage hindurch
... Gaben von Rhabarber einnehmen, das Blutwasser
... eine gelbe Farbe annimt. Ich habe nicht
... gehabt, das Blutwasser der mit Röthe gefüt

... Denn der Chymus müßte dann nicht bloß Spuren einer
... durch Röthung des Lakmuspapiers zeigen, sondern er
... sehr sauer seyn, um das Natron vor 24 Augen
... thätlich zu sättigen, und überdies fehlt die Säure nicht
... ohne daß die Verrichtungen der Gälle ausbleiben): so muß
... Niederschlagung durch etwas anders verursacht werden; viel
... durch die Verwandtschaften des Gallenstoffes.

... Schem III. u. Wolff 4. Th. ... S.

2. Ein Auszug der Färberröthe mit Kalkwasser, mit phosphorsaurem Ammonium gemischt, gab einen rothen Niederschlag, und die vorher hochrothe Auflösung wurde gelb.

3. Eine dergleichen Auflösung, mit saurer phosphorsaurer Kalkerde im Uebermaß versetzt, verlor ihre rothe Farbe ohne sichtbaren Niederschlag, und wurde gelbroth. Sie glich vollkommen einem mit wenig Röthe gefärbten Urin; nach einigen Stunden setzte sich daraus ein rosenrother Niederschlag ab, vollkommen wie im natürlich gefärbten Urin.

4. Die in allen diesen Versuchen erhaltene Niederschläge, waren, noch feucht, dunkelroth, wurden aber nach dem Trocknen blässer. Weder caustisches Ammonium, noch Kalkwasser, noch Alkohol zog ihre Farbe aus, vollkommen wie sich die durch Färberröthe gefärbten Knochen lebendiger Thiere verhalten.

5. In eine mit Krapp gefärbte Eyweißauflösung tröpfelte ich eine Auflösung von salzsaurer Kalkerde. Es schlug sich daraus eine rothe Substanz nieder, die aus Kalkerde, phosphorsaurer Kalkerde, viel Eyweiß und Farbestoff zu bestehen schien. Ich hatte diese Auflösung zur Niederschlagung mit phosphorsaurem Ammonium bestimmt. Ich that daher letzteres zuerst zu der Eyweißauflösung, und darnach die salzsaure Kalkerde in etwas geringerer Menge, als davon zersetzt werden konnte. Ich erhielt einen wie vorhin gefärbten Niederschlag, der Eyweiß enthielt. Eben so war aber auch der Erfolg, wenn ich nicht gefärbtes Eyweiß mit salzsaurer Kalkerde, die davon nicht gefällt

wurde, mischte, und durch phosphorsaures Ammonium nie=
derschlug. Die erhaltene phosphorsaure Kalkerde verhielt
sich im Feuer ganz wie frische Knochen. Diese Thatsachen,
so interressant sie auch durch weitere Verfolgung für die
Ossificationslehre werden können, waren für mich doch noch
keine genugthuende Gründe für die größere Verwandtschaft
des Kalksalzes zum Farbestoffe. Ich mischte daher frisch
niedergeschlagene und gut ausgewaschene phosphorsaure
Kalkerde, noch feucht, mit gefärbtem Eyweiß; sie wurde
damit etwas geschüttelt, und hatte, nachdem sie zu Boden
gesunken war, den Farbestoff aufgenommen und die Auflö=
sung gelb oder beynahe farbenlos gemacht.

6. Dasselbe Resultat wurde auch erhalten, wenn ich
die phosphorsaure Kalkerde mit durch caustisches Ammo=
nium, Kalkwasser und Harn bereiteten Farbeauszügen
mischte; jedoch wurde sie in dem Eyweiß und dem Harne
am meisten gefärbt.

7. Ich fand auch, daß, wenn ich leinene Zeuge in
phosphorsaurem Ammonium beitzte, und dann in einem
mit Kalkwasser bereiteten Krappbade eine Stunde lang lie=
gen ließ, eine angenehme, aber sehr schwache, rothe Farbe
darauf befestiget werden konnte.

8. Auch wenn ich frische in lauwarmen Wasser gut
gewaschene Knochen in einer dergleichen Farbebrühe kochte,
wurden sie davon roth gefärbt; die Farbe war beständig,
aber nicht in die Substanz des Knochens eingedrungen.

9. Kohlensaure Kalkerde nimmt, wie die phosphor=
saure, den Farbestoff der Färberröthe auf, nur läßt sie sich
nicht so dunkel färben; die Farbe ist aber beständig. Ich

erinnere mich jetzt nicht, jemahls gesehen zu haben, ob die Eyerschalen der Vögel, durch mit Färberröthe gemischte Nahrung, auch roth gefärbt werden. Der angeführte Versuch macht aber wahrscheinlich, oder es folgt vielmehr daraus, daß es sich so verhalten müsse.

Diese Versuche beweisen, daß die phosphorsaure Kalkerde zum Farbestoff der Röthe eine größere Verwandtschaft besitzt, als seine Auflösungsmittel, besonders die im Körper befindlichen. Da sowohl das Eyweiß als die phosphorsaure Kalkerde von einerley Flüssigkeit aufgelöst und herumgeführt werden, so wird man leicht einsehen, daß, da die phosphorsaure Kalkerde aus einem farbestoffhaltigen Blutwasser abgesondert wird, sie, vermöge ihrer größeren Verwandtschaft, den Farbestoff zugleich mit aus der Auflösung niederschlagen müsse.

Was die Färbung der Milch betrifft, so ist darin der Farbestoff mit dem käsigen Bestandtheil vereinigt. Will man eine durch Kunst gefärbte Milch durch Mischung der Röthe mit Milch bereiten, so wird die Milch vom Farbestoffe der Röthe coagulirt. Seihet man sie durch Löschpapier, so gehet ein klares gelbes Wasser hindurch, das durch Säuren getrübt wird und eine wenig gefärbte käsige Materie absetzt. Mischt man aber die Milch mit einer gesättigten Auflösung des Farbestoffs in Eyweiß, so wird sie roth ohne sich zu coaguliren. Es ist daher nicht der Farbestoff, der die Milch gerinnen macht. Der aus der gefärbten Milch ausgeschiedene Rahm ist roth, aber weniger gefärbt als die darunter stehende Milch. Da der Farbestoff der Färberröthe im Darmkanal durch das Eyweiß ge-

genau dem Experimente ausgeführt wird, wenn ihre
seine Mischung nicht verändert, so kann nur der
u. Gerbestoff befreite Farbestoff zur Milch gelangen
kann, wenn das Eyweiß im dehsigten Bau der Wehe
läße wird, mit diesem vereinigt und ihn färbt. Da
a die Milch kein Eyweiß enthält, kann auch die
Milch durch dieses Verfahren nicht vollkommen nach-
werden, wenn man nicht den Farbestoff rein dar-
ch ihn dann darin auflöst, was allerdings nicht un-
ist. Viele andere Pigmente äußern auf die Milch
färbende Eigenschaft.

leicht wird man in der Folge finden, daß bey einem
das mit Färberröthe gefüttert wird, auch die übri-
pießartigen Secretionen roth gefärbt sind, und ich
ght, daß bey einem Wassersüchtigen, dem man
Tage vor dem Bauchstiche Färberröthe gege-
, auch das abgezapfte Wasser roth erscheinen

Horn kann eine beträgtliche Menge Farbestoff
, ohne daß dadurch seine eigne Farbe beträgtlich
t wird; denn die Säuren schwächen die Farbe der
und machen sie in rothgelb übergehen, was auch
ich schon gezeigt habe, durch die saure phosphor-
verursacht wird. Tröpfelt man daher in
ine in Eyweiß gemachte Farbeauflösung, so ver-
Anfangs die Farbe völlig. Der von selbst erfol-
Niederschlag, der, wie bekannt, eine große Menge
Kalkerde enthält, wird aber dennoch rosen-
gepülverte Färberröthe mit frisch gelas-

senem Urin, so giebt er nach einigen Stunden eine rothe
sehr gesättigte Auflösung, ohne seiner sauren Eigenschaft
beraubt zu seyn. Der Urin hat also ein eigenes Auflö-
sungs-Vermögen, das auf keinen alkalischen Eigenschaften
beruhet. Ob dieses dem Harnstoff oder nur dem darin
befindlichen Eyweiß zukomme, habe ich nicht untersucht;
wahrscheinlich nehmen beyde daran Theil.

Ich habe angeführt, daß das Blutwasser und der
Harn durch den Gebrauch von Rhabarber eine gelbe Farbe
annehmen, niemals hat man aber gesehen daß dadurch die
Knochen gelb gefärbt wurden. Dieses veranlaßt die natürliche Vermuthung, daß die phosphorsaure Kalkerde
zum Farbestoff der Rhabarber keine oder doch eine weit
geringere Verwandtschaft habe.

Ich machte, um dieses auszumitteln, verschiedene Rha-
barberauszüge mit reinem Wasser, mit Urin und mit Eyweiß, und schüttelte damit sehr lange frisch niedergeschlagene phosphorsaure Kalkerde. Die Auflösungen behielten
ihre Farbe, und das Kalksalz wurde nach dem Auswaschen
mit kaltem Wasser, vollkommen weiß, wie es vorher
war.

Wenn ich diese Auszüge mit salzsaurer Kalkerde
mischte und dann durch phosphorsaures Ammonium phosphorsaure Kalkerde niederschlug, so schien mir ihre Farbe
etwas geschwächt zu werden; die phosphorsaure Kalkerde
ließ sich aber weiß waschen, behielt jedoch nach dem Austrocknen einen, wiewohl wenig zu bemerkenden, Stich ins
Graue.

Diese Versuche beweisen, wie es mir scheint, hinlänglich, daß die Ursache der Färbung lebendiger thierischer

Knochen

durch die Röthe, von einem ins Blut übergegangenen und in Eyweiß aufgelösten Farbestoff, der sich zugleich mit der phosphorsauren Kalkerde, wozu er eine größere Verwandtschaft hat, in den Knochen absetzt, herrühre. Die Knorpel werden daher auch nicht gefärbt, denn sie enthalten so wenig phosphorsaure Kalkerde, daß man geneigt seyn kann, darin nur seine Urstoffe zu vermuthen, oder wenn sie schon gebildet da ist, kann doch die Farbe wegen dieser geringen Menge nicht wahrgenommen werden.

Durch dergleichen Versuche läßt sich auch voraus bestimmen, welche Farbestoffe, vorausgesetzt, daß sie durch den Nutritionsproceß nicht entmischt werden, den Knochen Farbe mittheilen können, und welche nicht; denn vielleicht giebt es deren mehrere, als die wenigen von uns gekannten.

4.

Beyträge zur nähern Kenntniß der chemischen Verhältnisse des Urans zu andern Substanzen.

Von Christian Friedrich Bucholz.

Zweyter Theil.

Ueber die Verbindungen des Uranoxydes mit Säuren. [1]

1. Schwefelsaures Uran.

Zur Darstellung desselben bediente ich mich des Uranoxyds, welches ich durch die Zerlegung der gereinigten salpetersauren Urankrystallen durch die Glühhitze erhalten hatte: es sah gelblichbraun, ins Grüne schielend, aus. Ich brachte 3 Unzen davon mit 3½ Unze reiner Schwefelsäure und 6 Unzen destillirtem Wasser zum Kochen, erhielt das Gemenge bey diesem Feuersgrade bis zum Eindicken, weichte durch ebensoviel Wasser die Masse auf und dickte solche wieder ein. Ich wurde hierbey gewahr, daß sich die Säure nicht wollte neutralisiren lassen, obschon noch viel unaufgelöstes Oxyd zugegen war. Die vom Unaufgelösten abfiltrirte Flüssig-

---

1) Man sehe den ersten Theil oben S. 17 u. f.

keit sah schmutzig gelbgrün aus. Dies rührte aber, wie
die Prüfung zeigte, nicht von einem fremden Stoffe, sondern von dem besondern Oxydationszustande her. Dem
freywilligen Verdunsten an der Luft ausgesetzt, bildeten sich
säulenförmige grün gefärbte Kryställchen. Da es nicht
Absicht war, dieses Salz im vollkommen oxydirten Zustande
zu untersuchen, so wurde das Ganze wieder in destillirtem
Wasser aufgelöst, nach zwey Drachmen vollkommnen ge-
des Uranoxyd, auch um die nöthige Menge Sauerstoff ins
Spiel zu bringen, zwey Drachmen reine Salpetersäure von
1,210 Eigenschwere hinzugefügt und zum Sieden gebracht,
worauf alsbald die schmutzig gelbgrüne Farbe der Auflösung
eine reine Citronengelb überging. Zur Entziehung der
etwa überflüssigen Salpetersäure, wurde die Salzmasse zur
Trockne abgeraucht, dann wieder in genugsamen destillirtem
Wasser aufgelöst, filtrirt, zur dünnen Syrupsconsistenz abgeraucht und dann wohlbedeckt zur Selbstverdunstung und
Krystallisirung an einen sichern und ruhigen Ort gestellt.
Es wurde hierdurch nach einigen Monaten eine citronengelbe Salzmasse erhalten die aus lauter strahlenförmig zusammengesetzten Diäschen, die aus säulenförmigen Kryställchen gebildet waren bestand. Die übrige Flüssigkeit wurde
jetzt in ein flaches Schälchen abgegossen und zur fernern
Verdunstung der Sonnenwärme ausgesetzt. Während drey
Tagen, in welchen die Temperatur der Luft um mehrere
Grade herabgesunken war und der Sonnenschein fehlte,
hatten sich eine Menge Krystalle abgesondert, die eine
säulartige Form hatten. Da das Mengen-Verhältniß
ihrer Bestandtheile ganz mit dem der ersten säulenförmigen Kryställchen übereinkam, so muß diese Abweichung

in der Form, mechanisch wirkenden Ursachen zuzuschreiben seyn, etwa der durch die Abkühlung bewirkten Ausscheidung.

Aeußere Beschaffenheit des säulenförmig kry-
stallisirten schwefelsauren Urans.

Die Farbe des reinen schwefelsauren Urans ist rein
citronengelb, ohne die mindeste Neigung ins Grünliche.
Die Gestalt der säulenförmigen Kryställchen ist beym ersten
Anblick die einer dreyseitigen Säule; allein bey genauerer
Betrachtung, besonders durch Hülfe eines Vergrößerungs-
glases sieht man sehr deutlich noch zwey Kanten sehr schmal
abgestumpft, so, daß die Breite der dadurch entstehenden
Flächen sich zu den andern größern Seitenflächen verhält,
wie 1 : 5 und nun das Kryställchen die so seltne Form einer fünfseitigen Säule hat.   Diese Säulchen sind zweysei-
tig dachförmig zugeschärft, so, daß die zwey Abdachungs-
flächen auf zwey breite Seitenflächen aufgesetzt erscheinen,
und nach der dritten breiten oder hintern Seitenfläche zugespitzt zulaufen.   Es ist zu bedauern, daß die Kleinheit
dieser Kryställchen die Anwendung des Gonyometer zur Ausmessung ihrer Winkel u. s. w. nicht erlaubte.

Versuche zur Bestimmung des Mengenverhält-
nisses der Säure und des Oxyds in dem schwefelsauren Uran.

Neun und zwanzigster und dreyßigster Ver-
such.   100 Gran wohlkrystallisirtes schwefelsaures Uran
wurden in 16 Unzen destillirtem Wasser aufgelöst und durch
reine salzsaure Barytauflösung bis zu aufhörender Trübung

fehlt. Der gut ausgefüßte Niederschlag von schwefelsaurem Baryt, sah schneeweiß aus. Auf ein Filter gesammelt wog er nach dem Trocknen und Glühen 53 Gran, wozu die 3¼ Gran am Filter hängen gebliebener kommen. Der nächste schwefelsaure Baryt war ziemlich zusammengebacken und sah etwas oraniengelb aus. Durch viertelstündiges Stehen mit drey Drachmen Salpetersäure verlor er diese lichte Farbe, und hatte nach abermahligem Aussüßen, Abspülen und Glühen kaum einen halben Gran verloren. Die Säure war nicht merklich gefärbt.

Der besondere Erfolg dieses Versuchs, wodurch die Abscheidung von Uranoxyd sich ergab, veranlaßte mich, ihn nochmahls auf dieselbe Art zu wiederholen, mit dem Unterschiede nur, daß zur Verhütung der Mitniederschlagung von etwas schwefelsaurem Uran, 50 Tropfen reine Salzsäure hinzugefügt, und nach überflüssig zugesetzter salzsaurer Barytauflösung das Ganze, einige Stunden in Berührung gelassen und öfters umgerührt wurde. Der Niederschlag sah auf dem Filter wieder schneeweiß aus; allein getrocknet erschien er blaßoraniengelb und wo die Hitze sehr stark gewesen war, grünlichgrau und betrug 54 Gran. Das scharf getrocknete Filtrirpapier hatte einen Zuwachs von 3 Gran erhalten. 50 Gran davon, zu einem feinen, röthlich weißen, Pulver zerrieben, wurden mit einer halben Unze reiner Salpetersäure wie oben behandelt. Nach dem Aussüßen und Glühen des getrockneten Niederschlags erhielt mit Einschluß von 2 Gran am Filter hängen gebliebenen 48½ Gran schneeweißen schwefelsauren Baryt. Da man also 50 Gran 1½ Gran mit niedergerissenes Uranoxyd enthielten, so kommen auf die erhaltenen 57 Gran beynahe gegen 1¼ Gran Uranoxyd, und die ganze Menge des in diesem Versuche erhaltenen reinen schwefelsauren Baryts beträgt so noch 55¼ Gran. Da nun 100 Gran geglühtes schwefelsaures Baryt 32½ Gran Schwefelsäure enthalten, so enthalten diese 55¼ Gran 17⅞⅓ Gran Schwefelsäure. Nach dem Resultate des erstern Versuchs fand sich nur ein Verlust von ⅓ Gran; folglich betrug die ganze Menge des reinen schwefelsauren Baryts 56 Gran, welche zu Folge dem eben angeführten, 18¼ Gran Schwefelsäure enthalten. Nehmen wir das Mittel aus den Resultaten dieser beyden Versuche als Wahrheit an; so enthalten 100 Theile trocknes, kryftallisirtes schwefelsaures Uran 18 Theile Schwefelsäure.

Ein und breyßigster und zwey und breyßigster Versuch. Zur Bestimmung der Menge des Oxyds wurden 100 Gran schwefelsaures Uran in 16 Unzen Wasser aufgelöst und durch reines Ammonium mit Behutsamkeit zerlegt. Nach Beobachtung des übrigen Verfahrens wurden, das am Filter hangen gebliebene mitgerechnet, 66 Gran ¼ Stunde geglühetes Oxyd erhalten, welches schmutzig graulichgrün aussah und dadurch einen minderoxydirten Zustand andeutete; als in welchem es in dem schwefelsauren Uran vorhanden ist. Es wurde daher die vorhin angeführte Menge schwefelsaures Uran jetzt durch reines Kali zerlegt. Es wurden dadurch nach vorgängiger Behandlung überhaupt 70 Gran geglühtes oraniengelbes Uranoxyd erhalten; welches sich nach Auflösung eines Theils davon in reiner Salpetersäure und Versetzung mit salzsaurer Barytauflösung von Schwefelsäure völlig frey zeigte.

Das krystallisirte wohlgetrocknete schwefelsaure Uran enthielt demnach für 100 0,18 Schwefelsäure, 0,70 vollkommenes Uranoxyd und der Rest von 0,12 wird als Krystallisationswasser anzunehmen seyn.

Verhalten des schwefelsauren Urans im Feuer.

Drey und dreyßigster und vier und dreyßigster Versuch. Es wurden 100 Gran wohlkrystallisirtes schwefelsaures Uran in einem kleinen abgewogenen Glase schon im Tiegelbade eine Viertelstunde leicht durchglüht; hierdurch hatte es 14 Gran verloren, und war noch völlig gelb. Durch anständige Fortsetzung dieses Hitzgrades verlor es noch einen Gran mehr und unten am Boden des Glases war nur etwas weniges schwarzes Uranoxyd ausgeschieden. Ich setzte jetzt das Glas eine Viertelstunde der Weißglühhitze aus, wobey das Glas schmolz; es blieb ein grauschwarzer metallischglänzender Rückstand, 64 Gran schwer, welcher sich in Salpetersäure unter Salpetergasentwickelung auflöste, eine gelbe Auflösung bildete, und durch Barytauflösung keine Spur von zurückgehaltener Schwefelsäure zu erkennen gab. Der Versuch wurde mit der Abänderung wiederholt, daß das Salz unmittelbar in einen bedeckten Tiegel gethan wurde. Es verhielt sich genau eben so, auch nach ¼ stündiger Weißglühhitze blieb ein 64 Gran schwerer Rückstand, der dem vorigen gleich war. Ich bemerke noch, daß bey diesen Versuchen niemahls das schwefelsaure Uran zerfloß, sondern sogleich nach dem Erwärmen trübe und mürbe wurde.

Beym leichten Durchglühen des schwefelsauren Urans findet demnach ein Verlust von 0,15 Statt, welcher durch

das entweichende Krystallwasser, wahrscheinlich mit einer
unbedeutenden Menge entweichender Schwefelsäure begleitet,
verursacht wird. Es bestättiget sich hierdurch das oben
durch Rechnung gefundene Resultat von 12 Gran Krystall
wasser in 100 Gran schwefelsauren Uran, so daß man solches als nur wenig von der Wahrheit abweichend ansehen
kann. Es ergiebt sich ferner, daß das schwefelsaure Uran
durch mäßige Weißglühhitze völlig zerlegt werde und 6½
Gran unvollkommenes Uranoxyd zurücklasse, was mit dem
31sten Versuche übereinstimmt. Die oben erwähnten tafel
förmigen Krystallen verhielten sich in allen damit angestell
ten Prüfungen mit den prismatischen übereinstimmend.

Der Sonnenwärme sechs Stunden durch ausgesetzt
wurden die Krystallen dieses Salzes undurchsichtig ohne zu
zerfallen, ließen sich aber leicht zerdrücken. Durch mehr
tägiges Hinstellen an die Luft und Sonnenwärme erfolgte
keine weitere Veränderung.

Fünf und dreyßigster Versuch. Ich hatte
schon im 32sten Versuch beyläufig erfahren, daß das durch
Kali aus schwefelsaurem Uran gefällte Oxyd von Schwefelsäure frey sey: ich hatte aber Veranlassung, mich noch
durch einen Versuch davon zu überzeugen, und fand wied
derum, daß nachdem 50 Gran reines oraniengelbes Uran
oxyd in reiner Schwefelsäure aufgelöst, durch reine Kali
lange im Ueberschusse zerlegt, und der Niederschlag einige
Stunden mit der Flüssigkeit unter öfterm Schütteln stehen
gelassen worden, das bestens ausgesüßte und getrocknete
Oxyd, welches bräunlich gelb und auf dem Bruche horn-
artig glänzend, zu Pulver gerieben, dunkel citronengelb aus

Untersuchung der Auflöslichkeit des schwefel-
sauren Urans im Wasser.

Sechs und dreyßigster und sieben und dreyßigster Versuch. Zu 60 Gran destillirtem Wasser wurde in einem verstopften Gläschen nach und nach 3 Gran möglich zerkleinertes schwefelsaures Uran gesetzt, und bey der Temperatur der Luft zwischen 15 — 17° Réaumur geschüttelt. Es löste sich alles bis auf eine geringe .... welche Trotz dem anhaltenden Schütteln nicht .... auf, folglich bedarf ein Theil dieses Salzes .... Wasser mittler Temperatur zu seiner Auflösung .... hatte die Consistenz eines dünnen Syrups. .... dann zu der Auflösung des vorigen Versuchs .... noch mehr 3 Gran Salz gebracht, und das .... einige Minuten im Sieden erhalten, bis keine Auf.... des Salzes mehr bemerkt werden konnte, welches .... auf etwas sehr Geringes sich auflöste. Der Inhalt .... Glases wog jetzt 58 Gran; nach Abzug des .... 30 Gran schwefelsauren Urans bleiben 28 Gran .... am Ende des Siedens; folglich erfordert ein Theil .... Salzes in der Siedhitze nur 14/15 oder noch nicht .... die Hälfte Wasser zu seiner Auflösung. Die Auf.... hatte die Consistenz eines dickflüssigen Syrups. .... geringen Unterschiede in der Auflöslichkeit in .... bey verschiedenen Temperaturen ergiebt sich, daß

dieses Salz am besten durch freywilliges sehr langsames
Verdunsten in regelmäßigen Krystallen zu erhalten sey.

Untersuchung der Auflöslichkeit des schwefel= sauren Urans im absoluten Alkohol.

Acht und dreyßigster und Neun und dreyßig=
ster Versuch.　Fünf Gran des trocknen, wohlkrystallisir=
ten, gröblich gepülverten schwefelsauren Urans wurden mit
100 Gran des vollkommenen Weinalkohols bey der mitt=
leren Temperatur der Luft anhaltend geschüttelt, bis keine
Auflösung weiter zu bemerken war.　Der unaufgelöste in
ein kleines Porcellainschälchen genau gesammelte Rückstand
wog gerade ein Gran, folglich hatten 25 Theile absoluten
Alkohol einen Theil schwefelsaures Uran aufgelöst. Die Auf=
lösung war blaßgelblich gefärbt.　Jetzt wurden 10 Gran
des Salzes mit 200 Gran Alkohol eine halbe Stunde im
Sieden erhalten und dabey bis auf 100 Gran verdunstet.
Während dieser Operation hatte sich das Salz in einen
etwas schmierigen Klumpen zusammengeballt und der Wein=
geist war blaßgelblich gefärbt.　Das gesammelte und in
einem gewogenem Porcellainschälchen getrocknete schwefel=
saure Uran betrug noch 5 Gran; folglich hatten 20 Theile
siedender Alkohol einen Theil des mehrerwähnten Salzes
aufgelöst, und der Unterschied in den beyden Temperaturen
ist unbeträchtlich.

Verhalten der geistigen Auflösung des schwefel= sauren Urans im Sonnenlichte.

Vierzigster Versuch.　Die filtrirten Auflösungen
der vorigen beyden Versuche, welche blaßgelb gefärbt waren

ho, nach der Auflösung in reiner Salpetersäure und Versetzung mit salzsaurer Barytauflösung, keine Spur von
Schwefelsäure zu erkennen gaben.

Untersuchung der Auflöslichkeit des schwefel-
sauren Urans im Wasser.

Sechs und dreyßigster und sieben und dreyßigster Versuch. Zu 20 Gran destillirtem Wasser wurden in einem verstopften Gläschen nach und nach 32 Gran
gröblich gepülvertes schwefelsaures Uran gesetzt, und bey
der Temperatur der Luft zwischen 15 — 17° R. anhaltend geschüttelt. Es löste sich alles bis auf eine geringe
Spur, welche Trotz dem anhaltenden Schütteln nicht weg
gehen wollte, auf; folglich bedarf ein Theil dieses Salzes
nur ⅔ Wasser mittler Temperatur zu seiner Auflösung; letztere hatte die Consistenz eines dünnen Syrups.
Es wurden nun zu der Auflösung des vorigen Versuchs
nach und nach noch 8 Gran Salz gebracht, und das
Ganze einige Minuten im Sieden erhalten, bis keine Abnahme des Salzes mehr bemerkt werden konnte, welches
bis auf etwas sehr Geringes sich auflöste. Der Inhalt
des tarirten Glases wog jetzt 58 Gran; nach Abzug der
aufgelösten 40 Gran schwefelsauren Urans blieben 18 Gran
Wasser am Ende des Siedens; folglich erfordert ein Theil
jenes Salzes in der Siedhitze nur ½ oder noch nicht
einmahl die Hälfte Wasser zu seiner Auflösung. Die Auflösung hatte die Consistenz eines dickflüssigen Syrups.
Aus dem geringen Unterschiede in der Auflöslichkeit in
Wasser bey verschiedenen Temperaturen ergibt sich, daß

jene Veränderungen der Flüssigkeit durch die Sonnenstrahlen als bloß durch deren erwärmende Kraft bewirkt anzusehen; sondern wir müssen sie dem Lichte selbst zuschreiben.
Sehen wir auf die erzählten Erscheinungen, so ergiebt sich,
daß eine Desoxydation vorgehe, und ein Theil des Sauerstoffs sich auf den Alkohol werfe, und ihn, entweder durch
Verbindung damit, oder durch Abscheidung von Wasserstoff,
und folglich Abänderung des Mischungs-Verhältnisses, in
eine ätherische Flüssigkeit umändere. (Der Schwefel
kann hier wohl keine Wirkung zugeschrieben werden, da er
im freyen Zustande erst in hoher Temperatur den Alkohol
in Aether verwandelt; auch hat die bey den erzählten Versuchen entstehende ätherhaltige Flüssigkeit keine Aehnlichkeit
mit dem Schwefeläther; sondern sie ist ganz einer gewissen Auflösung des Salpeteräthers und Salzäthers in Alkohol, dem Geruch und Geschmack nach, ähnlich.) Durch
die abgeschiedene Portion Sauerstoff treten nun zwischen
den Bestandtheilen des schwefelsauren Urans und dem Auflösungsmittel des letztern andere Verhältnisse ein, wodurch
das unvollkommene Uranoxyd mit einer geringen Menge
Schwefelsäure unauflöslich ausgeschieden wird, und die
übrige Schwefelsäure beym Alkohol zurück bleibt.

2. Salpetersaures Uran.

Die Gewinnung des salpetersauren Urans in reinem
und schön krystallisirtem Zustande kann auf drey verschiedene Arten bewerkstelliget werden; durch schnellere Abkühlung, durch langsamere Erkaltung und durch sehr langsames Verdunsten, vorausgesetzt, daß die zu krystallisirende
Flüssigkeit aus reinem Uranoxyde und reiner Salpeter-

... sey. Unstreitig erhält man durch das letz-
... Verfahren die ansehnlichsten Kristallen: wenigstens er-
... Auflösung aus einer Unze Uranoxyd in
... durch sehr langsames Verdunsten Tafeln von
... Zoll Länge. Man verfährt am besten, um
... krystallisirtes salpetersaures Uran in regelmäß-
... darzustellen, wenn man zwey Theile davon
... einem Wasser auflöst, und nun die Auflösung
... gesetzt, der gewöhnlichen Temperatur der
... Sonne zur Sommerszeit oder im Winter der
... aussetze, oder eine Auflösung des Urans in
... durchs Verdunsten vorher auf jenen Punkt
... und sie eben so behandelt. Durch Ab-
... man dieses Salz in ansehnlichen Formen,
... eine durch Abdampfung erhaltene mäßig gesät-
... des erwähnten Salzes noch heiß an einen
... sie nur sehr langsam erkalten kann und
... ruhig stehen läßt, bis man annehmen darf,
... mehr von demjenigen krystallisirt, was durch
... aufgelöst worden war. Durch Erkal-
... ebenfalls sehr regelmäßige Kristallen erhal-
... eine Auflösung aus zwey Theilen salpeter-
... Urans und ein Theil Wasser an einen Ort zu einer
... um sie durch eine nach und nach steigende
... und das nur bey mittlerer Temperatur auf-
... salpetersauren Urans sich nach und nach
... auch bemerkt zu haben, daß die
... Salpetersäure in der Auflösung
... in ansehnlichen Kristallen

Farbe und Form des reinen salpeter= sauren Urans.

Die Farbe des salpetersauren Urans ist veränderlich, war die Auflösung, woraus solcher krystallisirte, vollkommen gesättiget, so ist sie rein citronengelb und höchstens wie in sehr dicken Kryskallen an den Kanten ins Grünliche fallend. Bisweilen neigten sich auch die bey einen solchen Zustand der Auflösung gewonnenen Krystalle ins Bräunliche. Bey einem Ueberschuß von Säure sahe ich die entstandenen Krystalle aus dem Gelben ins Zeisiggrüne fallend. Was die Form der ausgebildeten Krystallen des salpetersauren Urans anbelangt, so stellt sie sich stets als tafelförmig dar: allein bey genauer Betrachtung findet man sich, besonders durch die Art der Zuspitzung derselben, genöthiget, solche als Säule anzusehn, und zwar als eine breite rechtwinklig vierseitige Säule, deren Flächen, nach der Ausmessung meines Freundes Haberle mit dem Gonnometer, Winkel von folgenden Verhältnissen bilden: Die Winkel der Seitenflächen sind, wie erwähnt, rechte, folglich von 90 Grad. Die Art wie die Säule zugespitzt ist, ist Abänderungen unterworfen: sehr oft finden sich nur zwey, auf die schmalen Seitenflächen aufgesetzte, Zuspitzungsflächen. Diese bilden mit den schmalen Seitenflächen stets Winkel von 125 Grad und mit den breiten Seitenflächen Winkel von 116½ Grad. Die beyden Zuspitzungsflächen bilden, da wo sie zusammen stoßen, also an ihrer Zuspitzungskante, stets Winkel von 111 Grad. Etwas seltner finden sich (und dieses ist der vollkommenste Zustand der Krystallgestalt dieses Salzes) vier Zuspitzungsflächen, wo immer zwey und zwey einander gegenüber auf die schmalen Seitenflächen aufgesetzt sich zu

salpeters zerlegt; allein zu meiner Verwunderung lößte ſich
in deſtillirtem Waſſer alles auf, wiewohl ſcheinbar etwas
langſamer. Wir werden auf dieſen Umſtand zurückkom-
men. Die Wiederholung dieſes Verſuchs gab mir dieſelben Reſultate, ſo daß ich als richtig anſehn konnte, daß
das ſalpeterſaure Uran bey mäßigere Temperatur 14 Procent Kryſtallwaſſer verliert. Es iſt ſehr wahrſcheinlich daß
bey dem durch die ſtärkere Erhitzung entweichenden auch
noch einige Gran Kryſtallwaſſer befindlich ſind: allein hierüber läßt ſich nichts ſicheres ausmachen, oder man müßte
den Gehalt an Waſſer und Säure unter einer Summe in
Rechnung bringen.

Drey und vierzigſter und vier und vierzigſter Verſuch. 100 Gran trocknes regelmäßig kryſtalli-
ſirtes ſalpeterſaures Uran wurden in 6 Unzen deſtillirtem
Waſſer aufgelöſt und zu der klaren Auflöſung reines Ammonium geſetzt, bis keine Fällung weiter erfolgte. Ich bemerke
hierbey daß Anfangs der entſtehende Niederſchlag beym
Umſchütteln wieder aufgelöſt wurde. Beym Glühen zeigte
er das Verhalten, was ſchon mehrmals von dem mit Ammonium gefällten Uranoxyd erwähnt worden. Der vorige
Verſuch wurde daher nun genau mit Kali wiederholt, und
dadurch an wohlausgeſüßtem, getrocknetem und ½ Stunde
geglühtem oraniengelben Oxyde erhalten 61 Gran.

100 Theile trocknes wohlkryſtalliſirtes ſalpeterſaures
Uran enthalten demnach.

61 Theile vollkommnes Uranoxyd

14 Theile durchs Austrocknen entweichendes Kryſtallwaſſer

25 Theile Salpeterſ.; oder ſicherer Waſſer und Salpeterſäure

zuſammen 39 Theile.

Der

Verhalten des salpetersauren Urans im Feuer.

Fünf und vierzigster Versuch. In ein genau [...] Glöschen wurden 100 Gran trocknes salpeter[...] Uran gethan und in einem hessischen Schmelztiegel [...] gesetzt. Anfänglich floß das Salz in seinem [...]wasser, hierauf wurde es dicklich und rothgelb, wo[...] in Gesellschaft des Wassers etwas Salpetersäure [...] Spur salpetriger Säure verschluckte. Nachdem [...] fortwährender Hitze zu fließen aufgehört hatte, so [...] sich bey nur schwachem Glühen salpetrige Säure [...] Dämpfen. Nach Verschwindung dieser ließ [...] Ganze noch einige Minuten scharf glühen, wobey [...] Sauerstoffgas sich verhaltendes Gas entwickelte. [...] Erkalten fand sich ein Verlust von 42 Gran. [...]ige Oxyd sah gelblichbraun, ins Grünliche [...] aus, und befand sich offenbar auf einer niedrigern [...] Oxydation als es vorher in der Verbindung mit [...] war, denn es löste sich unter Entwickelung [...]gas in Salpetersäure auf.

Der Erfolg dieses Versuchs war mir sehr auffallend, [...] ich erhielt bey der Wiederholung dasselbe Resultat. [...] Salz so lange geglüht war, daß sich das Sauer[...] zu entwickeln anfing, wurde es schnell abgekühlt; [...] einen Verlust von 40 Gran zeigte, und eine [...] das Rothe fallende, auf der Oberfläche stellen[...] Farbe besaß. Zwey Gran davon, mit Salpe[...] [...]essen, lösten sich unter Salpetergasentwicklung [...] nebst rückständigem Oxyde wurde nochmahls [...] und eine halbe Stunde lebhaft rothgeglüht, bis sich kein sauerstoffgasartiges Fluidum mehr entwickelte. Es hatte dadurch noch einen Verlust von 6 Gran erlitten; folglich in allem 46 Gran, sahe schwarzgrau aus und löseté sich unter Salpetergasentwickelung in Salpetersäure auf. Dieser in den beyden letzten Versuchen erlittene größere Verlust könnte uns Zweifel gegen die Richtigkeit des obenangeführten Gehalts an Oxyd beybringen, allein er ist bey der Statt gefundenen Desoxydation erklärlich. Diese Desoxydation selbst aber unter diesen Umständen ist merkwürdig, da man vielmehr die höchste Oxydation erwarten sollte, da das Uran als gelbes Oxyd in der salpetersauren Verbindung befindlich ist, und das gelbe Oxyd sonst beym Glühen den Sauerstoff nicht fahren läßt. Vielleicht bleibt bey der Zerlegung des salpetersauren Urans, zuletzt eine Portion des Radikals der Salpetersäure, des Stickstoffs nähmlich, mit einer sehr geringen Portion Sauerstoff sehr innig mit dem Uranoxyde verbunden, dergestalt, daß er nur bey hohen Hitzgraden diese Verbindung verläßt, und nun dem Uranoxyde eine Portion Sauerstoff entreißt und solches auf eine niedrige Stufe der Oxydation bringt.

Verhalten des salpetersauren Urans in warmer und feuchter Luft.

Acht und vierzigster und neun und vierzigster Versuch. Etwas salpetersaures Uran der Luft bey 20 bis 24 Grad R. ausgesetzt. zerfiel in 4 Stunden größten Theils zu einem blaß schwefelgelben Pulver. Eine andere Portion wurde in einem Porcellainschälchen wohlbedeckt im Keller an einen mäßig feuchten Ort hingestellt.

Nach 24 Stunden wurde es feucht und nach acht Tagen war es völlig zerflossen.

Untersuchung der Auflöslichkeit des salpetersauren Urans in Wasser und Alkohol.

Funfzigster Versuch. 50 Gran destillirtes Wasser von mittler Temperatur wurden genau in ein Gläschen gewogen und 300 Gran trocknes salpetersaures Uran, gröblich zerstückt, hinzugefügt, anhaltend geschüttelt, hierauf 12 Stunden in mittler Temperatur hingestellt. Das jetzt noch unaufgelöste wurde genau auf ein Filter gesammelt und weggetrocknet 93 Gran. Ein Theil Wasser kann demnach in mittler Temperatur noch etwas mehr als das doppelte seines Gewichts von salpetersauren Uran auflösen. Die Auflöslichkeit bey der Siedhitze zu prüfen, war deshalb überflüssig, weil es durch die Eigenschaft, bey dem Siedpunkte des Wassers in seinem Krystallwasser zu zerfließen, zeigt, daß es in allen Verhältnissen mit dem siedenden Wasser eine flüssige Masse bilden könne.

Ein und funfzigster und zwey und funfzigster Versuch. 300 Gran absoluter Alkohol von mittler Temperatur wurden in ein Glas mit Glasstöpsel abgewogen und nach und nach, zu 100 Granen, 1600 Gran gepülvertes salpetersaures Uran hinzugefügt. Nach anhaltendem Umschütteln blieb ein Rückstand von 25 Gran unaufgelöst zurück. Ein Theil absoluter Alkohol ist sonach im Stande 63 Theil salpetersaures Uran in mittler Temperatur aufzulösen. Die dadurch entstandene Auflösung war gelblich und sehr schaumflüssigem Zuckersyrup in der Consistenz ähn-

lich... Etwas davon entzündet brannte nicht mit besonders
gefärbter Flamme, als bis zuletzt, wo sie gelblich weiß
erschien. In der Siedhitze bildete der Alkohol ebenfalls in
allen Verhältnissen mit dem salpetersauren Uran eine Auflösung, welche die Dicke eines dünnen Zuckersafts besaß.
Nach dem Erkalten sonderte sich ein guter Theil salpetersaures Uran wieder ab. Durch sehr langsames Verdunsten, schossen ebenfalls regelmäßige Krystalle an, welche
theils geschobene sechsseitige Tafeln, woran zwey gegenüber
stehende in eine Spitze auslaufende Winkel etwas abgestumpft waren, theils vierseitige Säulchen waren. Nicht
zu verkennen war hierbey ein Geruch nach Salpeteräther.
Zu meiner Ueberraschung wurde solcher durchdringender, als
ich die von gedachten Krystallen abgesonderte Flüssigkeit zur
Trockne verdunstete, bey einer Wärme, wobey der Weingeist noch lange nicht zum Sieden kommt, nähmlich bey
35° R., dermaßen, daß das ganze Zimmer, in welchem
gearbeitet wurde, mit jenem Geruch angefüllt wurde. In
der Nähe konnte man noch die Entwickelung eines stechend
säuerlich riechenden Dunstes beobachten. Das salpetersaure
Uran wurde in dieser Wärme zum Theil zerlegt und ein
pulveriger, citronengelb gefärbter, Stoff abgesondert, welcher
sich durch zugetröpfelte Salpetersäure zum Theil sehr leicht
wiederauflöste. Ein anderer Theil hingegen war sehr schwer
auflöslich, selbst beym Erwärmen mit vieler Salpetersäure,
Ich glaubte, daß dieses gelbe Pulver aus Uranoxyd mit
einer Pflanzensäure verbunden bestehen mögte; es glimmte
auch, in einen glühenden Tiegel geworfen, schwach aber
ohne merklich den brandigen Geruch verbrannter Pflanzensäure zu verbreiten. Um dieses und das Verhalten des sal-

ersauren Urans gegen den Alkohol unverändert Tempel
nur noch genauer zu prüfen, veranstaltete ich die folgend
n Versuche.

rhalten des salpetersauren Urans zum vollkommenen Weinalkohol in erhöheter Temperatur.

Drey und funfzigster Versuch. Eine halbe Unze
vollendeter Weinalkohol und zwey Unzen salpetersaures
n wurden durch mäßige Wärme aufgelöst. Es bildeten
y bey langsamem Erkalten, wie schon angeführt wurde
hr oder weniger große, spathartig zusammen gehäufte
lsförmige Tafeln, worunter einige auch ihr vierseitige über
chen führen. Das Ganze wurde durch mäßige Er-
rmung wieder flüssig gemacht, in ein tubulirtes Kölb-
n geschüttet, mit zwey Drachmen desselben Alkohols
ergossen, und hierauf bis zu 50 Grad Reaum. erhitzt
on waren bey diesem Feuersgrade 1½ Drachme einer,
el Salpeteräther enthaltenden, Flüssigkeit übergegang
als plötzlich die Flüssigkeit sich dermaßen erhitzte, daß
schäumte und warme Dämpfe übergingen, die völlig
Character des Salpeteräthers an sich trugen und end-
dete. Das Aufschäumen dauerte noch einige Minuten
hafe ich das Gefäß schon aus dem warmen Sand-
e entfernt hatte; nachdem es aufgehört hatte, destillirte
n ätherhaltige Flüssigkeit mehr, sondern eine schwach saure
jenigen vollkommen gleich, welche man bey der Destilla
bei der versüßten Salpetersäure am Ende erhält. Die
chließlich Essigsäure und etwas wässriger salpetriger Säure
elt. Die zuerst übergegangene ätherhaltige Flüssigkeit

betrug 3 Drachmen und war völlig einem guten versüßten Salpetergeist im Geschmacke und Geruche gleich; doch ließ sich kein Salpeteräther absondern, denn der größere Theil des letztern war durch das plötzliche Aufwallen in Dunstgestalt entwichen. Der Rückstand im Kolben wurde jetzt mit einer Unze Alkohol geschüttelt, wodurch sich ein gelbes Pulver ausschied, welches auf einem Filter nochmahls mit einer Unze Alkohol abgespült, nachher mit Wasser ausgewaschen und getrocknet wurde. Es wog 195 Gran, war schön citronengelb und roch nicht im mindesten nach Aether. In der bey einer Wärme von 12 — 15° R. verdunsteten geistigen Flüssigkeit hatten sich Kryskallen gebildet, die zum Theil vierseitig trichterförmig waren, zum Theil achtseitige Tafeln, endlich auch vierseitige Säulchen u. s. w. bildeten.

Vier und funfzigster und fünf und funfzigster Versuch. 50 Gran des gelben oxydartigen Pulvers wurden in einem tarirten Gläschen eine Viertelstunde dem Rothglühefeuer ausgesetzt, bis zur Erscheinung einer Gasart, welche dem Sauerstoffgase ähnlich war: denn als ich zur Zeit ihrer Entwickelung glimmendes Papier in das Gläschen brachte, so entflammte solches mit einem verpuffenden Geräusch und Kohlenstückchen verbrannten mit Lebhaftigkeit. Entwickelung von salpetriger Säure konnte ich nicht gewahr werden. Es war ein Verlust von 7 Gran entstanden. Der Rückstand sah schmutzig graugrün aus. Als ich aufs Neue 30 Gran in geringerer Hitze glühte, nahm ich einen schwachen dem Salpeteräther ähnlichen Geruch, der bald verschwand, wahr, aber von salpetriger Säure nicht das mindeste.

Sechs und funfzigster Versuch. 100 Gran des gelben Pulvers wurden jetzt mit 3 Drachmen Steinsalz und zwey Unzen Wasser bis zur Trockne eingedickt, und dieß mit Zusatz von zwey Unzen Wasser noch ein Mahl wiederholt, hierauf mit drey Unzen Wasser aufgeweicht, auf ein gewogenes Filtrum gebracht und der Rückstand ausgesüßt und getrocknet. Staubigtrocken wog solcher ge-- Gran und hatte eine schöne helloraniengelbe Farbe angenommen. Die abfiltrirten Flüssigkeiten wurden bis auf eine Unze verdünstet, hierauf mit reiner Essigsäure gesättigt, zur Trockne abgedampft und durch Alkohol aufgelöst. Es blieb ein sehr geringer Rückstand, welcher sich wie Kalk verhielt, das wohl durch Zersetzung einer geringen Portion essigsauren Kalk beym Austrocknen frey geworden seyn konnte. Von Salpeter oder sonst einem Salze war nichts zu entdecken*).

Aus den vorstehenden Versuchen ergiebt sich: 1) daß das salpetersaure Urän vermittelst des Alkohols bey nicht sehr hoher Temperatur durch die Wechselwirkung der Bestandtheile des Alkohols und der Salpetersäure sehr leicht zerlegt werde: es bildet sich Salpeteräther und sondert sich ein gelbes ungewöhnliches Pulver ab; 2) daß das letztere keine Pflanzensäure, auch keine Salpetersäure oder salpetrige Säure enthalte. Da aber die Farbe des geglühten Pulvers auf eine desoxydirende Wirkung hinweist, so ist es wahrscheinlich, daß sich vielleicht etwas von der Grund-

---

*) Ueber der Verlust von 0.09 an dem gelben Pulver. Das Glühen desselben, in einer pneumatischen Vorrichtung ..., würde über seine Natur und die besondern Umstände seiner Entstehung mehr Aufschluß geben haben.

lage der Salpetersäure mit einer sehr geringen Portion
Sauerstoff verbunden noch bey diesem Oxyd befinde, durch
seine Rückwirkung auf das vollkommene Uranoxyd in der
Glühhitze solches desoxydire, und alsdann in einem Zustande
entweiche, in welchem es Erscheinungen, die denen des
Sauerstoffgas ähnlich sind, hervorbringt, da, wie schon
erinnert, das reine gelbe Uranoxyd für sich in der Glühhitze kein Sauerstoffgas ausgiebt.

**Verhalten des salpetersauren Urans zum Schwe-
feläther und der dadurch entstehenden Auflösung zum Sonnenlichte.**

Sieben und funfzigster Versuch. Zwey Drachmen rectificirter Schwefeläther wurden in einem Gläschen
mit 30 Gran trocknem gepülverten salpetersauren Uran einige Minuten geschüttelt, wodurch eine völlig helle Auflösung von citronengelber Farbe erfolgte. Andere Versuche
hatten mir gezeigt, daß sich in jener Menge des Aethers
noch viel mehr von diesem Salze auflösen ließ. Die erwähnte Auflösung wurde jetzt der Einwirkung der Sonnenstrahlen ausgesetzt: sie färbte sich nach einigen Minuten
grünlich; nach einigen Stunden hatte sich eine wässerige
Flüssigkeit abgesondert, welche Uran enthielt und hellgras-
grün gefärbt erschien. Zugleich entwickelte sich nebst dem
Geruch des Schwefeläthers unverkennbar der des Salpeteräthers; besonders zuletzt, als theils durch Verdunstung,
theils durch Entmischung die Menge des Aethers bis auf
ein Drittheil abgenommen hatte. Unter dem noch grünlichgelb gefärbten Aether und der schmutzig grünen wässerigen
Flüssigkeit, befand sich ein starker Niederschlag von schwe-

Uranoxyd. Es waren hier beynahe die Bestandtheile des salpetersauren Urans und des Schwefeläthers durch Sonnenlicht nicht nur so disponirt worden, eine große Menge Wasser und Salpeteräther zu bilden, sondern auch das Uranoxyd augenscheinlich auf die niedrigste Stufe des Seyns gebracht worden, welches oben Versuch 45 mit der Auflösung des schwefelsauren Urans in Alkohol nicht in diesem Grade der Fall war. Eine geraume Zeit hindurch der fühlbarer Mangel an Sonnenstrahlen erlaubte mir nicht, die Wirkung des Lichts auch auf das in Alkohol lösliche salpetersaure Uran zu versuchen.

des Schwefeläthers zu einer gänzlichen Auflösung des salpetersauren Urans, und des Wassers zu dem uranhaltigen Schwefeläther.

Acht und funfzigster und neun und funfzigster Versuch. In einem Theil einer mäßig concentrirten Auflösung des salpetersauren Urans in Wasser (zwey Theile für ein Theil Salz) wurden nach und nach sechs Theile Schwefeläther gegossen und geschüttelt. Die Auflösung schien bey Hinzusetzung der erstern drey Theile nach dem Schütteln jedes Mahl blässer geworden zu seyn, die folgenden drey Theile aber schwächten die Farbe der untern wäßrigen Auflösung gar nicht weiter, und es schien ein Gleichgewicht zwischen der Anziehung des Äthers und des Wassers zu dem aufgelösten Salze eingetreten zu seyn. Jetzt wurde ein Theil der obigen Auflösung des Salzes in Schwefeläther nach und nach mit destillirtem Wasser geschüttelt, wodurch solcher immer mehr

2) Mit vier Mahl so viel reiner Salpetersäure übergossen, wurde es ohne Gasentwickelung, jedoch etwas langsam aufgelöst.

3) 25 Gran davon wurden in einem gewogenen Gläschen eine Viertelstunde roth geglüht, wobey sich salpetrige Säure in gelben Dämpfen entwickelte und ein gelbbrauner 23 Gran wiegender Rückstand blieb. Genau dasselbe Resultat erhielt ich bey der Wiederholung dieses Versuchs mit einer größern Menge

So wie das durch Verdunsten erhaltene Pulver verhielt sich auch das bey der Wiederauflösung des erhitzten salpetersauren Urans zurück gebliebene. Auf diese Eigenschaft nun des salpetersauren Urans, durch Erhitzen einen Theil Salpetersäure zu verlieren, ohne, wenn es nicht in zu großem Maße geschah, sogleich zersetzt zu werden, gründet sich die große Brauchbarkeit der von Richter angegebenen Trennungsmethode des Eisens vom Uran durch Erhitzen des eisenhaltigen salpetersauren Urans, wodurch das salpetersaure Eisen bey weitem eher zerlegt und Eisenoxyd ausgeschieden wird, als das salpetersaure Uran.

Ich wünsche, daß das chemische Publicum an diesen bisherigen Arbeiten mit dem Uran Interesse finden möge; ich werde dann, soweit es mir andere Arbeiten erlauben, und ich wieder einen Vorrath von Uranerz erhalte, damit fortfahren.

5.

Ueber das Vermögen verschiedener Flüssigkeiten, den Sauerstoff aus der atmosphärischen Luft zu absorbiren.

Von Grimm,

Professor der Physik und Mathematik an der Ritter-Akademie zu Liegnitz.

Betrachten wir den gegenwärtigen Zustand der Eudiometrie mit unpartheyischen Augen, so müssen wir eingestehen, daß wir den Sauerstoffgehalt der atmosphärischen Luft mit Gewißheit noch nicht bis auf Theilchen von 100, vielweniger bis auf Theilchen von 1000, wie Parrot und mehrere andere Naturforscher gethan haben, anzugeben im Stande sind. Die gegenwärtige Eudiometrie dürfte wohl nur hinreichend seyn, vergleichende Versuche anzustellen, durch welche bestimmt werden kann: 1. zu welcher Zeit die atmosphärische Luft mehr oder weniger Sauerstoff enthalten habe; 2. ob die Luftarten, die man bey verschiedenen chemischen Operationen erhält, ganz oder zum Theil aus Sauerstoff bestehen, oder ob ihnen der Sauerstoff gänzlich fehle; 3. ob Körper, vorzüglich die flüssigen, den Sauerstoff aus der atmosphärischen Luft absorbiren können.

Dies ſind meiner Einſicht nach die Gegenſtände, auf
welche die eudiometriſchen Unterſuchungen ſich erſtrecken
können. Ich ſchränke mich hier auf den letztern ein, weil
ich glaube, daß man auf dieſem Wege mehrere eudioſcopiſche Subſtanzen fi.den und dadurch die Eudiometrie ſelbſt
vervollkommenen könne. Fände z. B. zwiſchen mehrern
Körpern, in Anſehung ihres Vermögens, den Sauerſtoff
zu abſorbiren, eine Uebereinſtimmung Statt: ſo könnte man
mit der größten Wahrſcheinlichkeit behaupten, daß der
Sauerſtoffgehalt der atmoſphäriſchen Luft gefunden worden
wäre. Wäre nun eine ſolche genaue Uebereinſtimmung
zwiſchen mehreren eudioſcopiſchen Subſtanzen gefunden, was
man als einen Fundamentalverſuch in der Eudiometrie betrachten könnte, ſo müßte man nachher diejenigen eudiometriſchen Verſuchen anwenden, welche in der kürzeſten
Zeit und mit den im Uebrigen vortheilhafteſten Neben-
ſtänden den Sauerſtoff aus der atmoſphäriſchen Luft abſorbiren können.

Schon ſeit mehreren Jahren war ich Willens dieſe
Verſuche anzuſtellen. Die bekannten Verſuche über das
Vermögen der Erdarten, den Sauerſtoff zu verſchlucken
und die Meynung mehrerer Chemiker, daß dadurch das
Wachsthum der Pflanzen befördert werde, hatten mich auf
dieſe Idee geleitet. Ich glaubte, daß die Verſchiedenheit
der Reſultate, welche Mehrere erhielten, ſowohl von der
Menge als von der Beſchaffenheit des in ihren Verſuchen
angewandten Waſſers abhingen. Immer aber wurde ich
von der Ausführung meiner Entwürfe abgehalten, bis ich
durch eine Erfahrung des Herrn Profeſſor Heller in

... es aus dem Text bestimmt wurde. Diese fand
... daß eine gesättigte Kochsalzauflösung, womit ein
... Luft gesperrt worden; letztere in ihre Elemente
... das Sauerstoffgas absorbire, das Stickgas aber
... zurück lasse. Er folgert daraus, worin ihm
... Herr Professor Gilbert beistimmt, daß das Koch-
... eine eydioscopische Substanz sey, und unter diesen Um-
... zum Theil in überoxygenirtsalzsaures Natrum ver-
... werde, und letzterer meynt, daß dieses der Soimend
... und dem Sommersalze nicht günstig zu seyn scheinen

... der Richtigkeit des Versuches selbst durfte nicht
... werden, aber die daraus gezogene Folgerung ist
... ihr nicht genügend begründet. Denn nicht zu ge-
... daß zwischen dem Natrum und der überoxygenir-
... Salzsäure ganz andere Massenverhältnisse Statt finden
... zwischen ihm und der gewöhnlichen Salzsäure, und daß
... nicht gezeigt war, was hier den Sauerstoff bestimmt,
... Zustande zu entsagen, und eine bereits determinirte
... Verbindung zu zerstören, um eine andere zu bilden, die be-
... nicht so leicht gemischt ist, als die, welche zersetzt
... sollte: so war es auch schon bekannt, daß Wasser
... die atmosphärische Luft absorbire und es hätte zu
... dieser Meynung wenigstens vergleichender Ver-
... mit bloßem Wasser bedurft.

... ich bis in obiger Hinsicht und zur Prüfung der
... Meynung des Hrn. Heller angestellten Versuche beschrebe,
... ich zuvor die Methode, nach welcher ich experimentirte

Kleine gläserne cylindrische Fläschchen, deren Durchmesser 1¼ bis 1½ Zoll betrug, wurden mit derjenigen Flüssigkeit gefüllt, deren Einwirkung ich die atmosphärische Luft aussetzen wollte. Sie wurden dann mit ihrer Mündung in ein Gefäß, dessen vierter Theil mit derselben Flüssigkeit erfüllt war, versenkt, nachdem ich zuvor aus der Flasche so viel Flüssigkeit hatte ausfließen lassen, daß zwey Drittheile derselben mit Luft angefüllt waren. Nachdem die in diesen Flaschen eingeschlossene Luft zwey bis drey und mehrere Wochen der Einwirkung der Flüssigkeit ausgesetzt gewesen war, so wurde sie mit Salpetergas geprüft, wozu ich mich des vom Mechanicus Klingert in Breslau angegebenen und beschriebenen Eudiometers [a] bediente. Ich brachte nähmlich von dem Salpetergas und von der zu untersuchenden Luft von jeder 100 Theile in die in 200 gleiche Theile graduirte Röhre desselben, worauf ich dann sehen konnte, wieviel davon verschwanden. So oft ich dergleichen Versuche anstellte, bereitete ich frisches Salpetergas, mit welchem ich zum Gegenversuch auch jedes Mahl 100 Theile mit eben so viel atmosphärischer Luft, die der Absorbtion nicht ausgesetzt gewesen waren, mischte, um nun aus den Unterschieden in der Verminderung einen Schluß über die Absorbtion des Sauerstoffs in der mit den Flüssigkeiten in Berührung gewesenen Luft machen zu können, wobey ich darauf sah, daß die Temperatur während der Zeit, in welcher mehrere solche vergleichende Versuche angestellt wurden, sich möglichst gleich blieb. Anfangs war ich Wil-

---

[a] Scherer's Allgem. Journ. der Chem. Bd. 7 S. 207 u. f.

..... diese verschiedenen Portionen Luft mit Phosphor ...... allein die schwankenden Resultate, bis ich endlich ..... vielleicht mein Apparat Schuld war, und die lange ...... Versuche mit denselben, bestimmten mich, obige ...... zu wählen, bey welcher ich mich freylich begnü....... , nur zu bestimmen, daß Sauerstoff von der ...... und zwar von der einen mehr als von der ...... zwar absorbirt worden. Nach dem Eingangs auf...... Gesichtspunkt lag es übrigens jetzt außer meinem ...... untersuchen, wozu der absorbirte Sauerstoff selbst ...... worden.

...... ich die Versuche auf die oben gedachte Art .... ich erst noch einige in dem erwähnten .... Apparate.

1. ...... wurde derselbe mit Brunnenwasser gefüllt, und ...... Glocke des Eudiometers zwey Maß = 200 .... Luft gebracht. Nach 3 Tagen ...... in die graduirte Röhre gebracht; die Vermin...... ......

...... Versuch wurde in der Art wiederholt, ... zum Füllen des eudiometrischen Apparats Schnee...... ...... Nach 3 Tagen betrug die Verminderung ...... der Glocke gewesenen Luft in der Röhre .... Portion Luft, die 5 Tage unter der Glocke ...., zeigt in der graduirten Röhre eine Vermin...... ......

...... Versuche bestätigen die schon gemachte Erfah...... ...... Wasser Luft absorbire, und machen es .... daß Schneewasser ein größeres Absorptions...

vermögen besitze, als das Brunnenwasser, welches außer Streit zu setzen, freylich noch mehrere Versuche angestellt werden müßten.

Daß aber der absorbirte Theil wirklich das Sauerstoffgas sey, und das Stickgas zurückbleibe, beweisen die folgenden Versuche, welche an verschiedenen Tagen des vorigen Jahres angestellt wurden.

A.

Am 1. May. 100 Theile des an diesem Tage bereiteten Salpetergas gaben mit 100 Theilen atmosphärischer Luft eine Verminderung von 66 Theilen. In den folgenden Versuchen wurden ebenfalls immer 100 Theile Salpetergas mit 100 der zu prüfenden Luft zusammengebracht, und die dadurch erfolgte Verminderung bemerkt. Ich darf daher nur die Resultate angeben.

1. Hundert Theile atmosphärischer Luft, 6 Tage hindurch der Einwirkung des reinen Brunnenwassers ausgesetzt, gab eine Verminderung von 58.

2. Hundert Theile atm. Luft, so 7 Tage mit Salzwasser gesperrt gewesen. Die Verminderung betrug 62.

3. Hundert Theile Luft, welche 5 Tage mit Wasser, so mit Thon vermischt war, in Berührung gewesen, gab eine Verminderung von 55.

4. Hundert Theile Luft, so 5 Tage über Lehmwasser gestanden hatte, zeigte mit eben so viel Salpetergas eine Verminderung von 52¼.

5. Hundert Theile mit Milch gesperrt gewesener Luft, gab eine Verminderung nur von 6.

6. Auf dieselbe Art wurde Luft geprüft, welche 5 Tage der Wirkung des Urins ausgesetzt gewesen; die Verminderung betrug nur 2.

B.

Am 13. May. Daß an diesen Tage bereitete Salpetergas gab mit atmosphärischer Luft eine Verminderung von 70, wenn von jedem 100 zusammengemischt würden.

1. Luft, welche 17 Tage über Brunnenwasser gestanden. Die Verminderung betrug 64.

2. Luft, 17 Tage dem mit Lehm vermischten Wasser ausgesetzt, gab eine Verminderung von 57½.

3. Mit einem gesäuerten Aufbruch von schwefelsaurem Eisen 34 Tage in Berührung gewesene Luft gab eine Verminderung von 50½.

4. Luft, der Milch 10 Tage ausgesetzt, gab keine Verminderung.

5. Luft dem Urin 17 Tage ausgesetzt, keine Verminderung.

Die Luft in Vers. 1 war dies Mahl nicht in einem Fläschchen von der oben angegebenen Art, sondern in einer Berliner Quartflasche enthalten gewesen, und die Absorbtionsfläche zwar größer, die relative Menge der Luft aber auch viel größer war; denn es befand sich in der Quartflasche nur gegen den vierten Theil Wasser. Die übrige Luft blieb noch länger in dieser Flasche über Brunnenwasser stehen, und es ist davon zu dem unter 1 bemerkten Versuche in der folgenden Reihe genommen worden.

C.

16. **Julius.** Das Salpetergas von dieſem Tage gab eine Verminderung von 66 Theilen.

1. Atmoſphäriſche Luft, dem Brunnenwaſſer 77 Tage ausgeſetzt. Verminderung von 24.

2. Luft, ſo 21 Tage mit Brunnenwaſſer geſperrt geweſen. Verminderung von 51½.

3. Luft, ſo 21 Tage über Salzwaſſer geſtanden hatte, gab eine Verminderung von 55½.

4. Luft, ſo 21 Tage in einem Glaſe geſperrt geweſen, in welchem ſich über dem Waſſer eine Schichte Oel befand; gab gar keine Verminderung.

5. Luft aus einem andern Glaſe, worin die eigentliche ſperrende Flüſſigkeit ebenfalls Oel geweſen war, gab gleichfalls keine Verminderung.

Aus den Verſuchen 2 A. und 3 C. ſcheint ſich nun vielmehr zu ergeben, daß das mit Kochſalz geſättigte Waſſer weniger Abſorbtionsvermögen beſitze als das Brunnenwaſſer. Vergleicht man das Reſultat des Verſuchs 1 C. mit dem von Herrn Prof. Hellers Verſuche, ſo ſollte man wohl das Gegentheil glauben, da ſeine Luft nach 82 Tagen durch Phosphor nur eine Verminderung von 0,015 erlitt. Allein in meinem Verſuche war die Luft von einer größern Portion genommen, die nur mit wenig Waſſer in Berührung geweſen, wie ich oben bereits bemerkt habe; und dann giebt bekanntlich Phosphor immer weniger Sauerſtoff an, als das Salpetergas. Folgende Verſuche die ich ſpäterhin alle zu gleicher Zeit und unter gleichen Umſtänden anſtellte, beweiſen übrigens noch mehr, daß nicht das Kochſalz die eudioſcopiſche Subſtanz ſey.

er viel runder 6 Fläſchchen 1½ Zoll weit, 4 Zoll hoch, ... Theil) und zum Luft, zum Theil, mit einer ge.... fertigten Auflöſung von Kochſalz in Flußwaſſer ge.... ... und derſelben Auflöſung geſchlo... nen, Schale geſperrt.

In 6 andern Fläſchen von derſelben Geſtalt und Größe wurde in einer andern Schale atmoſphäriſche Luft mit reinem Flußwaſſer geſperrt.

Drey andere ſolche zum Theil mit atm. Luft gefüllte Fläſchchen, wurden in drey verſchiedenen Gefäßen mit Auflöſungen von Salpeter, von Glauberſalz und von Bitterſalz geſperrt.

Nach 17 Tagen wurde die mit den verſchiedenen .... geſperrt geweſene Luft geprüft, wobey auf .... ſich immer gleich bleibende Temperatur des Zimmers .... wurde. Das angewandte Salpetergas gab die... .... bey dem Verſuch nicht ausgeſetzt geweſener, ... eine Verminderung von 70. Die mit den verſchie... nen Salzauflöſungen und die mit reinem Flußwaſſer ...... Luft gab übereinſtimmend eine Verminderung von .... Da dieſe Verſuche ganz unter gleichen Umſtänden .... wurden, ſo glaube ich die obige Folgerung dar.... ziehen zu dürfen, übrigens wird man einen großen .... zwiſchen der viermahligen Abſorbtion durch das Flußwaſſer, und der ſechszig durch Brunnenwaſſer in den ..... beſchriebenen Verſuchen bemerken. Wenn dieß nicht .... nicht wahrnehmlichen Umſtänden gegründet gewe... .... ſo möchte ich es mir daraus erklären, daß das Waſſer ... eine gewiſſe Menge Sauerſtoff aufnehmen kann: iſt es damit geſättigt, ſo iſt die Abſorbtion mir unbeträchtlich, und dies ſcheint mir eben beym Flußwaſſer der Fall zu ſeyn. Hiermit ſcheint auch die folgende Beobachtung überein zu ſtimmen: als nähmlich ein großer Theil der umliegenden Gegend im Monath Junius mit Waſſer überſchwemmt, und der größte Theil der hieſigen Keller damit angefüllt war, ſperrte ich atmoſphäriſche Luft mit dem aus einem Keller geſchöpften Waſſer. Nach 52 Tagen prüfte ich ſie, und erhielt mit Salpetergas noch eine Verminderung von 60 Theilen; daſſelbe Salpetergas mit anderer atm. Luft gab 66. Iſt meine Vermuthung richtig; ſo mögte mit aus dieſem Umſtande ſich erklären laſſen, woher das Flußwaſſer zu vielen Verrichtungen, z. B. zum Bleichen beſſer iſt als das Brunnenwaſſer. Ich werde nächſtens meine liegen gebliebene Arbeit mit der, bloß zur Entwickelung von Luft aus Flüſſigkeiten eingerichteten, Luftpumpe [3]) wieder vornehmen, wodurch ich denn auch vielleicht hierüber Aufklärung erhalten werde.

Aus den Verſuchen 3, 4 A. und 2 B. beweiſet ſich, daß das mit Erdtheilen vermengte Waſſer eine größere Abſorbtionsfähigkeit beſitze, als das reine.

Die Verſuche 5 A. und 4 B. mit Milch und die 6 A. und B. 5 mit Urin, ferner die Verſuche 4, 5 C. mit Oel zeigen, daß dieſe Flüſſigkeiten das Sauerſtoffgas der atmoſphäriſchen Luft gänzlich abſorbiren. Ich habe in mehreren andern Verſuchen gefunden, daß jene Flüſſigkeiten ſchon in weit kürzern Zeiträumen die Abſorbtion

---

[3]) Gilberts Annalen der Phyſik B. IV. S. 128.

erzeigen, als in der Verschmelze B. bemerkt ist: Milch z. B., zu welcher einige Tropfen Essig gegossen worden, entwickelte sie in fünf Tagen. Weitere Untersuchungen müssen zeigen, ob Milch und Oel als eudiometrische Substanzen gebraucht werden können mögten.

Die Versuche mit Oel wurden zuerst dadurch veranlaßt, daß in Versuchen, wo ich auf Herrn Gehlen's Bemerkungen über Berzelius Versuche *) auf das äußere Sperrwasser Oel gegossen hatte, von diesem Oele einige Tropfen über das innere Sperrwasser in das Fläschchen gestiegen waren. Uebrigens lehrten mich Versuche, wo dieser letztere Umstand vermieden wurde, daß die Absorption des Sauerstoffs der eingeschlossenen Luft, eben so vor sich ging, als wenn das äußere Sperrwasser unmittelbar mit der Atmosphäre in Berührung wäre.

Ich habe auch, sowohl mit Salzwasser als mit süßem Wasser, Luft in Flaschen gesperrt, deren Hals 1½ Zoll weit war, und in andern, in deren Hals eine 2½ Linie weite Glasröhre luftdicht eingekittet war. Die Flaschen hatten gleichen Durchmesser und gleichen Cubikinhalt; sie enthielten gleich viel Luft, folglich auch gleich viel Wasser, dessen Menge nicht sehr beträchtlich war. Nach 3 Wochen wurde diese Luft mit Salpetergas geprüft. Die Verminderung war allenthalben gleich groß, so daß nichts daran anzukommen scheint, ob das innere Sperrwasser mit dem äußern durch eine breitere oder schmälere Fläche in Berührung steht.

*) S. dieses Journal Bd. 2 S. 419.

6.

Beyträge zur Kenntniß der Mineralkörper.

I.

Analyse eines granatförmigen Fossils vom Thüringerwald - Gebirge.

Von Christian Friedrich Bucholz.

Einleitung.

Durch die Güte meines Freundes, des der mineralogischen Welt rühmlichst bekannten Hrn. Bergraths Voigt zu Ilmenau, wurde mir ein braunrothes oder vielmehr rothbraunes Fossil, welches derselbe durch die äußere Aehnlichkeit mit dem im Spessart bey Aschaffenburg gefundenen, von Gallizin Braunsteinkiesel, und von Klaproth granatförmiges Braunsteinerz genannten Fossil veranlaßt, für eben dieses Fossil hielt, mit der Bitte zugesendet, solches der chemischen Analyse zu unterwerfen, um entweder das von der äußern Characteristik hergeleitete Urtheil zu bestättigen oder zu verwerfen. Das mir übersendete Fossil war ein dichtes Stück, welches mit Quarzkörnern durchmengt war, und

in welchem sich der hie und da kreisförmigen niedersten
lesten.

Beschreibung des Vorkommens und der äußern Kennzeichen des Fossils.

Das erwähnte Fossil kommt unweit Schmalkalden im
Thüringerwald-Gebirge auf der Grube Johannes, wo es
vom Herrn Bergrath Voigt entdeckt wurde, vor; es
findet sich daselbst auf einem Gange im Porphyrgebirge.
Es sieht also sowohl äußerlich als auf dem Bruche röthlichbraun, äußerlich nur selten in dünnen Blättchen braungelbe, dem vollkommenen Eisenrahm ähnlichen Farbe sehr
ähnliche Masse, die ein Haufwerk von vielen größern und
kleinen Krystallen von einseitiger Form ist, zwischen welchen feine Quarzkörner mehr oder weniger häufig einge-
mengt sind. Nur selten sind einzelne Krystallen so von
der Masse abgesondert, daß man ihre eigentliche Form
wahrnehmen kann. Ganz einzelne Krystallen dieses
Fossils sind noch zu den Seltenheiten zu rechnen, und bis
jetzt besitzt nur Hr. Bergrath Voigt einen einzigen davon.

So wie mir letzterer meldet, ist dieser vollkommen gebildete Krystall, in seiner Form genau mit der des Braun-
bleierzes übereinstimmende; es ist nähmlich eine doppelte
sechsseitige Pyramide, die an beyden Enden mit vier Flächen
zugespitzt ist; die Zuspitzung ist flächer und alle Winkel sind
schiefwinkliger als beym Granat; nur sind die Ecken ziemlich ohne Abstumpfung. Die Größe des angeführten Kry-
stalls beträgt von einer Endspitze bis zur andern eilen Zoll.
Ein mir übersendetes reineres Stück enthielt verschiedene

Krystalle, deren Enden sich etwas über die Masse erhoben, an welchen die Enden der achtseitigen Pyramit deutlich zu unterscheiden waren. An den übrigen freyerstehenden kleinern Krystallen konnte ich bloß die Vielflächigkeit beobachten, ohne über die Form bestimmt urtheilen zu können.

Die übrigen Eigenschaften dieses Fossils sind nach der Beobachtung des Hrn. Bergraths Voigt, und so viel ich solche mit der Beschreibung des Braunsteinkiesels vergleichen konnte, ganz mit letzterm Fossil übereinstimmend; nur in der Härte weichen beyde merklich von einander ab; nach dieser beurtheilt, gehört das unsrige zu den Granaten, denn es läßt sich mit dem Messer kaum schaben und ritzt das Glas sehr leicht. Im sehr fein gepulverten Zustande erscheint das Fossil schmutzig blaß röthlich, wie ein Gemenge von rothem Bolus und Bleyweiß, worin es sich also auch vom Braunsteinkiesel unterscheidet, welcher ein röthlich gelbes Pulver liefert, was schon auf einen größern Braunsteingehalt in dem Braunsteinkiesel hindeutet, als in unserm Fossile.

Genauere Analyse des granatförmigen Fossils.

Eine vorläufige Analyse hatte mich von dem Daseyn einer großen Menge Kieselerde, etwas Thonerde, Kalk, Eisen = und Braunsteinoxyd unterrichtet. Zur Bestättigung dieses vorläufig gefundenen Resultats und zur Ausfindigmachung des quantitativen Mischungsverhältnisses jener Bestandtheile, schlug ich nun folgenden Weg ein.

a) 100 Gran eines dichtern krystallinischen Bruchstücks ohne Quarzkörner wurden, in sehr fein gepulvertem Zu-

noch ¼ Gran auf dem Filter zurückgebliebenes zu rechnen
ist. Die erhaltenen 46 Gran verloren durch das behut-
famste Auflösen in drey Drachmen reiner Salzsäure, welche
in einem geräumigen gewogenen Gläschen befindlich war,
19 Gran Kohlensäure, wodurch, jenes halbe Gran des Detri-
trums mit in Rechnung gebracht, 27¼ Gran reiner Kalf
in 100 Gran unsers Fossils sich ergeben.

c) Da die in b mit Ammonium gefällte Flüssigkeit
überschüssige Säure enthielt, und durch das kleefaure Kali
die Talkerde nicht gefällt wird, so mußte sie, wenn welche
in dem Fossil vorhanden war, in der von kleefaurem Kali
abfiltrirten Flüssigkeit befindlich seyn. Diese wurde daher
mit genugsamen reinem kohlensauren Kali bis zur Verschwindung alles Ammonium gekocht; allein es sonderte sich
hierdurch nicht eine Spur von Erdigem aus.

d) Der durch Ammonium im Versuch b erhaltene Niederschlag wurde jetzt noch feucht vom Filter gesammelt, mit
einer Unze reiner Aetzlauge und zwey Unzen bestillirtem
Wasser bis zur Trockne eingedickt, die eingedickte Masse
mit bestillirtem Wasser aufgeweicht, das Unaufgelöste
auf dem vorigen Filter wieder gesammelt, und ausgesüßt.
Die Flüssigkeit dampfte ich bis auf vier Unzen ab, sät-
tigte sie mit reiner Salzsäure und versetzte, sie im Ueberschuß mit reinem Ammonium. Es bildete sich hierdurch
ein nur unbedeutender Niederschlag, der ausgesüßt und geglüht kaum zwey Gran wog, blaß leberfarben aussah,
und sich als Thonerde verhielt, welche durch eine Spur
Braunsteinoxyd gefärbt war.

Der bei vorigem Versuch mit Kalilauge behandelte
und etwas genau gesammelt und geglüht, 3½ Gran.
Scharf getrocknete Filtrum hatte einen halben Gran
..... gichts zugenommen, der sich auch in der 1. Gran
.... Asche des Filtrum fand, da ein eben so schwer
.... Filtrirpapier nur ¼ Gran Asche gab, folglich
.... ganze Gehalte der nach der Behandlung mit Netz
........ständigen Masse 32 Gran. Diese, welche das
.... das Braunsteinoxyd enthielt, wurde jetzt in ..
.... Unze Salzsäure aufgelöst, welches sehr leicht
..... Entwickelung von oxygenirter Salzsäure geschah,
genau durch Ammonium neutralisirte Auflösung wurde
.. Unzen Wasser verdünnt. Sie enthielt noch eine
.... Menge eines erdigen Stoffe, welcher durch
.... Filtrum abgeschieden und ausgesüßt, nach
Glühen ¼ Gran schwer war und sich wie Kieselerde
.. Die nun klare Auflösung wurde jetzt durch genau
.... hydrothionsaures Ammonium zerlegt, durch Fil
.... wiederholtes Aussüßen, mit genugsamen destillir-
Wasser das entstandene bernsteinsaure Eisen von der
.... getrennt, und diese zur fernern Zerlegung bey
.. gestellt. Das getrocknete und genau gesammelte bern
..... Eisen wurde durch Glühen in einem saubern Tie
.. zerlegt und dadurch an braunrothem Eisenoxyd 24
...... erhalten, wozu noch ½ Gran Eisenoxyd kömmt, von
.... Zuwachs, welchen das scharf getrocknete Filtrum
.... saurem Eisen enthalten hatte. Das erhaltene
.... löste sich vollkommen in reiner Salzsäure auf,
.... Spur von oxygenirter Salzsäure zu entwickeln.
f) Die das Braunsteinoxyd enthaltende Flüssigkeit,

welche gegen 32 Unzen betrug, wurde jetzt durch reines
Ammonium im Ueberschuß zerlegt. Die wasserhelle Flüßigkeit
blieb beym ersten Zusammenmischen ungetrübt; nur nach und
nach wurde sie gelblich und nach einigen Minuten fieng die
Mischung an, sich zu trüben. Ich ließ sie unberührt so
lange stehen, bis sich der Niederschlag völlig abgesetzt hatte
und die Auflösung wieder wasserklar war. Sie wurde jetzt
von dem erhaltenen Niederschlage durchs Aussüßen und
Filtriren befreyet und lieferte drey Gran geglühtes dunkel
gelbbraunes Braunsteinoxyd, wozu noch ¼ Gran am Filter hängen gebliebenes gerechnet werden muß, also überhaupt 3¼ Gran.

Diese geringe Menge, welche doch, dem erhaltenen Eisenoxyd nach berechnet, 7½ Gran betragen mußte, brachte
mich auf den Gedanken, daß das freye Ammonium den
Rest aufgelöst halten könnte. Es wurde daher sämmtliche
Flüßigkeit, woraus das Braunsteinoxyd geschieden worden,
bis auf den vierten Theil verdunstet: allein, ungeachtet
alles freye Ammonium dadurch verjagt worden war, so
zeigte sich doch noch keine Abscheidung. Ich setzte eine
Auflösung von zwey Drachmen reinen kohlensauren Kali
hinzu, und fuhr mit Sieden fort, bis das sich hierdurch
entwickelnde Ammonium völlig abgeschieden war. Zu meiner Verwunderung sah ich sogleich einen ziemlich reichlichen Niederschlag sich bilden, welcher wohlausgesüßt, genau
gesammelt und geglüht 6 Gran betrug und nun etwas
gelblich gefärbt erschien. Durchs Auflösen in Salzsäure
unter lebhaftem Aufbrausen, durchs Fällen mit kleesaurem
Kali zum kleesauren Kalk und mit blausauren Kali zu ei-

ner Spur blausauren Eisen, zeigte sich gedachter Niederschlag als kohlensaurer Kalk, mit einer Spur Eisenoxyd —
eine Erscheinung, die mich sehr überraschte und welche beweist, wie behutsam man bey der Zergliederung eines
Fossils seyn müsse, welches eine beträchtliche Menge eines
Metalloxyds enthält. Diese Erscheinung sah ich schon, als
ich Uran aus einer Auflösung, welche Kalk aufgelöst enthielt, durch Ammonium fällte [1]). Wie manches Mahl
mag dieser Erfolg schon zu falschen Resultaten bey der
chemischen Zergliederung eines Fossils Anlaß gegeben haben,
wenn man die niedergeschlagenen Stoffe nicht noch einer
nähern Untersuchung auf ihre Reinheit unterwarf. Da nun
jene 6 Gran gelinde geglühter kohlensaurer Kalk genau $3\frac{1}{2}$
Gran reinen Kalk ausmachen, so hätten wir nun unsere
$31\frac{1}{2}$ Gran durch Ammonium gefällte und mit Netzlauge
gekochte Masse genau wieder, und der sämmtliche Gehalt
in 100 Gran unsers Fossils an reinem Kalk beträge $30\frac{1}{2}$
Gran.

Nach Zusammenrechnung aller obigen Bestandtheile
finden wir von 100 Theilen des zur Analyse angewendeten
Fossils $95\frac{1}{2}$ Theile wieder. Es fehlen uns also noch $4\frac{1}{2}$
Gran; da nun in dem Fossil sich eine solche Menge Kalk
befindet, so läßt sich vermuthen, daß jener Verlust in Kohlensäure bestehen könne. Um dieses näher zu prüfen, stellte
ich folgenden Versuch an.

g) Etwas sehr feingepülvertes Fossil wurde in reine
Salzsäure geschüttet, wodurch ein leichtes Aufbrausen, welches schnell vorüberging, erfolgte. Dasselbe geschah mit

---

[1]) S. oben S. 21.

Salpeterſäure. Dieſer Erfolg lehrte ſehr deutlich die Gegenwart der Kohlenſäure, wenn ſchon in geringer Menge.
Da aber ohne Erwärmung die Säuren auf das Foſſil nur
ſehr unvollkommen wirkten, ſo war auf dieſem Wege wohl
nicht etwas über das Mengenverhältniß der Kohlenſäure
zu den andern Beſtandtheilen deſſelben zu beſtimmen. Es
blieb nur noch auszumachen, ob nicht auch etwas Waſſer
zur Miſchung unſers Foſſils gehöre.

h) 100 Gran des feingepülverten Foſſils wurden eine
Viertelſtunde in einem gewogenen Gläschen rothgeglüht.
Es verlor dadurch zwey Gran und das Foſſil war etwas
weniges dunkler geworden. Sehr wahrſcheinlich rührt dieſer
Verluſt vom Kryſtallwaſſer her; weil der Kalk bey dieſer
Temperatur, nach andern von mir gemachten Erfahrungen,
ſeine Kohlenſäure nicht fahren läßt. Doch könnte es wohl
ſeyn, daß es in dieſer Verbindung der Fall wäre, und es
iſt daher am ſicherſten, jenen Verluſt als durch die Kohlenſäure und das Waſſer gemeinſchaftlich bewirkt anzuſehen.

Dieſes Foſſil enthält demnach in 100 Theilen:

Nach Verſuch	a	0,3400	}	Kieſelerde —	34,50
—	—	e	0,0050	}	
—	—	b	0,2725	} Kalk — —	30,75
—	—	f	0,0350	}	
—	—	d	0,0200	Thonerde —	2,00
—	—	c	0,2500	Eiſenoxyd —	25,00
—	—	i	0,0350	Braunſteinoxyd	3,50
—	g und h	0,0425	Kohlenſ. u. Waſſer	4,25
		1,0000			100

Vergleicht man damit die Analyſe des grünen Granats vom Teufelsſtein zu Schwarzenberg in Sachſen durch
Wieg-

Mitglied, welche sich in den Gehlenschen Annalen 1798 erster Band, Seite 200 — 208 befindet, und demselben.

36,45	Kieselerde
30,83	Kalk
28,75	Eisenoxyd
3,97	Kohlensäure und Wasser
100	

lieferte, so wird man eine große Uebereinstimmung in den beyderseitigen Resultaten finden; denn rechnet man den von mir gefundenen Braunsteingehalt zum Eisenoxydgehalt unsers Fossils, so stimmt auch dieser so genau mit dem von Mitglied in dem sogenannten grünen Granat gefundenen, als die beyder Angabe des Kalks mit der meinigen übereinstimmt. Die Thonerde kann wegen ihrer geringen Menge von ihm übersehen worden seyn. Aus dieser Uebereinstimmung folgt, daß beyde Fossilien auch im System zusammengestellt werden müssen; und sollte es auch der Fall seyn, daß das Granatsteinoxyd keinen Bestandtheil des sogenannten grünen Granats ausmacht, welches wegen der Farbe wohl seyn kann, aber noch eine Untersuchung verdient [*], so können sie doch als zwey Arten unter einer Gattung begriffen werden, und zwar müssen sie es unter einer eigenen, von der Almandin- und Granatgattung abgesonderten, weil sie weder Thon- noch Talkerde in ihrer Mischung enthalten, wenigstens das eine Fossil die erstere nur in geringer Menge, wie der Herr Geheime-Ober-Bergrath

[*] Daß der grüne Granat vom Drestelstein Manganes enthält, habe ich bereits in dies. Journ. Bd. 2 S. 690 gezeigt.
G.

Karsten in der zweyten Anmerkung zu seinen mineralogischen Tabellen von den grünen Granaten bemerkte, in der Voraussetzung, daß Wieglebs Analyse dieses Fossils richtig sey.

Die Aehnlichkeit des von Wiegleb untersuchten Fossils mit dem von mir untersuchten, wird auch durch das Verhalten des letztern gegen die Säuren vergrößert; es läßt sich nähmlich, wie mich Versuche belehrt haben, durch wiederholtes Sieden mit Salzsäure völlig aufschließen, wodurch es 35 Procent Kieselerde lieferte, und aus der Auflösung ließen sich die oben angeführten Bestandtheile durch die nöthigen Handgriffe leicht darstellen. Dieses Verhalten gegen die Säuren, welches bey diesem Fossile, das so viel Kieselerde in seiner Mischung hat, nicht zu vermuthen war, wird wahrscheinlich durch den großen Gehalt an Kalk verursacht.

Soviel Wahrscheinlichkeit nun auch in Hinsicht der Uebereinstimmung beyder Fossile vorhanden ist, so verdient sie doch durch eine neue Wiederholung zur Gewißheit erhoben zu werden, welcher ich mich gern unterziehen werde, sobald ich das Fossil erhalte.

II.

Untersuchung des eisenschüssigen Sandes, der sich am
Meerufer zu Saint-Quay, bey Chatel-Audren
findet.

Von H. B. Collet-Descotils.

Uebersetzt [*)] von K. E. Gehler.

Seitdem man in Europa die Platina kennt, verglichen
fast alle Mineralogen, die von dem in verschiedenen Gegen-
den vorkommenden eisenschüssigen Sande sprachen, denselben mit demjenigen, der das Metall der neuen Welt begleitet. Nach Erwägen, welche man mit mehr Sorgfalt
untersuchten, begnügten sich damit zu sagen, daß er zum
Theil dem Magnet folgsam sey, und die meisten fügten
noch hinzu, daß derjenige, der welchem diese Eigenschaft
nicht merklich wäre, sie durch starke Erhitzung erhalte.

Die Untersuchung, die ich mit dem unter der Platina
befindlichen eisenschüssigen Sande anstelle, erregte in mir
den Wunsch, auch einige andere Substanzen von ähnlichem
Ansehen zu prüfen. Ich will jetzt die Versuche mittheilen,
die ich mit dem Sande von St. Quay angestellt habe, den
ich von Gillet-Laumont erhielt, der ihn 1784 selbst
gesammelt hatte. Wie ihm damahls gesagt wurde, gab
derselbe ungefähr 0,50 Eiseisen, woraus man sehr gutes

*) Aus dem Journal des Mines. No. ... p. ... — ...

R 2

Eisen erhielt. Da er nur in kleiner Menge zu Saint=
Quay vorkommt, so konnte man ihn nicht für den hohen
Ofen sammeln. Gillet=Laumont schätzte den, der sich
am Strande fand, höchstens auf 10 Myriagrammen, und
er schien ihm durch die Meereswellen angeschwemmt zu
seyn, die dessen noch jetzt herbeyführen.

Dieser Eisensand ist schwarz und glänzend. Der Mag=
net zieht ungefähr ⅔ aus; das übrige ist ihm nicht folg=
sam, und wird es auch durch die stärkste Hitze nicht.

Jede Portion desselben wurde besonders zerlegt, vorher
aber untersuchte ich ihn, so wie er vorkommt, auf dem
trocknen Wege, und erhielt daraus 0,45 sehr krystallinisches,
sehr weißes und sehr sprödes Gußeisen.

Den anziehbaren Theil behandelte ich mit Salzsäure,
die ihn gänzlich auflöste. Die Säure nahm sogleich eine
röthlich gelbe Farbe an. Durch Abdampfung zur Trockne
setzte sich eine gelblichweiße Substanz ab, die in Salzsäure
nicht weiter auflöslich war. Ich wiederhölte diese Opera=
tion so oft, bis sich nichts weiter ausschied. Ich wusch
darauf das Ausgeschiedene zusammen mit concentrirter
Salzsäure, bis diese nicht mehr gefärbt wurde, wodurch
ich diese Substanz sehr rein erhielt. Anstatt mit jener Säure
versuchte ich es erst mit Wasser, aber ich konnte es mit
der größten Sorgfalt nicht dahin bringen, die Flüssigkeit
klar zu erhalten. Es blieb darin immer ein Theil des
Niedergeschlagenen schwebend, und sie wurde auch nach
mehrtägiger Ruhe nicht klar. Hieran konnte man leicht
das Titanoxyd erkennen, um mich aber hierüber noch ge=
wisser zu überzeugen, ließ ich den Satz trocknen; er wog

0,65 der zerlegten Quantität, und wurde in einem silbernen Tiegel mit kaustischem Kali behandelt. Nachdem er ¼ Stunde in einer dunkelrothen Glühhitze erhalten worden, laugte ich die alkalische Masse aus, die eine nur geringe Menge des Satzes aufgelöst hatte. Salzsäure löste das Ganze völlig auf. Blausaures Kali und Galläpfeltinctur geben mit dieser Auflösung, das erstere einen grünen, die letztere einen sehr dunkel röthlichgelben Niederschlag. Diese Kennzeichen lassen keinen Zweifel über die Natur dieser Substanz. Von Kieselerde erhielt ich keine merkliche Spur.

Die salzsaure Auflösung, aus welcher sich Titanoxyd abgesetzt hatte, wurde zur Trockne abgeraucht. Die Nacht über hatten sich kleine gelbe prismatische Krystalle gebildet, und einige andere weiße, undurchsichtige, nadelförmige. Letztere, deren nicht viele waren, wurden mechanisch abgesondert, in Wasser aufgelöst, und mit kaustischer Kalilauge behandelt, wodurch sich eine geringe Menge Eisenoxyd ausschied. Die überstehende alkalische Flüssigkeit wurde mit Schwefelsäure gesättigt, der entstehende Niederschlag wieder aufgelöst und durch kohlensaures Kali gefällt. Er wog 0,01 und war Thonerde.

Die salzsaure Auflösung wurde hierauf durch Ammonium zersetzt, welches eine große Menge Eisenoxyd ausschied, so mit dem aus den weißen Krystallen erhaltenen verbunden wurde und 0,88 wog. Ich behandelte es im Platintiegel mit Natrum. Die alkalische Masse wurde mit Wasser ausgelaugt, welches eine sehr dunkelgrüne Farbe annahm. Nachdem sie einige Tage an der Luft gestanden hatte, verlor sie ihre grüne Farbe, und es entstand ein

braunrother Satz von Manganesoxyd. Durch zweymahlige
Wiederholung dieses Verfahrens sonderte ich endlich alles
Manganesoxyd ab, welches ungefähr 0,02 wog. Die
alkalischen Laugen wurden sodann mit Salpetersäure gesättigt und bis zur Trockne verdunstet. Nach der Wiederauflösung bewirkte Ammonium keinen Niederschlag darin.
Zur Verjagung des Ammonium wurde die Flüssigkeit wieder
verdunstet, der Rückstand in Wasser aufgelöst und mit salpetersaurem Bley versetzt, welches ein geringes gelbes Präcipitat bewirkte, so kaum 0,01 wog und den Borax grün
färbte, folglich chromsaures Bley war. In dem anziehbaren Theil des Sandes von Saint=Quay befindet sich
also Chromsäure, wiewohl in geringer Menge. Das mit
Natrum behandelte Eisenoxyd zeigte sich nachher völlig
rein.

Die salzsaure Flüssigkeit, woraus durch Ammonium
das Eisenoxyd gefällt worden, gab mit kohlensauren Alkalien keinen Niederschlag weiter.

Die vorstehenden Versuche haben demnach in dem anziehbaren Theile des Sandes von Saint=Quay folgende
Bestandtheile dargethan.

Eisenoxyd — — —	86
Manganesoxyd — —	2
Titanoxyd — — —	8
Thonerde — — —	1

Chromsäure eine Spur.

$$\overline{97}$$

Verlust 3

Der nicht anziehbare Theil wurde auf dieselbe Art
behandelt, mit der Ausnahme nur; daß zur kürzern Abson-

derung der Thonerde, die salzsaure Auflösung, Statt sie
erst mit Ammonium zu fällen, gleich mit laustischem Kali
im Ueberschuß behandelt wurde. Es zeigte sich aber von
dieser Erde keine Spur. Das auf trocknem Wege mit
laustischem Kali behandelte Eisenoxyd gab mir keine Anzeige auf Chromsäure, und ich halte mich daher befugt,
zu glauben, daß dieser Theil des Sandes keine enthalte, denn ich denke nicht, daß das chromsaure Eisen
durch die Kalilauge zersetzt worden; ich habe versäumt das
Kali, womit das Eisenoxyd gekocht worden, zu untersuchen.

Folgendes ist das aufgefundne Verhältniß:

Eisenoxyd	44
Titanoxyd	54
Manganoxyd	1,5
	99,5

Man sieht hieraus, daß der nicht anziehbare Theil
des Sandes von Saint-Quay von dem anziehbaren in
seiner Mischung sehr abweiche *), und noch mehr von dem
nicht anziehbaren Theil des in der Platina befindlichen
eisenhaltigen Sandes. Es ist sehr schwer, zu ihrer Unterscheidung, leicht wahrnehmbare Kennzeichen aufzufinden,
und man muß, um ihre wahre Natur zu bestimmen, nothwendig zu chemischen Hülfsmitteln seine Zuflucht nehmen.
Diese Arten von Eisensand verdienen eine sorgfältige Untersuchung, denn es giebt einige, aus welchen auch die
Künste Vortheil ziehen könnten.

*) Man sehe über einen neuen Chromgehalt in einem Ei-
senstein von Schröder in dies. Journ. Bd. 2 S. 220. R.

7.

Einige Bemerkungen über das nöthige Verhältniß der Schwefelsäure zum Salpeter, in Hinsicht auf die Eduction der reichlichsten Menge Salpetersäure.

Von J. F. Süersen.

Durch die Bemühungen des um die Scheidekunst so sehr sich verdient gemachten Doctor Richter in Berlin, haben wir erst genau das quantitative Verhältniß der Schwefelsäure, welche in allen Zuständen ihrer Vermischung mit Wasser zur vollkommenen Zerlegung des Salpeters nöthig ist, kennen gelernt. In der im 5. Heft seiner Abhandlungen über die neueren Gegenstände der Chymie S. 26 gegebenen Tabelle finden wir, daß zur Neutralisation des Kali in einer bestimmten Menge Salpeter, bey weitem weniger als die Hälfte Schwefelsäure von einem mittlern spec. Gew., als z. B. von 1,800, 1,850, 1,860 u. s. w. erforderlich sey; und dennoch hat man bisher immer, die einmahl angenommene Proportion von zwey Theilen Salpeter und einem Theil concentrirter Schwefelsäure, und zwar nicht ohne Vortheil für die reichlichere Eduction der Salpetersäure beybehalten.

Obgleich die Bestimmung von einem Theil concentrider Schwefelsäure zu geben Theilen Salpeter nichts weniger als hinlänglich genau ist, indem die Mächtigkeit, und sicher auch das spec. Gewicht der im Handel vorkommenden nordhäuser Vitriolsäure, und der englischen und deutschen Schwefelsäure, so veränderlich ist; so ergiebt sich dennoch aus schon eben Angeführtem, daß man bey Befolgung dieser Proportion immer mehr Schwefelsäure, als zur Neutralisation des Kali im Salpeter erforderlich wäre, anwenden habe: indem eine Schwefelsäure, welche ein geringeres spec. Gewicht als 1,750 besitzt, wohl schwerlich in den Handel kommen wird, und 1000 Theile dieser Säure nach Richter 2008,9 Theile Salpeter zerlegen.

Man erhält aber, wenn man die eben zur Neutralisation des Kali im Salpeter erforderliche Menge Schwefelsäure, oder wenn man das Verhältniß der concentrirten Schwefelsäure zum Salpeter wie 1 zu 3 bey der Exduction der Salpetersäure anwendet, nie die möglichst grösste Menge der Salpetersäure, und man erleidet daher immer einen beträchtlichen Verlust, welcher wie bekannt, Theils der Zersetzung der Salpetersäure bey der höheren Temperatur, Theils der Entweichung der mit dem Kali verbunden gewesenen salpetrigen Säure zuzuschreiben ist.

Richter hat daher im 10. Stück über die neueren Gegenstände der Chymie S. 227 u. s. f. zuerst eine Methode angegeben, wodurch die möglichst grösste Quantität Säure aus dem Salpeter zu gewinnen sey, indem nach ihm dem Gemenge von Salpeter und der zur Neutralisation des Kali hinlänglichen Schwefelsäure, ⅓ oder ¼ Braunstein hinzugesetzt, und noch so viel Schwefelsäure

hinzugefügt wird, als zur vollkommenen Auflösung des
Braunsteinoxyds erforderlich ist.

Man erhält hiebey eine wenig gefärbte, größten Theils
vollkommene Salpetersäure, und erleidet nur einen unbeträchtlichen Verlust.

Diese Methode ist, wenn man auf die Benutzung des
Rückstandes nach vollendeter Destillation nicht eben besondere Rücksicht nimt, gewiß vortrefflich, aber gerade die
innige Vermischung des Braunsteins mit dem entstandenen
schwefelsauren Kali, macht weitläuftige und kostspielige
Reinigung dieses Salzes nöthig.

Man kann aber ohne Anwendung von Braunstein zu
einem ähnlichen Zweck gelangen, wenn man nur die gehörige Quantität Schwefelsäure zur Zerlegung des Salpeters
anwenden will.

Werden die Grundsätze der Theorie Berthollet's
über die Verwandtschaften der Körper, auf die Zerlegung
des Salpeters durch Schwefelsäure angewendet, so ergiebt
sich, daß bey dieser Operation so viele Kräfte thätig, und
so viele Größen vorhanden seyen, daß man nicht schon vorläufig die zur Eduction der Salpetersäure erforderliche
Menge Schwefelsäure bestimmen kann, sondern daß uns
einzig die Erfahrung hierüber zu belehren im Stande ist.
Denn

1. theilt sich bey der Behandlung des Salpeters mit
    Schwefelsäure, die Wirksamkeit des Kali im Salpeter
    auf beyde mit demselben in Berührung kommende
    Säuren, im Verhältniß ihrer chemischen Masse.

2. Da die Wirkung der Körper, welche sich in Thätig-
    keit befinden gegenseitig ist, so werden sich auch die

die Kräfte zweyer beyder Säuren auf das Kali ändern, wie ihre respectiven chemischen Massen verhalten. Es kann also die Schwefelsäure allein für sich nicht die Salpetersäure vom Kali trennen, und es muß, um eine völlige Zerlegung des Salpeters zu bewirken, noch eine dritte Kraft hinzutreten, und diese ist die Einwirkung der Wärme.

Es lehrt die Erfahrung, daß die Salpetersäure selbst zerlegt werde, wenn sie einer höheren Temperatur als zur Destillation derselben nöthig ist, ausgesetzt wird.

5. Da auch die Schwefelsäure, welche zur Zerlegung angewendet wird, dem Einflusse der Wärme folgt, und daher nicht feuerbeständig ist; so muß auch diese Eigenschaft bey Bestimmung des Verhältnisses, derselben zum Salpeter in Betrachtung gezogen werden.

6. Es folgt daher aus dem Vorhergehenden, daß ein solches Verhältniß zwischen den Kräften der chemischen Masse der Schwefelsäure und des Wärmestoffs einerseits, und der Salpetersäure anderseits getroffen werden müsse, daß nicht allein die zusammengesetzten Kräfte der Schwefelsäure und des Wärmestoffs überwiegend sich befinden, sondern daß auch so wenig als möglich Salpetersäure zerlegt werde.

Man sieht also aus dieser Nachzählung, daß zur Gewinnung der reichlichsten Menge Salpetersäure die Regierung des Feuers, und ein richtig getroffenes überwiegendes Verhältniß der Schwefelsäure das meiste beytragen müssen.

Herr Lichtenberg bemerkte schon vor einiger Zeit am Rande des Scherer'schen Journ. der Chemie

S. 408, daß ein vermehrter Zusatz von Schwefelsäure, der mehr als die Hälfte des angewendeten Salpeters betrage, auch die Quantität der zu erhaltenden Salpetersäure vermehre. Er erhielt, indem er 24 Unzen Salpeter mit 14 Unzen concentrirter Schwefelsäure behandelte, bey einer beträchtlicheren spec. Schwere, auch 18 Quentchen mehr, als wenn er dieselbe Menge des Salpeters mit 12 Unzen concentrirter Schwefelsäure destillirte, und auch ich habe schon seit mehreren Jahren ähnliche Bemerkungen bey der Eduction der Salpetersäure gemacht; allein das bestimmte nöthige Verhältniß der Schwefelsäure zum Salpeter, um die möglichst größte Menge der Säure aus demselben zu educiren, ist bisher so viel ich weiß nicht erforscht worden.

In dieser Hinsicht stellte ich mehrere Eductionen der Salpetersäure bey nach und nach vermehrter Quantität Schwefelsäure an, und ich fand hiebey, daß das angemessenste Verhältniß der Schwefelsäure zum Salpeter folgendes sey, wenn man 0,40 Schwefelsäure mehr, als zur Neutralisation des Kali im Salpeter erforderlich ist anwendet.

Ein Beyspiel mag dieses erläutern.

Nach Richter (über die neueren Gegenst. d. Chemie 5. Heft S. 26) zerlegen 1000 Theile Schwefelsäure von 1,860 spec. Gewicht 2236,3 Salpeter.

Das hiezu nöthige Gewicht Schwefelsäure von der angeführten Mächtigkeit, um 96 Unzen Salpeter zu zerlegen, würde also 43 Unzen sey: denn

$$\frac{96 \cdot 1000}{2236,3} = 42,93$$

Bey Beobachtung des gewöhnlichen Verhältnisses des Salpeters und der Schwefelsäure wie 2 zu 1, und bey lebhaftem Feuer, erleidet man auf 96 Unzen Salpeter immer einen Verlust von 8 und mehrern Unzen Säuremasse.

Ein größerer Zusatz von Schwefelsäure als 0,40, vermehrt nicht mehr die Menge der zu gewinnenden Salpetersäure.

Die hier vorgeschlagene Methode zur Eduction der Salpetersäure vereinigt also die Vortheile, sowohl eine hinlängliche Ausbeute von Säure, als auch einen Rückstand zu liefern, welcher letztere mit Nutzen zu manchen chemischen Operationen ohne weitere Reinigung angewendet werden kann.

Nachtrag vom Dr. Richter.

Der Herr Verfasser urtheilt ganz richtig, daß die zur Neutralisirung des Kali im Salpeter erforderliche Menge Schwefelsäure nicht vermögend ist, die ganze Menge Säure aus dem Salpeter in der Destillationshitze so zu entbinden, daß selbige verflüchtiget würde; inzwischen ist der Satz dahin einzuschränken, in so fern man nur die übliche Destillationshitze anwendet, wo der Rückstand niemahls glühend wird. Treibt man die Hitze bis zum Glühen der Retorte, so ist auch nicht mehr Säure erforderlich, als die stöchiometrischen Verhältnisse angeben, wovon ich mich mehr als ein Mahl überzeugt habe; und man kann den Versuch sehr leicht in einem offenen Schmelztiegel machen.

dert worden bin), allen Erscheinungen durch das ganze
System der chemischen Erfahrungen anzupassen. Ich habe
bereits im 10. Stück meiner Abhandlungen über die
neuern Gegenstände der Chymie gezeigt, wie wenig
Hoffnung wir bis jetzt haben; die Verwandtschaften
durch die Massengrößen ausdrucken zu können, so sehr
große Hoffnung, dieses zu bewerkstelligen, ich mir auch be-
mahls machte, als ich die ersten stöchiometrischen Versuche
unternahm; wie sich ein jeder erinnern wird, der mit dem
Inhalt meiner Schriften vertraut ist.

Der Bau kostete 3526 Rthlr., und die Einrichtung ist, wie
man von Werner und Lampadius erwarten darf, sehr
zweckmäßig. Zur Vermehrung des Apparats sind jährlich
100 Rthlr. ausgesetzt.

I. Ueber ein eigenthümliches flüssiges Schwe-
felproduct. Zu dem, was der Hr. Verfasser in diesem
Journale Bd. 2 S. 192 — 197 und S. 467 — 469
darüber mitgetheilt hat, ziehen wir aus dieser ausführlichen Abhandlung nur noch einige Bemerkungen aus.

Man kann bey der am erstern Orte angegebenen
Vorrichtung mit der ersten tubulirten Vorlage noch
eine Woulfsche Flasche verbinden, in welcher sich, und
noch etwas fast reiner Schwefelalkohol sammelt. Die
von den Gemengen b bis f angegebene Menge Schwefelalkohol ist nur bey einem Pfunde Schwefelkies zu erhalten und durch Versehen, als aus ¼ Pfund
angegeben. Das verkieste Holz giebt also das Meiste.
Zur Bereitung im Großen könnte man sich, nach dem Vf.,
des sogenannten Röhrentreibofens bedienen, nur müßten
die Treibröhren durch einen zwey Fuß langen irdenen Vor-
stoß mit den mit Wasser gefüllten Vorsetzkästen verbunden
werden, worüber er selbst noch Versuche anstellen zu können hoffte.

Bey der Rectification, die, wenn das Product nicht
vollkommen ungefärbt ist, nochmahls wiederholt werden
muß, zeigen sich die schnell fallenden Tropfen unter dem
Wasser ganz gerundet und auch am Boden mit vieler Con-
cavität. Bleibt aber ein Tropfen abhärirend auf der Oberfläche des Wassers schwimmen, so zeigt er sich sehr convex
und man hat Mühe ihn im Wasser niederzubringen. Specifisches Gewicht, Adhäsion und Flüssigkeit bekämpfen gleichsam einander. Die letztere ist so groß, daß ein Quentchen
in einem 18° R. warmen Zimmer in 2½ Minute verdampft
war und ein Weingeistthermometer, auf die Bd. 2. S. 469
erwähnte Art behandelt, bey — 7° der Lufttemperatur auf
41° — 0 fiel, bey welcher Temperatur der Schwefelalkohol selbst seine Flüssigkeit noch behielt. Ueberdeckt man in
einem geheizten Zimmer eine volle Tasse Wasser mit fei-
nem Druckpapier und gießt dann einige Mahl Schwefel-

... hat man bald eine Eiskruste. Diese Fläch...
... auch durch eine bläulich brennende Dunst...
... einem Lichte, von welchem mehrere Fuß weit
... Schwefelalkohol aus einem Glase in ein anderes
... wird; auf letzteren selbst verbreitet sich die Flamme
... in einer geringern Entfernung. Hr. L. brachte
... A. heißes Sandbad etwas Schwefelalkohol mit
... der auf diese Temperatur gebrachte, mit Schwe-
... einwirkende Dunst entzündet sich an der Luft.
... Geschieht das Verbrennen in einem eingeschlos-
... atmosphärischer Luft, so setzt sich etwas

... merkwürdig ist das Verhalten einiger Säuren
... Schwefelalkohol. Die Schwefelsäure, so wie die
... Salpetersäure bringen bey kühlt Temperatur
... 30° keine Veränderung darin hervor, so wie
... auch nicht damit entzünden. Nur das oxydirt
... machte ihn nach langem Stehen etwas dick-
... goldgelb, benahm ihm jedoch nicht die Durch-
... Er entzündete sich darin auch nicht, wie das
... Glas in 30° warmen Wasser erwärmt
... Dunst von Schwefelalkohol und oxy-
... Gas besaß einen durchdringenden unaussteh-
... Bey jenem Digeriren wurde etwas von der
... den dadurch veränderten Schwefelalkohol
... nicht untersucht.

... gas wird bey bloßem Stehen in gewöhnlich...
... vom Schwefelalkohol nicht absorbirt, und
... nicht verändert; das mit dem Dunst des
... Sauerstoffgas detonirt, wie zu erwarten ist,
... äußerst heftig. Wasserstoffgas scheint
... damit dem Schwefelwasserstoffgas
... wenigstens bleibt zum Theil letzteres zu
... unverändert Gas mit wenig atmosphä-
... Luft, welches man dann sogleich an
... Geruch erkennt.

... wird von dem Schwefelalkohol nicht auf...
... Schwefel nimt er noch ⅓ auf und bildet der
... Auflösung, läßt ihn aber beym Verdunsten
... in crystallinischer Form zurück.

nur zwey Umstände: zu dem Kaffeesurrogat, welches, wie
der Verf. sagt, den Vorzug vor allen übrigen erhielt, wurde
auf jedes Pfund des getrockneten Runkelrüben=Rückstandes
vor dem Rösten ein Loth feines Provenceröl genommen,
um das dem Kaffe eigenthümliche und hier fehlende Oel
zu ersetzen und bey Destillation des ausgegohrnen Syrups
wurde eine verhältnißmäßige Menge gebrannter Kalk in
die Blase geschüttet, um das lästige Aufschäumen und Ue-
bersteigen zu vermeiden.   Bey Vergleichung des Achard-
schen Verfahrens mit dem des Verf. bemerkt man vorzüglich den Unterschied, daß letzterer ein sehr gelindes und daher
8 — 14 Tage dauerndes Abdampfen des Saftes vorschreibt,
wogegen Achard bey mäßigem Feuer rasch einsieden läßt.
Dieser Unterschied liegt wahrscheinlich darin, daß Achards
Rüben einen reinern, zuckerreichern Saft gaben, da bekanntlich der reine Zucker nicht so leicht zerstörlich ist, als wenn
damit viele Schleimtheile verbunden sind.   Achard hat
jetzt die Runkelrübenbenutzung dadurch noch weit höher gebracht, daß er die von selbst absterbenden und gelb wer-
denden Blätter mit Vortheil als Material zum Tabak
verkauft, wozu sie sehr geschickt seyn sollen, da sie nicht
den Wenzelgeruch des Landtabacks verbreiten.

VII. Vermischte kürzere Bemerkungen S.
305 — 339. Wir wollen nur einige davon ausziehen,
die sich an andere bekannte anschließen.   Der Ruß, den
man durch Verbrennung von reinem Terpentinöl unter großen
gläsernen Glocken erhält, verbrennt in einem Platintiegel
ohne den mindesten erdigen Rückstand; man könnte ihn
also nach dem Ausglühen in einer Retorte als ein ganz
reines Kohlenoxyd ansehen. — Das beym Verkohlen von
Holz gegen das Ende sich entwickelnde Gas besteht aus
Kohlenoxydgas mit Wasserstoffgas vermischt; Kohlen-
blende von Schmiedeberg im sächsischen Erzgebirge gaben
aus acht Unzen durch Glühen 750 Par. Cub. Zoll Gas,
welches vor dem Verbrennen keine Spur von Kohlensäure
zeigte, während desselben im Mayerschen Gazometer kein
Wasser absetzte, hingegen eine beträchtliche Menge Kohlensäure gab, also ganz aus Kohlenoxydgas zu bestehen
schien. — Der Herr Verf. hat ebenfalls die von Proust
(vief. Journ. Bd. 3. S 43) erzählte Beobachtung über
die Fähigkeit der Schwefelsäure in Verkohlung vegetabil-

Man sieht aus dieser Uebersicht des Inhalts dieser Beyträge, daß der Herr Verfasser dafür gesorgt habe, sie interessant zu machen, und daß er sich durch die baldige Fortsetzung derselben die Chemiker verbinden werde.

A.

2. Notizen.

1. **Versuch zur Bestimmung des quantitativen Verhältnisses der Bestandtheile des krystallinischen Seignettesalzes.**

Von J. A. Schultze in Kiel.

Tausend Theile Seignettesalz wurden in einem eisernen Tiegel verbrannt und dann zum glühenden Fluß gebracht; die zurückgebliebene Masse wurde nach dem Erkalten in Wasser aufgelöst und von der Kohle durch Filtriren befreyt; die Lauge mit Schwefelsäure neutralisirt und zur Trockenheit abgedampft; das Salz glühend geschmolzen und dessen Gewicht, noch warm, bestimmt; letzteres betrug 520 Theile.

Die Menge der verbrauchten Schwefelsäure war 720 Theile, ihr Gehalt an reiner Säure 0,339 und daher die Menge der verbrauchten wirklichen Säure $= 720 . 0,339 = 244$ Theile.

Dieser Versuch giebt Gelegenheit zu folgender Aufgabe:

In einer Mischung aus Kali und Natron, deren gesammtes Gewicht man, wegen der Kohlensäure, nicht gut, ohne einen besondern Versuch, bestimmen kann, sey die Masse des Kali $= x$ und die des Natron $= y$, die hieraus durch Schwefelsäure entstandene, geglühete neutrale Masse $= d$, die dazu verbrauchte Säure $= a$; das Verhältniß des Kali zur Säure im schwefelsauren Kali $= b : 1$, und das des Natrons zur Säure im schwefelsauren Natron $= c : 1$;

Wenn man nun die Buchstaben b und c aus den, vom Herrn Dr. Richter aufgefundenen, Neutralitätsverhältnissen bestimmt und in den Gleichungen substituirt; so wird

$$x = \frac{1,6047d - 1,6047 \cdot (0,8586 + 1) a}{1,6047 - 0,8586}$$

$$\frac{1,6047d - 1,6047 \cdot 1,8586a}{0,7461} = 2,1508d - 3,9984a$$

und

$$y = \frac{(1,6047 + 1) \cdot 0,8586a - 0,8586d}{1,6047 - 0,8556}$$

$$\frac{2,6047 \cdot 0,8586a - 0,8586d}{0,7461} = 2,9974a - 1,1508d$$

Anmerkung. Man sieht leicht daß diese Aufgabe noch allgemeiner ausgedruckt werden kann. Man setze nähmlich: statt des Kali und Natron jede zwey andere Grundlagen, und Statt der Schwefelsäure irgend eine andere Säure, welche die Bedingungen der Aufgabe erfüllen, so wird dasselbe gelten; ja man kann diese Aufgabe gewissermaßen umkehren, statt der beyden Grundlagen, zwey Säuren nehmen, und statt der Säure irgend eine Grundlage, so wird, alles übrige gleich gesetzt, noch dasselbe Statt finden.

Wählt man, z. B. zur Neutralisirung des Kali und Natron Salzsäure, so wied x = 2,1503 d — 4,7448 a und y = 3,7439 a — 1,1503 d.

Die Auflösung dieser Aufgabe verträgt also eine weitläufige, bequeme und nützliche Anwendung.

Wendet man nun die aufgefundenen Gleichungen x = 2,1508 d — 3,9984 a und y = 2,9974 a — 1,1508 d auf den vorhin angeführten Versuch an, so wird x = 2,1508. 520 — 3,9984. 244 = 143, und y = 2,9774. 244 — 1,1508. 520 = 133. 143 Theile Kali erfordern aber 143. 1,0548 = 150,8 Theile Weinsteinsäure, und 133 Theile Natron, 133. 1,9724 = 262,3 Theile von derselben Säure zur Neutralität; daher 150,8 + 262,3 = 413 Theile

babe. Das Resultat dieser gelöseten Aufgabe habe ich bereits S. 294 u. f. des angezeigten Theils meiner Schriften auf eine Mischung von Kalk- und Talkerde angewendet, auch gezeigt wie sie nicht ohne Unterschied Anwendung findet.

Dr. Richter.

Theile Weinsteinsäure, welche in 1000 Theilen kryſtalliniſchen Seignetteſalzes enthalten ſind.

Addirt man die Mengen des Kali, Natren und der Weinſteinſäure, und zieht die Summe von 1000 ab, ſo giebt der Reſt die Menge des Kryſtalliſationswaſſers an, alſo 1000 — (413 + 143 + 133) = 1000 — 689 = 311. Demnach beſtehen alſo 1000 Theile kryſtalliniſches Seignetteſalz aus:

Weinſteinſäure —	—	413 Theile
Kali —	—	143 —
Natren —	—	133 —
Kryſtalliſationswaſſer —	—	311 —

2. Analyſe einer Subſtanz, welche im Handel unter dem Nahmen Soda hungarica calcinata **vorkommt.**

Von Demselben.

Die Farbe dieſer Soda war weißgrau, und ſie bildete große unförmliche Stücke, welche auf der Oberfläche etwas verwittert waren.

a) Fünf Theile Soda hungarica calcinata, aus der Mitte eines Stückes gebrochen, wurden in 25 Theilen Waſſer aufgelöſt; man erhielt einen unauflöslichen Rückſtand, welcher 0,?? Theile wog.

b) Die Auflöſung wurde genau mit 8,04 Theilen Schwefelſäure, von 1,363 ſpecifiſcher Schwere und 0,2407 Mächtigkeit neutraliſirt; hierben entſtand, unter Aufbrauſen, ein Gewichtsverluſt von 1,42 Theilen, welchen die entweichende Kohlenſäure verurſachte.

c) Dieſe neutrale Auflöſung wurde ſo lange mit ſchwefelſaurem Silber vermiſcht, als noch ein Niederſchlag entſtand; letzterer war ſalzſaures Silber und wog 1,16 Theile, und dieſe zeigen $\dfrac{1{,}16 \cdot 10000}{62001} = 0{,}19$ Theile Salzſäure an.

e) Die übrige Flüſſigkeit zur Trockne abgedampft, und ſcharf ausgetrocknet, lieferte 6,25 Theile Salz.

d) Dies Salz wurde in Waſſer aufgelöſt, und mit ſalzſaurer Schwererde zerlegt; dies gab 10,62 geglüheten ſchwefelſauren Barnt.

f) Berechnet man, wie viel aus der b und c hinzu-
gekommenen Schwefelsäure schwefelsaurer Baryt entsteht,
und zieht diesen von der in d erhaltenen Menge ab: so
erhält man $10{,}62 — 9{,}84 = 0{,}78$ Theile schwefelsauren
Baryt, dessen Säure in der Soda gewesen ist. Die Menge
derselben ist $= \dfrac{0{,}78 \cdot 1000}{3222} = 0{,}24$ Theile.

g) Wenn man endlich die, zur Neutralität der verbrauchten und ausgeschiedenen Säure = Mengen nöthige,
Natron = Menge berechnet; so erhält man folgende Bestandtheile der zerlegten Soda:

Natron zu	b — —	$= 2{,}34$ Theile
= =	e — —	$= 0{,}23$ —
= =	f — —	$= 0{,}21$ —
Kohlensäure	b — —	$= 1{,}42$ —
Schwefelsäure	f — —	$= 0{,}24$ —
Salzsäure	c — —	$= 0{,}19$ —
Unauflösl. Rückstand a —		$= 0{,}21$ —

Oder 100 Theile Soda hungarica calcinata bestehen aus

Natron — —	$55{,}6$ Theile
Kohlensäure — —	$28{,}4$ —
Schwefelsäure — —	$4{,}8$ —
Salzsäure — —	$3{,}8$ —
Im Wasser unauflöslichen (Sand und Kohle) —	$4{,}2$ —

3. Angabe eines Gährungsmessers (Zymosimeter). Von Cossigny [2].

Cossigny schlägt zwey Instrumente vor. Das eine ist
darauf gegründet, daß die Wärme der gährenden Flüssigkeiten bis auf einen gewissen Punkt immer zunimt, dann eine
Zeitlang stille steht und hierauf nach und nach wieder abnimt, bis sie fast unmerklich geworden ist. Dann ist die
offenbare Gährung vorbey und die Flüssigkeit destillirungs-
fähig, um die größte Menge Spiritus zu erhalten. Man
soll daher ein Thermometer, fast in der Form eines Aräo-

---

[2] Annales des arts et manufactures. T. XVI. Nro. 3.
132 — 139.

meters, deſſen untere Kugel zur Erhaltung des Gleichge-
wichts mit Queckſilber, die andere größere mit Aether gefüllt iſt, und an deſſen Röhre eine andere, die Scale enthaltende geſchmolzen iſt, anwenden, um dieſen Gang der Temperatur zu beobachten, oder auch das Amontonſche Luft-
thermometer zu dieſem Behuf einrichten. Das andere gründet ſich darauf, daß die gährenden Flüſſigkeiten bis auf
einen gewiſſen Punkt an Dichtigkeit, ſogleich an ſpecifiſchem
Gewicht abnehmen, je mehr ſich die Gährung ihrem Ende
nähert. Es wäre hier alſo ein Areometer, ungefähr wie
das Beaume'ſche für die Salze zu gebrauchen.

---

4. Ueber das in verſchiedenen Pflanzen und ihren
Theilen enthaltene Gummi und ſeine Anwendung.

Lord Dundonald gab bekanntlich ein Verfahren an, aus
verſchiedenen Baumflechten ein Gummi zu erhalten, welches
mit Vortheil an die Stelle des theuren arabiſchen in den
Künſten gebraucht werden kann. Der Dr. Robert bemerkt [3]), daß früher ſchon die Herren Hoffmann und
Amoreux in ihren von der Academie zu Lyon 1786 ge-
krönten Preisſchriften über die Lichenes dieſe Beobachtungs-
art angegeben hätten, ſo wie auch Georgi in den Abhandlungen der Petersburger Academie vom Jahr 1779 erwähne,
daß Lichen farinaceus, glaucus, physodes und pulmonarius ein Gummi gäben, welches beim Trocknen durch-
ſichtig wird und die Eigenſchaften des arabiſchen Gummi beſitzt.

Leroux fand [4]). daß die Zwiebeln des Hyacinthus
non scriptus ſehr reichlich (gegen ⅓) ein ſolches Gummi
enthalten, welches im Großen mit Vortheil würde dargeſtellt werden können, und welches für die Künſte, z. B.
zu gedruckten Zeugen, wie die Herren Oberkampf und
Widmer in ihrer Manufactur zu Jouy fanden, zu Hüten und zur Tinte alle Eigenſchaften des arabiſchen beſitze.
Zur Darſtellung deſſelben hat er mehrere Mittel angegeben:

---

3) Annales des arts et manufactures. T. XIV. Nro. 41. S.
199 — 201.

4) Annales de Chimie T. 40 P. 145 — 165.

P 2

1. man zerquetscht die gewaschenen Zwiebeln zu einem Brey, verdünnt diesen mit vier bis fünf Mahl so viel Wasser, preßt den Brey aus, stößt das ausgepreßte Mark noch einmahl mit etwas Wasser und preßt noch einmahl. Die ausgepreßte Flüssigkeit bleibt zum Aufklären einige Stunden stehen, wird dann abgegossen und in einen Kessel gebracht. Sie hat ein weißliches Ansehen, was sie verliert, wenn sie zum Sieden kommt, wobey sich ein Schaum zeigt, den man mit dem Schaumlöffel abnimt. Man unterhält so lange ein mäßiges Feuer, bis sie so dick, wie ein dünner Syrup ist. Sie wird dann durch ein Tuch gegossen, und vollends so weit eingedickt, daß man sie in geölte Formen gießen und an der Luft vollends austrocknen lassen kann, wodurch man 0,16 bis 0,17 eines brüchigen weißen durchsichtigen Gummi erhält. Man muß in den Kessel nicht frische Flüssigkeit nachgießen, weil das, was sich an den Seiten ansetzt, trocken und bräunlich wird, sich wieder auflösen und die ganze Masse färben würde. 2. Kürzer und einfacher verfährt man, wenn man den zerquetschten Zwiebeln nur ein gleiches Gewicht Wasser zusetzt, in einem Sack von sehr dichtem Zwillich auspreßt und das Ausgepreßte in geölten Formen, entweder an der Sonne oder in einer Trockenstube eintrocknen läßt. Die Formen müssen nur ungefähr halb voll seyn, sonst geht die Verdunstung langsamer und das Gummi ist nicht so durchsichtig. Man erhält auf diese Weise mehr als auf die erstere; das Mark kann noch auf die vorhin angegebene Art behandelt werden. Nach der 3. Methode werden die, in Scheiben geschnittenen und mit Wasser gekochten Zwiebeln ausgepreßt und die erhaltene dicke Pulpe, wie vorhin eingetrocknet, wodurch man eine dem Tragant ähnliche Masse erhält. 4. Endlich kann man die getrockneten und gröblich zerstoßenen Zwiebeln mit hinlänglichem Wasser zu einem Brey anrühren und den durch Auspressen erhaltenen Schleim, wie vorhin, eintrocknen lassen.

Die Producte dieser verschiedenen Methoden weichen in ihrer Beschaffenheit von einander ab: das von 1. ist am reinsten, es löst sich im kalten Wasser fast gänzlich auf; das von 2. ist eben so durchsichtig wie das vorige, aber viel weißer, in kaltem Wasser löst es sich zwar auch ganz auf, die Auflösung ist aber etwas milchig, das von 3. ist weniger rein; das nach der vierten Methode bereitete scheint nach seine Reinheit und Durchsichtigkeit dem ersten nach eine Masse, dem zweiten zu nähern. Diese in gemischter Beschaffenheit, verbunden mit der Geschicklichkeit seiner Bereitung möchten es, nach L., den Künstlern vorzüglich empfehlenswerth machen.

Die aus diesen Zwiebeln erhaltene Substanz verhielt sich ihren Eigenschaften nach ganz wie ein ander Gummi.

Frost macht noch die Bemerkung, daß es schwierig sey, bei Einrocken dieses Gummi klar zu erhalten. Wenn man eine geringe Menge bearbeite, welches bis zur Consistenz eines dicken Syrups abgeraucht worden, gehe die Eintrocknung bey gelinder Wärme recht geschwinde vor sich und das Gummi besitze seine Klarheit und alle übrige Eigenschaften. Bey Arbeiten im Großen aber, wo man es zu starke Hitze abdampfen und daher etwas stärkere Wärme anwenden müsse, werde die Masse, sobald als nicht mehr die nöthige Sorgfalt angewandt, undurchsichtig und weiß und nehme andere äußere Eigenschaften als das Gummi. Dieser Umstand tritt besonders bey der ersten Bereitung ein.

Bey einer Untersuchung fand er, daß diese Masse sich schwer löse, und daß sie ein sehr weißes und dickes Pulver wie gewöhnlich gab. Es löste sich in kaltem Wasser nicht völlig auf, sondern ein Theil setzte sich immer zu Boden und hatte das Ansehen. In heißem Wasser hingegen war die Auflösung. Uebrigens gab ihm dieses weiße Pulver mit Salpetersäure behandelt eben solche Produkte, als das nöthige Gummi.

Aus der Bereitung und dem angegebenen Verfahren, ist es sehr wahrscheinlich, daß diese Substanz eben die welche Rose in der Klaubwurzel entdeckt hat. Journ. (Bd. 3. S. 217 u. f.) beschrieben hat. Es möchte, daß hier vielleicht das Gummi in Amidon übergeführt worden, und wenn sich dies bestätigte, so könnte vielleicht zur Erklärung einer der größten Fragen der Vegetation leiten; denn, wenn man untersucht, was in den Gewächsen vorgeht, welche Amidon so findet man, daß diesem letztern immer der

Schleim vorhergehe, und daß, wenn jenes gebildet worden, dieser nicht mehr vorhanden sey. Wenn man ausfindig machen könnte, was bey der oben erwähnten Operation vorgehe, so dürfte man hoffen, die Mittel aufzufinden, welcher sich die Natur bey dieser Umänderung bediene.

Auf Veranlassung der Beobachtungen Leroux's theilte auch Herr Thom. Willis ähnliche mit [5]). Er fand auf einer botanischen Excursion, daß die Zwiebel des H. non scriptus viel Schleim enthalte, nur war ihr Geschmack etwas scharf. Er erhielt aus einem Pfunde derselben nach dem Zerschneiden, Trocknen ꝛc. etwa vier Unzen Pulver, welches nach sechs Wochen seinen scharfen Geschmack gänzlich verloren hatte, daher er glaubte, daß es ein dienliches Nahrungsmittel seyn mögte, was er aber damals nicht weiter verfolgte.

Im Jahr 1800, wie der Preis des arabischen Gummi so hoch war, fiel ihm seine Beobachtung wieder ein. Er sammelte 7½ Pfund von den Zwiebeln, die ihm 2 Pfund Pulver gaben. Er theilte davon Herrn Taylor, Secret. der Gesellsch. für Künste und Manuf. mit, der damit in Kattundruckereyen zu Manchester Versuche machen ließ, die sehr günstig ausfielen, indem man davon nicht mehr brauchte als von arabischem Gummi, nähmlich 1½ Unze auf 4 Unzen Beitze. Beym Trocknen der Wurzeln müßte man vorsichtig seyn, weil sonst ihre Farbe schlechter würde.

Dieses Verfahren wäre nun wenigstens für manche Zwecke, noch bey weitem einfacher als das von Herrn Leroux angegebene.

Endlich so hat kürzlich auch C. L. Cadet gezeigt [6]), daß der Knoblauch, der noch gemeiner sey, als der H. non scriptus, ebenfalls als ein Gummisurrogat benützt werden könne; indem er durch Kochen allen Geruch und Geschmack verlor. Er gab fast die Hälfte Schleim.

In wiefern aus diesen Beobachtungen der französischen Chemiker auch bey uns mögte Nutzen gezogen werden können, das werden die Oekonomen unter sich ausmachen.

G.

---

5) Nicholson's Journal of natural philosophy. Vol. VII. Jan. 1801. S. 30 — 32.

6) Jornal de Physique.

desto besser. Das Zweifeln hat schon zu mancher Entdek-
kung geführt. Was mich betrift, so kann ich nicht zweifeln, denn ich habe gesehen. Ich habe hinlänglich erinnert,
wie schwierig es ist, diese Metallmischung hervorzubringen,
und wie viel Zufälligkeiten man bey jedem Versuche gegen
sich hat. Beharrt man indessen nur, so wird es gelingen,
wie es mir gelungen ist. Richter in Berlin gesteht, daß
er eine Verbindung von Platin und Quecksilber gehabt
habe, die in den größten Graden der Hitze nicht zu zersetzen gewesen sey. Von allen, welche über diese Materie
geschrieben haben, hat Richter den wahren Gesichtspunkt
am besten gefaßt [6]".

Ich möchte Herrn Chenevix wohl bitten den wahren
Gesichtspunkt nicht zu verschieben! Er lese doch nur den
Schluß seiner Abhandlung noch einmahl. Daß gemischte
Metallauflösungen, durch eine dritte Substanz gefällt
werden, die einzeln nicht gefällt wurden, und überhaupt
sich anders verhalten als die einzelnen, sind specielle Fälle
eines sehr bekannten Satzes und sagt, so viel interessante
Beobachtungen auch die Verfolgung derselben darbieten
mag, noch lange nicht: daß aus diesen Fällungen gemischte Producte hervorgiengen, die durch keine chemische
Kunst, so weit sie auch bis jetzt gediehen ist, auch nur
zum Theil wieder zerlegt werden könnten, und die auf
solche Folgerungen und Combinationen führten, als Herrn
Chenevix's in jenem Schlusse. Herr Dr. Richter hat
aus der mit Eisenvitriol versetzten Auflösung des nach Hrn.
Chenevix's Angabe behandelten Platins, nachdem sie
eine Nacht durch in einem geheizten Ofen gestanden hatte,
eine Spur metallischen Staubes erhielten. Er schließt
daraus, daß ein Theil des so behandelten Platins die Eigenschaft behalte, durch Eisenvitriol aus seiner Auflösung
gefällt zu werden, und daß dies allerdings eine feuerbe-
ständige Legirung des Quecksilbers mit Platin anzeige.
Daß dieser neue Niederschlag Quecksilberplatin, daß er
das Palladium sey, welches sich in Salpetersäure auflöse,
mit Schwefel verbinde u. s. w., hat er aber nicht gezeigt
und an einer Spur auch nicht zeigen können. Wenig

6) Gilbert's Annalen der Physik 1804 5. Bd. 16.
S. 115 — 116.

übrigens Herr Chenevir räth, beharrlich zu seyn, so scheint dies wohl etwas zu viel verlangt zu seyn. Die Natur folgt in allem ihrem Wirken bestimmten Gesetzen, und da er unter so vielen Chemikern Frankreichs, Englands und Deutschlands allein so glücklich ist, Palladium aus reinem Platin und Quecksilber machen zu können, so würde es ihm am leichtesten seyn, diese Gesetze aufzufinden und sich dann das Tappen im Finstern zu ersparen.

Die Leser kennen aus diesem Journal die Verhandlungen, die in Frankreich über die Mischung der rohen Platina Statt gefunden, sie wissen, daß Collet=Descotils, Vauquelin und Fourcroy außer mehrern bekannten Metallen, dem Chrom, Titan, Kupfer ꝛc. auch ein neues Metall darin gefunden zu haben glaubten. Einer vor kurzen aus Paris gekommenen Nachricht zu Folge hat Vauquelin aber gefunden, daß dieses neue Metall noch zusammengesetzt sey und Platin enthalte. Die nähere Entwickelung dieses Gegenstandes müssen wir erwarten.

In England ist man unterdessen auch mit der Untersuchung der Platina beschäftigt gewesen. Ich theile die Nachricht darüber mit, die Van Mons im Journal de Chimie et de Physique. Nro. XVI. T. VI. P. ꝛ — 75 giebt. „Am 22. Juny las Herr Tennant in der königl. Gesellschaft in London eine Abhandlung über ein neues Metall, welches er in der rohen Platina gefunden habe, und welches, wie er sagt, von dem durch Descotils angekündigten verschieden sey. Er hat es Osmium genannt wegen des besondern Geruchs seines Oryds, welches flüchtig ist. An demselben Tage las Wollaston eine Abhandlung über ein drittes, gleichfalls in der rohen Platina entdecktes Metall, welches er Rhodium genannt hat, wegen der schönen rosenrothen Farbe seiner Salze. Bey dieser Gelegenheit bemerkte derselbe auch, daß er etwas Palladium in der Platina gefunden habe, und daß er glaube, diese metallische Substanz sey ein einfaches Metall, welches in irgend einem, nur dem Urheber dieses Metalls bekannten, Platinerze in größerer Menge vorhanden seyn mögte.‟

„Seit dieser ersten Nachricht habe ich über Herrn Tennant's Metall nichts weiter erfahren; über die Art indessen, wie Wollaston das seinige darstellte, habe ich folgendes Nähere erhalten.‟

„Wollaston löst von der rohen Platina so viel als möglich in Salpetersalzsäure auf und fällt die Auflösung durch salzsaures Ammonium. Der Niederschlag wird gut aus gewaschen, und in das zusammengegossene Waschwasser ein Stück reines blankes Zink gelegt, welches ein schwarzes Pulver niederschlägt, so aus Platinum, dem angeblichen Rhodium, Palladium, Kupfer und Blei besteht. Die beyden letztern löst er vermittelst sehr schwacher Salpetersäure in gelinder Wärme auf, und behandelt den Rückstand mit Salpetersalzsäure, die ihn fast gänzlich auflöst. Diese Auflösung wird mit Kochsalz versetzt, zur Trockne abgedampft, und die Masse mit, durch etwas Wasser geschwächten, Alkohol ausgewaschen, bis nichts als ein rosenrother Niederschlag übrig bleibt, der das wahre salzsaure Rhodium ist. Der zum Auswaschen gebrauchte Alkohol enthält salzsaures Platin und Palladium. Das erstere fällt W. aus der Auflösung durch salzsaures Ammonium, und schlägt aus der übrigbleibenden Flüssigkeit, nachdem sie mit etwas Wasser versetzt worden, das Palladium durch blausaures Kali nieder. Wenn bey diesem letztem Product sich etwas Eisen befindet, so sondert er es durch Schmelzen mit Schwefel ab. Tausend Theile rohe Platina gaben ihm 5 Theile Palladium. Hieraus und weil er nach Chenevix's Angaben kein Palladium verfertigen konnte, schließt er, daß das Palladium ein einfaches Metall sey,"

Die Leser werden bey der Vergleichung leicht finden, in wie weit sich diese Angaben mit denen Vauquelin's und Descotils's berühren.

6. Neuer Windofen.

Von R. Chenevix[9].

Die Wände des Ofens steigen nicht perpendiculair, sondern schräg in die Höhe, bilden also eine Pyramide. Am Boden beträgt die innere Weite 13 Quadratzolle, und oben nur 8. Die perpendiculaire Höhe hält 17 Zoll.

---

9) Aus dem Journal of natural Philosophy etc. Vol. VII. Febr. 1804. S. 119.

Nach E. Meynung vereiniget diese Form folgende Vortheile. 1) Biete sie der Luft eine große Oberfläche dar, denn diese dringe leicht ein und durchströme das Brennmaterial äußerst schnell. 2) Wirkten die schrägen Wände gewissermaßen als reverberirende Flächen, und 3) fiele das Brennmaterial von selbst nieder und berühre beständig den Tiegel; dies sey der Hauptvortheil. Der vorstorbene Dr. Kennedy in Edinburg, der sich mit diesem Gegenstande viel beschäftigt habe, fand in den gewöhnlichen Windöfen die stärkste Hitze 2 oder 3 Zoll hoch vom Roste. Dies ist also die vortheilhafteste Stelle für den Tiegel, zumahl wenn man ihn überall mit Kohlen umgeben kann. Es ist beschwerlich und für den Tiegel nachtheilig, wenn man oft im Feuer rühren muß, damit sich die Kohlen senken. Die pyramidalische Form macht dies unnöthig, und wird, wie bey dieser Konstruction, der obere Theil des Ofens vorgerückt, so vermindert man dadurch die schnelle Biegung in den Rauchfang.

a ist ein Rost.

c und c zween Mauersteine, die nach Gefallen eingesetzt werden können, um den innern Raum zu verengern.

b ein zweyter Rost, der bey kleinern Arbeiten auf die Mauersteine c und c gelegt wird.

d und d Mauersteine, die auf den Rost b gesetzt werden um den obern Raum zu verengern, so daß man also in einem und demselben Ofen vier verschiedene Größen haben kann. Benutzt man den ganzen innern Raum vom Roste a an bis zur Spitze e, ohne die Steine c und c einzusetzen, so hat man ein sehr starkes Feuer.

7. Ueber die Anwendung des Zinks zu Münzen in China.

Von B. G. Sage [*]).

Das Zink, welches in Indien und China unter dem Nahmen Tutanego bekannt ist, wird daselbst nicht bloß zu Legirungen sondern auch unverseßt zu Münzen gebraucht, wie ich durch Untersuchung einer mir vom Herrn von Tersan gegebenen fand. Sie hatte die Größe eines Frankenstücks, jedoch war sie nicht so dick und im Mittelpunkt hatte sie ein viereckiges Loch, drey Linien im Durchmesser. Auf zwey gegenüberstehenden Seiten desselben befanden sich tartarische Charactere, auf den zwey andern aber nicht. Die Rückseite zeigte auf allen Seiten des Vierecks chinesische Charactere.

Als ich die Münze mit einer Blechscheere zerschneiden wollte, zerbrach sie. Der Bruch besaß die Farbe und die metallischen Blätter des Zinks. Diese Beschaffenheit des Bruchs beweist, daß die Münze aus dem Zink durch den Guß gemacht werden, was sich auch durch einen Strich zeigte, der die Münze in zwey Hälften theilte: denn wenn man dieses Metall durch einen gradweise vermehrten Druck des Walzwerkes verdichtet hat, so hört es auf, brüchig zu seyn und zeigt kein Korn mehr auf dem Bruche. Das gewalzte Zink macht auch nicht mehr das Geräusch wie das Zinn, wenn man es zerbrechen will, und weit entfernt, durch den Druck des Walzwerks, wie andere Metalle, härter zu werden, wird es vielmehr desto dehnbarer, je dünner es ausgewalzt wird.

Das Zink in der erwähnten Münze war sehr rein, und brannte unter den bekannten Umständen mit der größten Lebhaftigkeit. — Die Chinesen machen in den Mittelpunkt ihrer Münzen ein viereckiges Loch, um sie auf einen Faden reihen zu können; und begegnen dadurch dem bey ihnen im Handel sehr gemeinen Betruge.

Ich habe auch das Silber untersucht, welches die Chinesen zu ihrem Schmuck anwenden, und es mit der Hälfte Kupfer versetzt gefunden.

**8. Ueber die Anwendung des Amiants in China.
Von B. G. Sage[11]).**

Nach dem Bericht des Plinius machten die Alten aus dem Amiant unverbrennliche Zeuge. Auf der vatikanischen Bibliothek zeigt man ein, angeblich aus solchem Zeuge verfertigtes Schweißtuch. Bey uns wird er, so viel ich weiß, jetzt nicht angewendet; indessen besitze ich noch ein Blatt Papier, welches vor 20 Jahren Herr Levrier de Lisle, Besitzer der Papierfabrik zu Montargis, aus diesem fossilen Lein bereitete. Dieses Papier besitzt sehr großen Zusammenhang, wiewohl es nicht so glatt ist, wie das aus Leinen bereitete; die Feder reibt es nicht ab und man kann mit gut gegummter Tinte leicht und mit reinen Zügen schreiben. Es wird zwischen glühenden Kohlen nicht zerstört und die Schriftzüge erscheinen dann roth. Es nimt dadurch, von dem sich verkohlenden Leim, eine hellgraue Farbe an. Wenn man Statt des letztern Tragant genommen hätte, um der Papiermasse Bindung zu geben, so würde das daraus bereitete Papier noch fester gewesen seyn und dem Feuer noch mehr haben widerstehen können. Es wäre zu wünschen gewesen, daß man den Herrn Levrier de Lisle mehr aufgemuntert hätte; denn ein solches Papier würde zu wichtigen Actenstücken von großem Nutzen seyn, indem diese dann gegen das Aufgeben im Feuer gesichert wären.

Die Chinesen wissen es recht gut, daß der Amiant zum Verglasen das heftigste Feuer bedarf, und sich in gewöhnlichem Feuer nicht verändere: daher machen sie Oefen daraus. Derjenige, den ich gesehen habe, stellte einen 9 Zoll hohen und 6 Zoll weiten Cylinder vor; inwendig hatte er gegen die Mitte einen kreisformigen Rand, um den Rost darauf zu legen, und am Aschenheerde waren zwey Thüren angebracht. Dieser Ofen ruhte auf einer Art runder, auf vier kleine Würfel befestigter, Platte mit achteckiger Randleiste, die mit einer fortlaufenden Zeichnung von sehr angenehmer Einfachheit geziert war: sie bestand nähmlich auß kleinen verschlungenen Ringen, in deren Mittelpunkt ein Knöpschen war.

Inwendig und auswendig hatte dieser Ofen die Politur von glatter Pappe; auf dem Bruche ist er auch der Pappe ähnlich, daher auch Herr von Tersan, bey welchem ich den Ofen sah, zu mir sagte: ich begreife nicht, wie die Chinesen Oefen aus Pappe machen können, um Feuer darin zu haben. Durch die Untersuchung eines Stücks von diesem Ofen fand ich, daß er ganz aus Amiant bestehe. Wie gaben die Chinesen nun diesem Zusammenhang? Wahrscheinlich wissen sie wie wir, daß der Tragant die Eigenschaft besitzt, Steintheilchen zu einer Masse zu verbinden und sie so fest zu vereinigen, daß das Feuer selbst diese Verbindung nicht aufhebt, wie man an den Scheiben von Bononischem Phosphor sieht, die durch mehrstündiges Glühen nicht ihre Festigkeit und Form verlieren. Der gemahlene Amiant wurde also auch wohl mit einem Schleim zu einer Masse gemacht, welche die Chinesen in Formen brachten, worin sie die Gestalt und Glätte annahm, daher auch das Innere des Ofens nicht so glatt ist, sondern die Amianttheilchen, woraus er besteht, sehr merklich zeigt. Dieser amiantne Ofen ist von grauer, ins Röthliche fallender Farbe, er ist eben so leicht als fest und wird im Feuer weiß.

9. Ueber die Auflösbarkeit des Kautschuks oder elastischen Harzes im Schwefeläther.

Von Dr. Fuch,
Professor der Chemie und Medizin in Altdorf.

Da ich oft große Portionen Kautschuk in Aether aufzulösen Gelegenheit hatte, indem ich mich mit Verfertigung elastischer chirurgischer Instrumente beschäftige, so wurde ich bald gewahr, daß der gewöhnliche, nach den zweckmäßigsten Vorschriften bereitete, Aether keineswegs im Stande sey, das Kautschuk anzulösen. Ein Pfund zum pharmaceutischen Gebrauche, nach der Pharmacopoea borussica bereiteter Aether löste kaum 15 Gran Kautschuk auf.

Will man diese Auflösung bewerkstelligen, so ist es durchaus nöthig, den Aether über sehr trocknem salzsauren Kalk nochmahls zu rectificiren, worauf 1 Pfund 11 Loth Kautschuk aufzulösen im Stande ist. Denen, welche sich mit Verfertigung elastischer Instrumente beschäftigen, wird diese Anmerkung nicht unangenehm seyn, weil dadurch der sonstige große Aufwand an Aether sehr vermindert wird. Sobald es meine Muße erlaubt, werde ich über diesen Gegenstand mehrere Beobachtungen sammeln, und dieselben hier mittheilen.

10. Neue Versuche über die Auflösung des Schwefels in Alkohol und in den verschiedenen Aetherarten [12]).

Von Fabre,
Mitglied der medicinischen Gesellsch. in Paris, Bordeaux und Brüssel,

Ich bemerkte in meinem frühern Aufsatze [13]) daß Alkohol um so mehr Schwefel auflöse, je mehr er rectificirt war und muthmaßte, daß dies von dem größern Verhältniß von Wasserstoff in dem stärkern Alkohol herrühre, und daß die Aetherarten, die ich als Flüssigkeiten mit einem größern Wasserstoff, und geringern Kohlenstoffgehalt als Alkohol ansah, noch mehr auflösen würden. Ich habe mich in meiner Vermuthung nicht getäuschet, wie die folgenden Versuche zeigen werden, die ich mir, nach Fourcroy's Vorschriften sorgfältig bereiteten, Aether anstellte.

1. und 2. Vers. In zwey Kolbchen von 6 Unzen wurden in jeden 2 Drachmen gewaschene Schwefelblumen und 1 Unze rectificirter Schwefeläther gethan, und nach Verstopfung derselben einen Monat durch, der eine an einen sehr hellen, der andere an einen dunkeln Ort gestellt und alle Tage umgeschüttelt. Die Flüssigkeiten wurden hierauf, jede besonders filtrirt. Der im Lichte gestandene Aether hatte seine Farbe nicht sehr merklich verändert, er besaß einen starken Schwefelwasserstoffgeruch und eben solchen unangenehmen Geschmack. In Wasser löste er sich auf, ohne etwas fallen zu lassen, jedoch in viel geringerer Menge als der reine Aether. In dem Maße als der Ae-

12) Im Auszuge aus dem Journ. d. Chimie et de Physique par Van Mons. Nro. 16 T. VI. P. 61 — 69.
13) S. dieses Journ. Bd. 2 S. 343 — 344.

ther sich verflüchtigte, bildete der Schwefel auf der Flüssigkeit eine weißliche Schichte, die, wenn sie stärker wurde, zu Boden fiel. Weiße Metalle, die in das verstopfte Glas mit der Auflösung gethan wurden, schwärzten sich sehr stark; essigsaure Bleyauflösung wurde dadurch beträchtlich mit schwarzer Farbe gefällt. Die im Dunkeln bereitete Auflösung besaß dieselben Eigenschaften, aber in geringerm Grade; sie enthielt auch, wie mir Versuche zeigten, weniger Schwefel, in der Unze 29 Grains, wogegen die im Licht bereitete 38 enthielt.

3. und 4. Vers. Salpeteräther von 0,9088 specif. Gew. bewirkte, auf die vorhin angegebene Art mit Schwefel behandelt, ebenfalls eine Auflösung, die alle Eigenschaften der vorhin angegebenen, nur in geringerm Grade hatte. Die Farbe des Aethers war gar nicht verändert worden; der im Lichte gestandene hielt 22, der im Dunkeln 20 Grains aufgelöst.

5. und 6. Vers. Vom Salzäther von 0,7196 spec. Gew. gilt das vom Salpeteräther Gesagte; im Lichte löste er 13 und im Dunkeln 9½ Grains auf.

7. und 8. Vers. Der Esigäther von 0,8664 spec. Gew. löste am wenigsten, im Lichte nur 3 im Dunkeln ⅔ Gr. auf; auch waren seine davon abhängenden Eigenschaften wenig ausgezeichnet.

9. 10. und 11. Vers. Alkohol von 43° löste durch zwölfstündige Digestion an einem gelind erwärmten Ort 23 Gr. in der Unze auf; durch Stehen an einem hellen Orte während eines Monats 16 Gr. und im Dunkeln 13 Gr. auf.

Man hat schon lange in der Heilkunst Mittel gesucht, den Schwefel, besonders in Krankheiten der Brust und der Haut, in einem Zustande von großer Zertheilung geben zu können. Die sogenannten Schwefelbalsame, die man dazu empfahl, sind äußerst widerlich zu nehmen. Die ätherische Schwefelauflösung hat diese Unbequemlichkeit nicht, sie läßt sich leicht den Tränken beymischen und giebt ihnen nur wenig Geruch. Um die Absonderung des Schwefels durch Verflüchtigung des Aethers zu verhüten, dürfte man das Glas nur fest verstopfen.

Auch kann man sich dieser Schwefelauflösung sehr vortheilhaft zur Weinprobe auf Bley bedienen.

Neues

Allgemeines

Journal

Chemie.

Zweyten Jahrganges

Neuntes Heft.

...rten Bandes drittes Heft.

I. Abhandlungen.

8.

Versuche, aus den mehrsten Flechtenarten (Lichenes) Farbestoffe, welche der Wolle und Seide hohe, und schöne Farben geben, zu bereiten.

Von Joh. P. Westring,

M. Dr. und königlichen Leibmedicus.

Uebersetzt 2) von J. F. Droysen.

Es sind nun zwölf Jahre verflossen, seit ich diese mühsame Arbeit anfing. Schon das Einsammeln dieser Gewächse hat viel Zeit, Mühe und Geld gekostet; sie wachsen nicht in allen Provinzen des Reichs, darum machte ich in verschiedenen Jahren des Sommers Reisen, durch mehrere derselben, und ließ viele von entfernten Orten

2) Im Auszuge aus den Königl. Vetenskaps Academ. nya Handlingar för 1804. 1tes Quartal.

R 2

kommen. Die Dunkelheit, welche die Kenntniß und Unterscheidung derselben umgab, die Verwechselungen durch die verschiedenen Nahmen der Botaniker, so wie die Menge neuer Arten, welche ich gefunden habe, und welche durch Vergleichung großer Massen, Zergliederung u. s. w. am sicherſten ausgezeichnet und unterſchieden sind, haben viel Mühe und Zeitverluſt verursacht. Die Färbekunſt iſt als unvollendete Wiſſenſchaft weitläufig, erfordert Zeit, Vorſichtigkeit, wiederholte Versuche und vervielfachte Abänderungen, und daher braucht man viel rohe Materie, um zur Gewißheit und zu Resultaten zu gelangen. Wenn ich nun gleich dieser Arbeit meine Mußeſtunden gewidmet habe, sehe ich mich doch nach Verlauf von zwölf Jahren nicht an dem Ziele, dem ich Anfangs nahe zu seyn glaubte; indem ich diese Materie nur einzeln abhandeln, nicht zum praktiſchen Nutzen im Ganzen darſtellen kann. Doch habe ich einer Seits etwas von meinen Wünschen erreicht, da ich gesehen habe, daß die Farbeſtoffe von Flechten im Großen in den hiesigen Fabriken angewandt sind, und viele Arme vom Sammeln und Verkaufen der Flechten Verdienſt haben können.

Vieles bleibt noch hierin zu unterſuchen übrig, welches ich von denen übernommen zu sehen wünsche, die mehr Zeit und Gelegenheit dazu haben, als ich.

Die Zahl der unterſuchten Flechten überſteigt 150, und ich glaube, daß die übrigen der Mühe nicht lohnen, theils weil sie nicht sehr häufig zu haben sind, theils wegen ihres kleinen Wuchses und unbedeutenden Gehalts. Aus allen meinen Erfahrungen kann ich den sichern Schluß machen,

r viel Nutzen und Gewinn von diesen bis jetzt so
gehaltenen und behandelten Gewächsen ziehen können, was man das angelegentlichste seyn sollte, um ihren
in volle Wirksamkeit zu setzen, ist, Farbestoffe aus
zu bereiten; oder ist kein besonderer Gewinn zu hof-
ie beym Färben durch Kochen der Flechten mit dem
überflüssige Arbeit und Kosten verursacht werden,
weil so viel von den Flechten verloren geht, theils
sollten ohne vorhergegangene Bereitung schöne Farben.

ach der von mir benutzten Methode, die ich zum
in einer andern Abhandlung angegeben habe *), habe
finden, daß diese Gewächse, so wie viele andre, in
die des Farbestoffes im Allgemeinen in zwey Classen
werden können. 1. Substantive, selbstständige, ge-
natürliche Farbestoffe, die keiner besondern Bereitung, indem sie wirkliche, von der Natur ausge-
die Farbestoffe und die Farbematerie schon entwickelt
enthalten. Diese lösen sich zum Theil in
Wasser auf und bedürfen keines andern Wärmegra-
der gewöhnlichen Sommerwärme, um sich mit
und Wolle zu binden. Solche sind L. chlorinus,
haematonta, ventosus, corallinus, Westrin-
gianus, conspersus, barbatus, plicatus, vulpi-
nus, u.

frühern Arbeiten des Herrn Dr. W. über diesen Ge-
findet man in v. Crells Chemischen Annalen 1795.
Bd. 1. 1799. Bd. 2. und 1802. Bd. 2. W.
corallinus, conspersus, barbatus, plicatus wachsen bey
Nußbäumen und Sträuchern. W.

Andere aber fordern mehr Wärme, Kochen und längere Vorbereitung, z. B. L. subcarneus, Dillenii, farinaceus, jubatus, furfuraceus, pulmonarius, corrugatus,
cocciferus, digitatus, uncialis, aduncus 4) u. a.

Dieſe bedürfen gar keiner beizenden Materie, da ſie
ſchon ſich ſelbſt binden. Das einzige und dienlichſte iſt
Kochſalz und Salpeter, wodurch beſonders die Seide Glanz
erhält und ſehr beſtändig wird, durch andere Zuſätze von
Kalk und Salzen wird die Farbe oft verdorben.

Zur andern Claſſe gehören alle die übrigen, welche
einer beſondern Bereitung bedürfen und ihren Farbeſtoff in
ſich eingewickelt haben. Man könnte ſie adjective, künſt-
liche, bearbeitete Farbeſtoffe nennen. Nach ihrer verſchiedenen Natur erfordern ſie auch verſchiedene Zuſätze; ſo wie
z. B. die (umbilicati) Nabelflechten, welche alle, L. ero-
sus ausgenommen, rothe Farben geben, wenn man ſie in
verſchloſſenen Gefäßen, entweder mit altem Urin und wenig
ungelöſchten Kalk, oder welches ſchneller geht, mit $\frac{1}{16}$ des
Gewichtes der Flechten von ungelöſchtem Kalk, und $\frac{1}{16}$
Salmiak aufbewahret; alsdann entwickeln ſie in ſehr kurzer Zeit eine Farbematerie und werden ein ſchickliches Mittel zum Färben. Die Bereitung dieſer Farbeſtoffe giebt
eine gute Veranlaſſung zur Errichtung von Fabriken, welche
gewiß bey uns hinlänglich rohe Materie finden würden.
Da 200 Menſchen zu Leith in Schottland einzig und allein ſich durch die Bereitung des Farbeſtoffs aus einer

---

4) L. farinaceus, jubatus, furfuraceus, pulmonarius finden
ſich bey uns in der größten Menge an Bäumen; L. cocciferus
und uncialis bilden in Kienwäldern ganze Raſen.　E.

Die Industarten [?] beschäftigen und ernähren und die [...] thüringische[...] rohe Materie aus der Provinz [...] lassen, so scheint dies ein Gegenstand von Gewicht zu [...] der recht in Gang gebracht zu werden verdient. [...]

Von den 150 Flechtenarten, die ich untersucht habe, [...] möglichst[...] zu rechnen, die zur Farbenbereitung [...] zu werden verdienen, da sie so reichlich zu ha[...] sind und man also auf sie bey Fabrikeinrichtungen rech[...] könnte, weil sie überall im Ueberflusse wachsen und [...]dem auch mehrere andere Arten zu eben so schönen [...] zubereitet werden könnten, wie L. seruposus, im[...] und lagtene. Man könnte den Einwurf machen, [...] halb ausgerottet seyn würden; aber dagegen lehrt [...] Erfahrung, daß die meisten in drey bis vier Jahren [...] zuwachsen, so wie in Bezug jährlich große Mengen [...] [...] Schliffsfanden gesammelt werden. Diese [...]müssige scheinen die Natur der Polypen zu haben, so [...] wegen ein Stück von einem Blatt oder Rinde hängen [...], nach allen Seiten wieder eine vollständige Pflanze [...] sie gleichen den kleinen Insecten (acari), die bey [...] Dürre sterben und im Wasser wieder aufleben. Herrn [...]tob Chantarus [?] [a] Versuche mit Cryptogamisten [...] zeigt, daß ein Theil von ihnen animalischen Na-

---

[a] Man hat behauptet, es sey L. [...]salis, den man zur [...] Farbe bereitet; nach manchen veränderten Versuchen bin ich [...] geneigt, daß derselbe nicht rothe, sondern eine hohe [...] Farbe giebt.   M.

[b] Recherches chimiques et microscopiques sur une nouvelle [...] de plusieurs polypiers, les Conferves, les Byssus, les Tre-[...]

tur iſt und dies ſcheint den meiſten zuzukommen. Dem
zu Folge könnten ſie auch mit wenig Mühe angebauet werden, und kahle Berge und Hügel für ſchöne Farbekräuter
fruchtbar werden.   Es müßten Verſuche angeſtellt werden,
ſolche zerhackte Gewächſe mit dem erſten Schnee auf Bergen und Steinen zu ſäen, wo ſie ſich wahrſcheinlich befe-
ſtigen würden.

Die ſchönen Farbeſtoffe dieſer Fabriken würden für den
Handel begehrlich werden, und ſchon deswegen müßte man
dieſen Gegenſtand weiter verfolgen.   Schon durch lange
Maceration im Waſſer erhalten die ſelbſtſtändigen Farbe-
flechten in einigen Tagen das Anſehen ihrer Farbe.   Die
Chemie trüge dazu bey, dieſen Farben Beſtändigkeit gegen
die Luft zu geben.   Die Vervollkommenung dieſer Wiſſenſchaft in neuern Zeiten macht dieſen Vortheil ſo möglich
als er wünſchenswerth iſt.   Ich glaube, es iſt noch nicht
ausgemacht, ob es die chemiſche Wirkung des Waſſerſtof-
fes oder des Sauerſtoffes unter Beytritt der Wärme iſt,
welche die Farben unbeſtändig macht: ob man gleich das
letztere beynahe glauben ſollte. Eine vollkommenere chemiſche Unterſuchung mögte wohl einſt dieſe Frage beantwor-
ten und Hülfe dagegen finden.

Unterdeſſen haben unſere Schönfärber und die, welche
ſich mit dem Färben der Seide und Zeuge beſchäftigen,
viel von dieſen Farbeſtoffen zu erwarten, ſie werden hier
einen reichen Vorrath verſchiedener Farbennüancen finden,
der ſonſt nicht ſo leicht zu gewinnen iſt.

Für Wollenfabriken ſind ſie bis jetzt noch nicht ſo ſehr
zu loben, doch könnte wahrſcheinlich größere Kunſt auch

des Gewichts, wie im vorigen. Dadurch wird, wie ich oft gefunden habe, die Farbe voller, oder in ihrem Anſehen ſehr verändert; doch muß ich bemerken, daß die hieraus erhaltenen Farben ſelten ſo beſtändig ſind, als die der beyden vorhergehenden Methoden. Manche Flechten haben einen Harzſtoff, der anfgelbſt werden muß und die Kraft des Sauerſtoffs in Carboniſirung des Farbeſtoffs zu zerſtören ſcheint, weswegen die Farbe ungleich, verändert und loſer wird.

4. So habe ich auch gefunden, daß ungelbſchter Kalk ſtatt des Laugenſalzes, nach gleichem Verhältniſſe wie die beyden Salze, eine vollere und reichlichere Farbematerie giebt, daß aber die Farbe nicht ſo beſtändig wird.

5. Kupfervitriol hat die Eigenſchaft, faſt alle Farben beſtändiger, aber faſt immer dunkler zu machen; ich habe ihn daher zu gleichen Theilen wie die Salze benutzt, und eigene ſehr ſchöne und beſtändige Farben erhalten; die meiſten, die ins gelbe oder gelbbraune ſpielten, wurden dadurch ſchöne grünliche Farben.

6. Konnte nach den 5 angeführten Methoden keine Farbe gewonnen werden, ſo hatten ungelbſchter Kalk und Salmiak, $\frac{1}{10}$ des erſtern und $\frac{1}{20}$ des letztern, die Kraft, in kürzerer oder längerer Zeit aus den Flechten in verſchloſſenen Gefäßen, Farbeſtoffe auszuziehen. Solcher Einſatz mußte auf einer warmen Stelle von 20 — 30 Gr. [8] Wärme 8 bis 14 Tage verwahret werden, worauf die meiſten ſchönen hellvioletten (gredelina) [9], violetten

---

8) Celſius hunderttheilige Scala wahrſcheinlich.   D,

9) Gredelin, hellviolett ein veraltetes Wort, wahrſcheinlich von gris de lin.   D.

und gelben Farben hervorgingen. Verwahrt man diese
Masse länger, so wird die Farbe voller und schöner.
Man kann sie einkochen, oder an warmen Orte bis zur
Trockne abdünsten lassen, woraus die schönen adjectiven
oder bearbeiteten Farbestoffe erhalten werden.

Ich gab diese 6. Methode für eine neue aus, habe
aber hernach gefunden, daß Herr Hellot zu seiner
Zeit schon etwas ähnliches angiebt, welches mir aber
damahls unbekannt war.

Beyde, Theils die substant., Theils die adj. Farbestoffe
können durch Kochen als Farbestoff gewonnen werden. Unter den erstern sind doch einige, z. B. L. corallinus, saxatilis, conspersus, welche durch Kochen
weniger hohe Farben geben, als andere, wie L. cinereus, Westringii, corrugatus u. a, bey geringeren Wärmegraden. Dies lehrt Uebung und ist von mir bey jeder Art bemerkt worden.

Die adject. oder bearbeiteten Farbestoffe der Flechten
können durch verschiedene Zusätze in höhern Wärmegraden
verändert werden, und ein anderes Ansehen erhalten.
Dies geschieht durch verschiedene Beizmittel und Zusätze
von andern Farben, und lehrt die Färbekunst.

Nach diesen 7 Methoden habe ich mit den meisten
Arten Versuche angestellt, wie diese Abhandlung zeigt; von
den andern habe ich keinen Nutzen bemerkt. Ich habe
oft vergebens versucht, durch Gährung und Fäulniß Farbestoffe von ihnen zu erhalten; mehrere Wochen in Ver-
nutz habe ich einige, die sonst keine Farbe geben, als L.
parietalis, ciliaris, u. a. auf diese Art behandelt. Oft

Farbeſtoff iſt alſo entweder primitif, bey einigen ſchon aus-
gearbeitet, wie in den ſelbſtſtändigen oder in die hinderliche
Harzmaterie eingewickelt, die man durch Salze auflöſen
muß, indem ſie der Veränderung durch Wärme widerſteht.
In wie weit Kalk und Salmiak gewiſſe Flechten desory-
diren, oder den Sauerſtoff hindern ſie zu carboniſiren, gehört der Chemie zu unterſuchen. Es ſcheint noch ein Räth-
ſel der Chemie, das Entſtehen der Farben zu erklären.
Daß die Gasarten einen Beſtandtheil der Farbeſtoffe ausmachen, ſcheint gewiß zu ſeyn. So glauben die Chemiker,
daß das Sauerſtoffgas die rothe Farbe begründe. Säuren
erhöhen und verwandeln die hellviolette und violette Farbe
in die rothe; wogegen die Alkalien, welche die Wirkung
des Sauerſtoffs ſchwächen, ſie ins Blaue herabziehen.
Waſſerſtoffgas mag die blaue Farbe begründen, ſo wie
Stickſtoff die gelbe und grüne; daher auch die Alkalien die
Flechtenfarben immer ins Gelbe treiben, und die grüne
Farbe, als in dieſer Luft gegründet, iſt auch die allge-
meinſte in der Natur. Die phyſiſche Erklärung, welche
Newton zu ſeiner Zeit gab, ſcheint nicht vollkommen zu
ſeyn. Die Geſtalt der kleinſten Theile giebt uns keinen richtigen Begriff von der Sache. Eine beſondere Erſcheinung,
die ich ſchon früher angeführt habe, mit einer Flechte,
L. hirsutus, ſcheint dies zu beſtättigen. Wenn man dieſe
nach der 6. Methode einſetzt, und einige Wochen in einem
verſchloſſenen Gefäße ſtehen läßt, verliert ſie gänzlich ihre
Farbe und der Aufguß wird beynahe waſſerhell; öffnet
man aber die Flaſche, ſo erhält ſie in 1 bis 2 Minuten
eine ſchöne rothe Farbe wieder. Es iſt ſchwer zu begreifen, wie die Farbetheilchen ſo ſchnell ihre Geſtalt verändern

haben. Wenn ich auf getrockneten und zeriebenen L. speciosus reines Stromwasser gieße, so habe ich keine Farbe im Aufguß, schütte ich aber ein wenig Laugensalz zu, so entsteht im Augenblick eine hohe und volle violette Farbe. So ist das Entstehen der Farben noch dunkel, und ich will durch meine Vermuthung andere nicht irre führen.

Die Farben, welche nun nach diesen 7 Methoden erhalten werden, können auf vielfältige Art verändert, und durch Zusätze und Beizmittel vermehrt werden; so kann auch ein Theil von ihnen als Grund für andere Farbestoffe gebraucht werden; z. B. L. conspersus und saxatilis für gelbes und braunes Brasilienholz. Wenn Zeuge, welche mit L. conspersus brandgelb nach der Y. von A. Methode gefärbt sind, in die kalte Blauküpe, worin ein wenig Zinncomposition, nach Hrn. Bankroffts Angabe blau zu färben, enthalten ist, gebracht werden; so erhalten sie eine schöne grüne Farbe, die dem sächsischen Grün nahe kommt und ächt ist. Ich habe aber auch gefunden, daß man nicht ein Mahl nöthig hat sich die Mühe und Kosten mit Zinncomposition zu machen, um rothe Farbe aus der Walters die zubereiteten Farbesubstanzen von den Wall-Flechten und von dem L. miniatus zu gewinnen; da man dasselbe eben so leicht erhält, wenn man die gefärbten Dinge in sehr verdünnte Salpetersaure taucht; dadurch erhält man eine rothe Farbe, die fast so schön als die der Cochenille ist. Mit den rothen Farbestoffen der Flechten kann man auch viel von dieser theuren Cochenille sparen, wie schon von denen, welche über die Orseille geschrieben haben, angezeigt ist. Wichtiger scheint es, daß es von

unſern Flechten zur Scharlachfarbe gebraucht werden können
und uns eine Erſparung von wenigſtens ⅓ Cochenille machen.
Meine vielen hierüber angeſtellten Verſuche geben die beſte
Anleitung hiezu. Indeſſen ſende ich hieben eine Probe von
dergleichen Farbe [10]). So ſind alle Farben, welche L.
cinereus, (der bey uns ſo häufig wächſt, und in naſſen
Wetter von Bergen und Steinen geſammelt werden kann)
giebt, ächt und ſo ſchön, daß dieſe Flechte alle Aufmerkſamkeit verdient.

Nach der angenommenen Ordnung folgen nun die
(Klibblafvarne) (collemata Acharii., L. gelatinosi Linn.)
bey welchen ich alle Mühe vergebens angewandt habe;
denn keine giebt uns eine brauchbare Farbe. Sie enthalten den Stoff zu einem flüchtigen Salze, und gerathen
daher gleich in Fäulniß mit übeln Geruch. Sie ſcheinen
den Tremellen nahe zu kommen, welche H. Girod Chantarus thieriſcher Natur fand. Ob ihre Befruchtungsor-
gane mit denen der übrigen Flechtenarten übereinkommen,
verdient unterſucht zu werden.

Die (Fotlafvarne) Helopodium Achar. geben auch
keine beſondere Farben, aber dagegen ſind einige (Piplaf-
varne) Cladoniae Achar., L. fruticulosi Linn. brauchbare
Farbeſtoffe. Ehe ich dieſe Arbeit ſchloß, habe ich noch
einige von denen aus andern Klaſſen beygefügt, die vorher

---

10) Einer meiner Freunde, der dieſen Sommer bey Herrn
Weſtring dieſe Proben von Zeugen, die mit Farbeſtoffen aus
Flechten gefärbt waren, geſehen hat, beſtättigt nicht nur die
ſchönen Farben; ſondern auch die durch Verſuche erprobte Aecht-
heit derſelben.   D.

übergänger, und von mir nach der Zeit aufgefunden sind; so wie ich auch darauf gekommen bin, einige Mißverständnisse in Rücksicht der Nahmen aufzufinden, wodurch man gewissen Flechtenarten solche Farben zuschrieb, die sie nicht geben konnten. — So hat man schon lange geglaubt L. parellus gebe rothe Farbe; Linné schrieb dies, und alle schrieben es ihm nach. Ich sammelte 1795 selbst L. parellus in Holland, und stellte damit mehrere Versuche an, konnte aber keine besondere Farbe, am wenigsten roth erhalten. Herr Lasteiry in Paris schickte mir die Flechte, welche in Auvergne zur rothen Farbe gesammelt wird, und ich fand daß es eine Mischung von mehreren Schorfflechten war, von L. scruposus, tartareus und am meisten von haereus. So hat der Mißbrauch der Nahmen diese falschen Angaben veranlaßt. Dasselbe gilt, glaube ich auch von L. roccella, die ich von Hrn. Prof. Thunberg und Schwarz erhielt, woraus ich aber keine rothe Farbe erhalten konnte. Wahrscheinlich hat L. tartareus dies Verdienst unter dem Nahmen roccella erworben. Dasselbe glaube ich mit Sicherheit von L. saxatilis behaupten zu können. Daher wäre es wünschenswerth, daß unsere Pflanzenkenner sich in der Folge mehr zugleich mit der Untersuchung der Natur und des Nutzens, als mit der bloßen botanischen Beschreibung der Pflanzen beschäftigten oder daß die, welche nicheres thun, die Pflanzen richtig angeben möchten [1].

---

[1] So hat Herr Hermbstädt in seinem Grundriß der Färbe-Kunst dies angegeben, daß folgende Flechten röthe Farbe geben, nehmlich: L. saxatilis, tartareus, candelarius, roccella,

Ich übergebe nun meine Flechten geſchicktern Händen zur Veredlung und bin mit dem Vergnügen zufrieden, womit ſie meine Mühe belohnten; die Folge wird lehren, wie weit ich zu dieſem Gewinne berechtiget war. Wenn ihr Nutzen bekannt wird, iſt mein Zweck erreicht.

(Klibblafvarne) (L. gelatinosi Linn., Collemata Acharii.)

Dieſe Flechten nutzen zur Färberey gar nicht, ſie ſind auch bey uns ſelten und treiben nur auf kalkigen Orten. Außer den allgemeinen habe ich noch beſondere Verſuche damit, aber vergebens, angeſtellt. Die unterſuchten waren: L. saturninus, discolor, flaccidus, lacerus, nigrescens, scotinus, myriococcus, furvus und marginalis. S. Dr. Acharii Method. Lichenum. Sie haben die Eigenſchaft ſchnell in Gährung überzugehen und geben dann einen unangenehmen Geruch.

(Piplafvar) (L. fruticulosi Linn., Cladoniae Achar.)

(Fotlafvar) (Heliopodia Achar.) und Busklafvar (Stercocaul. Achar.) Die meiſten von ihnen wachſen bey uns reichlich in Wäldern, auf Bergen und in Heiden, und einige können mit Nutzen gebraucht werden.

Folgende ſind von mir mit abgeänderten Verſuchen erforſcht.

1)

ferus, parietinus, juniperinus, parellus und roccella; von denen keine einzige rothe Farbe giebt.   W.

Diese ist sehr gemein bey uns, und kann in Menge gesammelt werden, sie enthält einen braunen Farbestoff der sehr schön und ganz ächt ist.

1. Im Wasser 7 Tage an wärmen Orte verwahret, er theilt es hineingelegter Wolle nach 24 Stunden eine schöne Carmeliefarbe. Kocht man sie, nachdem sie so lange in Maceration stand, so wird die Farbe ächter. Seide erhält davon eine schöne nußbraune Farbe.

2. Mit Kochsalz und Salpeter, 7/2 vom Gewicht des Flechten, eine Verhältniß das ich unter allen beybehielt, nach einigen Tagen in wärmer Maceration, wird das Zeug schön. Wolle erhielt höheres Carmelit ächt, und Seide ein grauliches Nußbraun.

3. Setzte ich eine gleiche Menge Laugensalz zu diesen Salzen, so ward die Wolle nach gleicher Zeit und Verfahren wie Moschus gefärbt; die Seide erhielt ein helleres, Nußbraun mit vielem Glanze.

4. Nahm ich Statt des Laugensalzes ungelöschten Kalk, so wurde die Wolle lichter, und die Seide dunkler.

5. Zu solcher Mischung noch 7/2 blauen Vitriol, bekam die Wolle eine bräunliche Oliven=, die Seide eine schöne graugrüne Farbe.

6. Nach der neuen Methode mit 7/2 ungelöschtem Kalk und

*) Baeomyces uncialis Achaii (Method. Lichen. 1803 P. 324), wächst bey uns ziemlich häufig auf sandigem sterilen Boden in Nadelwäldern.

6. Salmiak 7 Tage auf der warmen Stelle gehalten, wurde die Wolle ſchön Carmelit, die Seide voll (feuille morte) braungelb.

7. Mit Waſſer und Kupfervitriol erhielten weder Wolle noch Seide eine beſondere Farbe.

8. Auch nicht mit Kochſalz und Salpeter und blauem Vitriol zuſammen.

9. Aber mit Kochſalz, Salpeter, blauem Vitriol und Laugenſalze bekam die Wolle eine ſchöne mineralgrüne, die Seide aber eine hellere nußbraune Farbe.

10. Wurde der blaue Vitriol einer Miſchung nach der neuen Methode zugeſetzt, ſo wurde die Wolle ſchön grün; die Seide wie im vorhergehenden.

3) (L. aduncus Achar.)[13]).

Dieſe wächſt auch ſehr häufig bey uns, abwechſelnd mit der vorhergehenden, und ſcheint nur durch ihr Verhalten in den Farben von der Cladonia uncialis Achar. (Taglaf) unterſchieden zu ſeyn. Ich habe ſie für L. uncialis Linn. und die vorhergehende für L. subulatus gehalten; unſere Botaniker haben es aber geändert, und dies kann uns hier gleich ſeyn, wenn wir nur Nutzen daraus ziehen können. Sie ſcheint farbehaltiger zu ſeyn, als die vorhergehende.

1. Mit Waſſer allein nach einer Woche Maceration auf der warmen Stelle, bekam Wollengarn ein ſchönes Carmelit und Seide höheres Nußbraun, als bey dem vorhergehenden.

13) Baeomyces aduncus Ach., am angezeigt. Orte S. 252.

2. Mit Kochsalz und Salpeter keine Farbe; mit ungelöschtem Kalk und Salmiak hohes Carmelit, und Seide eine lichtere Farbe derselben Art.

3. Mit Kochsalz, Salpeter, ungelöschtem Kalk und blauem Vitriol, Wolle eine schöne Oliven = und Seide eine feuille morte Farbe.

4. Hält man sie länger in Maceration, so bekommt der Wolleneinsatz eine dunklere schöne Olivens, Seide aber eine lichtere Farbe als vorher.

3) L. subulatus Achar. [14]

Wächst nicht so überflüssig als die vorige, und ist auch in Rücksicht ihres Verhaltens in Beziehung auf die Farben wenig von derselben unterschieden.

1. Mit Wasser gleich der vorhergehenden.

2. Nach der neuen Methode auch ziemlich übereinstimmend.

3. Mit Kochsalz, Salpeter und ungelöschtem Kalk etwas schwächer.

4. Legt man zu dem vorigen Kupfervitriol zu, so erhält die Wolle eine schöne ächte olivengrüne, Seide aber eine schwache nußbraune Farbe.

4) L. pungens Ach. (Shiklaß). Die Figur bey Dillenius Tab. XVI. F. 28. Ich habe sie mit flavis tuberculis terminalibus gefunden [15].

Sie ist nicht selten bey uns, wächst reichlich auf kahlen Hügeln und unten an Bergen, ist auch sehr farbehaltig und verdient daher unter die Farbestoffe gezählt zu werden.

14) Baeomyces subulatus. P. 357.
15) Baeomyces pungens P. 354.

R 2

1. Mit Waſſer giebt ſie nach einigen Tagen Maceration der Wolle eine gelbliche Carmelit=, der Seide eine ſchöne nußbraune Farbe.

2. Nach der zweyten Methode, mit K. und S. der Wolle eine ſtrohgelbe Farbe und ſo auch der Seide.

3. Nach der britten Methode, mit K. und S. und Kochgenſalz ein volleres Strohgelb, ſowohl der Wolle als der Seide.

4. Durch die vierte Methode erhält man eine ſtärke hohe wachsgelbe Farbe in wenig Stunden.

5. Miſcht man ſie nach der vierten Methode mit L. con spersus, ſo erhält die Wolle ein lichtes Orange und die Seide eine hohe Orange = beynahe Aurora = Farbe ſehr ſchön und glänzend.

6. Stellt man Verſuche nach der fünften Methode an, ſo gewinnt die Wolle eine ſchöne olivengrüne, die Seide eine glänzende blaſſe Feuille morte Farbe.

7. Nach der neuen Methode: Wolle hoch dunkelgelb; Seide dunkler nußbraun.

8. Mit Waſſer, Kupfervitriol und etwas Birkenrinde, nach Hrn. Dambourney's Methode, Wolle lichtgrün und Seide graugrün.

9. Eben ſo mit Kochſalz, Salpeter, Kupfervitriol und Birkenrinde — Wolle ſchön hell olivengrün, Seide ſchön hell carmelit; alle dieſe Farben mit Vitriol und Birkenrinde ſind ächt.

10. Nach der britten Methode mit Birkenrinde und blauem Vitriol, Wolle hell grasgrün, Seide glänzend dunkel nußbraun.

11. Nach der vierten Methode mit Birkenrinde und blauem Vitriol, Wolle schön grasgrün, Seide hell nußbraun.

12. Nach der neuen Methode mit Zusatz von Birkenrinde und blauem Vitriol schöne grüne Farbe für Wolle, und Seide ein schlechtes Nußbraun.

5) L. furcatus Achar. [16]) (Gaffelaß) Dillen. Tab. XVI. Fig. 27.

Ich habe sie nicht so häufig gefunden, wie die vorhergehende, sie ist auch nicht so reichhaltig: man findet sie in Wäldern und auf Bergen.

1. Mit Wasser allein giebt sie der Wolle Anfangs eine gelbe Farbe, welche endlich carmelit wird; der Seide auch ein schönes Carmelit.

2. Nach der zweyten Methode gar keine besondere Farbe, nach der dritten aber der Wolle und Seide eine strohgelbe.

3. Nach der neuen Methode die Wolle dunkel strohgelb, die Seide licht carmelit.

4. Mit Wasser und blauem Vitriol hell gränlich die Wolle, die Seide beynahe eben so.

5. Nach längerer Maceration wird die Farbe schöner.

6. Nach der neuen Methode mit blauem Vitriol, Wolle ein schönes dunkles Saftgrün, Seide aber nimt gar keine Farbe an.

7. Nach der vierten Methode keine Farbe, mit Zusatz von blauem Vitriol aber für Wolle schön olivengrün, für Seide graugrün.

---

[16] Baeomyces furcatus Ach. Meth. P. 357. wächst bey uns öfter in Nadelholzwaldungen. **S.**

6) L. spinosus Acharii [17]) (Tornlaf.) Dillen;
Tab. 16. Fig. 25. wåchst nicht besonders håufig ben uns;
sie hat das besondere, daß sie får Seide farbehaltiger als
alle vorhergehende, får Wolle aber wenig zu lohnen scheint.

1. Mit Wasser allein, dunkel strohgelb får Wolle und
Seide; nach långerer Maceration får Wolle gelbliches
Carmelit, får Seide lichteres.

2. Nach der zweyten Methode Wolle schön strohgelb, Seide
schön glånzend nußbraun.

3. Nach der dritten Methode, Wolle und Seide schön strohgelb.

4. Nach der sechsten Methode beyde schöne Nankinfarbe.

5. Mit Wasser und blauem Vitriol, Wolle schön grån,
Seide graugrån.

6. Nach der zweyten Methode und mit blauem Vitriol etwas stårker.

7. Nach der dritten Methode mit blauem Vitriol, Wolle
schön klar grån, Seide hellgrånlich.

8. Nach der neuen Methode mit blauem Vitriol, Wolle
sehr schön klar grån, so auch Seide schön lichtgrån.

9. Nach der vierten Methode gar keine Farbe.

7) (L. globiferus Linn.) Sphaerophorus globiferus Ach. [18]) wåchst auf gewissen Stellen in Wål-
dern åberflåssig. Ist in Råcksicht des Farbestoffgehalts den
andern nicht gleich, giebt aber sehr schöne Farben und
verdient zum ökonomischen Behufe gesammelt zu werden.

---

17) Baeomyces spinosus. P. 358.
18) Sphaerophoron coralloides. P. 174.

1. Mit Waſſer allein nach der erſten Methode, Wolle ein eigenes Carmelit, nahe Couleur de chair, Seide ſehr ſchwach.

2. Nach der zweyten Methode lichter für Wolle, und für Seide noch ſchwächer.

3. Nach der dritten Methode ſchön ventre de biche für Wolle, Seide wenig gefärbt.

4. Nach der vierten Methode, Wolle nahe die Farbe, welche man sable du Levant nennt, Seide nußbraun.

5. Nach der neuen Methode, Wolle ſchönes ventre de biche, lichter für die Seide.

6. Mit Waſſer und blauem Vitriol allein, Wolle ſchön graugrün, ecume de mer, wenig für Seide.

7. Nach der zweyten Methode mit blauem Vitriol, etwas dunkler wie im letzten.

8. Nach der dritten Methode und mit blauem Vitriol, ſchön oliven, oder dunkel nußbraun, Seide dunkel carmelit.

9. Nach der neuen Methode und mit blauem Vitriol, Wolle ſchön grün, Seide wenig.

8) L. fragilis Linn., Sphaerophorus sterilis Ach. [19] wächſt reichlich bey uns in Wäldern und auf Hügeln, kommt im Farbeſtoffgehalt der vorigen ſehr gleich und kann leicht mit ihm verwechſelt werden; ſie iſt nicht arm an Farben.

1. Mit Waſſer allein, Wolle hell rehfarben, aber Seide faſt gar nicht.

2. Ebenſo nach der zweyten Methode.

---

19) Sphaerophoron fragile. P. 135.

3. Nach der. dritten Methode, Wolle schön ventre da
   Biche, fast eben so die Seide.

4. Nach der vierten Methode, Wolle dunkel tabaksfarben;
   Seide heller, sehr schön.

5. Nach der neuen Methode, Wolle licht ventre de Biche,
   Seide noch heller.

6. Mit Wasser und blauem Vitriol allein, Wolle lichtgrün,
   Seide mehr hell.

7. Nach der zweyten Methode mit blauem Vitriol, schön
   dunkelgrün ganz ächt, Seide lichter mehr graugrün.

8. Nach der dritten Methode mit blauem Vitriol, Wolle
   dunkler grün, Seide hell carmelit.

8. Nach der neuen Methode und mit blauem Vitriol, Wolle
   hell saftgrün, Seide fast gar nicht.

   9) L. rangiferinus Linn., Cladonia rangi-
ferina Acharii [20]) wächst reichlich in unsern Wäldern
und auf Bergen, besonders in Lappland, wo sie das Futter
der Rennthiere ist; sie nützt auch bey Lungenkrankheiten,
statt des Isländischen Mooses als gutes mildes Nahrungsmittel. Enthält auch gute Farbematerie.

1. Mit Wasser allein sieben Tage maceriret: Wolle starke
   wachsgelbe Farbe, Seide dunkel strohgelb.

2. Nach der zweyten Methode: Wolle voll strohgelb, Seide.
   eben so.

3. Nach der dritten Methode, etwas hellere Farben.

4. Nach der vierten Methode, nach einigen Stunden Maceration, für Wolle und Seide schön hellgelb.

---

20) Bacomyces rangiferinus. P. 355. wächst bey uns häufig
in Nadelholzwaldungen.   G.

. Nach der neuen Methode keine besondere Farbe.

. Nach der vierten Methode und blauem Vitriol, Wolle schön bellokiven, Seide graulich.

. Mit Wasser und blauem Vitriol allein, Wolle lichtgrün, Seide graugrün.

. Nach der zweyten Methode mit blauem Vitriol, beynahe eben so.

. Nach der dritten Methode mit blauem Vitriol, Wolle olivengrün, Seide heller.

o. Nach der neuen Methode mit blauem Vitriol, Wolle schön grün, Seide hellgrünlich.

<hr />

9.

Ueber ein von Bucholz beobachtetes galvanisches Phänomen.

Von J. W. Ritter.

(In einem Schreiben an A. F. Gehlen.)

Herr Bucholz beschreibt in Bd. III. S. 324 und 423 bis 434 Ihres Journals eine merkwürdige Absonderung einer Portion Zinn in regulinischer Gestalt aus einer Auflösung desselben in Salzsäure. Er gesteht selbst ein, daß die Erklärung, welche er davon zu geben sucht, nicht jedem genügen möge, und frägt daher zuletzt: ob sich der sonderbare Erfolg nicht noch durch

einen galvanischen Proceß erklären lasse? — Auch Ihnen
ist dieses das Wahrscheinlichere (S. 431 Anm.). Ich muß
bekennen, daß mir gleich nach der ersten Notiz von jenem
Phänomen (S. 424.) dies nicht bloß wahrscheinlich, sondern gewiß war. Es ist der Fall einer Kette aus zwey
Flüssigkeiten und einem Metall, oder in der Kunstsprache,
und bestimmter, aus zwey Leitern der zweyten und einem der ersten Classe.

Bis jetzt war, in chemischer Hinsicht, bloß der umgekehrte Fall, der einer Kette aus einem Leiter der zweyten, und zwey der ersten Classe, untersucht und ausgebildet worden. Die erste Veranlassung dazu gaben wohl
die Beobachtungen Fabroni's (s. Gilbert's Annalen
der Physik, Bd. IV. S. 428 — 433; vollständiger befinden sie sich im Journal de Physique par Delame-
therie, Brumaire an. 8. pag. 318 — 357.), — denn
obschon Ash's Versuche (s. v. Humboldt's Versuche
über die gereizte Nerven= und Muskelfaser, Bd. I. S.
472.) früher bey uns bekannt wurden, so hat doch dieser
sie kaum selbst erfunden, weil er kurz darauf, als Fabroni
1792 seine Abhandlung in der Academie zu Florenz vor-
las, in Italien war, wo wenigstens das Gerücht davon
ihm leicht zu Ohren kommen mußte. Beyden sind. v. Humboldt, v. Arnim, Desormes, Reinhold, Wollaston, Jäger, Wilh. Pfaff, Bostock, Wilson, Tre-
viranus, Gautherot, Boissier, Lagrave; Pit-
taro, Albini, Izarn und ich, nachgefolgt. Früher
waren chemische Erscheinungen genug vorhanden, welche
ebenfalls nichts als galvanische Processe solcher Ketten zum
Grunde hatten, aber man kannte den Galvanismus selbst

1. Mit Wasser allein nach der ersten Methode, Wolle ein eigenes Carmelit, nahe Couleur de chair, Seide sehr schwach.

2. Nach der zweyten Methode lichter für Wolle, und für Seide noch schwächer.

3. Nach der dritten Methode schön ventre de biche für Wolle, Seide wenig gefärbt.

4. Nach der vierten Methode, Wolle nahe die Farbe, welche man sable du Levant nennt, Seide nußbraun.

5. Nach der neuen Methode, Wolle schönes ventre de biche, lichter für die Seide.

6. Mit Wasser und blauem Vitriol allein, Wolle schön graugrün, ecume de mer, wenig für Seide.

7. Nach der zweyten Methode mit blauem Vitriol, etwas dunkler wie im letzten.

8. Nach der dritten Methode und mit blauem Vitriol, schön oliven, oder dunkel nußbraun, Seide dunkel carmelit.

9. Nach der neuen Methode und mit blauem Vitriol, Wolle schön grün, Seide wenig.

8) L. fragilis Linn., Sphaerophorus sterilis Ach. [19]) wächst reichlich bey uns in Wäldern und auf Hügeln, kommt im Farbestoffgehalt der vorigen sehr gleich und kann leicht mit ihm verwechselt werden; sie ist nicht arm an Farben.

1. Mit Wasser allein, Wolle hell rehfarben, aber Seide fast gar nicht.

2. Ebenso nach der zweyten Methode.

---

19) Sphaerophoron fragile. P. 135.

Galvanisten bekannt ist, sich die Zahl der Glieder aller galvanischen Ketten auf den Werth von dreyen zurückführen läßt, Ketten mit dreyen daher auch die häufigsten und gewöhnlichsten sind, diese Glieder beständig aber von verschiedenen Klassen seyn müssen, so entweder, daß zwey zur ersten und eines zur zweyten, oder, daß eines zur ersten und zwey zur zweyten gehören: würde auch jene Geschichte in zwey Abtheilungen zerfallen, wovon die eine die erste Art von Ketten und ihrer Aequivalente, die andere die letzte Art derselben, enthielte.

Herrn Bucholz's Phänomen gehört zu dieser letzten Art, und es hat das Verdienst, das erste zu seyn, was als dergleichen ins Publicum gekommen, und sogleich dafür genommen worden ist. Ich spreche nähmlich von der einfachen Kette. Denn so häufig auch Verbindungen von mehrern, Säulen, wo jede einzelne Lage aus einem Leiter der ersten und zwey der zweyten Classe bestand, von Buch, Reinhold, Pfaff, Davy, Robertson und mir, wirksam dargestellt worden sind und bestätigt haben, was ich aus guten Gründen schon in Gilbert's Annalen Bd. VII. S. 439. und Bd. IX. S. 261 — 262 davon vorhersagen konnte, so wenig hatte man daran gedacht, die chemische Wirksamkeit, in einzelnen Ketten schon, auch nur auf eine solche Art darzustellen und anschaulich zu machen, als es mit der entgegengesetzten Art von Fabroni etwa geschehen war. Ich selbst wurde erst im Winter 1803 ver-

nahm, habe ich in meinem nächstens erscheinenden electrischen System der Körper, (Leipzig bey Reclam) S. 42 bis 1:2 gegeben.   R.

5. Nach der neuen Methode keine besondere Farbe.

6. Nach der vierten Methode und blauem Vitriol, Wolle schön hellokven. Seide graulich.

7. Mit Wasser und blauem Vitriol allein, Wolle lichtgrün, Seide graugrün.

8. Nach der zweyten Methode mit blauem Vitriol, beynahe eben so.

9. Nach der dritten Methode mit blauem Vitriol, Wolle olivengrün; Seide heller.

10. Nach der neuen Methode mit blauem Vitriol, Wolle schön grün, Seide hellgrünlich.

9.

Ueber ein von Bucholz beobachtetes galvanisches Phänomen.

Von J. W. Ritter.

(In einem Schreiben an A. F. Gehlen.)

Herr Bucholz beschreibt in Bd. III. S. 324 und 423 bis 434. Ihres Journals eine merkwürdige Absonderung einer Portion Zinn in regulinischer Gestalt aus einer Auflösung desselben in Salzsäure. Er gesteht selbst ein, daß die Erklärung, welche er davon zu geben sucht, nicht jedem genügen möge, und frägt daher zuletzt: ob sich der sonderbare Erfolg nicht noch durch

Schon dieser Umstände wegen müssen wir nach Galvanismus fragen. Es wird sich zeigen, daß Alles,
was sich ereignete, bloß von ihnen, von dem durch sie
möglich gemachten Galvanismus, herrührte.

1. Vor Allem wiederholte ich Herrn Bucholz's Versuch wörtlich, die Quantität, in der ich die Materialien
nach Verhältniß nahm, allein ausgenommen. Es ist unmöglich, daß er einmahl mislinge, so lange nur das rückständige Zinn wirklich bis in die Gegend überreicht, in
welcher durch das zugegossene Wasser eine Schicht verdünn-
terer Auflösung entstanden ist.

2. Nur in so fern das nicht ist, geschieht nichts. In
völlig homogener Zinnauflösung, wie stark oder schwach sie
sonst auch sey, findet sich, bey einliegendem Zinn, eben so
wenig eine Spur der metallischen Zinnpräcipitation vor,
als in reinem Wasser, oder reiner Salzsäure.

3. Dagegen ist bey dem geringsten Unterschied in der
Zinnauflösung, die das Zinn umgiebt, Wirkung da. Ich
habe mehrmahls die über Zinn stark eingekochte Auflösung
in der Kälte krystallisiren, dann wieder aufthauen lassen;
hierbey entstehen begreiflich Schichten verschiedener Dichtigkeit oder verschiedenen Zinngehalts. Die concentrirtern liegen unten. Kaum daß sie sich gebildet haben, beginnt
auch an dem sie verbindenden Zinn die Präcipitation.

4. Eben so beginnt sie häufig schon, wenn man das
Zinn mit der Säure in einem hohen Kolben oder gewöhnlichen Medicinglase mit enger Oeffnung kocht. Die Salzsäure und das Wasser, welche dabey verdampfen, sich aben

nicht, und begnügte sich damit, sie anzumerken, ohne
ihrem Grunde weiter nachzuspüren. Man vergleiche z. B.
die Beobachtungen Fontana's (s. dessen physische Untersuchungen über die Natur der Salpeterluft u. s. w.
L. d. Frank von v. Wasserberg. Wien, 1777 S. 123,
das Original kam zu Paris 1776 heraus), und Wenzel's
(in seiner Lehre von der Verwandtschaft der Körper. Dresden, 1777 S. 30 und 108. Anm.). Selbst in Lavoisier's Versuchen über die Oxydabilität der Metalle sind
die Bestimmungen des Grades derselben überall zweideutig
ausgefallen, wo das jedesmalige Metall mit Wasser über
Quecksilber in Berührung war, und das aus keiner andern
Ursache, als weil Quecksilber, Wasser und das zu prü-
fende Metall, mit einander eine galvanische Kette bildeten, deren Producte sich denen, die letzteres Metall allein
mit Wasser gegeben haben würde, beymischten, sie vergrößerten, u. s. w. Vergleichen Sie besonders die Fälle
mit Zink und Eisen in Fourcroy's Système des con-
naissances chimiques T. V. p. 376 und T. VI. p.
257 und 282. Ueberhaupt, wollte man eine Geschichte des
Galvanismus in chemischer Hinsicht, und aller Versuche, in
denen er Statt gehabt hätte, liefern, so müßte man ihn
desto so oft wiederfinden, als der Chemiker drey oder mehr
Körper im chemischen Nebeneinander und Verbundenseyn
zur Kette hatte, von denen einer oder einige, wenigstens
in den Umständen des Versuchs, (bey der dabey angewandten Temperatur, u. s. w.), Leiter der ersten, andere Leiter der zweyten Classe waren *); und in sofern, wie den

*) Die Feststellung der wahren Begriffe von Leitern der er-
sten und zweyten Classe, welche Scheidung zuerst Volta vor-

entsteht, in Verbindung, d. i. oxydirt denselben. In so fern als Hrn. Bucholz's Phänomen galvanischen Ursprungs war, mußte neben der Reduction des Zinns noch Oxydation, und zwar wiederum des Zinns, vorkommen.

b. Ferner ist in keiner einzigen galvanischen Kette der Ort, wo das Hydrogen (oder was es ferner bewirkt) austritt, zugleich derjenige, wo auch das ihm entsprechende Oxygen austrete. Immer ist dieser ein anderer, und muß ein anderer seyn, da er durchaus an die Gegend in der Kette und an den Leiter erster Klasse gebunden ist, wo (aus was für einem weitern Grunde es auch sey) + E zugegen ist, oder gefordert wird, während das Hydrogen an diejenige Stelle gebunden ist, wo — E zugegen ist oder gefordert wird, beydes aber schon darum verschiedene Stellen seyn müssen, weil + und — E wo sie zusammentreffen sich aufheben, und Null, also weder die Bedingung für das Auftreten des Oxygens, noch die für die des Hydrogens geben. Auch im Bucholz'schen Versuch muß deshalb ferner die Gegend am Zinn, wo die in a geforderte Oxydation vorgeht, eine andere seyn, als die, wo die bereits bekannte Reduction Statt hat.

c. Beydes bestättigte sich, als ich, nach mehreren Bemerkungen in den vorigen Versuchen, endlich das Ganze aus dem Gefäß, in dem vorher die Auflösung geschehen war, aushob, und den Versuch rein, in einem Glase für sich anstellte. Ich goß Zinnauflösung, wie sie in Bucholz's Versuch entstanden war, in ein Weinglas,

veranlaßte, diese Untersuchung vorzunehmen, und ob ich gleich
seitdem eine ziemliche Anzahl glücklicher Versuche dieser
Art angestellt habe, so werden sie doch erst mit meinem
electrischen System der Körper, wo sie S. 20 — 41 beschrieben sind, zur Kenntniß des Publicums kommen, auch
beschränken sie sich noch auf bloße Ketten aus Wasser, Alkali und Metall; des Glanzes aber, dessen das Buchholz-
sche Phänomen in seinem ganzen Umfange fähig geworden
ist, erfreut sich keiner von ihnen.

Die bequemste Art dergleichen Ketten zu bilden, ist
die, daß man in ein schmales Glas, ein Weinglas z. B.
zuerst die specifisch schwerere Flüssigkeit von beyden, etwas
zu Boden bringt, über diese dann mittelst Fließpapier
die specifisch leichtere in gleicher Höhe so, daß beyde Flüssigkeiten möglichst scharfe Grenze halten, und dann den
festen Körper, den Leiter erster Klasse, (Metall, Kohle,
Reißbley u. s. w.) in Form eines Drahts, Stabs, oder
einer dünnen schmalen Platte, durch beyde Flüssigkeiten
behutsam hindurchsteckt, welcher so, als drittes Glied, mit
den beyden übrigen eine galvanische Kette schließt.

Sie sehen, daß, was ich mit Absicht zusammensetzte,
in Herrn Buchholz's Versuche ganz zufällig, aber genau
so, als ich es hier beschrieb, zu Stande kam. Auf dem
Boden des Gefäßes befand sich die schwerere Zinnauflösung,
darüber das zugegossene leichtere Wasser, was an seiner
Grenze mit jener, eine fortgehende Stufenfolge von Verdünnungen ersterer bis zum reinen Wasser gebildet haben
mußte. Aus jener concentrirten Zinnauflösung in diese ver-
dünntere stand das noch rückständige unaufgelöste Zinn.

über der concentrirteren Zinnauflösung stehenden schwächeren wäre, stellte ich folgende Versuche an. Ich verdünnte die concentrirte Zinnauflösung (a), zunächst (b) mit dem 4, dann (c) mit dem 16=, dann (d) mit dem 64=, dann (e) mit dem 256=, und endlich (f) mit dem 1024= fachen Volumen Wasser. Ich füllte darauf von 5 V= förmigen Röhren, deren Schenkel jeder 2 Zoll lang und 3 Linien weit waren, den einen Schenkel (α) der Röhre No. 1. mit der Auflösung a, den andern (β) mit der Auflösung b; α der Röhre No. 2. mit a, β mit c; von No. 3. α mit a, β mit d; von No. 4. α mit a, β mit e; und No. 5. α mit a und β mit f. Ich verband darauf die Flüssigkeiten in α und β durch schmale Streifen Stanniol. In allen Röhren war Action: überall Oxydation im Schenkel α, und Reduction in β. In No. 1. und 2. bestand das Reduct aus metallisch=glänzenden Dendriten, die sich in No. 2. stärker häuften als in No. 1. In No. 3., wo es mit zunehmender Schnelligkeit überhand nahm, aber fehlte der Metallglanz, und das Ganze bestand in einem schwärzlich grauen, locker zusammenhängenden Haufwerk mehr ins Trauben= oder Schwammartige übergehender, äusserst zarter Dendriten. In No. 4., wo die Präcipitation schon wieder langsamer vor sich gieng, kam im Anfang dasselbe Haufwerk zum Vorschein, später aber entwickelten sich einige metallisch=glänzende Dendriten aus ihm, die weiter, und so lange, fortwuchsen, als die Kette geschlossen war. In No. 5. gieng die Niederschlagung des Metalls unter allen am langsamsten vor, doch waren es gleich von Anfang an metallisch=glänzende Gebilde, bey denen es auch in der Folge blieb. Der Schnelligkeit der Reduction in β gieng überall die der Oxydation in ~ parallel. Der Gang der Phänomene blieb bey mehrmahliger Wiederholung der Versuche durchaus derselbe.

Diese Versuche bestättigen, daß zwar alle Grade der Verdünnung einer Zinnauflösung, mit einer concentrirtern zusammengebracht, Action zu begründen im Stande sind, daß ein bestimmter aber vor allen übrigen den Vorzug habe.

10. Noch wollte ich wissen, ob gerade die höchste Concentration der Zinnauflösung, mit dem Verdünnungs- grade d in der Röhre V, die stärkste Action gebe, oder ob ein niederer etwa mehr leiste. Ich verband daher in 6 Röhren (No. 6. bis 11.) in No. 6. die Auflösungen a und b, in No. 7. b und c, in No. 8. c und d, in No. 9 a und c, in No. 10. b und d, und in No. 11. a und d. In allen Röhren war Action; in allen die Reduc- tion um Schenkel mit der schwächeren Auflösung; in No. 8. 10. und 11. hatten die Reducte das nähmliche Ansehen, wie oben das in No. 3. (nur hie und da schimmerten einige glänzende Pünktchen durch), und die Producte folgten sich in Hinsicht ihrer Quantität in der Ordnung der Röhren 11. 9. 6. 7. 10. 8. Es blieb also dabey, daß die con- centrirteste Auflösung diejenige sey, welche mit d die stärkste Action gebe, und für das übrige ließ sich die Regel fest- setzen, daß bis zu d herab die Wirkung um so größer sey, je größer der Unterschied in der Concentration der Flüssigkeit.

11. In einer Röhre No. 12. verband ich concentrirte Zinnauflösung a, und reines Wasser durch Stanniol. Kaum

aber hatte sich selbst nach 12 Stunden der Stanniol in 2 merklicher verändert, als ein eben so lange außer der Kette in 2 gelegenes anderes Stück, und im Wasser war es ebenfalls ganz blank geblieben, auch hatte sich die ganze Zeit über keine einzige Luftblase an ihm gezeigt.

Bey allen solchen Verbindungen der beyden Schenkel einer Röhre durch Stanniol, muß man, ohne Anwendung besonderer Vorsichten sich hüten, das Stanniolblatt nicht durch mehrfaches Zusammenlegen stärker zu machen, weil es die Versuche leicht verderben kann. Ein solches doppeltes oder mehrfaches Stanniolblatt wirkt dann wie Haarröhrchen und Heber, und führt leicht Flüssigkeit aus dem einen Schenkel unter oder über die im andern Schenkel über, wo es dann leicht ist, auch in der Röhre No. 11. im Wasser, oder in No. 1. bis 11. Statt in der zweyten, in dem Schenkel mit der concentrirteren Auflösung den dendritischen Niederschlag zu erhalten, indem sich bey No. 1. bis 11. in dem Schenkel α die Umstände des §. 6. c einfinden.

12. Oxydirt-salzsaure Zinnauflösung, Statt der vorigen nicht oxydirten, und in verschiedenen Verdünnungen angewandt, gab in keinem der vorigen Versuche die mindeste merkliche Action, ungeachtet der Stanniol in ihr sehr schnell zerfressen und aufgelöst wurde. In jeden Schenkel der Röhre geschah, was auch ohne geschlossene Kette in ihm geschehen seyn würde, und mehr nicht.

13. Selbst gewöhnliches salzsaures Zinn, und oxydirt salzsaures, beyde von gleicher Concentration, in die Schenkel α und β einer Röhre No. 13. gebracht, und durch Stanniol verbunden gab weiter nichts, als dieses.

Das oxydirte salzſaure Zinn zu dieſen Verſuchen hatte ich ſowohl durch Desoxydation des rothen Queckſilberoxyds (ſ. Pelletier's Mémoires et Observations de Chimie, T. I. p. 397), als auch der rauchenden Salpeterſäure (a. a. O. p. 393) bereitet. Beydes ſind, ſobald man nicht zu viel desoxydirbare Subſtanz anwendet (und beſonders wenn bey letztem Verfahren die Salpeterſäure nur tröpfenweiſe aus beträchtlicher Höhe in die Zinnauflöſung fallen läßt, da ſchon jeder einzelne Tropfen eine Art von Oxydation hervorbringt), Wege, auf denen man ſehr ſchnell zum Zwecke kommt, da in beyden die Oxydation des ſalzſauren Zinnes faſt das Werk des Augenblicks iſt.

24. Nicht jede ſalzſaure Zinnauflöſung giebt die Oxydation oder fernere Auflöſung des Zinnes in der concentrirteren, und die Reduction in der diluirteren Auflöſung. Dieſes geſchieht durchaus nur, wenn die anfängliche Zinnauflöſung bis zu einem gewiſſen Grade noch nicht mit Zinn geſättigt, noch ein gewiſſer Antheil freyer Säure in ihr vorhanden iſt. Iſt ſie geſättigter, oder der Antheil freyer Säure in ihr geringer, ſo ſind die Phänomene total die umgekehrten, d. h. in den Röhren No. I. bis m. oxydirt ſich der Stanniol in der diluirteren, und das Zinn aus der Auflöſung reducirt ſich in der concentrirtern Auflöſung, und in §. 6. er wird der Stanniol nach dem Waſſer zu oxydirt, und unterhalb der Grenze von Waſſer und Metallauflöſung in letzterer ſelbſt reducirt ſich das Zinn.

Ehe dieſe völlige Umkehrung der Vertheilung der Wirkungen Statt hat, muß es einen Grad von freyer Säure in der Auflösung geben, bey welchem die Kette Null ist oder alle Wirkungen fehlen. So scheint es wenigstens. Die Darstellung desselben aber hat mir noch nicht gelingen wollen.

15. Nicht in dem Maße aber als die freye Säure in der Zinnauflösung fehlt, wächst auch die Fähigkeit letzterer, die Phänomene in der umgekehrten Ordnung zu geben. Ich habe wiederholt gesehen, daß eine so viel wie möglich mit Metall gesättigte Zinnauflösung dieselben langsamer gab, als die nähmliche Auflösung mit etwas Salzsäure vermischt. Mehr davon hinzugethan aber, schwächte die Wirkung wieder. Ein Versuch besonders war für das Stärkerwirken einer etwas gesäuerten Auflösung sehr entscheidend. Ich hatte in völlig gesättigter, wie in mit Säure versetzter Auflösung, Stanniol einige Stunden liegen lassen. In ersterer blieb er ohne alle Veränderung, in der zweyten war er schwach angegriffen worden. Ich goß jetzt Wasser über beyde Auflösungen, und ließ sie von neuem so lange stehen. Noch immer blieb der Stanniol in der ersten wie er war, in der zweyten aber wurde er ferner angegriffen. Ich brachte jetzt lange Blätter Stanniol in beyde Gläser, so daß sie in jedem den bereits seit 4 Stunden darin gelegenen berührten. Schon nach wenigen Stunden war jetzt der vorher so weit angegriffene Stanniol in der gesäuerten Auflösung, sammt dem in ihm befindlichen Theile des frisch hineingebrachten Stanniols, über und über mit metallischem Zinn bedeckt, während der vorher nicht angegriffene in der ungesäuerten, nebst dem in ihr vorhandenen Theile des frisch hineingebrachten, erst längere Zeit nachher und überhaupt viel schwächer, sich auf gleiche Weise mit

Zinn belegte. Das Verhältniß der Wirkungen blieb daſſelbe, wenn ich andere Streifen Stanniol, die vorher 4 Stunden in den Auflöſungen gelegenen Stücke nicht berühren ließ, auch, wenn dieſe überhaupt nicht mehr darin, eben ſo, wenn (in andern Gläſern) ſie nie darin geweſen waren.

16. Verbindet man, entweder in einer V= Röhre, oder in einem gewöhnlichen Weinglaß (wie in §. 6.), eine geſättigte Zinnauflöſung mit einer nicht ganz geſättigten, oder aber einer zwar geſättigt geweſenen, nachmahls aber wieder mit freyer Säure vermiſchten, ſo iſt alle Mahl die Oxydation in der geſäuerten oder ungeſättigten, und die Reduction in der geſättigten nicht ſauren Auflöſung.

17. Eben ſo, wenn man zwey in verſchiedenen Grade ungeſättigte, oder mit freyer Säure gemiſchte Auflöſungen, auf eine oder die andere Art durch Stanniol mit einander verbindet, iſt alle Mahl die Reduction in der minder, die Oxydation in der mehr geſäuerten oder ungeſättigten.

18. Verbindet man endlich entweder geſättigte, oder auch in irgend einem Grade ſchon geſäuerte oder ungeſät= tigte Zinnauflöſung, mit reiner concentrirter Salzſäure durch Stanniol, ſo iſt auch hier die Oxydation beſtändig in der reinen Säure, die Reduction aber in der geſäuerten oder ungeſäuerten Metallauflöſung.

19. Ich erwähnte in §. 15., daß ſo viel wie möglich mit Zinn geſättigte Auflöſung, mit Waſſer in einem Wein= glaſe über einander gebracht, und durch Stanniol verbun= den, die Reduction in der Zinnauflöſung, die Oxydation aber nach dem Waſſer zu gebe; daß der Erfolg größer ſey, wenn die Auflöſung ein wenig freyer Säure enthält,

und daß er wieder abnehme, wenn noch etwas mehr darin enthalten ist. Ist entweder von Anfang an, oder durch Zusatz, noch mehr freye Säure in der Auflösung, so kehrt sich das Phänomen um, und die Reduction ist, wie schon bemerkt, in den dünneren Schichten, die Oxydation aber in der dichteren unverdünnten Auflösung. Je mehr von hier an diese Auflösung, bis auf einen gewissen Punkt, freye Säure enthält, desto mehr wächst der Effect an In = und Extensität, erlangt das Maximum, wenn die Salzsäure ungefähr den 6. bis 8. Theil gesättigter Zinnauflösung enthält, nimt bey weiterer Verdünnung der Auflösung durch die Salzsäure wieder ab, hört aber, selbst wenn die halbe Unze Salzsäure auch nur einen einzigen Tropfen Zinnauflösung enthält, noch nicht auf, wirklich bemerklich zu seyn. Merkwürdig sind die Uebergänge der Gestalten, welche das Zinn bey seiner Präcipitation in diesen Versuchen nach und nach eingeht. Wo die Auflösung nach Verhältniß nur noch wenig freye Säure enthält, sind es schöne gedrungene Zweige, Spieße, Dendriten, u. s. w. Diese gehen, wenn die Zinnauflösung mit gleicher bis doppelter Quantität Salzsäure vermischt ist, über in Blätter, die immer breiter und dichter werden, so daß ihre Oberfläche spiegelt. Wie die Verdünnung noch weiter geht, werden diese Blätter bey noch zunehmender Breite wieder minder dicht, poröser, gefiederter, und kommen endlich zu einer ganz unbeschreiblichen Feinheit, so daß man glauben mögte, eine ganz andere Substanz vor sich zu sehen, wüßte man nicht aus dem Verfolg der Versuchsreihe, und lehrte es nicht der Anblick von der Seite unter günstiger Erleuchtung, daß es doch nichts wie regulinisches Zinnge-

sieber sey. Von oben hineingesehen, kann man die einzelnen Verzweigungen desselben kaum mehr erkennen, es läßt
sie dagegen wie halbdurchsichtig, und hat überhaupt einen
blaß perlmutterartigen Glanz. Bey weiterer Verdünnung
mit Säure zeigt dieses Gebewerder, desselben etwas später
wieder ab, wie die Schnelligkeit, mit der es zum Vorschein
kommt. Bey acht bis zwölffacher Verdünnung, der Auflösung
durch Säure, beginnen diese Bildungen fast im Augenblick,
daß man die Säure (schließt), und noch bey 4 Tropfen
Zinnauflösung zu 2 Drachmen Salzsäure ist es da; erst bey
bloß 3 Tropfen fehlte es, und es erschienen nun dafür
weiter gedrungne schön metallisch-glänzende Dendriten, die
zwar sehr langsam entstanden, doch nach einer oder etlichen
Stunden in Menge, und selbst wo nur ein Tropfen Auflösung in zwey Drachmen, ja in einer halben Unze
Säure enthalten war, nach etwa eben so viel Zeit, in zur
Bemerkung sicht wie hinlänglicher Quantität vorhanden
waren.

Diese Reihe von Versuchen ist für das Auge eine der
unterhaltendsten, und zugleich eine der interessantesten. Es
verlohnt der Mühe, wenigstens die vom schnellsten Erfolge
noch zu wiederholen.

Neben dem Dendriten, dem feinen Gefieder u. s. w.,
unter und über denselben, pflegt in diesen, wie in allen
vorigen Versuchen, gewöhnlich noch ein weißer, oder auch
nur weißlicher Hauch oder Anflug von äußerst feinen Zinn-
theilchen zu seyn, die oft dem Stanniol das Ansehen
geben, als wenn er hier bloß stärker oder schwächer be-
laufen wäre. Noch wenn man mit einer ganzen Unze

Salzsäure nur einen Tropfen Zinnauflösung mischt, Wasser darüber bringt, und Säure und Wasser durch Stanniol verbindet, befliegt dieser Stanniol nach gehöriger Zeit mit solchem Zinnstaube.

20. Man habe eine Zinnauflösung, die so weit gesättigt ist, daß sie mit Wasser und Stanniol im Weinglas verbunden, die Reduction in ihr, der Zinnauflösung selbst giebt. Man verdünne eine solche Auflösung mit so viel Wasser als man wolle [2]), beständig wird, wenn man eine solche verdünnte Auflösung mit Wasser übergießt, und durch Stanniol verbindet, die Reduction fortfahren, in der Zinnauflösung vor sich zu gehen. Nur je verdünnter die Auflösung, desto länger wird man warten müssen, bis der Erfolg bemerklich ist.

21. Eben so wenig kann man eine so weit gesäuerte Auflösung, daß sie, mit Wasser und Stanniol, die Reduction nach dem Wasser zu giebt, durch Verdünnung mit Wasser dahin bringen, daß sie dieselbe anderswo gebe, als wo von Anfang an.

22. Man bringe in ein Kelchglas, erst einen halben Zoll hoch concentrirte möglichst gesättigte Zinnauflösung, über diese mit der gleichen Menge Salzsäure vermischte, über letztere wieder reines Wasser, und sorge dafür, daß

---

2) Ich weiß nicht, in wiefern es auf Ihre Anmerkung 4 im Journal B. 3 S. 433 paßt, daß völlig gesättigte Zinnauflösung nach der Verdünnung und ziemlich im Maße dieser, nach kürzerer oder längerer Zeit wirklich Zinnoxyd fallen läßt, auch häufig sich an der Oberfläche mit einem metallisch schillernden Häutchen bekleidet.   R.

die Grenzen aufs beste erhalten werden.   Darauf stecke man durch diese drey Flüssigkeiten einen starken Streifen Stanniol hindurch.   Nach kurzer Zeit sieht man eine starke Reduction in der untern Auflösung, und Oxydation (Auflösung des Stanniols) in der mit Säure gemischten, nahe über der ersten Flüssigkeitgrenze.   Weiter herauf ist der Stanniol fast unangegriffen, bis nahe unter der zweyten Flüssigkeitsgrenze, wo er wieder sehr stark angegriffen ist, und über ihr nach dem Wasser zu, lebhafte Reduction zeigt. Es sind die Fälle §. 16 und 21. in einem Versuch verbunden.

·Ich habe auf ähnliche Art bis sechs Schichten verschiedener Flüssigkeit über einander gebracht, und durch einen Streifen Stanniol verbunden.   So viele Flüssigkeitsgrenzen vorkamen, so viele besondere Ketten schloß dieser eine Stanniolstreifen, und so viele ganz separate, aus Oxydation und Reduction bestehende Processe hatten im Glase Statt.   Keiner störte den andern; jeder ging vor sich, wie er ohne die Nachbarschaft der übrigen auch vor sich gegangen seyn würde.

23. Auf den Boden eines Kelchglases brachte ich zuerst concentrirte gesättigte Zinnauflösung, über diese eine schwache Schicht mit etwas Säure versetzter, über diese eine eben so schwache mit mehr Säure versetzte, über diese eine wieder mit noch mehr Säure versetzte, und so fort, bis die letzte dünne Schicht reine Salzsäure war.   Hierauf bewegte ich alle Schichten mit einem gläsernen Stäbchen so durch einander, daß sich eine Flüssigkeit bilden mußte, die unten noch immer aus der concentrirten nicht sauren

Zinnauflösung bestand, weiter herauf aber in gleichförmiger
Zunahme Säure und immer mehr, bis endlich oben noch
fast ganz reine, hielt. Einen guten Beweis, daß eine solche
Erobuirung gelungen sey, giebt ein schief durch die ganze
Flüssigkeit gesteckter aber sehr dünner Glasstab, oder ein
Platindraht. (Der eine so wenig wie der andere giebt,
selbst nach vielen Stunden und Tagen, auch nur eine
Spur von der galvanischen Wirkung, die wir hier untersuchen, und überhaupt ändert er nicht das geringste.)
Sieht man von der Seite durch das Glas, und es giebt
das Phänomen der scheinbaren Hin= und Herkrümmung
des Stabes oder Drahtes, welches Wollaston für durch
verwaschne Grenzen differenter Flüssigkeiten von der Seite
angesehene Linien, in Gilbert's Annalen, Bd. XI. S.
15 u. f. erzählt, und Taf. I. Fig. 8. daselbst abgebildet
ist, nur ein Mahl, und so, daß alle Schichten der Flüssigkeit im Glase Theil daran haben, so ist jene Gradu-
rung gewiß gelungen. Ist diese Curve auf ihrem Wege
aber von neuem durch einen oder mehrere Ansätze anderer
ähnlicher unterbrochen, so ist die Mischung, wie sie hier
gefordert wird, noch nicht gelungen. (In §. 22. kommt
diese Curve jederzeit so viele Mahle vor, als Flüssigkeitsgrenzen vorhanden sind, und so auch früher in jedem Versuche, wo verschiedene Flüssigkeiten über einander gelagert sind.
Auch komme ich vielleicht zu anderer Zeit auf den sehr bezeich-
neten Zusammenhang des Ganges dieser Curven mit der Vertheilung und den Orten, in der und an welchen Oxydation
und Reduction, [oder auch bloße Hydrogenbildung] Statt findet;
in Galvanischen Ketten aus zwey Flüssigkeiten und einem
Metall zurück, welches interessante Verhältnisse zwischen

dem Aufbrechenden und dem chemischen Verhalten dieser Stoffe darbieten wird). Nachdem ich die Flüssigkeit im Glase auf angezeigte Art geprüft und gut gefunden hatte, steckte ich einen starken Streifen Stanniol hindurch. Jetzt war durch das ganze Glas nur Eine Sphäre der Reduction und Oxydation vorhanden. Erstere gieng in der nach unten befindlichen ganz concentrirten und gesättigten Zinnauflösung, sehr wenig über ihren Uebergang in die immer mehr gesäuerte hinaus vor, war hier durch die bereits in §. 2. bemerkte blanke unbesetzt gebliebene Stelle oder Linie am Stanniol begrenzt; nach dieser kam dann die Oxydation, und reichte durch die ganze übrige Flüssigkeit bis an ihre Oberfläche hinauf. Genau genommen kamen in diesem Versuche die Umstände des Versuchs §. 16 und 18, unendlich viele Mahle nach einander vor, es hätten also die Bedingungen einer Galvanischen Kette und der daraus hervorgehenden Reduction und Oxydation eben so viele Mahle Statt gehabt. Allein in allen diesen Ketten, weniger eine, wäre der Ort der Reduction in der einen Kette, zugleich der Ort der Oxydation in der andern gewesen, und so umgekehrt, der Ort der Oxydation in der einen der Ort der Reduction in der andern. Statt dessen setzte sich das ganze System dieser Ketten in eine Art von Ausgleichung unter einander, die Reductionen zusammen warfen sich auf die eine, die Oxydationen zusammen auf die andere Seite, und so bekam hier mit mehr Ausbreitung, das Phänomen dieselbe einfache Form, die es in §. 18 hatte, ja es ist begreiflich, wie schon z. B. in §. 18, (und so in allen andern Ketten, wo die verschiedenen Flüssigkeiten in Gläsern über einander gebracht waren), ein ähnliches Arrangement der Actionen Statt gefunden habe; ein Arrangement, was man am besten aus dem ähnlichen der vielen einzelnen electrischen Spannungen der einzelnen Lagen in Volta's Säule zu Einer großen Gesammtspannung letzterer versehen kann.

Ich brachte jetzt, ohne in der schon im Glase befindlichen Flüssigkeit etwas zu stören, eine Schicht reines Wasser über dieselbe. Kaum war sie darüber, so nahm die Oxydation, die vorher in der unter dem Wasser befindlichen Flüssigkeit am Stanniol Statt gefunden hatte, nahe an ihrer gegenwärtigen Grenze mit dem Wasser, jedoch nur hier, zusehends zu, und innerhalb letzterer Grenze, nach dem Wasser zu, begann eine langsame aber sehr schöne Reduction, die von dem schwachen Zinngehalt, den die letzte Schicht der Flüssigkeit unter dem Wasser nach und nach bekommen hatte, herrührte; einer von den im §. 19. erzählten Fällen war eingetreten. Diese neue Kette störte indeß die untere große ältere nicht weiter, und beyde giengen ihren ruhigen Gang fort, bis das völlige Verzehrtseyn des Stanniols nahe unter dem Wasser, durch dessen Zusammenbrechen, den Versuch beschloß.

24. Von 4 V = förmigen Röhren (No. 14 — 17.) füllte ich No. 14. ganz mit concentrirter Zinnauflösung, wie ich sie in §. 1 — 11. und 13 anwandte, d. i. solcher, die so eben noch genug freye Säure enthielt, daß sie im Weinglas mit Wasser durch Stanniol verbunden die Reduction nach dem Wasser zu (in der diluirteren Auflösung), die Oxydation unten in ihr selbst (der concentrirteren) gab. No. 15. füllte ich ganz mit der nähmlichen, nur durch

daß sechzehnfache Feinheit Wasser, verdünnten Auflösung ... machte ich in den einen Schenkel ... gleiche ... in den andern 4 aber 16 Mahl dünnere. Eben so wurde No. 17. vorgerichtet. In No. 14. ... kam ein ... Streifen Stanniol, in ... ein starker Draht von ... reinsten 24 karatigen Golde. Eben so in No. 15 und 16. Stanniol, und in ... Gold. In No. 17. ... kam das Gold in ... und der Stanniol in ... Ueberall wurde Gold und Zinn außen in gute Berührung mit ein ... gesetzt, und somit die Kette geschlossen. No. 14 und 15. zeigten selbst nach 12 Stunden noch nichts. Höchstens schien das Gold in No. 15. ... etwas weißlich ... ... zu seyn, doch war es dergestalt wenig, daß ich mich leicht getäuscht haben kann, was ich um so eher glaube, da am Stanniol keine einer Reduktion am Golde entsprechende merkliche Veränderung vorgegangen war. In No. 16. hingegen wurde der Stanniol in ... sehr bald und stark angegriffen, und eben so bald fieng am Golde in ... eine sehr schöne immer mehr zunehmende Zinnmetallisation an. In No. 17. aber war am Golde in ... auch nach 12 Stunden noch nicht das mindeste bemerklich, bloß der Stanniol in ... war stärker angegriffen, als in gleicher Auflösung, ohne Kette, besonders gegen die Spitze, (was nach vielen andern Beweisen das entscheidendste Zeichen an ihm war, daß dieser Ueberschuß der Oxidation wirklich Folge der geschlossenen Kette als solcher war,) doch unvergleichbar weniger, als in No. 16. ... schon nach wenig Stunden.

25. Ich richtete genau wieder vier Röhren (No. 18. 21.) in allem wie in der Ordnung (No. 18. = No. 14.

Kobalt und Eisen, auf deren genaue Scheidung es nun ein
kam. Ich wußte aus eigenen Versuchen, daß das schwarze
oder zum Maximum oxydirte Kobaltoxyd in Ammonium
nicht merklich auflöslich ist. Wie aber es vollständig in
diesen Zustand versetzen? Das Trocknen an der Luft in
gelinder Wärme unter öfterer Erneuerung der Oberfläche,
war wenig genügend, denn das Oxyd blieb zum Theil auflöslich; die oxydirte Salzsäure brachte das Oxyd zwar
gleich auf den höchsten Grad der Oxydation, behielt aber
einen Theil davon aufgelöst. Endlich gewährte mir die
mit Kalk verbundene oxydirte Salzsäure den vollständigsten
Erfolg, denn kaum wird das frisch niedergeschlagene blaue
Kobaltoxyd mit oxydirtsalzsaurem Kalk gemengt, so entoxydirt
sich letzterer und das Oxyd wird schwarz. Ehe ich diese
Methode anwandte, prüfte ich sie erst an einem Gemenge
von 10 Decigr. Nickeloxyd mit eben so viel Kobaltoxyd,
die in Salpetersäure aufgelöst, durch Kali gefällt, mit oxydirtsalzsaurem Kalk in Berührung gebracht und dann mit
Ammonium behandelt wurden, welches eine vollständige
Scheidung bewirkte. Auch eine andere, mit einem bestimmten Gemenge von Eisen= Kobalt = und Nickeloxyd angestellte,
Probe zeigte mir, daß diese Methode untrüglich gelingen
müßte. In beyden Proben aber war das Auflösen des
Nickeloxydes durch das Ammonium von Anfang bis zu
Ende mit Entwickelung von Luftblasen begleitet, die ich
mit Grund von der Zersetzung eines Theils von Ammonium
ableitete, und für Stickgas hielt. Da diese Zersetzung weder vom Eisen= noch vom Kobaltoxyd bewirkt werden konnte,
welche beyde vom Ammonium nicht angegriffen wurden,
und ich auf der andern Seite auch wußte, daß das grüne

Nickeloxyd sich ohne Desoxydation in Ammonium auflöste.
so wurde ich dadurch auf die Annahme eines Nickelsuroxyds
geleitet, welche die Erfahrung auch bestättigte. Seine
auszeichnenden Eigenschaften bestehen in der Auflöslichkeit
in Salpeter= und Schwefelsäure unter Entwickelung von
Sauerstoffgas, und in der Salzsäure, unter Entstehung
von oxydirter Salzsäure; und in einer schwarzen Farbe,
die ihm mit dem Kobaltsuroxyd gemein ist [4]). Es entsteht
unter verschiedenen Umständen, durch Erhitzung des grünen
Oxydes bis zum Kirschrothglühen; durch Behandlung mit
oxydirter Salzsäure, oder, was vorzüglicher ist, mit oxy=
dirtsalzsaurem Kalk.

5. Auf die in 4. angegebene Art behandelte ich nun
das aus der Salpetersäure gefällte gemengte Oxyd. Die
erhaltene ammonialische Auflösung wurde abgedunstet, wo=
durch sich das Nickeloxyd ausschied. Es war schön grün,
seine Auflösungen in Säuren wurden durch Galläpfeltinc=
tur nicht geändert, und der durch Ammonium darin be=
wirkte Niederschlag löste sich in einem Uebermaße vollkom=
men wieder auf. Ich war von seiner Reinheit überzeugt,
um aber auch nicht den geringsten Zweifel darüber zurück
zu lassen, unterwarf ich es demselben Cirkel von Opera=
tionen noch einmahl, und nahm dazu sogar nur dasjenige,
welches nach Auflösung in Salpetersäure damit in regel=
mäßigen rhomboidalen Krystallen angeschossen war.

Von diesem so gereinigten Oxyde machte ich eine Paste

---

4) Man vergleiche Ritter's auf einem andern Wege hier=
über gemachte Beobachtungen, in diesem Journ. Bd. 3 S. 697.
G.

mit Oel, Kienruß und zwey Mahl so viel reinem Borax
und setzte sie in einem doppelten hessischen Tiegel einem
halbstündigen heftigen Essenfeuer aus. Das Nickel war
aber nicht geflossen, man bemerkte nur in der schwach zusammenhängenden Masse einige metallische Kügelchen. Ich
war nicht glücklicher vermittelst eines Feuers, in welchem
die hessischen Tiegel zu schmelzen anfingen. Einen dritten
Versuch machte ich mit Tiegeln vom Bürger Russinger,
die noch heftigeres Feuer als die hessischen aushalten, in
der Esse der Ecole des mines, in welcher man ohne Zusatz bis zu zwey Kilogrammen geschmeidiges Eisen schmelzen kann. Aber aller Vorsicht, des Zusatzes von Borax
und einer so heftigen Hitze ungeachtet, daß auch diese Tiegel erweicht und zusammengesunken waren, erhielt ich doch
kein zusammengeflossenes Metallkorn, sondern nur Kügelchen, die zwar geschmeidig, aber nicht viel größer waren
als die in den vorigen Versuchen; auch konnte ich davon
nur sehr wenig erhalten, viele waren verflüchtigt und am Tie-
geldeckel befestigt, die meisten waren, kaum mit der Loupe
erkennbar, in der Schlacke zerstreut, theils waren sie mit
dem Fluß in die Asche gelaufen. Ich glaube, daß ich zum
Zweck gekommen seyn würde, wenn ich solche Kügelchen
gesammelt und sie ohne weitern Fluß in einem guten Tiegel behandelt hätte, was ich jetzt aus Mangel an Material nicht prüfen konnte. Diese bisher noch nicht bemerkte [5]
Strengflüssigkeit, und gleichsam Feuerbeständigkeit (apyre) -
indessen zeigt, daß man das Nickel nur noch theils mit
Arsenik, theils ohne Zweifel mit Kobalt verbunden gehabt habe.

5) Man sehe die folgende Abhandlung S. 289.   G.

Ich hatte indessen in diesen verschiedenen Schmelzversuchen so viel Nickel gesammelt, um über einige bisher bezweifelte Eigenschaften desselben entscheiden zu können; ich meyne seinen Magnetismus. Ich kann versichern, daß er ihn so ausgezeichnet besitzt, daß es darin fast dem Eisen gleich kommt. Von letzterem kann man aber darin nichts vermuthen, und diese Eigenschaft muß ihm also eigenthümlich zuerkannt werden. Wenn mehrere Chymiker es nicht mit dieser Eigenschaft erhielten, so war es nicht ganz rein, vorzüglich nicht von Arsenik, welches dieselbe verstecken kann, denn als ich gleiche Theile Arsenik und Nickel zusammenschmolz, erhielt ich ein sprödes, körniges, leichtflüssiges Metall, welches nicht anziehbar war.

Auch das Eisen verliert seinen Magnetismus, wenn es die Hälfte Arsenik enthält; $\frac{1}{3}$ desselben schwächt ihn schon. Ich bereitete die erstere Legirung durch Erhitzung von gleichen Theilen Eisen und Arsenik und letztere von einem Theile Eisen und halb so viel Arsenik. Ich wollte sehen, ob auch andere Metalle, unter andern das Kupfer, die Eigenschaft besäßen, den Magnetismus des Eisens zu vernichten. Ich machte daher vier Legirungen des Kupfers mit Eisen; zur ersten setzte ich $\frac{1}{2}$, zur zweyten $\frac{1}{3}$, zur drit ten $\frac{1}{4}$ und zur vierten $\frac{1}{8}$ Eisen. Alle waren magnetisch, um so stärker, je mehr Eisen sie enthielten; je größer aber der Zusatz dieses war, desto weniger ziehbar waren sie unter gelöst. Nach Auflösung derselben in Säuren konnte man den Eisengehalt leicht durch Galläpfeltinctur erkennen.

II.

Aeltere Beobachtungen über das Nickel

Von W. A. Lampadius[6]).

Es wurde Freyberger so genannte Bleyspeise, deren Zergliederung auf naffem Wege Nickel, Kobalt, Eifen, Arfenik, Schwefel, Bley, wenig Kupfer und Silber gezeigt hatte, der Wirkung des Lebensluftstromes auf glühender Kohle ausgefetzt. Sie entzündete fich augenblicklich und nach einigen Secunden war der Schwefel und das Arfenik verbraunt und zerftört, woneben fogleich die Verbrennung des Eifens mit Funkenwerfen und die des Bleyes mit einer blauweißen Flamme und ftetem Dampfen anfing: das Eifen fprühete nur einige Secunden auf, während das Verbrennen des Bleyes eine Minute dauerte. Wurde die Operation hier unterbrochen, fo war das Product noch aus Nickel, Kobalt, Kupfer und Eifen zufammengefetzt, es war fchon ftrengflüffiger, aber noch fpröde. Wurde fie weiter fortgefetzt, fo erfchien eine grüne Flamme, an den Enden mit Roth gemifcht und auf der Kohle legte fich ein fchöner rofenrother (vielleicht noch mit Arfenik verbundener?) Kobaltkalk an, wobey auch rothe Funken in der Flamme erfchienen. Je länger der Verfuch fortgefetzt wurde, defto ftrenger

---

6) Sammlung practifch-chemifcher Abhandlungen. Dresden bey Walther. 1797. Bd. 2. S. 31 — 34. Man wird diefen, wie es fcheint vergeffenen, Beobachtungen hier den wenigen Platz wohl gönnen.

Sie das Vorige für etwas Aehnliches. Daß ich sie aus-
sprach, werden Sie damit rechtfertigen, daß, was nach
zehn Jahren wahr seyn soll, es vielleicht eher ist, wenn so
viel früher auch nur die Polemik dagegen eingeleitet wurde.

10.

Nachtrag zu den Verhandlungen
über das Nickel [1]).

I.

Abhandlung über das Nickel.
Von Thenard.

Uebersetzt [2]) von A. F. Gehlen.

Die zu lösende Aufgabe war: das Nickel von allen fremdartigen Materien, vorzüglich dem Arsenik, dem Eisen und

---

[1]) Man vergleiche Proust's, Bucholz's und Richter's
Abhandlungen in diesem Journal, Bd. 2 S. 53 — 60 S. 60 — 73
S. 182 — 302. Bd. 3 S. 202 — 211 S. 244 — 261
S. 444 — 446.   G.

[2]) Im Auszuge aus den Annales de Chimie Nro. 149. Flor.
XII. Tome 50. P. 137 — 155.

Diese Abhandl. ist vor zwey Jahren im Nationalinstitut vorgelesen; man findet einen Auszug daraus in dem Bulletin de la
societé philomatique vom Jahr 10.   Anm. des Orig.

sen herrühre, und daß es noch Kupfer enthalte. Beydes aber ist nicht zu vermuthen: ersteres nicht, wegen der großen Verwandtschaft des Eisens zum Sauerstoff, daher es, wenn man es dem Nickel zu 0,01 zusetzt, bey dem Schmelzen durch Lebensluft sogleich unter lebhaftem Funkensprühen verbrennt, wogegen das reine Nickel ruhig mit grüner Flamme schmilzt, ferner, weil durch einen geringen Zusatz von Eisen das Nickel gleich an Dehnbarkeit verliert und bey der Auflösung in Ammonium Eisenocher zurückläßt. Was den zweyten Punkt betrifft, so ist darüber schwieriger zu entscheiden, weil man bis jetzt (1797) noch kein sicheres Scheidungsmittel des Kupfers und Nickels kennt, indessen ist er ebenfalls nicht wahrscheinlich, weil auch die Kobaltspeise, die kein Kupfer enthält, ein eben solches Nickel giebt und zweytens weil, wenn man diesem Nickel wirklich etwas Kupfer zusetzt, seine Eigenschaften sehr verändert werden: es büßet seinen Magnetismus ein, wird spröde und brüchig und nimmt eine gelbe Farbe an und dann wird das obige Nickel in metallischer Gestalt gar nicht vom Ammonium angegriffen, was beym Kupfer geschieht. — Wäre nicht die große Strengflüssigkeit des Nickels hinderlich, so würde es ohne Zweifel im Großen zu technischem Behuf, zu Gefäßen u. s. w. verarbeitet werden können, da in den Freyberger Speisen bereits ein Vorrath von mehreren hundert Centnern vorhanden ist.

Die Versuche Thenard's bieten, da sie gewiß genau seyn werden, den Chemikern neuerdings ein Mittel zur Darstellung eines reinen Nickels dar, welches um so erwünschter ist, als es nicht so viel Schwierigkeit und

nenbraunen Flocken gefällt wurde [1]). Es betrug nicht viel
in dem Erze, höchstens 0,02.

3. Die Auflösung, welche jetzt durch Eisen kein Kupfer
mehr zu erkennen gab, wurde, um die Arsenikfäure abzuscheiden, mit kaustischem Kali übersättigt, welche Methode
sich aber unzulänglich zeigte. Ich wählte daher die folgende: zu dem niedergeschlagenen Oxyde wurde gewasserstoff-
tes Schwefelkali im Uebermaße gesetzt. Die Zerlegung war
vollständig, das zusammengesetzte Oxyd schied sich in schwarzen
Flocken in Verbindung mit Schwefel und Schwefelwasserstoff aus, und die Arsenikfäure blieb mit dem Alkali verbunden. Diese Methode, das Arsenik abzuscheiden, ist so
sicher, daß ich sie zur Bestimmung der Quantität dieses
Metalls in irgend einem Erze vorschlagen kann. Ich habe
dadurch alles Kobalt und Arsenik aus einem arsenikalischen
Kobalterze geschieden, wogegen bey der Behandlung bloß
mit Salpetersäure und Alkalien der größte Theil als arsenik-
saures Kobalt verbunden bleibt. Es bedarf zu einer solchen
Bestimmung nur der genauen Kenntniß des Bestandtheil-
verhältnisses der Arsenikfäure, und einer unauflöslichen ar-
seniksauren Verbindung, der mit Bley z. B.

4. Die in 3 gefällten Oxyde wurden in einem Kolben
in Salpetersäure, schnell und unter Entbindung sehr vieler
salpetriger Säure, zu einer sehr schön grünen Flüssigkeit
aufgelöst, die von darin schwimmenden Schwefelflocken durch
Filtriren befreyt und sodann durch kaustisches Kali zersetzt
wurde. Das niedergefallene Oxyd bestand aus Nickel

[1] Man sehe auch Prouft in diesem Journal, B. 4 S. 55.

D.

11.

Abhandlung über Cadet's rauchende arsenikalische Flüssigkeit.

Von Thenard.

Uebersetzt[1]) von A. F. Gehlen.

Cadet fand diese Flüssigkeit vor beynahe einem halben Jahrhundert bey Arbeiten mit dem Arsenik[2]). Er benannte sie Anfangs nach ihrer Eigenschaft zu rauchen, wozu nachher auch der Nahme des Entdeckers gefügt wurde. Diese Benennung wurde bis jetzt beybehalten, da ihre eigentliche Beschaffenheit und ihre Bestandtheile zeither unbekannt waren. Dieses und die besondern Eigenschaften dieser Flüssigkeit, wovon die eine immer merkwürdiger ist, als die andere, wie ihr dicker Rauch, den sie an der Luft ausstößt

---

1) Aus dem Bulletin de la Société philomatique. Nrb. 86. Flor. an XII. p. 202 — 205. Vergl. mit Annales de Chimie Nro. 154. Vendem. an XIII. T. LII. P. 54 — 67.

2) Mémoires de Mathemat. et de Phys. présentés des sçavans etrangers. T. III. p. 633. S. auch v. Crell's Neuestes Chemisches Archiv, Bd. 1. S. 212 — 214.

flüssiger wurde das Metallkorn, so daß ein Gedanke an Platin entstand. Nach 2 Minuten 50 Secunden ließ man das Metallkorn plötzlich erkalten, da es dann sogleich erstarrte und unten ein noch flüssiges Silberthgelchen absetzte.

Dieser Versuch gab bey mehrmahliger Wiederholung dasselbe Resultat und der rückständige König war reines Nickel. Um dieses gänzlich zu zerstören, wurde noch eine Zeit von drey Minuten erfordert, da denn endlich das Silber allein zurück blieb. Das so erhaltene Nickel war von silberweißer, etwas ins Stahlgraue übergehender Farbe, äußerst dehnbar, so daß ein Körnchen, einer Linse groß, sich bis auf einen halben Zoll im Durchmesser ausdehnen ließ. Nach dem Poliren zeigte es einen vortrefflichen Glanz; vom Magnet wurde es vollkommen gezogen. Es löste sich in Salpetersäure mit grüner Farbe auf. Salzsäure bewirkte in dieser Auflösung keine Fällung, und der durch Ammonium daraus gefällte Kalk wurde durch ein Uebermaß desselben vollkommen wieder mit blauer Farbe aufgelöst; weder dem Borax noch dem gemeinen Glase ertheilte der grüne Kalk eine blaue Farbe.

Das Nickel gehört demnach unter diejenigen Metalle, die einen nur schwachen Grad der Verbrennlichkeit zeigen und es dürfte diesen Versuchen zu Folge in der Verwandtschaftsreihe zum Sauerstoff gleich nach dem Quecksilber seine Stelle erhalten, so wie seine Strengflüssigkeit nahe an die des Platins grenzt.

Noch wäre auf zwey Einwendungen Rücksicht zu nehmen, nähmlich, daß der Magnetismus des beschriebenen Maßen erhaltenen Nickels von noch dabey befindlichem Ei-

schweren Dämpfen angefüllt, daß sie wie Oel zu fließen schienen und sich bald verdichteten. Nach Beendigung der Operation und Erkaltung der Gesäße, wurden letztere aus einander genommen, wobey sich ein so wirksamer und so schwäzender Stoff entwickelte, daß Th. eine Art von Uebelbefinden erfuhr und nur mit der größten Vorsicht, sich demselben nicht auszusetzen, konnte er den Versuch beendigen.

Der Boden der Retorte war mit einer weißen, scharfen alkalischen Substanz bedeckt, die in Kali bestand, so von der Zersetzung des essigsauren Kali herrührte; der Hals war mit wiederhergestelltem krystallisirtem Arsenik ausgekleidet. Das in großer Menge erhaltene Gas enthielt außer dem kohlensauren und dem Kohlenwasserstoffgas, auch noch Arsenikwasserstoffgas. Das flüssige Product bestand aus zwey abgesonderten Schichten: die eine, obere, war bräunlich gelb und wässerig; die andere, untere, war weniger dunkel gefärbt und hatte ein öliges Ansehen. Beide hielten metallisches Arsenik schwebend, welches sich bald in Flocken absetzte. Sie wurden vermittelst einer langen, an der Lampe ausgezogenen Glasröhre geschieden und in besondere Fläschchen aufgefangen.

Die schwerere, deren Kenntniß vorzüglich nützlich war, wurde zuerst untersucht. Was zuerst daran auffiel, waren die dicken Dämpfe, die sie an der Luft verbreitete, und ihr fürchterlich stinkender und so durchdringender Geruch, daß die Kleider mehrere Tage darnach zum Uebelwerden rochen und das, obwohl sehr luftige, Laboratorium einige Monate nach den Versuchen ihn noch nicht ganz verloren hatte.

Ihre Wirkung auf die thierische Oekonomie war so stark daß Th. den Tag über unmöglich länger als eine Stunde sich damit beschäftigen konnte und mehr als einmahl auf dem Punkt stand, es ganz aufzugeben. Er befand sich in demselben Zustande, als wenn er eine starke Medicin genommen hätte und erlitt Betäubungen, wogegen er mit Erfolg schwefelwasserstofftes Wasser gebrauchte.

Da er nicht viel von der Flüssigkeit besaß, so war es wichtig, keine unfruchtbare Versuche zu machen; er ordnete sie daher in der Art, um zur Auflösung folgender Puncte zu gelangen: 1. die Ursache des Geruchs zu bestimmen; 2. die der dicken Dämpfe, welche sie ausstößt; 3. den Grund ihrer freywilligen Entzündung auszumitteln; 4. sich der Bestimmung dieser drey Puncte zur Ausmittelung des wichtigsten, der Bestandtheile dieser Flüssigkeit, zu bedienen.

1. Der Geruch konnte nur von der ganzen Flüssigkeit selbst oder von einem darin aufgelösten elastischen Fluidum herrühren, welches Th. für Arsenikwasserstoffgas zu halten geneigt war. Er destillirte daher den größten Theil der erhaltenen Flüssigkeit in einer kleinen, auf das sorgfältigste lutirten, pneumatischen Vorrichtung mit allmählig verstärktem Feuer. Aber er erhielt durchaus kein anderes Gas, als die Luft der Gefäße, die nur gegen das Ende etwas verdorben schien und nur kaum noch das Verbrennen einer Kerze unterhielt. Die Flüssigkeit destillirte bis auf einen unmerklichen Rückstand und ganz unverändert über, nur ihre Farbe war heller und fast ganz weiß geworden. Der Geruch derselben rührt demnach von ihrer Flüchtigkeit und Auflösung in der Luft her.

2. Die Ursache der Dämpfe mußte in einer Veränderung liegen, welche diese Flüssigkeit bey Berührung mit der Luft erleidet, und diese Veränderung mußte entweder durch Absorbtion des Sauerstoffs oder des atmosphärischen Wassers oder beyder zugleich verursacht werden. Die Luft einer Flasche, in welche einige Tropfen der Flüssigkeit gegossen wurden, verlor sogleich ihre Durchsichtigkeit, und eine fast unmittelbar darauf hineingebrachte brennende Kerze verlöschte auf der Stelle. In einer mit kohlensaurem Gas gefüllten Flasche zeigten sich ebenfalls sogleich Dämpfe, die aber weniger stark waren. Um den Zutritt der atmosphärischen Luft beym Hineinbringen zu vermeiden, befand sich die Flüssigkeit in einer an einem, in dem Pfropfen befindlichen, Eisendrahte befestigten sehr dünnen Glasröhre, die man an den Wänden der Flasche leicht zerbrechen konnte. Die Dämpfe konnten hier also nur von dem im angewandten Gas befindlichen Wasser verursacht werden; sie fanden daher auch nicht Statt, als ein vollkommen trocknes kohlensaures Gas angewandt wurde und Th. schließt demnach, daß sie von der gleichzeitigen Absorbtion des in der Atmosphäre befindlichen Sauerstoffs und Wassers, herrühren, die erstere Ursache jedoch stärker zu wirken scheine als die zweyte.

3. Man sollte diesem nach geneigt seyn, zu glauben, daß die arsenikalische Flüssigkeit die Eigenschaft, sich zu entzünden, an sich selbst besitze. Sie fängt aber, ungeachtet sie sonst die Luft so stark zersetzt, bey Annäherung eines brennenden Körpers, nicht Feuer, wenn sie ganz rein und klar ist; hingegen geht jede freywillige Entzündung von

hend schwimmenden schwarzen Punkten aus, die nichts als fein zertheiltes Arsenik waren. Dieser scheint sich also zuerst zu entflammen und das Feuer in der übrigen Masse zu verbreiten.

4. Endlich war noch die Mischung dieser Flüssigkeit zu bestimmen. Ihr, dem Arsenikwasserstoffgas ähnlicher, Geruch zeigte, daß sie Arsenik enthalte, und daß dieses Metall selbst in den Erscheinungen, die sie darbietet, die größte Rolle spiele; ihre Verbrennlichkeit, ihre Consistenz und ihr Ansehen deuteten auf eine ölige Materie; und obgleich sie Lacmuspapier nicht verändert, und kein Reagens unmittelbar die Gegenwart von Essigsäure darin zeigte, so mußte man diese dessen ungeachtet darin suchen. Zur Scheidung dieser verschiedenen Substanzen versuchte Dr. die Alkalien; aber diese zeigten fast gar keine Wirkung darauf, sondern wenn man die beyden Flüssigkeiten durch Schütteln verbunden hatte, so sonderten sie sich durch Ruhe wieder ab. Weit wirksamer war das oxydirtsalzsaure Gas: einige Portionen der Flüssigkeit, die in dasselbe gegossen wurden, entzündeten sich sogleich und die Zersetzung war vollständig. Kalkwasser bewirkte hierauf in dem Rückstande einen weißen, Schwefelwasserstoff einen gelben Niederschlag; nach der Sättigung mit Kali und Abdampfung zur Trockne wurde ein bitteres Salz erhalten, welches die Feuchtigkeit der Luft anzog, einen stechenden Geschmack besaß und unter Entwicklung eines lebhaften Essiggeruchs durch Schwefelsäure zersetzt wurde.

Es war demnach nicht zweifelhaft, daß Arsenik und Essigsäure in die Mischung eingingen; ihre Menge entsprach aber nicht der der angewandten Flüssigkeit. Diese enthielt demnach noch eine andere Substanz, die man darstellen mußte. Dies gelang durch die Auflösung einer neuen Portion der Flüssigkeit in einer hinreichenden Menge Wassers und nachherige Zersetzung durch Schwefelwasserstoff. Es entstand ein gelblichweißer sehr fein zertheilter Niederschlag, der vorzüglich aus Arsenik und Schwefel bestand und sich erst nach langer Zeit von einem Oele absonderte, welches sich nachher auf die Oberfläche des Wassers erhob, welches letztere Essigsäure enthielt. Wenn die arsenikalische Flüssigkeit, anstatt sie unmittelbar zu zersetzen, einige Tage der Luft ausgesetzt wird, so verbreitet sie dicke Dämpfe und krystallisirt sich zu gleicher Zeit; bald zerstreuen sich die Dämpfe, sie wird dann etwas feucht, trübt sich mit Kalkwasser und durch Zersetzung mit Schwefelwasserstoff, die jetzt weit schneller und vollständiger erfolgt, erhält man einen schön gelben Niederschlag. Diese verschiedenen Versuche beweisen, daß die beregte Flüssigkeit aus Oel, Essigsäure und, wahrscheinlich dem metallischen Zustande nahen, Arsenik bestehe, und als eine Art Seife, deren Basis Säure und Arsenik ist, angesehen werden könne oder als eine Art acetite oléo-arsenical.

Diese Analyse war für die der obern Flüssigkeit sehr nützlich. Obgleich sie von der andern sehr verschieden zu seyn scheint, indem sie dem Wasser gleicht, sich damit in jedem Verhältniß verbinden läßt, an der Luft nur eine schwache Wolke bildet, weit weniger riecht und sich nie entzündet; so ist doch leicht zu zeigen, daß sie sich davon nur durch ein größeres Verhältniß von Essigsäure und das darin befindliche Waſſer unterſcheide, denn ſie röthet ſehr ſtark das Lacmuspapier, brauſt mit kohlenſauren Alkalien auf und bildet damit Eſſigſalze; Schwefelwaſſerſtoff fällt ſie ſchwach gelb und ſondert daraus etwas Oel ab. Eine ſehr kleine Menge oxydirter Salzſäure zerſtört ſogleich ihren Geruch und ſie wird ſodann durch Kalkwaſſer weiß, durch Schwefelwaſſerſtoff gelb gefällt. Das Ausſetzen an die Luft bewirkt ihn längerer Zeit, was die oxydirte in kürzerer. Endlich bildet man eine vollkommen gleiche Flüſſigkeit, wenn man etwas von der öligen in ſchwachem Eſſig auflöſt.

Es läßt ſich jetzt eine von aller Hypotheſe freye Theorie über die Erſcheinungen bey der Deſtillation des eſſigſauren Kali mit erſeuchter Säure feſtſtellen. Wir ſehen, daß ein Theil der letztern gänzlich reducirt werde, ein anderer dem metalliſchen Zuſtande ſich bloß nähere; daß das eſſigſaure Kali gänzlich, ſo wie auch faſt alle Eſſigſäure ſelbſt, zerlegt werde und daß aus dieſen verſchiedenen Zerſetzungen Waſſer, kohlenwaſſerſtoffgas, arſenikwaſſerſtoffgas, Kohlenſäure, ein beſonderes Oel, Arſenikoxyd, Arſenik und Kali hervorgehe. Das Kali bildet den weißen Rückſtand nach der Deſtillation, das Arſenik ſublimirt ſich im Halſe der Retorte, die verſchiedenen Gasarten können vermiſcht aufgefangen werden; das Waſſer, das Oel, die Eſſigſäure und das Arſenikoxyd endlich verſtehen ſich in der Vorlage und die drey letztern bilden, indem ſie ſich in gewiſſem Verhältniß vereinigen, die unterſuchte beſondere Flüſſigkeit, welche, da ſie in Waſſer nur wenig auflöslich iſt, ſich von einer andern wäſſerigen, die, beſonders durch etwas überſchüſſige Eſſigſäure, einen Theil der erſtern auflöſt, abſondert,

12.

Ueber die Schwefelalkalien.

Vom Prof. Prouſt.

Ueberſetzt[1]) von C. F. Gehlen.

Berthollet hat in ſeinem Essai de Statique chimique Tom. II.) bemerkt, daß das Queckſilber die ſchwefelwaſſerſtofften Alkalien nicht in reine Alkalien umändere, wie ich (Journal de Physique T. 53.[2]) angegeben hätte. Darin bin ich ſeiner Meynung; in meiner Abhandlung aber iſt nicht von den ſchwefelwaſſerſtofften, ſondern von den einfachen Schwefelalkalien die Rede, einer Art von Verbindungen, von welchen Berthollet glaubt, daß ſie im flüßigen Zuſtande nicht beſtehen könnten, und worüber ich mich allerdings hätte näher erklären ſollen. Um den Leſer in den Stand zu ſetzen, leichter über die Modificationen, deren ſeine Theorie mir jetzt fähig zu ſeyn ſcheint, zu urtheilen, will ich zuerſt die vornehmſten Punkte derſelben herſetzen.

---

1) Aus dem Journal de Physique par Delamétherie Vendemiaire an 13. T. LIX. P. 265 — 273.

2) Man ſehe S. 385 — 386. in der Ueberſetzung in Scherers Journal der Chemie Bd. 9. S. 378 — 392.

G.

Ihre Wirkung auf die thierische Oekonomie war so stark, daß ich den Tag über unmöglich länger als eine Stunde sich damit beschäftigen konnte, und mehr als einmahl auf dem Punkte stand, es ganz aufzugeben. Er befand sich in demselben Zustande, als wenn er eine starke Medicin ge= nommen hätte und erlitt Beschädigungen, wogegen er mit Erfolg schwefelwasserstofftes Wasser gebrauchte.

Da er nicht viel von der Flüssigkeit besaß, so war er vorsichtig, keine unfruchtbare Versuche zu machen; er suchte sie daher in der Art, nur zur Auflösung folgender Punkte zu gelangen: die Ursache des Geruchs zu be= stimmen; die den diesen Dämpfe, welche sie zunächst; — den Grund ihrer freywilligen Entzündung auszumitteln; um sich der Bestimmung, dieser drey Punkte zur Ausmitte= lung des wichtigsten, der Bestandtheile dieser Flüssigkeit, zu bedienen.

Der Geruch konnte nur von der ganzen Flüssigkeit selbst oder von einem darin aufgelösten elastischen Fluidum herrühren, welches Ih für Arsenikwasserstoffgas zu halten geneigt war. Er destillirte daher den größten Theil der erhaltenen Flüssigkeit in einer kleinen, auf das sorgfältig= ste ... pneumatischen Vorrichtung, mit allmählig erhöh= tem Feuer. Aber er erhielt durchaus kein andern Gas als die Luft der Gefäße, die nur gegen das Ende ... verdorben schien, und nur kaum noch das Brennen einer Kerze unterhielt. Die Flüssigkeit destillirte bis ... unmerklichen Rückstand und ganz unveränderter ... ... Farbe sehr hellen und fast ganz weiß ... ... und

dung einer ſtärkern Lauge von 135 oder 136 erfolgt die Auflöſung etwas ſchneller und reichlicher.

Ein Gemenge von vier Drachmen Kalk, zwey Drachmen kohlenſaurem Kali, ebenſoviel Schwefel und vier oder fünf Unzen ſiedendem Waſſer, giebt eine ſehr gefärbte und an Schwefel ſehr reichhaltige Auflöſung.

Kohlenſaures Kali mit dem gleichen Gewicht Schwefel in einer Retorte bis zum Schmelzen erhitzt, giebt eine Leber, wovon ich einen Theil im waſſerfreyen Alkohol, einen andern in Waſſer auflöſte. Alle dieſe Schwefelverbindungen, die ſich in ſo vieler Hinſicht ähnlich ſind, gleichen, in Betreff der darin befindlichen Menge an Schwefelwaſſerſtoff, ſich doch bey weitem nicht. Unter den kalt bereiteten ſind einige, die durch Säuren etwas Schwefelwaſſerſtoff geben; andere, die deſſen ſo wenig enthalten, daß, außer dem daß ſie durch Säuren ohne das mindeſte Aufbrauſen gefällt werden, auch der Geruch kaum einen Ausfluß mehr nehmen kann.

Unter den durch Schmelzen oder Kochen bereiteten giebt es im Ganzen auch nur wenige, welche reichlich Schwefelwaſſerſtoff ausgeben, und viele die eben ſo wenig barreichen als die vorbenannten. Von den erſtern und den letztern erzeugen ihn einige mit der Zeit, andere nicht merklich; nicht beſſer diſponirt die Wärme die Schwefelverbindungen, Gas zu geben, weil eine ſolche, die vor dem Sieden keins gab, nach demſelben nicht mehr geben wird.

Die Schwefelverbindungen, die mit Säuren kein Gas gaben, afficiren doch den Geruch auf eine Art, welche angemerkt zu werden verdient: nähmlich wie wilder Rettig;

darin schwimmenden schwarzen Punkten aus, die nichts als fein zertheiltes Arsenik waren. Dieser scheint sich also zuerst zu entflammen und das Feuer in der übrigen Masse zu verbreiten.

4. Endlich war noch die Mischung dieser Flüssigkeit zu bestimmen. Ihr, dem Arsenikwasserstoffgas ähnlicher, Geruch zeigte, daß sie Arsenik enthalte, und daß dieses Metall selbst in den Erscheinungen, die sie darbietet, die größte Rolle spiele; ihre Verbrennlichkeit, ihre Consistenz und ihr Ansehen deuteten auf eine ölige Materie; und wiewohl sie Lacmuspapier nicht veränderte, und kein Reagens unmittelbar die Gegenwart von Essigsäure darin zeigte, so mußte man dieß deſſen ungeachtet darin ſuchen. Zur Scheidung dieser verschiedenen Substanzen versuchte Th. die Alkalien; aber dieſe zeigten faſt gar keine Wirkung darauf, ſondern wenn man die beyden Flüssigkeiten durch Schütteln verbunden hatte, so sonderten sie sich durch Ruhe wieder ab. Weit wirksamer war das oxydirtsalzsaure Gas: einige Portionen der Flüssigkeit, die in dasselbe gegossen wurden, entzündeten sich sogleich und die Zersetzung war vollständig. Kalkwasser bewirkte hierauf in dem Rückstande einen weißen, Schwefelwasserstoff einen gelben Niederschlag; nach der Sättigung mit Kali und Abdampfung zur Trockne wurde ein blättriges Salz erhalten, welches die Feuchtigkeit der Luft anzog, einen ſtechenden Geſchmack besaß und unter Entwickelung eines lebhaften Essiggeruchs durch Schwefelsäure zerſetzt wurde.

Es war demnach nicht zweifelhaft, daß Arsenik und Essigsäure in die Mischung eingingen; ihre Menge entsprach

wenig oder ſelbſt gar kein Schwefelwaſſerſtoffgas ......
obwohl ſie Schwefel im Ueberfluß enthalten, ſo kann .....
nicht mit Berthollet glauben, daß dieſes Gas ein ...
weſentliches Zwiſchenmittel zur Auflöſung des Schwefel
ſey, als er gedacht hat, und daß die Auflöſung der ....
hen Schwefelalkalien nicht anders Statt haben könne, ...
daß zugleich Zerſetzung des Waſſers eintrete, weil es, ...
gleich in einigen Fällen dieſe Zerſetzung augenblicklich ....
auch viele andere giebt, in welchen ſie äußerſt langſam ....
ſich geht.

Ich wende mich jetzt zu einer andern Reihe von .....
ſachen, welche zeigen werden, daß, wenn die Säuren ....
gar keinen Schwefelwaſſerſtoff aus gewiſſen flüſſigen ....
centrirten Schwefelverbindungen entwickeln, dieſe ihn ....
enthalten müſſen, aber immer in ſo geringer Menge ....
daß derſelbe nie als nothwendiges vermittelndes ....
wie Berthollet will, angeſehen werden kann.

Das laufende Queckſilber hat auf friſche ſchwefelwaſſer
ſtoffte Alkalien durchaus gar keine Wirkung. Wird es da
gegen mit ſolchen geſchüttelt, die durch Zutritt der ....
durch Zurückführung eines Theils der ſchwefelwaſſerſtoff
Verbindung in den Zuſtand der einfachen Schwefelverbin
dung, gelb geworden ſind: ſo macht es ſie weiß, indem
es ihnen den der letztern zugehörigen Schwefel entzieht.
Beym ſchwefelwaſſerſtofften Ammonium geſchieht dies ſehr
ſchnell, beym ſchwefelwaſſerſtofften Kali etwas langſamer.
So lange als das durch dieſes Schütteln hervorgebrachte
Schwefelqueckſilber noch ſchwarz iſt, behält die übrigblei
bende ſchwefelwaſſerſtoffte Flüſſigkeit etwas davon aufge

befindliche Wasser unterscheide, denn sie röthet sehr stark
das Lacmuspapier, braust mit kohlensauren Alkalien auf
und bildet damit Essigsalze; Schwefelwasserstoff fällte sie
schwach gelb und sondert daraus etwas Oel ab. Eine sehr
kleine Menge oxydirter Salzsäure zerstört sogleich ihren Ge=
ruch und sie wird sodann durch Kalkwasser weiß, durch
Schwefelwasserstoff gelb gefällt. Das Aussetzen an die
Luft bewirkt in längerer Zeit, was die oxydirte in kürze=
rer. Endlich bildet man eine vollkommen gleiche Flüssigkeit,
wenn man etwas von der öligen in schwachem Essig auflöst.

Es läßt sich jetzt eine von aller Hypothese freye Theo=
rie über die Erscheinungen bey der Destillation des essigsau=
ren Kali mit erhitzter Säure feststehen. Wir sehen, daß
ein Theil der letztern gänzlich reducirt werde, ein anderer
dem metallischen Zustande sich bloß nähere; daß das essig=
saure Kali gänzlich, so wie auch fast alle Essigsäure selbst,
zerlege werde und daß aus diesen verschiedenen Zersetzungen
Wasser, Kohlenwasserstoffgas, Arsenikwasserstoffgas, Kohlen=
säure, ein besonderes Oel, Arsenikoxyd, Arsenik und Kali
hervorgehe. Das Kali bildet den weißen Rückstand nach der
Destillation, das Arsenik sublimirt sich im Halse der Re=
torte, die verschiedenen Gasarten können vermischt aufge=
fangen werden; das Wasser, das Oel, die Essigsäure und
das Arsenikoxyd endlich verdichten sich in der Vorlage und
die drey letztern bilden, indem sie sich in gewissem Ver=
hältniß vereinigen, die untersuchte besondere Flüssigkeit,
welche, da sie in Wasser nur wenig auflöslich ist, sich von
einer andern wässrigen, die, besonders durch etwas überschüs=
sige Essigsäure, einen Theil der erstern auflöst, absondert,

Wir haben bisher die Schwefelverbindungen, [...]
ohne die darin befindliche Schwefelwasserſtoffverbi[...]
anzugreifen; jetzt wollen wir umgekehrt verfahren. [...]

Man ſchüttele etwas rothes Queckſilberoxyd [...]
Glaſe mit ungefärbtem ſchwefelwasſerſtofften Kali: [...]
wird Wärme ſpüren, die Flüſſigkeit wird gelb, und [...]
man die Menge des Oxyds nicht überſchritten, ſo iſt die
übrig bleibende Flüſſigkeit ein bloßes Schwefelkali [...]
Säure fällt den Schwefel daraus ohne den mi[...]
Geruch nach Schwefelwasſerſtoff. Setzt man zu [...]
Schwefelkali eine neue Portion Oxyd, ſo entzieht ihm [...]
den Schwefel ganz, und die wieder ungefärbt geword[...]
Flüſſigkeit enthält nichts als Kali, welches bisweilen et[...]
rothes Oxyd und ſchweflige Säure enthält.

Man ſieht, daß in dieſen Verſuchen die Wirkung [...]
Oxyds ſich zuerſt ausſchließlich auf den Wasſerſtoff wer[...]
und dadurch die Verbindung in den Zuſtand einer einfa[...]
chen Schwefelverbindung zurück bringe; eine größere Menge
Oxyd greift auch letztere an und entzieht ihr den Schwefel.
Was wird aber dann aus ſeinem Sauerſtoff? Ein Theil
desſelben wird zur Umänderung des Schwefels in ſchwe[...]
lige Säure verwandt, die man durch Salzſäure in dem
Kali entdecken kann; ein anderer Theil entweicht in Blaſen.

Jetzt von der Wirkung des Oxydes auf die ſchwefel[...]
wasſerſtoffften Schwefelverbindungen.

Eine gewiſſe Menge desſelben führt ſie in den Zuſtand
der einfachen Schwefelverbindungen zurück, oder ſolcher, die
mit Säuren nicht aufbrauſen. Dieſer Anfang der Zerſe[...]
zung iſt immer mit Wärme begleitet, geſchieht aber ohne

„Die Auflösung eines reinen Alkali greift den Schwefel in der Kälte nicht an, wohl aber ein vorher mit Schwefelwasserstoff verbundenes.

„Der Schwefel allein kann nicht mit Alkalien in flüssiger Verbindung bleiben; denn wenn man den Schwefelwasserstoff zerstört, der dazu dient, ihn in einer solchen
Auflösung zu erhalten, so schlägt er sich nieder. Die Schwefelverbindungen, sagt Berthollet hinzu, können demnach
nur im trocknen Zustande bestehen; sobald wie man sie
auflöst, bildet sich Schwefelwasserstoff.‟

Ich will jetzt eine Reihe von Thatsachen erzählen,
welche zwar diese Theorie größten Theils bestätigen, sie
aber doch in einigen Punkten einschränken. Man schütte
in eine trockne Flasche Kalihydrat und Schwefelblumen;
wenige Minuten nachher führt eine, von Wärme begleitete,
gegenseitige Einwirkung die Auflösung des Schwefels herbey und das Product ist ein schwefelwasserstofftes Schwe-
felalkali von schön rother Farbe; die Säuren sondern Schwefelwasserstoff daraus ab.

Kalihydrat (hydrate de potasse) nenne ich die Verbindung des Kali mit Wasser; dies krystallisirte Hydrat
giebt bey der Destillation 0,30 Wasser. Durch diese Operation wird das Kali in den Zustand der Reinheit versetzt,
und es erlangt dann die Eigenschaft wieder, sich mit dem
Wasser zu erhitzen.

Man gieße auf Schwefelblumen Kaliauflösung von
125 bis 126 Grad, das Wasser = 100 gesetzt. Nach
zehn bis zwölf Stunden ist die Auflösung bey bey Zimmer-

Schwefelwasserstoff und Aethiops verbunden zurück, auch
durch das Oxyd erhält man eine Flüßigkeit, die reinen
Baryt mit wenig Oxyd enthält. Diese letztere Flüßigkeit
trübt sich nicht auf den Zusatz von Wasser, wie die Schwefelwasserstoffte, welche Aethiops aufgelöst enthält.

Ammonium, welches man über Schwefelkörper
stehen läßt, löst in der Länge Schwefel genug auf, um sich
zu färben und ein Schwefelammonium zu geben; der langen Zeit ungeachtet aber, welche diese Verbindung zu ihrer
Entstehung braucht, wird nicht merklich Schwefelwasserstoff
erzeugt.

Vom gewasserstofften Schwefel.

Diese Verbindung, über welche Berthollet uns genaue Begriffe gegeben hat [4], ist merkwürdig; sie hat mir
gedient, die kleinsten Mengen von Schwefelwasserstoff, die
in Schwefelverbindungen enthalten seyn können, schneller
als durch das Schütteln mit Quecksilber zu entdecken.

Man gieße in ein ungefähr eine Unze fassendes Glas
zum dritten Theil seines Inhalts Salzsäure von 10 Grad
und setze dann eben so viel Schwefelverbindung hinzu. Im
ersten Augenblick entwickelt sich kein Gas, es häuft sich
bloß an, indem es sich in der Flüßigkeit auflöst; thut man
nun ungefähr noch einmahl so viel Schwefelverbindung hinzu, verstopft das Glas und schüttelt es, so verdunkeln sich
die milchigen Theile, klumpern zusammen und sättigen sich

durch

---

4) Siehe seine Abhandlung in Scherer's Journal Bd. r.
S. 381 vergl. mit Winterl's Prolusiones P. 98.   G.

_____ darf sie nur mit Waſſer oder Alkohol verdünnen ____ Flüſſigkeit wird ſchwarz, ſetzt Aethiops ab; iſt aber ____ roth geworden, ſo enthalten die ſchwefelwaſſerſtoff- ____verbindungen weder ſchwarzes noch rothes Schwefel- ____ſilber mehr aufgelöſt, zum Beweiſe, daß nur das ___ in ihnen auflöslich iſt.

____ Queckſilber mit ſchwefelwaſſerſtofftem Schwefel- ____geſchüttelt, ſo entzieht es ihm allen Schwefel und ___ auch alle Farbe; es verwandelt daſſelbe in ſchwe- ____ſtofftes Kali, welches nur noch etwas Aethiops ___, welchen Verdünnung mit Waſſer abſcheidet, da ___ die aufgehellte Flüſſigkeit weiter nichts als reines ____ſchwefeltes Kali iſt, woraus Säuren reichlich ___waſſerſtoffgas entwickeln u. ſ. w.

____ man Queckſilber mit einem ſolchen Schwe- ___, woraus Säuren kein Gas entwickeln, ſo verändert ___ſelbe in Kali, worin man ein wenig Schwefelwaſſer- ___ folglich auch ſchwarzes Schwefelqueckſilber findet. ____ des erſtern iſt aber ſo geringe, daß Säuren ___gkeit, während ſie daraus alles Schwefelqueck- ___ſilber, gar kein Aufbrauſen, ſondern nur ihnen ____ Schwefelwaſſerſtoff bewirken.

____ wenig Waſſerſtoff aber auch die flüſſigen Schwe- ____ enthalten mögen, ſo giebt es doch keine, ___ dieſem Wege nicht Atome von Schwefelwaſſerſtoff- ___ entdecken läßt; ſtreng genommen kann man alſo mit ____ſollt ſagen, es gebe keine flüſſige Schwefelverbin- ___ ohne Waſſerſtoff: iſt es aber bey dieſer geringen Spur ___ glaublich, daß er ein nothwendiger Beſtandtheil zur ___löſung des Schwefels in Kali ſey?

andern Seite schränkt das Bestreben des Gas ein, den elastischen Zustand anzunehmen. Die Kraft des Schwefels aber erstreckt sich in dieser Hinsicht nicht weit: denn der in Wasser oder Alkohol, worüber er immer schwimmt, aufbewahrte gewasserstoffte Schwefel ist in einer beständigen Bewegung des Siedens, und dies hört nicht eher auf, als bis er allen enthaltenden Schwefelwasserstoff an die Atmosphäre oder an das Wasser abgegeben hat; dann erhärtet er und fällt in der Flüssigkeit zu Boden.

Das Wasser, worin man den gewasserstofften Schwefel aufbewahrt hat, giebt weiter nichts als reinen Schwefelwasserstoff zu erkennen, denn es schlägt die Eisenauflösungen nicht nieder, sondern bloß die des Kupfers, Bleys, u. s. w.

Um aber zu den Begriffen, die man sich von dieser besondern Verbindung zu machen hat, noch etwas hinzu zu fügen, so mache man folgenden Versuch: man lasse etwas von diesem flüssigen Schwefel einige Augenblicke im Munde hin und her laufen, es bringt darin den stechenden, bittern concentrirten Geschmack des Schwefelwasserstoffs hervor, und wenn dieser bald aufhört, so klümpert er sich zusammen, erhärtet und hängt sich sehr fest an die Zähne: er ist jetzt nur gewöhnlicher Schwefel.

Die Erweichung des Schwefels durch dieses Gas leitete mich auf die Frage, ob der durch langes Schmelzen weich gewordene Schwefel nicht diesen Zustand dem Wasserstoff der Feuchtigkeit, die er hätte zersetzen können, verdanke. Ich fand aber, nachdem ich solcher Gestalt erweichten Schwefel in Wasser aufbewahrt hatte, nachher in letzterm

alle sichtbare Bewegung in der Flüssigkeit. Der Schwefelwasserstoff verliert ganz ruhig seinen Wasserstoff und giebt
seinen Schwefel zu dem übrigen in dem rückständigen Schwefelkali. Einen Theil davon behält aber auch das Oxyd,
um damit, während es desoxydirt wird, schwarzes Schwe-
felquecksilber zu bilden. Auf einen zweyten Zusatz von
Oxyd erneuert sich die Wärme; es entsteht in der Flüssigkeit Bewegung durch ein Aufbrausen, welches einen
Theil des Aethiops mitnimmt und ihn auf der Oberfläche
erhält. Dies rührt von einem Theil Sauerstoff her, welcher, da er keinen Wasserstoff mehr zu sättigen findet,
sich in Natur entwickelt, weil der Schwefel nicht so oxy-
dabel ist, wie der Wasserstoff; etwas Schwefel wird aber
doch dadurch in schweflige Säure umgeändert. Bey Untersuchung der aufgeklärten und ungefärbten Flüssigkeit findet
man darin freyes Kali, etwas Oxyd, schwefel- und schwefligsaures Kali.

Das auf dem Boden eines Glases krystallisirte S c h w e-
f e l b a r y t zersetzte sich nach Anfeuchtung mit Säure kaum
mit Entwickelung des Geruchs nach Schwefelwasserstoff,
den auch die darüber gestandene Auflösung nicht stärker
verbreitete. Es ist demnach beym Schwefelbaryt so wie
beym Schwefelkali: bisweilen ist er von der Art, daß er
reichlich Gas entwickelt, andere Mahle wenig oder gar
nicht.

Zersetzt man den Schwefelbaryt durch Quecksilber oder
Quecksilberoxyd, so erhält man strenge dieselben Resultate
wie beym Schwefelkali. Durch das Metall entledigt man
den Baryt alles Schwefels, und er bleibt mit etwas

Berthollet ſagt, daß die mit Kali, ſelbſt im Uebermaße, verſetzte oxydirte Salzſäure, wenn ſie in eine ſchwefelwaſſerſtoffte Schwefelverbindung gegoſſen wird, den Waſſerſtoff, welcher das Zwiſchenmittel der Verbindung des
Schwefels mit dem Waſſerſtoff ſey, zerſtöre, worauf der
Schwefel das Alkali verlaſſe. Warum bringt aber das
(über)oxydirte Muriat nicht dieſelbe Veränderung hervor?
Was für ein Unterſchied findet zwiſchen dieſem Muriat
und der Säure, die man eben geſättigt hat, Statt? Dies
kann ich nicht erklären ⁵).

Da ich in der letztern Flüſſigkeit irgend eine flüchtige,
nicht geſättigte Säure vermuthete, ſo ließ ich ſie aufſieden:
ſie veränderte Lacmuspapier nicht, und deſſen ungeachtet
waren ihre zerſtörenden Wirkungen auf eine gewaſſerſtoffte
Schwefelverbindung dieſelben.

---

5) Ob dem Verfaſſer Chenevix's und Berthollet's
Beobachtungen über dieſen Gegenſtand (ſ. d. J.B. 1 S. 583 u.fg.)
nicht genützen? Wahrſcheinlich rührt der Unterſchied zwiſchen der
eben, oder auch ſchon längere Zeit, geſättigten oxydirten Salzſäure, und dem kryſtalliſirten überoxydirten Muriat daher, weil
die Umänderung der oxydirtſalzſauren Verbindungen in überoxydirte vollſtändig erſt während des Kryſtalliſationsactes
vor ſich geht, worüber als chemiſchen Act uns Ritter in-
tereſſante Aufſchlüſſe gewähren wird. Frägt der Verfaſſer aber,
nicht nach dem Unterſchied jener beyden Verbindungen,
ſondern nach dem Grunde der nicht oxydirenden Wirkung
der einen, die man doch erwarten könnte, ſo weiß ich das
auf, aus dem einzelnen Factum, auch nichts Genügendes zu
antworten, ſondern dieſe Antwort müßte anders woher genommen werden.

                                        G.

Folgerungen.

Die flüssigen Schwefelverbindungen jeder Art enthal= ten Schwefelwasserstoff in sehr abweichendem Verhältniß; da es aber deren oft giebt, die, um sich so auszudrucken, fast gar nichts davon enthalten, so kann man nicht an= nehmen, daß seine Gegenwart darin unerläßlich sey.

Durch Behandlung einer flüssigen Schwefelverbindung mit Quecksilber entzieht man ihr den Schwefel und ent= bläßt den darin befindlichen Schwefelwasserstoff, der jedoch mit etwas Aethiops verunreinigt bleibt, so lange wenigstens auch dieser nicht in Zinnober übergegangen ist.

Wendet man Statt des Quecksilbers sein rothes Oxyd an, so wird umgekehrt der Schwefelwasserstoff zersetzt, und der darin befindliche Schwefel kommt theils zu dem übri= gen, theils wird er von dem sich reducirenden Oxyde an= gezogen, und die übrigbleibende Flüssigkeit erhält jetzt bloß einfache Schwefelverbindung. Da indessen die nachherige Prüfung dieser, durch regulinisches Quecksilber, immer neuen Schwefelwasserstoff entdecken läßt, so scheint es, daß dieses sich bald wieder erzeuge, und in dieser Rücksicht hat man Recht zu sagen, daß keine flüssige Schwe= felverbindung ohne Schwefelwasserstoff sey.

Woher aber kommt es, daß die Schwefelverbindungen an Schwefelwasserstoff nicht im Verhältniß des darin be= findlichen Schwefels enthalten? Welche Ursachen begünsti= gen oder beschränken seine Erzeugung? Dieses ist uns noch unbekannt. Der flüſſige Schwefelbaryt zeigt in Hinſicht dieſes Schwefelwaſſerſtoffs eben die abänderlichen Verhältniſſe, wie das flüſſige Schwefelkali, und auch ſeine Zerlegung durch Queckſilber oder Queckſilberoxyd giebt ähnliche Reſultate, wie die des letztern.

Das überoxydirtſalzſaure Kali verändert weder die einfachen und ſchwefelwaſſerſtofften Schwefelverbindungen, noch ſelbſt das ſchwefelwaſſerſtoffte Kali und Ammonium.

seine Anzeigen auf Schwefelwasserstoff. Ich erzähle diesen Versuch bloß, um ihn andern zu ersparen, übrigens bleibt die Ursache dieses besondern Erfolgs noch immer zu entdecken.

Wirkung der oxydirten Salzsäure und ihrer Verbindungen.

Oxydirte Salzsäure in schwefelwasserstofftes Wasser gegossen, sättigt erst den Wasserstoff und der Schwefel wird gefällt; mehr Säure stellt die Durchsichtigkeit wieder her, indem nun auch der Schwefel in Säure umgeändert wird.

Wird dieselbe Säure in geringer Menge zu schwefelwasserstofftem Kali oder Ammonium gegossen, so ändert es sie in Schwefelkali und Schwefelammonium um; sie wirkt hier, wie ein Oxyd oder wie die Atmosphäre. Die Flüssigkeiten trüben sich, und irgend eine Säure scheidet nachher Schwefel ab, ohne zugleich Geruch zu bewirken. Eine größere Menge oxydirter Salzsäure sättigt das Alkali und fällt Schwefel.

Wird eine Auflösung von krystallisirtem (über)oxydirt salzsauren Kali in schwefelwasserstofftes Wasser, in schwefelwasserstoffte Verbindungen, in schwefelwasserstoffte und einfache Schwefelverbindungen gegossen, so bewirkt sie darin gar keine Veränderung. Löst man das (über)oxydirt salzsaure Kali in jenen Verbindungen selbst auf und kocht sie damit, so bringt es eben so wenig Wirkung hervor. Beym Erkalten krystallisirt es mitten in diesen Flüssigkeiten und läßt sie unverändert zurück. Diese Resultate überraschten mich, ich erwartete Zersetzungen.

selben. Auch durch andere Versuche habe ich mich überzeugt, daß die Faser der Erdäpfel ein modisicirtes Amidon
sen, und daß der Unterschied höchst wahrscheinlich in einer
größern Dichtigkeit, welche die Faser besitzt, bestehe. Ich
bin dadurch auf die Vermuthung gekommen, daß die Faser anderer Wurzelgewächse als Rüben u. s. w. dasselbe
seyn möge. Einige Versuche welche ich mit der Steckrübe
gemacht habe, haben dieses zwar nicht gänzlich bestättigt,
aber doch sehr wahrscheinlich gemacht.

Die Erdäpfel enthalten eine freye Säure, welche sich
in den rothen in vorzüglicher Menge befindet. Ich verschaffte mir eine Quantität ihres Saftes, die Säure ließ
sich durch Kalkwasser fällen. Ich sammelte den Niederschlag
und schied daraus durch weitere Behandlung Weinsteinsäure
und Phosphorsäure ab. Es ist merkwürdig, daß ein Ge-
wächs, das man so oft anfeindete, weil es, nach theore-
tischem Raisonnement, keine nahrhafte Speise abgebe, mit
den thierischen Körpern so viel Aehnlichkeit hat. Ist es
nöthig die Ehre der Erdäpfel zu retten, so wird dieses
kräftige Argumente dazu abgeben.

In dem von der Säure befreyten Safte war noch
der Schleim aufgelöst. Ein Theil davon gab nach der
Verdampfung ein zähes, widerlich bitter schmeckendes
Extract. Der übrige Theil reagirte ganz wie Kalkwasser,
indem ich einen Ueberschuß desselben hinzugesetzt hatte; allein
der Kalk ließ sich nicht durch reine Kohlensäure daraus
fällen. Er mußte also eine chemische Verbindung mit dem
Schleim eingegangen seyn. Ich versetzte diesen mit mehrerm
Kalkwasser; es entstand ein Niederschlag, der Theils körnig
und schwer, Theils schwammig und leicht war. Ersterer
bestand ganz aus kohlensaurem Kalk, letzterer hingegen aus
kohlensaurem Kalk und Schleim, wovon sich dieser wieder
auflöste, wenn die Flüssigkeit in einem flachen Gefäße umgerührt wurde, indem sie jenen zurückließ. Nun ließen sich
aus dem Safte durch Kalkwasser von neuem ähnliche Niederschläge bewirken, wovon der schwammige wieder verschwand. Ich habe diese Operation 7 Mahl mit gleichem
Erfolg wiederholt. Endlich blieb dieser aus. Jetzt dampfte
ich den Saft ab, und erhielt anstatt eines bittern Schleims,
eine zuckersüße braune Materie, welche durch ihren Geschmack deutlich die Gegenwart des Zuckers verrieth.

Folgerungen.

Die flüssigen Schwefelverbindungen jeder Art enthalten Schwefelwasserstoff in sehr abweichenden Verhältniß; da es aber deren oft giebt, die, um sich so auszudrucken, fast gar nichts davon enthalten, so kann man nicht annehmen, daß seine Gegenwart darin unerläßlich sey.

Durch Behandlung einer flüssigen Schwefelverbindung mit Quecksilber entzieht man ihr den Schwefel und entblößt den darin befindlichen Schwefelwasserstoff, der jedoch mit etwas Aethiops verunreinigt bleibt, so lange wenigstens als dieser nicht in Zinnober übergegangen ist.

Wendet man Statt des Quecksilbers sein rothes Oxyd an, so wird umgekehrt der Schwefelwasserstoff zersetzt, und der darin befindliche Schwefel kommt theils zu dem übrigen, theils wird er von dem sich reducirenden Oxyde angezogen, und die übrigbleibende Flüssigkeit erhält jetzt bloß einfache Schwefelverbindung. Da indessen die nachherige Zerlegung dieser, durch regulinisches Quecksilber, immer Spuren von Schwefelwasserstoff entdecken läßt, so scheint es, daß dieses sich bald wieder erzeuge, und in dieser Hinsicht hat man Recht zu sagen, daß keine flüssige Schwefelverbindung ohne Schwefelwasserstoff sey.

Woher aber kommt es, daß die Schwefelverbindungen den Schwefelwasserstoff nicht im Verhältniß des darin befindlichen Schwefels enthalten? Welche Ursachen begünstigen oder beschränken seine Erzeugung? Dieses ist uns noch

mifchen ausgenommen, die 0,01 des angewandten Alauns eines rofenfarbigen, fanft anzufühlenden Pulvers übrig ließen. Die klaren Auflöfungen wurden durch Ammonium im Ueberfchuß zerfetzt, die Niederfchläge fo lange ausgefüßt, bis falzfaure Barytauflöfung nicht mehr gefällt wurde, dann auf einem Filtrum gefammelt, getrocknet und geglüht. Sie wogen:

1. vom Römifchen Alaun — 3,16 Grmm.
2. vom angeblich Römifchen 3,18 —
3. von dem aus Liége — 3,20 —
4. — Englifchen — 3,19 —
5. — aus Aveyron — 3,19 —
6. — Ribaucour'fchen 3,18 —

Da die Abweichungen fo klein find und von unvermeidlichen Unregelmäßigkeiten im Verfahren abhängen, fo verdienen fie nach B. keine Rückficht und man kann aus den obigen Refultaten fchließen, daß in allen jenen Alaunforten die Bafis in gleichem Verhält.niß vorhanden fey und ungefähr 0,105 im Alaun betrage. Um genau die Menge der Schwefelfäure kennen zu lernen, zerfetzte er gleiche Mengen der obigen Alaunforten mit falzfaurem Baryt. Sie gaben an fchwefelfaurem Baryt auf 100:

Nro. 1. — — — 95
— 2. — — — 94,44
— 3. — — — 94,44
— 4. — — — 94
— 5. — — — 94
— 6. — — — 94,44

Diefe Verfuche wurden zwey Mahl mit Genauigkeit angeftellt, und es zeigte fich dabey keine merkliche Differenz. Es ergiebt fich aus ihnen, daß, nach einem Mittelverhältniß, 100 Alaun durch vollftändige Zerfetzung mit falzfaurem Baryt 94,5 fchwefelfauren Baryt geben. Bauquelin macht die Bemerkung, daß diefe Niederfchläge beym Glühen zufammenbackten, hart und durchfichtig wurden. Es fcheint ihm, daß der natürliche fchwefelfaure Baryt diefe Wirkung nicht erleide, und er frägt daher, ob fie aus dem falzfauren Baryt oder dem Alaun einen fremdartigen Stoff mit fich verbunden haben mögten? Da diefer Umftand indeffen bey allen Statt gefunden, fo thäte dies der Ge-

II. Notizen.

1. Bemerkungen aus einer Analyse der Erdäpfel
(Solanum tuberosum)
Von H. Einhof.

(Aus einem Schreiben an den Herausgeber.)

Unter mehreren Arten von Erdäpfeln, welche ich untersucht habe, habe ich nur eine einer genauen Analyse unterworfen. Diese wird in der Alt- und Neumark gebaut, und hat eine rothe Schale, welche sich mit der Zeit von selbst abschuppet. Sie zeichnet sich insbesondere durch ihre größere Dauerhaftigkeit aus. In 16 Unzen roher Erdäpfel habe ich 15 Quentchen 13 Gran reines Amidon, 1 Quentchen 47 Gran Pflanzeneyweiß, 5 Quentchen 12 Gran Pflanzenschleim in der Consistenz eines steifen Extracts, und neun Quentchen fasrige Materie gefunden. Letztere hat die größte Aehnlichkeit mit dem Amidon und läßt sich größten Theils darin verwandeln. Dieses geschieht, indem man die durch anhaltendes Stampfen und wiederholtes Auswaschen sorgfältig von allem Amidon, welches sich in dem Zellgewebe der Erdäpfel abgesetzt hat, befreyte Faser, in einem flachen Gefäße lange reibt, und sie in einem feinen Siebe ausmischt. Ich habe dadurch, daß ich diese Operation mehrere Mahle wiederholte, beynah 71 pCt. reines Amidon aus derselben bereitet. Auch die zurückgebliebene Faser zeigte in ihren Eigenschaften noch die auffallendste Aehnlichkeit mit dem-

Bestandtheile dieses Salzes eine gegenseitige Zersetzung,
denn es bildet sich eine große Menge schwefligsaures Ammonium. Es ist sehr wahrscheinlich, daß ein Theil des
Wasserstoffs des Ammonium sich mit einem Theil des Sauerstoffs der Schwefelsäure verbindet; da sich indessen in dieser
Operation eine große Menge kohliger Materie entwickelt (?!),
die im Ammonium aufgelöst zu seyn scheint (? was hat
denn Herr Vauquelin für Ammonium genommen?), so
könne auch diese Materie zum Theil die Bildung des schwefelsauren Ammonium bewirkt haben

Die meisten der oben erhaltenen Portionen von schwefelsauren Kali gaben bey der Wiederauflösung und Krystallisation geringe Spuren von schwefelsaurem Kalk, die sicher
nicht über $\frac{1}{5000}$ betragen. Bemerkenswerth ist, daß Ammonium aus diesen Auflösungen des schwefelsauren Kali eine
kleine Menge rothes Eisenoxyd fällte, mit welchem noch
eine Spur Thonerde gemengt war. Die Quantität desselben war fast eben so groß, als diejenige, welche, weiter unten angeführte, bestimmte Versuche gaben; dieß beweist, daß das Ammonium bey der Zersetzung des Alauns
das Eisenoxyd nicht gefällt habe und letzteres scheint unter
diesen Umständen mit dem schwefelsauren Ammonium ein
dreyfaches Salz zu bilden, welches durch überflüßiges Ammonium nicht zersetzt wird [6]. Das schwefelsaure Kali
aus dem römischen Alaun gab auch ein wenig Eisenoxyd.

Um zu untersuchen ob einige jener Alaunsorten schwefelsaures Ammonium enthielten, wurden von jeder 30,5
Gramm. mit einer zur gänzlichen Auflösung hinreichenden
Menge kaustischem Kali destillirt. Die Destillate, nach Sättigung mit Schwefelsäure bis zur Trockne verdunstet, gaben von dem englischen Alaun 4 Decigr., von dem Ribay-
cour'schen 3,5 Decigr., von dem aus Liège 2,5 Decigr.,
von dem aus Aveyron 3 Decigr. und von den beyden
röhmischen Sorten eine kaum bemerkbare Spur schwefelsaures Ammonium. Diese geringen Mengen von Ammonium, die nur 0,010 bis 0,015 der angewandten Alaun-

---

[6] Wenigstens mit dem unvollkommenen Eisenoxyd, in
welchem Zustande es im Alaun befindlich zu seyn scheint.
S.

Durch vielfach wiederholte Versuche habe ich mich überzeugt, daß der Kalk eine chemische Einwirkung auf das
qualitative Verhältniß der Stoffe des Schleims habe. Indem er sich genau mit demselben vereinigt, treten andere
Mischungsverhältnisse ein, ein Theil des Kohlenstoffs verbindet sich mit einem Theil des Sauerstoffs zu Kohlensäure,
womit sich der Kalk vereinigt und niederfällt. Zugleich
wird aber auch derjenige Antheil des Schleims, welchen
diese Stoffe hergeben mußten, unauflöslich; er läßt sich aber
nieder auf, sobald er aus Sauerstoff bekommt und diesen
geht er aus der Atmosphäre. Der Kohlenstoff des Schleims
wird also vermindert, ohne daß an der Menge des Sauerstoffs Abgang geschieht, und dadurch wird der Schleim der
Natur des Zuckers näher gebracht. Meine hierüber angestellten Versuche haben mir keinen Zweifel übrig gelassen,
daß es sich so verhält. Ich werde sie Ihnen nebst andern,
welche ich mit gestörten, gekochten und gekeimten Erdäpfeln
gemacht habe, mittheilen.

Die Verwandlung des Schleims in Zucker ist, meiner
Meinung nach, für die Fabrication des Zuckers aus Runkelrüben nicht unwichtig. Ich glaube jetzt, daß durch die
Anwendung des Kalks bey derselben Zucker erzeugt werde,
und würde schon jetzt dieses näher untersuchen, wenn ich
nicht lieber mit jungen Wurzeln operiren mögte.

Beschreibung eines neuen papinischen Topfs.
Vom Ritter von Edelkranz [*].

Nachtrag zu diesem Journal B. 2 Hft. 6 S. 616 — 622.

Herr E. hat seinen Digestor durch folgende Verbesserung
der Vollkommenheit näher gebracht. Der Deckel besteht
hier nämlich bloß aus einer graden länglich vierecktigen
vier vollen Messingplatte, die genau an die untere Seite

---

[*] Aus Nicholson's Journal No. 27 (März 1804)
S. 161 — 166.   D. H.

man gestehen, daß wir durch unsere gegenwärtigen chemischen Hülfsmittel die Ursache davon nicht zu entdecken
im Stande sind; ich glaube aber, oder ich müßte mich
sehr täuschen, daß der große, dem römischen Alaun einge-
räumte Vorzug auf alten Vorurtheilen beruht, die ihren
Ursprung nahmen, wie unsere Fabriken noch im Entstehen
waren, und es ist mehr als wahrscheinlich, daß eisenfreyer
Fabrikenalaun zu jedem Gebrauch eben so gut seyn werde,
als der römische. Zur Entscheidung dessen müßten nun genaue vergleichende Versuche mit beyderley Arten angestellt
werden. Mehr muß man sich über den Vorzug wundern,
den man dem englischen vor dem französischen Alaun zu-
gesteht, denn aus dem Obigen ergiebt sich, daß der eng-
lische der schlechteste von allen ist. So hat dieses Volk
Vorurtheile jeder Art zu erzeugen und zum Besten seiner
Waaren zu benutzen gewußt."

„Nach Versuchen, die ich in der Folge mittheilen werde,
habe ich Grund zu glauben, daß man die letzten Antheile
des im Alaun befindlichen Eisens leicht werde absondern
können, wenn man die erste Krystallisation stört, wie man
jetzt beym Salpeter thut, das seine Salz mit kaltem Wasser wäscht und beym Läutern eine kleine Menge blausaures Kali anwendet. Die Fabrikanten könnten dieses in denselben Oefen berciten, worin sie ihre Alaunlaugen abdampfen, und ? nur eine kleine Menge erforderlich seyn
würde, so würde der Preis des Alauns dadurch nicht merklich erhöhet werden."

Auf diese Untersuchung Vauquelins theilte Herr
J. H. Hassenfratz die Bemerkung mit "), daß der römische Alaun, den er in der Droguerenhandlung des Hrn.
Lanoix angetroffen, eine kubische Form gehabt habe, wogegen aller übrige, den englischen mit einbegriffen, in Octa-
edern krystallisirt gewesen wäre. Nun scheine sich aus
Leblanc's Erfahrungen zu ergeben, daß diese verschiedenen

---

7) In einem Briefe an Herrn Gillet-Laumont, Mitglied des Conseil des Mines, mit welchem er in jener Handlung
gewesen war, und der selbst noch einen schönen Würfel zur Probe
mitgenommen. Annals de Chimie Nro. 150. Prair XII. T. 50.
P. 312 — 314.

nauigkeit der Folgerung in Hinsicht ihrer resp. Säurequan=
titäten keinen Eintrag. —

Die Lauge und das Waschwasser von der Fällung der
verschiedenen Alaunsorten mit Ammonium wurden in einem
Platingefäße bis zur Trockne verdunstet, gewogen und nach=
her, um die Menge des in jeder Sorte befindlichen schwe=
felsauren Kali zu erfahren, im Tiegel bis zur Verflüchti=
gung alles schwefelsauren Ammonium geglüht. Dies gab
folgende Resultate:

	Rückstand vom Abdampfen.	geglüheter Rückstand
Nro. 1.	17,46 Gramm.	6,50 Gramm.
2.	17,34 —	6,53 —
3.	17,78 —	6,40 —
4.	17,73 —	6,53 —
5.	17,78 —	6,50 —
6.	17,46 —	6,65 —

Man sieht, daß auch die Rückstände vom Abdampfen
nicht sehr bedeutend von einander abwichen, indessen unter=
nahm R. zur genauern Bestimmung der resp. Säurever=
hältnisse eben den obigen Versuch mit Baryt. Von schwe=
felsaurem Kali enthalten den obigen Resultaten zu Folge
die Alaunsorten nach einem Mittelverhältniß 6,52 auf
17,6 oder 0,30. Bey einer frühern Arbeit [1] hatte R.
nun 0,05 gefunden, was er von zu starkem Glühen her=
leitet, welches außer dem schwefelsauren Ammonium auch
schwefelsaures Kali verflüchtigt hatte.

Das schwefelsaure Kali der verschiedenen Rückstände
schmeckte schwach sauer und röthete auch ziemlich stark das
Lacmuspapier. Dies rühre von der Zersetzung eines Theils
des schwefelsauren Ammonium her; dieses lasse erst einen
Theil reines Ammonium fahren, und das rückständige ist
dann saures schwefelsaures Ammonium, welches eine hö=
here Temperatur zu seiner Verflüchtigung bedürfe, und hier
behält nun das schwefelsaure Kali jene überflüssige Säure,
die es stärker anzieht, zurück. Während dieser Zersetzung
des schwefelsauren Ammonium erleidet auch ein Theil der

---

[1] S. Annales de Chimie T. 22. P. 258 — 279. Aus dem
August des Journal des pharmaciens übersetzt in Tromms=
dorff's Journal der Pharm. Bd. VI. St. 2. S. 155 u. f.

Ein Vulkan sey die Werkstätte, wo die Natur die Thonerde des römischen Alauns erzeuge, und die [...] welche daselbst wüthe, bringe in derselben eine ganz beson[...] bere Modification hervor. Diese Muthmaßung werde [...] durch eine andere Erscheinung bekräftigt, nähmlich [...] die Gegenwart des Kali in den Erden der Solfatara, [...] ches daselbst gewiß keinen vegetabilischen Ursprung [...], sondern als das Resultat der Verbindung seiner Be[...] theile anzusehen sey, welche die Hitze aus einigen [...] lischen Substanzen loß gemacht haben werde.

Die Genauigkeit der Analyse des Hrn. Vauquelin müsse bestehen, weil die Analyse jene Modification [...] verfolgen und die Thonerde, indem sie auf [...] Wege aus ihrer Mischung in römischen Alaun ge[...] wird, uns nicht anders als in dem Zustande von [...] Modification erscheinen könne, die ihr das Reagens, [...] aus ihrer ersten Mischung treibt, aufdruckt. E [...] daß diese Erklärung lange wahrscheinlich die einzig[...] werde, die man über die besondern Eigenschaften des [...] mischen Alauns werde geben können und daß weitere [...] suchungen über diesen Gegenstand sehr denen gleichen [...] ten, welche den philosophischen Stein zum Zweck hab[...].

4. Vom Zucker des Johannisbrodsbaumes.
Vom OMR. Klaproth [9].)

Unter allen unmittelbaren Producten der Vegetation zeich[...] net sich der Zucker aus, der in Rücksicht seines [...] gleich auf das Mehl folgt, welches die Grundlage [...] Nahrung ausmacht. So häufig er sich auch in den Ge[...] wächsen findet, so trifft man ihn doch sehr selten [...] äußerlich, mittelst einer freywilligen, während des Lebens [...] der Pflanze selbst erfolgenden Ausscheidung, verdickt [...] Ein fester Zucker auf der Oberfläche eines Gewächses, wel[...] ches in Rücksicht seines Zuckerstoffs nicht zu den [...] tigsten gehört, ist daher eine interessante Thatsache.

Zuverläßig hielt man bis jetzt den Johannisbrodbaum (Ceratonia Siliqua) nicht für sehr zuckerreich, und doch [...] sammelt man in der Gegend von Palermo auf dem Stamm[...]

9) Vorgelesen in der Akademie, den 28. Julius 1802.

und den Zweigen desselben, sehen von selbst in kleinen, anfänglich grünen, trocken und harten Körpern anschwellenden Zucker, dessen süßer Geschmack mit einem säuerlichen und etwas zusammenziehenden wie Gerbestoff, vermischt ist, der aber nichts Unangenehmes hat. Der in den Monaten December und Januar gesammelte, schmeckt nur äußerst wenig zusammenziehend; der in den heißern Monaten ausschwitzende hingegen besitzt diesen Geschmack stärker.

Es wurde, um Portion dieses vegetabilischen Products aufgelöst, in kochendem Weingeist aufgelöst, nach des filtrirt, und die klare braune Auflösung in einem leicht bedeckten Gefäße ruhig hingestellt. Nach einigen Tagen war der Zucker angeschossen, und bildete eine feste und sehr kleinen zusammengehäuften Krystallen bestehende Rinde. Die abgegossene Flüssigkeit wurde durch Zumischung einer grünen Eisenauflösung sogleich schwarz, und nach einiger Zeit setzte sich das Eisen als ein schwarzer, sehr feiner Niederschlag zu Boden.

Man kann diesen Zucker dadurch nachahmen, daß man den Hutzucker mit ganz wenig Catechu und Sauerkleesalz vermischt. Durch ersteres erhält er den zusammenziehenden und durch letzteres den angenehm säuerlichen Geschmack.

Diese von selbst erfolgende Anschießung eines vollkommenen krystallisirbaren Zuckers beweist, daß der Saft des Johannisbrodbaumes diesen Stoff in sehr reichlicher Menge enthalten müsse, und verspricht vielleicht eine noch reichlichere Ausbeute, als der Ahorn des nördlichsten Amerika, der, so viel mir bekannt ist, von selbst keinen festen Zucker äußerlich absetzt. Der mit diesem Zucker verbundene zusammenziehende Stoff würde sehr vermindert werden, wenn man dieses Product bloß in den Wintermonaten sammelte. Es ist indessen möglich, daß dieser seinen Ursprung bloß der Rinde verdanke, und daß er sich erst mit dem Zucker vermische, nachdem dieser bereits ausgetreten ist, und sich auf die Oberfläche der Rinde verdickt hat.

Die fernere Untersuchung dieser Fragen, und die in Hinsicht der zu treffenden Ausbeute noch anzustellenden Versuche, lassen sich jedoch nur in Sicilien selbst, oder in den übrigen mittägigen Provinzen Europens machen, wo der Johannisbrodbaum wild wächst. [20]

____

5. Von dem Himmelsmanna in Sicilien.
Von Demselben. [11]

Ein anderes zuckerartiges Product der Vegetation, welches, weil es ebenfalls wenig bekannt ist, hier Erwähnung verdient, wurde mir aus Palermo unter dem Nahmen des vom Himmel gefallenen Manna zugesandt.

Diese Substanz bestand aus runden, trocknen, weißlichen Körnern, die das Ansehen eines groben Quarzsandes hatten. Der Geschmack dieser Zuckerkörner ist sehr und angenehm; im Wasser lösen sie sich leicht auf Hinterlassung einer dünnen, weißlichen, geschmacklosen Haut, die aber zu wenig betrug, um durch bestimmte Versuche ausmitteln zu können, ob sie, wie ich vermuthe, eine manna-ähnliche Substanz sey.

Der Weingeist bewirkt in der Kälte keine andere Veränderung, als daß er die Körner durchsichtig macht.

Eine andere Portion dieser Substanz wurde erst mit Alkohol befeuchtet, und dann in die zur Auflösung erforderliche Menge Wassers eingetragen. Ich bemerkte hierbey, daß jedes Korn nach seiner Auflösung ein Häutchen zurückließ, die in der Flüssigkeit als leichte weiße Flocken schwammen.

Der Ursprung und die Naturgeschichte dieses Zuckers oder dieses Manna in Körnern, scheint mir noch dunkel zu seyn. Der gemeine Mann in Sicilien hegt noch zum Theil das Vorurtheil, daß es wirklich vom Himmel falle, und daher rührt die Benennung, durch die es jenem gleich gesetzt wird, welches die Kinder Israel in der Wüste sammelten. Ohne Zweifel entstehen diese Zuckerkörner durch ein Insekt. So nährt sich der Kermes der Esche (ckermes

---

er aus den Früchten des Johannisbrodtbaums, die auf der ganzen Küste des mittelländischen Meeres nur zum Viehfutter dienen, durch schickliche Gährung einen sehr guten und starken Brannt wein (aus 5 Pfund ein Quartillo, ein Volum ungefähr von einem Pfunde) erhalten habe, der noch etwas von dem Geruch der Frucht besitze, aber im Geschmack gar nicht unangenehm sey und vermittelst dessen er Liqueure bereitet habe, die denen im Handel vorkommenden nichts nachgäben. Journal de Physique T. LIX P. 66.   G.

11) Vorgelesen in der Akademie den 28. July 1802.

[...] der die Blätter des Strauches benetzt, wovon [...] kommt, von dem Zuckersaft desselben, und setzt [...] auf ihrer Oberfläche eine ausgeschiedene Substanz [...] Körnern ab; deren gleichförmiger Durchmesser [...] diesen Ursprung erklärbar ist. Wahrscheinlich erleidet [...] Zuckerstoff des Saftes in dem Körper dieser Insekten [...] eine bestimmte Veränderung, so wie sich der süße Saft [...] der Honigblätter in dem Körper der Bienen in Honig verwandelt.

Das Manna, welches man in Persien und Mesopotamien auf dem Hedysarum Alhagi sammelt, und welches die Eingebohrnen Terenabin nennen, entsteht wahrscheinlich durch ähnliche Mitwirkung irgend eines Insekts. Nach Tournefort schwitzen die Blätter an heitern Tagen einen süßen klebrigen Saft in reichlicher Menge aus, der sich des Nachts zu festen Körnern verdickt. Wahrscheinlich veranlassen auch hier Insektenstiche das Austreten des Zuckerstoffs. [...]

Chemische Untersuchung eines gummigten Pflanzensaftes vom Stamm einer Ulme.

Ungeachtet mit den Fortschritten der Wissenschaft auch die Pflanzenchemie erweitert worden und mehr Zusammenhang erhalten hat, so ist doch dieser Zweig unserer Kenntniß noch nicht so sehr ausgebildet, um irgend eine darauf Bezug habende merkwürdige Beobachtung außer Acht lassen zu können. Unter allen Producten des Gewächsreichs bieten sich die, welche sich von selbst aus der Masse ungleichartiger Bestandtheile, woraus der Pflanzenkörper besteht, abscheiden, zur natürlichsten der Untersuchung der Chemiker dar. Wenn wir nun gleich zwischen diesen verschiedenen Ausschwitzungen, die entweder am Stamme oder an den Zweigen entstehen, durch Berührung der Luft fest [...]

[...] Es giebt über das Himmelsmanna in Sicilien eine kleine Abhandlung von Herrn de la Pira, einem Neapolitaner, die ich aber bis jetzt noch nicht gelesen habe.

[...] Vorgelesen in der Akademie, den 22. Julius 1801.

werden, gewiffe Merkmale feft gefetzt haben, die fich auf
ihre vefchiedenen chemifchen Eigenfchaften gründen; fo mögen doch vegetabilifche Producte, die wir zu derfelben Klaffe
zählen, die aber von verfchiedenen Pflanzenarten kommen, felten
durchaus gleiche Charactere. Die folgende Zerlegung eines
verdickten Gummi, welches durch freiwilliges Ausfchwitzen
am Stamme einer alten Ulme, (ulmus nigra?) in der
Gegend von Palermo entftand, wird diefe Bemerkung be-
ftättigen.

Diefer verdickte Pflanzenfaft hat eine fchwarze Farbe;
er ift hart, von Außen und auf dem Bruche fehr glänzend;
gepülvert fieht er braun aus; er zergeht leicht auf der Zunge,
ohne einen merklichen Gefchmack zu erregen. Zur Auflöfung bedarf er wenig Waffer. Die Auflöfung ift klar, aber
braun, ins Schwärzliche fich neigend, und wird, felbft zur
Extractdicke abgedampft, nicht im geringften fchleimig oder
klebrig.

Gepülvert in Alkohol getragen, löfet fich diefe Subftanz nicht darin auf, und theilt ihm auch keine Farbe
mit: fo auch im Aether. Hieraus folgt, daß ihre nächften
Beftandtheile weder Harz noch Schleim find.

Ich verdünnte eine concentrirte wäffrige Auflöfung diefer Subftanz mit einer hinreichenden Menge Alkohol. Die
Mifchung trübte fich augenblicklich, war wie geronnen, und
die aufgelöften Theile fielen in hellbraunen Flocken zu Boden.
Die überftehende geiftige Flüffigkeit wurde abgedampft, und
ließ nur einen unbedeutenden Rückftand, der fich in einer
großen Menge frifch zugefetzten Alkohols nicht wieder auflöfte. Der Alkohol erhielt dadurch bloß einen etwas fchar-
fen Gefchmack.

Eine andere Portion der wäffrigen Auflöfung vermifchte
ich mit einigen Tropfen Salpeterfäure, welche eine auffallende Veränderung bewirkte. Die ganze Auflöfung wurde
zu einer Gallerte, verlor ihre dunkelbraune ins Schwarze
fpielende Farbe, und bildete einen reichlichen, fchmutzig hellbraunen Niederfchlag. Das ganze Gemifch wurde in gelinder Wärme zur Trockne verdampft, und das zurückbleibende hell röthlichbraune Pulver mit Alkohol behandelt, der
nun einen Theil davon auflöfte, dadurch goldgelb gefärbt
wurde, und durchs Abdampfen ein hellbraunes, ziemlich
bitteres, und fcharfes Harz gab.

Die flüssige oxygenirte Salzsäure brachte in der dun-
kelgefärbten Auflösung dieselben Veränderungen hervor.

Das angezeigte Verfahren veränderte also diese Substanz auf eine sehr merkwürdige Art. Die kleine Portion
Sauerstoff, welche sie von der Salpeter- oder oxygenirten
Salzsäure empfängt, nimt ihr alle Auflöslichkeit in Wasser,
die sie vorhin auszeichnete, und nähert sie dem Zustande
eines Harzes. Wir sehen aus diesem Beyspiele, wie leicht
die Natur durch geringe Abänderungen des Verhältnisses,
die wichtigsten und mannichfaltigsten Verschiedenheiten in
den unmittelbaren Producten der Vegetation bewirken könne.

Ich setzte eine Portion dieses schwarzen Ulmensaftes
in einem kleinen Tiegel der Wirkung des Feuers aus; er
verzehrte sich ohne merklichen Rauch, brannte nur einige
Augenblicke mit einer kleinen Flamme, und ließ eine schwammige, aber ziemlich feste Kohle zurück. Diesen Rückstand
zerrieb ich, und setzte ihn von neuem so lange dem Feuer
aus, bis die Kohle beynah gänzlich verzehrt war. Der
Rückstand löste sich bis auf etwas Kohle, gänzlich im Wasser auf, und zeigte alle Eigenschaften des kohlensauren Kali,
dessen Menge nach Verhältniß der angewendeten Substanz
sehr beträchtlich war.

Diese kurze Bemerkungen sind hinreichend, um zu beweisen, daß dieser verdickte Ulmensaft eigentlich zu keinem
der bekannten unmittelbaren Producte des Pflanzenreichs
gehöre. Dem Gummi kommt er indessen dadurch am näch-
sten, daß er fast gar keinen Geschmack hat, sich gänzlich
und leicht im Wasser auflöst, durch Weingeist daraus niedergeschlagen werd, und nach dem Verbrennen eine schwammige Kohle zurückläßt. Auf der andern Seite unterscheidet
er sich gänzlich vom Gummi, weil er gar nicht bindend,
zährig oder schleimig ist, und durch einen geringen Zusatz
von Salpetersäure plötzlich seine ganze chemische Beschaffenheit ändert.

---

7. Ueber die zum Feuerlöschen nöthige Wassermenge.

Den Chemikern werden die Verhandlungen über feuerlö-
schende Mittel noch in frischem Andenken seyn, so wie daß
Herr Van Marum zu beweisen gedachte, daß reines
Wasser eine weit größere feuerlöschende Kraft besitze als die

gerühmten Löschungsmittel, eine viel größere auch, bey
geringerer Menge, als man bisher an ihm gekannt habe [14].

Man scheint dieser Meynung Beyfall gegeben zu haben,
wenigstens ist dagegen bey uns, so viel ich weiß, nicht
erinnert worden; was sie auf die Praxis beym Löschen für
Einfluß gehabt habe, ist mir nicht bekannt. In Holland,
erwähnt Herr van Marum in einem Briefe an Herrn
Berthollet [15], worin er ihm die Veranlassung seiner
Beobachtungen und letztere selbst, die in Frankreich noch
unbekannt waren, erzählt, hat man seitdem die Zahl der
kleinen Handspritzen in einigen Städten sehr vervielfältigt,
die bey uns schon längst ein Stück der Feuerpolizey ausmachen.

In Frankreich wurde Herr Descroizilles der ältere,
Chimiste-Manufacturier zu Lescure bey Rouen, durch
jenes Schreiben veranlaßt, eine Beobachtung mitzutheilen,
die der des Herrn van Marum ganz entgegengesetzt ist [16].
Er bemerkt, daß die Folgerungen des letztern auf einer
Täuschung beruheten, in Hinsicht welcher man sich wundern
müsse, daß sie einem so geschickten Physiker nicht aufge-
fallen sey. Zum Beweise dessen, führt er einen ähnlichen
Versuch an, der in der Nähe von Rouen im Sommer 1788,
also 10 Jahre früher, vor einer zahlreichen Versammlung
angestellt wurde, und worin er beygestanden habe.

Ein Mann, ein Kleidermacher, der aus Paris seyn
sollte, hatte ein getheertes Häuschen, ungefähr von der
Größe und den Dimensionen des van Marum'schen, er-
richtet. An jeder Ecke, in Entfernungen, daß die Flamme
sich nicht mittheilen konnte, stand eine aufgerichtete Theer-
tonne, der der eine Boden ausgeschlagen war. Das Löschen
sollte mit einer Flüssigkeit geschehen, deren Bereitung ge-
heim gehalten wurde. Jedes Faß wurde hintereinander
angezündet und ausgelöscht. Sobald als Descroizilles
das erste Faß auslöschen gesehen hatte, bat er den Mann,

---

14) Man sehe Gren's Neues Journal der Physik Bd. 3
S. 134 — 149. Und über einen großen in Deutschland angestellten Versuch den Reichsanzeiger 1798. Augl. 6 N. 119.

15) Annales de Chimie No. 136. Germ. an XI. T. 46.
P. 3 — 17.

16) Annales de Chimie No. 151. Messidor XII. T. 51.
P. 17 — 35.

cipalbeamten, das Löschen der folgenden mit einer gleich großen Menge reinen, vor Aller Augen geschöpften, Wasser verrichten zu lassen, dessen jener Mann sich aber standhaft weigerte, daher man nicht weiter an seiner Wandbeutelei zweifelte.

Man wartete nun auf den großen Versuch; der Municipalbeamte erklärte, daß er nicht erlauben würde, eher von dem Löschwasser auf das Gebäude zu sprißen, bis man es thunlich erachten würde, was jener sich gefallen lassen mußte. Bald erhob sich eine ungeheure Flamme und Rauch, welche die Baracke einige Minuten den Augen der Zuschauer entzogen. Jeßt bat auch der angebliche Physiker um die Erlaubniß, die Wirksamkeit seines Wassers zu beweisen, die ihm aber nicht zugestanden wurde. Unterdessen sank die Flamme fast plößlich, man sah alle Bretter des Gebäudes blaß und schwarz wie Kohle. Das Feuer hatte das Ansehen, verlöschen zu wollen; Descroizilles war indessen sicher, daß es bald ernster, wiewohl nur anscheinend geringerer Stärke wieder auflodern würde. Mittlerweile war es belustigend, den Versuchmacher sich abarbeiten zu sehen, um die Erlaubniß zum Löschen zu erhalten.

Man hatte sehr gut bemerkt, daß die Flamme nicht eher fast gänzlich sich gesenkt hatte, als bis in dem Augenblick, wo der größte Theil des Theers verbrannt war. Einige Augenblicke vorher war es unmöglich, sich der Baracke ungestraft zu nähern, nachher aber nichts leichter, man konnte sie bequem betrachten. Alles Holz war noch unversehrt, aber mit einer sehr dünnen Lage von Kienruß genau belegt; nichts war wirklich verkohlt, bloß einige Stellen an den Ecken und in den Fugen der Bretter fingen an zu brennen, und von hieraus entzündete sich sodann auch das Holz. Jeßt veränderte die Flamme ihre Farbe, sie breitete sich nach und nach überall aus, indessen war noch keine Stelle gänzlich entzündet, auch war die Flamme, wiewohl klar und helle, doch weit weniger ausgedehnt, und schien weniger heftig zu seyn als im ersten Augenblick; aber bald sahen wir viele Stellen von glühender Kohle. Jeßt wurde die Erlaubniß zum Löschen gegeben, welche jener Mann auch sogleich senftig benuzte; aber jeßt mogte er immer löschen: ein zehn Mahl größerer Vorrath von dem Löschwasser, als nach ihm sonst nöthig, wurde durch die Sprißen erschöpft, die nachher durch Flußwasser in Thä-

tigkeit erhalten wurde. Alle Mühe, alles hinaufgeschleuderte
Waſſer war verloren, die Baracke wurde gänzlich verzehrt.

Seitdem hatte Descroizilles noch öfter Gelegenheit, dieſe Verſuche im Kleinen an ausgeleerten Theertonnen
zu wiederholen, und er bemerkte ſtets, daß im Anfange,
wenn die Flamme am lebhafteſten war, von dem Holze
ſelbſt gar nichts im Feuer ſtand, und daß man eben, nur
dieſen brennenden Theer mit einem kleinen Glaſe voll Waſſer
und durch einen leicht zu lernenden Handgriff beym Ausgießen löſchen könne. Wenn hingegen die Flamme, nachdem ſie beträchtlich ſchwächer geworden, ruhiger und mit
geringerer Ausdehnung als vorher, wieder anhub, wenn ſie
die innere Seite der Dauben einige Linien tief in glühende
Kohle verwandelte: dann bedurfte es viel Waſſer zum
Löſchen, wenn nicht das Faß zuſammenfallen ſollte.

Aus dieſer eben ſo richtigen Erfahrung zieht nun Hr.
Descroizilles folgende, der des Herrn van Marum
entgegengeſetzte Folgerung.

„Es bedarf nur ſehr wenig Waſſers, um die Flamme
„harziger Subſtanzen (und der Analogie nach wahrſchein-
„lich auch der Oele und Fette [17]), die auf der Oberfläche
„von Holz verbreitet ſind, zu löſchen: letzteres leihet An-
„fangs nur einen Schauplatz für die Wirkung des Feuers;
„wenn aber das Holz ſelbſt anfängt zu brennen, dann iſt
„eine große Menge Waſſer unerläßlich nöthig [18]), und man
„muß den Waſſerſtrahl zuſammenhalten, daß er nicht zu
„ſehr ausgebreitet werde“.

Herr Descroizilles warnt noch zuletzt gegen die
eiſernen Heitzröhren, welche ſehr leicht zu Entzündungen
Anlaß geben könnten, wenn die durchgehende Luft feucht
iſt, und dadurch zur Waſſerzerſetzung und Entzündung des
erzeugten Waſſerſtoffgas Gelegenheit gegeben wird. Er hatte
vor 5 Jahren in einer Trockenanſtalt ſeiner Manufactur
ſelbſt einen ſolchen Vorfall; auch zu Saint=Cloud hatte

---

17) Bey dieſen wahrſcheinlich wohl nicht, da ſie ſich erſt
auf dem Siedepunkte entzünden, was bey erſteren nicht der Fall
iſt.   S.

18) Descroizilles erzählt eine Beobachtung, wie man ſchon
ſonſt gemacht hat, nach welcher geringe Mengen Waſſers in einer
gefüllten in Brand gerathenen Scheune den Brand vielmehr vergrößerten.

cipalbeamten, das Löschen der folgenden mit einer gleich
großen Menge reinen, vor Aller Augen geschöpften, Waſ-
er verrichten zu laſſen, deſſen jener Mann ſich aber ſtandhaft
weigerte, daher man nicht weiter an ſeiner Windbeutelei
zweifelte.

Man wartete nun auf den großen Verſuch; der Municipalbeamte erklärte, daß er nicht erlauben würde, eher
von dem Löſchwaſſer auf das Gebäude zu ſpritzen, bis man
es thunlich erachten würde, was jener ſich gefallen laſſen
mußte. Bald erhob ſich eine ungeheure Flamme und
Rauch, welche die Baracke einige Minuten den Augen der
Zuſchauer entzogen. Jetzt bat auch der angebliche Phyſiker
um die Erlaubniß, die Wirkſamkeit ſeines Waſſers zu beweiſen, die ihm aber nicht zugeſtanden wurde. Unterdeſſen
ſank die Flamme faſt plötzlich, man ſah alle Bretter des
Gebäudes bloß und ſchwarz wie Kohle. Das Feuer hatte
das Anſehen, verlöſchen zu wollen; Descroizilles war
indeſſen ſicher, daß es bald ernſter, wiewohl mit anſchei-
nend geringerer Stärke wieder auflodern würde. Mittlerweile war es beluſtigend, den Verſuchmacher ſich abarbeiten
zu ſehen, um die Erlaubniß zum Löſchen zu erhalten.

Man hatte ſehr gut bemerkt, daß die Flamme nicht
eher faſt gänzlich ſich geſenkt hatte, als bis in dem Augenblick, wo der größte Theil des Theers verbrannt war.
Einige Augenblicke vorher war es unmöglich, ſich der
Baracke ungeſtraft zu nähern, nachher aber nichts leichter,
man konnte ſie bequem betrachten. Alles Holz war noch
unverſehrt, aber mit einer ſehr dünnen Lage von Kienruß
genau belegt; nichts war wirklich verkohlt, bloß einige
Stellen an den Ecken und in den Fugen der Bretter fingen
an zu brennen, und von hieraus entzündete ſich ſodann
auch das Holz. Jetzt veränderte die Flamme ihre Farbe,
ſie breitete ſich nach und nach überall aus, indeſſen war
noch keine Stelle gänzlich entzündet, auch war die Flamme,
wiewohl klar und helle, doch weit weniger ausgedehnt,
und ſchien weniger heftig zu ſeyn als im erſten Augenblick;
aber bald ſahen wir viele Stellen von glühender Kohle.
Jetzt wurde die Erlaubniß zum Löſchen gegeben, welche
jener Mann auch ſogleich kräftig benutzte; aber jetzt mogte
er immer löſchen: ein zehn Mahl größerer Vorrath von
dem Löſchwaſſer, als nach ihm ſonſt nöthig, wurde durch
die Spritzen erſchöpft, die nachher durch Flußwaſſer in Thä-

Kohlenstoff und 0,375 Sauerstoff[19]); daher wird auch dadurch das angegebene quantitative Verhältniß geändert, nähmlich: 16,7334. 0,625 = 10,4583 Pfund Kohlenstoff und noch 16,7334. 0,375 = 6,2751 Pfund Sauerstoff.

Die Bestandtheile von 48,4098 Pfund Alkohol werden also folgende seyn:

$$24,3417 + 6,2751 = 30,6168 \text{ Pfund Sauerstoff}$$
$$10,4583 \quad - \quad \text{Kohlenstoff und}$$
$$8,3347 \quad - \quad \text{Wasserstoff.}$$

Reducirt man dies auf 1,0 Theile Alkohol, so hat man folgendes Verhältniß der Bestandtheile desselben:

$$\frac{30,6168}{49,4048} = 0,61965 \text{ Sauerstoff}$$

$$\frac{10,4583}{49,4098} = 0,21166 \text{ Kohlenstoff}$$

$$\frac{8,3347}{49,4098} = 0,16869 \text{ Wasserstoff.}$$

B.

Der Zucker besteht nach Lavoisier aus 0,64 Sauerstoff, 0,28 Kohle und 0,08 Wasserstoff; jene 0,28 Kohle bestehen aber eigentlich aus 0,28. 0,625 = 0,175 Kohlenstoff, und aus 0,28. 0,375 = 0,105 Sauerstoff, daher stehen die Bestandtheile des Zuckers in folgendem quantitativen Verhältnisse:

$$\text{Sauerstoff } 0,64 + 0,105 = 0,745$$
$$\text{Kohlenstoff} \quad - \quad - \quad - = 0,175$$
$$\text{Wasserstoff} \quad - \quad - \quad - = 0,080.$$

C.

Nach demselben besteht das Olivenöl aus 0,79 Kohle und 0,21 Wasserstoff; 0,79 Kohle aber bestehen aus 0,79. 0,625 = 0,49375 Kohlenstoff, und 0,79. 0,375 = 0,29625 Sauerstoff; daher besteht das Olivenöl aus:

$$0,49375 \quad - \quad - \quad \text{Kohlenstoff}$$
$$0,29625 \quad - \quad - \quad \text{Sauerstoff und}$$
$$0,21000 \quad - \quad - \quad \text{Wasserstoff.}$$

D.

Das Wachs besteht nach ihm aus 0,8228 Kohle und

---

19) Angenommen nähmlich den Diamant als reinen Kohlenstoff und die Kohle nach Guyton als oxydirten Diamant. G.

9. Vortheilhafte Abänderung des gewöhnlichen Glasrohrs.

Beschrieben von

Don Eric Raezen [20].

Das neue Glasrohr besteht aus einer starken dichten Schlauch-
blase mit einem langen beweglichen Rohre, welches in dem
einen Ende der Blase befestigt und eben mit einem Mund-
stücke versehen ist; auch auf der Blase, nahe an dem andern Ende, ist auch eine Oeffnung, woraus ein messingenes
Rohr hervorgeht, eben mit einem Schraubengange versehen, worin eine gebogene Röhre geschrieben wird, deren
Spitze man in der Nacht der Lampe stellt. Will man
hiermit einen Versuch machen, so setze man sich an die
Seite eines Tisches, in den man ein Loch gebohret hat,
woraus das messingene Rohr hervorgeht, welches die Mund-
gangröhre aufnimt, fülle die Blase mit Luft an, und drücke
beyde Seiten der Blase gelinde mit den Knieen; so strömt
so viel Luft heraus, als man zu einem Feuer gebraucht,
und man kann durch abwechselndes Zublasen die nöthige
Luft in der Blase erhalten. Die Vortheile dieses Blase-
rohrs sind: 1) daß es einen beständigen gleichen Luftstrom
giebt, so stark wie man ihn haben will, welches vom Druck
der Kniee abhängt; 2) daß die Lungen nicht so angegriffen
werden, da man ruhen kann; 3) daß des Körpers Stellung
zwangloser ist; 4) beyde Hände frey sind; 5) daß das
Wasser sich in der Blase sammlet; 6) die Kosten gering sind
sind. Jeder sich dessen bedienen kann, da es sonst schwer
ist, das ununterbrochene Blasen zu lernen.

[20] Kgl. Vetenskaps academ. nya Handlingar. Erster
Quartal, aufgezogen v. Dresfen.

10. Analyse einer Flüssigkeit, welche dazu dient,
        Zeuge wasserdicht zu machen.
            Von Vauquelin*).

Seit einigen Jah
sonen mit Erfolg damit
                        der
                        chtig
fahrens machten bisher aus
Geheimniß; man konnte bloß
fettes Oel die Basis ihrer Re

seh
sey
worden.
        1. Versuch.
                8
                            auf ein
                            be u
                            Kar
                        die
                    so mü
                    erbund
                        war, enthalten seyn. Das
eines
tigte
aus dem Geschmack vermuthen konnte;
Seite aber erregte auch Ammonium einen
halbbu
etwas
setzung

11) Aus dem Bulletin des Sciences de la Soc. phil. Prair.
an XII. Nro. 87. P. 210 — 212.

zu Folge, des Säureüberschusses ungeachtet, also auch etwas Thonerde bey seiner Fällung mit sich vereinigt, und
die Substanz, welche die Zeuge wasserdicht macht ist demnach nicht bloßes Oel, sondern eine Verbindung desselben
mit etwas Thonerde, wahrscheinlich auch etwas Leim.

6. Versuch. Die von Oel, Thonerde und thierischer
Substanz befreyete Flüssigkeit gab durch langsames Verdunsten bloß Krystalle von schwefelsaurem Natrum und Kali.

7. Versuch. Vauquelin zerlegte die Flüssigkeit
auch auf folgende Art: Er fällte die Thonerde und das
Oel durch Kalkwasser; der gesammelte, gewaschene und cal-
cinirte Niederschlag ließ Thonerde und Kalk zurück. — Die
von diesen Substanzen befreyete und bis auf einen gewissen
Punct abgerauchte Flüssigkeit gab schwefelsauren Kalk, eine
gewisse Menge, durch das Abdampfen unauflöslich gewor-
dener, thierischer Substanz, und endlich schwefelsaures Natrum und Kali, die noch etwas auflöslichen thierischen Leim
enthielten.

Vauquelin glaubt, daß jene Flüssigkeit (mit Vorbe-
halt des auszumittelnden Verhältnisses) etwa auf folgende
Art bereitet worden. Man hat Seife und Tischlerleim in
Wasser aufgelöst und dann eine Auflösung von Alaun zugesetzt, welcher durch seine Zersetzung in der Flüssigkeit einen
flockigen aus Oel, Thonerde und thierischer Substanz bestehenden Niederschlag bildete; nachher setzte man verdünnte
Schwefelsäure zu, um einen Theil Thonerde wieder aufzulösen, den Niederschlag locker zu machen und ihn zu hindern, sich abzusetzen. Die einmahl mit Oel und thierischer
Substanz verbundene Thonerde indessen läßt sich durch
Schwefelsäure nicht völlig wieder auflösen, daher bleibt das
Oel immer sehr undurchsichtig und fällt weder ganz zu
Boden, noch kommt es auf die Oberfläche. Es ist leicht
zu begreifen, daß man nicht zu viel Säure zusetzen müsse.
V. hat auf diese Weise wenigstens eine ganz ähnliche Flüs-
sigkeit, die gleiche Eigenschaften besaß, zusammengesetzt [22].

---

22) Man vergleiche hier Fischer's Neue chemische Er-
findungen rc. 1802. Wien bey Schalbacher S. 268 u. f.

Tab. I.

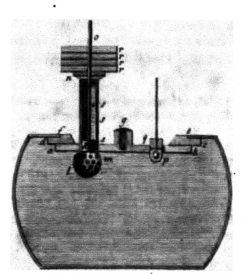

Fig. 1.

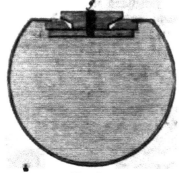

Fig. 2.

Fig. 3.

Fig. 4.

Neues

allgemeines

Journal

der

Chemie.

———⊶•⊷———

Zweyten Jahrganges

Zehntes Heft.

———⊶∞⊷———

Vierten Bandes Viertes Heft.

———⊶•⊷———

I. Abhandlungen.

13.

Versuche und Beobachtungen über die Bestandtheile einiger zusammenziehenden Substanzen und ihre Wirkung beym Gerben.

Von Humphry Davy.

Uebersetzt [2] von A. F. Gehlen.

Die Gerbekunst oder die verschiedenen Verfahrensarten, die rohen Häute in Leder umzuändern, war seit Jahrhunderten nur das Resultat der Erfahrung und einer blinden Praxis. Seit wenigen Jahren erst haben die Entdeckungen der Chemiker und Seguin's Arbeiten über diese interes-

---

1) Aus der franz Uebersetzung von Davy's Abhandl. in den Philosophical Transact. 1803 in den Annales des Arts No. 52 und 53 Messidor und Thermidor XII. Tome XVIII. P. 54 — 82 und 136 — 165; verglichen mit dem Auszuge in der Bibl. britannique, Sciences et arts. No. 204. Vol. 26. No. 2. an XII. P. 158-172.

Z 2

sante Kunst großes Licht verbreitet. Letzterer entdeckte jene eigenthümliche vegetabilische Substanz, den Gerbestoff, der beym Gerben wesentlich ist, und die Eigenschaft besitzt den Leim aus seinen Auflösungen zu fällen. Außer ihm lehrte uns Proust viele Eigenschaften dieser besondern Substanz kennen und brachte, so wie die Arbeiten anderer Chemiker, uns in der Kenntniß der Bestandtheile der abstringirenden Gewächse weiter. Aber demungeachtet ist dieser Gegenstand noch lange nicht erschöpft. Die Verwandtschaften des Gerbestoffs sind nur noch wenig bekannt, und die Art wie seine Wirkung auf thierische Substanzen durch die Verbindung mit andern Stoffen modificirt wird, ist noch fast gar nicht untersucht worden.

Auf Veranlassung der Königl. Gesellschaft zu London unternahm Herr Davy eine Reihe von Versuchen über die zum Gerben angewandten Substanzen, wodurch er auf allgemeinere Untersuchungen über die chemische Analyse der verschiedenen gerbestoffhaltigen vegetabilischen Substanzen und ihre besondern Eigenschaften geleitet wurde. Seine Abhandlung zerfällt in fünf Abtheilungen: die erste enthält seine Verfahrensart in Zerlegung der Auszüge zusammenziehender Substanzen; die zweyte, dritte und vierte enthalten die Anwendung dieser Methode auf die Auszüge von Galläpfeln, Catechu und verschiedenen Rindenarten; die fünfte enthält allgemeine Betrachtungen.

I.

Gerbestoff, Galläpfelsäure und Extractivstoff hat man als die gewöhnlichsten Bestandtheile der Aufgüsse zusammenziehender Substanzen angenommen.

Den Gerbestoff erkennt man durch die Fällung der Leimauflösung; färbt die von dem Niederschlage abfiltrirte Flüssigkeit eine oxydirte Eisenauflösung schwarz, und giebt sie mit einer Auflösung von Alaun, oder von salzsaurem Zinn sogleich einen Niederschlag, so schließt man daraus, daß sie Galläpfelsäure und Extractivstoff enthalte.

Die Untersuchungen Fourcroy's, Vauquelin's und Seguin's haben gezeigt, daß viele zusammenziehende Auflösungen durch Aussetzen an die Luft eine Veränderung erleiden, indem sich eine unauflösliche Substanz niederschlägt. Auch die Wärme verursacht einen Niederschlag und diese Umstände machen es äußerst schwer, das Verhältniß ihrer Bestandtheile, so wie sie in ihrer anfänglichen Verbindung vorhanden sind, mit Genauigkeit anzugeben.

Nachdem mehrere Methoden zur Bestimmung des in einem adstringirenden Aufguß befindlichen Gerbestoffs versucht worden, fand D. zuletzt, daß die gewöhnliche, vermittelst der Fällung durch Leimauflösung, die sicherste sey. Dieses Verfahren erfordert aber mehrere Vorsichtsmaßregeln: der Gerbestoff, wie man weiterhin erfahren wird, gebraucht zwar in verschiedenen Gewächsen verschiedene Mengen von Leim zu seiner Sättigung, oder auch bey derselben Substanz ist die Menge des durch Filtriren erhaltenen Niederschlags nicht immer den Eigenschaften des darin befindlichen Gerbestoffs und der Menge der angewandten Leimauflösung angemessen, sondern diese hängt auch von dem Grade der Stärke der Leimauflösung und des adstringirenden Aufgusses ab. Je mehr die Leimauflösung verdünnt war, desto weniger betrug der aus demselben Aufgusse erhaltene Niederschlag; eben so auch umgekehrt, wenn Leimauflösung von derselben Stärke in einen mehr oder weniger verdünnten Aufguß gethan wurde. In solchen Fällen blieb die Flüssigkeit immer trübe, wenngleich sie zwey bis drey Mahl filtrirt wurde, was zu beweisen scheint, daß das Fehlende in einem feinzertheilten Zustande in der Flüssigkeit schweben blieb.

Die zu gebrauchende Leimauflösung muß demnach frisch und so gesättigt seyn, als es ohne Gefahr ihrer Gerinnung Statt finden kann, denn in geronnenem Zustande wirkt sie nur sehr schwach auf den Gerbestoff. Da dies mit von dem Grade der Temperatur abhängt, so wandte D. sie in seinen Versuchen immer bey einer Temperatur von 60° — 70° F. an, und bereitete die Auflösung aus 120 Gran Fischleim in 20 Unzen Wasser. Die Auflösung muß nicht im Uebermaß zugesetzt werden, denn in diesem Fall löst sich ein Theil des Niederschlags wieder auf und macht das Resultat unsicher; durch Untersuchung kleiner abfiltrirten Proben muß man den rechten Punct zu treffen suchen.

Um mit hinreichender Bestimmtheit die Mischung eines aus Gerbestoff und Leim bestehenden Niederschlags angeben zu können, muß sowohl der Leim als der Niederschlag immer auf einem gleichen Grade von Trockenheit angewandt werden, wozu sich Davy der künstlichen Wärme von 150° F. bediente. Er fand, daß 100 Gran ganz trockner Fischleim 98 im Wasser auflösliche Theile enthalten, und man kann nun aus der Differenz zwischen der Quantität des zur Fällung aufgegangenen Leims und des erhaltenen Niederschlages das Verhältniß von Leim und Gerbestoff in demselben berechnen.

lösung durch Scheidung dieser beyden Substanzen zu bestimmen, aber ohne Erfolg. Es ist unmöglich irgend eine Quantität von Extractivstoff durch die Wirkung der Luft und Wärme ganz unauflöslich zu machen, ohne nicht auch zu gleicher Zeit einen Theil Galläpfelsäure zu zersetzen, eben so wenig kann diese Säure sublimirt werden, ohne daß sie sich zum Theil zerstöre, und der Extractivstoff in der dazu nöthigen Temperatur gänzlich in neue Substanzen umgeändert werde. — Aether löst zwar die Galläpfelsäure auf und greift den Extractivstoff nicht an; wenn aber letzterer in großer Menge gegenwärtig ist, so gelingt diese Scheidungsmethode nicht, weil er durch seine chemische Masse die Säure so fest hält, daß der Aether sie ihm nicht entziehen kann. — Die Thonerde hat eine sehr starke Verwandtschaft zum Extractivstoff, zur Galläpfelsäure aber eine in Vergleich nur geringe. Wenn man kohlensaure Thonerde einige Zeit durch mit einer Auflösung von Extractivstoff sieden läßt, so nimt sie diesen vollständig auf, und bildet damit ein unauflösliches Gemisch, aber dieses enthält auch etwas Galläpfelsäure, und die übrige ist immer mit etwas Thonerde verbunden.

Da Hr. Davy nun die Galläpfelsäure und den Extractivstoff nie vollkommen von einander trennen konnte, so suchte er sich wenigstens eine annähernde Kenntniß von den relativen Mengen derselben durch thonerdige Salze und oxydirte Eisenauflösungen zu verschaffen. Die salzsaure Thonerde schlägt viel Extractivstoff nieder, ohne sehr merklich auf die Galläpfelsäure zu wirken, und über die Menge dieser kann man dann nach der Farbe urtheilen, welche

2.

Die stärkste Infusion, welche Davy erhalten konnte, indem er destillirtes Wasser wiederholt auf zerstoßne Galläpfel von der besten Beschaffenheit goß, und bey 56° F. bis zur vollkommenen Sättigung darüber stehen ließ, hatte ein spec. Gew. von 1,068. Bey einer Temperatur unter 200° F. verdunstet, gaben 400 Gr. dieses Aufgusses 53 Gr. fester Substanz, welche, so viel man nach der eben so schriebenen Zerlegungsart beurtheilen konnte, nahe aus 0,9 Gerbestoff oder durch Gallerte fällbarer Substanz, und 0,1 Galläpfelsäure mit etwas Extractivstoff bestanden.

100 Gran durch Abdampfen erhaltener Rückstand, ließen 4¼ Gr. Asche, die vorzüglich aus Kalkerde mit etwas Alkali bestand. Der Aufguß röthete stark das Lacmuspapier; er war halbdurchsichtig und von gelblich brauner Farbe; sein Geschmack war sehr zusammenziehend.

Herr Davy untersucht jetzt das Verhalten der Schwefelsäure und Salzsäure zu dem Galläpfelaufguß, was wir übergehen können, da es von Trommsdorff ausführlich und mit größerer Genauigkeit geschehen ist (s. dieses Journal Bd. 3 S. 137 — 141). Proust glaubte, daß die dadurch erhaltenen Niederschläge aus der Säure und Gerbestoff bestünden; Davy vermuthet außerdem noch Galläpfelsäure und etwas Extractivstoff darin.

Concentrirte Salpetersäure machte den Aufguß trübe; der gebildete Niederschlag aber wurde unmittelbar darauf mit Aufbrausen wieder aufgelöst, und die Flüssigkeit wurde dann klar und oranienfarben. Bey Untersuchung derselben fand sich, daß der Gerbestoff und die Galläpfelsäure

reßig zersetzt waren, konnte man erhielt weder mit Eisenauflösung noch mit Leimauflösung, selbst nicht nach Sättigung der Salpetersäure mit Alkali, einen Niederschlag.
Durch Verdunstung eines Theils der Flüssigkeit wurde eine
weiche Substanz von gelblichbrauner Farbe und herben
herben Geschmack erhalten, welche im Wasser auflöslich, wie
die in Salpetersalzsäure aufgelöste Zink und die salpetersäure Thonerde füllte, sich also in ihren Eigenschaften dem
Gerbestoff näherte, wahrscheinlich aber auch Kleesäure
enthielt, da sie eine Auflösung des salzsauren Kalks trübte.
Verdünnte Salpetersäure verhält sich auf gleiche Art, wie
die Schwefel- und Salzsäure.

Es wurde eine Auflösung von kaustischem Kali in
Galläpfelaufguß gegossen. Anfangs bemerkte man ein trü-
bes Ansehen; durch Umschütteln aber wurde die Flüssigkeit
klar, und ihre Farbe veränderte sich aus dem Bräunlichen
in das Braunrothe um, welche letztere Farbe, wenn die
Auflösung der Atmosphäre ausgesetzt war, lebhafter wurde.
Leimauflösung bewirkte in dem mit Kali versetzten Aufguß
nicht eher einen Niederschlag, bis eine Säure im Ueberma
zugesetzt worden war. Durch das Abdampfen desselben
wurde eine olivenfarbene Masse erhalten, die einen schwachen alkalischen Geschmack besaß und langsam Feuchtigkeit
aus der Luft anzog. — Natrum veränderte den Aufguß
auf gleiche Art wie das Kali.

Flüssiges Ammonium bewirkte gleiche Farbenveränderung,
und ging ebenfalls eine so genaue Vereinigung mit dem
Gerbestoff ein, daß Leimauflösung keinen Niederschlag bewirkte. Wie die gemischte Flüssigkeit der Wärme des

siedenden Wassers ausgesetzt wurde, so entwich ein Theil
des Ammonium; ein anderer Theil wirkte dergestalt auf
den Aufguß, daß seine Beschaffenheit wesentlich verändert
wurde: es bildete sich eine große Menge unauflöslicher
Materie, und die überstehende Flüssigkeit enthielt nur wenig Gerbestoff und Galläpfelsäure, aber eine beträchtliche
Menge einer Substanz, welche das salzsaure Zinn und die
thonerdigen Salze fällte. Geschah das Sieden in verschlossenen Gefäßen, so enthielt die überstehende Flüssigkeit das
Ammonium, sie besaß eine schwache gelbe Farbe, und wurde
nach Sättigung mit einer Säure durch Eisenauflösung nur
sehr schwach verändert, übrigens war sie der vorigen gleich

Wurde in Galläpfelaufguß Kalk=, Strontion=, oder
Barytwasser gegossen, so entstand ein reichlicher olivenfar-
bener Niederschlag, und die Flüssigkeit wurde fast ganz hell
und von röthlicher Farbe. Der Gerbestoff, die Galläpfelsäure und der Extractivstoff schienen zugleich niedergeschlagen zu seyn, denn die rückständigen Flüssigkeiten gaben nach
Sättigung mit einer Säure keinen Niederschlag mit Leimauflösung, und mit oxydirtem schwefelsaurem Eisen nur
eine schwache Purpurfarbe.

Wurden die Auflösungen der alkalischen Erden nur in
geringer Menge angewandt, so daß der Aufguß im Uebermaß vorhanden war, so entstand ein geringerer Niederschlag
und die rückständige Flüssigkeit war olivengrün. Am dun-
kelsten war diese Farbe bey Anwendung des Baryts, und
am hellsten in dem Versuch mit Kalk. Bey der Untersuchung zeigte sich in der Flüssigkeit eine Verbindung von
Galläpfelsäure mit der alkalischen Erde; auf den Zusatz von

standen waren, wovon die eine, im Wasser auflöslich, vorzüglich Galläpfelsäure, die andere, sehr schwerauflöslich, hauptsächlich Gerbestoff enthielt.

Die Thonerde wurde durch Kochen in dem Aufguß grau und man erhielt eine weiße klare Flüssigkeit, welche in Eisenauflösung nur eine sehr schwache Purpurschattirung bewirkte. Wurde jedoch die Erde in nur kleiner Menge angewandt, so bildete sie nur mit dem Gerbestoff und dem Extractirstoff ein unauflösliches Gemisch und die überstehende Flüssigkeit enthielt dann galläpfelsaure Thonerde mit Säureüberschuß.

Das durch Salpetersäure erhaltene Zinnoryd und Zink oryd wurden, jedes besonders, während zwey Stunden mit Aufguß gekocht. In beyden Fällen erhielt man eine klare, reinem Wasser ähnliche Flüssigkeit, und die Oryde nahmen eine schlechte gelbe Farbe an. Ein Theil von jedem wurde in Salzsäure aufgelöst; die Auflösung war gelb, sie fällte reichlich die Auflösung der Gallerte und gab mit Eisensalzen ein dunkles Schwarz. Proust, der zuerst die Wirkung des Zinnorydes auf die zusammenziehenden Aufgüsse bemerkte, nimt an, daß der Gerbestoff und die Galläpfelsäure in diesem Processe zum Theil zersetzt oder durch den Sauerstoff des Orydes in neue Substanzen umgeändert worden. Die eben erzählten Beobachtungen scheinen indeß diese Annahme nicht zu bestättigen.

Deyeux bemerkte, daß die Auflösungen der kohlensauren Alkalien in dem Galläpfelaufguß einen reichlichen

wurde trübe, es setzte sich ein Niederschlag ab und die rückständige Flüssigkeit wirkte nun auf Gallertauflösung und auf Eisensalze eben so wie der erste Aufguß.

Durch Destillation des vermittelst kohlensauren Kali aus dem Galläpfelaufguß erhaltenen Niederschlages erhielt Deyeux Krystalle von Galläpfelsäure. Davy bekam durch das dasselbe Verfahren ein gleiches Resultat.

Wurde der Niederschlag mit vielem heißem Wasser behandelt, so löste er sich darin größten Theils auf; ein Theil davon aber blieb zurück, der gänzlich unauflöslich war, und dessen Eigenschaften sich von denen des ganzen Niederschlags sehr verschieden zeigten. Alkohol wirkt gar nicht darauf, Salzsäure löst ihn zum Theil auf und die Auflösung fällt die Gallerte und die Eisenauflösungen; durch Einäscherung gab er eine große Menge Kalk, aber kein Alkali.

Vergleicht man diese Thatsachen, so scheint der Niederschlag in dem Galläpfelaufguß aus Gerbestoff und Galläpfelsäure zu bestehen, die theils mit Kali, theils mit Kalkerde verbunden sind; und die Prüfung der gleich zu erzählenden Thatsachen macht es wahrscheinlich, daß sowohl das Kali als Natrum in diesen Gemischen in Verbindung mit Kohlensäure vorhanden sind.

Die Auflösungen des kohlensauren Natrum und des kohlensauren Ammonium fällten den Galläpfelaufguß auf ähnliche Art, wie das kohlensaure Kali und beide Niederschläge ließen nach der Behandlung mit siedendem Wasser eine kleine Menge unauflöslicher Substanz, die vorzüglich aus Gerbestoff und kohlensaurem Kalk zu bestehen schien,

Die

Der ganze, durch kohlensaures Natrum erhaltene, Nie=
berschlag, gab durch Einäscherung kohlensaures Natrum und
kohlensauren Kalk. Das durch kohlensaures Ammonium be=
wirkte Präcipitat gab, wenn man es in einer mit Vorlage
versehenen Retorte, einer den Siedepunkt des Wassers er=
reichenden Hitze aussetzte, kohlensaures (im Retortenhalse
krystallisirtes) Ammonium und eine gelbliche Flüssigkeit,
welche den starken Geruch und den Geschmack dieses Al=
kali besaß. Die nach der Destillation rückständige Substanz
war dunkelbraun; kaltes Wasser löste sie sogleich zum Theil
auf und die Auflösung wirkte auf die Gallerte. Die Flüs=
sigkeiten, die über den, durch das kohlensaure Natrum und
Ammonium bewirkten, Niederschlägen standen, verhielten sich
ganz wie beym kohlensauren Kali.

Der Galläpfelaufguß enthält demnach in seinem ur=
sprünglichen Zustande eine kalkerdige Verbindung, welche
durch die milden Alkalien, vereinigt mit einem Theil der
vegetabilischen Substanz, als ein unauflösliches Gemisch
gefällt wird. Die Alkalien selbst treten dabey mit dem
übrigen Gerbestoff und der Galläpfelsäure in eine Verbin=
dung, die sich zum Theil niederschlägt, zum Theil aufge=
löst bleibt.

Wurden die künstlichen kohlensauren Verbindungen des
Kalks, der Talkerde und des Baryts, jede besonders, mit
Galläpfelaufguß einige Stunden gekocht, so verbanden sie
sich mit dem Gerbestoff desselben zu unauflöslichen Gemi=
schen, und in allen Fällen erhielt man eine dunkelgrüne
Flüssigkeit, welche, selbst nach Zusaz von Säure, die Auf=

lösung von Gallerte nicht fällte, in Eisenauflösungen aber eine dunkelschwarze Farbe bewirkte [4]).

Erhitzte man feingepülverten schwefelsauren Kalk, es mogte natürlicher oder künstlich bereiteter seyn, lange mit etwas Galläpfelaufguß, so verband er sich mit dem darin befindlichen Gerbestoff, und erhielt eine schwache braune Farbe. Die Flüssigkeit wurde blaugrün und wirkte auf die Eisensalze, aber nicht auf die Gallerte; man kann mit gutem Grund annehmen, daß sie eine dreyfache Verbindung aus Galläpfelsäure, Schwefelsäure und Kalk aufgelöst hielt.

Herrn Proust verdankt man die Entdeckung, daß die Auflösungen verschiedener Neutralsalze den Galläpfelaufguß fällen; er nimt an, daß die Fällung von der Verbindung derselben mit einem Theil des Wassers, so die vegetabilische Substanz aufgelöst hielt, herrühre. Bey der Prüfung der durch Alaun, Salpeter, essigsaures Kali, salzsauren Baryt und Kochsalz erhaltenen Niederschläge fand Davy, daß sie bis auf einen gewissen Punct in Wasser auflöslich waren und die Eigenschaft besaßen, auf die Gallerte zu wirken; den Producten zu Folge aber, welche sie bey der Einäscherung und bey der Destillation geben, glaubt er, daß sie einen Antheil Galläpfelsäure und Extractivstoff und des zur Fällung angewandten Salzes enthielten.

Bekanntlich bewirken viele Metallauflösungen dicke Niederschläge in dem Galläpfelaufguß. Man hat allgemein angenommen, daß diese aus dem Gerbe = und Extractivstoff

---

4) Man sehe über die verschiedene Wirkung der reinen und kohlensauren Erden auch dieses Journ. B. 1 S. 567, 569 und das gleiche über das Verhalten der Alkalien zum reinen Gerbestoff Trommsdorff's oben angeführte Abhandlung.   T.

oder auch aus diesen beyden und Galläpfelsäure in Verbindung mit Metalloxyd beständen. Mehrere Beobachtungen
in solchen Niederschlägen aber, die durch Eisen= und Zinn=
salze bewirkt waren, lehrten Davy, daß sie immer auch
noch einen Antheil Säure aus der zur Fällung angewand=
ten Metallauflösung enthielten.

Wenn man einem Galläpfelaufguß so lange Zinnauflö=
sung zugesetzt hatte, bis kein Niederschlag mehr erfolgte,
so wirkte die abfiltrirte Flüssigkeit doch noch auf die Gal=
lerte; sie schien keine überschüssige Säure zu enthalten, denn
sie gab mit kohlensaurem Kali einen Niederschlag ohne
Aufbrausen zu bewirken. Wurde der erhaltene Niederschlag
nachher nach Proust's Angabe durch Schwefelwasserstoff
zersetzt, so röthete die erhaltene Auflösung stark das Lac=
muspapier und fällte das salpetersaure Silber reichlich, wo=
gegen der unveränderte Aufguß es nur schwach trübte, so
daß also sicher Salzsäure in dem Niederschlage befindlich
gewesen seyn muß.

Wurde die schwarze trübe Flüssigkeit, welche durch
überflüssig zugesetztes oxydirtes schwefelsaures Eisen zum
Galläpfelaufguß entstanden war, durch feingepülverten, in
vierfaches Filtrirpapier geschütteten Kiesel filtrirt, so erhielt
Davy eine schwach olivengrüne Flüssigkeit, in welcher sich
keine überschüssige Schwefelsäure befand, und die er für
eine Auflösung des galläpfelsauren Eisens mit Ueberschuß
von schwefelsaurem Eisen ansah. Es ist schon oben erinnert,
daß, wenn die Galläpfelsäure nur in geringer Menge vor=
handen ist, die oxydirten Eisenauflösungen dadurch nicht
gefällt werden, und Herr Proust nimmt in seiner scharfsin=

nigen Abhandlung über die verschiedene Grade der Oxydation
der Eisensalze an, daß bey Bildung der Tinte ein Theil des
mit Galläpfelsäure verbundenen Eisenoxydes von der Schwefelsäure des schwefelsauren Eisens aufgelöst werde, was mit
der Meynung, daß sie eine dreyfache Verbindung bilden,
nahe übereinkommt, und wenn man über die gemeinschaft-
lichen Erscheinungen in diesen Processen nachdenkt, so scheint
es sich ganz natürlich zu ergeben, daß bey der Fällung
des Gerbestoffs durch Zinn = und Eisensalze sich ein Gemisch
aus dem erstern und den letztern bilde, von welchen Gemischen das mit dem Zinn gebildete im Wasser schwach
auflöslich ist, wogegen das durch eine Eisenauflösung entstandene fast gänzliche Unauflöslichkeit besitzt.

Bey Prüfung der Wirkung der thierischen Substanzen
auf den Galläpfelaufguß, um die Mischung der Verbindungen von Gallerte oder thierischer Haut mit dem Gerbestoff
zu bestimmen fand Davy, daß eine wohlgesättigte Auflösung von Gallerte, welche die auflösliche Substanz von
50 Gran Leim enthielt, in dem Aufguß einen Niederschlag
bewirkte, der beynahe 91 Gran wog; und in einem andern
Versuche gab eine, 30 Gran Leim enthaltende, Auflösung
ungefähr 56 Gran: so daß, wenn man ein Mittelverhältniß nimt, und die kleine Menge im Leim befindlicher unauflöslicher Substanz in Rechnung bringt, 100 Gran des
durch Fällung einer gesättigten Auflösung gebildeten Gemi-
sches von Gallerte und Gerbestoff, als aus ungefähr 54 Gr.
der erstern und 46 Gr. der letztern zusammengesetzt angesehen werden können.

Ein Stück gut getrockneter, von aller fremdartigen
Substanz vollkommen befreieter Kalbshaut, 180 Gran an

Gewicht, wurde, nachdem sie durch langes Einweichen in Wasser zum Gerben vorbereitet war, in Galläpfelaufguß, welchem sie drey Wochen durch ausgesetzt blieb, gegerbt. Das Leder wog trocken 295 Gr.: so daß, wenn man diesen Versuch als genau annimt, das vermittelst eines Galläpfelaufgusses schnell gegerbte Leder in 100 aus 61 Haut und 39 vegetabilischer Substanz bestehe.

Nachdem ein Theil Aufguß durch wiederholte Einwirkung von Haut alles Gerbestoffs beraubt worden, so zeigte sich, daß sie mit oxydirtem schwefelsauren Eisen eine weit schwächere Farbe gab, als ein gleicher Theil desselben Aufgusses; welcher unmittelbar durch Leimauflösung gefällt worden; Davy ist indessen geneigt, diesen Erfolg nicht so wohl irgend einer Absorbtion der Galläpfelsäure durch die Haut, als vielmehr der lange dauernden Einwirkung der Atmosphäre zuzuschreiben; denn während des Processes des Gerbens wurde viel unauflösliche Substanz gefällt und der Rückstand enthielt etwas Essigsäure.

In Hinsicht der Menge des Gerbestoffs fand er daß 100 Gran gute Aleppische Galläpfel, durch mehrmahliges Ausziehen mit reinem Wasser, bis ihre auflöslichen Bestandteile erschöpft waren, und nachheriges langsames Verdunsten bis zur Trockne 185 Gr. festen Rückstandes gaben, welcher auf folgende Art zusammengesetzt zu seyn schien.

Gerbestoff — — — 130 Gr.

Schleim und durch das Verdunsten unauflöslich gewordene Substanz — 12 —

Galläpfelsäure mit etwas Extractivstoff 31 —

Rückständige Kalkerde und Salze — 12 —

185 Gr.

Die zuletzt erhaltenen Auszüge aus den Galläpfeln sind, wie bereits Deveux beobachtet hat, blaßgrün. Davy glaubt, daß sie hauptsächlich eine schwache Auflösung des Kalks sind; die nach Ausziehung aller auflöslichen Bestandtheile eingeäscherten Galläpfel, geben eine sehr beträchtliche Menge Kalkerde.   Er bemerkte die von Deveux an den letzten Auszügen der Galläpfel wahrgenommene Eigenschaft, durch Säuren roth zu werden und vermittelst Alkalien die grüne Farbe wieder anzunehmen, mehr oder weniger auch an allen auflöslichen Gemischen aus den Galläpfeln, wenn sie Galläpfelsäure und Kalk enthielten.

3.

Von dem sogenannten Catechu, welches durch Kochen und nachheriges Abdampfen der Absüde des Holzes einer in Indien häufig wachsenden Mimosenart erhalten werden soll, giebt es zwey Sorten, wovon eine aus Bombay die andere aus Bengalen kommt, die aber mehr durch ihr äußeres Ansehen, als durch ihre chemische Beschaffenheit verschieden sind.   Die erstere ist durch und durch gleichförmig und von braunrother Farbe, ihr specifisches Gewicht beträgt im Durchschnitt ungefähr 1,39.   Das Catechu aus Bengalen ist nicht so fest, sondern zerreiblicher; äußerlich besitzt es eine Chocolatefarbe, auf dem Bruche aber zeigt es chocolatefarbene und braunrothe Adern; sein specifisches Gewicht beträgt beynahe 1,28.   Der Geschmack beyder ist ganz gleich, zusammenziehend, hinten nach aber süßlich. An der Luft zerfließen sie weder noch erleiden sie sonst eine sichtliche Veränderung.

Der Ritter Banks, Präsident der königl. Gesellschaft

der Wissenschaften in London, welcher aus den Eigenschaften Catechu vermuthete, daß es Gerbestoff enthielt, und
zum Gerben anwendbar seyn würde, theilte Herrn Davy
eine Quantität von beyden Sorten zur chemischen Prüfung
mit. Dieser fand in seinen ersten Versuchen, daß die Auflösungen desselben die Gallerte sehr häufig fällten, und
Häute schnell dadurch gegerbt wurden, und beschäftigte sich
nachher mit der Untersuchung seiner übrigen Eigenschaften,

Von beyden Arten desselben weichen die stärksten Auszüge und Absüde in ihrer Beschaffenheit nicht merklich von
einander ab. Ihre Farbe ist dunkel braunroth, und diese
Farbe theilen sie auch Papier mit; Lacmuspapier wird
dadurch schwach geröthet. Ihr Geschmack ist ausnehmend
zusammenziehend, dagegen zeigen sie keinen merklichen
Geruch. Die stärksten, bey 48° F. erhaltenen, Aufgüsse
hatten von beyden Arten Catechu ein spec. Gewicht von
1,057. Durch langes Sieden aber wurden Auflösungen
erhalten, welche ein eigenthümliches Gewicht von 1,102
besaßen, und durch Abdampfen mehr als ½ ihres Gewichts
an festen Rückstande gaben. Von dem stärksten Aufgusse
dagegen hinterließen 500 Gr. nur 41 Gr. festen Rückstand,
welche aus 34 Gran Gerbestoff, oder durch Gallerte fällbarer Substanz, und 7 Gran eines besondern Extractivstoffs, wovon weiterhin die Rede seyn wird, bestand.
Beyde Arten von Catechu stimmten in der Menge und
Beschaffenheit dieses Rückstandes überein. Beym Einäschern
gab derselbe eine Asche, welche kalkerdiger Natur zu seyn
schien; zu einer genauen Untersuchung war ihrer zu wenig,
weil sie kaum ¹⁄₁₀₀ des ursprünglichen Gewichtes betrug.

Die stärksten Catechuaufgüsse wirkten auf die Säuren und reinen Alkalien auf ähnliche Art, wie der Galläpfelaufguß: mit der concentrirten Salz = und Schwefelsäure gaben sie dicke Niederschläge von blaß fahler Farbe; mit der concentrirten rauchenden Salpetersäure erregten sie Aufbrausen und verloren ihre Eigenschaft, Leim = und Eisenauflösung zu fällen. Die Alkalien verbanden sich mit ihrem Gerbestoff, so daß er nicht mehr auf die Gallerte wirken konnte. Die wässrigen Auflösungen von Kalk, Baryt und Strontion bildeten reichliche, hellbraune Niederschläge, die überstehende Flüssigkeit nahm eine blässere rothe Farbe an und hatte ihre Eigenschaft, die Gallerte zu fällen, verloren.

Wurde Kalk selbst einige Zeit in dem Aufgusse gekocht, so nahm er eine schlechte rothe Farbe an, die abfiltrirte Flüssigkeit war nur noch schwach roth, hatte gar keine Wirkung auf die Gallerte, und schien nur eine sehr geringe Menge vegetabilischer Substanz zu enthalten. Die reine Talkerde brachte eine ähnliche Wirkung hervor; sie wurde schwach roth gefärbt, und die rückständige Flüssigkeit behielt auch nur eine schwache rothe Farbe. Durch kohlensaure Talkerde erhielt der Aufguß eine dunklere Farbe, verlor die Eigenschaft, die Gallerte zu fällen, gab aber immer mit dem oxydirten schwefelsauren Eisen einen geringen olivenfarbigen Niederschlag.

Die concentrirten Auflösungen des kohlensauren Kalk, Natrum und Ammonium trübten den Catechuaufguß nur sehr schwach, sie ertheilten ihm eine dunklere Farbe, und beraubten ihn der Eigenschaft auf die Gallerte zu wirken, welche er aber durch zugesetzte Säure wieder erhielt.

Nachdem der mit kohlensaurem Kali versetzte Aufguß einige Stunden der Luft ausgesetzt worden, bildete sich auf seiner Oberfläche eine braune Kruste und es erfolgte ein brauner Niederschlag.

Die thonerdigen Salze fällten die Catechuaufgüsse, aber weniger häufig als den Galläpfelaufguß. Einen ähnlichen Erfolg brachten auch salpetersaures Kali, schwefelsaure Talkerde, flußsaures Kali und viele andere Neutralsalze hervor.

Die concentrirten Auflösungen des salpeter- oder essigsauren Bleys brachten in dem Aufguß einen dicken hellbraunen Niederschlag hervor, welcher der Flüssigkeit ein gallertartiges Ansehen gab. Diese enthielt keine freye Säure und der Gerbestoff, so wie der Extractivstoff schienen sich mit einem Theil des metallischen Salzes gefället zu haben. Die Auflösung des salzsauren Zinns wirkte auf den Catechuaufguß fast eben so wie auf den Galläpfelaufguß. Das minder oxydirte schwefelsaure Eisen bewirkte in dem Catechuaufguß keine Veränderung; mit dem höchstoxydirten gab er einen dicken schwarzen Niederschlag, der aber, auf Papier gestrichen, sich stärker ins Olivenfarbige zog, als der durch Galläpfel erhaltene.

Durch Eyweißauflösung wurden die Catechuaufgüsse gefällt. Die durch Gallerte erhaltenen Niederschläge hatten alle eine blasse braunrothe Farbe, die an der Luft dunkler wurde. Das aus dem Leim und dem Gerbestoffe der gesättigsten Catechuaufgüsse bestehende Gemisch schien (nach der zum Niederschlagen angewendeten Menge Leim zu urtheilen) aus ungefähr 41 Theilen Gerbestoff und 59 Theilen Leim zu bestehen.

Zwey Stücke Kalbshaut, welche trocken jedes zehn Gran wogen und zum Gerbeproceß vorbereitet waren, gaben, das eine in eine hinreichend große Menge Aufguß von Bengalischem, das andere in eben so viel von Bombay-schen Catechu, getaucht. In weniger als einem Monat waren sie gaar. Nachdem sie an der Sonne getrocknet waren, zeigte das eine ein Uebergewicht von ungefähr 34 Gran, das andere von 35.5 Gran. Das Leder hatte eine dunklere Farbe als das durch Galläpfel gegerbte, es besaß auf der Oberfläche eine braunrothe Farbe. Es wurde weder durch kaltes noch heißes Wasser verändert, und seine scheinbare Stärke war so, wie die des auf gewöhnliche Art gegerbten Leders.

Bey Untersuchung der vom Gerben rückständigen Flüssigkeiten fand Herr Davy weit weniger Extractivstoff darin, als er nach der vergleichenden Analyse gleichgroßer Mengen des Aufgusses, worin keine Haut gegerbt worden war, erwartete. Anfänglich war er geneigt, die Abwesenheit desselben davon abzuleiten, daß er durch die Einwirkung der Atmosphäre unauflöslich geworden wäre. Bey Ueberlegung aber, daß während des Gerbens sich nur eine sehr geringe Fällung gezeigt hatte, wurde er zu der Annahme veranlaßt, daß der Extractivstoff zugleich mit dem Gerbestoff mit der Haut in Verbindung trete, was auch durch weitere Versuche bestättigt wurde.

In großen Mengen Wasser sind beyde Arten Catechu fast gänzlich auflöslich; auf 100 Gran sind dazu bey 52° F. ungefähr 18 Unzen erforderlich. Der Rückstand beträgt ⅟₁₀ des anfänglichen Gewichts und besteht vorzüglich in Kalk

———————————

... Theilerde aus seinem Saute, ... entweder ...
... oder absichtlich beym Abdampfen zugesetzt worden.

In Alkohol ist ... beträgtlicher Theil der beyden Arten Catechu auflöslich; nach Einwirkung desselben bleibt ... eine Substanz von gallertartigem Ansehen und bräunlicher Farbe zurück, welche im Wasser ... und in ihren Eigenschaften dem Gummi oder Schleim ähnlich ist.

Der besondere in dem Catechu befindliche Extractivstoff ist im Wasser weit weniger auflöslich, als der Gerbestoff, und wenn man daher auf eine große Menge Catechu nur wenig Wasser nimmt, so ist, wie sich aus der Beschaffenheit der concentrirten Auflösung ergiebt, eine weit größere Menge Gerbestoff als Extractivstoff aufgenommen worden. Der Extractivstoff ist auch auflöslicher in heißem als in kaltem Wasser, und es fällt daher, wenn man eine gesättigte Catechuauflösung mit siedendem Wasser macht, in dem Maße, als sie erkaltet, ein Theil Extractivstoff in reinem Zustande zu Boden. Wegen des Unterschieds in der Auflöslichkeit des Gerbe- und Extractivstoffs kann man letztern auch erhalten, wenn man das feingepulverte Catechu so lange auszieht, bis die letztern Aufgüsse nicht mehr die Leimauflösung fällen.

Der reine Extractivstoff aus beyden Arten Catechu ist von blasser, in schwaches Braunroth fallender Farbe. Er besitzt keinen merklichen Geruch; sein Geschmack ist schwach zusammenziehend, er läßt aber im Munde einige Zeit durch einen süßlichen Nachgeschmack, der bey ihm stärker ... ist, als beym Catechu selbst.

Seine Auflösung in Wasser ist Anfangs braungelb, ... aber an der Luft eine rothe Schattirung. Seine Auflö...

sung in Alkohol verändert sich nicht an der Luft, ihre Farbe ist ein gleichförmiges fades Braun. Die Alkalien geben ihr eine glänzendere Farbe; aber weder diese noch die alkalischen Erden veranlassen einen Niederschlag; auch durch die Mineralsäuren wird die Auflösung nicht gefället. Die blauen Pflanzenfarben werden durch den Extractivstoff nicht verändert.

Wurde die wäßrige Auflösung desselben mit salpetersaurer Thonerde und salzsaurem Zinn gemengt, so erlitt sie eine schwache Trübung; mit salzsaurem Bley entsteht ein dicker, schwach braun gefärbter, Niederschlag. Der oxydirten schwefelsauren Eisenauflösung gab sie eine schöne grasgrüne Farbe, und es entstand ein grüner Niederschlag, der an der Luft schwarz wurde.

Leinwand erhielt durch Sieden in der stärksten Auflösung dieses Extractivstoffs eine schwache braunrothe Farbe. Die Flüssigkeit wurde fast ungefärbt, und veränderte nachher die Auflösung des oxydirten schwefelsauren Eisens nur sehr wenig.

Eine rohe, zum Gerben vorbereitete Haut, welche in eine starke Auflösung des Extractivstoffs getaucht wurde, erlangte bald eben die Farbe, wie die Leinwand; sie verband sich mit einem Theil des Extractivstoffs, wurde aber dadurch in siedendem Wasser nicht unauflöslich.

Wurde trockner Extractivstoff der Hitze ausgesetzt, so erweichte er sich und erhielt eine dunklere Farbe, kam aber nicht zum Fluß. Bey einer Temperatur, die noch nicht bis zum Glühen gieng, wurde er zersetzt. Die flüchtigen

Producte der Zersetzung waren Kohlensäure, Kohlenwasser=
stoff und Wasser, welches etwas Essigsäure und unverän=
derten Extractivstoff aufgelöst enthielt. Es blieb eine leichte,
sehr poröse Kohle zurück.

Nimt man auf die Bereitungsart des Catechu Rück=
sicht, so ist es zu erwarten, daß, wenn es auch übrigens
rein ist, verschiedene Parthien doch etwas verschieden seyn
werden. Nun werden aber noch im Handel beträgliche
Betrügereyen damit vorgenommen, indem man viel Sand
und Erde zusetzt, wovon D. ein Mahl ¼, ein ander Mahl
nahe ⅓ fand. Zur Analyse des reinsten Catechu suchte er
Stücke von verschiedenen Proben der beyden Arten aus
und pulverte sie.

| 200 Gran Catechu von Bom= | 200 Gran Catechu von Ben= |
bay gaben	galen gaben
Gerbestoff — 109 Gran	Gerbestoff — 97 Gran
Extractivstoff 68 —	Extractivstoff 73 —
Schleim — 13 —	Schleim — 16 —
Rückstand, vor=	Rückstand, aus
züglich aus Sand	Sand und einer
und Kalkerde be=	kleinen Menge
stehend — 10 —	Thon= u. Kalkerde 14 —
200	200

Es ist oben erwähnt, daß der bengalische Catechu aus
verschieden gefärbten Theilen bestehe; die dunkler gefärbten
enthielten den meisten Gerbestoff, und die hellern den mei=
sten Extractivstoff. Wahrscheinlich rührt diese Ungleichheit
davon her, daß er bey der Bereitung ohne vieles Umrüh=
ren abgedampft wird. Nach Herrn Kerr's Beobachtun=

gen scheint der blaſſe Catechu in Indien am meiſten ge=
ſucht zu ſeyn, und eben dieſer enthält den meiſten Extrac=
tivſtoff, von welchem ohne Zweifel die auf den zuſammen=
ziehenden Geſchmack folgende Süßigkeit herrührt, welche
den Hindus das Catechu, das ſie kauen, wahrſcheinlich
ſo angenehm macht.

4.

Die Rinden, welche Herr Davy unterſuchte, wa=
ren zu der ſchicklichen Jahreszeit geſammelt und ſorgfältig
aufbewahrt. Zur Bereitung der Aufgüſſe wurden ſie gröb=
lich gepülvert angewandt, und zur Beſchleunigung der Aus=
ziehung eine Wärme von 100 — 120° F. gebraucht.

Die ſtärkſten Aufgüſſe von der Rinde der Eiche, der
Leiceſterweide und [5]) des ſpaniſchen Kaſtanienbaums [6]) hatten
faſt das gleiche ſpec. Gewicht von 1,05. Ihr Geſchmack
war ſich ähnlich; ſtark zuſammenziehend; ſie rötheten das
Lacmuspapier, der von der Kaſtanienrinde am ſtärkſten,
und der von der Weidenrinde am ſchwächſten.

200 Gran von jedem Aufguß wurden abgedampft;
ſie gaben:

	an feſtem Rückſtande		wovon Gerbeſtoff waren
die Eichenrinde	17 Gran	—	14 Gran
₃ Weidenrinde	16,5 —	—	14,5 —
₃ Kaſtanienrinde	16 —	—	13 —

[5]) Salix rubelhana. Cortex ad rem coriariam ominium plus-
timus Smith Flor britann. T. 3. P. 1045.

[6]) Coriaria tatira.

Die nach Fällung des Gerbestoffs rückständigen Flüssigkeiten rötheten bey der Kastanie und Eiche so wurde das Lacmuspapier, fällten die Zinnauflösung mit sanfter Farbe und Eisenauflösung schwarz. Bey der Weidenrinde veränderte sie das Lacmuspapier nicht merklich, fällte aber die Eisensalze olivengrün und trübte die salpetersaure Thonerde.

Die durch das Verdunsten der Aufgüsse erhaltene trockne Substanz hinterließ nach dem Einäschern nur eine sehr geringe Menge Asche, welche kaum $\frac{1}{77}$ Theil des ursprünglichen Gewichts betrug, und vorzüglich aus Kalkerde und Kali bestand; der Aufguß der Kastanienrinde gab die meiste.

Mit den Säuren und kohlensauren Alkalien gaben die Aufgüsse dicke Niederschläge von fahler Farbe; auch durch Kalk-, Baryt- und Strontionwasser wurden sie reichlich gefällt. Die Aufgüsse von Eichen- und Kastanienrinde schienen durch überflüssig zugesetztes Kalkwasser ihrer aufgelösten vegetabilischen Substanz gänzlich beraubt zu seyn.

Wurden sie einige Zeit mit Thonerde, Kalkerde und Talkerde gekocht, so wurden sie fast ungefärbt, und verloren ihre Wirksamkeit auf die Eisensalze und die Gallerte. Durch Erhitzung mit kohlensaurer Kalk- und Talkerde wurden die Aufgüsse dunkler als vorher, und wiewohl sie die Eigenschaft verloren hatten, die Gallerte zu fällen, so gaben sie doch mit Eisensalzen immer starke olivenfarbene Niederschläge, und die Erden wurden in allen Fällen mehr oder weniger braun. Durch eine Auflösung von Thonerde wurden die Auszüge auch reichlich gefällt.

Die Niederschläge, welche sie mit Leimauflösung gaben, besaßen einerley Ansehen, ihre Farbe war anfangs bräunlich, wurde aber an der Luft viel dunkler; ihre Mischung war auch nahe übereinstimmend, und auf die vorher erwähnte Art geschätzt, schien der aus dem stärksten Aufguß von Eichenrinde erhaltene auf 100 59 Leim und 41 Gerbestoff, von der Kastanienrinde 61 Leim und 39 Gerbestoff und von der Weidenrinde 57 Leim und 43 Gerbestoff zu enthalten.

Zwey Stücke Kalbshaut, die trocken jedes 120 Gran wogen, wurden das eine in dem stärksten Aufguß von Eichenrinde, das andere von Weidenrinde gegerbt, was noch nicht 15 Tage dauerte. Das erstere wog nun nach dem Trocknen 164 Gran und das letztere 161 Gran. Wenn man Stücke Haut in kleinen Mengen von Weiden= und Eichenrindenaufguß so lange ließ, bis letztere an Gerbestoff erschöpft waren, so wurden die rückständigen Flüssigkeiten, obgleich sie mit der Auflösung des schwefelsauren Eisens olivenfarbene Niederschläge gaben, durch salzsaures Zinn doch nur sehr schwach getrübt, und man muß daher glauben, daß auch ein Theil ihres Extractivstoffs zugleich mit dem Gerbestoff durch die Haut aufgenommen worden.

Davy versuchte vergebens verschiedene Mittel, die Galläpfelsäure in diesen Aufgüssen außer Verbindung darzustellen. Wenn er den durch Abdampfen erhaltenen Rückstand dem Grade der Hitze aussetzte, wodurch man aus den Galläpfeln die Säure erhält, so bildeten sich keine Krystalle; es ging eine Flüssigkeit über, welche Eisenauflösungen bloß eine braune Farbe gab, und viel Essigsäure und empyreumatisches Oel enthielt. Zog man gröblich gepülverte Eichenrinde mit reinem Wasser wiederholt aus, bis keine auflösliche Theile mehr darin waren, so brachten die letztern Flüssigkeiten, obgleich sie keine merkliche Wirkung auf Leimauflösung und Lacmuspapier äußerten, mit

Ausscheidung für dunkles Schwarz hielten. Durch Mittheilung gaben sie eine braune Substanz, wovon durch die Wirkung der Mineralsäuren ein Theil unauflöslich wurde, der auflösliche Theil aber von Aether nicht aufgenommen werden konnte, so daß die Galläpfelsäure, wenn, welche darin befindlich war, sich mit dem Extractivstoff in sehr inniger Verbindung befinden mußte.

Es wurden zwey Stücke Kalbshaut, welche im trockenen Zustande jedes 94 Gran wogen sehr langsam, das eine in verdünntem Aufguß von Leicester Weidenrinde, das andere in verdünntem Eichenrindenaufguß gegerbt. Nachdem die Operation in drey Monaten beendigt war, so fand sich das Gewicht des einen um 14, das des andern um 16,5 Gr. vermehrt. Diese Gewichtszunahme ist verhältnißmäßig viel geringer, als sie in dem Versuch Statt fand, wo die Gerbung schnell vor sich ging. Die Farbe des langsam gegerbten Leders war dunkler, als die der schnell gegerbten Stücke, und, nach den Eigenschaften der rückständigen Flüssigkeit zu urtheilen, hatte sich mit erstern mehr Extractivstoff verbunden. — Die Versuche des Herrn Biggin[*]) haben gezeigt, daß Rinden derselben Art, wenn sie zu verschiedenen Jahreszeiten gesammelt wurden, in den Mengen des Gerbestoffs von einander abweichen; auch Herr Davy bemerkte, daß das Verhältniß des zusammenziehenden Stoffs in den Rinden nach ihrem Alter und ihrer Stärke beträchtlich abweiche, oft hängt es auch von zufälligen Umständen ab, so daß es sehr schwer ist, dasselbe genau anzugeben. In allen zusammenziehenden Rinden enthält der innere weiße, dem

[*) Scherer's Journ. d. Ch. B. s. S. 46 u. f.

Splint zunächst befindliche Theil den meisten Gerbestoff, in dem mittlern gefärbten Theil befindet sich der Extractivstoff zum größten Verhältniß, die Oberhaut hingegen giebt selten Gerbestoff oder Extractivstoff.

Da die weißen Rindenfasern in Vergleich bey jungen Bäumen häufiger sind, so enthält die Rinde von solchen bey gleichem Gewicht mehr Gerbestoff als von alten Bäumen. In Rinde von Bäumen derselben Art, aber von verschiedenem Alter, welche zu gleicher Zeit geschält worden sind, enthalten ähnliche Stücke immer fast dieselbe Menge Gerbestoff, und die innern weißen Theile geben ein gleiches Verhältniß desselben. Folgende Tabelle enthält die Resultate mehrerer hierüber angestellter Versuche.

	gaben b. Auszziehung u. Verdunstung festen Ruckstand.	welcher an Gerbestoff enthielt.
Eine Unze von der weißen innern Rinde einer alten Eiche .	108 Gr.	72 Gr.
Eben so viel von einer jungen Eiche	111 —	77 —
Eine Unze von der innern Rinde des spanischen Kastanienbaums	80 —	63 —
Eben so viel von der innern Rinde der Leicesterweide . . .	117 —	79 —
Eine Unze von der gefärbten äußern Rinde der Eiche . .	43 —	19 —
Eben so viel derselben vom Kastanienbaum	41 —	14 —
Dergleichen von der Weide .	24 —	16 —
Ganze Rinde worunter Stücke		

	geben b. Nach-gießung d. Ver-dunkung selten Nachlaß.	welches an Men-bei mittheilt

ausgesucht wurden, die sich in Hinsicht des Verhältnisses des äußern
und innern Theils glichen, und
welche die Dicke besaßen, wie sie
gewöhnlich zum Gerben angewandt
werden, nähmlich eines halben
Zolls:

eine Unze von der Eiche . .	61 Gr.	29 Gr.
Eben so viel Kastanienrinde .	53 —	21 —
Dieselbe Menge von der Leier-
terweide	71 —	33 —

Die Rückstände nach Fällung des Gerbestoffs waren in
den verschiedenen Versuchen in Hinsicht ihrer Eigenschaften
sehr verschieden; beym Verdampfen aber wurde immer ein
Theil davon unauflöslich. Bey der Kastanienweide war er,
wie von ihrem gesättigtsten Aufguß bemerkt worden, schwach
sauer, mehr als dreyviertel seines Gewichts aber bestanden
in Extractivstoff. Alle wurden aus ihren Auflösungen durch
salzsaures Zinn gefällt, und die nach dieser Fällung rückständigen klaren Flüssigkeiten wirkten nun weit schwächer
auf die Eisensalze als vorher, welches zu beweisen scheint,
daß die Eigenschaft der zusammenziehenden Auszüge, die
Eisensalze schwarz oder mit dunkler Farbe zu fällen, eben
so wohl zum Theil von der Wirkung ihrer extractivstoffar-
tigen Bestandtheile, als von dem Gerbestoff und der Galläpfelsäure abhänge.

Im Verfolg dieser Versuche prüfte Davy auch die

Bb 2

Aufgüſſe der Ulmrinde und der gewöhnlichen Weidenrinde.
Gegen die verſchiedenen Reagentien verhielten ſie ſich gänzlich ſo, wie die von andern Rinden. Eine Unze Ulmrinde
gab 13 Gran, und eben ſo viel Weidenrinde 11 Gran
Gerbeſtoff. Der nach Abſonderung deſſelben erhaltene Rückſtand enthielt bey erſterer viel Schleim, bey letzterer eine
kleine Menge bittern Stoff.

Die geſättigtſten Aufgüſſe von dem Smack aus Sicilien und Malaga ſtimmen in den meiſten Eigenſchaften mit
den Aufgüſſen der vorhin erwähnten Rinden überein, nur
in einem Umſtande weichen ſie davon ab, nähmlich darin,
daß ſie mit den kauſtiſchen Alkalien ſtarke Niederſchläge
geben. Prouſt hat gezeigt, daß der Smack viel ſchwefelſauren Kalk enthalte: ſehr wahrſcheinlich alſo rührt jener
Erfolg hiervon her. Aus einer Unze ſowohl des ſiciliſchen
als des malagaſchen Smacks wurden 165 Gran im Waſſer
auflöslicher Subſtanz erhalten, die von dem erſtern 78 Gr.
und von dem andern 79 Gr. Gerbeſtoff zu enthalten ſchien.

Der Aufguß der oſtindiſchen Myrobolanen (der Früchte
der Terminalia chebula) wich vorzüglich darin von andern zuſammenziehenden Aufgüſſen ab, daß er mit kohlenſauren Alkalien aufbrauſte; er gab damit einen ſtarken
Niederſchlag, der faſt unmittelbar wieder aufgelöſt wurde.
Nachdem der Gerbeſtoff daraus durch Leimauflöſung gefällt
worden, röthete er ſehr ſtark das Lacmuspapier, und gab
mit Eiſenauflöſungen ein glänzendes Schwarz. Davy erwartete, durch Deſtillation aus den Myrobalanen Galläpfel-
ſäure zu erhalten: das gelang aber nicht, ſie gaben ihm
bloß eine blaßgelbe Flüſſigkeit, welche der Auflöſung des
ſchwefelſauren Eiſens nur eine ſchwache Olivenfarbe gab.

Haut wurden in dem Myrobalanenaufguß schnell gegerbt, und das Leder hatte ein ähnliches Ansehen, wie das
mit Galläpfelaufguß gegerbte.

Die stärksten Theeaufgüsse sind in ihrem chemischen
Verhalten den Catechuaufgüssen ähnlich. Eine Unze Sou-
chongthee gab 48 Gr. und eine Unze grüner Thee 41 Gr.
Gerbestoff.

In der China und andern Rinden, welchen man fieber-
vertreibende Kräfte zuschreibt, fand Davy nur sehr wenig
Gerbestoff, und in den Aufgüssen der bittern Substanzen,
z. B. von Quassia, Entian, Kamille, Hopfen gar keinen;
letztere werden auch kaum von dem salzsauren Zinn verändert, und enthalten folglich auch sehr wenig Extractivstoff.
In allen Substanzen hingegen, welche einen zusammenziehenden Geschmack besitzen, kann man mit Grund die Gegenwart des Gerbestoffs vermuthen; selbst in solchen, welche
Zucker und vegetabilische Säuren enthalten, befindet er sich
Davy fand ihn reichlich im Schlehensafte, und Hr. Poole
de Stowey hat ihn im Portwein gefunden.

5.

Herr Proust hat in seiner Abhandlung über den Gerbestoff angenommen, daß es verschiedene Arten desselben
gebe, welche verschiedene Eigenschaften besitzen, und sich
gegen Reagentien auf verschiedene Art verhielten, aber alle
in ihrer Fällbarkeit durch Leimauflösung übereinstimmten.
Diese Meynung stimmt mit den allgemein bekannten Thatsachen, die Natur der in organisirten Wesen erzeugten Substanzen betreffend, sehr überein, als beweisen aber wird sie

nur dann angesehen werden können, wenn der Gerbestoff
verschiedener Gewächse im Zustande der Reinheit oder Getrenntheit untersucht seyn wird. In allen vegetabilischen
Aufgüssen, die bisher untersucht worden, befindet er sich
im Zustande der Verbindung mit andern Substanzen, und
seine Eigenschaften müssen durch die besondern Umstände
seiner Verbindung nothwendig abgeändert werden.

Nach den dargelegten Versuchen scheint es, daß die
eigenthümliche Wirkung des Gerbestoffs in allen den verschiedenen zusammenziehenden Aufgüssen dieselbe ist. Immer
zeigt er sich einer Vereinigung mit den Säuren, Alkalien
und Erden fähig, so wie er mit Gallerte und mit Haut
unauflösliche Verbindungen bildet. Auf die Infusion von
Rinden wirken die meisten Reagentien eben so, wie sie auf
den Galläpfelaufguß wirken würden, und daß nur der
letztere durch kohlensaure Alkalien grün gefärbt wird, rührt
offenbar von der großen darin befindlichen Menge Galläpfelsäure her. Der Aufguß des Sumachs verdankt seine
auszeichnende Eigenschaft, durch kaustische Alkalien gefällt
zu werden, der Gegenwart des schwefelsauren Kalks, und
daß die kohlensauren Alkalien nicht die Auflösungen des
Catechu beträchtlich fällen, rührt ohne Zweifel daher, daß
sie den Gerbestoff in einem besondern Zustande von Verbindung mit dem Extractivstoff, und ohne Galläpfelsäure
und erdige Salze enthalten.

Bey Anstellung einiger Versuche über die Verwandtschaften des Gerbestoffs fand D., daß alle Erden, wie die
Alkalien, ihn anziehen, und zwar so stark, daß man vermittelst ihrer leicht eine Verbindung von Gerbestoff und

Gallerte zersetzen kann, denn läßt man mit derselben reine
Gallerte einige Stunden kochen, so wird diese braunroth,
und die abfiltrirte Flüssigkeit wirkt auf Galläpfelaufguß.
Die Säuren haben weniger Verwandtschaft zum Gerbestoff
als zur Gallerte, und wenn Gemische von Säuren und
Gerbestoff mit einer Auflösung von Gallerte versetzt werden,
so entsteht ein Gleichgewicht in den Verwandtschaften, wodurch der größte Theil des Gerbestoffs in unauflöslicher
Verbindung gefällt wird. Die verschiedenen Neutralsalze
haben, in Vergleich, nur schwache Anziehung zum Gerbestoff; verschiedene Thatsachen, außer den schon angezeigten,
aber beweisen, daß die von ihnen in den zusammenziehenden Aufgüssen bewirkte Fällung nicht bloß von ihrer Verbindung mit einem Theil des Wassers, welches die vegetabilischen Substanzen aufgelöst hielt, herrühre. Die Auflösungen des Alauns und einiger andern Salze, welche
weniger als der Gerbestoff im Wasser auflöslich sind, bewirken in vielen zusammenziehenden Aufgüssen eben so reichliche Niederschläge, wie diejenigen, welche am auflöslichsten
sind; und der schwefelsaure Kalk und andere neutrale erdige
Verbindungen, welche in Vergleich unauflöslich zu nennen
sind, entziehen denselben schnell ihren Gerbestoff. Aus
eben diesem ergiebt sich, daß der Gerbestoff mit verschiedenen Substanzen in Verbindung seyn könnte, worin er
durch die Gallerte nicht angezeigt werden würde, und in
diesem Fall muß man, um seine Gegenwart zu entdecken,
zu verdünnten Säuren seine Zuflucht nehmen.

Betrachtet man die verschiedenen vorgelegten Thatsachen in Beziehung auf das Gerben und die Lederberei-
tung, so wird man das Urtheil ziehen, daß, wenn Häute

in zusammenziehenden Aufgüssen, welche außer dem Gerbe
stoff auch noch Extractivstoff enthalten, gegerbt werden,
offenbar nebst dem erstern auch von dem letztern mit der
Haut in chemische Verbindung treten müsse. Die verschie
dene Beschaffenheit des mit einerley Haut bereiteten Leders
scheint großen Theils von den verschiedenen Mengen des
darin befindlichen Extractivstoffs abzuhängen. Das, ver
mittelst Galläpfelaufguß erhaltene ist allgemein härter als
das in Rindenaufgüssen gegerbte, und es enthält in allen
Fällen ein größeres Verhältniß an Gerbestoff und weniger
Extractivstoff.

Gerbt man Haut sehr langsam in schwachen Aufgüssen
von Rinden oder Catechu, so verbindet sie sich mit einer
größern Menge von Extractivstoff, und in diesen Fällen
wird die Haut, wiewohl sie, in Vergleich, weniger an
Gewicht zunimt, nichts desto weniger vollkommen unauf
löslich in Wasser, und das Leder ist geschmeidig und zu
gleich sehr stark. Sind die Aufgüsse von Rinden gesättigt,
so enthalten sie in Verhältniß zu ihrem Gerbestoff weniger
Extractivstoff als die schwachen Aufgüsse, und die Erfah
rung lehrt, daß, wenn Haut darin schnell gegerbt wird,
das Leder weniger dauerhaft ist als langsam gegerbtes.
Ueberdies verliert der Gerber bey schnellem Gerben vermit
telst der Aufgüsse von Rinden einen Antheil Extractivstoff,
den er hätte in die Mischung seines Leders bringen können.
Diese Beobachtungen zeigen, daß die gewöhnliche Meynung
der Arbeiter, welche eine langsame Gerbung vorziehen, et
was Gegründetes hat; und obgleich die Operationen un
nützer Weise oft über die nöthige Zeit verlängert werden,

so scheinen sie doch in Folge einer Menge practischer Erfahrungen auf einen Grad der Vollkommenheit gebracht zu seyn, die durch Alles, was die Theorie hat ausdenken können, nicht leicht höher getrieben werden kann.

Auf den ersten Blick scheint es sonderbar, daß in dem Fall, wo Extractivstoff in die Mischung des Leders tritt, die Gewichtsvermehrung geringer ist, als wenn die Haut sich mit reinem Gerbestoff verbindet; aber man wird sich die Sache erklären, wenn man bedenkt, daß die Anziehung der Haut zum Gerbstoff durch ihre Verbindung mit dem Extractivstoff wahrscheinlich geschwächt werden muß; und selbst wenn man annähme, daß der Gerbe- und Extractivstoff zusammen mit der Haut in Verbindung treten, oder sich mit besondern Theilen derselben verbänden, so würde es immer zugestanden werden müssen, daß die ursprüngliche Anziehung des Gerbestoffs zur Haut bis auf einen gewissen Punct verringert werden müsse.

Bey Untersuchung der zusammenziehenden Gewächse in Beziehung auf ihre Fähigkeit Häute zu gerben, muß man daher nicht bloß die durch Leimauflösung fällbare Substanz in Rechnung bringen, sondern auch die Menge und Beschaffenheit des Extractivstoffs; und in Fällen, wo man Vergleichungen anstellen wollte, würde es wesentlich nöthig seyn, Aufgüsse von gleicher Stärke anzuwenden.

Die angeführten Versuche beweisen, daß von allen geprüften zusammenziehenden Substanzen das Catechu die größte Menge Gerbestoff enthalte, und nimmt man, nach der gewöhnlichen Schätzung an, daß zu einem Pfunde Leder, vier bis fünf Pfund Eichenrinde erforderlich sind, so scheint es nach verschiedenen synthetischen Versuchen, daß kaum mehr als ½ Pfund Catechu erforderlich seyn würde, um denselben Erfolg zu bewirken [8]).   Nach den dargelegten Resultaten würde ferner ein Pfund Catechu für den Gerber so viel Werth haben, als 2,25 Pfund Galläpfel, 7,5 Rinde der Leicesterweide, 11 Rinde vom spanischen Kastanienbaum, 18 Ulmrinde, 21 gemeine Weidenrinde und 3 Pfd. Smack [9]).

Man hat mehrere Substanzen vorgeschlagen, um das Gerben zu beschleunigen und vollkommener zu machen, unter andern das Kalkwasser und die Auflösungen der Perlasche. Da diese aber mit dem Gerbestoff Verbindungen eingehen, welche durch Gallerte nicht zersetzbar sind, so folgt daraus, daß sie sehr nachtheilig seyn müssen. Es ist kaum zu hoffen, ein Mittel zu finden, welches zu gleicher Zeit die Auflöslichkeit des Gerbestoffs in Wasser befördert und seine Anziehung zur Haut nicht schwächt.

---

8) Diese Schätzung trift mit den letzthin von Herrn Purkis über die Gerb·fähigkeit des Catechu aus Bombay gemachten Versuchen zusammen, nach welchen 1 Pfd. Catechu 7 bis 8 Pfunden Eichenrinde gleich kam.

9) Man vergleiche Hermbstädt's Versuche hierüber in Scherer's allgem. Journ. der Chemie Bd. 6 S. 415 — 436.

„Ich finde mich hier mit Proust in Widerspruch, welcher „behauptet, daß das Eisen nach einem unabweichlichen Ge- „setze auf 100 nur 60 Schwefel aufnimt."

Dieses Resultat ist aber doch so gewiß als unveränderlich, so oft man auch den Versuch anstellen möge; und dieser Versuch eben hat zu der Meynung bestimmt, welcher Berthollet seine Beystimmung versagt.

„Er giebt indessen zu, daß die Kiese ein veränderli- „ches Verhältniß überschüssigen Schwefel bis zu 20 Thei- „len und darüber enthalten können, u. s. w."

Daß dieser Ueberschuß veränderlich sey, kann ich nicht zugeben (Journal de Physique T. 54. P. 90. [2]). Das Eisen nimt entweder 60 oder 90 Schwefel auf 100 auf; das erstere ist dasjenige Schwefeleisen, dessen wir uns ge- wöhnlich in den Laboratorien zur Zersetzung des Wassers bedienen, das letztere ist der Schwefelkies selbst. Es hat mit der Schwefelung dieses Metalls dieselbe Bewandtniß, wie mit seiner Oxydirung. Das Princip, welches bey der einen dieser Verbindungen zum Grunde liegt, ist sicher auch bei der andern thätig, und da weder die Natur noch die Kunst uns zwischen diesen Grenzpunkten Mittelverhältnisse zeigen, so müssen wir nicht mit Gewalt veränderliche Ver- hältnisse in den Schwefelverbindungen annehmen wollen.

„Wenn die Wärme diesen, als der Verbindung „fremdartig angesehenen, Schwefel leichter austreiben kann, „so ist dies derselbe Fall u. s. w."

---

2) Uebersetzt in Scherer's Journal der Chemie Bd. 10 S. 54 — 60.

oder auch aus diesen beyden und Gallusflussäure in Verbindung mit Metalloxyd beständen. Mehrere Beobachtungen an solchen Niederschlägen aber, die durch Eisen= und Zinnsalze bewirkt waren, lehrten Davy, daß sie immer auch noch einen Antheil Säure aus der zur Fällung angewandten Metallauflösung enthielten.

Wenn man einem Galläpfelaufguß so lange Zinnauflösung zugesetzt hatte, bis kein Niederschlag mehr erfolgte, so wirkte die abfiltrirte Flüssigkeit doch noch auf die Gallerte, sie schien keine überschüssige Säure zu enthalten, denn sie gab mit kohlensaurem Kali einen Niederschlag ohne Aufbrausen zu bewirken. Wurde der erhaltene Niederschlag nachher nach Proust's Angabe durch Schwefelwasserstoff zerlegt, so röthete die erhaltene Auflösung stark das Lacmuspapier und fällte das salpetersaure Silber reichlich, wogegen der unveränderte Aufguß es nur schwach trübte, so daß also sicher Salzsäure in dem Niederschlage befindlich gewesen seyn muß.

Wurde die schwarze trübe Flüssigkeit, welche durch überflüssig zugesetztes oxydirtes schwefelsaures Eisen zum Galläpfelaufguß entstanden war, durch feingepülverten, in vierfaches Filtrirpapier geschütteten Kiesel filtrirt, so erhielt Davy eine schwach olivengrüne Flüssigkeit, in welcher sich keine überschüssige Schwefelsäure befand, und die er für eine Auflösung des galläpfelsauren Eisens mit Ueberschuß von schwefelsaurem Eisen ansah. Es ist schon oben erinnert, daß, wenn die Galläpfelsäure nur in geringer Menge vorhanden ist, die oxydirten Eisenauflösungen dadurch nicht gefällt werden, und Herr Proust nimt in seiner scharfsin=

glanz unter oder über dieſem Verhältniß zu machen. Ich
habe ihr alſo kein Geſetz von meiner Erfindung unterge=
ſetzt; ich habe bloß bewahrheitet, bin dem Wege gefolgt,
den Berthollet ſelbſt in ſeinem tiefſinnigen Werke uns
vorzeichnet. Wenn demnach, ſagt er, Subſtanzen ſich unter
einander verbinden, beſtimme man ihr Verhältniß, unter=
ſuche die Eigenſchaften der Verbindung u. ſ. w. Dieß iſt
nun wirklich der beſtändige Gegenſtand der Bemühungen
der Chemiker, ſeitdem ſie eingeſehen haben, daß dieſe Be=
ſtimmung eine der wichtigſten Grundlagen der Zerlegungs=
wiſſenſchaft und der Geſchichte der Verbindungen ſey. Nie=
mand wird wohl daran zweifeln, daß es in der Macht der
Natur ſtehe, ihre Gemiſche dem Zufall veränderlicher Ver=
hältniſſe, den Berthollet als die Grundlage ſeines Sy=
ſtems gewählt hat, hinzugeben; aber es iſt auch eben ſo
wahr, daß wir, in dem Maße, als ſich das Gebiet der
Schwefelverbindungen vergrößert, die täglich ſich anhäu=
fenden Thatſachen keinesweges von der Beſchaffenheit fin=
den, es zu beſtättigen.

„Er hat indeſſen Schwefelſpießglanz gefunden, wel=
„ches ein Uebermaß von Schwefel enthielt: auch findet
„man Schwefelkupfer, Schwefelbley u. ſ. w., die mit ei=
„nem ähnlichen Uebermaß gemengt oder getränkt ſind."
Kann man ihnen aber dieſes entziehen, ohne ihr äußeres
Anſehen zu verändern, ohne ihnen etwas von ihren Renn=
zeichen, von den ſie unterſcheidenden Eigenſchaften zu neh=
men, ſo ſage ich, daß dieſer Schwefel ihnen fremdartig ſey.
Aber dies würde man nicht ſagen können von einem Schwe=
felkieſe, dem man denjenigen Schwefel entzogen hätte, wel=

Gewicht, würde, nachdem sie durch langes Einweichen in Wasser zum Gerben vorbereitet war, in Galläpfelaufguß, in welchem sie drey Wochen durch ausgesetzt blieb, gegerbt. Das Leder wog trocken 295 Gr.: so daß, wenn man diesen Versuch als genau annimmt, das vermittelst eines Galläpfelaufgusses schnell gegerbte Leder in 100 aus 61 Haut und 39 vegetabilischer Substanz besteht.

Nachdem ein Theil Aufguß durch wiederholte Einwirkung von Haut alles Gerbestoffs beraubt worden, so zeigte sich, daß sie mit oxydirtem schwefelsauren Eisen eine weit schwächere Farbe gab, als ein gleicher Theil desselben Aufgusses, welcher unmittelbar durch Leimauflösung gefällt worden; Davy ist indessen geneigt, diesen Erfolg nicht so wohl irgend einer Absorbtion der Galläpfelsäure durch die Haut, als vielmehr der lange dauernden Einwirkung der Atmosphäre zuzuschreiben; denn während des Processes des Gerbens würde viel unauflösliche Substanz gefällt und der Rückstand enthielt etwas Essigsäure.

In Hinsicht der Menge des Gerbestoffs fand er daß 500 Gran gute Aleppische Galläpfel, durch mehrmahliges Ausziehen mit reinem Wasser, bis ihre auflöslichen Bestandtheile erschöpft waren, und nachheriges langsames Verdunsten bis zur Trockne 185 Gr. festen Rückstandes gaben, welcher auf folgende Art zusammengesetzt zu seyn schien.

Gerbestoff —— — — 130 Gr.
Schleim und durch das Verdunsten unauflöslich gewordene Substanz — 12
Galläpfelsäure mit etwas Extractivstoff 31 —
Rückständige Kalkerde und Salze — 12 —
185 Gr.

thollet's Vorſtellungen, er ſucht ſie der Familie der Naß geſchwefelten Oryde einzuverleiben; aber nichts deſto weniger iſt es gewiß, daß ſie ſo beſteht, wie ich angegeben habe, und daß ſie vor der der geſchwefelten Oryde, deren Daſeyn jetzt untergraben iſt, den Vortheil voraus hat, uns die natürlichſte Auflöſung dieſer tauſend und einen Spießglanz = Probleme zu gewähren, deren lächerliche Nomenclatur die Verwirrung unſerer Begriffe unterhielt und die Geſchichte des Spießglanzes mit tiefer Dunkelheit bedeckte.

Berthollet fügt, indem er meine Sätze wiederholt, hinzu: „Ich ſehe nicht, wie dies die Oryde dieſes Metalls „vor der Vermuthung ſchützt, ſich mit dem Schwefel in „jedem Verhältniſſe, und ohne auf unveränderliche Geſetze „deſſelben Rückſicht zu nehmen, vereinigen zu können; er „wird vielmehr zugeben müſſen, daß dieſe Geſetze nicht un„veränderlich ſind und ſeinen Lehrſatz wenigſtens nicht auf „die Verhältniſſe des Schwefelſpießglanzes zum Spießglanz„oryd ausdehnen dürfen."

Ich muß die Antwort auf dieſen Paragraph in zwei Theile theilen. Zuerſt daher bemerke ich, daß Berthollet, wenn er von Auflöſung des Schwefels in einem Oryde ſpricht, wo bloß von Auflöſung des Schwefelmetalls die Rede iſt, den Gegenſtand verwechſelt, denn die Auflöſung des Schwefels und die des Schwefelmetalls in demſelben Auflöſungsmittel ſind unter ſich nicht vergleichbarer, als es die des Schwefels und der Schwefelſäure in einer Flüſſigkeit ſeyn würden.

Ferner bemerke ich, daß die Auflöslichkeit eines Schwefelmetalls in deſſelben Metalles Oryde letzteres nicht bloß

der Vermuthung schlüge, sich in jedem Verhältniß mit Schwefel verbinden zu können, was bey uns andern alten Schülern
wie Wagner und Rouelle ein schon schwer auszurottender
Irrthum war, sondern daß sie dasselbe auch noch vor einem andern sichere, dessen Aufklärung eben so wichtig war,
nämlich daß es ein Metall und zwar in jedem Verhältniß auflöse, denn wirklich als solches befindet es sich in
den Safranen, den Rubinen. Ich bitte nun Berthollet, sich einmahl einen Augenblick als Urheber der von
ihm bestrittenen Lehre zu denken und frage ihn, was er von
einem Chemiker urtheilen würde, der für das Heil der entgegengesetzten Hypothese sich angelegen seyn ließe, alle Betrachtungen auf die Seite zu schieben, die er aus dem
Metalle zur Erklärung der Natur der Spießglanzlebern
geben könnte, um letztere dann bloß von der Seite des
darin befindlichen Schwefels anzugreifen? Warum, würde
er sagen, schweiget ihr ganz von dem Metalle, welches den
Schwefel begleitet, und so gut erläutern kann, was bey der Auflösung des letztern in einem Oxyde schwierig einzusehen ist?
Indem wir jeder unsere eigene Hypothese wieder aufnehmen,
bitte ich Berthollet in Hinsicht auf seinen Einwurf, nicht
aus dem Gesichte zu verlieren, daß, wenn in dem Erocus
Schwefel in jedem Verhältnisse ist, zur Sättigung dieses
Schwefels auch Metall sich in jedem Verhältniß darin be-
finde. Dies eben hat mich bestimmt, die geschwefelten
Spießglanzoxyde, wenn es deren noch giebt, nicht mit den
Spießglanzoxyden, welche Schwefelspießglanz aufgelöst hal-
ten, die fernerhin ihre Stelle einnehmen werden, in eine
Reihe zu stellen.

Was die Beschaffenheit dieser letztern betrifft, so ist

die Anſicht, unter welcher ich ſie aufgeſtellt habe, weit da
von entfernt, meinen Lehrſatz zu beſchränken und dadurch
Einwendungen gegen das Geſetz beſtimmter Verhältniſſe zu
ziehen: dazu müßte entſchieden ſeyn, daß das Spießglanz
oxyd bey Auflöſung des Schwefelſpießglanzes keine Sätti
gungsſtuffe erreichen könne, und auch ausgemittelt ſeyn,
daß es dann nicht eine äußere Beſchaffenheit und Eigen
ſchaften annehme, die ihm die Beharrlichkeit dieſes Sätti
tigungspunktes ſichern, wie dies allgemein bey allen Verbin
dungen erfolgt, die unter dem Geſetz beſtimmter Verhältniſſe
ſtehen. Hätte es mit einem Oxyde in Hinſicht ſeiner Auf
löſungskraft, die Bewandtniß, wie mit einer Säure, die
ihre Flüſſigkeit behält, ſo wäre nichts leichter, als die Ent
ſcheidung dieſer Frage, und ich würde mich damit beſchäf
tigt haben: hat aber ein Spießglanzoxyd auf den Zuſatz
von etwas Schwefelſpießglanz die gewünſchte Farbe und
Durchſichtigkeit angenommen, ſo bleiben wir, ohne auf
Gewicht oder Maß Rückſicht zu nehmen, dabey ſtehen,
weil wir eben in dieſem Zuſtande es haben wollten. Dies
iſt nun Spießglanzglas; ein neuer Zuſatz von Schwefel
ſpießglanz macht es zu Spießglanzſafran, ein größerer zu
Spießglanzleber und ſo fort. Die alten Chemiker alſo, ohne
auf eine Theorie Rückſicht zu nehmen, deren Kenntniß ihren
Nachkommen aufbehalten war, lbſten das Schwefelſpießglanz
nach Bruchtheilen, wie es ihnen gutdünkte, in dem Spieß
glanzoxyd auf, und zogen, wenn man ſich ſo ausdrucken kann,
jeden dieſer Brüche aus dem Tiegel, um die mediciniſchen
Vorrathskammer mit ihren Lebern, Magiſterien, Rubinen, Dia
phoretiken zu füllen, von Baſilius Valentinus an bis auf
Lemery: dies iſt, glaube ich, die ganze Geſchichte des Spieß,

glanzes. Man setze zu einem Pfund Kali eine Unze Arsenikoxyd: es ist nicht gesättigt; man nehme zwey, drey:
es ist noch nicht gesättigt und so fort. Unterdessen aber,
bis man diesen Sättigungspunkt auffindet, wiederhole ich:
Euer arsenikhaltiges Kali ist bis jetzt noch nichts weiter, als
Kali $+ 1 + 2 + 3$ Arsenik; deßhalb aber, weil man noch
nicht Zeit gehabt hat, zu bestimmen, ob die Verbindung,
wie nicht leicht zu bezweifeln ist, dem Gesetz bestimmter Verhältnisse gehorche, muß man nicht gleich sagen: Hier sind
so veränderliche Verhältnisse, daß sie eure Verhältnißgesetze
umstoßen und eure Lehrsätze trüglich machen. Berthollet ist übrigens zu gerecht, um nicht darin einzustimmen,
daß die Zahlenreihe, wodurch ich die Auflösungen des
Schwefelspießglanzes in dem Spießglanzoxyd auszudrücken
gesucht habe, nicht in der geringsten Beziehung mit dem
stehe, was ich bisher Verhältniß in den Verbindungen genannt habe.

15.
Beyträge zur metallurgischen Chemie.
Von Dr. J. B. Richter.

I.

Niccolanum, ein neu entdecktes, dem Nickel in manchem Betracht sehr ähnliches, Metall.

1. Schon seit einigen Jahren vermuthete ich, bey Zerlegung der sächsischen Kobalterze, außer dem Kobalt, Arsenik, Kupfer, Nickel und Eisen, noch mit einem andern Metalle zu thun zu haben, das dem Nickel in mehrern Erscheinungen ähnlich sey; allein alle Scheidungsmittel die ich bisher versucht hatte, gewährten mir keine Befriedigung. Besonders war es mir in der Folge sehr auffallend, daß wenn ich Nickel auf nassem Wege von Kobalt, Arsenik und Eisen befreyet hatte und selbigen, um ihn absolut rein darzustellen, ohne einen Zuschlag von brennstoffhaltigen Körpern reducirte, das regulinische Nickel niemahls in einem Stück, sondern nur nierenförmig zerstreut, und mit einer harten schweren Materie umgeben war, die durch Absetzerung des verglaseten Kupferkalkes zurückgeblieben zu seyn

das Sieb, und sodann durch den Magnet noch die wenigen Nickeltheile ab, wodurch ich noch beynahe 2¼ Qu erhielt, und da ich nichts verlieren wollte, so behandelte ich das Pulver noch mit Salpetersäure, welche zwar Anfangs etwas angriff, und eine Nickelsolution gewährte, hernachmahls aber ohne Wirkung blieb, dergestalt, daß das Pulver wenig am Gewicht verloren hatte. Selbiges, der Reduction per se ausgesetzt, gewährte nichts Regulinisches, sondern war bloß zusammen gesintert.

Nach abermahliger Pulverung der Masse, die ungefähr 9 Loth betragen mogte, mischte ich selbige mit 2 Loth Kohlenstaub, und setzte selbige in einem wohl durch einen verklebten Deckel verschlossenen Tiegel dem 18stündigen Porzellainfeuer in einer Feuerung aus die das vorhergehende Mahl sich als die fleißigste gezeigt hatte. Das Resultat bestand nach Zerbrechung des unversehrten Tiegels in einem mit einer dunkel schwarzbraunen Schlacke bedeckten, wohl geflossenen Korn von 5¼ Loth, welches auf der Oberfläche, wo es mit der Schlacke grenzte, nicht ganz glatt war, und unterhalb eine besondere Form von Vertiefungen, die nicht durch den Schmelztiegel veranlaßt waren, angenommen hatte.

4. Dieser König hatte eine etwas ins Röthliche spielende stahlgraue Farbe, war im Bruche eben nicht sehr feinkörnig, ziemlich hart, ließ sich kalt unter dem Hammer etwas strecken, glühend aber hielt er wenig Hammerschläge aus. Uebrigens wurde er, so wie Eisen und Nickel, vom Magnet stark, obgleich nicht so heftig als erstere beyde angezogen; es hat diese Metallmasse noch mehrere Eigenschaften mit

ben, ... gemein, wiewohl ... sich in ihrer Hälfte ... von ihrer ... entfernt. Da nun auch ihre Eigenschaften von der Art sind, daß derjenige ... das per se reducirte (absolut reine) Nickel noch nicht ... ... kennt, die in Rede stehende und den Nickel begleitende Metallmasse sehr leicht für Nickel halten kann, so habe ich selbige der Kürze wegen Niccolanum genannt.

5. Das Niccolan war, wie aus der Folge erhellen wird, von allen, meinen Kobalterzen inwohnenden, Metallen frey, mit Ausnahme einer kleinen Spur Kupfer.

6. Die spec. Schwere des geflossenen Niccolans, welches nach vorläufigen Beobachtungen nicht so strengflüssig als der absolut reine Kobaltkönig ist, zeigte sich 8,35, die des geschmiedeten hingegen 8,60. Als ich solches mit mäßig starker Salpetersäure übergoß, entstand durch Erwärmung ein weit heftigerer Angriff, als bey dem absolut reinen Nickel zu entstehen pflegt. Ich erinnere mich jetzt eines ähnlichen heftigen Angriffes der Salpetersäure, als ich ein mit Zusatz von Kohlenstaub reducirtes, für rein gehaltenes, Nickel in Salpetersäure auflöste, um mit dem durch Kali daraus gefällten Kalk die Reduction per se vorzunehmen.

7. Die Auflösung des Niccolans ging sehr gut von Statten; als der Sättigungspunct eingetreten war, fieng sie ... grün ... und fieng an gallertartig zu werden. ... 8. Meine erste Sorgfalt ging dahin, einen vermeintlichen Eisengehalt abzuscheiden, ich ließ daher etwas zur Probe auf Weingeistlampe eintrocknen; die Masse wurde ... und als sie sich der Trockenheit näherte

entstanden auf einmahl mehrere rothe Dämpfe und der Rückstand wurde graulichschwarz; ich goß destillirtes Wasser darauf, welches aber nur wenig auflöste, und was auf gelößt war bestand in einem sehr unbedeutenden Nickelgehalt.

9. Auf das wohl ausgesüßte schwarze Pulver goß ich Salzsäure; sogleich erfolgte eine grüne Auflösung mit Erzeugung eines unausstehlichen Geruchs von oxygenirter Salzsäure.

10. Die salzsaure Auflösung sah wie die salpetersaure dunkel und ins schwärzliche spielend grasgrün aus. Bis zur Trockne verdampft gab sie eine röthliche Masse, welche aber in feuchter Luft grünlich wurde, und dem auflösenden Wasser die grüne Farbe wiederum ertheilte.

11. Jener schwarze Niccolankalk war in Schwefelsäure, so wie in der Salpetersäure unauflösbar, wurde aber etwas sehr brennstoffhaltiges, z. B. Zucker oder Weingeist hinzugemischt, so erfolgte durch den Grad des Siedens die Auflösung sehr leicht. Das schwefelsaure Niccolan ist ebenfalls, so lange es noch mit dem Wasser verbunden ist, ins schwärzliche spielend grün, durch Entwässerung nimt es aber eine blaßröthliche Farbe an.

12. Wenn man eine der erwähnten Niccolanauflösungen mit kohlensaurem Kali vermischt, so entsteht alsbald ein blauer, etwas ins Graue und grünliche spielender, blaßfarbiger Niederschlag, oder kohlensaures Niccolan; diese Verbindung ist sehr locker und leicht, sie löst sich in Säuren mit einem großen Aufbrausen auf. Ich erinnere mich jetzt in frühern Jahren diesen misfarbigen Niederschlag für eine Mischung aus Eisen, Nickel und Arsenik (welcher letztere öfters sich durch

Die nach Fällung des Gerbestoffs rückständigen Flüssigkeiten rötheten bey der Kastanie und Eiche schwach das Lacmuspapier, fällten die Zinnauflösung mit fahler Farbe und Eisenauflösung schwarz. Bey der Weidenrinde veränderte sie das Lacmuspapier nicht merklich, fällte aber die Eisensalze olivengrün und trübte die salpetersaure Thonerde.

Die durch das Verdunsten der Aufgüsse erhaltene trockne Substanz hinterließ nach dem Einäschern nur eine sehr geringe Menge Asche, welche kaum $\frac{1}{15}$ Theil des ursprünglichen Gewichts betrug, und vorzüglich aus Kalkerde und Kali bestand; der Aufguß der Kastanienrinde gab die meiste.

Mit den Säuren und kohlensauren Alkalien gaben die Aufgüsse dicke Niederschläge von fahler Farbe; auch durch Kalk-, Baryt- und Strontionwasser wurden sie reichlich gefällt. Die Aufgüsse von Eichen- und Kastanienrinde schienen durch überflüssig zugesetztes Kalkwasser ihrer aufgelösten vegetabilischen Substanz gänzlich beraubt zu seyn.

Wurden sie einige Zeit mit Thonerde, Kalkerde und Talkerde gekocht, so wurden sie fast ungefärbt, und verloren ihre Wirksamkeit auf die Eisensalze und die Gallerte. Durch Erhitzung mit kohlensaurer Kalk- und Talkerde wurden die Aufgüsse dunkler als vorher, und wiewohl sie die Eigenschaft verloren hatten, die Gallerte zu fällen, so gaben sie doch mit Eisensalzen immer starke olivenfarbene Niederschläge, und die Erden wurden in allen Fällen mehr oder weniger braun. Durch eine Auflösung von Thonerde wurden die Auszüge auch reichlich gefällt.

Die Niederschläge, welche sie mit Leimauflösung gaben, besaßen einerley Ansehen, ihre Farbe war anfangs bräunlich wurde aber an der Luft viel dunkler; ihre Mischung

b. Durch die Unfähigkeit ohne brennstoffhaltige Körper re=
ducirt zu werden.

Dagegen unterscheidet es sich von dem Kobalt.

A. Durch die schwärzlich grüne Farbe seiner Auflösungen,
wenn letztere auch streng neutral sind: bekanntermaßen
haben die neutralen Auflösungen des Kobalts in Schwe=
fel = Salpeter = und Salzsäure eine carmoisinrothe Farbe,
und nur das salzsaure Kobalt wird durch Entwässerung
grünlichblau, daher auch ein Uebermaß von Säure diese
Farbe zum Entstehen bringt, weil die Säure sich mit
dem Wasser verbindet. Bey dem salzsauren Niccolan
ist es gerade umgekehrt, mit Wasser vereinigt ist es
(obgleich nicht so schön als das entwässerte Kobalt)
grün und durch Entwässerung wird es röthlich.

B. Durch die Farbe des kohlensauren Kalkes; diese ist
bey dem Kobalt schön mohnblau, bey dem Niccolan
aber graulich blaß bläulich grünlich.

C. Durch die Farbe des entkohlensäuert niedergeschlagenen
Kalks, diese ist bey dem Kobalt dunkelblau und ändert
sich schon während des Aussüßens in schwarzbraun
um: allein der Niccolankalk ist blaugrün und verän=
dert seine Farbe nicht.

Mit dem Nickel hat das Niccolan Aehnlichkeit.

1. Durch die starke Magnetstrebung, wiewohl selbige bey
dem Nickel doch etwas größer ist.

2. Durch die Fletschbarkeit, deren Grad inzwischen bey
weitem nicht an den Grad der Dehnbarkeit des Nickels
reicht.

Eisenauflösung ein dunkles Schwarz hervor. Durch Abdampfen gaben sie eine braune Substanz: wovon durch die Wirkung der Atmosphäre ein Theil unauflöslich wurde, der auflösliche Theil aber vom Aether nicht aufgenommen werden konnte, so daß die Galläpfelsäure, wenn welche darin befindlich war, sich mit dem Extractivstoff in sehr inniger Verbindung befinden mußte.

Es wurden zwey Stücke Kalbshaut, welche im trocknen Zustande jedes 94 Gran wogen sehr langsam, das eine in verdünntem Aufguß von Leicester Weidenrinde, das andere in verdünntem Eichenrindenaufguß gegerbt. Nachdem die Operation in drey Monaten beendigt war, so fand sich das Gewicht des einen um 14, das des andern um 16,5 Gr. vermehrt. Diese Gewichtszunahme ist verhältnißmäßig viel geringer, als sie in dem Versuch Statt fand, wo die Gerbung schnell vor sich ging. Die Farbe des langsam gegerbten Leders war dunkler, als die der schnell gegerbten Stücke, und nach den Eigenschaften der rückständigen Flüssigkeit zu urtheilen, hatte sich mit erstern mehr Extractivstoff verbunden.

Die Versuche des Herrn Biggin[7] haben gezeigt, daß Rinden derselben Art, wenn sie zu verschiedenen Jahreszeiten gesammelt wurden, in den Mengen des Gerbestoffs von einander abweichen; auch Herr Davy bemerkte, daß das Verhältniß des zusammenziehenden Stoffs in den Rinden nach ihrem Alter und ihrer Stärke beträchtlich abweiche; oft hängt es auch von zufälligen Umständen ab, so daß es sehr schwer ist, dasselbe genau anzugeben. In allen zusammenziehenden Rinden enthält der innere weiße, dem

---

7) S. Scheerer's Journ d. Ch. B. 5. S. 46 u. f.

ee. Durch die in B. und C. erwähnte Farbe der Niederschläge, welche bey dem Nickel ein ganz anderes und
was den kohlensauren Nickel insbesondere betrifft, weit
angenehmeres Grün zeigen.

Dies sind die vorläufigen Merkmahle, wodurch sich das
Niccolan als ein eigenthümliches Metall legitimirt: wem
der von mir gewählte Nahme etwa zu spröde unter der
Recensentenfeile vorkommen sollte, dem überlasse ich gern
die Funktion des Anabaptismus: ich habe diesen Nahmen
noch in einer andern Absicht gewählt, denn gesetzt, es könnte
erwiesen werden, daß dies Metall kein einfacher Stoff sey,
so würde uns der Ausdruck Niccolanum doch an einen
Hauptpunkt der Erweiterung unserer metallurgischen Kenntnisse im Reiche des Kobalts und Nickels erinnern; allein
gegen eine Zusammensetzung des Niccolans aus Kobalt,
Arsenik, Nickel, Kupfer und Eisen bürgen wohl schon die
Erscheinungen a. A. C. 1. 4. 5. aa. dd. so wie auch 14.
Da ich aus meinem, Jahre lang mühsam und kostbar bearbeiteten Vorrathe, wohl noch mehr als ein viertel Pfund
regulinisches Niccolan nach und nach zusammen zu bringen
hoffe, so werde ich, zumahlen auch meine Versuche in Betreff des absolut reinen sowohl Nickels als Kobalts noch nicht
beendet sind, so sobald mir nur von meinen mehr als zu
sehr gehäuften Dienstarbeiten einige Erholungsstunden übrig
bleiben, nicht nur ein Mehreres von dieser in gar vielem
Betracht sehr merkwürdigen Metallmasse in diesem Journal,
vielleicht schon in dem nächst folgenden Hefte anzeigen,
so dern auch in der Folge nicht abgeneigt seyn, andern Chemikern, die keine Gelegenheit haben, sich das Niccolan ab-

	nebst d. Auflösung u. Verdunstung festen Rückstand.	welcher an Gerbestoff enthielt.

gesuchet wurden, die sich in Hin=
sicht des Verhältnisses des äußern
und innern Theils glichen, und
welche die Dicke besaßen, wie sie
gewöhnlich zum Gerben angewandt
werden, nähmlich eines halben
Zolls:

eine Unze von der Eiche . .	61 Gr.	29 Gr.
Eben so viel Kastanienrinde .	53 —	21 —
Dieselbe Menge von der Leice=		
erweide	71 —	33 —

Die Rückstände nach Fällung des Gerbestoffs waren in
den verschiedenen Versuchen in Hinsicht ihrer Eigenschaften
sehr verschieden; beym Verdampfen aber wurde immer ein
Theil davon unauflöslich. Bey der Kastanienweide war er,
wie von ihrem gesättigtsten Aufguß bemerkt worden, schwach
sauer, mehr als dreyviertel seines Gewichts aber bestanden
in Extractivstoff. Alle wurden aus ihren Auflösungen durch
schwaures Zinn gefällt, und die nach dieser Fällung rück=
ständigen klaren Flüssigkeiten wirkten nun weit schwächer
auf die Eisensalze als vorher, welches zu beweisen scheint,
daß die Eigenschaft der zusammenziehenden Auszüge, die
Eisensalze schwarz oder mit dunkler Farbe zu fällen, eben
so wohl zum Theil von der Wirkung ihrer extractivstoffar=
tigen Bestandtheile, als von dem Gerbestoff und der Gall=
äpfelsäure abhänge.

In Verfolg dieser Versuche prüfte Davy auch die

Bb 2

II.

Ueber die sicherste Reinigung des Urankalks von Eisen, Kupfer, Bley, Kalkerde und Thonerde nebst
einigen andern Bemerkungen zu Herrn Bucholz
Beyträgen zur nähern Kenntniß der chemischen
Verhältnisse des Urans zu andern Substanzen[2]).

Da mein Vorrath von Urankalk theils durch die nach zu
Breslau in stöchiometrischer Hinsicht unternommenen, theils
auch durch die zu Berlin im Porzellanofen mehrmahls vergeblich angestellte Reductionsversuche sich seinem Ende
sehr nahe befand, so nahm ich im verflossenen Herbst die
Ausscheidung des Urankalkes aus 25 Loth Erz aufs neue
vor.   Allein da ich schon seit mehreren Jahren überzeugt
worden bin, daß die Uranerze außer der sehr beträchtlichen
Menge Eisen und einem Bleygehalt auch wirklich Kupfer
und nebst einem Theil Thonerde, auch bisweilen Kalkerde
enthalten, so dachte ich dies Mahl auf ein kurzes Verfahren, um der beschwerlichen Scheidung aller oben genannten Stoffe entübriget zu seyn.

Zu dem Ende behandelte ich das fein gepülverte Uranerz zu wiederholtenmahlen mit reiner, mäßig starker Salpetersäure durch den Grad des Siedens, bis ich bemerkte,
daß die Säure nichts mehr auflösete.   Die abgeklärten Flüs-

---

1) Man sehe dieses Journal B. 5 Hft. 1 S. 17 u. f.

2) Man s. Bucholz's Beyträge Hft. 1 S. 61.

...rystallinen wurden, bis zur Trockne abgedampft, und das säu-
erlichsaure Uran so satt und anhaltend erhitzt, bis seine
Salpetersäure endlich entwich, die Verbindung selbst aber,
welche, so lange sie durch die Hitze nicht zerlegt wird, braun
und brennroth bleibt, noch nicht zerlegt wurde. Nach Auflösung der halbgeschmolzenen Verbindung in Wasser blieb noch
ein Theil Eisenocker zurück; aus der klaren gelbrothgelben
Flüssigkeit schied ich den Bleygehalt durch in Wasser auf-
gelöstes schwefelsaures Kali, vermischte selbige hierauf mit
so viel kohlensaurem Kali, daß nicht nur der Urankalk niederfiel, sondern letzterer auch durch das kalinische Ueber-
maaß wieder aufgelöst ward. Durch Filtriren wurde der
zu dem kohlsauren Kali unauflösbare erdige Bestandtheil
abgeschieden und die klare Flüssigkeit wiederum mit Schwefelsäure neutralisirt, sodann aber mit entkohlensäuertem Kali
gefällt und der Niederschlag, ehe ihn erst zu trocknen,
so oft mit (entkohlensäuertem) Ammonium digerirt, bis solches keinen Kupfergehalt mehr auszog. Nach vollständiger
Aussüßung und gelinder Trocknung erhielt ich beynahe neun
Loth braungelben Niederschlag, von welchem ich einen Theil
wieder in Säure auflöste und durch mildes Kali und zwar
mit Vermeidung alles Ueberschusses, den Urankalk wieder
kohlensauer darstellte, welcher dann mit einer sehr reinen
blaß citronengelben Farbe erschien. Auf diese Art war der
Urankalk nicht nur von Eisen, Bley, Kupfer und Thonerde,
sondern auch gewiß von Kalkerde befreyt, denn die von
Herrn Bucholz empfohlene Methode ist sehr unzuverlässig,
weil man die Unmöglichkeit einer dreyfachen Verbindung
aus Urankalk, Kalkerde und Salpetersäure gar nicht darthun kann, und die dreyfachen Verbindungen weit zahlrei-

nur dann angesehen werden können, wenn der Gerbestoff verschiedner Gewächse im Zustande der Reinheit oder Getrenntheit untersucht seyn wird. In allen vegetabilischen Aufgüssen, die bisher untersucht worden, befindet er sich im Zustande der Verbindung mit andern Substanzen, und seine Eigenschaften müssen durch die besondern Umstände seiner Verbindung nothwendig abgeändert werden.

Nach den dargelegten Versuchen scheint es, daß die eigenthümliche Wirkung des Gerbestoffs in allen den verschiedenen zusammenziehenden Aufgüssen dieselbe ist. Immer zeigt er sich einer Vereinigung mit den Säuren, Alkalien und Erden fähig, so wie er mit Gallerte und mit Haut unauflösliche Verbindungen bildet. Auf die Infusion von Rinden wirken die meisten Reagentien eben so, wie sie auf den Galläpfelaufguß wirken würden, und daß nur der letztere durch kohlensaure Alkalien grün gefärbt wird, rührt offenbar von der großen darin befindlichen Menge Galläpfelsäure her. Der Aufguß des Sumachs verdankt seine auszeichnende Eigenschaft, durch kaustische Alkalien gefällt zu werden, der Gegenwart des schwefelsauren Kalks, und daß die kohlensauren Alkalien nicht die Auflösungen des Catechu beträchtlich fällen, rührt ohne Zweifel daher, daß sie den Gerbestoff in einem besondern Zustande von Verbindung mit dem Extractivstoff, und ohne Galläpfelsäure und erdige Salze enthalten.

Bey Anstellung einiger Versuche über die Verwandtschaften des Gerbestoffs fand D., daß alle Erden, wie die Alkalien, ihn anziehen, und zwar so stark, daß man vermittelst ihrer leicht eine Verbindung von Gerbestoff und

Gallerte zersetzen kann, denn läßt man mit derselben reine
Talkerde einige Stunden kochen, so wird diese braunroth,
und die abfiltrirte Flüssigkeit wirkt auf Galläpfelaufguß.
Die Säuren haben weniger Verwandtschaft zum Gerbestoff
als zur Gallerte, und wenn Gemische von Säuren und
Gerbestoff mit einer Auflösung von Gallerte versetzt werden,
so entsteht ein Gleichgewicht in den Verwandtschaften, wodurch der größte Theil des Gerbestoffs in unauflöslicher
Verbindung gefällt wird. Die verschiedenen Neutralsalze
haben, in Vergleich, nur schwache Anziehung zum Gerbestoff; verschiedene Thatsachen, außer den schon angezeigten,
aber beweisen, daß die von ihnen in den zusammenziehenden Aufgüssen bewirkte Fällung nicht bloß von ihrer Verbindung mit einem Theil des Wassers, welches die vegetabilischen Substanzen aufgelöst hielt, herrühre. Die Auflösungen des Alauns und einiger andern Salze, welche
weniger als der Gerbestoff im Wasser auflöslich sind, bewirken in vielen zusammenziehenden Aufgüssen eben so reichliche Niederschläge, wie diejenigen, welche am auflöslichsten
sind; und der schwefelsaure Kalk und andere neutrale erdige
Verbindungen, welche in Vergleich unauflöslich zu nennen
sind, entziehen denselben schnell ihren Gerbestoff. Aus
allen diesem ergiebt sich, daß der Gerbestoff mit verschiedenen Substanzen in Verbindung seyn könne, worin er
durch die Gallerte nicht angezeigt werden würde, und in
diesem Fall muß man, um seine Gegenwart zu entdecken,
zu verdünnten Säuren seine Zuflucht nehmen.

Betrachtet man die verschiedenen dargelegten Thatsachen in Beziehung auf das Gerben und die Lederberei-
tung, so wird man das Urtheil ziehen, daß, wenn Häute

in zusammenziehenden Aufgüssen, welche außer dem Gerbe=
stoff auch noch Extractivstoff enthalten, gegerbt werden,
offenbar nebst dem erstern auch von dem letztern mit der
Haut in chemische Verbindung treten müsse. Die verschie=
dene Beschaffenheit des mit einerley Haut bereiteten Leders
scheint großen Theils von den verschiedenen Mengen des
darin befindlichen Extractivstoffs abzuhängen. Das, ver=
mittelst Galläpfelaufguß erhaltene ist allgemein härter als
das in Rindenaufgüssen gegerbte, und es enthält in allen
Fällen ein größeres Verhältniß an Gerbestoff und weniger
Extractivstoff.

Gerbt man Haut sehr langsam in schwachen Aufgüssen
von Rinden oder Catechu, so verbindet sie sich mit einer
größern Menge von Extractivstoff, und in diesen Fällen
wird die Haut, wiewohl sie, in Vergleich, weniger an
Gewicht zunimt, nichts desto weniger vollkommen unauf=
löslich in Wasser, und das Leder ist geschmeidig und zu=
gleich sehr stark. Sind die Aufgüsse von Rinden gesättigt,
so enthalten sie in Verhältniß zu ihrem Gerbestoff weniger
Extractivstoff als die schwachen Aufgüsse, und die Erfah=
rung lehrt, daß, wenn Haut darin schnell gegerbt wird,
das Leder weniger dauerhaft ist als langsam gegerbtes.
Ueberdies verliert der Gerber bey schnellem Gerben vermit=
telst der Aufgüsse von Rinden einen Antheil Extractivstoff,
den er hätte in die Mischung seines Leders bringen können.
Diese Beobachtungen zeigen, daß die gewöhnliche Meynung
der Arbeiter, welche eine langsame Gerbung vorziehen, et=
was Gegründetes hat; und obgleich die Operationen un=
nützer Weise oft über die nöthige Zeit verlängert werden,

Chromkalk, welche einem Vauquelin nicht geglückt ist, vollständig gelungen, und ich habe von 2 Loth desselben eine Ausbeute von beynah 30 Gran, in wohlgeflossenen Körnern, die mit Schlacke umgeben waren, erhalten, welche bis jetzt ein jeder, der mich besucht, in Augenschein nehmen kann, und die auch der Herr Redacteur dieses Journals bey mir zu sehen sich gefreut hat [1]. Allein mehrmahls habe ich seitdem den Reductionsversuch mit eben dem reinen Kalk vergeblich wiederholt, und da ich das eine Mahl auch etliche Körner bereits reducirtes Chrom mit zugesetzt hatte, und selbige verschwinden sehen müssen; so wage ich nicht einmahl, die Körner welche ich besitze, in ein Glas schmelzen zu wollen, indem mir ietzhin eine ähnliche Zusammenschmelzung mit dem sich nicht viel minder hartnäckig zeigenden absolut reinen Kobaltkönig, von welchem ich aus einem halben Pfunde Kalk ungefähr 5 Loth in sehr unförmlich geflossenen Stücken erhielt, zur Hälfte verunglückt ist. Da ich nun, unerachtet meine hydrostatische Vorrichtung die Nicholson'sche noch an Genauigkeit übertrifft, jedennoch aus evidenten mathematisch-physischen Gründen abgeneigt bin, die Messung der Dichheiten ohne Noth mit 30 Gran vorzunehmen, so wird auch meine heutige Betrachtung über das Chrommetall nicht eher diesem Journal einverleibt werden, als bis mir der Glückszufall (wer über diesen Ausdruck lacht, den lasse ich auf seine Kosten lachen) wiederum noch eine hinreichende Menge Chrommetall in die Hände führt. Ich habe zu dem Ende noch etwa drey bis vier Loth Chromkalk bestimmt, welche ich

---

[1] Wie mehrere chemische Freunde bereits von mir wissen. Er

in die Reductionslotterie setzen will; daß ich das große
Loos nicht gewinnen werde, dafür wollte ich allenfalls die
Wette eingehen; ich will inzwischen gern zufrieden seyn,
wenn nur nicht in jeder Ziehung eine Niete erfolgt.

Aus dem angezeigten erhellet, daß wenn auch Herrn
Bucholz sein Wunsch, das Porcellainfeuer zu Dienst
zu haben, erfüllt werden könnte, selbiger wohl schwerlich
glücklicher als ich seyn würde, denn man muß die Probe
à coup perdu wenigstens 18 Stunden dem sehr unbe-
stimmten Feuersgrade überlassen, welches nicht einmahl den
Kobaltreductionen zuträglich ist, denn ich erhalte nicht die
Hälfte Kobaltmetall, was das Oxyd geben könnte.

Je älter ich in der chemischen Erfahrung werde, und
je genauer ich die so sonderbaren, sich öfters ganz widersprechenden Wirkungen, die der Wärmestoff nicht nur in
niedrigern sondern auch in den höhern Temperaturen des
verschiedenen heftigen Feuers verursacht, in der meiner
Verwaltung anvertrauten Branche betrachte, desto mehr
drängt sich mir der Gedanke auf, daß bisweilen Umstände
des Gelingens oder Mißlingens vorhanden sind, die auch
der schärfsten empirischen Wahrnehmung entgehen; ich kann
mich des Gedankens nicht enthalten, daß z. B. oft nur
ein einzelner Thermometergrad, es sey nun in niedriger oder
in sehr hoher Temperatur hinreichend ist, diese oder jene
Entstehung entweder zu bewirken oder zu vereiteln; und
da die stöchyometrische Chymie schon in Hinsicht einer großen
Anzahl von Fällen lehrt, daß alles auf bestimmten quantitativen Verhältnissen beruhet, so kann bisweilen ein em-
pirisch kleinstes Plus oder Minus ein ganz entgegengesetztes
Resultat hervorbringen.   So sehr ich demnach auch die

14.
Ueber die metallischen Schwefelverbindungen,

Vom Prof. Proust.

Uebersetzt[1]) von L. F. Gehlen.

Die Metalle, sagt Berthollet, können sich in sehr verschiedenem Verhältniß mit Schwefel verbinden und die daraus entstehenden Gemische besitzen Eigenschaften, die nach Maßgabe dieses Verhältnisses verschieden sind u. s. w. Bey der Allgemeinheit, mit welcher Berthollet diesen Satz aufstellt, ist es zu bewundern, daß er dem Leser nicht zugleich sämmtliche Thatsachen vorgelegt hat, auf welche derselbe ihm gestützt zu seyn scheint. Das Silber, Quecksilber, Platin, Kupfer, Arsenik, Bley, Zinn, Wismuth u. s. w. bieten uns doch kein einziges Beyspiel von veränderlicher Schwefelung dar. Das Eisen hat bis jetzt nur noch allein sich fähig gezeigt, in einem zweifachen Verhältniß mit Schwefel in Verbindung zu treten; aber weit entfernt veränderlich zu seyn, sind diese beyden Verhältnisse vielmehr eben so beständig und festbestimmt, wie die seiner Verbindung mit Sauerstoff.

---

1) Aus dem Journal de Physique. Vendem. XII. T. LIX.
P. 260 — 265.

2) Essai de Statique chimique T. II. P. 433 u. f.

tionsarbeiten vorgenommen werden mußten, dergleichen scheinbare Anomalien, von welchen ich keinen hinreichenden Grund anzugeben vermögend bin, besonders bey höherer Temperatur, z. B. in dem Email = und Gutofen könnte ich mehrere anführen. Daß ein Grund vorhanden ist, wird wohl Niemand bezweifeln, dessen Puls noch nicht beträchtlich mehr als 100 in der Minute schlägt: allein die Wahrnehmungsorgane, wenigstens die meinigen, sind nicht immer so geübt, diesen Grund so leicht aufzufinden, wie so mancher durch Analogie aufzufinden glaubt.

16.

Analysen verschiedener Kalkarten.

I.

Chemische Untersuchung einiger Gattungen und Arten der kohlensauren Kalkordnung.

Von Christian Friedrich Bucholz.

Ich weiß nicht, ob die chemische Analyse theils schon untersuchter theils noch nicht untersuchter Fossilien der Kalkordnung für die Scheidekünstler und Mineralogen ein sehr hohes Interesse haben werde: allein es wird gewiß nicht eben geben, welcher mit Hinsicht auf den Zustand der mineralogischen Chemie und der Mineralogie solche für unnütz erklären sollte. Die richtige Kenntniß der innern Mischung der Fossilien kann oft nur allein dem Mineralogen bey Zerlegung derselben im Systeme den richtigen Weg zeigen, und schon aus diesem Grunde muß jede richtig angestellte Analyse dem Mineralogen willkommen seyn. Dieses besonders bey der Classifikation der Fossilien der Kalkordnung fühlend, hat mich mein Freund Haberle, die Untersuchung mehrerer derselben, die es ihm besonders zu verdienen schienen, und die er mir auch größten Theils dazu mittheilte, zu unternehmen. r.

r.

Untersuchung des isländischen Doppelspaths.

Bestimmung des Kohlensäuregehalts.

1. und 2. Versuch. 100 Gran völlig durchsichtiger Doppelspath von regelmäßiger rhomboedrischer Gestalt, wurde, in Stückchen von der Größe kleiner Erbsen zerschlagen, nach und nach in 6 Drachmen Salzsäure von 1,135 Eigenschwere, die sich in einem genau abgewogenen geräumigen Glase mit enger Mündung befand, gethan und dabei in einer schiefen Lage erhalten, wodurch zu starkes Aufwallen und Verspritzen der Flüssigkeit, welche zu unrichtigen Resultaten Veranlassung geben konnten, vermieden wurden. Nach vollendeter Auflösung fand sich bey Abwägung des Glases nebst Inhalt bey derselben Temperatur genau ein Verlust von 43½ Gran. Bey der genauesten Wiederholung dieses Versuchs auf erzählte Art fand ich einen Verlust von 43 Gran.

Bestimmung des Wasser- und Kalkgehalts.

3. Versuch. 100 Gran desselben Doppelspaths, im zerquetschten doch nicht pulverigen Zustande, wurden eine

halbe Stunde dem starken Rothglühfeuer ausgesetzt. Nach genauester Sammlung fand sich ein Verlust von 42½ Gr. sämmtliche Stückchen waren leicht zerreiblich und ohne Glanz. Die rückständigen 57½ Gran wurden mit 6 Drachmen Salzsäure wie vorhin behandelt, wodurch sich ein Verlust von noch nicht völlig 1 Gran ergab, welcher von noch entweichender Kohlensäure herrührte, die sich in einzelnen Bläschen entwickelte. — Diesemnach enthalten 100 Gran Doppelspath noch nicht einmal 1 Gran Wasser, wenn wir die 43 Gran Kohlensäure, welche der zweyte Versuch lieferte, als richtig ansehen wollen.

4. Versuch. Da mich der vorige Versuch belehrt hatte, daß die Entfernung der Kohlensäure vom Kalk kein so starkes und anhaltendes Feuer bedürfe, als man sich gemeiniglich vorstellt, so beschloß ich, diese Erfahrung zur völligen Entfernung der Kohlensäure zu benutzen, weil ich dadurch ein genaueres Resultat, als das des vorigen Versuchs hoffte. In dieser Absicht wurden 100 Gran Doppelspath von der vorigen Beschaffenheit eine Stunde stark rothgeglüht. Es ergab sich hierdurch genau ein Verlust von 43½ Gran und der Rückstand betrug 56½ Gran, und verhielt sich vollkommen als reiner Kalk.

Die Auflösung in Salzsäure wurde auf Thonerde, Eisen, Baryt, Strontion u. s. w. geprüft: allein sie zeigte sich völlig rein von diesen und andern Beimischungen.

Resultat dieser Versuche.

Der isländische Doppelspath enthält in 100 Theilen:

56,5	—	—	Kalk
43,0	—	—	Kohlensäure
00,5	—	—	Wasser;

ber den Unterschied zwischen dem Schwefelkiese mit dem
kleinsten und größten Schwefelgehalt bestimmt. Daß übrig
ge ns Schwefel den Schwefelverbindungen beygemengt ist,
ohne an ihrer Mischung Theil zu haben, daran ist nichts
zum Verwundern: wir finden alle Tage eben so Thon,
Kalk, schwefelsaurem Kalk u. s. w. damit vermengt.

„Er hat Spießglanzoxyd in verschiedenen Verhältniß
mit Schwefelspießglanz versetzt, und ohne Entwickelung
von schwefligsaurem Gas, Gemenge erhalten, die man
durch folgende Formel bezeichnen kann: Oxyd $+ 1 + 2 + 3$
u. s. w. Schwefelspießglanz; hat er nicht dadurch wahre
Verbindungen gebildet?"

Ich antworte hierauf, daß anfangende Auflösungen
oder solche, die noch nicht den Grad von Sättigung er
reicht haben, dessen sie fähig sind, anders angesehen wer
den müssen, als vollendete Verbindungen: um meine Vor
stellung darüber deutlich zu machen, habe ich dergleichen
Auflösungen bezeichnet, wie ich die des Zuckers in Wasser
bezeichnen würde, nähmlich Wasser $+ 1 + 2 + 3$ Zucker.
Ich wüßte wirklich nicht, wie man sich deutlichere Begriffe
von den Auflösungen des Schwefelspießglanzes in dem
Spießglanzoxyd machen könnte. Alle Chemiker haben bis
her geglaubt, daß diese Gläser, Lebern, Safrane, Schwe
felspießglanzoxyde wären. Der Gegenstand meiner Arbeit
war, uns hierüber aus dem Irrthum zu ziehen, zu zeigen,
daß man diesen geschwefelten Oxyden, die nur auf Treu
und Glauben angenommen, entsagen müßte, um an ihre
Stelle eine, aber wohl erwiesene Gattung von
Verbindungen. Freylich widerstreitet diese Bey

Prüfung auf andere Beymischungen, besonders auf Talkerde.

8. Versuch. Die Auflösung des Urkalksteins, welche Salzsäure im Ueberschuß enthielt, wurde mit reinem flüssigen Ammonium im Uebermaß vermischt, wodurch nicht die mindeste Trübung erfolgte. Durch kleesaures Kali wurde der Kalk abgesondert, die abfiltrirte Flüssigkeit mit kohlensaurem Kali im Ueberschuß vermischt, bis zur Trockne eingedickt und hierauf mit Wasser wieder aufgelöst. Es zeigte sich hierdurch eine höchstunbedeutende kaum zu sammelnde Spur abgesonderter erdiger Substanz, welche nicht zu sammeln war, und wahrscheinlich bloß vom aufgelösten kleesauren Kalk herrühren mogte. Andern Prüfungen zu Folge waren auch keine andere Substanzen vorhanden.

Resultat dieser Versuche.

Der Kalkstein ist in demselben Verhältniß zusammengesetzt, wie der Doppelspath: er enthält in 100 Theilen

56,5	—	—	Kalk
43,0	—	—	Kohlensäure
00,5	—	—	Wasser.

Merkwürdig ist dieses Resultat vorzüglich deswegen, weil es uns zeigt, wie unveränderlich die Gesetze sind, nach welchen die Natur im Großen wie im Kleinen wirkt, und daß Jahrtausende keinen Unterschied und keine Veränderung in ihren Wirkungen hervorzubringen vermögen; denn der höchstwahrscheinlich mehrere Jahrtausende eher bereitete Urkalk ist in demselben Verhältnisse seiner Bestandtheile zusammengesetzt, als der jüngere Doppelspath.

bei der Vermuthung schütze, sich in jedem Verhältniß mit Schwefel verbinden zu können, was bey uns andern alten Schülern der Natur und Metalle ein schon schwer auszurottender Irrthum war, sondern daß sie dasselbe auch noch vor einem andern sichere, dessen Aufklärung eben so wichtig war, nähmlich daß es ein Metalle und zwar in jedem Verhältniß auflöse, denn wirklich als solches befindet es sich in den Sasfinien, den Rubinen. Ich bitte nun Berthollet, sich einmahl einen Augenblick als Urheber der von ihm bestrittenen Lehre zu denken und frage ihn, was er von einem Chemiker urtheilen würde, der für das Heil der entgegengesetzten Hypothese sich angelegen seyn ließe, alle Betrachtungen auf die Seite zu schieben, die er aus dem Metalle zur Erklärung der Natur der Spießglanzlebern ziehen könnte, um letztere dann bloß von der Seite des darin befindlichen Schwefels anzugreifen. Warum, würde er sagen, schweiget ihr ganz von dem Metalle, welches den Schwefel begleitet, und so gut erläutern kann, was bey der Auflösung des letztern in einem Oxyde schwierig einzusehen ist? Indem wir jeder unsere eigene Hypothese wieder aufnehmen, bitte ich Berthollet in Hinsicht auf seinen Einwurf, nicht aus dem Gesicht zu verlieren, daß, wenn in dem Croceus Schwefel in jedem Verhältnisse ist, zur Sättigung dieses Schwefels auch Metall sich in jedem Verhältniß darin befinde. Dies eben hat mich bestimmt, die geschwefelten Spießglanzoxyde, wenn es deren noch giebt, nicht mit den Spießglanzoxyden, welche Schwefelspießglanz aufgelöst haben, die fernerhin ihre Stelle einnehmen werden, in eine Reihe zu stellen.

Was die Beschaffenheit dieser letztern betrifft, so ist

Niederschlag abgesondert hätte. Die Kreide enthielt also
nur eine nicht zu bestimmende Spur von Salzsäure.

13. Versuch. Die mit Salzsäure gemachte Auflösung der Kreide wurde mit reinem Ammonium im Ueberschuß vermischt, wodurch ein geringer flockiger Niederschlag
entstand. Auf einem gewogenen Filter gesammelt, betrug
solcher kaum ein Gran, und verhielt sich außer schmutzigen
Theilen wie Eisenoxyd und Thonerde.

Resultat dieser Versuche.

Die Beymischung der Kreide an Unreinigkeiten, Thonerde, Eisenoxyd und Salzsäure, sind zu gering, als daß
sie uns verhindern könnten, das Mischungsverhältniß derselben als gleichförmig und übereinstimmend mit dem des
Doppelspaths und des Urkalks anzusehen; sie enthält also
in 100 Theilen ebenfalls

56,5	—	—	Kalk
43,0	—	—	Kohlensäure
00,5	—	—	Wasser.

4.

Untersuchung des Schieferspaths (Calcareus schisto-spathosus Werneri).

Bestimmung des Kohlensäuregehalts.

14. Versuch. 100 Gran möglichst von eingesprengtem Quarz befreyeter Schieferspath von milchweißer Farbe
wurden, wie öfter erwähnt, in 6 Drachmen obiger Salz-
säure aufgelöst; es fand sich ein Verlust von 40 Gran.
Um etwas Unaufgelöstes abzusondern, wurde das Ganze
auf ein gewogenes Filter gebracht, und der darin befindliche

Rückstand sorgfältig ausgesüßt und geglüht, in welchem
Zustande er ¼ Gran betrug und sich wie Quarz verhielt.
96 Gran Schieferspath hatten also 40 Gran Kohlensäure
verloren, welches auf 100 Gran reinen quarzfreyen Schieferspath 41,66 beträgt.

Bestimmung der festen Bestandtheile und des Wassergehalts.

15. Versuch. 100 Gran des möglichst von Quarz
gereinigten Schieferspaths wurden zwey Stunden durch
starker Rothglühhitze ausgesetzt. Hierdurch ergab sich ein
Verlust von 39 Gran. Der Rückstand war rostfarben; er
erwärmte sich mit Wasser, ohne völlig zu zerfallen. Das
Ganze wurde jetzt mit einer halben Unze Salzsäure vermischt, worauf die rostfarbenen Schichten zerfielen, braune
Flocken in der Flüssigkeit herumschwammen, der Geruch von
oxygenirter Salzsäure sich entwickelte und sich endlich alles
bis auf 2 Gran Rückstand, welcher Quarz war, auflöste.
98 Gran reiner Schieferspath hatten also 39 Gran flüchtige Theile durch das Glühen verloren, welches auf 100
Gran 39 ⅔ beträgt. Da man 100 Theile reiner Schieferspath 41⅔ Kohlensäure durch Behandlung mit Salzsäure,
durch Glühen folglich 1⅔ Gran weniger verloren, so ist
es erstens sehr wahrscheinlich, daß in diesem Fossil kein
Wasser vorhanden sey; zweytens, daß es einen Bestandtheil enthalte, welcher durchs Glühen eine Veränderung erleidet, die sein Gewicht vermehret. Die Umwandlung der
weißen Farbe des Fossils durchs Glühen in die braune,
die Absonderung brauner Flocken und die Entwickelung oxygenirter Salzsäure bey der Auflösung des geglühten Fossils durch Salzsäure, ließen auf die Gegenwart von Braun-

steinoxyd schließen, welches auch die fernere Zerlegung bewies.

Fernere Zerlegung des Schieferspaths.

16. Versuch. Die Flüssigkeiten des 14. Versuchs wurden mit Ammonium im Ueberschuß zerlegt, wodurch sich braune Flocken absonderten, welche ausgesüßt und auf einem gewogenen Filter gesammelt, mit Inbegriff des auf dem Filter hängen gebliebenen 3 Gran betrugen und schwarzbraun aussahen. Durch Auflösung in Salzsäure entwickelten sie Dämpfe von oxygenirter Salzsäure und bildeten eine braune Auflösung, die mit achtmal so viel Wasser verdünnt farbenlos erschien. Sie enthielt, was sich schon aus dieser Farbenlosigkeit und dem Mangel eines styptischen Geschmacks schließen ließ, nur eine sehr geringe Menge Eisen, denn die durch Ammonium neutralisirte Auflösung wurde durch bernsteinsaures Ammonium kaum merklich getrübt. Es können also jene 3 Gran Niederschlag als der Gehalt von Braunsteinoxyd in 96 Gran Schieferspath angesehen werden. 100 Gran würden sonach 3¼ Gran Braunsteinoxyd enthalten: da aber in Verbindung mit Kohlensäure, wie es sich darin befindet, das Braunsteinoxyd nicht so viel Sauerstoff enthält, als im abgesonderten Zustande, so kann man, ohne sehr zu irren, 3 Gran Braunsteinoxyd als den Gehalt von 100 Gran Schieferspath ansehen.

17. Versuch. Die vom Braunsteine abgeschiedenen, genau gesammelten Flüssigkeiten wurden durch kleesaures Ammonium zerlegt. Der sorgfältig gesammelte, ausgesüßte und getrocknete Niederschlag betrug 137 Gran. Er wurde

1¼ Stunde zur Zerstörung der Sauerkleesäure und Verjagung der erzeugten Kohlensäure geübt, wodurch 51 Gran reiner Kalk erhalten wurden, wozu noch ¾ Gran kleesaurer Kalk, um welche das Filter am Gewicht vermehrt war kommen, die 1⅛ Gran reinem Kalk gleich sind, so daß die ganze Menge des von 96 Gran Schieferspath erhaltenen reinen Kalks 52½ Gran und in 100 Gran reinem Schieferspath 54⅝ beträgt.

18. Versuch. Die Flüssigkeiten, welche durch Filtriren und Ausfüßen des kleesauren Kalks erhalten worden waren, wurden bis auf 4 Unzen verdunstet, hierauf durch kohlensaures Kali zerlegt und bis zur Entweichung alles Ammonium gekocht. Nach Wiederauflösung der eingedickten Salzmasse durch destillirtes Wasser zeigten sich einige Theilchen eines erdigen Stoffes, welche auf dem Filter gesammelt kaum etwas mehr als ⅛ Gran betrugen und sich wie kohlensaurer Kalk verhielten, der aus der Zerlegung einer geringen in der Flüssigkeit aufgelöst gebliebnen Portion kleesauren Kalk, durch das kohlensaure Kali dargestellt worden. Rechnen wir den Gehalt dieser geringen Menge kohlensauren Kalk an reinem Kalk zu ⅛ Gran, so beträgt die ganze Menge reiner Kalk in 100 Gran reinem Schieferspath voll 55 Gran.

Resultat dieser Versuche.

Der Schieferspath enthält in 100 Theilen

55.	—	reinen Kalk
?	—	Braunsteinoxyd
41,66	—	Kohlensäure
03,34	—	Verlust.

5.

Untersuchung der Schaumerde von Rubiß bey Gera im Voigtlande.

Bestimmung des Kohlensäuregehalts.

19. Versuch. 100 Gran dieses graulichweißen, kaum merklich ins Röthliche fallenden, Fossils erlitten durch die wie vorhin bewirkte Auflösung in Salzsäure einen Verlust von 39 Gran. Die Flüssigkeit hatte eine ziemlich gelbe Farbe, auch enthielt sie noch eine ziemliche Menge eines grünlichgrauen unaufgelösten Rückstandes, welcher nach Absonderung durch ein Filter, nachherigem Aussüßen und Trocknen hellgrau, geglühet aber röthlichweiß aussah und 7 Gr. wog, wozu noch 1 Gran am Filter hängen gebliebenes kommt.

Prüfung dieses in Salzsäure unauflöslichen Rückstandes.

20. Versuch. Zu einem feinen Pulver zerrieben gab er, durch zweymahliges viertelstündiges Kochen mit 2 Drachmen reiner Salzsäure das erste Mahl eine stark gelbe gefärbte, das zweyte Mahl aber eine nur unbedeutend gefärbte Flüssigkeit. Es blieb ein Rückstand, der nach dem Aussüßen nebst dem Filter in einem Tiegel verbrannt und geglüht wurde. Ich erhielt hierdurch 5 Gran eines beynahe völlig weißen, kaum merklich ins Röthliche spielenden Rückstandes, der sich wie Kieselerde verhielt. Ich vermuthete daß solcher schwefelsauren Kalk enthalten könne; es entwickelte sich aber nach dem Glühen desselben mit Kohlenpulver kein Schwefelwasserstoffgas, wie Salzsäure darauf gegossen wurde, noch zeigte sich sonst eine Erscheinung. Die abfiltrirten salzsauren Eisenauflösungen und Abwasch-flüssigkeiten dieses Versuchs lieferten bey der Zerlegung durch

Auf

nisse, und das andere in die Sammlung meines verewigten Freundes Herrn v. Leitwitz gab, nahm ich die Dichtigkeitsmessung vor, und fand die spec. Schwere kaum, 6 Mahl größer als des Wassers. In dem englischen Windofen des k. Oberbergamts-Laboratorii zu Breslau gelang mir diese Reduction (wie ich in meinen Abhandl. Ueber die neuern Gegenst. d. Ch. 9. Stck. S. 39 erwähnt habe) auch ein Paar Mahl, Statt des Rindsblutes mit Kohlenstaub; ich erhielt Metallmassen, die bis 120 Gr. wogen; freylich nicht in ein Stück zusammengeflossen, sondern in mehrern kleinern an einander sitzend mit Schlacke umgeben (wie ich erst vor sechs Wochen bey dem Chromium erfahren müssen), allein es waren doch Körnige oder Metallmassen von 120 Gr. durch einzelne Schmelzung gewonnen worden, und ich war denn auch im Stande die spec. Schwere genau zu messen, welche 6,94 also beynahe 7,00 ausfiel. Zwar sind, wie ich ebenfalls erwähnt habe, auch mehrere Versuche vergeblich, und die Zahl der verunglückten ist gewiß mehr als doppelt so groß, als die Zahl der gelungenen. Auch waren die Tiegel oder vielmehr die Probirtyten, die damahls von der Porzellainmanufactur an das Breslauer Laboratorium geliefert wurden, (eine Sorte, deren Massen Mischungsart verloren gegangen ist, und die ich, unerachtet ich in Porzellainfabrikgeschäften diene, nicht mehr erhalten kann) nicht selten, ausnehmlich zusammengesintert, und das eine Mahl glaubte ich, weil die Probirtute umgesunken war, gar nichts zu erhalten, fand aber doch ein glatt geflossenes Korn, welches in dem Bauch der Tute erstarrt war. Der Fuchs des Ofens war das eine Mahl durch Schmelzung der feuerfesten Thonsteine so schadhaft geworden,

braunrothes Eisenoxyd erhalten wurde. Die abfiltrirte Flüssigkeit wurde durch Salzsäure in Ueberschuß zersetzt, hierauf Ammonium im Ueberschuß hinzugefügt. Es erfolgte aber eine nur so geringe Trübung, daß nichts Wägbares durchs Filtrum abzusondern war.

24. Versuch. Die Flüssigkeiten des vorigen Versuchs, aus welchen durch das Ammonium 1 Gran Eisenoxyd abgeschieden worden, wurden jetzt wie m Versuch 17. durch kleesaures Ammonium zerlegt. Nach den erhaltenen Resultaten wird die ganze Menge des in 100 Gran Schaumerde enthaltenen Kalks auf 51¼ bestimmt.

25. Versuch. Die vom kleesauren Kalk abfiltrirten Flüssigkeiten wie in Vers. 18. behandelt, gaben noch keinen ¼ Gran kohlensauren Kalk, welcher etwas mehr als ⅛ Gr. reinem Kalk gleich zu rechnen wäre.

Resultat dieser Versuche.

Die Schaumerde von Rubitz bey Gera im Voigtlande enthält in 100 Theilen.

Kalk reinen	—	51,500	Versuch 24.
Kieselerde	—	5,715	Versuch 20.
Eisenoxyd	—	3,285	Versuch 20. 23.
Kohlensäure	—	39,000	Versuch 19.
Wasser	—	1,000	Versuch 21. 22.
		100,500	

Der sich hier findende geringe Ueberschuß, der durch den Kalk von Vers. 25., und durch die Thonerde in Vers. 25. noch etwas höher steigt, ist wohl der größern Oxydation des Eisenoxydes und einigen andern unvermeidlichen Unvollkommenheiten zuzuschreiben.

Die gefundene Kieſelerde und das Eiſenoxyd ſcheinen,
mehrern Umſtänden nach zu ſchließen, ſich auf eine eigne
Art vereinigt in der Schaumerde zu befinden, verbunden
allmählich zum eiſenhaltigen Kieſel; denn dieſes beweiſt die
Schwierigkeit der Zerlegung des aus beyden beſtehenden
Rückſtandes durchs Sieden mit concentrirter Salzſäure,
und in dieſem Falle muß man die Schaumerde als mit
dieſer Eiſenkieſelverbindung durchdrungen oder vermengt
anſehen. Ob nun aber dieſelbe weſentlich zur Schaumerde
gehöre oder als zufällig angeſehen werden könne, wage ich
nicht zu entſcheiden; doch iſt das letztere wahrſcheinlicher,
obſchon nach mehreren angeſtellten Unterſuchungen ſelbſt das
kleinſte Theilchen der Schaumerde von dieſer Vermiſchung enthält, und nach der Auflöſung in Salzſäure zurückläßt. Dieſe
Vermiſchung als nicht weſentlich zur Schaumerde gehörig
betrachtet, wäre ſolche in folgenden Verhältniſſen zuſammengeſetzt:

Reiner Kalk   —   —   0,55⅞

Kohlenſäure   —   —   0,42⅕

Eiſenoxyd   —   —   0,1 noch nicht völlig

Waſſer   —   —   0,1 noch nicht völlig
                        ————————
                        100 Theile.

Wer ſieht nicht hier, daß, wenn das Eiſenoxyd außer
Rechnung gelaſſen wird, dieſes Miſchungsverhältniß bis
auf etwas Unbedeutendes mit dem des Doppelſpaths, des
Kalkſteins und der Kreide übereinſtimmt; daß dieſes nicht
völlig der Fall iſt, kann wohl nur der Unvollkommenheit
unſrer Verfahrensart und nicht der Natur zugeſchrie-
ben werden.

Ee 2

6.

Untersuchung der sogenannten Eisenblüte.

Bestimmung des Kohlensäuregehalts.

26. und 27. Versuch. 100 Gran der völlig weißen sogenannten Eisenblüte in zackigen Stücken, wurden, wie mehrmahls angeführt worden, mit 6 Drachmen Salzsäure behandelt. Nach vollendeter Auflösung fand sich genau ein Verlust von 43 Gran; was sich bey einem zweyten Versuch gleich blieb.

Bestimmung des Kalk- und Wassergehalts.

28. und 29. Versuch. 100 Gran des gedachten Fossils von der erwähnten Beschaffenheit, wurden 1½ Stunde in einem saubern wohlbedeckten Schmelztiegel bey starker Rothglühhitze geglüht. Schon beym anfangenden Glühen des Tiegels erfolgte ein starkes Knistern oder vielmehr Verprasseln, wobey man scheinbar Wasserdunst sich entwickeln sah. Nach vollendeter Glühung fand sich der genau gesammelte Rückstand 54 Gran schwer und verhielt sich wie reiner Kalk. Da der Tiegel in diesem Versuch nicht genau verschlossen gewesen, und ich daher durch das Verprasseln etwas zerstreut fürchtete, so wurde er in dieser Hinsicht mit der nöthigen Vorsicht wiederholt. Nach vollendetem Glühen fand sich ein Rückstand genau von 56 Gran, welcher sich wie völlig reiner Kalk verhielt. Es war demnach 1 Procent für Wasser zu rechnen, welches durch seine Ausdehnung das Verprasseln bey mäßiger Erhitzung bewirkte.

Fernere Zerlegung dieses Fossils.

30. Versuch. Die Auflösung des Versuchs 26. wurde mit Ammonium in Ueberschuß versetzt: allein sie blieb da-

durch völlig ungetrübt. Nach Verdünnung mit 15 bis 16 Mahl so viel Wasser bewirkten auch einige Tropfen reine Schwefelsäure darin keine Trübung.

31. Versuch. Der Kalk wurde durch essaures Ammonium aus der Flüßigkeit genommen, und letztere hierauf mit kohlensaurem Kali im Ueberschuß gekocht, dies lieferte nur eine Spur eines Niederschlags, der sich wie kohlensaurer Kalk verhielt.

Die Erfolge dieser letztern Versuche sprechen also die Eisenblüte von jeder Beymischung anderer Stoffe frey.

Resultate dieser Versuche.

1. Die sogenannte Eisenblüthe enthält in 100 Theilen:

Reinen Kalk   —   — 0,56

Kohlensäure   —   — 0,43

Wasser   —   —   — 0,01.

2. Eine geringe Portion Wasser kann bey einer dazu geeigneten Fügung der Theilchen der Krystalle Verprasseln bewirken; diese Eigenschaft der Eisenblüte trifft mit der des schwefelsauren Kali überein, welches bey dem Gehalt eines Procents Krystalwasser ebenfalls verprasselt.

II.

Beschreibung einiger Analysen verschiedener Arten Kalksteine.

Vom Geheimen Oberbaurath Simon.

I. Kalksteine aus dem Rüdersdorfer Flötzgebirge.

1. Der zur gegenwärtigen Zergliederung gewählte Kalkstein war diejenige Abänderung des dichten Kalksteins, welche in dem angezeigten Gebirge mit folgenden Kennzeichen vorkommt.

Er besitzt eine graulichweiße Farbe, hat einen unebenen splittrigen Bruch, ist inwendig matt, und hin und wieder mit Adern von Kalkspath durchzogen.

a. Von dieser Abänderung wurden 200 Gran nach und nach in einen tarirten Kolben, der 1¾ Unze Salzsäure enthielt, getragen; nach geschehener Auflösung gab sich, durch den entstandenen Gewichtsverlust, ein Gehalt an Kohlensäure von 85 Gran zu erkennen. Nach beendigter Auflösung wurde die Flüssigkeit von einem geringen Rückstande durchs Filtriren geschieden und in zwey ganz gleiche Theile abgewogen, um jede Hälfte nach einer verschiedenen Methode zu zerlegen. Der bemerkte Rückstand von braungrauer Farbe wog nach dem Trocknen 4 Gran.

b. Dieser Rückstand wurde mit der hinreichenden Menge ätzender Kalilauge im silbernen Tiegel behandelt, bis zur Trockne abgeraucht, und die Masse schwach ge-

betrug nach dem Glühen am Gewicht 130½ Gran.
Da nun zu Folge anderer Versuche gefunden worden,
daß 309⅔ Theile ausgeglüheter Gyps 126 Theile
Kalkerde enthalten, so beträgt die reine Kalkerde im
gegenwärtigen Fall 53 Gran.

g. Hierauf wurden 200 Gran dieses Kalksteins einem an=
haltenden Glühfeuer ausgesetzt, so lange als sich
noch eine Gewichtsabnahme zeigte, sie verloren da=
durch 87½ Gran am Gewichte, welche in 85 Theile
Kohlensäure und 2½ Theil Wasser bestehen *).

Diesem nach bestehen die Bestandtheile der untersuch=
ten 200 Gran Kalkstein in folgenden

Kalkerde (d f) —	— 106¾
Kohlensäure (a) —	— 85
Kieselerde (d) —	— 2
Thonerde (b c e) —	— 4
Eisen (b c e) —	— 1¼
Wasser (g) —	— 2½
	199 7/12

Und im Hundert wären anzunehmen:

Kalkerde —	— 53
Kohlensäure —	— 42.50
Kieselerde —	— 1.12
Thonerde —	— 1
Eisen — —	— 75
Wasser — —	— 1.63
	100.00

*) Bey Wiederholungen dieses Versuchs habe ich auch schon
89 Gr. Gewichtsabnahme erhalten, und also 4 Theile Wasser und
85 Theile Kohlensäure angenommen.

a. Die zu diesem Versuch gewählte Abänderung, war von bläulichgrauer Farbe, in großen Stücken von dichtschiefrigem Bruch, in kleinen öfters durch Verwitterung blättrig.

200 Gran dieses Kalksteins erlitten durch Auflösung in Salzsäure auf vorige Art einen Verlust an Kohlensäure, der 80 Gran betrug; die Auflösung hinterließ einen starken Bodensatz, welcher gesammelt und geglühet, 18 Gran wog.

b. Durch weitere Behandlung der Auflösung wie in 1. c. d., und des unaufgelösten Rückstandes wie in 1. h., und die Behandlung des Kalksteins wie in 1. g., ergeben sich folgende Bestandtheile im Hundert.

Kalkerde	—	—	—	49.50
Kohlensäure	—	—	—	40.
Kieselerde	—	—	—	5.25
Thonerde	—	—	—	2.75
Eisen	—	—	—	1.37
Wasser	—	—	—	1.13
				100.00

3. Unter den verschiedenen Abänderungen von dichtem Kalkstein, welche im Rüdersdorfer Gebirge angetroffen werden, findet sich eine, die durch die Abwechselung ihrer Farben so wohl als die Farbenzeichnung Aufmerksamkeit erregt, und sich von dem andern Gesteine, welches gewöhnlich einfarbig ist, besonders auszeichnet.

Dieser Kalkstein erscheint gewöhnlich von ungleich neben einander, in unförmlich gebogenen Streifen, welche seltnen Farben. Der mittlere Kern hat eine bläugraue Farbe, um welchen mehrere Lagen von weißlichgrau, gelblichgrau, und dunkelbraun wahrzunehmen sind. Bey einigen Stücken finden sich diese Lagen hart gegeneinander abgeschnitten, bey andern sind sie mehr in einander geflossen; auch finden sich Abänderungen dieser Stücke, wo die bemerkten Lagen durch mehrere Adern eines weißen Kalk spaths durchkreuzt werden.

Bey dem gegenwärtigen Versuch wurde der mittlere, dunkel blaugraue Kern zergliedert.

a. Zweyhundert Gran verloren durch Auflösung in Salp säure 76 Gran, und ließen einen Rückstand, der nach dem Aussüßen und Glühen 25 Gran wog.

b. Uebrigens wurde bey der Analyse wie vorhin verfahren, mit der Abänderung, daß die durch Ammonium von Thonerde und Eisen befreyete Auflösung mit sauer kleesaurem Kalk gefällt wurde, wodurch man 256½ Gr. sauerkleesauren Kalk erhielt, der nach der Zersetzung durch so lange, bis kein Gewichtsverlust mehr erfolgte, anhaltendes Glühen 96½ Gran reinen Kalk zurückließ. Hiernach ließen sich die Bestandtheile in 100 folgender Maßen bestimmen:

Kalkerde	—	—	—	48
Kohlensäure	—	—	—	38
Kieselerde	—	—	—	7
Thonerde	—	—	—	4
Eisen	—	—	—	2
Wasser	—	—	—	1
				100

II. Schwedische Kalksteine.

4. Die Abänderung war von dunkel braunrother Farbe, einem unebenen, ins erdige übergehenden Bruch, inwendig

schwach schimmernd und mit vielen kleinen Versteinerungen durchwachsen. Hier unter dem Nahmen rothe schwedische Fliese bekannt.

a. 100 Gran gaben durch Auflösen in Salzsäure $76\frac{1}{2}$ Gr. Kohlensäure und einen Rückstand der $22\frac{1}{2}$ Gran wog.

b. Die weitere Analyse wurde wie in 2. bewirkt.

c. Die aus dem, wie in 1. b. behandelten Rückstande in ... erhaltene Thonerde nahm beim Ausglühen eine schwarze Farbe an, die sich durch starkes Glühen nicht ganz vertreiben, und dadurch auf Braunstein ... muthmaßen ließ. Die Auflösung in Schwefelsäure, die etwas schwer vor sich ging, war blaßroth, und gab mit blausaurem Kalk einen geringen weißen Niederschlag, dessen Manganesgehalt höchstens $\frac{1}{2}$ Gran betragen konnte. Auch das aus der Auflösung in 2. durch Ammonium gefällte Eisen war manganeshaltig.

d. 200 Gran dieses Kalksteins in anhaltendem Feuer behandelt, bis sich kein weiterer Gewichtsverlust bemerken ließ, verloren 81 Gr., welche nach Abzug von $76\frac{1}{2}$ Gr. Kohlensäure $4\frac{1}{2}$ Gr. Wasser als Bestandtheil angeben.

Nach diesen Resultaten ergeben sich also die Bestandtheile des schwedischen Kalksteins in 100:

Kalkerde	—	—	—	47.25
Kohlensäure	—	—	—	38.25
Kieselerde	—	—	—	5.75
Thonerde	—	—	—	3.75
Braunsteinkalk und Eisen		—	—	2.75
Wasser	—	—	—	2.25
				100

5. Die zu diesem Versuch gewählte Abänderung war ein grünlichgrauer Kalkstein aus Schweden, hier unter dem Nahmen blaue schwedische Fliese bekannt.

a. 200 Gran lieferten nach der oben beschriebenen Verfahrensart 70 Gran Kohlensäure und 28 Gr. Rückstand.

b. Nachdem die erhaltene Auflösung vom Gehalt der Thonerde und der Metalloxyde befreyt worden war, wurde die aufgelöste Kalkerde durch sauerkleesaures Kali gefällt, der scharf getrocknete Niederschlag wog 263 Gr. und lieferte nach gehörigem Ausglühen 98½ Gran reine Kalkerde.

c. Nachdem der aus a. bemerkte Rückstand durch Behandlung mit Kali gehörig aufgeschlossen war, zerlegte sich derselbe in 17½ Gran Kieselerde, 5½ Gran braunsteinhaltiges Eisen und 5 Gran Thonerde.

d. 200 Gran desselben Kalksteins in anhaltendem Glühfeuer gebrannt, bis sich keine weitere Abnahme am Gewicht zeigte, erlitten einen Verlust von 74 Gran die also für 70 Gran Kohlensäure und 4 Gran Wasser anzunehmen sind.

Die Bestandtheile dieses Kalksteins im 100 wären demnach zu bestimmen:

Ammonium eine der Verminderung des mit Salzsäure be=
ladenen Kieselerdestandes gleiche Menge vollkommenes
Eisenoxyd, welches demnach in den erhaltenen 8 Gran
Rückstand 2½ Gran, so wie die Kieselerde 5½ Gr. betrug.

Bestimmung des Wassergehalts und der festen Be=
standtheile durch Glühen.

21. und 22. Versuch. 100 Gran derselben trocknen
Schaumerde wurden 1½ Stunde stark rothgeglüht. Es er=
gab sich hierdurch ein Verlust von 40 Gran, und der
60 Gran betragende Rückstand war völlig luftleer. Dasselbe
Resultat zeigte sich bey der Wiederholung und es muß dem=
nach, da hier 1 Gran mehr verloren ging, wie durch
Salzsäure, dieser für Wasser gerechnet werden.

Fernere Zerlegung der Schaumerde.

23. Versuch. Die von dem kieselerdehaltigen Rück=
stande des Versuchs 19. abfiltrirten Flüssigkeiten wurden
nun durch reines Ammonium in Ueberschuß zersetzt. Es
zeigte hierdurch ein voluminöser braunrother, ins Gelbliche
fallender Niederschlag, welcher auf ein gewogenes Filter
gesammelt und genau ausgesüßt wurde. Da der aufge=
quollene Zustand des Rückstandes Thonerdengehalt zu ver=
rathen schien, so brachte ich solchen möglichst genau in noch
feuchtem Zustande in ein Glasschälchen und erwärmte solchen
unter Umrühren mit einer Drachme Aetzlauge. Der aufge=
quollene Zustand verlor sich hierdurch sogleich; die alkalische
Flüssigkeit wurde jetzt mit 8 Mahl so viel Wasser verdünnt,
auf das vorige Filtrum zurückgegossen, und solches nebst
Inhalt wohl ausgesüßt, wodurch 1 Gran scharfgetrocknetes

II. Notizen.

1. Versuch zur Bestimmung des specifischen Gewichts des festen Quecksilbers.

Von J. A. Schulze in Kiel.

In ein Glas mit sehr enger Mündung, welches genau 2077 Gran Wasser faßte, wurden 28440 Gran Quecksilber gegossen, und dann bis an den Hals in eine Mischung aus salzsaurem Kalk und Schnee, bis zum völligen Erstarren des Quecksilbers gesenkt. Der durch das Zusammenziehen bewirkte leere Raum im Glase wurde durch eine Auflösung des salzsauren Kalks in Wasser, deren specifisches Gewicht = 1,378 war, ausgefüllt; sie betrug am Gewicht 140 Gr.

Da nun diese 140 Gran salzsaure Kalkauflösung einen Raum einnehmen, welcher $\frac{140}{1,387} = 101$ Gran Wasser auch erfüllen, so bleiben, wenn man diese von 2077 abzieht, 2077 — 101 = 1976 Gran Wasser noch, welche mit dem fest gewordenen Quecksilber gleichen Raum einnehmen. Das spec. Gewicht des festen Quecksilbers ist daher $= \frac{28440}{1976} = 14,391$.

durch völlig ungetrübt. Nach Verdünnung mit 15 bis 16
Mahl so viel Wasser bewirkten auch einige Tropfen reine
Schwefelsäure darin keine Trübung.

31. Versuch. Der Kalk wurde durch kleesaures Ammonium aus der Flüßigkeit genommen, und letztere hierauf mit
kohlensaurem Kali im Ueberschuß gekocht, dies lieferte nur
eine Spur eines Niederschlags, der sich wie kohlensaurer
Kalk verhielt.

Die Erfolge dieser letztern Versuche sprechen also die
Eisenblüthe von jeder Beymischung anderer Stoffe frey.

Resultate dieser Versuche.

1. Die sogenannte Eisenblüthe enthält in 100 Theilen:

Reinen Kalk — — 0,56
Kohlensäure — — 0,43
Wasser — — 0,01.

2. Eine geringe Portion Wasser kann bey einer dazu
geeigneten Fügung der Theilchen der Krystalle Verprasseln
bewirken; diese Eigenschaft der Eisenblüthe trifft mit der
des schwefelsauren Kali überein, welches bey dem Gehalt
eines Procents Krystallwasser ebenfalls verprasselt.

A.

Derjenige, welchem die große Differenz dieser Vorschriften auffällt, wird sich unmöglich entschließen, die ein
oder die andere gerade zu als richtig anzuerkennen, zumal
da nirgends die Quantität des zu erhaltenden Geistes angegeben ist.

Um nun hierüber entscheiden zu können, will ich die
Versuche anführen, welche nach und nach angestellt wurden.

1. Versuch. 5 Unzen Zinn und 1 Unze Quecksilber
wurden amalgamirt, und mit 6 Unzen ätzendem Quecksilbersublimat so lange bey mäßigem Feuer destillirt, bis keine
Flüssigkeit mehr überging. Das erhaltene Destillat wog
10 Drachmen. Es hatte sich festes salzsaures Zinn sublimirt, und am Boden der Retorte war ein weiches Zinn-
amalgama.

2. Versuch. 5 Unzen Zinn, 1 Unze Quecksilber und
10 Unzen ätzender Quecksilbersublimat wurden eben so behandelt. Es war ein ähnlicher Erfolg, nur mit dem Unterschiede, daß man 2¼ Unze rauchenden Libavschen Geist
erhielt.

3. Versuch. 5 Unzen Zinn, 1 Unze Quecksilber und
20 Unzen ätzender Quecksilbersublimat auf die vorige Art
behandelt, gaben 5¼ Unze Libav's Geist, nur wenig Sub-
limat, und am Boden der Retorte flüssiges Quecksilber,
welches nur wenig Zinn aufgelößt enthielt.

Aus diesen Versuchen folgt unwiderlegbar, daß die
Vorschriften von Gren, Hermbstädt, Trommsdorf
und Hahnemann in quantitativer Hinsicht unrichtig,
und daß nur die von Wiegleb und Richter anwendbar sind obgleich sie auch noch sehr von einander abweichen.

Man würde viele und abgeänderte Versuche auf diesem
Wege unternehmen müssen, um ein ganz genaues Mischungs-
verhältniß auszumitteln. Dies wäre aber eine undankbare
Arbeit, weil man auf einem weit kürzern und bequemern
Wege zu einem sichern Resultat, durch Rechnung, gelangen
kann.

Der so sehr verdiente Herr Dr. Richter hat uns
einen so reichen Schatz chemischer Kenntnisse durch seine
stöchyometrischen Arbeiten erworben und mitgetheilt, daß
man

glühet, hernach mit Wasser aufgeweicht, worin sich
alles klar auflöste. Diese Auflösung lieferte durch
Uebersättigung mit Salzsäure, wobey sie eine schöne
gelbe Farbe annahm, und dem Abrauchen bis zur
Trockne und Wiederauflösen 2¼ Gran reine Kieselerde, und aus der übrigen Lauge wurden noch 1 Gr.
Thonerde und ⅓ Gran dem Magnet folgendes Eisen
erhalten.

c. Die eine Hälfte der Auflösung (a) wurde mit ätzendem
Ammonium übersättigt, wodurch ein lockrer hellbrau-
ner Niederschlag ausgeschieden wurde; gesammelt und
noch feucht in ätzende Kalilauge gebracht, lieferte er
nach gehöriger Behandlung ¼ Gran dem Magnet
folgendes Eisen und ⅛ Gran Thonerde.

d. Die rückständige Auflösung (b) wurde mit kohlensaurem Kali niedergeschlagen und lieferte 96 Gran
kohlensaure Kalkerde. Da nun durch andere Versuche
ausgemittelt ist, daß 9 Theile kohlensaure Kalkerde
5 Theilen reiner Kalkerde entsprechen, so sind in diesem
Fall 53⅓ Gran reine Kalkerde anzunehmen.

e. Die andere Hälfte der Auflösung wurde wie die erste
mit ätzendem Ammonium versetzt, wodurch ¼ Gran
Eisen und ⅛ Gran Thonerde erhalten wurde.

f. Die übrig gebliebene Auflösung wurde durch Abrauchen mehr concentrirt, und nächstdem mit Schwefelsäure versetzt; sogleich bildete sich Gyps, der mit blen-
dend weißer Farbe niederfiel. Er wurde mit Wein-
geiste ausgesüßt und getrocknet, und

Das Stück, welches ich erhielt wog ungefähr 1 Pfd. und schien ein Theil des Gesäßmuskels (gluteus) zu seyn. Es war von außen schwärzlich, inwendig ziemlich weiß, hatte den Zusammenhang von hartem Käse, wurde aber bey dem Aufbewahren brüchiger, roch wie sehr alter Käse, wenn es in die Nähe der Nase gebracht wurde, und verbreitete in dem Zimmer, worin es den ersten Tag aufbewahrt wurde, den allen Menschen ganz unerträglichen Geruch der Verwesung. Die ersten Arbeiten mit dieser Substanz erfüllten mich, einen seit langer Zeit an chemische und technische Untersuchungen gewöhnten, mit Eckel und Widerwillen, so daß es schwer hielt, das Erbrechen zu unterdrücken. Nach und nach verlor sich dieser widrige Eindruck, doch konnte ich das ganze Stück nie in einem Zimmer bey mir haben, wegen des oben bemerkten unerträglichen Geruchs.

Sämmtliche Versuche, deren Beschreibung nun folgt, sind wie ich nochmahls anführen muß, an einem fremden Orte und während einer Unpäßlichkeit angestellt. Einiges bisher nicht bekannte werden sie hier schon finden, und ich hoffe in meinen Versuchen [12] die in diesem Jahre gewiß erscheinen werden, noch mehrere Aufschlüsse über diese merkwürdige Fettsubstanz geben zu können.

1. Versuch. 30 Gran des, völlig von allem äußern Schmutze gereinigten, Fettes, wurde mit kochendem Wasser in einem Mörser gerieben; sie lösten sich, wie die Seife mit vielem Schaume, in 24 Unzen desselben auf. Auch durch noch so große Verdünnung war die Mischung nicht klar zu erhalten. Die Auflösung färbte die Laccmustinctur röthlich.

2. Versuch. ½ Unze dieses Fettes löste sich in einer Auflösung des äzenden Kali in Wasser auf, doch so daß es oben auf schwamm. Die erkaltete, oben aufschwimmende Masse wog nach dem Austrocknen 1 Unze 34 Gran. Sie war der gewöhnlichen thierischen Seife sehr ähnlich, halb durchsichtig und hatte denselben unangenehmen Geruch. Diese Seife löste sich nun in Wasser und Alkohol leichter auf als das Fett.

---

12) Versuche physikalischen, chemischen, technologischen und mathematischen Inhalts.

3. Versuch. Eben so viel Fett löste sich in einer Auflösung des kohlensauren Kali unter gelindem Aufbrausen auf, und bildete ebenfalls damit eine Seife.

4. Versuch. ½ Unze des Fettes löste sich in 6 Unzen Alkohol bis auf einen Rückstand von 10 Gran vollkommen auf. Letzterer schien aus kurzen Haaren und ungelösten Fasern zu bestehen. Die Auflösung röthete die Lacmustinctur und das Lacmuspapier. Hinzugegossenes Wasser zersetzte die Mischung, die daraus niedergeschlagene Masse färbte ebenfalls die Lacmustinctur roth. Die Auflösung ließ sich anzünden und brannte mit ziemlichem Geprassel, wobey sich etwas Fettwachs (adipocire des Herrn Fourcroy) erzeugte.

5. Versuch. Ein Stückchen Fett in einem kleinen irdenen Gefäße geschmolzen, röthete das Lacmuspapier, entwickelte bey dem Verdampfen keinen Geruch nach Ammonium, sondern roch wie gewöhnliches geschmolzenes Fett, nur etwas faulig.

6. Versuch. Gleiche Theile Fett und ungelöschten Kalk in einem ähnlichen Gefäß mit Wasser vermischt, erst in der Kälte, dann in der Wärme über Kohlen behandelt, entwickelte kein Ammoniumgas; ebenfalls nicht nach Vermischung mit reinem Kali. Mit kohlensaurem Kali erhitzt, brauste es stark auf und entwickelte kohlensaures Gas.

7. Versuch. Gleiche Theile Salmiak und Fett mit einander in einer Reibeschale gerieben, gaben keinen Geruch nach Ammoniumgas; selbst ein mit Salzsäure angefeuchteter Glasstöpsel zeigte keine Spur des letztern.

8. Versuch. 2 Drachmen Fett mit 2 Unzen Schwefelsäure von 1,307 spec. Gewichts vermischt, zersetzten sich durch die Wärme des Stubenofens, mit einem sehr heftigen, dem ganz alten Käse ähnlichen Geruch, oder vielmehr Gestank; auf der Auflösung schwamm ein dunkelbraunes Oel, das sich in der Kälte verdickte. Die unterstehende Säure war etwas roth gefärbt, es schwammen einige kleine Flocken darin, die nach dem Austrocknen 4 Gr. wogen, und mit dem, bey Versuch 2 angeführten, Rückstand von einer Natur zu seyn schienen. Nach dem Austrocknen wog das oben auf schwimmende Fettwachs 103 Gr., war roth gefärbt und roch wie die Auflösung unerträglich. Durch Behandlung mit Salpetersäure verlor sich Geruch und Farbe. Das Gewicht wurde um 1 Gran vermindert.

9. Verſuch. Eben ſo viel Salpeterſäure, von 1,130 ſpec. Gewichts, mit gleicher Quantität Fett; zerſetzte ebenfalls in der Wärme daſſelbe, oben auf ſchwamm ein goldgelbes Oel; die Flüſſigkeit die ebenfalls Flocken enthielt, war von citrongelber Farbe. Das Ganze hatte den Geruch der Aufloſungen thieriſcher Theile in Salpeterſäure. Das auf ſchwimmende Fettwachs war ſchön gelb gefärbt, und wog nach dem Erkalten und Trocknen 103 Gran.

10. Verſuch. Dieſelbe Quantität Fett mit einer gleichen Menge Salzſäure von 1,148 ſpec. Gewichts in der Wärme behandelt, zerſetzte ſich ebenfalls. Das wohl ausgetrocknete Fettwachs wog 112 Gran, und hatte eine ähnliche Farbe, wie das durch Schwefelſäure erhaltene, welche aber durch öfteres Schmelzen in Waſſer in die bräunliche überging. Die Auflöſung roch etwas unangenehm, doch bei weiten nicht ſo ſtark, als die Auflöſung in Schwefelſäure.

11. Verſuch. Da vorzüglich aus den Verſuchen 5, 6 und 7 erhellet, daß weder die feuerbeſtändigen Alkalien, noch das flüchtige die Urſache der ſeifenartigen Beſchaffenheit ſeyn können, ſo ſchien es ſehr intereſſant, die in den Verſuchen 8, 9 und 10 zurückgebliebenen Flüſſigkeiten zu unterſuchen. Damahls war mir das Gewicht des Fettwachſes, welches durch die 3 Säuren erhalten wurde, noch nicht bekannt, auch hatte ich es ſelbſt noch nicht unterſuchen können, indem es weder völlig ausgetrocknet, noch von der anhängenden fremden Säure befreit war. Es ſchien alſo, als ob die Salzſäure, welche, ſo viel man bis jetzt weiß, bey den Behandlungen mit andern Körpern ſelbſt nicht zerſetzt wird, die reinſten Reſultate geben würde. Der ſaure Rückſtand von Verſuch 10 wurde daher gelind abgedampft und zuletzt in einer Retorte überdeſtillirt, es gingen bis zu Ende des Verſuchs Dämpfe des ſalzſauren Gas über. In der Retorte blieb eine bräunliche Flüſſigkeit, die ſich bey dem völligen Eintrocknen ſtark an das Gefäß legte. Es ſchienen einige kleine Kryſtalle darin zu ſeyn. 4 Gran des braunen Rückſtandes löſten ſich in Weingeiſt auf, ſchmeckten ſüßlich und ſchienen Schleimzucker zu ſeyn. Der zurückgebliebene erdige Rückſtand, der 2 Gran wog, ſchien, ſo viel man mit der geringen Quantität experimentiren konnte, phosphorſaure Kalkerde zu ſeyn.

12. Verſuch. Die Quantitäten Fettwachs (eine Benennung die die phyſiſchen Eigenſchaften dieſer merkwürdigen

schwach schimmernd, mit vielen kleinen Versteinerungen durchwachsen, hier unter den Nahmen rothe schwedische Fliese bekannt.

a. 200 Gran gaben durch Auflösen in Salzsäure 76½ Gr. Kohlensäure und einen Rückstand der 22½ Gran wog.

b. Die weitere Analyse wurde wie in 2. bewirkt.

c. Die aus dem, wie in 1. b. behandelten Rückstande in 2. erhaltene Thonerde nahm beym Ausglühen eine schwarze Farbe an, die sich durch starkes Glühen nicht ganz vertreiben, und dadurch auf Braunsteineroyd muthmaßen ließ. Die Auflösung in Schwefelsäure, die etwas schwer vor sich ging, war blaßroth, und gab mit blausaurem Kali einen geringen weißen Niederschlag, dessen Manganesgehalt höchstens ½ Gran betragen konnte. Auch das aus der Auflösung in a. durch Ammonium gefällte Eisen war manganeshaltig.

d. 200 Gran dieses Kalksteins in anhaltendem Feuer behandelt, bis sich kein weiterer Gewichtsverlust bemerken ließ, verloren 81 Gr., welche nach Abzug von 76½ Gr. Kohlensäure 4½ Gr. Wasser als Bestandtheil angeben.

Nach diesen Resultaten ergeben sich also die Bestantheile des schwedischen Kalksteins in 100:

Kalkerde	—	—	—	47.25
Kohlensäure	—	—	—	38.25
Kieselerde	—	—	—	5.75
Thonerde	—	—	—	3.75
Braunsteinkalk und Eisen		—		2.75
Wasser	—	—	—	2.25

100.

4. Absonderung des Kupfers in regulinischer Gestalt, aus einer Auflösung desselben in verdünnter Schwefelsäure.

Von C. Bünger, Apotheker in Dresden.

Der in dem 4. Hefte des 3. Bandes des Neuen allgemeinen Journals der Chemie pag. 42 befindliche Aufsatz über eine merkwürdige Absonderung einer Portion Zinn in regulinischer, nach Art der Metallbäume gewachsener Gestalt, aus einer Auflösung desselben in Salzsäure, vom Hrn. Apotheker Bucholz in Erfurt, rief mir eine Erfahrung ins Gedächtniß zurück, welche ein hiesiger Kupferschmidt an einer Kupferauflösung in verdünnter Schwefelsäure gemacht und mir mitgetheilt hatte, die der, welche der Herr Apotheker Bucholz an der salzsauren Zinnauflösung machte, analog zu seyn und mir deßhalb der Bekanntmachung werth scheint.

Jener Kupferschmidt nähmlich, welcher Kupferplatten für Kupferstecher verfertigt, legt die rohen Kupferplatten, um sie zu reinigen, zuvor in verdünnte Schwefelsäure. Dies geschieht in einem großen Fasse, und da sein Debit sehr groß ist, in ziemlicher Quantität. Dies Einlegen der Platten wird nun in der nähmlichen Schwefelsäure so lange fortgesetzt, bis die Platten nicht mehr davon afficirt werden, dann gießt er die Lauge ab und findet unten einen Schlamm. In diesem Schlamm fand er schon mehrere Mahl Kupferstückchen, die unten die Struktur des Faßbodens hatten, oben auf aber aus kleinen und großen Blättchen zusammengesetzt schienen. Da nun jener Versicherung zu Folge, nie kleine Stückchen Kupfer hineinkommen, so machte ihn dies aufmerksam, und er zeigte mir ein Stückchen dieses Kupfers, um meine Meynung darüber zu hören. Ich erkundigte mich, ob er etwa zu gleicher Zeit Eisen damit in Berührung brächte, allein das ist der Fall nicht; ich ließ mir das Faß zeigen und fand daß es von außen mit eisernen Reifen gebunden war, allein diese konnten wohl bey der Absonderung dieser Kupferstücke nicht mitwirken, da die sehr starken Holzdauben dazwischen waren und auch die Kupferstücke nicht zur Seite sondern am Boden des Fasses aufsaßen. Ich nahm mir also vor, deßhalb Versuche anzustellen, da ich aber dazu nur wenig Muße übrig behalte,

Die hallische Thonerde giebt durch die Zerlegung.

Nach Bucholz		Nach Simon	
Thonerde — —	0,310	Thonerde —	34,0
Schwefelsäure — —	0,215	Schwefelsäure —	19,25
Eisen: ryd, Kieselerde,		Eisen — —	0,45
Kalk (½ pCt.) —	0,020	Kalkerde —	0,25
Wasser — — —	0,450	Kieselerde —	0,45
Verlust — — —	0,005	Wasser — —	47,50
	1000		1000

Es wird also dadurch aufs Neue bewiesen, daß Fourcroy entweder eine andere Substanz untersucht oder sich bey seiner Untersuchung geirrt habe.

Herr Bucholz machte dabey die Bemerkung, daß die Glasur des irrdenen Abrauchgefäßes gegen sonstige Erfahrung beym Abdampfen der Auflösung der hallischen Thonerde in Salzsäure, woraus nach Abstumpfung durch Ammonium die Schwefelsäure durch salzsauren Baryt gefällt worden, sehr angegriffen wurde, was ihn veranlaßte, einen Versuch auf Flußsäure zu unternehmen, der ihm aber nichts gab.

Auch fand er die von Richter gemachte Beobachtung [14]), daß, wenn eine kleine Menge Kalk mit Thonerde in einer Auflösung verbunden ist, erstere daraus durch Kleesäure nicht gefällt werde, bestättigt und sieht darin eine Aeußerung der von Scheele beobachteten Verwandtschaft beyder Erden mit einander, die sich in der Anziehung des Kalks aus Kalkwasser durch frisch gefällte Thonerde zeigt.

6. Ueber die Mischung der atmosphärischen Luft aus großen Höhen.
Von Gay=Lussac.

Herr Gay=Lussac hatte auf seiner letzten, allein angestellten Luftreise, zwey vollkommen luftdichte gläserne Bal

---

14) Ueber die neuern Gegenst. der Chymie 10. Std. S. 248.

und, die öfter gemacht waren, in Höhen von circa Wolken (3353 Toisen) und 6636 M. (3405 T.) eröffnet, in denen die Luft mit ſtarkem hineinfuhr. Bei einer Zurückkunft analyſirte er die mitgebrachte Luft in dem Laboratorium der polytechniſchen Schule unter den Augen der Herren Thenard und Greſſet. Bei Oeffnung des letzten Ballons unter Waſſer, füllte dieſes denſelben wenigſtens zur Hälfte aus; eine genauere Beſtimmung vermittelſt des Wiegens des Waſſers mit Vergleichung des Raums der Ballons wurde nicht angeſtellt, weil dazu nicht gleich alles Nöthige zur Hand war. Die Prüfung der Luft wurde in Volta's Eudiometer angeſtellt, und zugleich Gegenverſuche mit Luft, die auf dem Vorhofe der polytechniſchen Schule geſchöpft waren angeſtellt. Folgendes ſind die Reſultate:

Luft aus der niedern Region.			Luft aus einer Höhe v. 6636 M.		
1. Verſ. atm. Luft	3	Maß	Luft — —	3	Maß
Waſſerſtoffg.	2	—	Waſſerſtoffgas —	2	—
Rückſtand nach			Rückſtand nach d.		
b. Verbrennen	3,04	—	Verbrennen —	3,05	—
2. Verſ. atm. Luft	3	Maß	Luft — —	3	Maß
Waſſerſtoffg.	2	—	Waſſerſtoffgas —	2	—
Rückſtand nach			Rückſtand nach d.		
b. Verbrennen	3,05	—	Verbrennen —	3,04	—

Zugleich brauchte ein Maß ſehr reines Sauerſtoffgas 2,04 Maß Waſſerſtoffgas, und da dies von dem, bei den im Großen und mit ſehr vieler Genauigkeit angeſtellten Verſuchen über die Zuſammenſetzung des Waſſers, erhaltenen Reſultat nur um 0,01 abweicht, ſo iſt erſichtlich, daß man den obigen Reſultaten großes Zutrauen gewähren kann. Sie beweiſen, daß die auf dem Boden und in einer Höhe von 6636 M. geſchöpfte Luft von gleicher Beſchaffenheit ſind und beide 0,2149 Sauerſtoff enthalten. Die letztere gab durch die Prüfung mit gewaſſerſtofftem Schwefelkali einen Gehalt an Sauerſtoff von 0,2163 an, der etwas größer als der vorige, aber doch noch innerhalb der Grenzen der Abwendungen iſt, die man in der Miſchung der Atmoſphäre gefunden hat, und welche nicht verhindert, ſie überall als gleichförmig anzuſehen. Der Rückſtand des vergleichenden Verſuchs mit Schwefelkali, mit

Luft, von der Erde geschöpft, konnte nicht aufgefan
werden. Ueber einen Kohlensäuregehalt der in der Höh
geschöpften Luft bemerkt Gay=Lussac nichts. Das R
sultat der obigen vergleichenden Versuche beweist zugleich
daß die in der Höhe geschöpfte Luft kein Wasserstoffga
enthielt, was auch noch durch Verpuffung mit einer gering
gern Menge des letztern, als zur gänzlichen Zersetzung de
Sauerstoffgas erforderlich gewesen wäre, gefunden wurd
wobey die beyderseitigen Rückstände genau gleich groß ware
Aus der Relation d'un Voyage aerostatique im Jour
nal de Physique. Frimaire XIII. T. LIX. P. 454-46.

7. Ueber die Sämischgerberey [16].

Herr Seguin, der über die Künste, welche sich mit Zu
bereitung der Häute beschäftigen, schon mehrere interessan
Arbeiten bekannt gemacht hat, hat eben eine erste Abhand
lung über die Säm. .d gerberey im Nationalinstitut gelesen,
wovon Folgendes ein Auszug ist.

Der Verfasser zeigt, daß die Kunst des Sämischger
bens darin bestehe, die Häute geschickt zu machen, das Oel
aufzunehmen, sie in den verschiedenen Operationen, wovon
er das Ausführliche wahrscheinlich einer zweyten Abhand
lung vorbehält, damit anzuschwängern, sie eine Art von
Gährung überstehen zu lassen, sie dann der Luft auszusetzen
und zuletzt ihnen durch Kali das überflüssige Oel, welches
ihnen unnütz ist, zu entziehen.

Er beschäftigt sich hierauf mit der chemischen Unter
suchung der sämisch gegerbten Haut. Er fand, daß dieselb
durch langes Sieden mit Wasser gar keine Veränderung
erlitt; that man aber irgend eine Säure hinzu (Seguin
bediente sich der Schwefelsäure), so verschwand die Haut
gänzlich, eine gewisse Menge festes Oel kam auf die Ober
fläche des Wassers, letzteres enthielt Gallerte aufgelöst und
gab beym Verdunsten Krystalle von schwefelsaurem Kali.
Er überzeugte sich ferner, daß, wenn man Leimauflösung

---

16) Auszug einer im Nationalinstitut gelesenen Abhandlung
von Seguin im Bulletin des sciences par la société philomatique. Prairial XII. No. 57 P. 209 — 210.

man sich billig wundern muß, wenn man seine Erfahrungen und die daraus hergeleiteten folgereichen Sätze nicht besser! selbst in den neuesten chemischen und pharmaceutischen Schriften benutzt sieht. Zu einem Beweise dessen wird auch gegenwärtiger Versuch dienen.

Es ist bekannt, daß der Libavsche Geist eine (wenigstens fast) wasserfreye Verbindung der Salzsäure mit dem vollständig oxydirten Zinn ist. Es kommt daher bey der Bereitung desselben darauf an, alles anzuwendende Zinn in der Operation vollkommen zu oxydiren, ferner muß auch so viel Salzsäure ins Spiel kommen, daß das entstehende Zinnoxyd völlig aufgelöst wird, endlich muß auch alles im Spiel befindliche Quecksilber, wenn möglich in metallischer Gestalt, zurückbleiben; sind diese drey Bedingungen erfüllt, so wird ein vollkommen richtiges Verhältniß unter den Ingredienzien Statt finden.

Was die lezte Bedingung anbetrifft, so geht ihre Möglichkeit aus dem 3. Versuch hervor. Mit den beyden erstern aber wird man nicht gewisser zum Ziel kommen, als wenn man aus den von Richter aufgestellten Neutralitätsverhältnissen die Mengenverhältnisse der anzuwendenden Materialien berechnet, welches mit leichter Mühe auf folgende Art geschehen kann:

Das Verhältniß des Zinns zu dem mit demselben verbundenen Sauerstoff, wenn es mit Säuren die absolute Neutralität eingeht, ist $= 1 : 0{,}2449$ [7]); das Verhältniß des Sauerstoffs des Zinnoxyds in diesem Zustande zu dem im höchstoxydirtem ist $= 2 : 3$ [8]); es wird also ein Theil Zinn zu seiner vollkommenen Oxydation $\dfrac{0{,}2449 \cdot 3}{2} = \dfrac{0{,}7347}{2}$

$= 0{,}3673$ Theile Sauerstoff nöthig haben.

Diese Menge Sauerstoff muß also auch an das Quecksilber in dem anzuwendenden ätzenden Quecksilbersublimat gebunden seyn, wenn anders alles Zinn oxydirt werden soll.

Ferner ist das Verhältniß des Quecksilbers zum Sauerstoff, im rothen Quecksilberoxyd, als in welchem

[7] Richter's Abhandlungen über die neuern Gegenstände der Chemie 10. Stck. S. 170.

[8] Richter a. a. O. 11. Stck. S. 47.

Schlamm, der Wirkung des Filters nicht entgehen wollten, zahmten sie ein durch Indigauflösung gefärbtes Waffer, die das Filtriren durch grau Papier nicht entfärbte. Sechs Liter von diesem Waffer wurden in den Behälter gegoffen; es dauerte 14 Minuten, bis sich ein Tropfen am Holz zeigte, während zwei Stunden filtrirten nur vier Liter; das Waffer war nicht mehr blau, das vierte Liter schien jedoch nicht so gut entfärbt als die drei ersten. Das fünfte wurde besonders aufgefangen, es war offenbar etwas meerblau.

Durch den zweiten Versuch wollten sie zugleich das Filtrir= und das Reinigungsvermögen kennen lernen. Es wurde in sechs Liter Waffer ein Pfund schwarze Seife aufgelöst, und das Ganze in den Behälter der Maschine gegoffen. Dieser Versuch hatte das doppelte Verdienst, demjenigen ähnlich zu seyn, welche die Verfertiger dem Publicum vormachen, wenn sie Seifenwaffer filtriren, und dann die Wirkung des Filtrums auf den Geruch der Auflösung der schwarzen Seife zu zeigen, die bekanntlich stinkt. Nach 30 Stunden war noch kein Waffer abgelaufen. Man that zwei Liter siedendes Waffer hinzu und nach 15 Stunden war ½ Liter filtrirt; das Ganze blieb zwölf Tage stehen und in diesem Zeitraum wurden 1½ Liter Waffer erhalten. Dieser Versuch schien den Commissairen sehr genau die Grenzen des Filtrirvermögens dieser Maschinen zu bestimmen; jetzt wollten sie ihre reinigende Kraft, abgesehen von jeder andern Wirkung, kennen lernen. Man bereitete ein faules Waffer mit Ochsenlunge und einem Plattfisch (merlan), die in Pferdemist eingewickelt und dann in eine hinreichende Menge Waffer gethan wurden. Acht Liter von diesem verdorbenen Waffer, welche in die Maschine gegoffen wurden, gebrauchten eine Stunde und zehn Minuten zum Ablaufen. Das aufgefangene Waffer war etwas trübe, gelblich weiß; es roch weniger übel als vor dem Filtriren, war jedoch eines im Munde zurückbleibenden unangenehmen Geschmacks wegen nicht trinkbar. Ein Liter zuerst abgelaufenes Waffer wurden in verstopften, das übrige in offenen Flaschen verwahrt; nach Verlauf weniger Tage war es eben so stinkend als vorher.

Dieser Versuch ist demjenigen ähnlich, den Bauquelin in seinem Bericht an das Nationalinstitut anführt, und von welchem man jetzt sieht, warum ihn die Herrn Smith

3. Bemerkungen, den Uebergang der Leichen in eine Fettmasse betreffend.

Vom Salinendirector Dr. Eimbcke zu Tradensalze.

(Auszug eines Schreibens desselben an den Geh. Rath Hermbstädt in Berlin.)

Sie wissen, daß im letzten Friedensschlusse die dem Kurfürsten von Hannover gehörigen Domgebäude in Hamburg, so wie das ganze Stift der Stadt abgetreten wurde. Als eine Folge dessen ist es anzusehen, daß der Kirchhof des Doms und die Kirche selbst von den seit undenklichen Zeiten darin befindlichen Leichen gereinigt wurde. Einer meiner Freunde, der diese Operation mit angesehen hatte, theilte mir die Bemerkung mit, daß die seit Jahrhunderten eingesargten untern Leichen alle völlig unverweßt geblieben wären, aber keineswegs die später begrabenen obern.

Bey seiner Erzählung fiel mir sogleich ein Gegenstand ein, der vor etwa zwölf Jahren die Aufmerksamkeit nicht nur aller Naturkundigen, sondern des ganzen gebildeten Publikums auf sich zog, ich meyne die Fettleichen, die man bey Aufräumung des Kirchhofes des Innocens zu Paris entdeckte, worüber ich nicht nöthig habe, die damahligen Verhandlungen Ihnen in Erinnerung zu bringen. *) Meine Vermuthung, daß in dem erwähnten Fall etwas ähnliches statt finden möge, wurde durch einen andern Freund, der mir etwas von den Leichnamen zu verschaffen die Güte hatte, zur Gewißheit. Ich beschloß, da ich mich gerade auf einige Wochen nach Hamburg begeben konnte, die mir übrig bleibende Zeit zur Untersuchung dieses äußerst merkwürdigen Products, so weit sie sich an einem fremden Orte ohne Laboratorium, und ohne eigentlichen Apparat ausführen ließ, anzuwenden.

*) Man findet Fourcroy's Bemerkungen darüber und seine Untersuchung der fettartigen Substanz in von Crell's Chemischen Annalen 1792 Bd. 2 S. 522—524 1794 Bd. 1 S. 53—75 S. 117—154. H.

das durch Einweichung thierischer Theile entstandene sey so mit ammoniakalischen Salzen geschwängert, daß es unmöglich zu dem von Cuchet angegebenen Grade der Reinheit gebracht werden könne; die Kohle, obgleich sie in jener Filtrirmaschine in sehr großer Menge angewandt worden, reinige das durch Zersetzung thierischer Theile faul gemachte Wasser auch nicht gänzlich von allem fauligen Stoff und solches nur scheinbar gereinigte Wasser müsse der Gesundheit schädlich werden [19]).

O'Reilly bemerkt über die Filtrirmaschinen folgendes [20]): Die Güte des Wassers hänge nicht bloß von seiner Reinheit ab; um genießbar und gesund zu seyn, müsse es eine gewisse Menge Sauerstoff enthalten. Man wisse, daß das gekochte und destillirte Wasser nicht trinkbar sey und ein Uebelbehagen bewirke, welches nicht erfolge, wenn man irgend ein Flußwasser trinkt.

Die große Verwandtschaft zum Sauerstoff, welche die Kohle nach Rouppe's Versuchen ausübe, müsse sie auch, wenngleich nicht so stark, gegen den im Wasser befindlichen zeigen, und letzteres schwerer und weniger leicht verdaulich machen. In den Fällen daher, wo in dem übrigens reinen Wasser nur mechanische Unreinigkeiten sind, solle man lieber von einem Sandfilter Gebrauch machen, und die Kohlenfilter nur bei inniger gemischten, üble Gerüche 2c. verursachenden Unreinigkeiten gebrauchen.

19) Man vergleiche hier Deimann's Bemerkung in Scherer's Journ. Bd. 4. S. 110 111. und Abilgaards ebend. S. 533 — 534. Uebrigens ist wohl leicht einzusehen, daß die Herrn Smith und Cuchet auf der einen Seite zu weit gegangen sind und die Berichterstatter auf der andern mit dem Bade zugleich das Kind ausgeschüttet haben; denn man mögte doch wohl selten in den Fall kommen, dergleichen Filter solche Proben bestehen lassen zu müssen, denen sie sie ausgesetzt haben, und käme man in Lagen, wo es nöthig wäre, so mögten dann wohl schwerlich Filter bei der Hand seyn. Den Nutzen, den sie haben können, und den man billiger Weise auch nur davon erwarten darf, kann man sich aber weit einfacher und wohlfeiler verschaffen. (Vergl. Scherers Journ. Bd. 10. S. 420 421.). Man nimmt auch auf Lowitz's Bemerkung, daß ein ganz geringer Zusatz von Schwefelsäure die Wirkung der Kohle auf faules Wasser sehr verstärke, zu wenig Rücksicht.   G.

20) Annales des arts et manufactures Nro. 47. Tom XVI. P. 168 — 173.

Neues

allgemeines

Journal

der

Chemie.

———————————

Zweyten Jahrganges

Eilftes Heft.

———————————

Vierten Bandes Fünftes Heft.

——————

Neues Allg. Journ. d. Chem. 4. B. 5. H.   Gg

I. Abhandlungen.

17.
Chemische Untersuchung der Kartoffeln [1]).
Von H. Einhof.

Unter den Chemikern, welche sich mit der Untersuchung
der Kartoffeln beschäftigten, hat uns Pearson die genaueste
Analyse derselben geliefert [2]). Er untersuchte die Nieren-
Kartoffeln (kidney patatoes) und fand, daß sie in 100 Theilen 68 bis 72 Theile Wässrigkeit und 32 bis 38 Theile
Mehl enthielten. Dieses zerlegte er in 15 bis 17 Theile
Stärkmehl, 8 bis 9 Theile fadenartiger und fibröser Substanz und 5 bis 6 Theile Extractivstoff oder auflöslichen
Schleim. Das Satzmehl kam dem aus Weitzen gewonnenen gleich; von der Faser sagte Pearson, daß sie mit
dem fibrösen thierischen Theil übereinstimme, ohne jedoch

---

1) Man sehe die vorläufige Nachricht oben S. 315 — 317.
E.

2) Scherer's Journal der Chemie 8. B. S. 643 u. f.

Gg 2

die Gründe anzugeben, welche ihn zu dieser Meynung veranlaßten. Der Schleim wurde von Pearson nicht weiter untersucht, eben so wenig wie er die Asche der Kartoffeln, wovon 15 Gran aus 1000 Gran Kartoffeln erhalten wurden, einer genaueren Untersuchung unterwarf. Er nimt nach einer Schätzung 75 pCt. mildes Kali in derselben an und sagt von den übrigen Bestandtheilen, daß sie höchst wahrscheinlich nichts weiter wie Eisen= und Manganesoxyd, phosphorsaurer Kalk, Talk und salzsaures Natrum wären. In den frisch zerschnittenen Kartoffeln bemerkte er eine Säure, deren Beschaffenheit er aber nicht weiter untersuchte.

Die Versuche, welche ich seit einiger Zeit mit den Kartoffeln anstellte, haben mir mehrere Thatsachen gewährt, die Theils von Pearson nicht bemerkt wurden, Theils auch von seinen Beobachtungen abweichen. Ich theile dieselben dem chemischen Publikum in der Ueberzeugung mit, daß sie einen Beytrag zur nähern Kenntniß dieses wichtigen Products des Pflanzenreichs liefern, und einige Winke zur wirthschaftlichen und technischen Benutzung desselben geben können.

Ich habe mehrere Arten von Kartoffeln untersucht, allein nur eine einer genauen Prüfung unterworfen. Diese wird ziemlich häufig in der Alt= und Neumark gebaut und besitzt eine rothe Schale. Ihre Blätter sind wenig gekräuselt und schmal; ihr Stengel wird nicht hoch, aber fest und stark. Sie erhalten eine fleischrothe Blüte. Ihre Knollen sind rund, werden aber leicht länglich; ihre Oberhaut erhält Risse und schält sich mit der Zeit ab. Sie zeichnen sich nicht sowohl durch ihren Geschmack, als viel

mehr durch ihre große Dauerhaftigkeit aus und übertreffen
hierin alle übrige Arten.

Diejenigen, welcher ich mich zu meiner Untersuchung bediente, waren auf einem Boden gezogen, welcher aus magerm Lehm und sehr wenigem Kalk bestand.

**A. Untersuchung der Kartoffeln in Hinsicht
ihrer nähern Bestandtheile.**

1. 100 Theile, vorher sorgfältig gereinigter und in
feine Scheiben zerschnittener Kartoffeln, wurden einer mäf-
sigen Stubenwärme so lange ausgesetzt, bis sie nichts mehr
von ihrem Gewicht verloren. Sie hinterließen 25 Theile
trockne Substanz, welche eine graue Farbe besaß und auf
ihrer Oberfläche mit Satzmehl überzogen war. Sie war
sehr brüchig und hatte einen kartoffelartigen, etwas bittern
Geschmack.

2. 16 Unzen abgewaschener und dünne abgeschälter
Kartoffeln wurden zerrieben. Die Masse hatte eine milchige, etwas ins Röthliche spielende Farbe und schäumte
beim Umrühren sehr stark. Hineingelegtes Lackmuspapier
wurde stark geröthet; eine gleiche Veränderung erlitt das
Lackmuspapier, wenn man es zwischen eine eben aufgeschnittene Kartoffel legte.

Die Masse wurde auf ein Sieb gegeben und so lange
mit reinem Wasser ausgewaschen, bis sich aus der ablaufenden Flüssigkeit kein Satzmehl mehr absonderte. Darauf
wurde sie, um alle Höhlungen des Zellgewebes zu öffnen,
in einem Mörser zu einer gleichförmigen Masse gestampft,
welche dem Teige zerriebener Mandeln glich, und von

neuem so lange gewaschen, bis das Wasser völlig klar blieb. Alle Flüssigkeiten wurden zur Absonderung des Satzmehls 24 Stunden in Ruhe gesetzt.

3. Die Faser glich, wenn man sie mit vielem Wasser vermengte, kleinen halbdurchsichtigen Fäden und war zwischen den Zähnen etwas zähe. Sie wurde durch Auspressen von ihrer Feuchtigkeit möglichst befreyet und darauf in zwey gleiche Theile getheilt. Die eine Hälfte gab, nachdem sie in mäßiger Wärme völlig ausgetrocknet war, 4 Quentchen 30 Gran trockne Substanz, welche eine gränzlich weiße Farbe hatte, sehr hart und brüchig war. In einem Pfunde roher Kartoffeln sind demnach 9 Quentchen Faser befindlich.

Die andere Hälfte wurde in Wasser einige Zeit gekocht. Die Faser welche vorher in kleinen Fäden in der Flüssigkeit schwamm, ballete sich, bey Erwärmung des Gefäßes, zu einem durchsichtigen Klumpen zusammen, welcher sich endlich durch langes Rühren mit dem Wasser vereinigte und nach einigem Kochen einen halbdurchsichtigen Kleister damit darstellte, der jedoch bey größerm Zusatz von heißem Wasser mehrere Flocken absetzte.

Durch diese Erscheinung wurde ich überzeugt, daß die Faser der Kartoffeln sehr von der eigentlichen Pflanzenfaser abweiche, und sich mehr dem Stärkmehl nähere.

4. Um dieses durch andere Versuche zu bestätigen, verschaffte ich mir nun auf die oben (2.) angeführte Art eine Quantität reine Kartoffelfaser. Sie wurde in einem metallenen Mörser anhaltend gestampft und sorgfältig mit Wasser ausgewaschen.

I. Abhandlungen.

17.
Chemische Untersuchung der Kartoffeln¹).
Von H. Einhof.

Unter den Chemikern, welche sich mit der Untersuchung der Kartoffeln beschäftigten, hat uns Pearson die genaueste Analyse derselben geliefert²). Er untersuchte die Nieren-Kartoffeln (kidney patatoes) und fand, daß sie in 100 Theilen 68 bis 72 Theile Wässrigkeit und 32 bis 38 Theile Mehl enthielten. Dieses zerlegte er in 15 bis 17 Theile Stärkmehl, 8 bis 9 Theile fadenartiger und fibröser Substanz und 5 bis 6 Theile Extractivstoff oder auflöslichen Schleim. Das Satzmehl kam dem aus Weizen gewonnenen gleich; von der Faser sagte Pearson, daß sie mit dem fibrösen thierischer Theil übereinstimme, ohne jedoch

---

1) Man sehe die vorläufige Nachricht oben S. 315 — 317.
B.

2) Scherers Journal der Chemie 1. B. S. 443 u. f.

Gg 2

knirschte wie dieses, wenn man es zwischen den Fingen drückte: löste sich in heißem Wasser zu einer halbdurchsichtigen Gallerte auf, welche jedoch bey stärkerer Verdünnung noch einige Flocken absetzte. Auch dadurch unterschied es sich von dem reinern Stärkmehl, daß es schon durch Rühren mit kaltem Wasser einen consistenten Brey gab.

Das aus der Faser erhaltene Satzmehl wurde einige Mahl ausgewaschen und getrocknet. Es betrug 2 Quent, 25 Gran, löste sich nicht in kaltem, aber wohl in heißem Wasser zu einer durchsichtigen Gallerte völlig auf.

5. Aus diesen Versuchen muß ich schließen, daß das aus der reinen Kartoffelfaser abgeschiedene Satzmehl, sich nicht als solches (in einem pulverförmigen Zustande) in derselben befand, sondern sich erst während der Bearbeitung der Faser erzeugte; ferner, daß die Faser und das Stärkmehl der Kartoffeln dieselben Körper mit geringen Modificationen sind. Um zu erfahren, ob die Atmosphäre vielleicht einigen Einfluß auf die Bildung des Stärkmehls habe, zu welcher Meynung mich die Bemerkung führte, daß die Faser durch Zerreiben in einem flachen Gefäße mehr Satzmehl absonderte, als wenn sie in einem tiefen Mörser gestampft wurde, schloß ich eine Quantität der ausgewaschenen Faser in einem mit Wasser gesperrten und mit atmosphärischer Luft angefüllten Cylinder ein. Der Apparat stand in einer Wärme von 8° — 10° R. Nach 2 Tagen ließ sich weder eine Vermehrung noch eine Verminderung des Luftraums bemerken. Am 3. Tage stieg das Wasser, welches ich indessen einer bey der Faser eingetretenen Säuerung zuschreiben muß, zu welcher Sauerstoff absorbirt wurde. Jene zeigte sich dadurch, daß die Faser das Laccmuspapier röthete;

mehr durch ihre große Dauerhaftigkeit aus und übertreffen hierin alle übrige Arten.

Diejenigen, welcher ich mich zu meiner Untersuchung bediente, waren auf einem Boden gezogen, welcher aus magerm Lehm und sehr wenigem Kalk bestand.

A. Untersuchung der Kartoffeln in Hinsicht ihrer nähern Bestandtheile.

1. 100 Theile, vorher sorgfältig gereinigter und in feine Scheiben zerschnittener Kartoffeln, wurden einer mäßigen Stubenwärme so lange ausgesetzt, bis sie nichts mehr von ihrem Gewicht verloren. Sie hinterließen 25 Theile trockne Substanz, welche eine graue Farbe besaß und auf ihrer Oberfläche mit Satzmehl überzogen war. Sie war sehr brüchig und hatte einen kartoffelartigen, etwas bittern Geschmack.

2. 16 Unzen abgewaschener und dünne abgeschälter Kartoffeln wurden zerrieben. Die Masse hatte eine milchige, etwas ins Röthliche spielende Farbe und schäumte beym Umrühren sehr stark. Hineingelegtes Laccmuspapier wurde stark geröthet; eine gleiche Veränderung erlitt das Laccmuspapier, wenn man es zwischen eine eben aufgeschnittene Kartoffel legte.

Die Masse wurde auf ein Sieb gegeben und so lange mit reinem Wasser ausgewaschen, bis sich aus der ablaufenden Flüssigkeit kein Satzmehl mehr absonderte. Darauf wurde sie, um alle Höhlungen des Zellgewebes zu öffnen, in einem Mörser zu einer gleichförmigen Masse gestampft, welche dem Teige zerriebener Mandeln glich, und von

gestellt. Ersteres löste sich auf und ließ sich durch Säuren wieder fällen; letzteres ging in eine stinkende ammoniakische Fäulniß über. Auf glühenden Kohlen verbrannte diese Substanz mit dem Geruch verbrennender thierischer Körper.

Diesemnach war jene Materie **Pflanzeneyweiß**.

8. Die filtrirte Flüssigkeit (7.) hatte eine hellbraune Farbe; sie wurde bey mäßigem Feuer unter beständigem Umrühren abgedampft, wobey sie wie Seifenwasser schäumte. Der bis zu einer steifen Extractdicke gebrachte Rückstand betrug 5 Quentchen 24 Gran. Er besaß eine hellbraune Farbe, war sehr zähe und hatte einen bitterlichen kartoffelartigen Geschmack. Die eine Hälfte wurde mit Alkohol, die andere mit Schwefeläther übergossen. Beyde Flüssigkeiten nahmen aber nach einer sechstägigen Digestion nichts davon auf.

Die ganze Masse wurde in Wasser aufgelöst, wobey sich ein schwärzliches Pulver absonderte, das gesammelt, ausgewaschen und getrocknet 17 Gran betrug und sich wie Pflanzeneyweiß verhielt. Es blieben demnach für das reine Extract 5 Quentchen 12 Gran übrig. Die Auflösung röthete stark das Laccmuspapier. Sie wurde einer langsamen Verdunstung überlassen. Es bildete sich auf ihrer Oberfläche kein Häutchen; auch sonderten sich keine Flocken weiter ab, woraus ich die Abwesenheit des Extractivstoffes abnehme.

Das Extract war also **Pflanzenschleim**.

9. Das oben (2.) angeführte Satzmehl wurde mit Wasser ausgewaschen; es ließ sich auch durch wiederholtes Abspülen nicht von einem schwärzlichen Pulver trennen,

Einen Theil davon rührte ich mit kaltem Wasser zu einem dünnen Brey und setzte diesen in eine Wärme von $15^\circ - 20^\circ$ R. Schon nach 8 Stunden stieß er einen sauren Geruch aus, welcher nach 2 Tagen dem Geruche des Essigs völlig gleich war. Er hatte jetzt einen säuerlichen Geschmack: es war eine saure Gährung eingetreten.

Ein anderer Theil wurde in einen Klumpen zusammengeballt und eine Stunde in einem Ofen gebacken. Der erhaltene Kuchen war mit einer weißen harten Rinde umgeben. Im Innern zeigte sich die Masse wie ein steifer durchsichtiger Kleister, welcher durchaus nichts fäsriges mehr hatte, und durch Umrühren mit kaltem Wasser die Consistenz und Eigenschaften des aus Stärkmehl bereiteten Kleisters erhielt.

Der übrige Theil der Fasern wurde in einem Porcellanmörser beynahe eine halbe Stunde durch gerieben. Er verlor seine Halbdurchsichtigkeit und nahm, je länger man ihn rieb, eine desto weißere Farbe an. Ich versetzte ihn mit vielem Wasser und gab ihn auf ein feines Sieb. Das Wasser lief milchig durch und setzte eine bedeutende Menge eines Satzmehl ab. Die ausgewaschene Faser wurde auf diese Weise noch einige Mahl behandelt, wobey sich jedes Mahl Satzmehl absonderte. Als sie endlich so fein zerrieben war, daß sie mit durch das Sieb ging, wurde sie gesammelt und getrocknet. Hiebey verhielt sie sich ganz wie Kleister; sie schrumpfte sehr zusammen, wurde brüchig und hinterließ eine 82 Gran schwere, dunkelgraue Materie. Diese gab durch das Zerreiben ein Pulver, welches mit dem Stärkmehle die auffallendste Aehnlichkeit hatte. Es

ſauerlich widerlichen Geſchmack und röthete das Laccmuspapier ſehr ſtark; durch Aufkochen ſonderte ſich Eyweiß ab,
welches getrocknet 2 Quentchen 20 Gran betrug.

12. Die in 6. wirkſamen Reagentien erregten im Saft
ähnliche Veränderungen, nur in ſtärkerm Maße. Da ich
mich vorläufig überzeugt hatte, daß die Säure ſich mit
reinem Kalk zu einem unauflöslichen Körper verbinde, ſo
verſetzte ich allen Saft ſo lange mit Kalkwaſſer, als noch
ein Niederſchlag erfolgte. Geröthetes Laccmuspapier zeigte
indeſſen einen Ueberſchuß von Kalk, weswegen der Saft,
damit der Niederſchlag nicht mit kohlenſaurem Kalk vermiſcht werden möchte, vor dem Zutritt der Luft geſichert
wurde. Es lagerte ſich ein brauner ſchwammiger Niederſchlag ab, der aber, nachdem er von der Flüſſigkeit getrennt und in einem Filter geſammelt und ausgewaſchen
worden, weiß wurde. Nach dem Trocknen gab er 2 Quentchen 4 Gran einer grauen durchſcheinenden hornartigen
Subſtanz, welche durch Zerreiben ein graulich weißes Pulver lieferte.

13. Achtzig Gran dieſes Pulvers wurden mit 40 Gran
concentrirter, mit acht Mahl ſo viel Waſſer verdünnter,
Schwefelſäure übergoſſen, wobey ein Aufbrauſen erfolgte[3].

Nach Digeſtion von einigen Tagen, während welcher
man von Zeit zu Zeit umrührte, wurde die Flüſſigkeit filtrirt. Sie lief mit einer braunen Farbe durch; der Rückſtand verhielt ſich, nach dem Auswaſchen, wie Gyps; die

---

3) Die Urſache davon war kohlenſaurer Kalk, deſſen Entſte-
hung ſich in der Folge erklären wird.

6. Die aus den Kartoffeln erhaltene Flüssigkeit (2.) wurde von dem Satzmehl abgegossen und filtrirt. Sie hatte eine carmoisinrothe Farbe und wurde mit folgenden Reagentien geprüft.

1. Laccmuspapier wurde geröthet.

2. Schwefelsaures Silber, eine mäßige Trübung.

3. Salzsaures Baryt, getrübt.

4. Kohlensaures Kali, unverändert.

5. Kalkwasser, eine Trübung.

6. Salzsaures und schwefelsaures Eisen, eine geringe Trübung; der Niederschlag hatte eine weiße Farbe.

7. Gallertauflösung, unverändert.

Aus 1. erhellet die Gegenwart einer freyen Säure, 2. zeigte das Daseyn der Salzsäure und 3. die Gegenwart der Schwefelsäure an; 4. die Abwesenheit erdiger Mittelsalze, 6. und 7. die Abwesenheit der Galläpfelsäure und des adstringirenden Stoffes.

Ueber die Natur der Säure wird sich weiterhin, aus mit größern Mengen angestellten Versuchen, ein Mehreres ergeben.

7. Die ganze Flüssigkeit wurde aufgekocht, sie sonderte dabey viele, Theils weiße, Theils röthliche Flocken ab. Diese wurden gesammelt und in 2 Hälften getheilt. Die eine Hälfte wurde getrocknet und gab 45 Gran einer schwarzen brüchigen Materie. In allem hatten sich also 90 Gran dieser Substanz abgeschieden.

Von der 2. Hälfte wurde ein Theil mit ätzendem Kalk übergossen, ein anderer Theil aber an einen warmen Ort

wurde mit einigen Tropfen concentrirter Schwefelsäure ver=
setzt und in einer gläsernen Schale abgedampft, während
dessen sich kleine Spießchen von Gyps bildeten, welche
nach Sättigung der filtrirten Flüssigkeit durch Ammonium
noch eine größere Menge niederschlug. Die Flüssigkeit
wurde filtrirt, abgedunstet und das rückständige hellbraune
Salz in einen glühenden Porcellaintiegel getragen. Es ent=
stand, durch das dabey noch befindliche salpetersaure Am=
monium, eine geringe Verpuffung. Die ammonialischen
Salze wurden schnell verflüchtigt und zerstört; es bildete
sich eine Kohle, welche aber durch anhaltendes Glühen ver=
schwand und eine glasige Materie zurück ließ, die etwa 5
Gran betragen mogte, sich schwer im Wasser auflöste und
daßelbe sauer machte. Bey weiterer Untersuchung reagirte
die Flüssigkeit wie Phosphorsäure.

17. Andere 20 Gran deßelben Pulvers (12) wurden
geglühet. Sie verkohlten sich bald; die Kohle ließ sich aber
selbst nach einem drey Stunden langen Glühen nicht völ=
lig einäschern. Der schwarze Rückstand wurde, in Salpe=
tersäure getragen, größten Theils mit Aufbrausen aufge=
löst und hinterließ etwas Kohle. Die saure Auflösung
durch Ammonium größten Theils abgestumpft, schlug sal=
petersaures Quecksilber und salpetersaures Bley nieder; durch
einen größern Zusatz von Ammonium bildete sich ein weißer
Niederschlag, welcher aus phosphorsaurem Kalk bestand.

18. Der mit Kalkwasser versetzte Saft (12) enthielt,
wie erwähnt, Kalk aufgelöst. Zur Ausscheidung deßelben
ließ ich ihn 24 Stunden in einem bewohnten Zimmer ste=
hen. Es bildete sich indessen kein Häutchen auf der Ober=

schlug und der Saft reagirte nach wie vor, wie Kalkwasser. Ich ließ Kohlensäure hineinströmen: allein es entstand keine Trübung und die Flüssigkeit verlor nicht die Eigenschaft, geröthetes Lackmuspapier wiederherzustellen, und durch kleesaures Ammonium stark getrübt zu werden. Durch Verdampfen des vierten Theils dieses Saftes wurde ein brauner bitter schmeckender Rückstand erhalten, der sich ganz wie der oben (8) angeführte Pflanzenschleim verhielt.

Eine andere kleine Menge dieses Saftes versetzte ich noch mit mehr Kalkwasser und bemerkte, daß dieser in dem Verhältniß von $1:6$ keine Veränderung in demselben hervorbrachte, in einem größern Verhältniß hingegen eine starke Trübung bewirkte. Ich setzte daher, um zu erfahren, ob sich der Kalk, wenn er in noch größerm Verhältniß vorhanden wäre, nicht vermittelst der Kohlensäure von dem Safte trennen lassen würde, zu diesem so lange Kalkwasser, bis er trübe werden wollte. Allein ich bemerkte keinen Kalkrahm und überhaupt keine Abscheidung des Kalks, als ich die Flüssigkeit in einer flachen Schale in ein bewohntes Zimmer stellte; eben so wenig, als ich Kohlensäure in den mit Kalkwasser vermischten Saft strömen ließ; auch nicht, wie er mit dem vierten Theil kohlensauren Wasser vermischt wurde. Immer schmeckte und reagirte die so behandelte Flüssigkeit wie Kalkwasser.

Hieraus läßt sich der Schluß ziehen, daß der Kalk mit dem Schleime eine genaue Verbindung eingehe, aus welcher die Kohlensäure, vermittelst einer einfachen Wahlverwandtschaft, denselben zu trennen nicht vermögend war. Kohlensaure Alkalien fällten aus dem Safte kohlensauren

Kalk; kleeſaures Ammonium bewirkte eine ſtarke Trübung in der Flüſſigkeit. Hier wurde der Kalk höchſtwahr⸗ ſcheinlich durch eine doppelte Wahlverwandtſchaft abge⸗ ſchieden, indem ſich Kohlenſäure und Kalk, Kali und Schleim mit einander vereinigten.

19. Jetzt wurde aller Saft ſo lange mit Kalkwaſſer verſetzt, als noch eine Trübung erfolgte. Nach fünfſtün⸗ digem ruhigen Stehen hatte ſich ein Niederſchlag gelagert, der theils aus einem körnigen ſchweren, an den Wänden und dem Boden des Gefäßes abgeſetzten Pulver, theils aus einem hellbraunen lockern, unten in der Flüſſigkeit ſchwimmenden Präcipitat beſtand. Ich goß die klare, oben ſtehende Flüſſigkeit ab, und brachte das Uebrige auf ein Filter. Die ablaufende Flüſſigkeit hatte eine dunklere Farbe, wie die vorher klar abgegoſſene. Im Filter blieb kein ſchwammiges bräunliches, ſondern nur ein weißes, theils körniges Theils milde anzufühlendes Pulver zurück. Beym Uebergießen mit Salpeterſäure, löſte es ſich unter ſtarkem Aufbrauſen auf. Die Auflöſung ließ ſich nicht durch reines Ammonium, wohl aber durch kleeſaures Ammonium und kohlenſaures Kali fällen. Jenes Pulver war daher kohlen⸗ ſaurer Kalk. In der Vermuthung, daß der körnige Nie⸗ derſchlag ein anderer Körper ſeyn möge wie der lockere, ſammelte ich den an den Wänden des Gefäßes ſich feſt angeſetzten Antheil deſſelben. Er verhielt ſich indeſſen auch wie kohlenſaurer Kalk.

20. Der Saft wurde, Theils um ihn von aller Koh⸗ lenſäure, die von den oben (19.) angeführten Operationen in demſelben etwa zurückgeblieben ſeyn könnte, zu befreyen,

Theils

Theils der beträchtlichen Verdunstung wegen, die er durch den Zusatz von Kalkwasser erlitten hatte, bis zur Hälfte verdunstet. Er trübte sich nicht und nahm die Farbe eines alten Malaga-Weins an; sein Geschmack war widerlich, aber nicht bitter und alcalisch. Indessen zeigte geröthetes Laccmus-Papier, daß er noch Kalk aufgelöst enthielte.

Ich versetzte ihn wieder, mit dem 8. Theil seines Gewichts Kalkwasser. Er blieb klar, und schmeckte nun wie aufgelöster reiner Kalk. Durch kohlensaures Gas und kohlensaures Wasser ließ sich letzterer aber, wie vorhin, nicht fällen, die Flüssigkeit blieb alcalisch; kleesaures Ammonium und kohlensaures Kali hingegen wirkten wie in 18. Durch Zusatz von mehrerem Kalkwasser wurde die Flüssigkeit wieder stark getrübt. Es sonderten sich 2 Niederschläge ab, welche die Beschaffenheit der in 19 angeführten besaßen. Der schwammige wurde mit der Flüssigkeit von dem übrigen in ein anderes Gefäß abgegossen; worinn der Saft offen einige Zeit stehen blieb. Beym Umrühren bemerkte ich, daß sich der Niederschlag schwerer absonderte wie vorhin; nach 3 Stunden war der schwammige bräunliche Präcipitat verschwunden, an seine Stelle hatte sich ein weißes schwereres Pulver abgesetzt; der Saft hatte wieder seine Malaga-Farbe. Er wurde vom Bodensatz abgegossen und dieser gesammelt. Er verhielt sich wie kohlensaurer Kalk; eben so jenes körnige Pulver.

21. Da ich immer noch glaubte, daß die Kohlensäure der Atmosphäre Antheil an den erzählten Erscheinungen habe, so suchte ich bey einem folgenden Versuche den Zutritt der

selben sorgfältig zu verhüten. Der Saft wurde aufgelöst, in 2 Gläser vertheilt, und beyde Quantitäten mit Kaltwasser versetzt, worauf wieder eine starke Trübung erfolgte. Das eine Gefäß setzte ich unverschlossen in Ruhe, bey dem andern aber wurde alle Verbindung mit der Luft aufgehoben.

In beyden bildete sich, gleichzeitig, ein weißer körniger und ein bräunlicher lockerer Niederschlag, wovon ersterer sich zum Theil an den Wänden des Gefäßes absetzte. Die Flüssigkeit in dem nicht verschlossenen Glase wurde einige Mahl umgerührt: der schwammige braune Niederschlag verschwand und statt dessen entstand ein feiner weißer, welcher sich schneller in der Flüssigkeit absetzte, und völlig dem in 21 angeführten gleich war.

Aus dem verschlossenen Gefäße wurde der Saft von dem bräunlichen Niederschlage abgesondert und dieser so schnell wie möglich in einem Filter gesammelt. Ein Theil desselben wurde mit Essig übergossen, und löste sich unter starkem Aufbrausen, bis auf einige braune Flocken auf, welche auf Zusatz einiger Tropfen Salpetersäure ebenfalls verschwanden, worauf die Flüssigkeit dunkel braun wurde. Ein anderer Theil wurde mit concentrirtem Essig, welcher mit Alkohol versetzt war, übergossen: hier blieb ein größerer Theil brauner flockiger Materie unaufgelöst, welche ich für Pflanzenschleim erkannte. Sie wurde gesammelt und mit Wasser übergossen; ein Theil löste sich auf, ein anderer Theil setzte sich aber in der Flüssigkeit ab; auch dieser verschwand ebenfalls auf einige Tropfen Salpetersäure.

fläche und der Saft reagirte nach wie vor, wie Kalkwasser. Ich ließ Kohlensäure hineinströmen; allein es entstand keine Trübung und die Flüssigkeit verlor nicht die Eigenschaft, geröthetes Laccmuspapier wiederherzustellen, und durch fleesaures Ammonium stark getrübt zu werden. Durch Verdampfen des vierten Theils dieses Saftes wurde ein brauner bitter schmeckender Rückstand erhalten, der sich ganz wie der oben (8) angeführte Pflanzenschleim verhielt.

Eine andere kleine Menge dieses Saftes versetzte ich noch mit mehr Kalkwasser und bemerkte, daß dieser in dem Verhältniß von 1:6 keine Veränderung in demselben hervorbrachte, in einem größern Verhältniß hingegen eine starke Trübung bewirkte. Ich setzte daher, um zu erfahren, ob sich der Kalk, wenn er in noch größerm Verhältniß vorhanden wäre, nicht vermittelst der Kohlensäure von dem Safte trennen lassen würde, zu diesem so lange Kalkwasser, bis er trübe werden wollte. Allein ich bemerkte keinen Kalkrahm und überhaupt keine Abscheidung des Kalks, als ich die Flüssigkeit in einer flachen Schale in ein bewohntes Zimmer stellte; eben so wenig, als ich Kohlensäure in den mit Kalkwasser vermischten Saft strömen ließ; auch nicht, wie er mit dem vierten Theil kohlensaurem Wasser vermischt wurde. Immer schmeckte und reagirte die so behandelte Flüssigkeit wie Kalkwasser.

Hieraus läßt sich der Schluß ziehen, daß der Kalk mit dem Schleime eine genaue Verbindung eingehe, aus welcher die Kohlensäure, vermittelst einer einfachen Wahlverwandtschaft, demselben zu trennen nicht vermögend war. Kohlensaure Alkalien fällten aus dem Safte kohlensauren

tritt der atmosphärischen Luft durchaus nothwendig ist. Diese giebt einen Stoff her, welcher durch seine Verbindung mit dem Schleim denselben auflöslich macht. Aus den erzählten Erscheinungen, und der Wirkung der Salpetersäure (21) läßt sich nicht anders schließen, als daß dieser der Sauerstoff sey.

23. Der Kartoffelsaft zeigte, nachdem er durch Verdampfung von neuem concentrirt war, noch einmahl die angeführten Erscheinungen. Weiter aber ließ er sich, bey einer gleichen Behandlung, nicht durch Kohlensäure fällen. Er wurde daher bey mäßiger Hitze bis zur Extractdicke verdampft. Der Rückstand hatte eine dunkelbraune Farbe und den eigenthümlichen Geruch der Kartoffeln. Sein Geschmack aber war nicht, wie vorhin, bitter, sondern zuckersüß; indessen hatte er doch etwas widerliches. Hierdurch überzeugte ich mich, daß mit dem Schleim eine wesentliche Veränderung vorgegangen seyn müsse, und daß derselbe der Natur des Zuckers näher gebracht sey.

Das braune Extract löste sich leichter im Wasser auf, wie der in 8. angeführte Schleim; es sonderte sich dabey ein hellbraunes Pulver ab, welches reiner, kohlensäurefreyer, Kalk in Verbindung mit etwas Schleim war, dem darüber gegossenen Wasser einen alkalischen Geschmack mittheilte und sich, bis auf einige Flocken von Schleim, ohne Aufbrausen in Säuren auflöste.

Das Extract wurde mit reinem Alkohol digerirt, der davon eine hellgelbe Farbe und einen sehr süßen Geschmack erhielt; der größte Theil blieb aber unaufgelöst. Der Weingeist wurde einer langsamen Verdunstung ausgesetzt, nach einigen Tagen hatte der Rückstand die Consistenz und den Geschmack eines weißen Syrups. Bey stärkerer Verdunstung wurde er zähe und bräunlich; es bildeten sich nach acht Tagen in demselben viele bräunliche durchsichtige Krystalle, welche Zucker waren.

24. Durch diese Versuche ist, nach meiner Ueberzeugung, die Möglichkeit, den Schleim in Zucker zu verwandeln, außer Zweifel gesetzt. Es ist hinlänglich bekannt, daß Pflanzenschleim und Zucker, in ihrer qualitativen Grundmischung übereinstimmend, sich nur durch das quantitative Verhältniß ihrer Bestandtheile unterscheiden. Höchstwahrscheinlich besteht der Unterschied des Schleims und Zuckers in einem größern Verhältnisse von Kohlenstoff und einem geringern von Sauerstoff im Schleim. 4) Wenn daher diesem Kohlenstoff entzogen und Sauerstoff gegeben wird, so wird er sich mehr der Natur des Zuckers nähern. Dieß geschieht (wenigstens bey dem Schleime der Kartoffeln) vermittelst des Kalks. Er geht eine genaue Verbindung mit dem Schleime ein, welches daraus erhellet, daß die Kohlensäure durch eine einfache Wahlverwandschaft ihn nicht aus der Verbindung trennen kann. In dieser Verbindung aber wird durch die gegenseitige Einwirkung ein anderes Mischungsverhältniß bestimmt: es erzeugt sich aus den Bestandtheilen des Schleims, durch Verbindung eines Theils Kohlenstoff mit Sauerstoff, Kohlensäure, die sich mit dem Kalk niederschlägt, in Verbindung mit dem Schleim,

---

4) Vergl. mit Cruikshank's Versuchen über die Natur des Zuckers. Scherer's allg. Journ. der Chemie Bd. 1. S. 567 u. f.

S.

der, nach Maßgabe des vorhandenen Kalks, jene Entmischung erfahren hat. Letzterer wird aber, indem er, wie die Erscheinungen andeuten, durch den atmosphärischen Sauerstoff oxydirt wird, wieder auflöslich. So gehen diese Erscheinungen bey gleichem Verfahren fort; bis endlich ein Stillstand der Wechselwirkungen erfolgt und die chemischen Massen der Grundstoffe sich das Gleichgewicht halten.

C. Untersuchung der Asche der Kartoffeln.

25. Vier Unzen völlig trockne Kartoffeln wurden eingeäschert. Sie stießen im Anfang einen starken Rauch aus, welcher einen eigenthümlichen Geruch besaß. Die Einäscherung währte bey beständiger Rothglühe = Hitze 3 Stunden. Am Ende der Arbeit fing die Asche an sich zu ballen, weswegen das Feuer vermindert wurde. Die nach dem Erkalten des Tiegels gesammelte weißgraue Asche betrug 96 Gran; sie hatte einen scharfen alkalischen Geschmack und wurde an der Luft bald feucht.

26. Die Asche wurde mit Wasser übergossen. Sie vertheilte sich in demselben, wie ein lockeres Pulver und theilte dem Wasser den erwähnten Geschmack mit. Nach einiger Digestion wurde die Asche so lange ausgelaugt, bis die letzte Flüssigkeit geschmacklos blieb; der unaufgelöste Rückstand betrug getrocknet 35 Gran. Sämmtliche Flüssigkeit wurde bis zur Trockne verdampft und ließ 64 Gran eines weißen Salzes zurück, welches sich wie Pottasche verhielt.

27. Die Pottasche wurde aufgelöst und mit Essig neutralisirt. Es entstand ein starkes Aufbrausen; gefällt

aber wurde nicht. In der gesättigten Flüssigkeit brachten
salpetersaurer Baryt, schwefelsaures Silber, schwefelsaures
Eisen und Kalkwasser eine starke Trübung hervor. Sie
wurde erhitzt, um sie von aller Kohlensäure zu befreyen
und darauf mit Kalkwasser so lange versetzt, als dasselbe
noch eine Trübung verursachte. Der weiße Niederschlag
wurde gesammelt, ausgewaschen und getrocknet. Er bestand in phosphorsaurem Kalk und wog 25 Gran, welche
(nach Fourcroy und Vauquelin [5]) 10½ Gr. Phosphorsäure
anzeigen.

Die durch Kalkwasser gefällte Flüssigkeit wurde bis
auf ⅓ abgedampft und mit salpetersaurem Baryt vermischt.
Es schlug sich schwefelsaurer Baryt nieder, welcher getrocknet
11½ Gran betrug, die (nach Bucholz [6]) 3½ Gran Schwe-
felsäure anzeigen. Durch schwefelsaures Silber wurde die
Salzsäure aus der Flüssigkeit gefället. Ich erhielt 17¼
Gran salzsaures Silber, die (nach Bucholz [7]) 2 Gran
Salzsäure enthalten.

28. Zwanzig Gran der ausgelaugten Asche wurden
mit Salzsäure übergossen, worin sie sich, bis auf eine geringe Menge eines schwarzen Pulvers, auflösten. Nach einer starken Digestion wurde die Flüssigkeit gallertartig und
erhielt eine gelbliche Farbe. Sie wurde bis zur Trockne

---

5) Scherer's Journal der Chemie Bd. 2. S. 703.

6) Scherer's Journal der Chemie Bd. 10. S. 375.

7) Beyträge zur Erweiterung und Berichtigung der Chemie
Heft 2. S. 17.

verdampft, der Rückstand in Wasser aufgeweicht und die Auflösung filtrirt. Es blieben 4¼ Gran eines schwarzen Pulvers
zurück, welches durch Glühen völlig weiß wurde und 2⅓ Gr.
Kieselerde hinterließ.

Die von der Kieselerde befreyete Auflösung wurde mit
Glaubersalzauflösung versetzt. Es schlug sich kein schwefelsaurer Baryt nieder. Es wurde darauf in dieselbe so lange
kleesaures Kali getröpfelt, als noch eine Trübung erfolgte.
Der kleesaure Kalk hinterließ nach dem Auswaschen, Trocknen und Glühen 6 Gran Kalkerde. Aus der von Kalkerde befreyeten Flüssigkeit fällte eine Auflösung des vollkommen kohlensauren Kali 4 Gran Thonerde. Die hierauf
erhitzte Flüssigkeit ließ noch 7 Gran Talkerde fallen. Diese
hatte eine röthliche Farbe. Sie wurde in Salzsäure aufgelöst und ein Theil der Auflösung mit hydrothionsaurem
Ammonium, ein anderer Theil aber mit blausaurem Kali
versetzt. Ersteres bildete einen grünlichen Niederschlag; letzteres füllete Braunstein- mit wenigem Eisenoxyd, mit einer grünlich weißen Farbe.

29. Die Asche der Kartoffeln enthält, dieser Untersuchung zu Folge, nachstehende Bestandtheile:

96 Gran bestehen aus: 64 Gran Pottasche und 35
Gran Erden und Metalloxyden. Erstere enthielt, außer
der Kohlensäure, noch folgende Säuren:

Phosphorsäure	—	—	10¼ Gran
Schwefelsäure	—	—	3¼ —
Salzsäure	—	—	2 —

50 Gran der Asche wurden jetzt zur

Kieselerde	—	—	—	2½ Gran
Kalkerde	—	—	—	6 —
Thonerde	—	—	—	4 —
Talkerde mit etwas Braunstein-				
und Eisenoxyd.	—	—	—	7 —
				19¼ Gran "

D. Untersuchung der gefrornen Kartoffeln.

30. Die Kartoffel ist ein belebter Körper, der durch auf ihn wirkende schädliche Potenzen eben so wohl an seiner Lebenskraft leiden kann, wie jeder andere lebende Körper. Dieß ist wohl am meisten der Fall bey star= ker Frostkälte; die in den Gefäßen, in dem Zellgewebe der Kartoffeln befindliche Feuchtigkeit erstarrt zu Eis, wel= ches durch seine Ausdehnung die Gefäße zersprengt, die innere Organisation zerstört und dadurch unmittelbar den Tod der Kartoffel verursacht.

So wie alle organische Körper nach dem Absterben un= ter günstigen Umständen in Fäulniß übergehen; so erleidet auch die Kartoffel, wenn sie durch das Gefrieren getödtet ist, und darauf in ein wärmeres Medium kommt, eine schnelle Zersetzung. Sie geht in eine weinige oder saure Gährung, oder in Fäulniß über. Letztere greift die Grund= mischung aller nähern Bestandtheile an und verwandelt die Kartoffel in eine schwarze stinkende Masse, wo sie nur nach zur Vergrößerung des Düngerhaufens anwendbar ist.

31. Bey dem Gefrieren der Kartoffeln äußern sich ei= nige interessante Erscheinungen, deren Ursachen genauer

ausgemittelt zu werden verdienen. So bemerkt man, z. B.
daß die Kartoffeln einen süßen Geschmack annehmen, welches man einer eintretenden Gährung, deren Product der
Zucker seyn soll, zuschrieb. Ich habe während des letzten
strengen Winters Gelegenheit gehabt, einige Bemerkungen
über diesen Gegenstand zu machen, und theile sie, obgleich
sie noch nicht hinreichend seyn mögen, denselben in vol-
les Licht zu stellen, ohne die vielen Versuche, durch welche
sie mir gewähret wurden, wieder zu erzählen, hier mit.

Wenn die Kartoffeln plötzlich in eine sehr niedrige
Temperatur, etwa von 10° unter o R. gebracht werden,
so gefrieren sie schnell zu einem steinharten Körper: aber sie
erhalten nicht die mindeste Süßigkeit. Ich erwartete anfänglich, daß der Zucker-Erzeugungsproceß eintreten würde,
wenn die Kartoffeln aus ihrem erstarreten Zustande zurück
kämen, indem ich nicht glauben konnte, daß derselbe während eines Zustandes derselben, wo die wechselseitige Anziehung der Stoffe durch die niedrige Temperatur und dad-
durch sie bewirkten starren Zustand gelähmt und ganz ge-
hindert wird, Statt finden könne. Allein mehrere Versuche
haben mich überzeugt, daß dieß nicht Statt finde. Ich
habe die erstarreten Kartoffeln in einer hohen Temperatur
schnell, und bey einer geringen Wärme langsam aufthauen
lassen, aber nie bemerkt, daß sie süß wurden.

32. Werden hingegen die Kartoffeln in eine Temperatur gebracht, welche nahe dem Gefrierpunkte, oder ein
wenige Grade unter demselben ist, so erhalten sie Süßigkeit, ohne daß sie, wenn die Temperatur nicht über 4°
unter o ist, erstarren. Man bemerkt während der Zucker-
bildung, welche unter diesen Umständen in ihnen vorgeht,

aber wurde nichts. In der gesättigten Flüssigkeit brachten
salpetersaurer Baryt, schwefelsaures Silber, schwefelsaures
Eisen und Kalkwasser eine starke Trübung hervor. Sie
wurde erhitzt, um sie von aller Kohlensäure zu befreyen
und darauf mit Kalkwasser so lange versetzt, als dasselbe
noch eine Trübung verursachte. Der weiße Niederschlag
wurde gesammelt, ausgewaschen und getrocknet. Er bestand in phosphorsaurem Kalk und wog 25 Gran, welche
(nach Fourcroy und Vauquelin [5]) $10\frac{1}{4}$ Gr. Phosphorsäure
anzeigen.

Die durch Kalkwasser gefällete Flüssigkeit wurde bis
auf $\frac{1}{4}$ abgedampft und mit salpetersaurem Baryt vermischt.
Es schlug sich schwefelsaurer Baryt nieder, welcher getrocknet
$12\frac{1}{4}$ Gran betrug, die (nach Bucholz [6]) $3\frac{1}{2}$ Gran Schwe-
felsäure anzeigen. Durch schwefelsaures Silber wurde die
Salzsäure aus der Flüssigkeit gefället. Ich erhielt $17\frac{1}{4}$
Gran salzsaures Silber, die (nach Bucholz [7]) 2 Gran
Salzsäure enthalten.

28. Zwanzig Gran der ausgelaugten Asche wurden
mit Salzsäure übergossen, worin sie sich, bis auf eine geringe Menge eines schwarzen Pulvers, auflösten. Nach einer starken Digestion wurde die Flüssigkeit gallertartig und
erhielt eine gelbliche Farbe. Sie wurde bis zur Trockne

---

5) Scherer's Journal der Chemie. Bd. 2. S. 703.

6) Scherer's Journal der Chemie. Bd. 10. S. 375.

7) Beyträge zur Erweiterung und Berichtigung der Chemie
Heft 2. S. 13.

33. Ich bin durch mehrere Erscheinungen überzeugt worden, daß der Zucker = Erzeugungs = Proceß nicht bey völlig abgestorbenen Kartoffeln Statt findet, und daß die Lebenskraft, Erregbarkeit — oder wie man die Ursache des Vegetations = Processes nennen will — dabey eine Haupt= rolle spiele.   Kartoffeln, die in einer heftigen Kälte auf einmahl erstarreten und getödtet wurden, nehmen, wie er= wähnt, wenn man sie auch denselben Umständen aussetzt, unter welchen sich in andern Kartoffeln Zucker bildet, nie Süßigkeit an.   Sie zeigten zwar, nachdem sie aus ihrer Erstarrung zurückgekommen waren, eine Zersetzung ihrer Grundmischung, aber das Produkt derselben war nie Zucker. Ob allein die Lebensthätigkeit der Kartoffel die Zucker= Er= zeugung bewirke, oder ob noch andere Kräfte mitwirken; ob ferner der Zucker die Stoffe, welche zu seiner Bildung dienen, allein aus der Grundmischung der Kartoffel erhält, oder von außen noch Materien hinzutreten, kann ich nicht entscheiden, da es mir hierüber an Erfahrungen fehlt.

Aus Mehrerem läßt sich schließen, daß nur eine ver= minderte Lebenskraft die Zucker=Erzeugung zulasse.   Im Monat October und November bemerkte ich, daß es weit schwerer hielt, die Kartoffeln süß zu machen, als in den Monaten Januar und Februar. Damals besaß die Lebens= kraft der Kartoffeln noch mehr Energie wie jetzt; denn es ist wohl nicht zu bezweifeln, daß dieselbe, indem die Kar= toffeln, in Haufen aufgeworfen, in Kellern aufbewahrt wer= den, bey diesen vermindert werde. Im Anfange des Früh= jahrs nehmen die Kartoffeln sogar, wenn sie in einem warmen Keller sich befinden, ohne zu keimen, Süßig=

Art. m. Ich habe dieses schon in den Monaten Januar und Februar bemerkt. Hier ist also nicht Kälte ein Mitwirkungsmittel zur Bildung des Zuckers. Eine niedrige Temperatur scheint nur bloß in so fern den Zucker-Erzeugungsproceß in den Kartoffeln zu begünstigen, als sie die Lebenskraft lähmt. Daher mag es kommen, daß einige Kartoffeln süß und andere, bey gleichen Umständen nicht süß werden. Bey jenen hat vielleicht die Lebenskraft nicht so viel Stärke, um den Einfluß der Kälte, ohne sehr geschwächt zu werden, ertragen zu können: es nimt die Bildung des Zuckers in ihnen ihren Anfang und dabey erzeugt sich so viel Wärme, um der Erstarrung zu entgehen; bey diesen kann die niedrige Temperatur, die Lebenskraft nicht in dem Maße vermindern, wie es zur Zuckererzeugung nothwendig ist; es bildet sich kein Zucker und es entbindet sich keine Wärme. Der Saft muß endlich physischen Gesetzen gehorchen, er erstarrt und verursacht auf eine mechanische Art den Tod der Kartoffel.

34. Wenn die süßen Kartoffeln gänzlich getödtet werden, so tritt bey ihnen eine Gährung ein, welche von verschiedener Qualität ist. Mehrentheils geht eine weinige Gährung vorher; in einigen Fällen ist diese aber so schnell vorübergehend, daß man sie kaum bemerkt, und nur die darauf folgende Essiggährung sehr bemerkbar wird. Kommen die süßen Kartoffeln in die weinige Gährung, so entwickelt sich mehrentheils aus ihrer äußern Schale ein Schaum, welcher von entweichender Kohlensäure herrührt. Die Kartoffeln erhalten einen angenehmen Weingeruch, welcher mit dem Geruche der Melonen einige Aehnlichkeit hat.

Ich habe bemerkt, daß einige Kartoffeln diesen Geruch mehrere Tage behielten, während andere ihn nur einige Tage zeigten.

Ist die Weingährung beendigt, so tritt die Essiggährung ein. Die Kartoffeln riechen dann sauer und besitzen einen sauren Geschmack. Auch dieser Gährungsproceß ist bey verschiedenen Kartoffeln von verschiedener Dauer. Einige bleiben über acht Tage in demselben, andere aber nur ein bis zwey Tage.

Der Essiggährung folgt die Fäulniß. Die Farbe der Kartoffeln wird dunkel und endlich schwarz, der Geruch unangenehm und stinkend. Ihre Oberfläche wird schmierig; reibt man sie mit Kali, so entwickelt sich ein starker Geruch nach Ammonium.

35. Aus einer Untersuchung, welche, auf die unter A angeführte Art, mit den süßen Kartoffeln vorgenommen wurde, ergab sich: daß sie dieselbe Menge Satzmehl, Faser und Eyweißstoff in gleicher Beschaffenheit, wie die nicht süßen gesunden Kartoffeln, besaßen. Der Zucker war daher nur auf Kosten des Schleims gebildet. Dieser, bis zur Consistenz eines steifen Extracts abgedampft, hatte einen widerlich süßlichen Geschmack: ich habe nicht versucht aus ihm Zucker darzustellen, zweifle aber an der Möglichkeit dessen nicht im geringsten.

Die in der weinigen Gährung sich befindenden Kartoffeln geben, bey ihrer Zerlegung dieselbe Menge Satzmehl, Faser und Pflanzeneyweiß. Letzteres schien indessen eine Veränderung erlitten zu haben, indem es sich zugleich mit dem Satzmehl, größtentheils aus der Flüssigkeit niederschlug und sich über diesem lagerte. Die Faser hatte

noch die Beschaffenheit der aus gesunden Kartoffeln, und ich
konnte aus ihr noch eine gleiche Menge Satzmehl gewinnen.

Die Untersuchung der säurenden Kartoffeln gab ähnliche Resultate. Auch hier war hauptsächlich der Schleim
angegriffen; das Satzmehl war unverändert *); das Eyweiß
schlug sich nieder. Die Faser indessen schien auch in die
saure Gährung übergegangen zu seyn; sie röthete, selbst
nach einem öfter wiederholten Auswaschen, das Lacca-
muspapier und gab durch das Zerreiben nicht mehr die
Menge Satzmehl, welche ich aus der Faser gesunder Kartoffeln erhalten hatte.

Bey den faulenden Kartoffeln ließ sich keine Trennung
ihrer nähern Bestandtheile bewirken. Zerrieben und mit
Wasser ausgewaschen, gaben sie eine schwarze Materie,
welche aus Eyweiß und Satzmehl bestand und im feuchten
Zustande ihre Fäulniß weiter fortsetzte. Die Faser war
braun und ließ sich zu einem gleichförmigen Brey zerreiben; bey ihrer fortgehenden Fäulniß zeigte sie, daß noch
Eyweiß mit ihr verbunden war. Der Schleim hatte eine
starke Oxydation erlitten, und gab abgedampft ein übel rie-
chendes und widerlich schmeckendes Extract, welches an Gewicht
weniger betrug, wie das aus gesunden Kartoffeln erhaltene.

36. Die Kartoffeln, welche auf einmahl in eine starke
Frostkälte gebracht werden, nehmen, wie schon oben ange-

---

*) Wie hier bey den Kartoffeln, so verhält sich das Amylum
auch beym Getreyde: es geht aus der Gährung unverändert heraus.
In manchen Fabriken bereitet man das Stärkmehl, indem man den
mit kaltem Wasser eingemaischten geschroteten Weizen oder Gerste
die volle saure Gährung überstehen läßt, und es wird auf diese
Weise vorzüglich rein und weiß. G.

fahrt ist, nie Sůßigkeit an. Sie werden gånzlich gerbung und ihre Grundstoffe erhalten dadurch zu ihrer Entmischung und neuen Mischung freyes Spiel. Dieses bemerkt man gleich auffallend, wenn man die gefrornen Kartoffeln zerschneidet und in eine Temperatur bringt, worin ihr Saft wieder den Zustand der Flůssigkeit annehmen kann. Die Schnittflåchen werden bald bråunlich und erhalten innerhalb einiger Stunden eine schwarzbraune Farbe. Dieß entspringt aus einer Oxydation, welche der Schleim durch den atmosphårischen Sauerstoff erleidet.

Die innere Textur der Kartoffeln wird durch die Erstarrung des Saftes sehr veråndert. Man bemerkt, nachdem dieser wieder flůssig geworden ist, in der Masse große Hòhlungen, wodurch die Kartoffeln gewissermaßen einem Badeschwamm gleichen; es fließt beym Zerschneiden aus denselben von selbst ein bråunlicher Saft und man kann sie durch starkes Drůcken gròßtentheils davon befreyen.

Bald, nachdem diese Kartoffeln aus dem erstarrten Zustande gekommen sind, treten sie in Gåhrung. Dieß ist, eben wie bey den sůßen Kartoffeln, von verschiedener Natur. Bey mehreren derselben, welche durchaus nichts Sůßes zeigten, bemerkte ich eine weinige Gåhrung, welche sich mit gleichen Kennzeichen åußerte, indessen nie so lange anhielt, wie bey den sůßen Kartoffeln. Die meisten wurden indessen, ohne in eine merkbare Weingåhrung überzugehen, bald sauer und verhielten sich denn eben so wie die sůßen Kartoffeln in åhnlichen Umstånden. Bey einigen konnte ich weder eine weinige noch eine saure Gåhrung wahrnehmen, sondern es trat die Fåulniß oft schon ein einigen Stunden, nachdem sie aufgethauet waren, ein. Ueberhaupt gingen auch diejenigen Kartoffeln dieser Art, welche die weinige und saure Gährung erlitten hatten, früher in die Fäulniß über, wie die süßen Kartoffeln.

Ich habe diese Kartoffeln, während sie sich in den verschiedenen Gährungsperioden befanden, nicht untersucht, vermuthe aber, daß ich, wenn dies geschehen wäre, ähnliche Resultate erhalten haben würde, wie sie mir die Untersuchung der in gleichen Gährungsperioden sich befindenden süßen Kartoffeln lieferte.

E. Untersuchung der gekochten Kartoffeln.

37. Um zu erfahren, welche Veränderung die Kartoffeln durch das Kochen erleiden, wurden mehrere derselben abgewaschen, gewogen und gekocht. Nachdem sie die gehörige Mürbigkeit erhalten hatten, aus dem Wasser genommen und abgetrocknet waren, zeigten sie im Durchschnitt $1 - 1\frac{1}{2}$ pCt. Verlust.

Unter den abgekochten Kartoffeln befanden sich einige, welche, durch die unter C. angeführte Behandlung, Süßigkeit erhalten h.ren. Aus diesen drängte sich, beym Erkalten, ein röthlicher Saft, welcher einen süßen Geschmack besaß und Syrupsdicke erhielt.

16 Unzen der in feine Scheiben zerschnittenen gekochten Kartoffeln ließen, nachdem sie gänzlich ausgetrocknet waren, $4\frac{1}{2}$ Unzen einer harten brüchigen Substanz zurück, die eine röthliche Farbe besaß, durchscheinend war, und

einen vollkommen glasigen Bruch hatte. Zerrieben gab sie ein gelblichweißes Mehl, welches in seinem Aeußern große Aehnlichkeit mit dem Stärkmehle zeigte.

38. Ein Theil der gekochten Kartoffeln wurde zu einem feinen Brey gerieben und dieser mit kaltem Wasser ausgewaschen. Je öfter das Auswaschen geschah, je weißer wurde die zerriebene Kartoffelmasse; die Flüssigkeit blieb wasserhelle und es zeigte sich nach ihrer Verdampfung, daß sie nur eine unbedeutende Menge Pflanzenschleim aufgelöst hatte. Der ausgewaschene Brey wurde in einem Filter gesammelt; er trocknete in der Wärme sehr zusammen und gab eine glasige harte Substanz, die in allem mit der getrockneten Scheiben der gekochten Kartoffeln übereinstimmt.

Eine gewisse Menge derselben wurde zu einem feinen Pulver gerieben und mit Wasser angerührt. Es bildete sich ein steifer Brey, welcher mit dem aus frisch gekochten Kartoffeln bereiteten Brey große Aehnlichkeit hatte. Wurde er nach Verdünnung mit mehrerem Wasser gekocht, so entstand kein Kleister, und auch durch anhaltendes Kochen ließ sich das Satzmehl nicht auflösen.

Die wesentlichste Veränderung, welche die Kartoffeln durch das Kochen erleiden, besteht also darin, daß eine genaue Verbindung des Satzmehls, Eyweißes und der Faser erfolgt, und dadurch das erstere und die letztere in heißem Wasser gänzlich unauflöslich werden. Hieran ist wohl insbesondere das Eyweiß Schuld, durch dessen Gerinnung das Satzmehl und die Faser so umhüllet werden, daß das Waſſer auf dieſelben nicht ſeine auflöſende Kraft äußern kann. *)

F. Unterſuchung der gekeimten Kartoffeln.

39. In einen mit Sand angefüllten Kaſten wurden mehrere geſunde Kartoffeln gelegt, in ein warmes Zimmer geſetzt, und in der nöthigen Feuchtigkeit erhalten. 8 Stück derſelben waren vorher gewogen, um nach ihrem Keimen das Verhältniß der Abnahme des Gewichts der Kartoffeln mit dem des Gewichts des Keims vergleichen zu können.

Folgendes zeigt die Reſultate dieſes Verſuchs:

Die Kartoffeln wogen

	vor dem Keimen			nach dem Keimen, ohne den Keim			der Keim wog	
Nr. 1.	3 U.	4 Q.	58 Gr.	3 U.	5 Q.	27 Gr.	32 Gr.	
— 2.	3 :	3 :	55 :	3 :	5 :	7 :	25 :	
— 3.	3 :	4 :	50 :	3 :	5 :	—	11 :	
— 4.	3 :	6 :	48 :	3 :	—	20 :	42 :	
— 5.	3 :	1 :	48 :	3 :	2 :	9 :	16 :	
— 6.	3 :	3 :	28 :	3 :	4 :	9 :	16 :	
— 7.	3 :	3 :	32 :	3 :	3 :	45 :	8 :	
— 8.	3 :	—	57 :	3 :	1 :	6 :	33 :	

*) Es verlohnte ſich wohl, bey dieſer Gelegenheit zu bemerken, daß man vermittelſt Schmelz aus dem Kartoffel-Stärkmehl Sago bereiten könnte, welche der oſtindiſchen durch ihr reinlicheres Anſehen und ihren Geſchmack weit vorzuziehen iſt. Man macht dazu das Stärkmehl mit einer angemeſſenen Menge Eyweiß und Waſſer zu einem ſo ſteifen (aber etwas krümlichen) Teige, daß er, durch einen Durchſchlag getrieben, die Form der Sago erhält. Dieſe wird in ſiedendes Waſſer geſchüttet, nachdem das Waſſer zur ein paar Mahl aufgewallt hat, vermittelſt eines Siebes, welches ebenfalls in dem Keſſel im Waſſer ſich befinden kann,

Der Erfolg dieser Versuche war ganz anders, als ich erwartet hatte. Anstatt daß nach meiner Vermuthung das Gewicht der Kartoffeln hätte in dem Maße abnehmen sollen, wie der Keim sich vergrößerte, nahm dasselbe fast in dem Verhältniß der Entwickelung desselben zu. Die Kartoffeln hatten also während ihres Keimens die Feuchtigkeit der Erde eingesogen, vielleicht theils um den Verlust, welchen sie durch das Wachsthum des Keims daran erlitten hatten, zu ersetzen, theils aber um die zur Nahrung des Keims nöthigen Substanzen zum Uebergang in denselben geschickt zu machen. So wenig an diesen Kartoffeln, wie an andern, die eben im Keimen begriffen waren, bemerkte ich die geringste Süßigkeit, wodurch die Meynung derjenigen widerlegt wird, welche glauben, daß beym Keimen der Kartoffeln Zucker erzeugt wird, wie dies beym Mälzen des Getreydes geschieht.

40. Zur Untersuchung der durch das Keimen in den Kartoffeln hervorgebrachten Veränderungen wurden, ehe der vorhergehende Versuch beendigt war, Kartoffeln gewählt, welche in einem warmen Keller 2 bis 3 Zoll lange Keime getrieben hatten. Bey diesen waren diejenigen Keimgruben,

---

gleich wieder herausgenommen, und, nach abgelaufener Feuchtigkeit, gegen Staub gesichert, getrocknet. Das Eyweiß schützt das Stärkmehl gegen die völlige Auflösung im Wasser, und die Sago kann sich nachher nur, wie die ausländische, durch hinlängliches Kochen zu durchsichtigen, isolirten Körperchen auflösen. Es muß aber nicht zu viel Eyweiß genommen werden: das bestimmte Verhältniß kann ich jetzt gleich nicht angeben. Je nachdem die Löcher des Durchschlags enger oder weiter, der Teig bindender oder trockner ist, kann man der Sago mancherley Formen, z. B. die der sogenannten Vermicelli u. s. w. geben.

welche keinen Keim entwickelt hatten, gänzlich abgestorben
und in Fäulniß, die sich, bey einigen bis in die innere
Masse der Kartoffeln erstreckte, übergegangen. Sieben
Stück davon wurden abgewaschen und von ihren Keimen
befreyet. Die Keime wogen 3 Loth, die Kartoffeln selbst
24 Loth. Letztere, auf die unter A angeführte Art zerlegt, gaben folgende Quantitäten ihrer nähern Bestandtheile:

Satzmehl	—	—	19 Quentch.	7 Gran	
Eyweiß	—	—	1	96	—
Faser	—	—	8	—	34	—
Schleim	—	—	4	—	40	—

An Wässerigkeit hatten sie daher 23 Loth enthalten.

41. Bey dieser Zerlegung zeigten sich folgende, von
den unter A angegebenen verschiedene, Erscheinungen:

Das Satzmehl setzte sich aus der Flüssigkeit, womit
die Faser ausgewaschen wurde, schneller ab; es war völlig
weiß und nicht, wie oben (9), mit Eyweiß verunreinigt.
Die überstehende Flüssigkeit ging aus einer röthlichen Farbe
in eine schwarzbraune über, welche insbesondere in dem
obern Theil des gläsernen Gefäßes zu bemerken war und
daher von einer Oxydation herrühren mogte. Beym Aufkochen trübte sie sich zwar, allein es schieden sich keine
Flocken ab, und nur, nachdem die Flüssigkeit bis zur
Hälfte verdampft war, ließen sich einige Flocken in derselben bemerken. Diese wurden indessen nicht abgeschieden,
sondern das Ganze bis zur Extract-Consistenz abgedampft,
gewogen, in Wasser wieder aufgelöst und das Gewicht des
rückständigen Pflanzen-Eyweißes von dem des ganzen Extracts abgezogen.

Der Schleim, das Satzmehl und Eyweiß waren übri-

gung denen, aus ungekeimten Kartoffeln ... Faser hingegen gab durch Zerreiben ein ... auch verhielt sie sich beym Trocknen nicht ... Sie blieb weiß, wurde hart aber nicht bröslig ... gab sie ein Pulver, welches im Anfühlen zwischen ... gern wie Satzmehl knirschte und, mit Wasser ... zu einer halbdurchsichtigen Gallerte auflöse.

42. Da ich Gelegenheit hatte eine Quantität ... feinkeime zu erhalten, so unterwarf ich auch ... vergleichenden Untersuchung in Beziehung auf die ... feln. Sie waren in einem dunkeln Keller hervorgek... und hatten im Durchschnitt eine Länge von 3 bis 4 ... Nachdem sie gewaschen und in einer mäßigen Wärme ge... trocknet waren, wurden 4 Unzen derselben gestampft ... gepreßt und die rückständige Masse so lange mit ... ausgewaschen, bis dieses klar ablief.

Der Rückstand hatte eine gräulich weiße Farbe, und bestand aus zähen Fasern. Völlig ausgetrocknet ... sein Gewicht 34 Gran. Er war bloße Pflanzenfaser.

Die von der Faser erhaltene Flüssigkeit war ... setzte nach einigen Stunden ein graues Pulver ab, welches ausgewaschen und getrocknet 7½ Gran betrug. Dieses ... mit Wasser gekocht, eine dünne Gallerte, es schieden ... einige Flocken ab, welche Eyweiß waren; es ist ... als ein Gemisch aus Satzmehl und Eyweiß ...

Die Flüssigkeit wurde aufgekocht, wobey sich ... Flocken absonderten, welche gesammelt und getrocknet ... wogen und sich wie Eyweiß verhielten.

Nach Abdampfung der Flüssigkeit blieb ein ... Extract zurück, welches sehr bitter schmeckte und

hörung. Es löste sich weder in Weingeist noch in Aether
auf und sonderte, wieder aufgelöst, bey langsamer Verdunstung keine Flocken weiter ab; es war also Schleim.

Die Kartoffelkeime gaben folglich aus 4 Unzen:

Pflanzenfaser — —	54 Gran
Satzmehl mit etwas Eyweiß	7½ —
Eyweiß — — —	8 —
Pflanzenschleim — —	6½ —

Mithin bleiben an Wässerigkeit 3 Unzen 5 Quentchen
47 Gran übrig.

43. Reduciren wir das Gewicht dieser aus 4 Unzen
Kartoffelnkeime erhaltenen Substanzen auf 3 Loth derselben,
welches Gewicht die Keime der in 40. untersuchten Kar-
toffeln besaßen, so erhalten wir: Pflanzenfaser 20 Gran,
Satzmehl 3 Gran, Eyweiß 3 Gran, Pflanzenschleim 24
Gran und Wässerigkeit 11 Quentchen 10 Gran.

Vergleichen wir das unter 41 angeführte Gewicht der
nähern Bestandtheile der Kartoffeln mit dem unter 10 angegebenen, und nehmen wir an, daß die Kartoffeln in dem
feuchten Keller so viel Feuchtigkeit einsogen, wie sie an die
Keime überließen, welches aus der Quantität Wässerigkeit,
die sie enthielten, sehr wahrscheinlich ist: so ergiebt sich, daß
beym Keimen der Schleim und die Faser in der Kartoffel
sehr vermindert werden. Da das Gewicht der in den
Keimen befindlichen Pflanzen-Faser beynahe den Verlust der
Faser in den Kartoffeln deckt, so vermuthe ich, daß aus
dieser die Pflanzen-Faser gebildet seyn möge. Da ferner
der Schleim in den Keimen, kleine Differenzen übersehen,
durch sein Gewicht dem verlornen Quantum von Schleim
der Kartoffel gleich kommt, so glaube ich, daß der Schleim

der Keime 'nicht ein neues Produkt der Vegetation ſey,
ſondern von den Kartoffeln in dieſe übergeführt iſt. Ich
muß indeſſen bemerken daß der 'Schleim der Keime ſich
durch einen ſehr bittern Geſchmack von dem der Kartoffeln
unterſchied, und daher wohl eine Veränderung erlitten
haben 'mogte.

Satzmehl und Eyweiß war in den Keimen verhältnißmäßig weniger und erſteres, in Hinſicht auf die große
Quantität deſſelben in den Kartoffeln, in unbedeutender
Menge. Ich vermuthe, daß daſſelbe nicht zur Vergrößerung
des Keimes beitrage und vielleicht nur mechaniſch mit in
denſelben übergeführt ſey.

G. Unterſuchung anderer Arten von Kartoffeln.

44. Außer den rothen Kartoffeln habe ich noch einige
andere Arten unterſucht. Ich nahm hiebei aber nur Rückſicht auf den Gehalt derſelben an Wäſſerigkeit, Faſer, Satzmehl und Eyweiß, ohne die Quantität des Schleims zu
beſtimmen. Vielleicht können dieſe Unterſuchungen etwas
zur richtigen Schätzung dieſer Kartoffelnarten, in Hinſicht
ihrer Maſtungsfähigkeit und Ergiebigkeit an Stärkmehl
und Branntwein beytragen, weswegen ich die Reſultate
derſelben hier noch kurz anführe.

	Enthalten in 100 Thei- len feſte Subſtanz	in 16 Unzen		
		Stärkmehl	faſrige Subſtanz	Eyweiß
Große rothe Viehkartoffel	22	16 Dr. 30 Gr.	7 Dr. 40 Gr.	55 Gr.
Nierenkartoffel	$18\frac{2}{3}$	11 — 40 =	11 — 20 =	66 =
Zuckerkartoffel	$25\frac{1}{3}$	19 — 20 =	10 — 30 =	64 =

Der Gehalt der Nierenkartoffel weicht von Pearson's Angabe sehr ab. Meine Kartoffeln waren indessen sehr ausgeartet und klein. Vermuthlich hatte die Beschaffenheit des Bodens, auf welchem sie gezogen waren, dazu beygetragen, denn es leidet wohl keinen Zweifel, daß dieselbe auf die Natur der Kartoffel großen Einfluß habe.

Es sey mir erlaubt diesen Untersuchungen noch einige Bemerkungen hinzuzufügen.

Man hat sich in einigen ökonomischen Schriften über den Werth der Kartoffeln, in Hinsicht ihrer Nahrhaftigkeit, gestritten. Wenn sie von der einen Seite als ein kräftiges und leicht verdauliches Nahrungsmittel angesehen wurden, das dem Getreydemehl an die Seite gesetzt werden könne, so betrachtete man sie von der andern als eine nur den Magen füllende Masse, die zwar den Reiz des Hungers stille, aber dem Körper nichts zur Consumtion abgebe, oder man wollte ihnen doch ihren Rang mit dem Getreyde streitig machen. Diese stützten sich allein auf theoretische Gründe: nur solchen Substanzen, hieß es, könne man eine vorzügliche nährende Kraft zuschreiben, welche Materien enthalten, die dem thierischen Körper analog sind. Der Weizen und andere Getreydearten enthalten den Kleber, die Kartoffeln hingegen nichts, was in Hinsicht seiner Grundmischung animalischer Natur ist. Die erstern beriefen sich auf zahlreiche Familien, welche den größten Theil des Jahrs nichts weiter wie Kartoffeln genossen und wohl genähret waren. Diese Erfahrung wird wohl hinreichend seyn, jenes theoretische Raisonnement zu überwiegen, um so mehr, da

es nicht hinlänglich begründet ist, indem meine
Untersuchung ergeben hat, daß die Kartoffel-
stanz, welche mit dem Kleber des Weizens über-
stimmend ist, den Eyweißstoff besitzen.

Die Kartoffeln können wenigstens, in Hinsicht
Nahrhaftigkeit, dem Roggen an die Seite gesetzt
Dieser enthält, wie mir eine Untersuchung gezeigt hat,
oder keinen Kleber, sondern mehr Eyweißstoß, und außer
sem noch Satzmehl und Schleim. Ich habe zwar das quan-
tative Verhältniß dieser Stoffe noch nicht genau aus
allein soviel scheint aus meinen bisherigen Versuchen
vorzugehen, daß der Roggen in nicht größerm
Pflanzen=Eyweiß enthalte, als die Kartoffeln.

Freylich wird ein Mensch von einer bestimmten
auf irgend eine Weise zum Speisen vorbereiteten
mehls besser gesättigt und vor wieder eintretendem
länger gesichert werden, als von einer eben
Quantität gekochter oder gebackner Kartoffeln:
Schätzung würde unrichtig seyn, da sich aus dem
ergiebt, daß letztere an ¾ Wässerigkeit und
Theile enthalten. Was in dieser Hinsicht den
abgeht, das gewinnen sie wieder durch ihren höhern
und man kann sicher annehmen daß ein Morgen Kartof
bey gewöhnlichem Ertrage, länger einer Familie
gebe, wie ein Morgen Roggen bey verhältniß
Erndte. Nehmen wir den mittelmäßigen Ertrag
toffeln zu 12000 Pfund für einen Morgen an,
diese 3000 Pfund Mehl (getrocknete und gemahlen
taffeln) geben, wogegen es schon als eine zu

Ernte angeſehen werden muß, wenn 1000 Pfund Roggen auf den Morgen gewonnen werden; und das Verhältniß der Kartoffeln zu dem Roggen, in Hinſicht der Quantität nahrhafter Subſtanz, die ſie auf einer gewiſſen Fläche liefern, würde nach dieſer Berechnung wie 3 zu 1 ſeyn.

Das trockne Kartoffelnmehl iſt gewiß dem Roggenmehl an die Seite zu ſetzen, denn ſelbſt die Faſer der Kartoffel iſt ohne allen Zweifel eben ſo leicht verdaulich und eben ſo nährend wie das Stärkemehl der Kartoffeln und des Roggens, da ſie ſich in chemiſcher Hinſicht ganz wie dieſes verhält. Das Kartoffelnmehl zeichnet ſich vor dem Getreydemehl noch durch ſeine größere Dauerhaftigkeit aus. Man hat es zu Schiffe die Linie paſſiren laſſen, ohne daß es verdorben iſt, welches bey dem Getreydemehl nicht Statt findet. Es kann unſtreitig zu Speiſen dem Getreydemehl ſubſtituirt und zu Klößen, Puddings und Suppen verwandt werden. Selbſt die erfrornen Kartoffeln liefern, wie die Erfahrung ſchon gezeigt hat, ein gutes brauchbares Mehl, und wie wir geſehen haben, ſo wurden die Kartoffeln durch das Gefrieren auch nur auf eine mechaniſche Weiſe getödtet und die Grundmiſchung ihrer nähern Beſtandtheile dabey nicht angegriffen.

Außer dieſen guten Eigenſchaften empfehlen ſich die Kartoffeln noch dadurch, daß ſie ſo leichte verdaulich ſind und ſich unter ſo mancherley Formen zubereiten laſſen. Die Unterſuchung der gekochten Kartoffeln hat gezeigt, daß das Eyweiß, die Faſer und das Stärkemehl darin genau verbunden ſind, und eine homogene Maſſe darſtellen. Das Kartoffel etwas Aehnliches,

wie die Brodtgährung beym Getreyde, die den Kleber und
das Eyweiß des Getreydes mit dem Stärkemehl innig vereinigt, wodurch dasselbe zum Genuße angenehmer und leichter verdaulich gemacht wird: es giebt den Kartoffeln ebenfalls eine leichtere Verdaulichkeit und es bedarf bey diesem,
dem Getreyde so ähnlichen, Körper nicht erst der Brodtgährung, um ihn zum Genuß vorzubereiten.

Daß man aus den Kartoffeln Brodt backen könne, ist
eine hinlänglich bekannte Sache. Bis jetzt hat dieses aber
nur nebst einem Zusatz von Getreydemehl geschehen können
und gleiche Theile Kartoffeln und Getreydemehl liefern, bey
gehöriger Behandlung, ein Brodt, welches, wenn es nicht
das aus Weitzen = und Roggenmehl an Geschmack und
Dauerhaftigkeit übertrifft, demselben doch gewiß an die
Seite gesetzt werden kann. Man hat es noch nicht dahin
gebracht, aus bloßen Kartoffeln Brodt zu backen. Es läßt
sich indeß wohl erwarten, daß man auf irgend eine Art
dies wird bewerkstelligen können und es wäre wohl der
Mühe werth, die darüber bereits gemachten Versuche zu
wiederholen oder neue anzustellen. Bey den gekochten
Kartoffeln mögten wohl solche Versuche nicht einen so guten Erfolg gewähren, wie bey den rohen getrockneten und
in Mehl verwandelten, da jene wie ich gefunden habe,
schwer in Gährung übergehen und säuern, diese aber leicht
dazu geneigt sind. Man hat auch bereits die Erfahrung
gemacht, daß rohe geriebene Kartoffeln ein besseres Brodt
geben wie gekochte und dieses mag ebenfalls von ihrer
größern Disposition zur Säurung herrühren. Bey der
Brodtgährung kommt es nicht allein darauf an, daß sich

Mehl, und Eyweiß oder Gluten genau mit einander verbinden, sondern es muß auch durch die Luft, welche sich bey der Gährung entwickelt, der Teig gelockert und aufgetrieben werden, wodurch er seine Zähigkeit und kleisterartige Beschaffenheit verliert. Mir scheint dies nebst der Erzeugung einer Säure, welche dem Brodte einen angenehmen Geschmack mittheilt, bey der Brodtgährung die Hauptsache zu seyn, und die genaue Verbindung, welche Kleber oder Eyweiß mit dem Mehle eingehen, erst während des Backens zu erfolgen, so wie dies bey den gekochten oder gebackenen Kartoffeln der Fall ist. Aus dem Brodte kann man die nähern Bestandtheile des Mehls nicht wieder abscheiden, ob dies aber auch bey dem gegohrnen Mehlteige der Fall sey, ist mir noch zweifelhaft. Gekochte Kartoffeln sind in dem breyartigen Zustande nicht leicht in Gährung zu versetzen, und wenn diese auch wirklich einträte, so hat die Masse nicht Zähigkeit genug die entwickelten Luftblasen zurückzuhalten: der Teig wird nicht aufgehen. Wird diesem Brey Getreidemehl beygemischt, so wird durch dasselbe die Gährung schneller herbeygeführt und der Teig wird, durch die erlangte Zähigkeit, fähig, die Luft einzuschließen. Da das Kartoffelmehl leichter sauert, wie die gekochten Kartoffeln, so wäre noch die Frage übrig, ob der daraus getrocknete Teig zur Einschließung der Luft hinlänglichen Zusammenhang hat? Wäre dies nicht der Fall, so könnte ihm dieser vielleicht dadurch gegeben werden, daß man ihm einen aus Roggen- oder Weizenmehl gekochten Brey zusetzte.

Als Fütterung bey der Viehmastung haben die Kartoffeln bey den Landwirthen einen entschiedenen Werth. Es

findet sich verhältmäßig mehr Schleim, wie bey ausgewachsenen Wurzeln und reifen Körnerfrüchten. Bey erstern dauert die Verminderung des Schleims, nachdem sie schon ihre völlige Größe erhalten haben, durch die noch immer in denselben thätige Vegetationskraft höchst wahrscheinlich noch fort. Wo bleibt die Süßigkeit der Erbsen und anderer Hülsenfrüchte beym Reifen derselben? Wo der schleimige Saft des unreifen Getreides? Wir finden dort Statt Zucker Mehl und hier, nebst einer geringern Menge Schleim, ebenfalls Mehl. Ist es nicht wahrscheinlich, daß aus dem Zucker und Schleime dieses entstanden ist?

Es läßt sich, nach meiner Meynung, auch noch durch andere Beobachtungen wahrscheinlich machen, daß durch den Vegetationsproceß aus dem Schleim Zucker und — vielleicht nur durch eine größere Verdichtung — Satzmehl gebildet werde; daß aber aus diesem sich die eigentliche Pflanzenfaser bilde, ließe sich wohl nicht so leicht zeigen. Indessen giebt es doch Einiges, was dafür spricht. Die Faser junger Wurzelgewächse, als der Möhren, weißen Rüben ꝛc. hat eine auffallende Aehnlichkeit mit der Faser der Kartoffel. Sie läßt sich, wenn sie von ihrem Eyweiß befreyet ist, in heißem Wasser zu einem halbdurchsichtigen Brey auflösen. Die Faser der Steckrüben ging, bey einem darüber angestellten Versuch, schon am zweiten Tage in eine wahre Brodgährung und nahm den Geruch des Sauerteigs an, also zwischen derselben und dem pulverformigen nur der Unterschied zu seyn, welcher

Substanz der Kartoffel und ihrem Satzmehl Statt findet. — Bey diesen Gewächsen bemerkt man, daß ihre
Faser, bey zunehmendem Alter zäher und mehr der Pflanzenfaser ähnlich wird; sie werden ungenießbarer (stockig).

Die Untersuchung des jungen Bastes der Bäume
könnte vielleicht auch einige Aufklärung über diesen Gegenstand geben. Es ist bekannt, daß nordische Völker
aus der Rinde des Föhrenbaums (Pinus sylvestris)
Brodt backen, und aus der Fähigkeit derselben hierzu läßt
sich schließen, daß sie Aehnlichkeit mit dem Mehle besitze.
Zur Bereitung der Stärke aus Kartoffeln, würde, wenn man
nicht den Abfall zur Mastung vortheilhaft gebrauchte, auch
die Faser der Kartoffel verwandt werden können. Nachdem zuförderst das erstere Satzmehl, durch die bekannten
Handgriffe, nebst dem Schleim und Eyweiße abgeschieden
worden, könnte die rückständige Faser getrocknet und zu
Mehl gemahlen werden. Dies würde eine geringere Sorte
von Stärkmehl liefern, welche zum Küchengebrauch sehr
gut wäre.

Die Phosphorsäure, welche ich in dem Safte der
Kartoffeln fand, war, nebst der Weinsteinsäure, in un-
gebundenem Zustande in demselben gegenwärtig. An eine
Erde konnte sie nicht gebunden seyn, weil kohlensaure Al-
calien nichts davon anzeigten. Eben so wenig war sie
an Kali gebunden, denn wäre dies der Fall gewesen, so
würden sich die Erscheinungen, welche sich bey der weitern Behandlung des Saftes zeigten, nicht geäußert haben, es ließe sich, wenn freyes Alcali in der Flüssigkeit wäre, durch Kohlensäure fällen

. . . s. H.   Kk

laffen, indem diefe fich zuerft mit dem Alcali verbunden und dann, vermittelft einer doppelten Wahlanziehung, den Kalk abgeschieden haben würde.

Es ist mir noch kein Pflanzenkörper bekannt, in welchem man freye Phosphorsäure angetroffen hat; inveffen ist es mir wahrscheinlich, daß mehrere Wurzelgewächse fie ebenfalls befitzen, so wie ich überhaupt an eine Übereinstimmung derselben mit den Kartoffeln, in mehreren Rückfichten, glaube. Auch durch den Befitz der Phosphorsäure nähert fich die Kartoffel mehr den thierischen Körpern, und diese Säure hat gewiß keinen unbedeutenden Einfluß auf die Nahrhaftigkeit und Verdaulichkeit derselben. 10).

Die Erzeugung des Zuckers aus dem Schleim der Kartoffeln läßt fich, wie ich glaube, nach der oben gegebenen Theorie befriedigend erklären. Es würde intereffant seyn, mit dem Schleime anderer Vegetabilien und insbesondere mit dem der Runkelrüben ähnliche Versuche anzustellen, indem es fich wohl vermuthen läßt, daß der Kalk, welcher bey Fabrication des Zuckers aus letzterem angewandt wird, den Schleim (und das Eyweiß?) nicht allein abscheide, sondern auch einen Theil desselben wirklich in Zucker umändere, oder doch eine chemische Zer-

---

10) Die oben bemerkte Erscheinung bei Darftellung der Phosphorsäure in 10 ist etwas auffallend. In verschloffenen Gefäßen wird bekanntlich die Phosphorsäure von der Kohle decomponirt. Daß dies hier nicht geschah, hindert wahrscheinlich der Zutritt der Luft bey der Glühhitze. Die die Kohle und Säure schützt vielleicht dieselbe vor dem Verbrennen.

sezung desselben bewirke [11]. Da der Schleim höchstwahrscheinlich, bey zunehmendem Alter sich nicht nur vermindert, sondern der zurückbleibende Theil vielleicht auch eine
Veränderung erleidet, so würde es nützlich seyn, die Rüben in verschiedenen Wachsthumsperioden zu untersuchen,
wobey sich gewiß mehrere Anomalien zeigen würden, deren
Ausmittelung dem Geschäfte der Zuckerfabrication einen
sichern Gang geben würde.

Es frägt sich noch, ob nicht durch das Gefrieren der
Kartoffeln der Saft, oder vielmehr der darin befindliche
Schleim, eine besondere Disposition erhalten habe, sich
durch den Kalk zersetzen zu lassen und sich in Zucker umzuändern? Ich habe den Schleim der ungefrornen Kartoffeln nicht untersucht und kann daher hierüber nichts Bestimmtes sagen. So viel ist gewiß, daß der Schleim durch
das Gefrieren eine stärkere Neigung erhalte sich zu oxydiren, welches die dunkle Farbe, welche die zerschnittenen
gefrornen Kartoffeln, so wie ihr Saft, annehmen, beweist [12].

11) Wie ich erfahren habe, hat man jetzt die Beobachtung
gemacht, daß durch einen vergrößerten Zusaz von Kalk die Darstellung des Zuckers aus Runkelrüben sehr begünstigt werde.
S.

12) Herr Ritter hat, wie ich aus vorläufiger Mittheilung
zu Ende des vorigen Jahres von ihm weiß, durch sehr interessante
Versuche, von denen hier bald näher die Rede seyn wird, gefunden, daß mit dem Gefrieren und überhaupt mit Zustandsverän-
derung auch Mischungsveränderung Statt finde und jene
durch ein gewisser Art sey. Er wird mir erlauben, hier noch
Untersuchung über einen interessan-
komme auf ein sehr schönes
gen Natur die nähmliche

Die Süßigkeit, welche Kartoffeln erhalten, wenn sie in eine Temperatur gebracht werden, die dem Gefrierpunkt nahe ist, habe ich oben als eine Folge der geschwächten Lebenskraft angegeben. Es zeigen sich bey der Vegetation noch mehrere Erscheinungen, welche zu beweisen scheinen, daß diejenigen Umstände, wodurch das Leben der Vegetabilien beeinträchtigt wird, auch den Zuckererzeugungsproceß in ihnen begünstigen. Birnen, die man vor der Reife abpflückt, in Haufen zusammenlegt und bedeckt, werden früher süß, wie diejenigen, welche am Stamme sitzen bleiben. Das Obst, so durch Insekten oder Vögel beschädigt wird, ist süßer wie das gesunde. Durch die Caprification werden die Feigen größer und süßer; Weintrauben, welche die erwartete Größe erlangt haben und deren Stengel nur zur Hälfte durchschnitten wird, werden eher reif und süßer, wie die unverletzten Trauben u.s.w. [12]) Das Schwerkten

---

„seine Beweglichkeit, Erregbarkeit, oder wie Sie's nennen wollen, spielt und wirkt, wie in der organischen. Wintern's begeistende Principien gehören auch dahin. Sie sind nichts, „als kleine Portionen Hydrogen und Oxygen, die „an ihrem Orte aber Wunder thun; wie wir denn überhaupt finden, daß die Natur unsere Sinne durch Kleinigkeiten, „durch bloße Procente von den Dingen gleichsam, zu unterhalten „weiß, aus denen wir, sobald es an die Untersuchung kommt, „nur äußerst wenig machen und sie lieber gar für nichts halten, „bis sie uns unversehens einmal an der Maschine einen Schlag „geben, im Gewitterblitze blenden, im Donner betäuben, im „Dampf ersticken. — Neulich hat Pfaff einmal sehr gut bemerkt, „die größten Entdeckungen wären noch immer bey der Kenntniß „von Actionen gemacht worden. Das hat einen großen tiefen „Sinn." G.

12) Sollte diese Ansicht wohl überall richtig seyn? Die erwähnten Umstände wirken als Reize; Reize bringen die Leben-

der Kartoffeln scheint sich jedoch von dem Reifen des Ob-
stes dadurch zu unterscheiden, daß in den Kartoffeln nicht
die Säure verloren geht. Einen ganz genauen Versuch
habe ich zwar noch nicht darüber angestellt, sondern es
nur aus der ungeschwächten Röthung des Laccmußpapiers
geschlossen.

Wenn Gährung überhaupt eine Entmischung der organischen Körper ist, die ohne Beyhülfe der Lebenskraft
eintritt und nur erst nach Entfernung derselben eintreten
kann, so ist es, nach meiner Meynung, unrichtig, wenn
man, wie dies in chemischen Handbüchern geschehen ist, die
Erzeugung des Zuckers in den Kartoffeln unter die Gäh-
rungs=Processe setzt. Auch die Bildung des Zuckers in den
keimenden Samenkörnern wird man nicht füglich eine Zucker=
gährung nennen können, da dabey offenbar die Lebenskraft
wirksam ist. Mir ist überhaupt noch keine Operation der
Natur, durch welche Zucker erzeugt wird, bekannt, die
man mit dem Namen Gährung belegen könnte. Mit eben
dem Rechte, mit welchem man dem Malzen des Getreydes
diesen Namen beylegt, würde man das Reifen der Früchte
am Stamme, eine Zuckergährung nennen können. Daß
hiebey luftförmige Stoffe eingesogen und ausgestoßen werden, ist kein Grund diesen Proceß Gährung zu nennen, da
dies ja auch bey vegetirenden Gewächsen Statt findet. Die
Rubric Zuckergährung kann, meines Erachtens, aus
den chemischen Handbüchern ganz wegfallen und die darin

kraft zu erhöheterer Thätigkeit und führen die gewöhnlichen
Erscheinungen früher und energischer herbey; ihre darauf folgende Schwächung ist das Product jener Erhöhung. **G.**

findet sich verhältmäßig mehr Schleim, wie bey erwachsenen Wurzeln und reifen Körnerfrüchten. Bey ersten dauert die Verminderung des Schleims, nachdem sie schon ihre völlige Größe erhalten haben, durch die noch immer in denselben thätige Vegetationskraft höchst wahrscheinlich noch fort. Wo bleibt die Süßigkeit der Erbsen und anderer Hülsenfrüchte beym Reifen derselben? Wo der schleimige Saft des unreifen Getreides? Wir finden dort Statt Zucker Mehl und hier, nebst einer geringern Menge Schleim, ebenfalls Mehl. Ist es nicht wahrscheinlich, daß aus dem Zucker und Schleime dieß entstanden ist?

Es läßt sich, nach meiner Meynung, auch noch durch andere Beobachtungen wahrscheinlich machen, daß durch den Vegetationsproceß aus dem Schleim Zucker und — vielleicht nur durch eine größere Verdichtung — Satzmehl gebildet werde; daß aber aus diesem sich die eigentliche Pflanzenfaser bilde, ließe sich wohl nicht so leicht zeigen. Indessen giebt es doch Einiges, was dafür spricht. Die Faser junger Wurzelgewächse, als der Möhren, weißen Rüben ꝛc. hat eine auffallende Aehnlichkeit mit der Faser der Kartoffel. Sie läßt sich, wenn sie von ihrem Eyweiß befreyet ist, in heißem Wasser zu einem halbdurchsichtigen Brey auflösen. Die Faser der Steckrüben ging, bey einem darüber angestellten Versuch, schon am zweiten Tage in eine wahre Brodtgährung über und nahm den Geruch des Sauerteigs an. Es scheint also zwischen derselben und dem pulverförmigen Satzmehl nur der Unterschied zu seyn, welcher bey der festen Sub-

trächtliche Menge Gluten und er schreibt diesem hauptsäch=
lich die Fähigkeit der Hefe zu, weinige Gährung hervorzu=
bringen. [14] Es ist indessen wahr, daß der Zucker beson=
ders zur Weingährung geschickt ist und durch seine Gegen=
wart der Schleim und das Satzmehl leichter dazu bestimmt
werden. Daher erhält man eine größere Ausbeute von
Branntwein, wenn man zuckerartige Vegetabilien mit meh=
ligen z. B. Kartoffeln und Runkelrüben, Malz und un=
gekeimtes Getreyde, einmaischt, als wenn man allein aus
mehligen Substanzen Brantwein brennt.

Ueber die Gährungs=Fähigkeit der Kartoffeln bemerke
ich noch Folgendes: die ungekochten Kartoffeln gehen, wenn
sie, gerieben und mit Wasser verdünnt, an einen warmen
Ort gesetzt werden, leichter in die Weingährung über, wie
die gekochten, allein es folgt derselben auch früher die saure
Gährung. Die gefrornen ungekochten Kartoffeln weingäh=
ren noch früher, wie die gesunden, aber dieser Proceß wäh=
ret eine kürzere Zeit: die saure Gährung folgt ihr schneller.
Im gekochten Zustande sind diese eben so gut, vielleicht
noch besser zum Branntweinbrennen, anwendbar, wie die
gesunden Kartoffeln. Ich habe keine vergleichende Versuche
darüber angestellt, ob die ungekochten Kartoffeln mehr
Branntwein geben, wie die gekochten. Ich glaube dieses

---

14) Früher schon hat Fabroni den Kleber als die eigent=
liche gährungerregende Substanz aufgestellt, was vor Kurzem wie=
der von Thenard in Anregung gebracht worden ist. Ich werde
Gelegenheit nehmen, Fabroni's sehr vernachläßigte Beobach=
tungen in Verbindung mit den neuern Untersuchungen von The=
nard, Seguin und Prouft über die Gährung den Lesern des
Journals vorzulegen.   G.

lassen, indem diese sich zuerst mit dem Alkali verbinden und dann, vermittelst einer doppelten Wahlanziehung, den Kalk abgeschieden haben würde.

Es ist mir noch kein Pflanzenkörper bekannt, in welchem man freye Phosphorsäure angetroffen hat; indessen ist es mir wahrscheinlich, daß mehrere Wurzelgewächse sie ebenfalls besitzen, so wie ich überhaupt an eine Übereinstimmung derselben mit den Kartoffeln, in mehreren Rücksichten, glaube. Auch durch den Besitz der Phosphorsäure nähert sich die Kartoffel mehr den thierischen Körpern, und diese Säure hat gewiß keinen unbedeutenden Einfluß auf die Nahrhaftigkeit und Verdaulichkeit derselben 10).

Die Erzeugung des Zuckers aus dem Schleime der Kartoffeln läßt sich, wie ich glaube, nach der oben angegebenen Theorie befriedigend erklären. Es würde interessant seyn, mit dem Schleime anderer Vegetabilien und insbesondere mit dem der Runkelrüben ähnliche Versuche anzustellen, indem es sich wohl vermuthen läßt, daß der Kalk, welcher bey Fabrication des Zuckers aus letztern angewandt wird, den Schleim (und das Eyweiß?) nicht allein abscheide, sondern auch einen Theil desselben wirklich in Zucker umändere, oder doch eine chemische Zu-

---

10) Die oben bemerkte Erscheinung bei Darstellung der Phosphorsäure in 10 ist etwas auffallend. In verschlossenen Gefäßen wird bekanntlich die Phosphorsäure von der Kohle desoxydirt. Daß dies hier nicht geschah, hindert wahrscheinlich der freye Zutritt der Luft bey der Glühhitze. Die die Kohle umhüllende Säure schützt vielleicht dieselbe vor dem Verbrennen.

setzung desselben bewirke [11]). Da der Schleim höchstwahrscheinlich, bey zunehmendem Alter sich nicht nur vermindert, sondern der zurückbleibende Theil vielleicht auch eine
Veränderung erleidet, so würde es nützlich seyn, die Rüben in verschiednen Wachsthumsperioden zu untersuchen,
wobey sich gewiß mehrere Anomalien zeigen würden, deren
Ausmittelung dem Geschäfte der Zuckerfabrication einen
sichern Gang geben würde.

Es fräge sich noch, ob nicht durch das Gefrieren der
Kartoffeln der Saft, oder vielmehr der darin befindliche
Schleim, eine besondere Disposition erhalten habe, sich
durch den Kalk zersetzen zu lassen und sich in Zucker umzuändern? Ich habe den Schleim der ungefrornen Kartoffeln nicht untersucht und kann daher hierüber nichts Bestimmtes sagen. So viel ist gewiß, daß der Schleim durch
das Gefrieren eine stärkere Neigung erhalte sich zu oxydiren, welches die dunkle Farbe, welche die zerschnittenen
gefrornen Kartoffeln, so wie ihr Saft, annehmen, beweißt [13].

11) Wie ich erfahren habe, hat man jetzt die Beobachtung
gemacht, daß durch einen vergrößerten Zusatz von Kalk die Darstellung des Zuckers aus Runkelrüben sehr begünstigt werde.
                                                            S.

12) Herr Ritter hat, wie ich aus vorläufiger Mittheilung
zu Ende des vorigen Jahres von ihm weiß, durch sehr interessante
Versuche, von denen hier bald näher die Rede seyn wird, gefunden: daß mit dem Gefrieren und überhaupt mit Zustandsverän-
derung auch Mischungsveränderung Statt finde und jene
demnach ein chemischer Act sey. Er wird mir erlauben, hier noch
einer andern verwandten Untersuchung über einen interessan-
ten Gegenstand zu gedenken: „Ich komme auf ein sehr schönes
Resultat, nämlich, daß in der todten Natur die nämliche

Kk 2

Die Süßigkeit, welche Kartoffeln erhalten, wenn sie in eine Temperatur gebracht werden, die dem Gefrierpunkt nahe ist, habe ich oben als eine Folge der geschwächten Lebenskraft angegeben. Es zeigen sich bey der Vegetation noch mehrere Erscheinungen, welche zu beweisen scheinen, daß diejenigen Umstände, wodurch das Leben der Vegetabilien beeinträchtigt wird, auch den Zuckererzeugungsproceß in ihnen begünstigen. Birnen, die man vor der Reife abpflückt, in Haufen zusammenlegt und bedeckt, werden früher süß, wie diejenigen, welche am Stamme sitzen bleiben. Das Obst, so durch Insekten oder Vögel beschädigt wird, ist süßer wie das gesunde. Durch die Caprification werden die Feigen größer und süßer; Weintrauben, welche die erwartete Größe erlangt haben und deren Stengel nun zur Hälfte durchschnitten wird, werden eher reif und s. w, wie die unverletzten Trauben u. s. w. [13] Das Süßwerden

---

"feine Beweglichkeit, Erregbarkeit, oder wie Sie's nennen wollen, spielt und wirkt, wie in der organischen. Winter's begeistende Principien gehören auch dahin. Sie sind nichts, als kleine Portionen Hydrogen und Oxygen, die an ihrem Orte aber Wunder thun; wie wir denn überhaupt finden, daß die Natur unsere Sinne durch Kleinigkeiten, durch bloße Procente von den Dingen gleichsam, zu unterhalten weiß, aus denen wir, sobald es an die Untersuchung kommt, nur äußerst wenig machen und sie lieber gar für nichts halten, bis sie uns unversehens einmal an der Maschine einen Schlag geben, im Gewitterblitze blenden, im Donner betäuben, in Dampf ersticken. — Neulich hat Pfaff einmal sehr gut bemerkt, die größten Entdeckungen wären noch immer bey den Minimis von Actionen gemacht worden. Das hat einen großen tiefen Sinn." G.

13) Sollte diese Ansicht wohl überall richtig seyn? Die erwähnten Umstände wirken als Reize; Reize bringen die Leben-

der Kartoffeln scheint sich jedoch von dem Reifen des Dö=
stes dadurch zu unterscheiden, daß in den Kartoffeln nicht
die Säure verloren geht.   Einen ganz genauen Versuch
habe ich zwar noch nicht darüber angestellt, sondern es
nur aus der ungeschwächten Röthung des Lacmuspapiers
geschlossen.

Wenn Gährung überhaupt eine Entmischung der or=
ganischen Körper ist, die ohne Beyhülfe der Lebenskraft
eintritt und nur erst nach Entfernung derselben eintreten
kann, so ist es, nach meiner Meynung, unrichtig, wenn
man, wie dies in chemischen Handbüchern geschehen ist, die
Erzeugung des Zuckers in den Kartoffeln unter die Gäh=
rungs=Processe setzt.   Auch die Bildung des Zuckers in den
keimenden Samenkörnern wird man nicht füglich eine Zucker=
gährung nennen können, da dabey offenbar die Lebenskraft
wirksam ist.   Mir ist überhaupt noch keine Operation der
Natur, durch welche Zucker erzeugt wird, bekannt, die
man mit dem Namen Gährung belegen könnte.   Mit eben
dem Rechte, mit welchem man dem Malzen des Getreydes
diesen Namen beylegt   würde man das Reifen der Früchte
am Stamme, eine Zuckergährung nennen können.   Daß
hiebey luftförmige Stoffe eingesogen und ausgestoßen wer=
den, ist kein Grund diesen Proceß Gährung zu nennen, da
dies ja auch bey vegetirenden Gewächsen Statt findet. Die
Rubric Zuckergährung kann, meines Erachtens, aus
den chemischen Handbüchern ganz wegfallen und die darin

kraft zu erhöheterer Thätigkeit und führen die gewöhnlichen
Erscheinungen früher und energischer herbey; ihre darauf fol=
gende Schwächung ist das Product jener Erhöhung.   G.

vorkommenden Gegenstände können füglich unter die Vege-
tationsproceffe gefetzt werden.

· Man hat es in der Chemie als Grundfatz angenommen, daß nur bloß der Zucker fähig fey, in weinige Gährung zu gehen, und wenn diefer Satz richtig ift, fo läßt
fich freylich wohl eine Zuckergährung bey vegetabilifchen
Stoffen annehmen, denn die Kartoffeln geben viel Branntwein ohne, in ihrem gewöhnlichen Zuftande, Zucker zu befitzen, und die Menge des Branntweins, welche man aus
Getreidearten gewinnt, ift bey weitem größer als fie der
etwa darin befindliche Zucker geben kann; mithin müßte
der weinigen Gährung die Bildung des Zuckers vorange-
hen. Allein bey genauer Betrachtung wird fich zeigen, daß
jener Satz keine Haltbarkeit hat. Wer den Gährungsproceß der Kartoffeln und des Getreides aufmerkfam beobachtet, wird finden, daß fich dabey nie etwas bemerken läßt,
was einer Zuckergährung ähnlich ift. Ich bin überzeugt,
daß die Difpofition zur weinigen Gährung, welche mehrere
Vegetabilien zeigen, vielmehr von der Ungleichartigkeit ihrer nähern Beftandtheile herrühre, vermittelft welcher ihre
Grundftoffe eine größere Neigung erhalten, fich aus ihren
bisherigen Verbindungen zu löfen und zu neuen Subftan-
zen zufammen zu treten. Die mehreften Vegetabilien, welche
in die Weingährung übergehen können, und die von den
Chemikern unterfucht find, haben entweder Gluten oder
Eyweiß gegeben, und diefe Subftanz fcheint es insbefon-
dere zu feyn, welche vermöge der größern Verfchiedenheit
ihrer Grundmifchung den Schleim, das Satzmehl und den
Zucker zur Weingährung difponirt. Weftrumb fand bey
der Unterfuchung der Hefen in denfelben eine nicht unbe-

trächtliche Menge Gluten und er schreibt diesem hauptsächlich die Fähigkeit der Hefe zu, weinige Gährung hervorzubringen. [14] Es ist indessen wahr, daß der Zucker besonders zur Weingährung geschickt ist und durch seine Gegenwart der Schleim und das Satzmehl leichter dazu bestimmt
werden. Daher erhält man eine größere Ausbeute von
Branntwein, wenn man zuckerartige Vegetabilien mit mehligen z. B. Kartoffeln und Runkelrüben, Malz und un-
gekeimtes Getreyde, einmaischt, als wenn man allein aus
mehligen Substanzen Brantwein brennt.

Ueber die Gährungs-Fähigkeit der Kartoffeln bemerke
ich noch Folgendes: die ungekochten Kartoffeln gehen, wenn
sie, gerieben und mit Wasser verdünnt, an einen warmen
Ort gesetzt werden, leichter in die Weingährung über, wie
die gekochten, allein es folgt derselben auch früher die saure
Gährung. Die gefrornen ungekochten Kartoffeln weingäh-
ren noch früher, wie die gesunden, aber dieser Proceß wäh-
ret eine kürzere Zeit: die saure Gährung folgt ihr schneller.
Im gekochten Zustande sind diese eben so gut, vielleicht
noch besser zum Branntweinbrennen, anwendbar, wie die
gesunden Kartoffeln. Ich habe keine vergleichende Versuche
darüber angestellt, ob die ungekochten Kartoffeln mehr
Branntwein geben, wie die gekochten. Ich glaube dieses

---

14) Früher schon hat Fabroni den Kleber als die eigentliche gährungerregende Substanz aufgestellt, was vor Kurzem wieder von Thenard in Anregung gebracht worden ist. Ich werde
Gelegenheit nehmen, Fabroni's sehr vernachläßigte Beobachtungen in Verbindung mit den neuern Untersuchungen von Thenard, Seguin und Prouß über die Gährung den Lesern des
Journals vorzulegen. G.

indessen nicht, denn eines Theils setzen sich das Satzmehl und die Faser bald aus der Flüssigkeit ab und entziehen sich dem Gährungsprocesse und andern Theils findet bey den Kartoffeln eine genaue Vereinigung des Eyweißes mit dem mehligen Bestandtheil der Kartoffeln Statt, und die gegenseitige Wirkung beyder Materien kann in größerm Maße vor sich gehen.

18.

Beyträge zur chemischen Kenntniß der Mineralkörper.

I.

Ueber die Rothgiltigerze.

Vom Prof. Proust

Uebersezt[1] von A. F. Gehlen.

Die ältern Chemiker glaubten allgemein, daß diese Erze das Silber mit Arsenik und Schwefel vererzt enthielten. Seit aber Klaproth bey seiner Zergliederung der in Sachsen auf dem Harz vorkommenden nur Spießglanz darin

---

1) Aus dem Journal de Physique. Frimaire XIII. T. LIX. P. 403 — 412.

fand, [2]) wurde man veranlaßt, dieſe Meynung zu verlaſſen
und ſie für eins von den Vorurtheilen in der Mineralogie
zu halten. Bauquelin beſtättigte durch ſeine Unterſuchung
einiger Rothgiltigerze Klaproth's Reſultat. [3]) Indeſſen
beobachtete er doch, daß einige Stücke außer dem Spießglanz noch Arſenik enthielten, jedoch ſelten nur, und kaum
über 0, 02. Um eben die Zeit behauptete Sage, auf
ſeine eigenen Verſuche geſtützt, die Meynung der ältern
Chemiker und ohne das Daſeyn ſpießglanzhaltiger Rothgiltigerze zu leugnen, verſicherte er, daß es andere entſchieden
arſenikaliſche gebe. In der That erregt der Arſenikkönig,
den er 1789 aus den Erzen von Sainte-Marie erhielt,
ſo ſehr die Aufmerkſamkeit, daß man weniger voreilig ihm
hätte den Glauben verſagen ſollen.

Einige Verſuche, die ich mit aufs Gerathewohl genommenen Rothgiltigerzen anſtellte, haben mir jetzt gezeigt,
daß einige davon bloß ſpießglanz-, andere bloß arſenikhal-
tig ſind, und daß letztere, den Alten ſehr wohl bekannte,
in welchen auch Bergmann den Arſenik anerkannte, ihre
Stelle in unſern Lehrbüchern der Mineralogie wieder einnehmen müßen.

Ich werde mich nicht bey der äußern Beſchreibung
meiner Stücke aufhalten; ich weiß nicht, woher ſie ſind:
ſie ſind derb, etwas ſandig, und von einer mehr oder we-

---

2) Siehe Klaproth's Beyträge zur chem. Kenntniß der Mineralkörper. Bd. 1. S. 141 — 158.

3) Siehe die Reſultate derſelben in Scherer's Allg. Journ.
der Chemie. Bd. 4. S. 343. und Bd. 6. S. 663.

niger lebhaften Röthe. Das von mir untersuchte
glanzhaltige Rothgiltigerz giebt, wie Vauquelin bey den
seinigen fand, ein dunkelrothes Pulver, welches von den
arsenikhaltigen eine hellere Farbe hat; indessen lege ich die-
sen Kennzeichen nur wenig Gewicht bey.

A. Arsenikhaltiges Rothgiltigerz.

1. Verhalten vor dem Löthrohr.

Erhitzt man es auf der Kohle, so kann der Schwefel-
geruch, der den des Arseniks verdeckt, Anfangs täuschen;
letzterer tritt aber bald hervor und ist dann nicht so leicht
zu verkennen. Auf diese erste Einwirkung des Feuers ver-
läßt der Schwefel nicht so leicht das Silber; es bleibt ein
schwarzes Kügelchen zurück, welches nur sehr langsam zum
metallischen Zustande gelangt, weil der Schwefel zu dem
Silber eine sehr große Verwandtschaft hat, welcher, da das
Silber gar nicht fähig ist, sich unter diesen Umständen zu
oxydiren, durch nichts das Gegengewicht gehalten wird.
Man beschleunigt aber die Abscheidung desselben, wenn dem
Kügelchen ganz wenig Eisendraht und Borax zugesetzt wird;
das Metall sondert sich dann plötzlich mitten aus der flüs-
sigen Schlacke ab.

2. Verhalten bey der Erhitzung in einer Retorte.

Das Erz verknistert, es verliert 0,01 bisweilen 0,03
an Feuchtigkeit. Oft läßt sich in den ersten Augenblicken
ein schwacher Dunst von schwefliger Säure wahrnehmen;
daraus muß man aber nicht gleich schließen, daß die dar-
in vorhandenen Metalle sich in oxydirtem Zustande befin-

ben, beſonders wenn die geringe Menge jenes Gas und
die Natur jener Metalle ſelbſt dazu nicht berechtigen. Die
Luft der Gefäße, die Zerſetzung von etwas wenigem Waſſer,
einige Atome von Eiſenoxyd können Anzeigen auf ſchweflige
Säure bewirken. Ein pCt. ausgenommen, ſondert ſich aus
dem geſchmolzenen Erze nichts weiter ab, als etwa ein
ſchwacher Anflug von Operment, welcher den Hals der
Retorte überzieht; das Gewicht der das Erz enthaltenden
Retorte aber wird, was wohl zu bemerken iſt, kaum um
einen Gran verändert.

3. Verhalten des Erzes gegen Schwefel.

Hundert Theile getrocknetes, mit dem gleichen Gewichte
Schwefel gemengtes und in einer Retorte ſo lange, bis
man keinen gelben Dampf mehr wahrnimmt, erhitztes
Rothgiltigerz, werden dadurch auch nicht um einen Gran
im Gewicht vermehrt. Im Anfange zeigt ſich eine Spur
von ſchweflichſaurem Gas und weiter nichts; der Rückſtand
hat daſſelbe Volum, daſſelbe Gewicht, und das nähmliche
äußere Anſehen als im vorigen Verſuch; die Farbe deſſelben, wiewohl ſie etwas dunkler wird, bleibt immer roth.
Dies allein zeigt uns ſchon, daß in dem Verhältniß ſeiner
Beſtandtheile keine merkliche Veränderung Statt gefunden
haben könne. Dieſer Verſuch mit Schwefel aber leitet uns
noch auf zwey lehrreiche Folgerungen:

a. Daß die Metalle in dieſem Erze mit Schwefel geſättigt ſind.

b. Daß ſie ſich darin im metalliſchen Zuſtande befinden,
denn keins von ihnen kann dem Schwefel in hoher
Temperatur den Sauerſtoff ſtreitig machen. Mit

Ausnahme des Zinnoxyds sind alle übrige Metalloxyde, selbst das Zinkoxyd, nicht fähig, geschwefelte Oxyde zu geben.

4. Verhalten gegen die Salpetersäure.

Eine schwache, von 8° z. B., greift dieses Erz leicht an und schwärzt es in wenig Augenblicken. Das Salpetergas, welches dabei entsteht, ist nicht leicht bemerkbar, besonders wenn keine Wärme angewandt wird, theils weil die Blasen so klein sind, theils weil sie sich in der Säure auflösen; wenn aber das Glas verschlossen ist, so häuft sich das Gas in der Flüssigkeit an und wird beym Oeffnen des Glases merklich. Es ist demnach außer allem Zweifel, daß sich die Metalle in diesem Versuch oxydiren; um aber eine vollständige Auflösung zu erhalten, muß man eine Säure von 33° anwenden und sie lange darüber sieden lassen, weil die letzten Theilchen des Schwefelmetalls sich nur sehr langsam oxydiren. Argenti ultima vestigia sulphuri pertinaciter adhærent, sagt Bergmann. [4]) Der Rückstand von dieser Auflösung besteht gewöhnlich aus Schwefel, Sand und einem Ueberbleibsel von Schwefelmetall. Man röstet ihn auf einem Glasscherben, um nachher die Auflösung zu vollenden. Oft findet man auch nach dieser zweyten Behandlung noch Spuren von Schwefelmetall; man muß es dann vor dem Löthrohr behandeln und die Kleinigkeit von Silber dem übrigen hinzufügen. Bisweilen enthält der Rückstand auch etwas schwefelsaures Silber; das Auswaschen mit durch etwas Salpetersäure

---

4) De minerarum docimasia humida. Pag. 416. Vol. II. der Opuscula physica et chemica.   G.

geſchärftem Waſſer aber nimt es fort, weil es ziemlich auf=
löslich iſt, eben ſo wie das arſenikſaure Silber, wenn ſich
einiges gebildet haben ſollte. Dies letztere iſt die Urſache,
daß ſich die Auflöſungen, wenn man ſie mit Waſſer ver=
dünnt, trüben, wie Vauquelin bemerkt hat. Aus den er=
zählten Reſultaten ſieht man bereits, daß dieſes Erz nicht
zu der ſpießglanzhaltigen Art gehören könne, da man gar
kein Oxyd im Rückſtande bemerkt.

5. Unterſuchung der Auflöſung.

Das Silber wurde daraus durch Kochſalz gefällt; man
erhielt 0,86 in einer Retorte getrocknetes Hornſilber, welche
für das unterſuchte Stück 64,66 Silber geben.

Auf die vom Silber befreyte und gut verdünnte Auflö=
ſung hat jetzt nur noch das Schwefelwaſſerſtoffgas Wirkung:
ein Theil des wiedererzeugten Schwefelarſenik fällt in den
erſten Augenblicken zu Boden; ein anderer erſt nach 4 bis
6 Stunden. Der erſtere rührt von demjenigen, von der
Säure aufgelöſten, Arſenik her, welcher bloß oxydirt iſt; der
zweyte von dem in wirkliche Säure umgeänderten. Indem
man hierauf aufmerkſam iſt, kann man immer entdecken,
ob Arſenikoxyd und Arſenikſäure zuſammen in einer Auflö=
ſung befindlich ſind. Das aus der Auflöſung erhaltene
Schwefelarſenik betrug nach dem Trocknen in einer Retorte 0,24
bis 0,25: in der vom Arſenik befreyten Auflöſung konnte
man weiter nichts als nur Spuren von Eiſenoxyd bemerken.

Hier haben wir alſo ein Erz, ſo aus Silber und Ar=
ſenik beſteht, beyde bis zur Sättigung mit Schwefel ver=
bunden.

Das Verhältniß der Bestandtheile in dem Schwefel arsenik kenne ich nicht genau, weil die Ausmittelung desselben einige Schwierigkeiten mit sich führt. Hundert Theile Arsenik, die mit dem Dreyfachen an Schwefel in einer Retorte erhitzt wurden, gaben, in zwey Versuchen, das eine Mahl 222 und das andere Mahl 234 Theile dunkel grünlichgelbes, durchsichtiges Schwefelarsenik. Da der unverbundene Schwefel flüchtiger ist, wie das Schwefelarsenik, so scheint es mir nicht schwierig zu seyn, den bestimmten Sättigungspunkt zu erreichen. Meiner andern Geschäfte wegen konnte ich aber diese Arbeit nicht verfolgen; indessen lernen wir aus dem Erzählten bereits zwey für die Geschichte des Arseniks interessante Thatsachen kennen: 1. daß seine Verbindung mit Schwefel durchsichtig ist und 2., daß wir noch kein Metall kennen, welches so viel Schwefel mit sich verbindet.

Das natürliche blättrige Operment, das Rauschgeld aus Japan sind auch nichts als bloßes reines Schwefelarsenik; sie enthalten keinen Sauerstoff, wie man ziemlich allgemein zu glauben geneigt war; sie schmelzen und werden dabey durchsichtig ohne schwefligsaures Gas zu geben. Die Arseniksäure, das weiße Arsenikoxyd desoxydiren sich vollständig, wenn sie mit Schwefel erhitzt werden und geben eben solches Schwefelarsenik, wie das Metall. Diese Resultate lehren uns demnach noch, daß es kein geschwefeltes Arsenikoxyd gebe.

Um wieder auf unser Erz zurück zu kommen, so kann man den Schwefelgehalt des darin befindlichen Silbers leicht ausmitteln. Durch mehrere Versuche habe ich gefunden, daß dieses Metall 0,15 Schwefel aufnimmt; nun haben wir oben gesehen, daß das Erz keinen Schwefel mehr aufnahm, man kann also schließen, daß das darin befindliche Silber damit gesättigt sey und 0,15 enthalte. Nachdem wir die Menge dieses Silbers kennen, so ist nun auch die Menge des damit verbundenen Schwefels gegeben, so wie die des Schwefelarseniks, der das Uebrige des angewandten Gewichts beträgt.

Das zu meinen Versuchen gebrauchte Stück enthielt demnach

Schwefelsilber   74,35
Schwefelarsenik   25,00
Sand, Eisenoxyd   0,65.
                 ——————
                 100,00

B. Spießglanzhaltiges Rothgültigerz.

Ein derbes Stück, so ein wenig Quarz und rothes Eisenoxyd enthielt, gab mir folgende Resultate.

1. Verhalten vor dem Löthrohr.

Stückchen davon, vor dem Löthrohr erhitzt, geben zu gleich mit Spießglanzdämpfen den Geruch nach Schwefel aus; Arsenikgeruch habe ich nicht wahrnehmen können. Nachdem das Spießglanz verflüchtigt ist, behandelt man das Kugelchen in anhaltender Hitze, und thut etwas Borax hinzu, welcher eine bouteillengrüne Farbe davon annimmt; zuletzt bleibt das Silber rein zurück.

Das Pulver dieses Erzes ist dunkelroth, dem des Eisenerzes von der Insel Elba sehr ähnlich. Hundert Gran davon, die eine Stunde durch roth geglüht werden, verlieren 1 bis 1½ an Feuchtigkeit und im Anfange zeigt sich, wegen des darin befindlichen Eisenoxydes, eine Spur von schwefligsaurem Gas. Die Retorte zeigte nach dieser Operation noch nicht zwey Gran Verlust auf der Wage. Aus meiner Arbeit über das Spießglanz,[6]) wird man ersehen haben, daß die Oxyde dieses Metalls, wenn sie mit Schwefel erhitzt werden, sehr leicht in den metallischen Zustand zurück kehren. Da nun das spießglanzhaltige Rothgiltiger durch eine starke Hitze keine Veränderung erleidet, so kann man daraus schließen, daß seine Metalle sich nicht in oxydirtem Zustande befinden. Das Korn ist, wie es aus der Retorte kommt, schwarz und glasig, gepülvert aber ist es noch roth.

2. Verhalten zum Schwefel.

Hundert Gran Erz, die mit 24 Gran Schwefel erhitzt wurden, gaben etwas schweflige Säure und 21 Gran Schwefel, der sich im Halse der Retorte gesammelt hatte. Das Korn, welches sich auf dem Boden befand, wog 101 Gran. Da das Erz nicht mehr Schwefel bindet, so sind die darin befindlichen Metalle mit Ausnahme des zufällig vorhandenen Eisenoxydes damit gesättigt.

3. Verhalten zur Salpetersäure.

Diese Säure giebt damit eine ungefärbte Auflösung, die mit Entwickelung von Salpetergas begleitet ist. Nachdem

---

6) Sie befindet sich in dem 55. Bande des Journal de Physique, der noch in die Periode des Scherer'schen Journals fäl. und den ich mir noch nicht verschaffen konnte, um auszufüllen.

daß ihre Miſchung vollendet iſt, bleibe ein weißer kryſtalliſcher Rückſtand, der mit Schwefel, Sand und öfters auch mit etwas Schwefelſilber vermengt iſt.

4. Unterſuchung der Auflöſung.

Die Auflöſung gab durch Fällung 0,67 Hornſilber, welche 0,504 metalliſchem und 0,58 geſchwefeltem Silber entſprechen; dieſes Erz iſt demnach nicht ſo reich an Silber, wie das arſenikhaltige, welches bis 0,65 davon gab.

Durch die vom Silber befreyete Auflöſung wurde ein Strom von Schwefelwaſſerſtoffgas geleitet, wodurch ſich eine kleine Menge goldfarbener Spießglanzſchwefel niederſchlug. Jetzt enthielt ſie nur noch Eiſen; ich erhitzte ſie bis zum Sieden, um das Eiſen durch die Reaction der Salpeterſäure auf die höchſte Stuffe der Oxydation zu bringen, und fällte es dann durch Kali, wodurch 2½ bis 3 Gran rothes Oxyd erhalten wurden. Jetzt enthielt die Auflöſung nichts weiter.

5. Unterſuchung des Rückſtandes.

Der weiße Rückſtand wurde mit Salzſäure behandelt, um ihn von dem Schwefel, der ſich nicht oxydirt hatte, zu ſcheiden. Man mußte mehrere Mahl friſche Säure aufgießen; durch die zuſammengegoſſenen Auflöſungen ließ man Schwefelwaſſerſtoffgas ſtrömen und that den dadurch gefällten Goldſchwefel zu dem im vorigen Verſuch erhaltenen. Sämmtlicher Goldſchwefel wurde noch mit etwas Schwefel verſetzt und in einer Retorte erhitzt, da dann durch vollſtändigen Fluß 32 bis 33 Gran Schwefelſpießglanz erhalten wurden.

In dem Fall, wo die Säure nicht Sand ließe, dem kein Sand beygemengt ihn nur unmittelbar mit noch ... von der Sättigung des Spießglanzes zu ... ner Retorte ... Diese Sättigung giebt, wie gezeigt habe, immer dasselbe Resultat: 100 Theile glanz fixiren 35 Schwefel, das Uebermaß des scheidet sich bey einer Wärme ab, welche fähig ... verflüchtigen. Diese Flüchtigkeit ist vielleicht, ... thället, der Grund, welcher die Verbindung ... glanzes und Schwefels auf diesem Punkte beg... leicht aber auch hört auf diesem Punkte alle ... schen ihnen beyden auf. Man nehme nun von diesen ...nungen an, welche man wolle, das Resultat ist ... selbe,

Das von der Behandlung des Rückstandes ... Säure Uebriggebliebene hinterließ, nach dem Verbren... einem Glasscherben 3½ Gran Sand mit einigen ... Theilchen vermengt, die noch vor dem Löthrohr ... Borax behandelt werden mußten, da sie denn ... Silber zurück ließen. Das zergliederte Stück ... demnach:

Schwefelsilber ungefähr —	58
Schwefelspießglanz — —	31
Rothes Eisenoxyd — —	3
Sand — — — —	8
Wasser und Verlust — —	...
	100

Dies ist also ein Rothgiltigerz, welches ... von Arsenik enthält. Wäre solcher darin vorhan...

sen, so hätte ihn der Schwefelwasserstoff, in Verbindung mit dem Spießglanzschwefel, aus der Auflösung des Erzes gefällt. Da diese nur sehr wenig Spießglanz enthielt, so würde man das Arsenik an der hellen Farbe und dem Volum des Opermentes erkannt haben. Die Scheidung von Spießglanzoxyd und Arsenikfäure, beyde in Salpetersäure aufgelöst, kommt bisweilen vor und sie verdient, daß wir einen Augenblick dabey verweilen.

Das erstere kann sich darin immer nur in sehr geringer Menge befinden, weil die Säure davon nur sehr wenig auflöst. Der Schwefelwasserstoff fället es im Augenblick als schwefelwasserstoffte Verbindung oder Goldschwefel: anders aber ist es mit der Arsenikfäure. Diese bedarf immer drey bis vier Stunden, um durch das Gas zersetzt zu werden und in den Zustand des Schwefelarsenits zurück zu kehren. In dem Unterschied von Zeit, den diese beyden Metalle zu ihrer Fällung bedürfen, hat man demnach ein sicheres Mittel, sie von einander zu trennen.

Wäre hingegen das Arsenik nicht zum Maximum oxydirt oder in Säure umgeändert gewesen, was oft eintrifft, besonders, wenn man nicht die Vorsicht gebraucht hat, die Auflösung hinlänglich sieden zu lassen: so würde man Gefahr laufen, Arsenik und Spießglanz zu vermengen, weil das Oxyd des erstern durch Schwefelwasserstoff eben so schnell gefället wird, wie das des letztern. Diesen Unterschied findet man zwischen dem weißen Arsenikoxyd und der Arsenikfäure, und darauf beruht auch das Mittel, sie zu trennen, wenn sie sich in einer Auflösung beysammen finden, wie bereits oben erwähnt ist. Folgender Versuch dient

zur Bestätigung dieser Theorie: er tröpfelt
was Arseniksäure mit einigen Tropfen aus
weißem Arsenikoxyd in Salzsäure und setzt
schwefelwasserstofftes Wasser hinzu. Das Oxyd
durch gänzlich als Schwefelarsenik gefällt; man gießt
auf die Flüßigkeit, und die Arseniksäure schlägt
erst nach drey bis vier Stunden nieder.

Um ein spießglanzhaltiges Rothgiltigerz von arsenikhaltigen zu unterscheiden, kann schwache Sal-
wie eine von 8° nach Beaume's Areometer.
Man gießt dazu etwas von dieser Salpetersäure
kleinen Fläschchen auf das Pulver der einen oder
dern Erzart: die arsenikhaltige wird bald schwarz,
die spießglanzhaltige ihre Farbe selbst nach drey
behält. Es wäre aber gut, diese Probe mit mehreren
dieser Erze anzustellen, als ich thun konnte, um zu er-
ren, ob sie Zutrauen verdient. Die Flüßigkeiten diesen Versuchen zeigen, nachdem das Gemenge ge-
gestanden, folgende Erscheinungen:

Aus der von dem spießglanzhaltigen Erze ...
Salzsäure Silber; der Schwefelwasserstoff giebt
darin zu erkennen; Ammonium fället einige Flocken
oxyd: es wird also bey der Temperatur der ...
das Schwefelsilber früher angegriffen als das ...
spießglanz. Man bemerkt auch wirklich gar nichts
unter dem schwarzen Pulver, welches sich auf ...
befindet.

Aus der Flüßigkeit von dem arsenikhaltigen ...
Salzsäure eine reichlichere Menge Silber als auch ...

Der Schwefelwaſſerſtoff giebt hierauf nur Spuren von Arſenik zu erkennen; Ammonium und blauſaures Kali zeigen
nichts. Auch hier ſieht man das Schwefelſilber ſich früher
oxydiren als das Schwefelarſenik; wiewohl bey ſtärkern
Säuren und in höherer Temperatur der umgekehrte Fall
Statt zu finden ſcheint.

6. Verhalten des Kali zu den Rothgiltigerzen.

Vermittelſt dieſes Reagens hat ſie Vauquelin analy-
ſirt. Dieſes glücklich ausgedachte Mittel reichte faſt allein
zur Zerlegung der Rothgiltigerze hin: denn das Kali nimmt,
bis auf etwas Weniges, ſämmtliches Schwefelſpießglanz und
ganz vollſtändig das Schwefelarſenik auf. Hundert Theile arſe-
nikhaltiges Rothgiltigerz, ließen nach Behandlung mit Kali
74½ Schwefelſilber zurück, was bis auf eine Kleinigkeit
mit der oben gefundenen Menge übereinſtimmt. Nachdem
das ſo abgeſonderte Schwefelſilber in Salpeterſäure aufgelöſt und durch Kochſalz gefällt worden, zeigte die rückſtändige Flüſſigkeit durch Schwefelwaſſerſtoff keine Spur
von Operment, zum Beweiſe, daß das Kali das mit ihm
verbunden geweſene Schwefelarſenik vollſtändig aufgelöſt
hatte.

Weil das Kali die ſpießglanzhaltigen Rothgiltigerze
ohne Geruch und ganz ruhig auflöſt, ſchloß Vauquelin,
daß die Metalle darin im oxydirten Zuſtande vorhanden
wären; einige Beobachtungen aber verhindern mich, ſeiner
Meynung zu ſeyn.

Das Kali löſt das reine Schwefelſpießglanz ohne merkliche Gasentwickelung auf. Der Geruch, der ſich bey Bereitung des Kermes zeigt, iſt zwar ſchweflig, aber nicht

schwefelwasserstoffartig. Während ...
Zersetzung des Wassers, vermittelst ...
wandschaften, die zu diesem Erfolg ...
tritt der Wasserstoff, welcher sich ...
Schwefel vereinigt, mit dem Kali in ...
nachher von dem Oxyde, welches sich als ...
Spießglanzschwefel niederschlägt, ausgenommen ...
Daher kommt es, daß sich das Schwefelspießglanz...
auflöst, ohne Wasserstoff auszugeben. Eben so ...
bey Behandlung des spießglanzhaltigen Rothgiltig...
es erfolgt Oxydation und Bildung von Schwefel...
ohne daß sich eine Anzeige von Gasentwicklung ...
nen läßt. Bewerkstelligt man die Auflösung ...
felspießglanz in Kali in einem pneumatischen App...
erhält man bloß ein wenig Kohlensäure mit ...
stoffgas gemischt, und man sieht hieraus, daß ...
nige Wasserstoff, welcher der Einwirkung des ...
entgeht, sich in die Atmosphäre verbreiten kann.

Anders erfolgen die Dinge, behandelt man ...
sches Rothgiltigerz mit Kali: der Schwefelwasserst...
cher während der Oxydation des Arseniks entsteht, ...
det sich nicht mit dem Oxyde desselben, wenn ...
durch eine Säure fället, wie dies beym Spießgl...
erfolgt. Der Wasserstoff spielt während dieser ...
ganz andere Rolle: er wird dazu verwandt, das ...
zu desoxydiren, damit es sich als Metall mit dem ...
fel verbinden und das Schwefelarsenik erzeugen ...
welches wir Operment nennen; denn schwefelwasser...
Arsenik und geschwefeltes Arsenikoxyd scheint es nicht zu

Löset man weißes Arsenikoxyd in ganz gesättigtem schwefel=
wasserstofften Kali auf und thut nachher eine Säure hinzu,
so schlägt sich das Operment ohne alle Gasentwickelung,
ohne den mindesten Geruch nieder. Da sich nun auf
der einen Seite der Schwefelwasserstoff nicht wiederfindet
und auf der andern das Arsenik in dem Operment in me=
tallischem Zustande vorhanden ist: so muß bey dieser Fäl=
lung Wasser gebildet worden seyn. Das reine metallische
Arsenik ist in dem schwefelwasserstofftem Kali [7] nicht auflöslich.

Folgerungen.

Es giebt Rothgiltigerze, welche spießglanzhaltig, an=
dere welche arsenikhaltig sind, und nach dem, was Vau=
quelin bereits beobachtet hat, wird es auch noch andere
geben, die arsenik= und spießglanzhaltig zugleich sind; in
allen diesen Erzen aber sind die Metalle bis zur Sättigung
mit Schwefel verbunden.

---

7) Im Original steht: l'hydrosulfure arsenical; dem Zusam=
menhange nach ist dieses wohl ein Schreib= oder Druckfehler. S.

II.

Ueber ein neues Mineral aus Isle de France, welches durch die chemische Analyse für reines phosphorsaures Eisen im kryſtalliſirten Zuſtande erkannt wurde.

Von Fourcroy.

Ueberſetzt*) von A. F. Gehlen.

Die Geſchichte dieſes Minerals giebt einen neuen Beweis, daß das äußere Anſehen und der Geſammtbegriff der äußern Eigenſchaften zur Beſtimmung der Foſſilien, die uns zum erſten Mahl vorkommen, nicht hinreichend ſey, ſo große Fortſchritte auch die Mineralogie, beſonders durch die neueſten Arbeiten der berühmten Profeſſoren Werner und Hauy gemacht hat.

Dieſes blättrige, zerbrechliche und dunkelblaue Foſſil erhielt zuerſt Herr Geoffroy von Herrn Roch, ehemals Chirurgus und Eigenthümer zu Isle de France, in zwei großen Stücken, wovon das eine durch Abrollen zugerundet war, und welche er in die Sammlung der Galerien gab. Ein kleineres erhielt ich zur Analyse. Bey Anſicht

---

*) Im Auszuge aus Annales du Muséum T. III. Nro. 18. auch Annales de Chime Nro. 149. T. L. P. 200 — 219.

Niter aus unregelmäßigen, wenig zusammenhängenden Blättern bestehenden Fossils hatten einige Mineralogen geglaubt, daß es Gyps sey, durch eine pulverige schmutzig blaue Substanz verunreinigt. Herr Vauquelin, der es im Laboratorium des Museums zu sehen bekam, fand sogleich, daß es einem andern Fossil sehr ähnlich sey, welches er von Herrn Abildgaard als phosphorsaures Eisen aus Brasilien erhalten hatte. Bey einigen vorläufigen Versuchen zeigten sich auch an dem unsrigen dieselben Eigenschaften, die er daran bemerkt hatte.

Herr Laugier, chemischer Gehülfe am Laboratorium des Museum unterzog sich, unter meiner Leitung, der Analyse mit nicht genug zu lobender Sorgfalt und Genauigkeit und hatte dabey Gelegenheit, einige neue Thatsachen zu beobachten und ein neues Verfahren zu finden, welche zur Vervollkommnung dieses Theils der Zerlegungskunst dienen können.

1. Das Fossil, welches aus durchsichtigen fast ungefärbten Blättern und aus undurchsichtigen dunkeln, blau gefärbten Theilchen bestand, welche ein Pulver bildeten, womit jene Blätter bedeckt zu seyn schienen, wurde so ganz pulverisirt. Das angenehm blaßblaue Pulver hieng sich leicht an Papier und färbte es. Durch Glühen verliert es diese Farbe bald, und erhält die des gelben Eisenoxydes; zugleich verliert es fast ⅓ seines Gewichts, denn zu den 0,28, welche es nachher weniger wiegt, muß man noch den Sauerstoff rechnen, den das Eisen anzieht; in sehr starker Hitze verglaset es sich.

2. Geschah das Glühen in einer Retorte mit gehäringter Vorlage, so erlitt das Fossil dieselben Veränderungen,

und es sammelte sich Wasser in der Vorlage. Das Fossil hatte 0,28 am Gewicht verloren. Wegen der geringen Menge des Wassers konnte sein Gewicht nicht bestimmt werden; aus dem eben angeführten Grunde kann man es ungefähr auf 0,31 schätzen.

3. Vier Grammen des gepülverten Fossils wurden mit 2⅓ Theilen, mit gleich viel Wasser verdünnter, Salpetersäure übergossen. Es erfolgte durch die plötzliche Oxydation des Eisens ein schwaches Aufbrausen und geringe Entwicklung von Salpetergas und bald löste sich auch, vermittelst geringer Wärme das Fossil gänzlich auf, mit Ausnahme eines kleinen Theils gelber Substanz, die, abgesondert und getrocknet, nur 5 Centigr. oder etwas mehr als 0,1 der angewandten Menge betrug.

4. Die grünlich gelbe Auflösung wurde durch Ammonium gefällt. Da letzteres in großem Uebermaß zugesetzt worden war, so hatte sich der Anfangs entstandene reichliche Niederschlag vom Abend bis auf den Morgen gänzlich wieder aufgelöst, und erschien erst wieder, nachdem durch langes Sieden das überflüssige Ammonium verjagt war. Das Ammonium, welches dieser Verbindung sehr stark und hartnäckig anhängt, ist demnach ein gutes Mittel um sie von andern phosphorsauren Salzen, z. B. dem phosphorsauren Kalk ꝛc. zu scheiden. Der durch das Ammonium bewirkte, auf ein Filter gesammelte, dunkelrothe gallertartige Niederschlag wog nach dem Trocknen, wodurch er eine schwärzlich braune Farbe erhielt, 3 Grammen 70 Centigr.

5. Um diesen Niederschlag gänzlich zu zerlegen, wurde er gepülvert in einem Platintiegel mit doppelt so viel kau-

ätzendem Natrum behandelt, die geschmolzene Masse mit
Wasser aufgeweicht, auf ein Filter gebracht und der Rückstand gehörig ausgewaschen.

6. Zu der alkalischen Lauge wurde eine Auflösung von
Salmiak gethan, die einen nur unbeträchtlichen Niederschlag bewirkte, der sich sogleich absetzte, die Eigenschaften
der Thonerde zeigte und nach dem Trocknen 20 Centigr.
oder etwas mehr, als 1/30 des Niederschlages betrug.

7. Jetzt wurde die Lauge mit Salpetersäure gesättigt,
und erhitzt, um etwa vorhandene Kohlensäure zu vertreiben.
Auf den Zusatz von Kalkwasser entstand nun ein voluminöser gallertartiger Niederschlag, der die Eigenschaften des
phosphorsauren Kalks hatte, nach dem Auswaschen und
Glühen 1,75 Gramme wog und dadurch 0,77 Grm. oder etwas weniger als 1/2 des ganzen Minerals an Phosphorsäure anzeigt.

8. Das von der Lauge unaufgelöst gelassene von Vers.
5. wog nach dem Trocknen und Glühen 1,65 Grm. Es
verhielt sich wie Eisenoxyd, welches folglich mehr als 1/2 des
Fossils ausmacht.

9. Der kleine in 3. aufgelöst gebliebene Rückstand
wurde glühend mit kaustischem Kali behandelt. Durch
nachherige Zerlegung mit Salzsäure erhielt man eine sehr
geringe Menge, etwa 0,01 Grm. Kieselerde und Eisenoxyd.
Die genaue Verbindung dieser beyden und die Abwesenheit
von Phosphorsäure mußte demnach den Widerstand gegen
die Salpetersäure bewirkt haben.

10. Die Flüssigkeit von der Auflösung in Salpetersäure 3., die durch Ammonium gefällt worden war 4.,
wurde mit sauerkleesaurem Ammonium und salpetersaurem

II.

Ueber ein neues Mineral aus Isle de France, welches durch die chemische Analyse für reines phosphorsaures Eisen im krystallisirten Zustande erkannt wurde.

Von Fourcroy.

Uebersetzt[1] von A. F. Gehlen.

Die Geschichte dieses Minerals giebt einen neuen Beweis, daß das äußere Ansehen und der Gesammtbegriff der äußern Eigenschaften zur Bestimmung der Fossilien, die uns zum ersten Mahl vorkommen, nicht hinreichend sey, so große Fortschritte auch die Mineralogie, besonders durch die neuesten Arbeiten der berühmten Professoren Werner und Hauy gemacht hat.

Dieses blättrige, zerbrechliche und dunkelblaue Fossil erhielt zuerst Herr Geoffroy von Herrn Roch, ehemals Chirurgus und Eigenthümer zu Isle de France, in zwey großen Stücken, wovon das eine durch Abrollen zugerundet war, und welche er in die Sammlung der Galerien gab. Ein kleineres erhielt ich zur Analyse. Bey Ansicht

---

1) Im Auszuge aus Annales du Muséum T. III. Nro. 14. auch Annales de Chimie Nro. 149. T. L. P. 200 — 219.

So genau auch die vorhergehende Analyse angestellt
worden, so entstand doch, durch einen Einwand des Herrn
Haus eine Ungewißheit darüber. Er glaubte nähmlich,
daß der undurchsichtige dunkelblaue Theil phosphorsaures
Eisen, dem von Klaproth untersuchten blauem Fossil,
von Borau ähnlich [20]) sey; der blättrige durchsichtige aber
davon verschieden seyn könne.

Um diese Ungewißheit zu heben, ersuchte ich Herrn
Laugier, etwas von diesen beyden Substanzen möglichst
von einander zu trennen und jede besonders zu untersuchen,
wenn gleich die große Menge des in dem ganzen Mineral
gefundenen Eisenoxydes und der Phosphorsäure schon keinen
Zweifel mehr übrig zu lassen schien.

Das natürliche phosphorsaure Eisen besteht aus kleinen
leicht zu trennenden Blättchen, welche sehr platte viereckige
Prismen zu seyn scheinen, deren schmalste, zugeschärfte,
Seiten sehr glänzend sind. Gegen das Licht gehalten sind
die meisten zum Theil undurchsichtig, oder vielmehr bald
querdurch bald schief von kleinen Streifen einer Substanz durchschnitten, die das Licht schwer durchläßt.
Einige sind ganz durchsichtig, besitzen aber doch eine grünliche Farbe. Die letztern gaben ein bläuliches Pulver, welches Papier grünlich blau färbte; die undurchsichtigen gaben
ein dunkleres Pulver, welches auch Papier dunkler und
reiner blau färbte. Beyde wurden vor dem Löthrohr auf
die erste Einwirkung der Wärme gelb und schmolzen in
stärkerer Hitze zu, nicht unterscheidbaren, Kügelchen. Gegen

20) Welches aber kein phosphorsaures Eisen ist. S.
Klaproth's Beyträge zur chemischen Kenntniß der Mineralkörper. Bd. 1. S. 197 — 200.

verdünnte Salpetersäure verhielten sich beyde ebenfalls
völlig gleich.

Hieraus ist zu schließen, daß beyde ihrer Natur nach
ganz übereinstimmend sind. Es scheint hier der Fall ein=
zutreten, wie etwa, wenn man in eine gesättigte auf dem
Krystallisationspunkt sich befindende Salzlauge etwas von
demselben trocknen gepülverten Salze wirft, welches, da
es kein Wasser zu seiner Auflösung antrift, die entstehenden
Krystalle, da wo es hinfällt, trüben wird. Diese Meynung
wird dadurch unterstützt, daß, wenn man ein vollkommen
durchsichtiges Stück dieses Minerals vor dem Löthrohr
behandelt, es stark verknistert und von der Unterlage weit
wegspringt, wogegen das undurchsichtige dieses nicht merk=
lich thut; was wohl nichts anders als Anwesenheit von
Krystallisationswasser in einem und Abwesenheit desselben
im andern Falle darthut.

Das specifische Gewicht dieses Minerals beträgt nur 2,8.
Dies rührt wohl von den zahlreichen Zwischenräumen her,
welche sein blättriges Gewebe veranlaßt und dann von
der beträchtlichen Menge Krystallisationswasser; wie denn auch
das durchsichtige schwefelsaure Zink und Eisen, welche eben=
falls viel Wasser enthalten weit specifisch leichter sind, als
die undurchsichtigen metallisch = salzigen Mineralien.

III.

Analysen verschiedener Mineralien.
Von Laugier.

Uebersetzt von A. F. Gehlen.

1. Analyse eines aus der Luft gefallenen Steins [11]).

Dieser Stein ist den 15. Vendemiaire im Jahr 12, um 10 Uhr Vormittags in der Gemeine Saurette bey Apt im Departement Vaucluse, unter Erscheinungen, wie man sie in ähnlichen Fällen bemerkt hat, gefallen. Er wurde au den Minister Chaptal geschickt, der ihn, nachdem er dem Nationalinstitut vorgelegt worden, dem Museum der Naturgeschichte schenkte.

Er wiegt sieben Pfund sechs Unzen. Dem Ansehen nach unterscheidet er sich nicht von andern derselben Art, die bekanntlich sich alle gleichen, ausgenommen, daß ihr Bruch mehr oder weniger körnig ist und die Eisen= und Kiesklügelchen darin verschieden zerstreut sind. Unter allen bereits bekannten Steinen dieser Art scheint er aber doch in seinen äußern Kennzeichen mit den zu Aigle im Prairial 11. gefallenen die größte Aehnlichkeit zu haben. Er

---

11 Im Auszuge aus Annales du Muséum national d'histoire naturelle. T. 4. P. 249 — 257.

besitzt ein feines Korn und eine graue Farbe; seine [...]
ist schwarz und nicht sehr dick. Die zahlreich darin be[...]
lichen Eisen= und Kieskügelchen sind so klein, daß sie auf
dem frischen Bruche kaum sichtbar sind.

6,00 Grammen des, so viel es die Eisenkügelchen [...]
ließen, gepülverten Steins wurden zwey Mahl mit ein[...]
hinreichenden Menge Salpetersäure gekocht. Der unaufge[...]
gebliebene, nach dem Aussüßen und Trocknen 2,96 wi[...]
gende Rückstand verlor durch Glühen in einer mit Vorlage
versehenen Retorte 0,28, die sich als Schwefel subli[...]
hatten. Die, hinlänglich freye Säure enthaltende, Auflö[...]
sung wurde durch Ammonium gefällt und nachher gekocht,
damit nicht durch den Ueberschuß des letztern ein Theil des
Eisenoxyds, welches sich sogleich als ein reichlicher rech[...]
Niederschlag ausschied, zurück gehalten werden möchte. Di[...]
letztere wurde mit Kalilauge behandelt, und die alkalische
Flüßigkeit durch Salmiak zersetzt [12]), sie wurde aber nur
schwach schielend und es war demnach keine merkliche
Menge Thonerde vorhanden. Das Oxyd wog nach dem
Aussüßen und Glühen 1,76, war schwarzbraun und sah
gleichsam glasig aus. In der vom Eisen befreyeten Auflö[...]
sung bewirkte salpetersaurer Baryt einen Niederschlag von
1,88 schwefelsaurem Baryt, der 0,26 Schwefel anzeigt,
den die Salpetersäure oxydirt hatte. Die erwähnte Flüß[...]
sigkeit hatte gar nicht die grünliche Schattirung, welche
in solchen Fällen das Nickel anzudeuten pflegt; sie wurde
mit kaustischer Kalilauge versetzt und bis zur Entwicklung
[...]

---

12) Vergl. dieses Journal B. 1. S. 260.

mit Ammonium gefällt. Die dadurch gefällte Talkerde war, an der Luft getrocknet, schwach graulich, wurde aber durch Glühen weiß; sie wog 0,80, und gab mit Schwefelsäure, in welcher sie sich, bis auf ein wenig Gips, leicht auflöste, eine verhältnißmäßige Menge Bittersalz in vierseitigen Prismen.

Die von der Behandlung mit Salpetersäure rückständige Kieselerde war noch schmutzig grau und mit schwarzen Theilchen gemengt. Durch Schmelzen mit drey Theilen kaustischen Kali im Platintiegel, nachherige Behandlung der geschmolzenen Masse, welche grün aussah und auch das zum Aufweichen dienende Wasser so färbte, mit Salzsäure, die damit eine grünliche Auflösung gab, wurden unter den gewöhnlichen Erscheinungen 1,95. vollkommen weiße gegühte Kieselerde erhalten. Die übrige salzsaure Flüssigkeit gab mit Ammonium einen Eisenniederschlag, der geglüht 0,76 wog und weniger braun war, als der vorerwähnte. Kaustisches Kali bewirkte in der nun rückständigen Lauge einen nur geringen Niederschlag von ungefähr 0,01 einer röthlichen Substanz, die wir bald näher kennen lernen werden.

Bis jetzt hatte sich noch kein Nickel gezeigt; das durch Verdampfen der beyden Auflösungen in Salpeter- und Salzsäure erhaltene Salpeter und Kochsalz waren vollkommen weiß. Man konnte es nur noch in dem aus ihnen erhaltenen Eisenoxyd suchen, so durch sein oben erwähntes Aussehen die Aufmerksamkeit reizte. Es wurde mit Kali geschmolzen, welches damit eine grünliche, oben mit einem sehr schön grünen Ringe versehene Masse gab, die dem Wasser eine schön dunkelgrüne Farbe mittheilte. Durch weitere Prüfung zeigte sich Manganoxyd; welches schon

Proust in einem andern Stein derselben Art gefunden hat.
Es wog 0,05. Aus der alkalischen Auflösung wurden durch
Sättigung mit Salzsäure noch 0,08 Kieselerde, also über
haupt, 2,03 erhalten.

Das Eisenoxyd wurde jetzt in verdünnter Schwefel
säure aufgelöst, bis zur Trockne verdunstet, der Rückstand
im Platintiegel roth geglüht, die geglühte Masse mit
Wasser ausgelaugt und mit der Lauge wie vorher verfah
ren, bis sich kein Eisenoxyd mehr durch die Hitze abson
derte. Es blieb so eine grüne Flüssigkeit, aus welcher Am
monium noch Eisen fällte. Die überstehende Flüssigkeit
hatte aber doch eine grünlich blaue Farbe und zeigte da
durch Nickel an, welches durch Fällung mit Schwefelwasser
stoff 0,02 Niederschlag gab. Die angewandte Schwefelsäure
hatte noch 0,07 Talkerde aufgenommen, welche das Eisen
oxyd vorher mit niedergerissen hatte.

Der Stein von Apt enthält demnach, auf 100 reducirt

Kieselerde	34,00	Schwefel	9,00
Eisen	38,03	Manganes	0,83
Talkerde	14,50	Nickel	0,33
		Verlust	3,31
			100,00.

2. Analyse des Cyanits (Disthène H.) [13]

Er wurde in reinen, von aller anhängenden Bergart
befreyeten Krystallen angewandt, die sich im Porphyrmör
ser sehr schwer zu einem recht feinen Pulver bringen ließen,
welches jedoch nicht am Gewicht zugenommen hatte und

sehr weiß war, so daß man hätte sagen können, es enthalte
gar keine färbende Substanz.

Ein kleines Stückchen, vor dem Löthrohr der Wirkung
der Hitze ausgesetzt, verlor dadurch nichts an seiner Härte,
nur die Farbe veränderte sich und verschwand zuletzt ganz;
das Gewicht wurde ungefähr um 0,01 vermindert.

Durch Behandlung mit drey Theilen sehr reinem kaustischem Kali kam das Gemenge, ungeachtet es eine Stunde
durch sehr stark geglüht wurde, nicht zum Fluß; das Wasser,
womit es wieder aufgeweicht wurde, erhielt keine Farbe.
Salzsäure löste das Ganze bis auf eine sehr geringe Menge
einer weißen pulvrigen Substanz auf, die für salzsaures
Silber, so vom Tiegel herrührte, gehalten wurde.

Durch weitere Verfolgung der Analyse auf gewöhnlichem Wege wurden folgende Bestandtheile erhalten, die
nicht sehr von den durch Saussüre den Sohn gefundenen
abweichen:

Nach Laugier		Nach Saussure dem Sohn [14]		
Kieselerde	38,50	Kieselerde	29,20 bis	30,62
Thonerde	55,50	Thonerde	55, —	54,50
Eisenoxyd	2,75	Kalkerde	2,25 —	2,02
Kalkerde	,50	Talkerde	2,0 —	2,30 [15]
Wasser	,75	Eisenoxyd	6,65 —	6,
Verlust	2,	Wasser und Verlust	4,90 —	4,56
	100,00		100,00 —	100,00.

14) Voyage dans les Alpes. §. 1900 und Journal de Physique
1793. T. 2. P. 13 u. f.

15) Sollte die Talkerde vielleicht von etwas anhängender
Bergart hergerührt haben? und der größere Eisengehalt von einer
dunklern Farbe des angewandten Cyanits?   G.

Mm 2

Die Absicht bey dieser Analyse war nicht bloß, die Beschaffenheit und das Verhältniß der Bestandtheile des Cyanits aufzufinden, sondern man wollte auch, was schwerer war, den Grund der blauen Farbe ausmitteln, wodurch sich die schönen Stücke dieses Fossils auszeichnen. Die darüber gehegte Hoffnung aber wurde getäuscht. Wahrscheinlich hat es mit dieser Farbe dieselbe Bewandtniß, wie mit der des Lasursteins, worin die geschicktesten Chemiker bis jetzt nichts anders als Eisenoxyd haben finden können, und der, wie der Cyanit, in der Hitze seine Farbe verliert. [16])

3. Analyse des grauen glasartigen Strahlsteins (Epidote H.) [17])

Diese Varietät findet sich nicht in Hauy's Werk, weil sie wahrscheinlich bey Herausgabe desselben noch nicht bekannt war. Er hat mir gefällig folgende Notiz darüber mitgetheilt: „Sie bildet verlängerte Prismen, deren Figur „nicht deutlich genug ist, um sie ganz genau zu bestimmen; „unter ihren Seitenflächen giebt es aber oft zwey, zwischen

---

16) Vergl. Klaproth's Analyse des Lasursteins in seinen Beyträgen Bd. 1. S. 189 — 196. und Guyton über die Natur des färbenden Wesens im Lasurstein. Die Versuche des letztern über ein blaues Schwefeleisen verdienten wohl größere Aufmerksamkeit und Wiederholung. Vergl. auch Ritter über einen schön indigblauen Eisenkalk in diesem Journ. Bd. 3. S. 561. Wurde in Guytons Versuchen durch den Schwefel vielleicht nur Desoxydation bis zu dem bestimmten Punkt bewirkt, ohne daß er selbst in die Mischung einging?   G.

17) Im Auszuge aus den Annales du Muséum T. 5. No. 25 S. 149 — 153.

„welchen der Winkel 114½ Grad beträgt, welches der ur-
„sprüngliche Winkel des Epidote ist.   Die Farbe der Kry-
„stalle ist gewöhnlich aschgrau.   Die Bruchflächen, welche
„in der Richtung einer der natürlichen Fugen Statt finden,
„sind sehr glänzend.   Das specifische Gewicht und die
„Härte sind wie beym gewöhnlichen Epidote.“

Das angewandte Stück war auf der Oberfläche mit
rothem Eisenoxyd bedeckt, welches durch halbstündiges Digeriren in Salzsäure entfernt wurde, die das Fossil selbst
nicht angreift.   Dieses hatte darauf eine bläulichgraue,
gepülvert eine weißliche Farbe; durch Glühen verlor es
beynahe 0,02.

Das Fossil wurde im Platintiegel mit drey Mahl so
viel Kali aufgeschlossen: es gieng damit in vollkommenen
Fluß.   Die Masse hatte eine grünlichgelbe Farbe, theilte
aber dem Wasser, womit sie aufgeweicht wurde, keine mit;
Salzsäure löste das Ganze auf.   Aus der Auflösung wurde
auf gewöhnliche Art Kieselerde, Eisenoxyd und Thonerde
dargestellt.   In der, von diesen befreyten, Flüssigkeit bewirkte kohlensaures Kali einen reichlichen Niederschlag, der
sich wie Kalk verhielt.

Das erhaltene Eisenoxyd hatte eine schwärzlich braune
Farbe und deutete dadurch an, daß es nicht ganz rein sey.
Bey wiederholtem Schmelzen mit Kali u. s. w. zeigte sich
auch die Gegenwart von Manganesoxyd.

Collet-Descotils hat bereits den Epidote aus
Dauphiné, und Vauquelin den von Arendal zerlegt,
die sich beyde durch ihre grüne Farbe gleichen.   Folgende

Nebeneinanderstellung wird zeigen, daß alle drey Berichte sich ganz gleich sind. Es enthält der Epidot aus

	Dauphiné		Arendal			
Kieselerde	37,0		37,0			37,0
Thonerde	27,0		21,0			26,8
Kalk	14,0		15,6			20,0
Eisenkalk	17,0		24,0			13,0
Manganesoxyd	1,5		1,5			0,6
Wasser und Verlust	3,5	Verlust	1,5	Wasser	1,6	
				Verlust	1,0	
	100,0		100,0		100,0	

Für practische Chemiker wird eine Bemerkung nicht überflüssig seyn, welche die Anwendung des Platin tiegels bey Behandlung der Fossilien mit kaustischem Kali betrifft, welches ihn immer stärker angreift, je länger er gebraucht wird und die Oxydation des Platins besonders begünstigt. In diesem Zustande verändert es alle Producte und könnte zu mancherley Irrthümern Veranlassung geben; die alkalische Masse erhält dadurch eine schwärzlich braune Farbe, die nachherige Auflösung in Salzsäure eine goldgelbe. Ein Theil des Platinoxydes schlägt sich mit der durch Abdampfen ausgeschiedenen, Kieselerde nieder und giebt ihr eine braune Farbe. Man muß sie davon durch Kochen mit Salpetersalzsäure befreyen. Indem man diese Auflösung zu der andern, von Kieselerde befreyeten thut und sie bis auf den gehörigen Punkt abdampft, so scheidet sich das Platinoxyd als jenes bekannte dreyfache Salz aus. Gebraucht man diese Vorsicht, so können bey den folgen den Operationen weiter keine Irrthümer entstehen, sonst aber ist auch die durch Ammonium gefällte Thonerde 2c. damit verunreinigt. [*]

Wenn Manganoxyd in einem Fossile gegenwärtig ist; so pflegt sich dieses gleich bey der ersten Schmelzung mit Kali zu offenbaren. Daß dies in vorliegendem Falle nicht geschah, rührt wahrscheinlich von dem gegenwärtigen Platinoxyd her, da ersteres überdies nur wenig betrug. Sollte nicht die schwärzlich braune Farbe des Eisenoxydes in solchen Fällen eine sicherere Anzeige auf Manganoxyd seyn?

4. Analyse der Hornblende (Amphibole H.) von Cap de Gattes im Königreich Granada. [*]

Diese Hornblende findet man an genanntem Orte unter vulkanischen Producten. Die von Herrn Hauy zur Analyse ausgesuchten Krystalle waren ganz rein. Sie haben eine schwarze Farbe und sind aus einer Menge Blättchen gebildet, die durch ihre Zusammenhäufung ein schillerndes Ansehen bewirken. Ihr spec. Gewicht beträgt 3,25. Sie ritzen das Glas, geben aber mit dem Stahl schwer Feuer. Ihre primitive Form und ihr integrirendes Molekül ist ein geschobenes vierseitiges Prisma. Vor dem

---

[*] Um diese Umständlichkeiten ganz zu vermeiden, wäre es wohl am besten, sich, wo sonst nichts entgegen steht, des caustischen Natrums statt des Kali zu bedienen, da ersteres das Platin nicht merklich angreift. Vergl. Chenevix in diesem Journal Bd. 1. S. 267 — 268. B.

[*] Im Auszuge aus Annales du Museum T. 5. P. 73 — 79.

Löthrohr schmelzen sie zu einem schwarzen Glase. Sie lassen sich leicht zerbrechen, aber nicht so leicht pulvern, welches weniger von ihrer Härte, als von der Biegsamkeit ihrer Blättchen herrührt: das gröbliche Pulver ist dunkelgrau, das ganz feine aber grünlich grau. Durch Rothglühen verlieren sie beynahe 0,02 und erhalten eine röthliche Farbe.

Herr Lampadius fand bey Zergliederung eines Fossils, welches ihm Werner als eine Hornblende gegeben hatte, eine große Menge Kohlenstoff in demselben. Um zu sehen, ob diese dasselbe Resultat geben würde, wurden 6 Theile davon mit 1 Theil überoxydirtsalzsaurem Kali in einer beschlagenen Retorte, die auf eine angemessene Art mit einem Gefäß, welches Kalkwasser enthielt, in Verbindung gesetzt war, erhitzt. Das Kalkwasser wurde aber so unbedeutend nur getrübt, daß es zweifelhaft blieb, ob das Atom von Kohle, wodurch dies bewirkt wurde, aus der Hornblende oder aus irgend einem fremdartigen Körper herrührte.

Die weitere Analyse gab folgende Bestandtheile auf 100:

Kieselerde	—	42,	—	—	[20] 50,
Eisenoxyd	—	22,69	—	—	11,
Talkerde	—	10,90	—	—	19,25
Kalkerde	—	8,80	—	—	9,75
Thonerde	—	7,69	—	—	0,75
Manganesoxyd		1,15	—	—	0,50
Wasser und Verlust		5,77	Chrom	—	3,
		100,00	Kali	—	0,50
			Wasser und Verlust		5,25
					100,00

[20] Zur Vergleichung stehen hier die Bestandtheile des Strahlsteins

Der vorzüglichste Zweck dieser Analyse war, die Beschaffenheit und das Verhältniß der Bestandtheile der Hornblende mit denen des Strahlsteins (Actinote H.) zu vergleichen, zwischen welchen die Kryftallographie vollkommene Aehnlichkeit gefunden hatte. Wiewohl die erhaltenen Refultate keine ganz genaue Uebereinftimmung anzeigen, – so kann man doch, wenn man sich so ausdrucken darf, eine gewisse Familienähnlichkeit nicht verkennen. Die Abwefenheit des Chroms und eines Atoms Kali in der Hornblende und das abweichende Verhältniß der übrigen Beftandtheile find Abweichungen, die nach den Beobachtungen der berühmteften Mineralogen keine sehr merkliche Veränderungen in der Kryftallifation hervorbringen. Es scheint demnach nöthig, die Hornblende und den Strahlftein zu vereinigen, wie dies nach den äußern Kennzeichen bereits angezeigt war.

II. Correspondenz; Litteratur, Notizen.

1. Correspondenz.

Paris den 12ten März 1805.

— Ihr berühmter Landsmann, Humboldt, dessen Freundschaft mir sehr schmeichelhaft ist, hat dem Institut nach und nach die zahlreichen und wichtigen Resultate seiner Reise mitgetheilt; seine unermüdliche Thätigkeit aber ist hierbey nicht stehen geblieben: er hat sich noch mit Vervollkommnung der bey seinen frühern physikalischen Untersuchungen angewandten Methoden beschäftigt, um seine folgenden, die der Gegenstand einer Reise nach Italien sind, wohin er seit einigen Tagen abgegangen ist, auf einen festen Grund zu stützen. Er hat sich dazu einen jungen Chemiker, Gay-Lussac, zum Gehülfen genommen, der seine Laufbahn mit wichtigen Beobachtungen, die den Character der Genauigkeit und Bestimmtheit an sich tragen und einen in der Chemie und Physik ausgezeichneten Gelehrten versprechen, eröffnete.

Vor ihrer Abreise haben sie gemeinschaftlich dem Institut eine Abhandlung vorgelegt, wovon ich Ihnen nur einen schwachen Begriff werde geben können. Sie führt den Titel: Versuche über die eudiometrischen Mittel und das Verhältniß der Bestandtheile der Atmosphäre.

Sie prüfen verschiedene Eudiometer und zeigen, daß das Volta'sche den Vorzug verdiene, weil es mit Genauig-

Der vorzüglichste Zweck dieser Analyse war, die Beschaffenheit und das Verhältniß der Bestandtheile der Hornblende mit denen des Strahlsteins (Actinote H.) zu vergleichen, zwischen welchen die Krystallographie vollkommene Aehnlichkeit gefunden hatte. Wiewohl die erhaltenen Resultate keine ganz genaue Uebereinstimmung anzeigen, so kann man doch, wenn man sich so ausdrucken darf, eine gewisse Familienähnlichkeit nicht verkennen. Die Abwesenheit des Chroms und eines Atoms Kali in der Hornblende und das abweichende Verhältniß der übrigen Bestandtheile sind Abweichungen, die nach den Beobachtungen der berühmtesten Mineralogen keine sehr merkliche Veränderungen in der Kryssallisation hervorbringen. Es scheint demnach nöthig, die Hornblende und den Strahlstein zu vereinigen, wie dies nach den äußern Kennzeichen bereits angezeigt war.

Die Verfaffer haben noch verfchiedene andere merk
würdige Wirkungen der Vermifchung von Gasarten unterfucht.

Berthollet.

2. Litteratur.

a. Batavifche Schriften vom Jahr 1804.

1. Joh. Rud. Deimann, M. D., Over den Steen
en Metaalregen, in twee Redenvoeringen, voor
gedraagen in het Letterkundig Genootfchap:
Concordia et Libertate. (J. R. D. über den

Stein= : Metallregen. Zwey Reden, gehalten in
der gel. prl. en Gefellfchaft: Conc. & Lib. zu Amfter
dam). 56 Seiten gr. 8. Amfterdam, bey Goltrop. II
Stüb.

(Hr. Deimann hat zwar in diefen Reden keine neue
chemifche Analyfe der meteorifchen Stein= und Metallmaffen
mitgetheilt, fondern nur die Hauptrefultate der Verfuche,
welche englifche, franzöfifche und deutfche Scheidekünftler
damit anftellten, angegeben: allein diefe find in eine gute
Ueberficht gebracht. Auffferdem hat er die verfchiedenen
Meynungen der Naturforfcher über die Entftehung diefer
Erfcheinung angeführt, und die mit jeder derfelben ver
bundenen Schwierigkeiten dargelegt).

2. Adolphus Ypey, (feit Kurzem zum zweyten Mal
als Prof. der Med. auf der Univerfität zu Franker
angeftellt) Systematisch Handboek der befchou
wende en werkdadige Scheikunde. Ingericht
volgens den leiddraad der Chemie voor be
ginnende Liefhebbers, door W. Henry
(Syftematifches Handbuch der theoretifchen und prak
fchen Chemie; nach dem Plane der Chemie für Anfän
ger des W. Henry). Ifte Deel. gr. 8. Amfterdam,
b. van Vliet. 4 fl. 4 Stbb.

... (Dieses Werk soll als eine weitere Ausführung der Chemie von Henry betrachtet werden, deren holländische, von Hrn. Ypey besorgte, Uebersetzung wir in des Neuen allg. Journ. d. Chemie 2 Bd., 1. Heft, S. 104, angezeigt haben).

3. J. B. Swain, Handboek van een Samenstel der Scheikunde, of beschouwende en beoefenende Grondbeginselen deezer Wetenschap. Naar het Fransch van Bouillon la Grange, vrij en eenigsints verkort gevolgd. (Systematisches Handbuch der Scheidekunst, oder theoretische und praktische Grundsätze dieser Wissenschaft. Nach dem Französischen des Bouill. la Gr. frey bearbeitet, und etwas abgekürzt). gr. 8. Mit Kupfern und Tabellen. Rotterdam, b. Cornel und van Baalen. 2 Fl. 8 Stbb.

4. Natuurkundige Verhandelingen van de Bataafsche Maatschappy der Wetenschappen te Haarlem. IIde Deel, 2de Stuk. gr. 8. Mit 1 Kupf. Amsterd. b. Johannes Allart. 2 Fl. 10 Stbb.

(Enthält unter andern von Marum's Beschreibung einer sonderbaren Eisenmasse, die in Süd-afrika gefunden wurde. Es ist diese, vielleicht meteorische, Eisenmasse diejenige, deren Barrow in seinem Account of travels into the interior southern Africa. London 1802. S. 226. erwähnt hat. Die batavische Gesellschaft der Wissenschaften zu Haarlem erhielt sie im Januar 1803. von dem Hrn. de Mist, Generalcommissär der batavischen Republik auf dem Vorgebirge der guten Hoffnung, zum Geschenke. Sie wiegt 173 Pfund).

5. Geneeskundig Magasyn, door A van Stiprizan Luiscius, C. G Ontyd en M. J. Macquelyn. (Magazin der Heilkunde. Herausgegeben von —) gr. 8. Mit Kupfern. Erschien vom dritten Bande an, dessen erstes Stück 1803, das zweyte und dritte aber 1804 herauskam. Leyden, bey A. und J. Honkoop. Preis des dritten Bandes 6 Fl. 6 Stb.

(Daß dieses Magazin auch chemische Aufsätze liefert, davon war der, in dem Neuen allg. Journ. der Chem. B. II. Heft 6 S. 608 — 615 befindliche Bericht des

Hrn. Luiscius, worin er seine Versuche mit den mine
ralsauren Räucherungen beschreibet, ein Bericht
Man findet auch darin Beurtheilungen chemischer Schriften und Auszüge aus denselben. Einer der Herausgeber
Hr. Luiscius, interessirt sich bekanntlich besonders für
die Chemie. Von diesem rührte auch die interessante Analyse der menschlichen Excremente her, die man in
Schmidt's Holland. Magazin d. Naturkunde,
St. 2. S. 344 — 382. aus dem Geneesk. Magazin
übersetzt findet).

6. A. van Bemmelen, Grondbeginselen der
Proefondervindelyke Natuurkunde III. de Deel,
1. Stück 1 Fl. 5 Sthb.
(Siehe Neues allgemeines Journal der Chemie B.
II. Heft 5. S. 576).

7. R. O. H. van Manen, Elburgo-Batavus, Dis-
sertatio chemico-medica, sistens alimentorum cum
faecibus comparationem. Hardervici, Typ. E. Ty-
hoff 1804.

---

b. Essai sur la Théorie des trois élémens, compa-
rée aux élémens de la Chimie pneumatique.
Par M. Tissier, Maitre en pharmacie, de plusieurs Académies. A Lyon, chez Ballanche.
An 12 — 1804. 8. XXVII 580 S.

Tissier hat eine Menge Einwürfe der Gegner der französischen Chemie zusammengetragen und ihnen, obgleich sie
größten Theils beantwortet, theils widerlegt sind, noch
allen Werth zugestanden; die Antworten aber und Gegen-
einwürfe nur äußerst selten berücksichtigt. Daraus entstand
dieses starke Werk. Es ist besonders gegen Fourcroy's
Système des connoissances chimiques gerichtet, aber
ohne die mindeste gründliche Untersuchung oder Kritik. Er
führt kaum Versuche an, und daher haben seine eigenen
Bemerkungen meist die Wendung: es scheint nicht, ich
glaube nicht, daß es so sey; man könnte dies substituiren,
man könnte es so erklären. Die Versuche der pneumatischen Chemiker bestreitet er mit Meynungen ihrer Gegner; selbst frühere Meynungen von Männern, welche sie
längst aufgegeben haben führt er an, um die Ansichten der

pneumatischen Chemie zu widerlegen. Meyer's (und Du hamel's) Gedanken über das Feuer, die fette Säure x. x. sind der Leckstern bey seinen Untersuchungen: „toutes nos réflexions sur les bases de la chimie pneumatique ne sont presque qu'un commentaire sur l'opinion de ce savant. Uebrigens geht seine Untersuchung keinen systematischen Gang, und seine Ansichten sind aus keinem Princip abgeleitet, noch darauf zurückgeführt und unter sich verbunden, daher es auch an häufigen Widersprüchen nicht fehlt. Folgendes ist das Wesentliche davon:

Es giebt drey Elemente, Licht, Wasser, Erde. Aus diesen sind alle Körper gebildet. Moses schon führt sie an und ohne Zweifel wurde Meyer dadurch veranlaßt, das Licht unter die elementarischen Substanzen zu setzen.

1. Licht, Lumière phosphore solaire, phosphore universel. Es hat zwey Bestandtheile das acide élémentaire und das phlogistique.

  a. acide élémentaire, primitif, solaire. Diese ist die Quelle aller übrigen Säuren, in welchen sie sich von verschiedener Reinheit, von verschiedener Verdichtung befindet. Sie ist das reinste und stärkste Causticum. Sie ist die Ursache, daß die Planeten sich um die Sonne drehen. Ihre Gegenwart im Licht zeigt sich dadurch, daß ätzende Materien, dem Lichte ausgesetzt, krystallisiren, blaue Papiere gerb thet werden. Sie ist nicht darstellbar; nie rein, sondern immer mit phlogistique verbunden. Sie ist viel schwerer als Eisen, wiewohl ein Sonnenstrahl von 33 Millionen Meilen Länge nicht einen Gran wiegt.

  b. phlogistique. Es ist die Ursache der Brennbar keit; es befindet sich in allen verbrennlichen Körpern, vielleicht überhaupt in Allen. Es ist das unsichtbare Wesen, welches durch eine unbekannte Modification die Säure in dem Schwefel sättigt und durch seine Verbindung mit der Phosphorsäure den Phosphor bildet. Es kommt nie rein vor, sondern immer mit dem acide universel verbunden, wegen der großen Anziehung beyder Elemente gegen einander, wovon das eine das schwerste, das andere das leichteste ist.

Aus beyden im reinsten Zustande entsteht das Licht. Das Licht findet sich in allen Körpern; man darf sie nur pulvern und auf eine heiße Eisenplatte schütten, um sie phosphorisch zu machen. Das Licht ist eine gesättigte Säure: der electrische Funke ist sauer. Das Licht ist das einzige Causticum, alle andere Körper werden durch das Licht ätzend; ist also das Princip der Aetzbarkeit; ist in Säuren und Alkalien zugegen, in den Metallen. Es ist sehr expansibel, imponderabel. Es ist ein Phosphor, phosphore solaire. Manche Körper schlucken ihn ein und geben ihn wieder von sich. Er ist die Seele der Natur, das Lebensprincip, das Princip der Cohäsion. Er besteht aus Phosphoren; weiß ist er durch die Verbindung und Verdichtung aller; der rothe der glühenden Kohle ist concentrirter als der blaue des brennenden Schwefels; diese verschiedenen Phosphoren besitzen verschiedene Mengen des acide universel. Diese Phosphoren oder der ganze daraus gebildete Phosphor sind das wahre Phlogiston Stahls.

Die Säure des Feuers ist eine Modification der Kohlensäure.

Der electrische Funke ist ein zusammengesetzter Phosphor aus phlogistique und acide universel.

2. Wasser. Es ist nicht so allgemein verbreitet, wie das Licht, indessen mögten schwer Körper zu finden seyn, die dessen beraubt wären; es ist in dem Quecksilber und verursacht seine Flüssigkeit, im rothen Quecksilberoxyd, im electrischen Fluidum. Es wirkt auf die Körper, die es durchdringen kann, auf ähnliche Art, wie die Wärme, enthält immer Erde; es ist vielleicht nicht möglich, es absolut rein zu haben. Es ist nicht zusammengesetzt; wird beim Verbrennen des Sauerstoffgas und Wasserstoffgas niedergeschlagen. Für die Einfachheit ist der Grund aufgeführt, daß die Atmosphäre beyde Gasarten nicht würde haben fassen können.

3. Erde. Es ist wahrscheinlich den Menschen nicht gegeben die primitive Erde zu finden; indessen giebt es nichts desto weniger eine einfache, elementarische Erde, die durch ihre Härte, ihre Schmelzbarkeit und Feuerbeständigkeit in dem ganzen Natursystem wirkt.

die Elementarsäure durch den Verlust eines großen Theils
des phogistique, gab dem Kalk Gewicht. Es fand sich
im Ganzen das vorige Gewicht wieder, weil es der Erfolg der Uebertragung des phogistique ist, dessen Ver-
dichtigung das Volum des Metalls, als es in den Kalkzustand überging, verminderte." In verschlossenen Gefäßen
könne daher die Verkalkung nicht Statt finden, oder höre
bald auf, weil der phosphore métallisant nicht zersetzt
werden und das phogistique nicht in die Luft übergehen
könne, deren Bestandtheil erhältniß dadurch verändert wird,
was sie zum Athmen untauglich macht. Bey den Kalken,
welche Sauerstoffgas ausgeben, geschehe dies dadurch, daß
das Feuer das in ihnen befindliche acide ignée mit phlogistique verbindet. Beym Verkalken in Lebensluft soll
das acide ignée derselben in das Metall treten, den phosphore des letztern langsam zersetzen und durch das phlogistique verliere dann die Luft an Volum und Gewicht.
Folgende Stelle möge hier noch im Original stehen: Le
métal, exposé au feu, reçoit un nombre prodigieux
de molécules qui le dilatent et augmentent sa volume. Il occupe un plus grand espace. Comme sa
gravité spécifique est toujours égale au volume déplacé, une chaux métallique doit avoir une gravité
spécifique plus grande, sans que sa pesanteur absolue soit augmentée, a moins, qu'on ne voulût y
joindre le poids réel, quoique impondérable, des
molécules du feu. Cette étiologie ignée va assez
bien avec les 10 ou 12 livres d'augmentation, que
prend le plomb, en se calcinant; mais elle est au
défaut, quand on compare, avec cette augmentation
en volume, les 45 livres d'accrétion de poids, que
prend le fer en passant à l'état de chaux. — Aucune théorie connue ne peut rendre parfaitement
raison des 45 livres d'accrétion: — car enfin qu'el
volume énorme d'oxigène ne faudrait'il pas pour
faire un poids de 45 livres? Convenons donc, que
l'explication est au dessus des forces de l'esprit
humain.

Ueber die erdigen und alkalischen salzfähigen
Basen. Ein heterogenes Gemengsel, worin auch nicht
Eine eigentliche Idee anzutreffen ist. Säuren und Alkalien
haben (nach de la Metherie) die größte Aehnlichkeit, beyde

die eine mehr als 50 Fuß hohe Säule bildete, ...
phosphorisches Licht hatte. Die brennbare Luft, ...
aus organisirten Körpern und Metallen erhält, ist ...
solche darin befindlich, sondern eine Modification ...
enthaltenen phosphore solaire. Sie enthält sehr ...
ser. Nach einer andern Stelle besteht das ...
Gas aus acide ignée, mit Phlogiston gesättigt ...
Wasserdampf.

Kohlensaures Gas ist acide ignée mit ...
Phlogiston und vielem Wasserdampf. Das Licht ...
len erdigen und alkalischen Substanzen, weil sie alle ...
Erhitzen auf einer Platte leuchtend werden. Bey ihrer ...
handlung im Feuer oder mit Säuren wird die ...
Säure desselben modificirt und dadurch zu Luftsäure. ...
Nahmen gab ihr Bergmann, nicht weil sie sich in ...
Luft befindet, sondern weil sie vom Sonnenphosphor ...
stammt, dem Princip aller athembaren Luft.

Atmosphärische Luft ist nicht aus Sauer...
und Stickgas zusammengesetzt, sondern besteht aus ...
nenphosphor (oder Elementarsäure und Phlogiston)
Wasserdampf, deren Verhältniß sich nicht bestimmen ...
Stickgas ist unreine Luft, Priestley's phlogi...
Luft. — Alles, wovon vor der pneumatischen Chemie nicht
die Rede war, kann der Verf. auch nicht begreifen und
sagt daher nichts Eigenes darüber: so ist es beym Kohlenstoff. Er sey (nach Deluc) schwere brennbare Luft;
Diamant sey (nach Sage) aus einer alkalischen ...
und Feuersäure zusammengesetzt. Kohle ist eine Art ...
Phosphor, mit Phlogiston überladen.

Phosphor, Schwefel sind Phosphorsäure — Schwefelsäure mit Phlogiston; letzteres hat Stahl synthetisch ...
analytisch bewiesen.

Metalle bestehen aus einer, in jedem besonders ...
dificirten, Erde, phlogistique (un soufre ou phosph...
métallisant) und acide solaire, welches die Ur...
ihres großen Gewichts ist. Die Verkalkung, (z. B. ...
Zinns in dem bekannten Versuch) erklärt er folgender ...
stalt: „der metallisirende Schwefel wurde zerlegt, ...
phlogistique verband sich mit der Luft des Gefäßes ...
verminderte ihr Volum, die Leere des Kolbens wurde ...

le Elementarfeuer durch den Verlust eines großen Theils des phlogistique, gab dem Kalk Gewicht. Es fand sich im Ganzen das vorige Gewicht wieder, weil es der Erfolg der Uebertragung des phlogistique ist, dessen Berücksichtigung das Volum des Metalls, als es in den Kalkzustand überging, verminderte." In verschlossenen Gefäßen könne daher die Verkalkung nicht Statt finden, oder höre bald auf, weil der phosphore métallisant nicht zersetzt werden und das phlogistique nicht in die Luft übergehen könne, deren Bestandtheil erbältniß dadurch verändert wird, was sie zum Athmen untauglich macht. Bey den Kalken, welche Sauerstoffgas ausgeben, geschehe dies dadurch, daß das Feuer das in ihnen befindliche acide ignée mit phlogistique verbindet. Beym Verkalken in Lebensluft soll das acide ignée derselben in das Metall treten, den phosphore des letztern langsam zersetzen und durch das phlogistique verliere dann die Luft an Volum und Gewicht. Folgende Stelle möge hier noch im Original stehen: Le métal, exposé au feu, reçoit un nombre prodigieux de molécules qui le dilatent et augmentent sa volume. Il occupe un plus grand espace. Comme sa gravité spécifique est toujours égale au volume déplacé, une chaux métallique doit avoir une gravité spécifique plus grande, sans que sa pesanteur absolue soit augmentée, a moins, qu'on ne voulût y joindre le poids réel, quoique impondérable, des molécules du feu. Cette étiologie ignée va assez bien avec les 10 ou 12 livres d'augmentation, que prend le plomb, en se calcinant; mais elle est au défaut, quand on compare, avec cette augmentation en volume, les 45 livres d'accrétion de poids, que prend le fer en passant à l'état de chaux. — Aucune théorie connue ne peut rendre parfaitement raison des 45 livres d'accrétion: — car enfin qu'el volume énorme d'oxigéne ne faudrait'il pas pour faire un poids de 45 livres? Convenons donc, que l'explication est au dessus des forces de l'esprit humain.

Ueber die erdigen und alkalischen salzfähigen Basen. Ein heterogenes Gemengsel, worin auch nicht Eine eigentliche Idee anzutreffen ist. Säuren und Alkalien haben (nach de la Metherie) die größte Aehnlichkeit, beyde

Berthollet hingegen nimmt bey Vergleichung der eigentlichen Wirksamkeit zweyer Stoffe auf die Verwandtschaft und Gewichtsmenge zugleich Rücksicht. Das Product aus der Verwandtschaft in die Gewichtsmenge ist die chemische Masse, wodurch die eigentliche Wirksamkeit einer gegebenen Gewichtsmenge bestimmt wird. Man sieht also, daß Massengrößen und chemische Masse wesentlich verschiedene Begriffe sind. Die Stöchyometrie hat noch nicht die Wirksamkeit der Stoffe im Verhältniß ihrer chemischen Masse untersucht und dieses ist auch nach dem bisherigen Zustande der chemischen Wissenschaft nicht einmahl bestimmt auszuführen: deshalb aber wird Herr Dr. Richter gewiß nicht die Wirksamkeit der Stoffe in Verhältniß ihrer chemischen Masse, im Sinne Berthollets, bestreiten wollen.

Dies glaubte ich, mancher Leser wegen, jenem Nachtrage zufügen zu müssen.

2. Einige Bemerkungen über die chemische Nomenklatur.

Von C. Roloff.

Die Festsetzung einer möglichst bestimmten und zweckmäßigen chemischen Nomenklatur ist schon häufig zur Sprache gekommen, und verschiedene Chemiker haben auch bereits mit derselben Veränderungen theils vorgeschlagen, theils wirklich vorgenommen, so daß es gewiß der Wunsch eines Jeden seyn wird, welcher sich mit dem Studium der Chemie beschäftigt, endlich eine solche Nomenklatur zu Erleichterung seines Studiums, und zu schnellerer Uebersicht der gesammten Chemie allgemein eingeführt zu sehen [1]).

Als Grundlage einer solchen behält gewiß die mit so vielem Scharfsinne entworfene Gren'sche den ersten Platz, von dem auch Girtanners harte Einwürfe sie nicht ver-

---

1) Es wird vielleicht nie und besonders jetzt keine ganz bestimmte und allgemein eingeführte Nomenklatur möglich seyn, (was eigentlich auch wohl nicht zu wünschen seyn mögte, denn es würde eine geistige Erstarrung anzeigen), weil der Zustand der Wissenschaft dies nicht zuläßt. Man habe nur ihre Grundsätze bestimmt. S.

dringen werden, welche mir überhaupt der Ausbruch des Verdrußes über die fehlgeschlagene Hoffnung, seine eigene von allen Chemikern angenommen zu sehen, zu seyn scheinen; denn bey Vergleichung dieser Nomenklatur mit der Gren'schen springen die Vorzüge der letztern, welche auch Herr Hofrath Scherer an mehreren Stellen seiner Nachträge einleuchtend gemacht hat, deutlich in die Augen.

So vortrefflich und brauchbar aber die Gren'sche Nomenklatur ist, wofür ihre beynahe allgemeine Annahme den besten Beweis liefert, und mit so vieler Einsicht auch die Benennungen in derselben abgeleitet und gebildet sind: so haben sich dennoch, wie es mir scheint, hier und da unrichtig geformte, vorzüglich lateinische, Wörter in dieselbe eingeschlichen.

Da es jedoch nicht gleichgiltig seyn kann, ob man sich eines richtig oder unrichtig abgeleiteten, und analogisch oder analogiewidrig gebildeten Wortes in dieser Nomenklatur bediene, und da überdies diese Rücksicht bey Bildung neuer Namen nicht immer, wie sie es doch in der That verdient, gewürdigt zu werden scheint; so wird es mir vergönnt seyn, hierauf aufmerksam zu machen und für verschiedene uns grammatische Wörter dem chemischen Publikum richtigern zur Prüfung vorzulegen. Es verdient dies um so mehr Aufmerksamkeit, da in manchen Ländern z. B. in Rußland, Oesterreich, Hungarn die Vorträge auf Universitäten in lateinischer Sprache gehalten werden. Ich bescheide mich übrigens gern, daß man bey Bildung der Kunstwörter, der systematischen Ordnung wegen, dem Lateine zuweilen Zwang anthun müsse, und nicht immer streng grammatisch verfahren könne, indessen sollte man wenigstens, so viel als möglich, auf die Regeln der Grammatik und auf die Analogie Rücksicht nehmen.

Gren hat zuerst sehr scharfsinnig den Zustand der Metalle in ihren Verbindungen auf die Nomenklatur mit übergetragen, und den Namen der vollkommen oxydirten Metalle die Endung icum, denen der unvollkommen oxydirten aber die Endung osum, beyden als Substantiven gegeben. Diese Bezeichnung ist an sich so treffend gewählt, sie gewiß alle Nachahmung verdient, aber hat Gren nicht einige Namen zu hart gebildet? — So nennt er im vollkommen oxydirten Zustande: Ferricum, im unvollkommen oxydirten: Ferrosum. Hiervon trifft obiger Vorwurf das Substantivum Ferricum, gewiß denn man hat nur wenige von den neutris secundae declinationis derivata adjectiva in icus, z. B. bellicus von bellum, coelicus von coelum, metricus von metrum, aber dieselben werden nie substantive gebraucht. Ich würde daher Ferraticum für Ferricum vorschlagen, da ähnliche von wirklichen Participiis hergenommene Wörter vorhanden sind, und überdem Scribonius comp. 146 das Participium, ferratae aquae, schon gebraucht hat. Die rivirten doch die Römer immer streng analogisch, warum sollten wir also diesem Beyspiele, so viel es die Grundsätze unsers Systems zulassen, nicht folgen? — Ferrosum hingegen ist richtig und stimmt ganz mit der Analogie überein, denn die derivata in osum wurden immer von den Substantivis gebildet. Demnach würde es heißen müssen: Auraticum von auratus, Aurosum (Pallad.) von Aurum; Argenticum von argentatus, Argentosum (Plin.) von Argentum; Plumbaticum von plumbo, (atus,) are, Stanniticum von stanno, are; Stannosum von Stannum u. s. w. Eben so würde man auch einige Adjectiva bey den Eisenen nach dem Beyspiele der Römer analogisch richtiger derivieren müssen. Gren hat in seiner Nomenklatur die Adjectiva muriaticus und muriatosus gebraucht; hiervon ist aber das letztere offenbar unrichtig derivirt; denn meines Wissens giebt es kein einziges derivatum in osus von den Participiis in tus. Die Analogie gebietet von muria muriosus zu machen, eben so wie die Römer von aqua aquosus und nicht von aquatus aquatosus machen, sondern aquaticus wie muriaticus von muriatus. Man würde also auch sagen müssen acetaticus von aceto, are und acetosus von Acetum; nitraticus von nitratus (Cicero gebraucht schon nitratae aquae) und nitrosus von Nitrum; sulphuraticus und sulphurosus von Sulphur. Statt des gebräuchlichen Wortes sulphuricus würde man freylich der Analogie nach sulphurinus (wie vulturinus) sagen müssen; denn man sagt zwar: aulicus, ciricus, lyricus etc. aber nie fulguricus, furfuricus, vulturicus. Da aber diese Endung dem einmal angenommenen Grundsatze in der Chemie, nach welchem die vollkommenen Säuren icus und die unvollkommenen osus haben, zuwider ist, so würde ich der Analogie der übrigen hierher gehörigen Adjectivorum gemäß, das obige gultphusicus vorschlagen. Die Adjectiva malicus und succinicus wären zwar ebenfalls der Analogie zuwider, doch haben diese mit bellicus, coelicus, metricus Aehnlichkeit und könnten deshalb wohl stehen bleiben; eben so ginge carbonicus wie Platonicus und Laconicus wohl an. Auch fluoricus ist unrichtig derivirt, die Analogie rieth zu fluxuosus, (wie aestuosus von aestus) und noch mehr zu fluctuosus, welches man schon beym Plautus findet. Da dies aber Mißverständnisse in Absicht des vollkommenen oder unvollkommenen Zustandes der Säure erregen könnte, so würde ich für die vollkommene Säure Acidum flucticum (vom Participio), für die unvollkommene Acidum fluorosum und für das Radikal derselben Flucteum vorschlagen. — Statt carbonatea (corpora) muß es carbonata heißen, eben so wie Statt Ammoniacum Ammonium, (ammoniata corpora), welches auch jetzt schon häufiger gebraucht wird. Die Adjectiva formicus und bombicus sind vollends gegen alle Analogie. Man kann von Formica und Bombyx eben so wenig ein Adjectivum formicus, a, um und bombicus, a, um machen, als von mica, micus, a, um und von radix radicus, a, um. Eigentlich würde man mit Plautus formicinus und mit Plinius bombycinus sagen, da dies aber dem Systeme zuwider ist, so müßte es doch wenigstens formicicus und bombycicus heißen. Eben so unrichtig ist Acidum uricum und gallicum. Ersteres muß urinicum, und Statt des letztern Adjectivs, welches, ungeachtet Gren schon die Unrichtigkeit desselben gefühlt hat, noch von mehrern chemischen Schriftstellern gebraucht wird, müßte es wohl billig der Analogie nach gallaticum heißen, von dem alten Verbo gallo, are, welches schon Varro gebraucht hat; denn Grens gallicum ist unrichtig, weil es nicht von gala, sondern von galla kommt. Auch Acidum sacharo-lacticum ist unrichtig und noch unrichtiger sacho-lacticum; es müßte Acidum lacti-sacharicum heißen, weil die erstern Adjective durch Zuckermilchsäure übersetzt werden müßten.

Manche der oben angegebenen Namen werden freylich Anfangs etwas ungewohnt klingen, auch könnte man einigen den Vorwurf eines schiefen Sinnes, der ihnen von der Bedeutung des particip. oder infinit. verbi anklebt, machen. Allein hier ist es, meiner Meynung nach, genug, wenn die bestimmte Bedeutung durch Uebereinkunft festgesetzt ist und unter den schon jetzt gangbaren Namen giebt es ebenfalls viele dergleichen, z. B. nitrosus heißt voll Salpeter, muriaticus, in der Salzlake liegend, gesalzen u. s. w. ohne daß wir bey acid. nitros., acid. muriaticum daran denken.

Die beyden grammatischen Fehler Gas Oxygenium und Hydrogenium Statt Oxygenii und Hydrogenii findet man auch beynah allgemein; da aber letztere Genitivi zu dem Mißverstande Veranlassung geben könnten, als sey es ein Gas ex Oxygenio aut Hydrogenio obtentum, so würde ich dafür die beyden Adjectiva oxygenuus und hydrogenuus vorschlagen.

Ferner sey mir noch erlaubt, Einiges über die teutsche Nomenklatur beyzubringen.

Gren hat hier ebenfalls den Unterschied der vollkommenen und unvollkommenen Säuren sehr scharfsinnig durch die Flexion der Endsilbe angezeigt, so daß er der unvollkommenen Säure die Endung igt giebt. Diese Endsilbe wird aber von Adelung ganz verworfen, es müßte dem nach icht heißen, wie dies auch schon einige Chemiker in ihren Schriften eingeführt haben. Aber warum sagt man nicht geradezu ig, da doch dies in den Zusammensetzungen weit angenehmer klingt, und auch Adelungs Regeln von der Bildung der Adverbien und Adjectiven nicht zuwider ist. — Auch hat Gren das Wort Metallkalk in seiner Nomenklatur beybehalten, und so triftige Gründe zur Vertheidigung desselben beygebracht, daß es bis jetzt noch von vielen Chemikern gebraucht wird; gleichwohl scheint mir das vom Hrn. Geh. Rath Hermbstädt vorgeschlagene, und auch vom Hrn. Hofrath Scherer vertheidigte Wort: Oxyd die Sache eben so gut und noch zweckmäßiger auszudrucken, da man alsdann auch im Teutschen den verschiedenen Oxydationszustand der Metalle in ihre Benennung legen kann. Für den vollkommen oxydirten Zustand würde man alsdann das Wort Oxyd und für den unvollkommenen das Wort Oxydul brauchen, und beyden Worten dem Namen des Metalles anhängen können, da man überdies die Adjective oxydirte und oxydulirte Metalle, ob sie gleich länger sind, schon häufig findet; so wie der Prozeß, wobey diese Oxyde und Oxydule erhalten werden, das Oxydiren und Oxydulisiren heißen müßte. Dieses Oxydiren darf aber meiner Meynung nach nicht mit Oxygeniren verwechselt werden, wie dies, ungeachtet Herr Geh. R. Hermbstädt schon darauf aufmerksam gemacht hat, dennoch häufig geschieht; Oxygenata würden solche Stoffe seyn, die den Zustand einer wirklichen Säure angenommen haben. Auf die von Gren übersehene Unrichtigkeit, daß ein Metall nicht als solches, sondern nur mehr oder weniger oxydirt, in einer Säure aufgelöst seyn kann, und also Grens Salzbenennungen die jenen Begriff involviren, nicht beybehalten werden können, hat schon Herr Geh. R. Hildebrandt aufmerksam gemacht.

Es wäre ferner sehr zu wünschen, daß man für die verschiedenen Zustände der Salzsäure endlich allgemein eingeführte bestimmte Namen hätte. Gren nennt bekanntlich die gemeine Salzsäure: salzigte (salzige) Säure, und die oxygenirte: Salzsäure. Gegen diese Benennungen haben aber der Herr Geh. R. Hermbstädt und Herr Geh. R. Hildebrandt nach meiner Meynung solche gegründete Zweifel erhoben, daß man wohl die Benennungen: Salzsäure, oxydirte Salzsäure und überoxydirte Salzsäure allgemein beybehalten könnte. Nach Chenevix wäre freylich die bisherige Salzsäure = dem Radikal der Salzsäure (mureum); die oxydirte Salzsäure = der Salzsäure (acidum muriaticum); und die überoxydirte Salzsäure = der oxydirten Salzsäure (acidum muriaticum oxygenatum). Uebrigens werde ich mich über diese Bemerkungen von competenten Richtern gern eines Bessern belehren lassen.

---

3. Preisfrage der zweyten Klasse der Teyler'schen Stiftung zu Haarlem, vom Januar 1805.

Auf die im Jahr 1803 aufgegebene Frage:

Erhellet aus der Geschichte der Naturlehre, daß die Anwendung sogenannter metaphysischer Grundsätze zur Erweiterung dieser Wissenschaft jemals etwas beygetragen hat? — oder lehrt sie im Gegentheil, daß man in der Naturlehre

auf keine andere Weise Fortschritte machte, als
durch Beobachtungen und Erfahrungen, durch
daraus hergeleitete bündige Folgerungen, und
darauf gegründete mathematische Berechnungen
und Beweise? — und welche Lehren giebt die
Geschichte der Naturlehre in dieser Hinsicht ihnen, die sich bemühen, zur Erweiterung dieser
Wissenschaft auf die nützlichste Weise thätig zu
seyn?

Waren drey, nicht genügende Abhandlungen in deut-
scher Sprache eingelaufen. Die Gesellschaft wiederholt also
diese Frage, und erwartet die Beantwortung vor dem
ersten April 1806. Der Preis ist eine goldene Eh-
renmünze, an Werth 400 holländische Gulden. -

Die Bedingungen siehe bey der Preisfrage von 1804
in diesem Journal, Bd. 2. Hft. 6. S. 697.

---

4. Ueber die Milch und die Milchsäure.
von Bouillon-Lagrange.

Herr Bouillon-Lagrange hat zu zeigen gesucht, daß
die Milchsäure Scheele's keine besondere Säure sey, in
einer Abhandlung, [2]) welcher keineswegs die Klarheit und
die gute Ordnung eigen ist, welche die des großen Chemikers besitzt [3]) und durch ein Verfahren, welches, im gewöhnlichen Schlendrian eingerichtet, bloß am Aeußern klebt,
Folgendes ist das Wesentliche seiner Bemerkungen:

Die Milch zeigt schon im frischgemolkenen Zustande
Säure durch Röthung des Laccmuspapiers. Destillirt man
sie, jedoch nur so weit, daß der Rückstand nicht zersetzt
wird, und fängt das Destillat in verschiedenen Portionen
auf, so ist die erste nicht sauer, die zweyte röthet Lacmus

---

[2]) Annales de Chimie Nro. 150. Prairial XII. T. L. P. 272
— 296.

[3]) S. dessen Schriften, herausgegeben von Herbstädt,
Bd. 2. S. 249 u. f.

papier und fället schwach Silberaußlösung, die dritte hat
wieder keine Wirkung auf Lacmuspapier, welches aber von
der rückständigen Milch noch geröthet wird. Die rückständige Säure scheint also nicht flüchtig zu seyn und von der
thierischen Substanz oder sonst etwas zurück gehalten zu werden.

Was für eine saure Substanz man auch anwendet,
um die Milch gerinnen zu machen, als verschiedene Säuren,
Alaun, Weinstein, so ist von diesen, sofern man nur die
eben nöthige Menge angewandt hat, in den Molken nichts
enthalten, sondern sie verbinden sich mit dem käsigen Theil,
woraus man sie durch angemessene Mittel darstellen kann;
die Molken sind sich immer ganz gleich. Barytauflösung
bewirkt zwar in den Molken einen in Salpetersäure unauflöslichen Niederschlag, wenn man Schwefelsäure oder Alaun
angewandt hat: dieser rührt aber nicht von jenen Gerin-
nungsmitteln, sondern von etwas in den Molken befindlichem schwefelsauren Kali her und erfolgt auch in jeder aus
dem Molke.

Der käsige Theil, der sich an freyer Luft bey einer
Temperatur von 12 bis 20° absondert, hat einen merklicher
sauern Geschmack als der auf eben erwähnte Art abgeschiedene. Warmes Wasser entzieht ihm, so wie dem auf andere Art abgeschiedenen, die Säure und röthet dann das
Lacmuspapier. Die Molke, welche man auf diese Weise
erhält, unterscheidet sich von der künstlich dargestellten, ebenfalls durch einen sauern Geschmack und eine schmutzige weißliche Farbe. Durch Filtriren wird sie zwar klar, hat aber
nie die Farbe der künstlich bereiteten Molke. Ließ man die
Gerinnung in einem pneumatischen Apparat erfolgen, so
zeigte sich weder eine Absorbtion noch Entwickelung von
Gas: nur geschah die Absonderung der käsigen Substanz
erst in einigen Tagen. In einer ganz mit frischer Milch
angefüllten und fest verstopften Flasche erfolgte die Scheidung in einigen Tagen. Beym Oeffnen der Flasche fuhr
mit Zischen eine elastische Flüssigkeit heraus, die durch
Schütteln in noch größerer Menge erhalten werden konnte
und sich wie kohlensaures Gas verhielt, welches von der
Zersetzung eines Theils Milchzucker und etwas thierischer
Substanz herrührte. In dem Maße, als dieses sich entwickelte, verlor die Flüssigkeit ihren sauren stechenden Geschmack und nach dem Aufkochen schien sie nicht saurer,
sondern vielmehr süßer zu seyn, als die an freyer Luft ent-

standene Molke. Der Zutritt der letztern ist demnach zum Gerinnen der Milch nicht nöthig.

Nach Verschiedenheit der Mittel, die zur Abscheidung des käsigen Theils gedient haben, ist er in seiner äußern Form und Beschaffenheit verschieden: der durch Säure abgeschiedene ist fest und trocken, der an freyer Luft gerunnene ist weniger zusammenhängend, zum Theil im Wasser auflöslich; der im pneumatischen Apparat und in einer verstopften Flasche entstandene ist nicht krümlicht und leicht, er giebt sich erst in einigen Stunden zusammen; der durch Alkohol ausgeschiedene ist auch bis auf einen gewissen Punkt im Wasser auflöslich.

Läßt man frische Molken zehn bis zwölf Tage der Luft ausgesetzt, so wird sie saurer, indem sich auf Kosten der zuckrigen Substanz vermittelst der in der Flüssigkeit zurückgebliebenen Kohlensäure und Alkohols Essigsäure bildet. Die gesäuerte Molke giebt etwas weniger Milchzucker, als die frische. Löst man reinen Milchzucker für sich in Wasser auf, so geht er nicht in Säure über, wie lange man ihn auch an der Luft stehen lassen mag. Löset man Milchzucker in schwachem Essig auf und thut etwas frisch abgeschiedenen Käse hinzu, so nimmt die Flüssigkeit diesen auf und erhält dann, wenn man die überschüssige Säure durch einige Tropfen Alkaliauflösung abstumpft, das Ansehen einer Milch, und einen süßen milchähnlichen Geschmack.

Die freye Säure, welche in frisch gemolkener Milch, und in frischen Molken befindlich ist, schien Essigsäure zu seyn.

Das von S c h e e l e angewandte Verfahren zur Darstellung seiner Milchsäure ist nach Herrn B o u i l l o n - L a g r a n g e sehr umständlich und kostspielig und giebt keine reine Säure. Er suchte daher ein einfacheres. Behandelt man nach S c h e e l e's Methode frische Molken, ohne sie wie er, eine Zeit lang beym Zutritt der Luft stehen zu lassen: so erhielt man nur eine kleine Menge Säure, die weniger gefärbt ist und einen stärkern thierischen Geruch hat. Diese Säure schien, bey der geringen Menge, B o u i l l o n = L a g r a n g e diejenige zu seyn, die sich frey in der frischen Milch befindet.

Anstatt des Kalkwassers und der Kleesäure, die Scheele anwandte, bediente er sich des Baryts oder des Stron

tion und der Schwefelsäure. Er versuchte auch das von
einigen vorgeschlagene essigsaure Bley. Allein der erhaltene
Niederschlag ist kein milchsaures Bley, sondern eine Verbindung von Bleyoxyd und thierischer Substanz, und giebt,
wenn man ihn durch Schwefelsäure zersetzt, keine Säure.

Durch Behandlung mit ausgeglühtem Kohlenpulver
verlor die Milchsäure zum Theil ihre Farbe und ihren Geruch. Destillirte man sie, so gieng Essigsäure über, und es
blieb eine dicke, gelbe, sehr saure Substanz zurück. — Dieselben Erscheinungen zeigten sich, aber in höherm Grade,
wenn man Mollen 15 Tage lang einer Temperatur von
15 bis 20° aussetzt, und sie dann destillirt. Aus dem
Rückstande in der Retorte zieht Alkohol eine Tinktur, die
nach dem Abgießen und Abziehen in einer Retorte eine
Säure von besonderm thierischem Geruche zurück ließ, welche
die Eigenschaften der vorigen zeigte.

Aus diesen Erscheinungen schloß Bouillon-Lagrange,
daß die Scheele'sche Milchsäure eine zusammengesetzte
Säure sey. Um ihre Beschaffenheit nun näher kennen zu
lernen, bereitete er sie ganz nach Scheele's Vorschrift
und erhielt eine Säure, die eine gelbe Farbe und sehr sauren
Geschmack besaß und folgende Eigenschaften zeigte: 1. Mit
lebendigem Kalk entwickelte sich Ammonium; 2. wurde sie
mit Kali gesättigt und in gelinder Wärme verdampft, so
schied sich eine braune im Wasser unauflösliche Substanz
aus, durch nachheriges Erhitzen in einem Tiegel verbrannte
das Salz mit Aufblähen und einem thierischen Geruch; der
Rückstand enthielt Blausäure; 3. Schwefelsäure entbindet
aus Milchsäure oder milchsaurem Kali nicht nur Essigsäure,
sondern auch eine elastische Flüssigkeit, die bey Berührung
mit Ammonium dicke Nebel bildet; destillirt man in vorge-
schlagenes Wasser, so riecht dieses sehr deutlich nach Essigsäure, röthet das Lacmuspapier und fället salpetersaures
Silber. Der Rückstand in der Retorte, ist, zur Trockne
abgedampft, braun und sehr sauer (von Schwefelsäure oder
Milchsäure?); im Platintiegel verbrannte er mit Aufblähen
und ließ nach dem Einäschern bloß das gebildete schwefelsaure Kali zurück, welches ein wenig Eisen enthielt; 4. dampft
man Milchsäure zur Trockne ab und äschert sie dann ein,
so bleibt eine Substanz zurück, die sich durch ihr Verhalten
als salzsaures Kali zu erkennen giebt.

Hieraus schließt nun Bouillon-Lagrange, daß Scheele's Milchsäure aus Essigsäure, salzsaurem ... einer geringen Menge Eisen und einer thierischen Substanz bestehe.

Scheele hat die Aehnlichkeit der Milchsäure mit der Essigsäure sehr gut eingesehen und sie in der angeführten Abhandlung deutlich ausgesprochen. Wird man denn aber nicht bald Erfahrungen genug gesammelt haben, um ein- zusehen, daß, wenn auch der chemischen Thätigkeit organi- scher Substanzen ein ähnlicher Typus zum Grunde liegt, doch die Erscheinungen während dieser Thätigkeit und die Producte derselben bey thierischen und vegetabilischen Sub- stanzen nach ihrer spezifischen Natur besonders modificirt sind und daß man durch solche Zerlegungsproceduren, wie im Vorstehenden angeführt sind, über diese Modificationen nicht das Mindeste lehre und daß die Vorstellung, die man über diese specifisch modifirten Producte hat, als seyen es Verbindungen mehrerer heterogener Gemische, wie hier die Milchsäure aus Essigsäure und thierischer Substanz, un- richtig sey?

5. Analyse des Rothenburger Kupfervitriol-Mutter- laugensalzes.

Von Dr. Richter.

Dieses Salz, welches mir von dem K. Bergw. und Hütten- Departement zur Untersuchung, besonders auf Nickel, com- mittirt wurde, war in der Mutterlauge, welche bey der Bereitung des Kupfervitrioles aus dem sogenannten Dämp- stein 4) zu Rothenburg rückständig bleibt, angeschossen. Seine Farbe war mißfarbig grün und die Krystallengestalt ...

---

4) Im Grunde nichts weiter als geschmolzener Kupferkies; es erfolgt bey dem Schmelzen der Kupferkiese, oder des durch Schwe- fel verletzten Kupfers, um desto mehr, je weniger die Erze durch Rösten von dem Schwefel befreyet worden, und je schwefelhalti- ger die Coaks sind, welche man als Brennmaterial bey dem Schmel- zen oder der Production des Schwarzkupfers (Rohkupfers) anwendet. R.

auch von der eines reinen Kupfervitrioles nicht unbeträgtlich ab.

1. 300 Theile des ~~~~~~~gen Kupfervitrioles oder Ku-
pfervitriol-Mutterlaugen-Salzes wurden in Wasser
aufgelöset und mit hydrothionsaurem Ammonium gefällt: der wohl ausgesüßete und geröstete Niederschlag
wog 77 Theile, und glich einem geglüheten, durch Alkalien aus der sauren Auflösung gefälleten, Kupferkalk.

2. Die abgeschiedene Salzlauge samt den Aussüßungs-
wässern abgedunstet und geglühet, ließen nach völlstän-
diger Verrauchung des schwefelsauren Ammonium
30 Theile eines Salzes im Schmelztiegel zurück, welches sich als schwefelsaures Kali bewieß; auf 100 Theile
des geprüften Vitrioles würden demnach 13 Theile
dieses Salzes zu rechnen seyn. Da 100 Theile ge-
geglühtes schwefelsaures Kali gegen 62 Theile Kali enthalten, so sind in 13 Theilen desselben, mithin auch
in 100 Theilen des Vitrioles, 8 Theile Kali *).

3. 3600 Theile des erwähnten Vitriols wurden in Wasser aufgelöst und mit entkohlensäuertem Ammonium
im Uebermaß vermischt; der entstandene dunkelgrüne
Niederschlag aber so oft mit frisch aufgegossenem Ammonium digerirt, bis letzteres sich nicht mehr blau
färbte; der dunkelgrüne Niederschlag wurde filtrirt,
und nach schnellem Trocknen geglühet; er wog 132
Theile und zeigte sich als einen in Säuren ohne Gasentwickelung auflösbaren Eisenkalk.

---

*) Daß Kali in dem Mutterlaugensalze war, beweiset das erhal-
tene Salz, welches Krystallisation, Schwerauflösbarkeit im Wasser,
Schwerschmelzbarkeit im Feuer, Geschmack und dgl. mit dem schwefelsauren Kali gemein hatte, mit Weinsteinsäure lange digerirt
und abgedünstet verursachte Trübung, übrigens aber durch Alkalien nicht getrübt wurde: ich mußte es also für schwefelsaures
Kali anerkennen, denn es konnte weder schwefelsaures Natrum,
Ammoniak, Kalkerde u. d. m. seyn. Wo aber schwefelsaures Kali
ist, da ist auch Kali; ich vermuthe, daß dieses bloß zufällig durch
das Auslangen der verwitterten Kieshaufen oder auch da man
bey dem Einsieden zuletzt, um die Krystallisation zu befördern, die
überschüssige Säure durch etwas Asche und Aschenlauge bisweilen
abzustumpfen pflegt, in die Salzmischung übergegangen ist.

R.

In 100 Theilen des Vitriols wären demnach 25 Theile solchen Eisenkalks enthalten.

4. Die von dem Versuch (3) gewonnenen saphirblauen ammonialischen Flüssigkeiten wurden in zwey Theile getheilet; die eine Hälfte dunstete ich ab und setzte während des Abdunstens nach und nach so viel kohlensauertes Kali hinzu bis sich kein Geruch von Ammonium mehr erzeugte; ehe die Mischung trocken erschien fügte ich noch etwas mildes Kali hinzu. Die bis zur Trockene gebrachte Salzmischung wurde nunmehr gelinde geglühet, sodann aber wieder in Wasser aufgelöset, und das unauflösbar bleibende grünlich schwarze Pulver welches geglühet 319 Theile wog, in einem kleinen bedeckten Schmelztiegel ohne brennbaren Zusatz dem Porcellainfeuer ausgesetzt. Das Resultat bestand in einer schwärzlich blaulichbraunen, den Tiegel durchdrungen habenden, Schlacke, ohne alle Spur eines regulinischen Korns. Einige kleine an den Seiten des Tiegels von der Schlacke gleichsam abgesonderte kleine graugrüne harte sandförmige Theile ließen inzwischen folgenden Schluß ziehen.

a) Der Vitriol enthielt keinen Nickel, denn dieser reducirt sich per se zu einem sehr schönen, fast silberfarbenen Korn.

b) Die unschmelzbaren kleinen Körner konnten kein Kobaltkalk seyn, weil dieser schon per se, geschweige gar mit Kupferkalk, verglaset: sie mußten demnach ihr Entstehen einem fremden Körper zu verdanken haben.

5. Die andere Hälfte der Lauge (Versuch 4.) neutralisirte ich mit Schwefelsäure und unterwarf selbige einer wohl mehr als vier Monate lang fortgesetzten wiederholten Krystallisation: allein das Salz schoß unter allen Umständen nicht in zweyerley, sondern nur in einerley Krystalle an.

Der so oft wiederholten Krystallisations-Arbeit endlich müde, zerlegte ich das Ganze durch regulinisches Eisen, wodurch das Kupfer im regulinischen Zustande ganz abgeschieden wurde. Die vom Kupfer entblößte jetzt eisenhaltige Lauge, zerlegte ich sodann durch ge-

schwefelten Kalk, gießhald den wohl ausgesüßten Niederschlag so lange, bis kein Schwefelgeruch mehr wahrzunehmen war, und löſete solchen in schwacher Salpeterſäure auf. Die Auflöſung ließ ich bis zur Trockne
abdampfen, jedoch nicht bis zum Grade des ſiedenden
Waſſers erhitzen: die trockne braune Maſſe wurde nun
wieder in Waſſer aufgelöſt und der rückſtändige Eiſenocher wohl ausgeſüßt. Die geſammelten Flüſſigkeiten
miſchte ich zuſammen, dunſtete ſie bis auf die Hälfte
ab und vermiſchte ſelbige mit entkohlenſauertem Ammonium in ſehr großem Uebermaß; die von dem aus-
geſchiedenen Eiſenocher abgeſonderte Flüſſigkeit hatte
eine Braunfarbe; da nun dergleichen Kobaltauflöſun-
gen mehr ſcharlachroth zu ſeyn pflegen, ſo gab dieſer
Umſtand einen Verdacht, daß die ammonialiſche Flüſſigkeit, wenn ſie Kobalt enthielte, außer demſelben
noch einen andern Stoff enthalten müſſte.

6. Die ammonialiſche Auflöſung (Verſuch 5.) wurde abge-
dunſtet: ſo wie der Ueberſchuß des Ammonium ſich
entfernte, nahm die Flüſſigkeit eine, nicht ganz reine,
grüne Farbe an; ein polirtes Eiſen darin getaucht,
zeigte nicht die mindeſte Kupferſpur; als die Flüſſigkeit trocken zu werden anfieng, wurde ſie blaß ſchmutzig
violet und zerlegte ſich bey dem Hitzgrade des Siedens
mit einer kleinen Exploſion (des ſalpeterſauren Ammonium). Der Rückſtand beſtand in einem ſchwarzen
Kalke von 38 Theilen an Gewicht, welcher für ſich
allein der Auflöſung in Schwefelſäure widerſtand; die
Auflöſung erfolgte inzwiſchen ſehr leicht durch etwas
zugeworfenen Zucker, und hatte eine ins Braune ſpie-
lende grüne Farbe.

7. Die ſchwefelſaure Auflöſung (Verſuch 6.) mit kohlenſaurem Kali zerlegt, gab einen ſchmutzig blauen Niederſchlag; ich löſete ſolchen, ohne ihn erſt von der
Flüſſigkeit abzuſondern, wieder durch Schwefelſäure
auf: die wiederhergeſtellte Auflöſung lieferte nun durch
oft wiederholte Kryſtalliſation ein lauchgrünes, nicht
reichlich im Waſſer auflösbares, Salz und eine car-
meſinrothe Lauge, welche, bis zur Trockne eingewün-
ſet, eben ſo gefärbtes Salz darſtellt.

8. Das rothe Salz, durch Kali zerlegt, gab ░░░░░ Kobaltkalk, welcher geglühet 16 Theile ░░░; ░░ grüne Salz hingegen einen graulich blau░░░ ░erschlag, der geglühet ins schmuzig ░Grüne ░░░ und 23 Theile am Gewicht hatte. Dieser ░░░ in seinen Eigenschaften mit dem Kalke de░ ░░ fast zu gleicher Zeit entdeckten neuen Metall░, ░░░ ich Nikkolan genannt habe, ganz überein.

9. Da die 16 Theile Kobaltkalk und 20 Theile ░░░░ kalk aus der Hälfte der Masse von Versuch 4. ░░ standen sind, (m. vergl. 5.) welche 319 Theile kob░░ und nikkolanhaltigen Kupferkalk lieferte (m. vergl. 4.); so würde das Ganze 638 Theile betragen, und ░░ 32 Theilen Kobaltkalk, 40 Theilen Nikkolankalk ░░ 56░ Theilen Kupferkalk bestanden haben, was aus 3600 Theilen lauchgrünen Vitriols ausgeschieden ist; ░░ ░░ demnach in 100 Theilen desselben enthalten 16░ Th. Kupferkalk, $\frac{8}{9}$ Theile Kobaltkalk und $1\frac{1}{9}$ Theile Nik░ kolankalk.

10. Da das stöchyometrische Verhältniß zwischen Nikkolan und Schwefelsäure noch nicht bekannt ist, so läßt sich aus dem bisherigen, ohne einen besondern Versuch, wozu es mir aber, da mein Vorrath an erwähnten Vitriol zu Ende ist, an Material fehlt, der Säure gehalt nicht genau angeben, ich rechne selbigen daher in nachstehendem Finalresultat mit dem Krystallisations wasser zusammen.

100 Theile des Kupfervitriol = Mutterlaugensalzes . bestehen aus:

8 — — —	Kali
$3\frac{1}{8}$ — — —	Eisenkalk
$15\frac{4}{9}$ — — —	Kupferkalk
░ — — —	Kobaltkalk
$1\frac{?}{?}$ — — —	Nikkolankalk
$70\frac{?}{?}$ — — —	Schwefelsäure und Wasser.
100	

Wobey zu bemerken, daß die Gemeng = Theile in die sem Körper sehr ungleich vertheilt sind und daher jede Analyse in Hinsicht der Verhältnisse anders ausfallen muß; dies hat mich eben auch bewogen, den Hauptversuch mit

¼ Loth oder 3600 Theilen vornommen; überdies würde man bey einer Wandel, wie sie leider gewöhnlich, der beab= sichtigten Richtigkeit ganz zuwider, nur mit sehr kleinen Quantitäten veranstaltet wird, gar nicht vermögend gewe= sen seyn, die Beymischung des Nikkolans zu entdecken und es würden wahrscheinlich selbst geübte Analytiker das außer dem Kupfer und Eisen in dem Salze noch befindliche Oryd für bloßes Kobaltoryd erklärt haben, da das dem Kobalt beygemischte Nikkolan sich im Kleinen kaum entdecken läßt, besonders, wenn der Analytiker noch kein absolut reines Kobalt kennt.

Die grünliche Farbe des Mutterlaugen = Vitrioles rührt übrigens nur geringen Theils von dem Nikkolan, größten= theils aber von dem Eisenkalk her, der sich hier zum Theil schon in einem solchen Verkalkungsgrade befindet, daß er mit gelber Farbe erscheinet und auch der Auflösung in Schwefelsäure diese Farbe mittheilt, die dann mit der blauen Farbe des schwefelsauren Kupfers das Grün zusammensetzt, welches durch den rothfärbenen schwefelsauren Kobalt etwas ins mißfarbige oder bräunliche übergehet: wie denn dies alles per synthesin erwiesen werden kann.

———

6. Verfahren bey Färbung des türkischen Roths [*)

Von P. J. Papillon.

———

Herr Papillon hatte zu Glasgow vor mehreren Jahren eine solche Färberey angelegt. Im Jahr 1790 theilte er sein Verfahren, gegen eine Belohnung, welche ihm die Com= missarien und Curatoren der Manufacturen in Schottland zahlten, dem damahls noch lebenden Black in Edinburgh, unter der Bedingung mit, daß es erst in einiger Zeit be= kannt gemacht würde.

1. Auf 100 Pfund Baumwolle nehme man 100 Pfund alicantische Soda, 90 Pfund Perlasche und 100 Pfund

———

*) In van Mons Journal de Chimie et de Physique und Tilloch's philosophical Magazine. Febr. 1804. S. 45.

Kalk. Aus der Soda wird in einem zweckmäßigen Lauгенfaße mit Wasser eine Lauge bereitet, wovon die Stärke ein Ey tragen und an dem französischen Hydrometer 6° zeigen muß; eine schwächere muß 2° haben. Man nennt die eine starke, die zweyte schwache Sodalauge. Die Laugen, welche zuletzt ablaufen und noch schwächer sind, können zu einem folgenden Mahl auf frische Soda gegossen werden.

Die Perlasche wird in 10 Eymern (zu 4 Gallonen) Wasser und der Kalk in 14 Eymern aufgelöst.

Man läßt die Laugen sich setzen, bis sie klar sind, und mischt dann von jeder 10 Eymer zusammen. ⁊)

In diesen zusammengegossenen Laugen läßt man die Baumwolle fünf Stunden sieden, spült sie nächstdem in fließendem Wasser und läßt sie trocknen.

2. Man zerrühre zwey Eymer voll Schafmist in sechs Eymern starker Sodalauge, setze zwey Quarts Vitriolöl hinzu und 1 Pfund arabisches Gummi mit eben so viel Salmiak, die man vorher in der hinlänglichen Menge schwacher Sodalauge aufgelöst hat, zuletzt noch 25 Pfund Olivenöl, die vorher mit zwey Eymern eben solcher Lauge gut gemengt sind. Nachdem alle Ingredienzien gehörig verbunden sind, wird das Garn in das Bad hineingelegt und 24 Stunden darin liegen gelassen; nachher wird es ausgerungen und getrocknet. Dieses Verfahren wird noch zwey Mahl wiederholt und zuletzt das Garn gut gespült und getrocknet.

3. Die dritte Operation ist ganz wie die vorige, nur wird aus dem Bade der Schafmist weggelassen.

4. Die vierte besteht in der Gallung, wozu 25 Pfund zerstoßene Galläpfel mit 10 Eymern Wasser auf die Hälfte eingekocht werden, worauf man die Flüssigkeit in eine Wanne und auf den Rückstand kaltes Wasser gießt, um alles Ausziehbare heraus zu bringen. Wenn das Bad die Temperatur frisch gemolkener Milch angenommen hat, bringt man das Garn bundweise hinein, walkt es gut mit den Händen und läßt es 24 Stunden darin weichen. Hierauf wird es sorgfältig und gleichförmig ausgerungen und, ohne es zu spülen, getrocknet.

⁊) Die Beschreibung dieses Verfahrens ist äußerst undeutlich. G.

bedeckt den Keſſel und läßt es zwey Stunden gelinde ſieden. Hierauf ſpült man das Garn und läßt es trocknen.

---

7. Ueber das Vorkommen des ſauren ſchwefelſauren Kali in drey verſchiedenen Zuſtänden. [9]

Von J. B. van Mons.

Der Verfaſſer geht die Geſchichte des ſauren ſchwefelſauren Kali, die verſchiedenen Bereitungsarten, die Fälle in welchen es ohne Abſicht entſteht und die Meynungen über den Vorgang bey einigen der letztern, ſo wie die über die Natur dieſer Verbindung überhaupt, durch.

Sie iſt nach ihm dreyer beſonderer Grade von Sauerheit fähig, auf welchen es mehr oder weniger ſauer (jedoch immer mehr als das neutrale ſchwefelſaure Kali) iſt und in verſchiedenen Formen kryſtalliſirt.

Er erhielt ſie in dieſen drey Zuſtänden aus dem Rückſtande von Bereitung des ätheriſchen Salpetergeiſtes vermittelſt des Rückſtandes von Bereitung des Schwefeläthers, von welchem gegen Salpeter gleich viel genommen wurde.

Der Rückſtand war feſt, beynahe weiß und undurchſichtig. Man that, um ihn aufzulöſen, die Hälfte ſeines Gewichts ſiedendes Waſſer hinzu: die Auflöſung erfolgte auch wirklich; ehe die Flüſſigkeit aber noch auf ein Fünftel gebracht werden konnte gerann ſie von Neuem zu einer feſten, dießmahl durchſichtigen, Maſſe. Mit ungefähr dem 4ten Theil Waſſer mehr gerann ſie nicht weiter, wohl aber geſchah es wieder, als zu einem Theil der Flüſſigkeit etwas Schwefelſäure gethan wurde.

Mit ungefähr gleich viel heißem Waſſer aufgelöſt, ließ ſich die Auflöſung filtriren und ſetzte beym Erkalten eine dichte, kryſtalliniſche, halbdurchſichtige Salzmaſſe ab, worin man hin und wieder parallelepipedriſche Kryſtalle unterſchied.

---

9) Ausgezogen aus dem Journal de Chimie et de Physique par van Mons. Niv. XII. T. VI. P. 31 — 50.

Das Ganze aber war die Kryſtalliſation verwirrt und unmöglich zu beſtimmen. Die Flüſſigkeit wurde abgegoſſen, das Salz gewaſchen und durch Abtröpfeln getrocknet. Es verwitterte weder noch zerfloß es, hatte einen ſauren ſchwach bittern Geſchmack und war im Munde und im Waſſer nicht ſehr auflöslich.

In der abgegoſſenen Flüſſigkeit hatte ſich am folgenden Morgen ein zweytes Salz in platten, ſaftigen, ſilberweißen 3 bis 4 Zoll langen Streifen abgeſetzt. Es wurde, wie das vorige, abgewaſchen und getrocknet; es war weit ſaurer und auflöslicher. Uebrigens hielt es ſich vollkommen an der Luft, nur wurde es mit der Zeit undurchſichtiger und matt.

Die übrige Flüſſigkeit wurde nun, da ſie nach 24 Stunden nichts mehr abgeſetzt hatte, verdampft. Dies Mahl gab ſie ein vollkommen durchſichtiges, äußerſt ſaures und ſehr auflösliches Salz in rhomboidalen geſtreiften Blättern. Die rückſtändige Flüſſigkeit lieferte ferner dieſes Salz.

Bey Wiederauflöſung und Kryſtalliſirung eines Theils dieſer Salze behielten das erſte und dritte ihre Form; das zweyte aber wurde in die beyden erſten umgeändert und das dritte, mit dem erſten gemengt, gab das zweyte. Ein Zuſatz von etwas Schwefelſäure bildet das erſte in das zweyte, oder zum Theil in das dritte oder in beyde zugleich um, und das zweyte in das dritte. Das neutrale ſchwefelſaure Kali und das kohlenſaure bringen dieſe Salze nicht immer auf einen geringern Grad von Säure: das erſtere bleibt oft unaufgelöſt und das letztere bildet einen Theil des ſauerſten Salzes um und läßt das übrige auf demſelben Grade der Säure. Eben ſo bildet ſich, wenn man dieſe Verbindung unmittelbar aus Kali und Schwefelſäure zuſammenſetzt und das erſtere in Portionen zu letzterer thut im Anfange ſchwefelſaures Kali im Maximum der Säure und zu Ende neutrales ſchwefelſaures Kali und umgelehrt, wenn man entgegengeſetzt verfährt, ohne daß ſich die Zwiſchenſtufen zeigen. [10]) Ueberhaupt ſcheint es, daß in der Bildung der oben erwähnten Stuffen ſehr viel Un-

---

10) Alle dieſe Erſcheinungen können wohl nicht anders als Bedingungsweiſe, bey einem beſtimmten Grade der Temperatur nähmlich, erfolgen.   S.

beständiges herrsche. [11]) Bey Zersetzung gleicher ████
jener drey wohl getrockneten Salze durch salzsauren ███
erforderte das 3te ⅓ mehr dieses Enizes als ███ ███
und ⅓ mehr als das zweyte. Indessen, bemerkt van ████
sind diese Verhältnisse nur annähernd, denn er ████
bey mehrmahliger Wiederholung abweichend gefunden,
um etwas Bestimmtes darüber auszumitteln, ████ ███
auch das Verhältniß des Krystallenwassers bestimmen, ███
ches ihm leicht auszumitteln gewesen wäre.

Van Mons macht noch einige Bemerkungen im ██
gemeinen über das saure schwefelsaure Kali.

Ein starkes und anhaltendes Feuer verbunden ███ ███
freyen Zutritt der Luft entzieht ihm die freye Säure; ███
so das Digeriren mit Alkohol. Letzterer bewirke dies aber nicht
durch eine Verwandtschaft der Aetherbildung (⅓)
(die übrigens in ihrer Ursache bloß physisch, wiewohl ██
ihren Erfolgen chemisch seyn soll), denn die aus dem Salz
abgesonderte Schwefelsäure sey, da das neutrale schwefel███
saure Kali nur wenig Wasser zurück behält, mit dem Ma███
ximum desselben versehen, und kann daher nicht durch seine
Anziehung zu demselben (nach Fourcroy und Vauque███
lin) die Bildung von Aether bewerkstelligen; nur wenn man
es geglühet in großer Menge mit sehr starkem Alkohol de███
stillirt, wird dieser ätherhaltig. Aus diesem Grunde sey ██
sehr anwendbar zur Bereitung anderer Aether, z. B. des
Essig=, Salz=, Flußspathäthers, wo wegen der nothwen███
gen Zwischenkunft der Schwefelsäure es noch zweifelhaft
war, durch welche Säure sie eigentlich gebildet würden.

Das saure schwefelsaure Kali figirt sich mit dem ███
pelten (?) seines Gewichts an Krystallisationswasser; ██
gelinder Wärme zerfließt es und nimt beym Erkalten ein
emailartiges Ansehen an. Man kann dann damit ohne ██
starke künstliche Kälte bewirken: bey einer Temperatur
von — 9° brachte van Mons durch ein drey ████
wiederholtes Gemenge desselben mit trocknem frisch gefal███
nen Schnee eine Kälte von — 52° R. hervor.

Das saure schwefelsaure Kali geht mit den ████
salzfähigen Basen, durch die es nicht zersetzt wird, drey
fache Verbindungen ein, die bisweilen auch noch sauer sind.

11) Vergl. Berthollet's Statique chimique T. 1. ██
dieses Journal Bd. 2. S. 481 — 482. die Anm.　　　G.

Stahl hat sich mit diesen zuerst beschäftigt. Van Mons
hat nicht bestimmt, ob auf allen von ihm angegebenen
drey Sättigungsstuffen solche Verbindungen gebildet werden,
auch nicht mit welcher die folgenden unternommen sind.

Diejenigen Metalle, die durch Vermittelung der Schwefelsäure das Wasser zerlegen, wie Zink und Eisen, oxydiren
sich auf Kosten des letztern und lösen sich auf. Das Zink
bildet mit dem sauren schwefelsauren Kali ein neutrales Salz;
das Eisen zwey Verbindungen, eine mit Ueberschuß des
Oxydes, die andere mit Ueberschuß der Säure (un sel
oxidule et un sel acidule). Die erstere schlägt sich
beym Erkalten als ein weißes Pulver nieder, welches aber
in mehrerem Wasser auflöslich ist und ihm einen sehr merklichen Eisengeschmack giebt; die zweyte kristallisirt sich als
ein vollkommen weißes Salz, dessen Auflösung sich weder
in der Luft noch in der Wärme stärker oxydirt.

Auf Kupfer wirkt das saure schwefelsaure Kali in der
Kälte nicht; in der Wärme nur wenig. Das Kupferoxyd
aber löst sich in großer Menge auf und bildet, wie das
Eisen, ein Salz mit Ueberschuß von Oxyd, ein anderes
von Säure. In der Flüssigkeit, woraus sich ersteres abgeschieden, setzt sich zu gleicher Zeit gewöhnliches schwefelsaures
Kupfer, saures schwefelsaures Kali-Kupfer und efflorescir-
rendes saures schwefelsaures Kali ab, welches letztere nach
van Mons wahrscheinlich auf einem vierten Grade der
Sättigung ist.

Die Bleyglätte zersetzt nach und nach das saure schwefelsaure Kali und bildet schwefelsaures Bley, aber kein dreyfaches Salz. Das essigsaure Bley wird zu schwefelsaurem
Bley gefällt; die überstehende Flüssigkeit ist schön roseuroth.

Rothes Quecksilberoxyd wird in schwefelsaures Quecksilber mit Ueberschuß von Oxyd umgeändert, zugleich aber
bildet sich saures schwefelsaures Kali-Quecksilber, dessen
Mischung so fest ist, daß sie selbst bey überschüssig vorhan-
denem Oxyde besteht. Sie wird durch Salzsäure nicht gefällt, sondern der Zusatz dieser schützt sie vielmehr auch
gegen die Fällung durch kohlensaures Kali, welches sonst
reichlich rothes, etwas ziegelfarbenes, Oxyd fällt. Es muß
sich hier ein dreyfaches Salz bilden.

Van Mons bemerkt, daß, wenn man auch noch so
viel Oxyd in den vorher erwähnten Verbindungen anwende,
doch immer noch unzersetztes saures schwefelsaures Kali

übrig bleibe. Es scheine, daß ein bestimmter Punkt der Entsäurung Statt finde, über welchen hinaus die Metalle keine Wirkung weiter ausüben; indessen sey ihre Neigung, in solche dreyfache Verbindungen zu treten, auch nicht so groß, daß diese sich bilden, wenn auch eine große Menge freye Säure in der Flüssigkeit ist.

Er ermuntert noch zu einer häufigern und mannichfaltigern Anwendung des sauren schwefelsauren Kali, welches bey so manchen Arbeiten nebenbey erhalten werde. Man könne es zu mehreren solchen Zersetzungen anwenden; wie Lowitz es mit großem Erfolg zur Darstellung der concentrirten Essigsäure aus ihrer Verbindung mit Natrum angewandt hat; wozu es um so vorzüglicher ist, da die Schwefelsäure, weil sie in jener Verbindung mit ihrem Maximum Wasser verbunden ist, nicht auf die Essigsäure wirkt, ehe sie sich mit dem Natrum verbindet, und das schwefelsaure Natrum jenes Wasser zurück behält. Aus diesem Grunde ist leicht einzusehen, daß solche Basen, die in ihrer folgenden Verbindung das meiste Wasser mit einiger Festigkeit zurückhalten, und das am wenigsten saure schwefelsaure Kali, welches auch das wenigste Wasser enthalte, zu solchen Zersetzungen am geschicktesten seyn müsse. Da die Säure in demselben durch das Kali gebunden ist, so diene es sehr gut zu Zersetzungen, die einen starken Feuersgrad erfordern. Sein Verhalten zum Eisen eigne es sehr zur Wegschaffung der Tinten= und Rostflecke an die Stelle des Sauerkleesalzes; in der Färberey könne es dienen, um die Eisenfarben stellenweise fortzunehmen und zu einem sichern, weniger nachtheiligen und fast eben so ökonomischen Schönungsmittel, wie die Schwefelsäure; eben so mit gleichem Vortheil beym Gerben.

Schließlich erwähnt van Mons noch einer besondern Eigenschaft, die er an dem von der Destillation des versüßten Salpetergeistes, auf oben erwähnte Art, rückständigem sauren schwefelsauren Kali bemerkt hat. Ungeachtet das dazu angewandte Rückbleibsel von dem Schwefeläther sehr schwarz ist, so ist das Salz doch fast ganz weiß. Sobald es aber über den Siedpunkt des Wassers erhitzt wurde, setzte es auf den Körper, auf welchem man es erhitzte, in reichlichem Maße eine kohlige Substanz ab; wurde es durch und durch hinlänglich erhitzt, so erhielt es das Ansehen eines verkohlten vegetabilischen Salzes, und ließ dann bey nachheriger Auflösung eine beträchtliche Menge, je nach dem Grade der Hitze mehr oder weniger hydrogenirter Kohle zurück. Wurde der obige Rückstand aufgelöst und krystallisirt, so zeigte das krystallisirte Salz auch dieselben Erscheinungen. Wahrscheinlich hat, nach van Mons, die Salpetersäure, welche die schwarze Farbe des Schwefelätherrückstandes zerstörte, eine besondere Verbindung von Kohlenstoff und Wasserstoff bewirkt, die sich sehr leicht dehydrogenirt, und welche er abzusondern suchen und ihre Beschaffenheit untersuchen wird. Das Kalkwasser bewirkt in dem rückständigen Salze keinen Niederschlag, woraus er schließt, daß sich in diesem Verfahren keine Sauerkleesäure bilde, wie in dem gewöhnlichen.

Ob diese fremdartige Substanz, die, wie sich aus der obigen Erzählung der Darstellung des sauren schwefelsauren Kali unter den drey Formen ergiebt, vorher nicht abgeschieden worden, auf diese Formen, so wie auf die Erscheinungen bey den damit vorgenommenen Verbindungen, keinen Einfluß gehabt habe, darüber sagt van Mons nichts, wie sich denn noch manche andere Unbestimmtheiten und Flüchtigkeiten in seinem Aufsatze zeigen, welche darthun, daß er seine Arbeit nach keiner bestimmten Idee unternommen hatte.

8. Ueber einen besondern Zustand der Kuhmilch.

Von H. Einhof.

In vielen Molkereien äußert sich nicht selten bey der Milch eine besondere Veränderung, die sehr unangenehm ist, da sie die Ausbeute der Butter und des Käses verringert und die Benutzung der gesäuerten abgerahmten Milch, als Speise, verhindert. Man nennt sie in diesem Zustande, der sich erst nach dem Säuern zeigt, lange Milch [10]. Sie ist dann zähe, wie Schleim, und liefert eine Molke, welche sich in lange Fäden ziehen läßt. Der Rahm setzt sich zwar ab, aber der Käse ist schwer von einer Flüssigkeit zu scheiden, in welcher er schwimmt; diese hat den Geruch und

10) Parmentier und Deyeux in ihrem Werke über die Milch sind auf diesen Zustand nicht aufmerksam gewesen oder haben ihn nicht gekannt.

Geschmack einer frischen Molke, jener fließt, wenn er
durch Erhitzung sehr verdichtet ist, in mäßiger Wärme in
einander, und giebt eine zähe consistente halbdurch...
Flüßigkeit, die, außer im Geruche und Geschmacke,
Aehnlichkeit mit der zähen syrupsartigen Materie
welche sich auf altem, an feuchten Orten aufbe...
Käse zuweilen findet.

Diese Erscheinung äußert sich bey der Milch in ...
Jahreszeiten und bey jeder Fütterung; die Ursache ...
ist diesen also nicht zuzuschreiben, eben so wenig ...
sie in einem besondern Zustande der Atmosphäre, — ...
übrigens einen merklichen Einfluß auf die Milch zeigt, —
suchen kann, indem bey höchst verschiedener Witterung ...
Milch oft Wochen lang in den Molkereyen lang wird. Es ...
merkwürdig, daß man nicht in allen Gefäßen lange Milch
findet: unter zehn, die übrigens ganz gleichen Umst...
ausgesetzt werden, finden sich vielleicht nur drey, ...
Milch lang wird. Hieraus läßt sich abnehmen, daß ...
leicht in den Gefäßen selbst die Ursache derselben zu suchen ...
diese nicht einzelnen Individuen der Heerde beyzumessen ...

Ich theile hier kurz die Resultate der Versuche ...
die ich hierüber anzustellen Gelegenheit hatte.

Die zur Untersuchung gebrauchte Milch hatte ...
und war von ihrem Rahm befreyet. Käse und Molke hat...
ten sich zwar von einander größten Theils geschieden, allein
es war dennoch nicht möglich, beyde von einander zu tren...
nen. Da ich zuförderst die Molke untersuchen wollte, so
wurde die Milch in einem Wasserbade erwärmt, wobey der
Käse mehr gerann und sich nun bequemer von der Molke
abscheiden ließ.

Diese war halbdurchsichtig und hatte einen angeneh...
men säuerlichen Geschmack und den gewöhnlichen Geruch
der sauern Molke. Sie war so consistent wie eine dünne
Gallerte und ließ sich in lange Fäden ziehen. Lacmuspa...
pier wurde durch sie stark geröthet. Galläpfeltinktur, in
etwas davon gegossen, bewirkte einen starken weißen Nie...
derschlag, der sich in großen Flocken absetzte.

Auch durch kohlensaures Alkali ließ sich ein ähnlicher
Niederschlag bewirken. Acht Unzen der Molke wurden so
lange mit kohlensaurem Kali vermischt, als eine Trübung
zu bemerken war; der ausgewaschene und gesammelte
Niederschlag betrug, feucht, an Gewicht zwey Quent...

ken und verhielt sich ganz wie Käse. Die Molke hatte ganz
ihre Zähigkeit verloren und war so tropfbar wie reines Wasser; sie verhielt sich neutral und ließ sich durch Verdampfung ein
bräunliches Extract zurück, woraus Alkohol essigsaures Kali
abschied.

Mineral-Säuren brachten in der zähen Molke keine
Veränderung hervor, in welchem Verhältniß sie auch zugesetzt wurden. Wenn die Molke indessen bis zum Sieden
erhitzt wurde, so schied sich aller Käse ab; dieses geschah
dann auch ohne Zusatz von Mineralsäuren eben so leicht. Die
Molke verlor ganz ihre Zähigkeit und war nun von der
gewöhnlichen Molke nicht zu unterscheiden.

Der durch Alkali aus der Molke abgeschiedene Käse
löste sich sehr leicht in Essig wieder auf und stellte damit
eine der zähen Molke ähnliche Flüssigkeit dar. Dies war
nicht der Fall mit dem Käse, welcher durch Erhitzung aus
der Molke getrennt war. Auch durch eine anhaltende gelinde Digestion, ging derselbe keine Verbindung mit dem
Essig ein. Auch der beym Säuern der langen Milch von
selbst ausgeschiedene Käse ließ sich durchaus nicht in Essig
auflösen.

Frische Milch, welche nachher bey ihrer Säuerung, in
einigen Gefäßen lang wurde, zeigte in der Untersuchung
durchaus keine Verschiedenheit von gewöhnlicher guter Milch.
Sie ließ sich, erwärmt, durch Säuren leicht zum Gerinnen
bringen und gab einen Käse welcher sich von dem auf ähnliche Art aus gewöhnlicher Milch abgeschiedenen in nichts
unterschied. Auch bey der Molke ließ sich nichts entdecken,
was zu der Meynung einer Verschiedenheit derselben hätte
Anlaß geben können.

Es ist jetzt zu untersuchen, was der Grund dieser besondern Veränderung seyn möge. Wovon sie wahrscheinlich
nicht herrührt, habe ich oben schon erwähnt. Einige Personen, welche sich mit der Molken-Wirthschaft abgeben,
sind der Meynung, daß Unreinlichkeit der Gefäße die Entstehung der langen Milch veranlasse; ich konnte mich von
der Richtigkeit dieser Meynung zuerst nicht überzeugen, indem in der Molkerey, aus welcher ich meine Milch genommen hatte, die größte Reinlichkeit herrscht. Nach genauerer
Betrachtung einiger Umstände muß ich aber derselben jetzt
beypflichten. Es äußert sich nicht selten auch bey andern
Manipulationen, welche mit der Milch vorgenommen werden,

eine sehr nachtheilige Veränderung derselben, deren Ursach offenbar den Gefäßen beyzulegen ist. Beym Buttermachen z. B. ist es zuweilen der Fall, daß sich sich die Butter durchaus nicht von dem Rahm trennen will. Man reinigt das Butterfaß auf alle mögliche Art, ließ es auskochen u. s. w., nichts half; von ungefähr findet man daß dem Uebel abzuhelfen sey, wenn das Butterfaß auseinander genommen und jedes Stück, aus welchem es zusammenge-setzt ist, gereinigt werde. Der Aberglaube schrieb natürlich diesen Unfall und das Mittel dagegen etwas anderm als dem wahren Grunde zu: gewiß setzte sich in den Fugen des Gefäßes nach und nach Milch oder Käse ab, welcher in Gährung überging und den Käse des Rahms ebenfalls dazu disponirte, welcher durch die dadurch erlittene Ver-änderung andere Eigenschaften erhielt, vielleicht aufgelöst wurde und die Butter wieder mit der Molke vereinigte. Es bleibt übrigens merkwürdig daß der Käse schon in einer Zeit von einigen Stunden sich so sehr verändern kann. — Mir ist ein ähnlicher Fall bekannt, wo man durchaus keine Butter erhalten konnte; selbst vielfaches Reinigen des Ge-fäßes konnte das Uebel nicht vertreiben, bis man endlich im Holze des Bodens des Butterfasses eine faule Stelle fand, den Boden ausschlug, einen neuen an seine Stelle brachte und dadurch das Uebel hob.

Wenn die Milch, oder vielmehr der Käse derselben, in einer so kurzen Zeit und durch so geringfügig scheinende Ursachen, in seinen Eigenschaften verändert werden kann, so läßt es sich leicht denken, daß auch beym Säuern der Milch, durch ähnliche Ursachen dem Säurungsproceß eine andere Richtung ertheilt wird, wodurch sich aus der Milch eine Molke erzeugt, die eine andere Mischung und einen andern äußern Zustand besitzt.

Die Töpfe, in welchen die Milch, welche ich unter-suchte, gesäuert hatte, waren schlecht gebrannt und mit einer noch schlechtern Glasur überzogen. Es ist leicht denkbar daß sich in den Poren Milch abgesetzt haben könnte, welche durch gewöhnliche Reinigungsmittel nicht wegzu-bringen war. Ich habe vorgeschlagen, die Gefäße mit Aschenlauge auszukochen, und erwarte von diesem Mittel einen guten Erfolg.

Neues

allgemeines

Journal

Chemie.

<hr>

Zweyten Jahrganges

Zwölftes Heft.

<hr>

Vierten Bandes Sechstes Heft.

<hr>

I. Abhandlungen.

19.

Neue Versuche, um Andronie zu erhalten.

Von Prof. Winterl.

Die Entdeckung der Andronie hab ich mir nie zu einem
vorzüglichen Verdienst angerechnet: es ist nur ein Ereigniß
des Ungefährs, welches einige Zentner Pottasche in meine
Hände lieferte, welche häufige Andronie enthielt, wogegen
andere Sorten nur Spuren lieferten. Da sich sie der Aufmerksamkeit würdigte, ihr Verhalten gegen andere Körper untersuchte, dabei auf interessante Productionen solcher Stoffe,
die bisher nicht zerlegt waren, stoßen mußte, und dieses
alles bekannt machte, ist allerdings zwar ein kleines mechani-
sches Verdienst, von dem ich aber nie erwartete, daß es
die Aufmerksamkeit mehr spannen sollte, als das Licht,
welches ich über die ganze Naturkunde verbreitet zu haben
vermeine. Als Dr. Schuster Deutschland bereiste, mußte ich
also nicht wenig erstaunen, aus jedem seiner Briefe zu
vernehmen, daß die Gelehrten, mit welchen er zusammen-
traf, an ihn keine andere Nachfrage hätten, als nach Andronie und wieder nach Andronie, wenige ausgenom-

men, die über das Palpable weiter zu sehen wagten. Unter diese letztern gehört vorzüglich H. Dr. **Kastner** in Jena, der meine wichtigsten Versuche mit gleichem Erfolge nachgearbeitet, die Nachricht darüber [1] bereits der Presse übergeben, und sich daraus ein chemisches System entworfen hat, das er öffentlich vorträgt. Er erhielt wirklich auch aus Pottasche Andronie, aber nur, wie sie sich gemeiniglich erhalten läßt, in kleinen Spuren; er ersuchte mich also, ihn mit einer für mehrere Versuche hinreichenden Menge zu versehen: dieser Aufforderung durfte ich mich nicht entziehen; ich unternahm daher mehrere Versuche, um diese Substanz, die beynah für verloren angesehen werden kann, noch einmahl zu finden. Nach dem Mißlingen der ehemals ergiebigen Verfahrensart (durch Säuren) wählte ich am ersten das, gleichzeitig in den Prol. angegebene, Frieren der vorher mittelst Durchtreibens von Luftsäure vollkommen luftgesäuerten Pottasche: durch täglich fortgesetztes Luftsäuern und Frieren erhielt ich endlich in Zeit eines Monats aus dreißig Pfunden Pottasche nur viele kleine Mengen, die kaum ein Fläschchen füllten, und diese karge Ausbeute war überdies nicht ganz rein, denn die Kieselerde, welche sich im Keller während der allmähligen Luftsäurung so glücklich absondert, konnte in dieser übereilten Verfahrensart erst gleichzeitig mit der Andronie ausgeschieden werden; auch die sonst später erscheinende Thonerde, der ich durch schnelles Filtriren vorzubeugen lehrte, gesellte sich

---

1) Sie führt den Titel: **Materialien zur Erweiterung der Naturkunde.** Jena bei Mauke 1805. 8. erster Band in der Ostermesse.

der Andronik bey, weil die meiste im Eise liegt, vielleicht aber durch sehr langsames Schmelzen das Filtriren sehr verzögert; und endlich war diese durch Filtern geschiedene, Andronie zu wenig gesäuert, um anhaltende Verbindungen zu geben: sie wurden zum Theil durch Säuren wieder getrennt, was viel weniger der Fall ist, wenn die Andronie durch geruchlose Salpetersäure geschieden worden ist. Diese Umstände würden mich abgeschreckt haben, den langen Versuch so geduldig fortzusetzen, wäre mir die Pflicht weniger heilig gewesen, für einen so thätigen Beförderer der Naturkunde alles zu leisten, was in meinen Kräften liegt.

S. 422 meiner Accessionen, die ich 1803 den Professionen nachtrug, gebe ich eine Methode an, die Pottasche mit einer größeren Menge Andronie zu bereichern: sie besteht in dem bekannten Prozesse, Nitrum fixum zu bereiten: mehrere glückliche Erfolge schienen mich zu berechtigen, den Schluß zu machen, daß diese Weise die sicherste sey; allein neuere Versuche, die im Jahre 1804 angestellt wurden, zeigten mir, daß der glückliche Erfolg ganz von Nebenumständen (vielleicht der Unterbrechung der Hitze nach der Verpuffung, dem abgehaltenen Beytritt der freyen Luft, oder umgekehrt dem Beytritt der Luftsäure, welche den Thon und Kieselgehalt von dem Salze auf die Kohle wirft) abhänge und nichts weniger als sicher sey.

Mein ehemaliger großer Vorrath an reiner Andronie gab mir Gelegenheit, aus ihr und andern reinen Körpern Zusammensetzungen zu bilden, die über ihre Mischung keinen Zweifel übrig ließen; wurden diese Zusammensetzungen durch andere reine Körper wiederum zersetzt, so erhielt man

Producte, deren Mischung nicht zweydeutig seyn konnte, erhielt man nun die ganz gleichen Produkte aus bisher ganz unbekannten Mischungen, so gewährten sie den Schluß, daß sie jenen bekannten ganz gleich seyen. Aus dieser Art zu schließen gieng der Erweis hervor, daß der größte Theil der Masse der ganzen organischen Natur in Andronie bestehe: diese nun rein darzustellen, müssen auch die übrigen Mischungstheile der organischen Natur bekannt seyn; man kennt aber aus ihrer Anzahl keinen, als den Theil der basischen Erden und Metallkalke (Eisen, Manganesium), der nach der Verbrennung im feuerfesten Zustande zurückbleibt, und einige Salze, die aber öfter erst durch Gährung oder erhöhte Temperatur erzeugt oder wenigstens begeistet werden müssen, um als solche zu reagiren; nimt man aber die starren Theile der Thiere und Pflanzen aus (welche wirklich weit mehr basische Erden als Andronie enthalten), so sind alle diese bekannten Mischungstheile der organischen Natur nichts weniger als allgemein, sondern dienen nur, einzelne Bildungen mehr für ihre Function zu eignen. Da nun aber die Andronie in der organischen Natur nirgends rein vorkommt, so läßt sich noch ein allgemeiner Mischungstheil vermuthen, der sie überall begleitet und ihr ein verändertes Ansehen ertheilt: dieser aber ist bis jetzt völlig unbekannt. Er ist indessen nach den Grundsätzen, welche ich aufgestellt habe, nicht schwer zu bestimmen: destilliret man einen organischen Körper, und betrachtet die erhaltenen Destillations=Producte in ihren letzten Mischungstheilen, sondert aber davon alles ab, was nicht allen organischen Körpern gemein ist, so bleibt nach Andronie nichts übrig, als Wassersäure und Wasserstoff

nebst einer Menge Waſſer, das in der Deſtillation keine
Veränderung erlitt. Nun enthielt aber der organiſche Körper vor der Deſtillation weder wirkliche Waſſerſäure noch
wirkliche Waſſerbaſe, ſondern nur beydes in der Anlage,
es durch die Begeiſtung mittelſt der erhöhten Temperatur
zu werden, folglich nichts als die Subſtrate für Waſſerſäure und Waſſerbaſe d. i. Waſſer, welches ſich aber von
dem Waſſer, das in der Deſtillation keine Veränderung
erlitt, durch die Anlage für die Begeiſtung unterſcheidet:
dieſe Anlage aber nenne ich Band (ohne in dieſen Nahmen
einen mehreren Werth zu ſetzen als in jeden beliebigen, mit
dem man ihn verwechſeln kann). Dieſes Band iſt nun
zweyerley: Band für Gährung und Band für Baſtrung;
die meiſten Gewächſe enthalten beyde, die meiſten Thiere
hingegen und die Pflanzen aus der Tetradynamie nur
das letztere: man kann dieſem organiſchen Miſchungstheil,
bis auf eine allgemeine Reform der Nomenclatur, einen beliebigen Nahmen geben; ich begnüge mich ihn x zu nennen. Dieſes x iſt es nun, was jedem organiſchen Körper
zu entziehen iſt, um ſeine Androbie zu entblößen; nächſt
ihm aber noch der eigene Theil, der jeder beſonderen Art
organiſcher Gebilde beygemiſcht iſt z. B. die baſiſchen Erdarten u. d. gl. Durch dieſe Grundſätze ließ ich mich leiten, um Mittel zu wählen, die Androbie aus organiſchen
Körpern rein darzuſtellen: bekanntlich hat die concentrirte
Vitriolſäure die vortheilhafte Eigenſchaft die baſiſchen Erden
ſüchtig aufzulöſen, aber ſie hat auch die für die Abſicht
ſchädlichen Eigenſchaften, daß ſie erſtlich auch die Androbie
theilt auflöſet, und zweitens die auswäſſerten Baſen vollkommen (ſ. m. Darſtellung S. 272 N. 85): durch letztere

Eigenschaft macht sie das x zur Wasserbaſe, welche mit
der Andronie Kohle erzeugt. Die ſchweflige Säure hat die
gleiche vortheilhafte Eigenschaft ſchon bey einer mindern
Concentration, und iſt zugleich frey von jenen zwey fehlerhaften; nur war bisher keine Verfahrensart im Gebrauch,
dieſe Säure in gleichem concentrirten Zuſtande darzuſtellen,
was mir auf folgende Weiſe gelang: ein Theil Schwefel
wird in eine kleine Retorte gebracht und neun Theile ſehr
concentrirter Vitriolſäure darüber gegoſſen, alsdann eine
doppelte Vorlage angelegt, deren erſtere leer ſeyn, die
zweyte aber etwas Waſſer enthalten muß, das die Röhre
der erſteren erreichet; wird nun die Temperatur bis zum
Kochen der Vitriolſäure erhöhet, ſo wird der Schwefel allmählig aufgelöſet und die Vitriolſäure in ſchweflige umgewandelt. Der umgewandelte Theil wird gleichzeitig unter
zwey Geſtalten flüchtig: ein Theil in dicker Conſiſtenz erreicht nur die erſte Vorlage und iſt von überflüſſigem Schwefel trübe; ein anderer entgeht in Luftgeſtalt und verbindet
ſich mit dem Waſſer der zweyten Vorlage. Für den vor-
geſetzten Zweck iſt nur der erſtere geeignet: um ihn hell zu
machen, wird er in dem Augenblick der Zerlegung des Apparats in ein Fläſchchen gegoſſen, das einen genau paſſen-
den gläſernen Stöpſel hat, und gerade ſo groß iſt, daß es
genau damit voll wird: das gefüllte Fläſchchen läßt man
nun ſo lange in Ruhe, bis ſich die Flüſſigkeit durch Abſe-
tzung des Schwefels vollkommen abgehellt hat; iſt dieſes
geſchehen, ſo gießt man den abgehellten Theil in ein gleiches Fläſchchen ab, in welches man zuvor klein zerſchnit-
tene Leinwand gelegt hat, und ſchüttelt öfter die Miſchung
durcheinander. Noch vor Verlauf einer Viertelſtunde findet

man die ganze Leinwand in Andronie umgewandelt, die man auf keinem andern Wege in gleicher Halbdurchsichtigkeit (dem Merkmal ihrer Reinheit) erhält: dieses Ansehen der reinsten Andronie ist aber auch alles, was man gewinnt; denn das Abwaschen der anklebenden Säure mit Wasser geht durchaus nicht an: im Augenblick der Verflüchtigung des Wassers zerlegt sich der Wärmestoff, seine Bestandtheile (das Säure- und das Baseprinzip) befallen das zu ihrer Aufnahme vorbereitete Wasser, und erzeugen so Wassersäure als Wasserbase: erstere hebt augenblicklich den schwefeligen Geruch der Säure auf, letztere verwandelt die Andronie in Kohle: es scheint, daß das x der Leinwand so lange keiner Vollendung unterliege, als es von der concentrirten Säure einseitig zurückgehalten wird: dieses aber muß aufhören, so bald es von gemeinem Wasser abgelöset wird.

Ungeachtet dieser Versuch mißlang, so war er doch nicht ohne Nutzen, weil er zeigte, daß alle Mühe, die Andronie zu entblößen, vergebens ist, wenn man nicht entweder das x zu entführen, oder einen organischen Körper zu wählen weiß, der ein geringeres Verhältniß des x zur Andronie enthält. Das x entführen heißt, ihm eine andere Function aufdringen, als es in dem organischen Körper wirklich hat: dieses ist ein delikates, jedoch nicht unmögliches Unternehmen: ich zeigte (Darst. S. 467. N. 115), daß das x nach dahin anwendbar sey, elastischen Substanzen die beständige Luftform zu geben, und belegte es daher mit dem von Herrn Ritter zuerst eingeführten Namen Galvanismusprinzip: [a]) nach dieser Ansicht besteht das Numme-

nen seyn. Selbst die luftsaure Kalkerde beeinträchtiget die
Reinheit der Andronie nicht im Geringsten, denn jene Pott-
asd.er von 1797, die mir so viele Andronie gab, daß ich
damit alle meine Versuche in verschwenderischen Mengen
anstellen könnte, war doch mit so vieler Kalkerde vermen-
get, als ich kaum jemahls in einer andern antraf; dennoch
aber war die Andronie so rein, als ich sie schwerlich jemahls wiederfinden werde. Man kann nun sehr leicht die
Bedingnisse aufzählen, welche ein glückliches Ungefähr zu-
sammengeführt hat, um diese Pottasche so sehr mit Andronie zu bereichern: die rohen Bewohner jener Wildnisse, in
welchen der Großhändler Bleyer seine Pottasche bereiten
läßt, hatten im zweyten Brande einen organischen Körper
zugesetzt, der ein sehr geringes Verhältniß des x und gar
keine Thelyke enthielt. Lebte der große Scheele noch
der so viele organische Körper der Probe auf Kleesäure unterwarf, so würde er uns sagen können, welcher davon die
wenigste Salpetersäure gefordert habe und zugleich gar
keine Milchzuckersäure gab: dieser Körper würde auch vorzüglich dienen, die Pottasche mit der reinsten Andronie zu
erfüllen; ohne eine ähnliche Anleitung aber mögte eine
gründliche Wahl wohl schwerlich möglich seyn.

Der Essig ist ein organischer Körper, der an sich in
Absicht auf die Entblößung seiner Andronie vor andern
wenig voraus hat; aber die Millionen kleiner Aelchen, die
an seiner Oberfläche sich nähren, haben ein besonderes Bedürfniß für sein Säureprincip und sein Band, und die Natur gab ihnen Organe, ihm diese beyden geistigen Bestandtheile zu entziehen: dieses Entziehen geht endlich so weit,
daß am Ende selbst die Andronie in fast ganz entsäuerten

Zustande übrig bleibt; man nennt sie in diesem Zustande
die Essigmutter, aber irrig, weil sie ohne alle Anlage ist,
jemahls wiederum in Essig zurückzukehren, auch den Uebergang des Weins in Essig nicht im geringsten begünstiget.
Dieses Bedürfniß der Essigälchen nach Säureprincip hat
jedoch seine Gränzen, denn gieße man über sie, durch Frost
sehr concentrirten Essig, so sterben sie plötzlich; daher findet man auch in sehr starkem Essig niemahls dergleichen Uel-
chen. Läßt man aber in schwachem Essig die Aelchen so
lange hausen, als sie wollen, so geht endlich der ganze
Essig in reines Wasser und einen zusammenhängenden Bodensatz über, der eine dunkle Farbe hat und einem sehr
aufgequollenen Leder ähnlich ist: die dunkle Farbe kommt
von häufigem Extractivstoff, der den ganzen Bodensatz sehr
leicht in die Fäulniß führt, wenn man ihn nicht zeitig mit
Alkohol bewahrt: eben dieser Alkohol, Netzlauge, Säuren,
wechselsweise angewandt, dienen auch, den Extractivstoff völlig wegzuschaffen, während die entsäuerte Andronie gegen
nichts reagirt, und also in der stärksten Netzlauge keine andere Verminderung erleidet, als die eine nothwendige Folge
der Entziehung ihrer fremdartigen Theile ist; nur unter
scharfer Digestion löset die Netzlauge auch etwas wirkliche
Andronie auf, aber in Verhältniß so wenig, daß, wenn
man sie zu Fällungen der Metallkalke anwenden will,
um einige Veränderung darin zu bewirken, man die freye
Pottasche erst mit vieler Säure befriedigen muß; alsdann
gelingt zwar eine schwache Verbindung dieser entsäuerten
Andronie mit dem Metallkalke, zerfällt aber sogleich wiederum, wenn eine Säure oder Base hinzukommt, die nur
das eine davon aufzulösen vermag. Ich hatte mit dieser

20.

Beytrag zur nähern Kenntniß des Molyb= däns und seiner Verhältnisse zu andern Körpern.

Von Christian Friedrich Bucholz.

Einleitung.

Es sind nun schon 26 Jahr, seitdem der unvergeßliche Scheele in dem Molybdän eine eigenthümliche, metallische Substanz kennen lehrte, und mehrere Eigenschaften und Verhältnisse desselben gegen andere Substanzen bekannt machte. Mehrere achtungswerthe Scheidekünstler, als ein Pelletier, Heyer, Ilsemann, Richter, Hielm, Klaproth, Ruprecht u. s. w. beschäftigten sich nach ihm mit der Untersuchung desselben: allein die Aufklärungen, welche uns diese Arbeiten verschaften, sind nicht den Er= wartungen gemäß, die man gerechter Weise davon haben muß, wenn man die Anzahl der Arbeiter und die Dauer der Zeit, welche seit der ersten Entdeckung des Molybdäns durch jenen großen deutschen Chemiker, verflossen ist, in Er= wägung zieht. Wer hieran zweifelt, der thue nur einen Blick in unsere chemischen Hand= und Lehrbücher, um sich davon zu überzeugen. Wer sollte es z. B. nicht höchst auffallend finden, daß es noch Zweifel unter den Scheide=

Kunstlern über die Mischung des rohen Molybdäns giebt:
einige halten es nämlich für das geschwefelte Molybdänmetall; andere hingegen wollen keine Spur von Schwefel
dabey gefunden haben, sehen daher das rohe Molybdän für
das Metall selbst an; da doch die Gegenwart des Schwefels durch den einfachsten Versuch dargethan werden kann:
man glühe nur die reinsten Blättchen des Molybdäns und
wer dann die Gegenwart einer ziemlichen Menge Schwefel
nicht gewahr werden kann, dessen Geruchswerkzeuge müssen völlig zerrüttet seyn. Ferner hat man über die chemischen Verhältnisse des Molybdänmetalls zu dem Sauer-
stoffe so sehr beschränkte Kenntnisse, daß nicht einmal ihr
Mengenverhältniß in der schon so lange bekannten Molybdänsäure ausgemittelt ist. Bey dieser Mangelhaftigkeit unserer Kenntnisse über diesen Gegenstand glaubte ich keine
undankbare Arbeit zu unternehmen, wenn ich durch mehrere Versuche einen Beytrag zur Erweiterung und Vervoll-
ständigung derselben lieferte, die ich denn hier mittheile
und zu deren Anstellung mich die Güte meines Freundes
Häberle durch einen ansehnlichen Vorrath von Molybdän in den Stand setzte.

Zuerst war die Mischung des rohen Molybdäns außer
Zweifel zu setzen und die Menge des Schwefels zu bestimmen, wozu die Oxygenirung des Schwefels und Molybdäns und die Abscheidung der gebildeten Schwefelsäure
durch Baryt am sichersten und bequemsten schien; nur war
vorher noch auszumitteln, ob nicht etwa die gebildete Molybdänsäure, welche mit dem Baryt ebenfalls eine schwerauflösliche Verbindung macht, zu einem falschen Resultate
Veranlassung geben kann.

Qq 2

A. Versuche zur Bestimmung der Mischung des
natürlichen geschwefelten Molybdäns.

1. Versuch. 25 Gran der reinsten und ausgesuch-
sten Molybdänblättchen wurden feingepülvert und in einem
Gläschen mit langem, engen Halse eine Viertelstunde stark
durchglüht. Es entwickelte sich nicht eine Spur Schwefel;
sondern das erkaltete Gläschen war bloß mit einem geringen Dunst von schwefeliger Säure angefüllt, und das geglühte Molybdän hatte kaum $\frac{1}{4}$ Gran an seinem Gewichte
verloren. Der Erfolg dieser Operation zeigte, 1. daß das
Molybdän keinen überschüssigen Schwefel enthalte, 2. daß
die angewendete Hitze solchen nicht vom Molybdän zu trennen vermag; 3. daß in der Verbindung kein Sauerstoff
vorhanden sey.

2. Versuch. Das Molybdän vom vorigen Versuche
wurde mit einer halben Unze reiner Salpetersäure, von
1,220 Eigenschwere, in einem geräumigen Glase im Sandbade zum Sieden gebracht. Der Angriff der Säure auf
das Molybdän war zwar ziemlich lebhaft, aber doch nicht
so, wie ich es erwartete. Um den Angriff zu beschleunigen,
und die Umwandlung des Schwefels in schwefelige Säure
zu verhindern, wurde $1\frac{1}{2}$ Drachme reine Salzsäure, von
1,135 Eigenschwere und noch 1 Drachme Salpetersäure
hinzugefügt, wodurch die gegenseitige Wirkung lebhafter
wurde. Nach einstündigem Sieden war das Ganze zu einer gleichförmigen milchweißen Masse umgeändert, welche
mit acht Mahl so viel Wasser verdünnt auf ein Filtrum
gebracht und die entstandene Schwefelsäure durch hinlängliches Auswaschen des Rückstandes und Filters abge-

...... wurde. Die abfiltrirte Flüssigkeit gab durch hindurchgehende ...... ung mit salzsaurer ...... auflösung reinen Niederschlag, welcher, genau gesammelt, getrocknet und geglüht, zu ...... betrug, und sich wie reiner schwefelsaurer Baryt verhielt. Es war also hier in diesem Falle kein molybdänsaurer Baryt mitgefällt worden. Um genauer zu bestimmen, unter welchen Umständen dieses möglich sey, wurden noch folgende Versuche veranstaltet.

*. Versuch. 5 Gran Molybdänsäure wurden mit 2 Unzen destillirtem Wasser und 20 Tropfen Salzsäure von oben angeführter Eigenschwere eine halbe Stunde mäßig stark gekocht, hierauf filtrirt. In der, stark metallisch ...... schmeckenden, Flüssigkeit bewirkte salzsaure Barytauflösung keine Spur von Trübung, die durch etwas ...... Schwefelsäure sogleich erfolgte.

*. Versuch. 5 Gran Molybdänsäure, 20 Gran reines ...... Ammonium und 2 Unzen Wasser wurden bis zur vollkommenen Auflösung geschüttelt und die wasserklare Auflösung mit einer Auflösung des salzsauren Baryts vermischt. Es erfolgte hierdurch sogleich ein starker flockiger, käseartiger, weißer Niederschlag, welcher aber sogleich durch Zusatz einiger Tropfen Salzsäure, oder auch Essigsäure, beym Umschütteln wieder verschwand.

Diese Versuche zeigten, 1. daß sich nur bei stattfindender Neutralität der molybdänsauren und der Baryt-Salze, schweraufläslicher molybdänsaurer Baryt erzeuge, aber nicht bey gegenwärtiger hinlänglicher Menge freyer Salz- oder Salpetersäure; 2. daß das Molybdän Schwefel in großer Menge enthalte; denn 72 Gran schwefelsau-

rer Baryt, welche im 2. Versuche von 25 Gran Molybdän erhalten wurden, sind fast 24 Gran trockner Schwefelsäure gleich. Nehmen wir diese nun viermahl als das
Product von 100 Gran Molybdän der angeführten Behandlung, so ergiebt sich der Schwefelgehalt in 100 Gran Molybdän zu 40⅘ Gran. Dies voraus gethan, konnte nun
eine genauere Analyse unternommen werden.

5. Versuch. 100 Gran feingepülverte, auf das
reinste ausgelesene, Blättchen des Molybdäns, wurden mit
6 Drachmen reiner Salzsäure von 1,135 Eigenschwere und
2¼ Unze reiner Salpetersäure von 1,220 Eigenschwere, in
einem Destillirapparat der mäßigen Erhitzung im Sandbade
ausgesetzt. Nach einstündigem Sieden war beynahe alles
Flüssige übergegangen und der Inhalt der Retorte war weiß
bis auf einige graue Flocken, die nach Zurückgießung der
übergegangenen Flüssigkeit und einer halben Unze frischer
Salpetersäure ebenfalls verschwanden, wie die Flüssigkeit wieder bis auf ¼ überdestillirt war. Die übergegangene Flüf-
sigkeit zeigte sich frey von Schwefelsäure und schwefeliger
Säure. Die weiße Masse wurde mit 6 Unzen Wasser auf ein
Filter gebracht, und das Ganze noch einige Mahl mit mög-
lichster Behutsamkeit ausgesüßt. Zu noch größerer Sicherheit
gegen Fällung von molybdänsauren Baryt wurde der Flüssigkeit, welche nur eine geringe Menge Molybdänsäure aufgelöst
enthielt, noch 2 Drachmen reine Salzsäure zugesetzt und
nun durch reine salzsaure Barytauflösung sämmtliche Schwefelsäure abgesondert. Der Niederschlag wurde, nachdem
die überstehende Flüssigkeit auf ein gewogenes Filter abgegossen worden, nochmahls mit 8 Unzen Wasser und 2 Drach-

nen Salzsäure übergossen, ungerührt, dann ebenfalls auf das Filter gebracht und ausgesüßt. Nach dem Glühen betrug der entstandene schwefelsaure Baryt 28½ Gran; wozu noch 6 Gran, um welche das scharf getrocknete Filtrum vermindert war, kommen, also überhaupt 290 Gran. Da nun 100 Gran schwefelsaurer Baryt 32½ Gran Schwefelsäure enthalten, so müssen sich in den erhaltenen 290 Gran 94½ Gran Schwefelsäure befinden, worin, da nach meinen Versuchen 100 Schwefelsäure 42½ Schwefel enthalten, der Schwefelgehalt $40\frac{1}{100}$ Gran beträgt, welches sonach die in 100 Graden Molybdän befindliche Menge ist, und mit Versuch 2. bis auf ein Minimum übereinstimmt. Diese genaue Uebereinstimmung machte eine nochmahlige Wiederholung unnöthig; allein Umstände, die weiterhin vorkommen werden, nöthigten mich, zur Hebung aller Zweifel, nachher noch zu einem dritten Versuch, dessen Resultat ich hier gleich noch anzeigen will. Es wurden in diesem 100 Gran reines Molybdänpulver gleich mit 3 Unzen Salpetersäure und 1 Unze Salzsäure auf vorhin angeführte Art behandelt, ausgenommen, daß das Zurückgießen und Wiederabziehen durch die größere Menge gleich Anfangs zugesetzter Säure überflüssig gemacht wurde. Der erzeugte schwefelsaure Baryt wog geglüht 283 Gran, und mit dem auf dem sorgfältig ausgelaugten und scharf getrockneten Filter hängengebliebenen 288 Gran, welche nach obiger Rechnung 93½ Gran Schwefelsäure und 39½ Gran Schwefel anzeigen; ein Resultat, welches von dem vorigen nur sehr unbedeutend abweicht: so daß man als Mittelzahl 40 Gran, und das Molybdän aus 0,60 Molybdänmetall und 0,40 Schwefel zusammengesetzt annehmen kann.

6. Versuch. 100 Gran, auf angeführte Art gefälltes und bis zur Trockne abdestillirtes, Schwefelmolybdän wurden mit 2 Unzen, durch eben so viel Wasser verdünnten, reinem flüßigen Ammonium geschüttelt, wodurch binnen einer Viertelstunde beynahe alles, bis auf einige gelbliche Flocken, aufgelöst wurde. Diese betrugen, auf einem gewogenen Filter gesammelt und geglüht, noch nicht völlig einen Gran, sahen lehmfarben aus und ließen sich durch Sieden mit einer Drachme reiner Salzsäure u. s. w. in fast ¼ Gran Kieselerde und ¼ Gran vollkommenes Eisenoxyd zerlegen. Diese geringe Menge des Eisenoxyds läßt vermuthen, daß es so wenig wie die Kieselerde wesentlich zur Mischung des Molybdäns gehöre; sondern, der sorgfältigsten Aussuchung und Säuberung des angewandten Molybdäns ungeachtet, solchem noch mechanisch anhängend geblieben sey, und daß folglich das natürliche Schwefelmolybdän nur die angegebenen Mischungstheile besitze.

Zu den folgenden Arbeiten suchte ich mir nun eine Quantität reine Molybdänsäure darzustellen. Ich gründete das Verfahren dazu auf die schon früher von mir bekannt gemachten Beobachtungen[1]), und will es zur Nachfolge hier in der Kürze vollständig beschreiben.

B. Verfahren zur Darstellung der Molybdänsäure.

11½ Unze, von beigemengten Quarzstückchen größtentheils befreietes, Molybdän, wurde in einen saubern schief

1) Scherer's Allgem. Journ. der Chemie B. 9. S. 484—590.

bis Feuer gelegten, geräumigen Schmelztiegel, bei Anfangs
starker und in dem Maße, als der Schwefel verbrannte,
nachher verminderter Rothglühhitze, unter abwechselndem
Umrühren mit einem eisernen Spatel, geröstet, wobey sich
der Erfolg der Arbeit durch eine große Menge gebildeter
schwefeliger Säure und durch die Bedeckung der ganzen
Oberfläche des in Röstung stehenden Molybdänpulvers
mit der reinsten Molybdänsäure, welche erhitzt citrongelb
und erkaltet mit der schönsten Silberweiße erschien, zeigte.
Bey einiger Behutsamkeit und Mühe würde man die ganze
Masse in solche, gleichsam sublimirte, Molybdänsäure verwandeln können; dieses erfordert aber zu viel Aufmerksamkeit und Zeit; die Arbeit wurde daher, als der größte Theil
des Schwefels entfernt, eine große Menge Molybdänsäure
bereits gebildet worden, und bey demselben schwächeren
Feuergrade die Masse zusammenzubacken und an den Wänden des Tiegels selbst flüssig zu werden anfing, beendigt.
Es wurden dadurch 8¼ Unzen einer grauen, durch und
durch krystallinisch glänzenden, gepulvert weißgrau aussehen-
den Masse erhalten (¼ Unze konnte wohl noch am Tiegel
hängen geblieben seyn, die sich nicht gut losmachen ließ);
in Hinsicht der Beschaffenheit und Menge also dasselbe
Product, wie bei meinen frühern Versuchen am angezeigten
Orte.

Aus diesem gerösteten Molybdän kann man nun die
Molybdänsäure rein abscheiden, indem man es entweder
mit Wasser erhitzt, bis zum Aufhören des Aufbrausens kohlensauren Natrums zusetzt, und es dann mit etwas überflüssigem Natrum sieden läßt, oder durch Digeriren mit einer hinlänglichen Menge reinem flüssigem Ammonium, da

denn die fremdartigen Theile, als Quarz, Eifen,
rückbleiben. Aus den neutralfalzigen Flüffigkeiten
nun die reine Molybdänfäure durch Salpeterfäure
indem die genannten Bafen der Molybdänfäure
ftark anhängen, wie das Kali. Das molybdänfaure
monium kann auch durch Glühen zerfetzt werden, da
denn das Molybdän unter gewiffen Umftänden
unter andern in metallifchem (oder dem metallifchen
ftens nahe kommenden) Zuftande erhält.

Letzteren Weg wählte ich auch hier als den
hafteften. Vorläufige Verfuche hatten mir gezeigt,
3 Theile reines flüffiges Ammonium von 0,970 fpecififch
Gew. 1 Theil fehr feingepülverte rohe Molybdänfäure
den beygemengten Unreinigkeiten abfcheide und auflöfe.
fem Verhältniffe gemäß wurde das obige fehr fein
verte Roftungsproduct mit dem Ammonium in einem
ftopften Glafe übergoffen, und unter öfterm Umfchütteln
12 Stunden digerirt, während welcher Zeit, ja fchon
her, das kriftallinifch Glänzende der gepulverten Säure
fchwunden, und nur noch die beygemengten fremdartigen
Theile unaufgelöft waren, welche letztere zwei Unzen
und noch etwas unzerlegtes Molybdän enthielten, fo fich durch
Sieden des Rückftandes mit 2 Theilen gemeiner Salpeter
fäure leicht in Molybdänfäure verwandeln, und durch
nachherige Trennung vermittelft Ammonium völlig rein ge
winnen ließ.

Die vorhin gewonnene ammonialifche Auflöfung wurde
nach 5 Stunden etwas trübe, und nahm eine
Farbe an; nach 5 Tagen hatte fich die trübende Subftanz

abgesetzt, und verhielt sich bey der Prüfung wie Eisenoxyd.
Ein Theil der klaren Auflösung wurde nun zur Trockne
verdunstet, und ein Theil des trocknen Salzes der Glühehitze ausgesetzt, um dadurch, zu Folge eines frühern mit
einer kleinen Menge angestellten Versuchs [2]) die reine Molybdänsäure zu gewinnen. Aber meine Erwartung wurde
getäuscht. Bey anfangendem Glühen des zur Trockne verdunsteten molybdänsauren Ammonium wurde die Salzmasse
blau, nahm endlich völlig, besonders im Innern, eine
metallisch glänzende Gestalt an, schillerte aus dem Blauen
ins Kupferfarbene, und hatte überhaupt die Gestalt wie
das Product von der gleichen Arbeit bei meinen frühern
Versuchen [3]), welches ich den Erscheinungen nach, die es
mir gab, für regulinisches, oder nahe regulinisches Molybdän halten mußte. Auf der Oberfläche war erwähnte
Masse wieder oxydirt, und wo die Hitze am stärksten gewesen, war sie dichter zusammengesintert.

**G. Versuche um die vortheilhafteste Methode
ausfindig zu machen, das Molybdän als
Metall darzustellen.**

7. und 8. Versuch. Da ich durch die eben erwähnte Behandlung des molybdänsauren Ammonium ein
Product erhalten hatte, dessen Beschaffenheit und Verhalten
mich einen metallischen Zustand vermuthen ließen, ehe spätere Versuche mich über seine wahre Natur aufklärten; so
beschließ ich diese beoxydirende Wirkung des Ammonium

2) Scherer's Journal Bd. 9 S. 303. Versuch 14.
3) An demselben Orte S. 307 — 308.

zur Gewinnung des Molybdänmetalls zu benutzen. In
dieser Abficht wurden 6 Unzen des flüffigen molybdäu-
ren Ammonium zur Trockne verdunftet, (wobey fich ein
der Vanille fehr ähnlicher Geruch verbreitete), das trockne
Salz in ein fchickliches Gläschen eingeftampft, und mit
einer Lage Kohlenpulver überftreuet. Das in einem Tiegelbade ftehende Glas wurde, nachdem die Hitze das Ammonium verflüchtigt hatte, mit einem Kreideftöpfel ver-
fchloffen, und fo ½ Stunde einer jähen ftarken Rothglühhitze ausgefetzt, wobei das Glas zufammenfloß. Nach dem
Erkalten fand fich eine ziemlich dichte, doch leicht zerreibliche Maffe, die kupferfarben ausfah, hier und da ins
Bläuliche fchielte, auch mitunter kupferfarbene, metallifch
glänzende, kriftallinifche Blättchen zeigte. Sie wog genau
gefammelt 3 Drachmen. Um zu verfuchen, ob diefe Maffe
bey einem ftärkern Feuer fich nicht zu einem dichtern Korn
fchmelzen ließ, wurde fie zerrieben; das violette ins Kupferfarbene fallende Pulver drückte ich feft in ein mit Kohlenpulver ausgeriebenes Tiegelchen, bedeckte es mit einer
fingerdicken Lage Kohlenpulver, und übergab nun den
gut bedeckten Schmelztiegel einem halbftündigen Gebläfe-
Feuer, wobey der Tiegel weiß glühte. Nach dem Erkalten
fand fich die Maffe, wo fie am ftärkften der Hitze ausgefetzt gewefen war, etwas ftark zufammenhängend: allein in
der Mitte war fie pulverig, von Farbe übrigens noch wie
vorhin.

    9. und 10. Verfuch. Zur Wiederholung der vori-
gen Verfuche bey ftärkerm Feuer wurde eben fo viel trocknes molybdänfaures Ammonium feft in einen heffifchen
Schmelztiegel eingeftampft, nach Verflüchtigung des Am-

monium, durch mäßiges Glühfeuer, die Masse 1 Querfin-
ger hoch mit Kohlenpulver bedeckt, und hierauf, gehörig
verwahrt, dem Weißglühfeuer vor dem Gebläse ⅓ Stunde
ausgesetzt, vom Anfange des Glühens an gerechnet. Nach
dem Erkalten fand sich eine violettbraune dichte Masse, die,
vorzüglich unten am Boden des Tiegels, wo die Hitze am
stärksten gewesen war, beträchtlichen Zusammenhang hatte,
so daß sie sich nur schwierig zu einem violetten Pulver zerreiben ließ, und aus lauter kristallinischen, metallischglänzenden Blättchen zu bestehen schien. In den Klüften und
Zwischenräumen, von welchen sie der Länge und Queere
nach durchzogen war, hatten sich eine Menge größerer vio-
lettbrauner sehr schön metallischglänzender Blättchen ange-
bläset, von welchen, jedoch kleineren, Blättchen auch beynahe
der größere Theil der Außenseite der Masse bedeckt war,
so daß sie ein schönes Farbenspiel darbot; der obere Theil
derselben, welcher mit dem Kohlenpulver in Berührung gewesen war, spielte hier und da ins Indigblaue. Der Tiegel war inwendig stellenweise violblau gefärbt.

Verschiedene Erscheinungen dieses Versuchs deuteten
darauf, daß diese Masse bey noch länger anhaltendem Feuer
noch mehr erweicht und dichter geworden seyn würde. Es
wurde daher dieselbe Menge molybdänsaures Ammonium
jetzt eine Stunde lang dem heftigsten Weißglühfeuer ausgesetzt. Die hierdurch erhaltene Masse betrug 5 Drachmen.
Sie war der vorigen in aller Rücksicht gleich, doch schien
sie etwas dichter, und in den Klüften kristallinischer und
voller metallischer Blättchen zu seyn. Diese Blättchen, unter einer guten Loupe betrachtet, hatten gegen das Licht ge-

halten vollkommen den Glanz, wie polirtes Stahl oder
. Tomback; ja die größern Blättchen ließen diese Farbe schon
mit bloßen Augen bemerken.

Da die verschiedenen Massen der erzählten 4 Versuch,
eine Eigenschwere nach ihrer verschiedenen Dichtheit, von 4,500
bis zu 5,666 besaßen, welches das von mehreren angegebene spec. Gew. des Molybdänmetalls ist, und durch Glühen beym Zutritt der Luft, so wie mit Salpetersäure unter
Salpetergas = Entwickelung Molybdänsäure gaben, so war
ich geneigt, sie bey ihrem metallisch glänzenden Aeußern
für Molybdänkönig zu halten; da überdies von einem solchen Oxyd noch Niemand gesprochen hatte. Allein spätere
Erfahrungen zeigten mir, daß es wirklich ein bisher unbe-
kannter Oxydations = Zustand sey, und daß durch das bisher erzählte Verfahren kein König dargestellt werden könne. Ich mußte daher die Reductions = Versuche auf andere Weise verfolgen.

11. und 12. und 13. Versuch. Eine, 4 Drachmen
der mehr erwähnten in den vorigen Versuchen erhaltenen
Massen gleichkommende, Menge molybdänsaures Ammonium
wurde gepülvert in einem Schmelztiegelchen mit gereinig-
tem Olivenöl zu einem steifen Brey angerührt, bis zur
Zerstörung des Oels erhitzt, sodann die Masse zusammen-
gedruckt, fingerdick mit Kohlenpulver und oben darauf mit
etwas Kreidepulver bedeckt, und nun, mit einem andern
Schmelztiegel übersülpt, 1½ Stunde vor dem Gebläse dem
heftigsten Weißglühfeuer ausgesetzt. Nach dem Abbrennen
des Oels war die Masse dunkelblau, fast schwarz, stellenweise ins Violette schielend und pulverig; nach 1½ Stunde

gem Glühen, vom vollkommnen Glühen des Ofens und
Tiegels an gerechnet, stellte sie eine völlig aschgraue, sehr
lose zusammenhängende Masse von erdigem Ansehen dar, welche kaum an den Seiten des Schmelztiegels eine Spur von
Flüssigwerden zeigte. Mit Salpetersäure brausete sie heftiger auf, als die vorhin erwähnten Producte; die dadurch
entstehende Flüssigkeit war anfänglich röthlich gefärbt, gieng
aber hierauf ins Milchweiße über. Mit concentrirter Salzsäure bis zur Trockne kochend behandelt, erfolgte keine
bemerkbare Auflösung. Aus diesen Erscheinungen schloß ich
auf die vollkommne Reduction des Molybdäns, dem nur
noch der geflossene Zustand fehlte. Um diesen zu erlangen,
wurde das 3½ Drachmen wiegende, in einen kleinen Tiegel
eingestampfte und mit Kohlen bedeckte Pulver nochmals
dem allerheftigsten Feuersgrade des Gebläseofens 1½ Stunde ausgesetzt. Das Feuer war hierbey so heftig, daß der
ganze Ofen auf seiner Oberfläche verschlackte, Eisen binnen
3 Minuten schmolz und brannte. Nach dem Erkalten fand
sich die Schicht Kohlenpulver, kaum etwas vermindert, noch
oben auf. Das Molybdän hatte beynahe noch unverändert die Gestalt wie vorher: es sah aschgrau aus, war nur
schwach zusammengebacken, und selbst an den Tiegelwän-
den keine Spur von Flüssigwerden zu entdecken. Das Gewicht war noch unverändert wie vorher 3½ Drachmen. Zum
4tenmal wurde diese Masse mit 6 Gran Kohlenpulver
wirklich zusammen gerieben, und wiederum einer anderthalb-
stündigen, wo möglich noch heftigeren, Weißglühhitze vor
dem Gebläse ausgesetzt. Nach dem Erkalten zeigte sie,
welche nach dem Vermengen mit Kohlenpulver schwarzgrau
war, sich wieder aschgrau wie vorher, zusammenhängend,

doch immer noch ziemlich leicht zu pulvern, und mit den
Fingern zu zerdrücken. Im Innern des Tiegels fand ich
keine Spur von Schmelzung, und das Stück fiel ungeschält
aus dem Tiegel, wenn solcher umgekehrt wurde. Die ganze
Masse wog, bis auf 6 Gran, welche im Tiegel hängen geblieben waren, so viel wie vorher. Das Wasser wurde davon sogleich begierig in seine Zwischenräume aufgenommen.

14. und 15. Versuch. Um zu prüfen, ob die Molybdänsäure durch bloßes Glühen zwischen Kohlenpulver,
ohne mit kohlenstoffhaltigen Dingen gemengt zu seyn, reducirt werden könne, legte ich ein 55 Gran schweres Stück
glühend geflossene Molybdänsäure zwischen Kohlenpulver
und setzte den damit angefüllten Schmelztiegel 1½ Stunde
einem Feuersgrade wie im vorigen Versuch aus. Es wurde
eine unförmliche aufgeblasene Masse erhalten, die keinen stärkern Zusammenhang besaß, als die des 12. und 13. Versuchs, übrigens eben so aschgrau aussah, und 18 Gran verloren hatte, welches auf 100 Theile Molybdänsäure 32A
Theile beträgt. Sie verhielt sich gegen Salpetersäure wie
die Producte der vorigen Versuche. Eben so gab auch ein
dichtes, 270 Gran wiegendes Stück von den durch Glühen des molybdänsauren Ammonium erhaltenen obener-
wähnten Massen, durch gleiche Behandlung in ¼ stündigen
Weißglühefeuer, ein Product, welches denen von Versuch
12. und 13. gleich war und 78 Gran an Gewicht verloren hatte, was auf 100 Theile 28½ beträgt. In einem zweyten Versuch mit diesem violettbraunen Oxyde, 264
Gran an Gewicht, in welchem nur halbstündiges mäßiges
Glühfeuer angewandt worden, fand sich solches nur unvoll-

kom-

kommen reducirt, und im Innern noch in seiner vorigen
lusern Gestalt; bloß die äußere Lage war grau. Nach
nochmaligem stündigem heftigem Weißglühen wurde es
aber auch vollständig reducirt, und hatte .74 Gran verloren. Folglich würden 100 Gran 28 4/5 verloren haben.
Es geht hieraus hervor, daß diese aus dem molybdänsauren Ammonium erhaltene Substanz sich lange noch nicht
im metallischen Zustande befinde.

Diese eben erzählten Versuche lehrten, daß der Sauerstoff vom Molybdän durch das bloße Glühen zwischen Kohlenpulver könne entfernt werden. Alle zusammen zeigten,
daß die Reduction der Molybdänsäure oder des Molybdänoxydes keine große Schwierigkeit habe. Es war jetzt nur
noch auszumitteln, ob dieser Erfolg auch bei größern Mengen Statt habe, und ob man dann nicht zusammenhängen-
dere Massen gewinnen könne.

16. und 17. Versuch. Zu diesem Zweck wurde eine
Lage des violetbraunen Molybdänoxydes, welches durch halbstündiges anhaltendes Rothglühen von 10 Drachmen molybdänsauren Ammonium in einem Glas, so in einen Tiegel
gestellt, und, um das Zusammenschmelzen zu verhüten, mit Kreide
umschüttet war, gewonnen worden, und eine zusammenhängende Masse bildete, in einem Tiegel mit Kohlenpulver umgeben, dieser mit einem größern überstülpt, und eine Som-
me dem heftigsten Gebläsefeuer ausgesetzt. Die erhaltene
metallische Masse hatte stellenweise ein mehr oder weniger
silberiges Ansehen, und war an verschiedenen Stellen mehr
oder weniger zusammenhängend, doch nirgend so, daß sie
sich nicht durch mäßige Schläge ließe sollen trennen, und

endlich zu Pulver zerreiben lassen. Sie war asch-
aschgrau; im Innern und an einigen Stellen des Stü-
che, wo sich Höhlen und Vertiefungen gebildet hatten, hatte
sie einen wahren metallischen Silberglanz. Die Theile
der glänzenden Stellen ließen sich beim Drücken und Reiben im Porcellainmörfer etwas dehnen, und dadurch wurde
der Silberglanz vermehrt: allein bei längerm Reiben wurden sie doch zum grauen Pulver zerrieben. Diese dichten
geschmolzenen metallisch glänzenden Theilchen besaßen eine
größere Härte als das 12löthige Silber, denn sie ritzten
letzteres. Um die erhaltene Masse in derben geflossenen
Stückchen zu erhalten, stampfte ich das zerriebene 6 Drachmen schwere Molybdän in einen mit Kohlenpulver ausge-
riebenen Schmelztiegel auf das Festeste ein, und setzte solchen nach gehöriger Beschickung 1½ Stunde dem anhaltendsten Gebläsefeuer aus. Nach völligem Erkalten der Gefäße fand ich die Masse dem 4ten Theil ihres anfänglichen
Umfangs nach verringert und zusammengesintert. Ich konnte sie nur durchs Zerschlagen vom Schmelztiegel trennen;
unten an den Seiten und nach dem Boden zu, wo sie am
meisten mit dem Tiegel in Berührung gewesen war,
hatte sie beträgtligen Zusammenhang, nahe der Oberfläche
aber ungleich weniger. Uebrigens war sie keineswegs ir-
gendwo gleichförmig geflossen, sondern nur durch anfangen-
des Schmelzen zusammengesintert. Sie war durch
durch mit dichtern Blättchen durchsetzt, welche schon jetzt
silberweiß, etwas metallisch glänzend, aussahen, und durchs
Reiben mit Glas oder Porcellain einen Glanz annahmen, der
das Mittel zwischen Silber = und Zinnglanz hatte, dann aber
bald, nach 10 bis 15 Minuten, wieder verloren gieng. Zn

Ofen, das Schmelztiegels fanden sich deutlich geflossene Körner von Molybdänmetall von der Größe eines Stecknadelkopfs, die völligen Metallglanz und Silberweiße besaßen, wie die angeführten Blättchen. Auch ließ sich die untere Hälfte der Molybdänmetallmasse durch Reiben mit einer Glasröhre oder einem Stückchen Porcellain so zusammendrücken, daß sie den erwähnten Metallglanz annahm [4].

Ungeachtet nun das Molybdän hier alle Zeichen des Metallzustandes, den Glanz, die Dichtigkeit, und, wennschon eine geringe, Dehnbarkeit zeigte, so konnte ich es doch nicht zu einem völlig geflossenen Metallkorn bringen, als ich ein 40 Gran schweres Stück der vorhin erhaltenen Metallmasse nochmals auf ähnliche Art dem ununterbrochenen heftigsten Gebläsefeuer zwei Stunden durch aussetzte. Ein späterhin mit 2 Unzen braunem Molybdänoxyd ange-

---

4) Etwas diesem Aehnliches scheint Ruprecht schon beobachtet zu haben; dieser führt nähmlich, (Chemische Annalen 1790. Bd. 2 S. 9) an, bey seinen Reductionsversuchen kleine Könige erhalten zu haben, wovon die kleinsten ein silberweißes Ansehen besessen hätten, auch habe der Schmelztiegel hier und da einen gleichfarbigen Anflug gehabt. Doch wird es zweifelhaft, ob diese angeblichen Könige wirklich solche waren; da gedachter Schriftsteller die andern theils als weißgrau, theils als räthlich und auch bläulich gefärbt ansieht, welche Farben aber, wie die Folge lehren wird, und zum Theil aus dem Vorhergehenden sich schon ergeben, einem wiederangenommenen Oxydationszustande zugeschrieben werden müssen. Hielm schloß aus der Eigenschaft des Molybdänmetalls, andern Metallen eine hellere Farbe mitzutheilen, daß seine Farbe die weiße sey und diese Folgerung ist nun durch gute Beobachtung bestätigt. Man sehe hierüber Chemische Annalen 1790. Bd. 2 S. 373. B.

Rr 2

stellter Reductionsversuch aber gab mir ein gelungenes
Resultat, als ich bisher erhalten hatte. Ich erhielt nähmlich
nach bloß 1stündigem, aber möglichst anhaltendem und sehr
schem Feuer, wenn nicht die ganze Masse zusammen
schmolzen, doch an einigen Stellen derselben fast zusammen
geschmolzene Stückchen von 1 bis 2 Quentchen Schwere,
die eine kugelige Oberfläche hatten, und sogleich einen wei
ßen Metallglanz zeigten, weit stärkern Zusammenhang hat
ten, als ich bisher bemerkt, und beim Reiben an der glat
ten Fläche einer Porcellainschale einen solchen Glanz an
nahmen, der beynahe nicht vom Silberglanze zu unterschei
den war. Ich bemerke hier noch, daß dieser Glanz zu
Zeiten mehrere Tage sich erhielt, da er zu einer andern
Zeit keine Stunde völlig wie im Anfange blieb. Wahr
scheinlich ist dieses Letztere der Fall, wenn die Luft sehr
feucht ist.

Aus den bisher mitgetheilten Versuchen ergiebt sich
nun:

1) daß durch die Zerlegung des molybdänsauren Ammonium, vermittelst der Glühhitze, die
Molybdänsäure, durch die desoxydirende Wirkung der
Bestandtheile, des Ammonium auf eine mindere Stufe
der Oxydation gebracht werde und ein eigenes Molybdänoxyd von den oben (Versuch 11. 12. 13) angegebenen äußeren Kennzeichen entstehe [5]).

<hr>

[5) Es ist hier der Ort, einen meiner frühern Aus
sprüche zu berichtigen. Ich hatte nähmlich (Scherer's
Journal Bd. 9. S. 503) gesagt, daß das molybdänsaure Ammonium die Basis im Feuer fahren lasse, und daß die reine
Säure zurück bleibe. Dieses gründete sich auf Scheele's Aus]

daß die Molybdänoxyde und die Molybdänsäure durch
bloßes Erhitzen zwischen Kohlenpulver bey einem etwas lebhaften Gebläsefeuer vollständig reducirt werden können, wobey das Metall mit aschgrauer Farbe
erscheint: daß aber wegen der Strengflüssigkeit des
Metalls der heftigste Feuersgrad angewendet werden
müsse, um ein dichteres geflossenes Metallkorn zu erhalten, dessen Darstellungsmöglichkeit die obigen Versuche übrigens außer Zweifel setzen.

**D. Bestimmung des spec. Gewichts des erhal-
tenen Molybdänmetalls.**

Die Eigenschaft der erhaltenen Metallmassen, sich begierig voll Wasser zu saugen, erleichtert es sehr, ein richtiges Resultat über dessen spec. Gew. zu erhalten. Ich stellte
in dieser Absicht 3 Versuche an, wobey ich jedes Mahl, die
vermittelst eines Pferdehaars an eine sehr genau ziehende

---

ber (Scheele's Werke Bd. 2. S. 193) und auf einen dieselbe
bestättigenden, mit einer kleinen Menge angestellten, und S. 301
bis 303 angeführten, Versuch. Dies verhält sich aber nicht ganz
so: jene salzige Verbindung läßt allerdings einen Theil Ammonium in vollständigem Zustande fahren, ein anderer Theil des
letztern aber wird zersetzt und oxydirt die Säure bis zu einem
bestimmten Grade, man mag das molybdänsaure Ammonium in
geringerer oder größerer Menge, frisch oder seit längerer Zeit
bereitet, anwenden. Dieses entstandene Oxyd aber oxydirte sich
beym Zutritt der Luft in der Glühehitze wieder, und da dies um
so leichter und schneller geschieht, je geringer die Menge und je
größer die Oberfläche ist, so kann man den vorhergegangenen Zustand leicht übersehen, was, wenn man mit einer größern Menge
arbeitet, nicht geschieht, weil hier die Oxygenirung nicht so schnell
für sich geht.   G.

Waage befeſtigten Metallſtückchen, zur größtmöglichſten Entfernung der Luft der Zwiſchenräume, ¼ Stunde mit deſtillirtem Waſſer ſieden ließ, und dann das Weitere in mittlerer Temperatur vollendete.

Dieſe Verſuche gaben: der erſte 8,636; der zweite 8,490; der dritte 8,615, ſo daß man nicht weit von der Wahrheit entfernt bleiben wird, wenn man ein mittleres ſpec. Gew. von 8,600 annimt. Freilich weicht dieſes Reſultat ſehr von den Angaben anderer, wodurch ſolches nur auf 4,500, und 6,500 geſetzt wird, und auch noch beträchtlich genug von der Angabe Hielm's [6]), wodurch die Eigenſchwere zu 7,500 zum höchſten beſtimmt wird, ab: allein die Metallmaſſen, deren ſpec. Gewichte von andern beſtimmt wurden, waren entweder vielleicht nicht rein, oder zum Theil orydirt, oder blaſig, wie die, welche Hielm [7], Ruprecht [8]) und Heidinger dazu anwendeten, woraus nothwendig ein geringeres ſpec. Gewicht ſich ergeben mußte.

E. Verſuche zur Beſtimmung des Verhältniſſes, in welchem ſich das Molybdänmetall mit dem Sauerſtoffe zur Molybdänſäure vereiniget.

18. Verſuch. Die Ausmittelung des Metallgehalts in dem natürlichen Schwefelmolybdän in den obigen Verſuchen gab mir ein bequemes Mittel zu dieſer Beſtimmung.

---

6) Chemiſche Annalen 1792. Bd. 2. S. 373.

7) Ebendaſelbſt.

8) Ebendaſelbſt 1790. Bd. 1. S. 446 — 487 und deſſelben Jahrganges Bd. 2. S. 7 — 9.

Boden des Schmelztiegels fanden sich deutlich geflossene
Körner von Molybdänmetall von der Größe eines Stecknadelkopfs, die völligen Metallglanz und Silberweiße besaßen, wie die angeführten Blättchen. Auch ließ sich die
andere Hälfte der Molybdänmetallmasse durch Reiben mit
einer Glasröhre oder einem Stückchen Porcellain so zusammendrücken, daß sie den erwähnten Metallglanz annahm [4].

Ungeachtet nun das Molybdän hier alle Zeichen des
Metallzustandes, den Glanz, die Dichtigkeit, und, wennschon
eine geringe, Dehnbarkeit zeigte, so konnte ich es doch
nicht zu einem völlig geflossenen Metallkorn bringen, als
ich ein 40 Gran schweres Stück der vorhin erhaltenen
Metallmasse nochmals auf ähnliche Art dem ununterbrochenen heftigsten Geblösefeuer zwei Stunden durch aussetzte.
Ein späterhin mit 2 Unzen braunem Molybdänoxyd ange-

---

4) Etwas diesem Aehnliches scheint Ruprecht schon beobachtet zu haben: dieser führt nähmlich, (Chemische Annalen 1790.
Bd. 2. S. 9) an, bey seinen Reductionsversuchen kleine Könige
erhalten zu haben, wovon die kleinsten ein silberweißes Ansehen
besessen hätten, auch habe der Schmelztiegel hier und da einen
gleichfarbigen Anflug gehabt. Doch wird es zweifelhaft, ob diese
angeblichen Könige wirklich solche waren; da gedachter Schriftsteller die andern theils als weißgrau, theils als röthlich und
auch bläulich gefärbt angiebt, welche Farben aber, wie die Folge
lehren wird, und zum Theil aus dem Vorhergehenden sich schon
ergab, einem wiederangenommenen Oxydationszustande zugeschrieben werden müssen. Helm schloß aus der Eigenschaft des Molybdänmetalls, andern Metallen eine hellere Farbe mitzutheilen,
daß seine Farbe die weiße sey und diese Folgerung ist nun durch
meine Beobachtung bestättigt. Man sehe hierüber Chemische Annalen 1790. Bd. 2. S. 373.   B.

wurde daher in einer flachen Porcellainschale wiederholt und die rückständige aufs genaueste gesammelte weiße Masse in einem abtarirten langen Gläschen durch Glühehitze geschmolzen. 100 Gran jenes mit 10 Drachmen Salpetersäurebehandelten Oxydes lieferten eine strahlige, genau 109 Gran wiegende, Masse, so daß mit Einschluß von 1 Gran an der Porcellainschale hängen gebliebenen die gebildete Molybdänsäure 110 Gran beträgt [9]).

Dieses so sehr von dem des vorigen Versuchs abweichende Resultat, mußte mich darauf führen, daß die oben erwähnte Substanz noch nicht regulinisches Molybdän sey, was sich nachher auch aus den vorhin erzählten Reductionsversuchen ergab, oder daß ich mich in den Versuchen zur Bestimmung des Schwefelgehalts und der Aufnahme an Sauerstoff des rohen Molybdäns geirrt haben müsse und bestimmten mich zu ihrer Wiederholung. Das Resultat dieser Wiederholung in Hinsicht des Schwefelgehalts habe ich oben bereits angeführt. Die Wiederholung des Oxydations=Versuches geschah in der Art, daß 100 Gran rohes Molybdän mit einem Gemisch von einer Unze Salzsäure und drey Unzen Salpetersäure in einem hohen, um Verlust durch Versprützen zu vermeiden, schief ins Sandbad gelegten, Glase oxygenirt und nachher bis zur gänzlichen Verflüchtigung der gebildeten Schwefelsäure (in einem Schmelztiegel, dessen Boden um das Anschmelzen des Glases zu vermeiden,

---

9) Dies stimmt nicht ganz mit dem Resultat des Versuchs 15. überein, zufolge dessen 100 Gran Oxyd, als 72 Gran Metall enthaltend, nach Annahme des ganzen Sauerstoffs, nur 107 bis 108 Säure gegeben haben sollten. B.

mit Kreide bedeckt wurde, geglühet wurden. Es wurden 56 Gran Molybdänsäure gewonnen, woraus sich ergiebt, daß 100 Theile Metall 50 Sauerstoff aufnehmen, und daß 100 Molybdänsäure 33⅓ Sauerstoff und 66⅔ Metall enthalten. Das regulinische Molybdän bot mir jetzt noch ein anderes Mittel dar, um das in den vorigen Versuchen erhaltene Resultat zu verificiren.

20. Versuch. Es wurden daher 100 Gran Molybdänmetall des 13. Versuchs, sehr feingepülvert, mit 13 Drachmen der obigen reinen Salpetersäure in einer flachen Porcellainschale übergossen. Es erfolgte ein außerordentliches Aufwallen und häufige Entwickelung von Salpetergas, welches in Berührung mit der Luft rothe Dämpfe bildete. Die Masse wurde bräunlichgelb, nach und nach weißgelb, beym Trocknen orangengelb, und wo die Hitze am stärksten war, schön blau. Die trockne Masse wurde mit Sorgfalt gesammelt, und in einem gebogenen Glase zusammengeschmolzen, welches beträchtlich schwerer als gewöhnlich erfolgte. Es fand sich ein Zuwachs von 34 Gran, welchem nach in 100 Theilen Molybdänsäure 25,½ Sauerstoff waren. Die geschmolzene Masse war nach dem Erkalten schön krystallisirt und aus graulich silberweißen Krystallen zusammengesetzt.

Der vorhin wahrgenommene und bisher nicht bemerkte Farbenwechsel deutete auf ein veränderliches Verhältniß des Molybdänmetalls zum Sauerstoff. Es war mir wahrscheinlich, daß eine, wenn schon geringe Portion der dem Molybdänmetall bey der Reduction zugesetzten Kohle mit demselben in Verbindung getreten seyn, und die eben bemerkten Erscheinungen bey der Oxygenirung, so wie das abweichende Verhältniß des Sauerstoffs veranlaßt haben könne.

21. Versuch. Der vorige Versuch wurde daher mit solchem Molybdänmetall wiederholt, welches ohne Beymengung von Kohlenpulver zur Molybdänsäure durch bloßes Glühen zwischen demselben erhalten worden. Zwey Mahl mißlang derselbe; das erstemahl wegen des außerordentlich heftigen Aufbrausens mit der Salpetersäure, wodurch ein Theil überlief; das zweyte Mahl, wo sie verdünnt worden, wegen des stoßweisen Aufsprützens der gebildeten Molybdänsäure.

Ich mußte ihn daher wie Versuch 19. und 20. in einem flachen Geschirre wiederholen. Es wurden dazu 100 Gran des gepülverten Metalls mit einem Gemische von ¼ Unze Wasser und 1 Unze der mehrerwähnten Salpetersäure übergossen. Nach einigen Minuten erfolgte lebhafte Einwirkung, und es bildete sich eine gelbrothe, ins Bräunliche fallende Flüßigkeit. Als jetzt bey aufhörender Gasentwickelung noch nicht sämtliches Metall verschwunden war, wurde aufs Neue ¼ Unze Salpetersäure hinzugefügt, und die Mischung etwas im Sandbade erwärmt. Das Metall verschwand hierdurch gänzlich, die Flüßigkeit blieb aber gelbroth, ins Bräunliche fallend, wie vorher, bloß ein röthlichweißes Pulver schwamm darin herum. Unter beständigem Umrühren wurde das Ganze zur Trockne verdunstet; der Rückstand besaß eine Farbe aus Kupferroth mit vielem Weiß vermischt, die beym fernern Erhitzen auf der Oberfläche graulichblau, an den Seiten des Glases bräunlichroth und stellenweise oraniengelb erschien. Diese

mancherley Farben zeigten deutlich, daß sie nicht bey-
gemengter Kohle, wie ich im vorigen Versuch glaubte,
zuzuschreiben seyen, sondern von den verschiedenen Oxydationszuständen des Metalls herrühren dürften. Es
ist auffallend, daß hier das Molybdän so unvollkommen
erzeugirt wurde, da in den vorhergehenden Versuchen mit
dem Schwefelmolybdän solches weit schneller und vollständiger geschah. Um das Molybdän vollständig zu
erzeugiren, so wurde auf die trockne Masse noch ½ Unze
Salpetersäure gegossen, und das Gemenge erwärmt; da ich
hierdurch keine merkliche Veränderung erfolgen sahe, so gab
ich 2 Drachmen reine Salzsäure hinzu. Jetzt erfolgte die
Umwandelung der Masse schneller: sie wurde immer dicker
und dichter, und endlich weiß. Trocken wurde sie möglichst genau samurelt, und in einem ablarirten Gläschen
¼ Stunde roth geglüht. Beym Wägen nach dem Erkalten
fand sich eine Gewichtszunahme der angewendeten 100
Gran Metall von 45 Gran; hierzu kommen noch 3 Gran
für das unvermeidlich in der Glasschale hängengebliebene,
und der ganze Zuwachs steigt also auf 48, welches für
100 Theile Molybdänsäure 32$\frac{4}{7}$ Theile Sauerstoff giebt.

Dieser Versuch, verglichen mit dem 14. und 18. haben uns nur Resultate gewährt, die nicht sehr von einander abweichen. Den erstern wiederholte ich ebenfalls noch
einmal mit einem 100 Gran schweren Stück geschmolzener Molybdänsäure, die eine Stunde durch zwischen Kohlenpulver im heftigsten Weißglühfeuer gehalten wurde. Die
ganze Metallmasse wog genau 32 Gran weniger, wie die
angewandte Säure. Man kann also als eine nicht beden-

tend von der Wahrheit abweichende Mittelzahl ~~annehm~~
daß 100 Molybdänkönig 0,49 bis 0,50 Sauerstoff ~~aufneh~~
men, wenn er in Säure verwandelt wird, und daß ~~auch~~
100 Molybdänsäure 0,32 bis 0,33 Sauerstoff enthalten [10]
Durch die Versuche mit dem Molybdänmetall und die Reduction der Molybdänsäure wird zugleich auch das angegebene Bestandtheil = Verhältniß des natürl. Schwefelmolyb-
däns bestättigt.

F. Versuche zur Prüfung des Verhaltens des
　　Molybtänmetalls unter Zutritt der at-
　　mosphärischen Luft.

22. Versuch. Ein Stückchen Molybdänmetall, 53
Gran schwer, von mäßigem Zusammenhang und aschgrauer
Farbe wurde in einem hessischen Schmelztiegel einer allmählig steigenden Erhitzung ausgesetzt. Als sich die Hitze
kaum dem Dunkelrothglühen zu nähern anfieng, so lief die
Oberfläche des Metalls zuerst bräunlichgelb, hierauf schnell
schön violblau, ins Indigblaue ziehend, an. Wurde jetzt
das Metall vom Feuer entfernt, so fand sich nach dem
Zerbrechen ein noch unveränderter grauer Kern, welcher
nach oben zu sich ins Gelbe, Bräunlichgelbe und alsdann

---

10) Bey diesen vielen, auf verschiedene Art abgeänderten,
Versuchen kann man kaum an der Richtigkeit des daraus gezoge-
nen Resultats zweifeln. Es steht dem vom Herrn Dr. Richter
(Ueb. die neuern Gegenst. der Chym. 10. St. S. 92 — 103) gegebe-
nen entgegen, nach welchem 100 Theile Molybdänkönig nur 2,690
Sauerstoff aufnehmen. Vielleicht ist durch das sehr verwickelte
Verfahren und die darauf gegründete Berechnung des letztern ein
Irrthum entstanden, dessen Aufklärung von ihm wünschenswerth
wäre.　　　　　　　　　　　　　　　　B.

das Blaue verließ. Wurde das Metall eine hinreichende Zeit in jenem Feuersgrade erhalten, so wurde es endlich ganz blau; doch erforderte es viele Behutsamkeit dieses zu bewerkstelligen, weil die Oberfläche sehr leicht in einen höhern Oxydationszustand überging, und plötzlich entglühte. Wurde die blaue Metallmasse mit kaltem Wasser übergossen, so löste sie sich zum Theil mit blauer Farbe auf, und durch nachheriges Sieden mit Wasser erfolgte ebenfalls noch eine blaue Auflösung. Näherte sich die Hitze des Tiegels stärker dem Dunkelrothglühen, so fieng das Metall schnell an, unter der Erscheinung des Dunkelrothglühens zu brennen. Bei diesem Feuersgrade behielt es sein dunkelblaues Ansehen; gieng die Erhitzung nahe zum Rothglühen, so entglühte es lebhafter, und wurde auf der Oberfläche einige Linien tief bläulichweiß, tiefer nach Innen war es blau, ins Violette fallend, mit einem violetten ins Bräunliche fallenden Kern, wie die durch Zerlegung des molybdänsauren Ammoniums in der Glühhitze erhaltene Masse. Die, vorher nur schwachen Zusammenhang habende, Metallmasse war, bis zu dem Punkte geglüht, wo sie auf der Oberfläche weißgefärbt erschien, weit dichter und fester geworden als vor dem Glühen, so daß sie nur mit Mühe mit den Fingern zerstört werden konnte. Bey stärkerer Rothglühhitze bedeckte sich die ganze Oberfläche mit entstehender Molybdänsäure, die sich immer vermehrte, und endlich in Fluß gerieth. Diese Erscheinungen zeigen offenbar verschiedene Oxydationszustände an. Man kann hiernach ein bräunliches Oxyd, als auf der niedrigsten Stufe der Oxydation stehend, annehmen; das violettbraun gefärbte Oxyd ist höchst wahrscheinlich von gleichem Sauerstoffge-

halt, wie das durch Glühung des molybdänfauren Ammonium, erhaltene; mehr Sauerstoff haltend scheint das blaue
in Wasser auflösliche.　Das bläulichweiß gefärbte Molybdänoxyd ist wohl nur als ein Gemenge von dem
blauen und weißen anzusehen, welches letztere wahrscheinlich
nichts anderes als Molybdänsäure ist, bey stärkerer Hitze
schmilzt und zu Blumen sublimirt.　Diese verschiedenen
Oxyde würden demnach in folgender Ordnung folgen: das
Hellbraune, das Violettbraune oder Violette, das Blaue
und das Weiße.　Unter diesen Oxyden zog das Blaue vorzüglich meine Aufmerksamkeit auf sich, besonders deswegen,
weil es auf mannigfaltige Weise durch Oxydation und
Desoxydation, bey Behandlung des Molybdäns mit Säuren, Schwefelalkalien, Metallauflösungen und dergleichen
entsteht.

G. **Versuche zur Gewinnung des blauen Molybdänoxydes.**

23. **Versuch.**　50 Gran gepülvertes Molybdänmetall wurden in einem schief geneigten porcellainenen Schmelztiegel bis zu dem Punkte, wobey es blau anläuft, erhitzt.
Zu Anfang des Erhitzens wurde das Pulver bräunlichgelb,
hierauf schnell kupferbraun, in welchem Zustande es einige
Minuten blieb, bis der Schmelztiegel eine stärkere Hitze
annahm.　Auf einer Stelle, wo der Tiegel kaum dunkelroth zu glühen anfieng, entglühte das Metall.　Ich entfernte ihn jetzt schnell vom Feuer und hielt ihn nun ¼ Stunde
durch unter beständigem Umrühren des Pulvers in mäßigem Feuer, worauf die braune Farbe völlig graulichblau
erschien.　Genau gesammelt und gewogen hatte. solches

nach und nach blau wurde und durch dre——————
den mit 2 Unz. Wasser, bis zur Verdampfung der —
gesättigt blaue Auflösungen gab.   Der Rückstand sa—
kupferbraun ins Bläuliche fallend aus und betrug ——
Gran.   Ich legte ihn vor der Hand bey Seite und —
nahm den Versuch mit einer größern Menge Metall, —
einen geschwindern Weg auszumitteln.   : ;

24. Versuch.   200 Gran Molybdänmetall wur—
in einem porcellainen Mörser jetzt aufs zarteste zerri—
und dieses Pulver wie im vorigen Versuch behandelt. E—
bildete sich kupferbraunes Oxyd, beym fernern Erhitzen da—
blaue.   Als es fast indigblau, mit einer grauen Schatt—
rung geworden war, und hier und da sich zu entzünde—
anfieng, so entfernte ich es vom Feuer.   Es wurde 4 Mal—
jedes Mahl mit 2 Unzen Wasser bis zur Hälfte eingekoch—
und jede Abkochung war gesättigt blau.   Jetzt hatte der
Rückstand seine blaue Farbe völlig verloren und war kup—
ferfarben, und doch erfolgte bey noch 2maliger ähnliche—
Abkochung immer noch eine gesättigt blaue Auflösung, zum
deutlichen Beweise, daß durchs bloße Sieden mit Wasse—
das braune Oxyd in das blaue verwandelt werde, und daß
folglich jenes weniger oxydirt als dieses sey.

Ich versuchte jetzt das braune rückständige Oxyd durch—
anhaltendes Sieden mit Wasser in das blaue umzuänder—
zu welchem Behuf ich solches in einem geräumigen Gefäße
mit 16 Unzen destillirtem Wasser bis zu 2 Unzen einkochen
ließ.   Es bildete sich zwar eine gesättigt blaue Auflösung,
allein doch nicht in dem Maße, wie ich es bey so langem
Kochen erwartet hatte.   Ich beschloß daher zu prüfen, ob
sich der braune Rückstand nicht schneller in blaues Oxyd

umwandeln ließe, wenn ich solches abwechselnd eine Zeitlang mit Wasser befeuchtete, und dieses wieder verdunstete.
Der Rückstand wurde daher 10 Mahl hintereinander nur
so mit destillirtem Wasser befeuchtet, daß keine Flüssigkeit
darüber stand, und solches dann verdunstet, hierauf mit einer Unze Wasser übergossen, und das Gemenge 5 Minuten im Sieden erhalten. Es entstand hierdurch jedes Mahl
eine gesättigt blaue Auflösung; das braune Molybdänoxyd
war endlich bis auf 11 Gran verschwunden.

Es muß sich hier die Bemerkung aufdringen, daß diese
Verfahrensart, das blaue Molybdänoxyd zu bereiten, sehr
mühsam sey. Ich selbst fühlte die Mängel derselben, und
suchte auf mehreren Wegen eine bessere ausfindig zu machen.
Ich hatte die Erfahrung gemacht, daß, wenn man eine
Auflösung des Molybdäns in Schwefelsäure durch Schwefelkaliauflösung zerlegt, und hierauf wieder etwas Schwefelsäure hinzusetzt, der entstandene Niederschlag zerlegt und
eine blaue Auflösung gebildet werde. Allein ich konnte
auf keine Weise das entstandene blaue Oxyd rein darstellen; denn rauchte ich die filtrirte Auflösung des blauen
Oxyds ab, so konnte ich, wegen dessen Leichtauflöslichkeit
im Wasser, weder die Schwefelsäure noch das, mit dem
Kali des Schwefelkali gebildete, schwefelsaure Kali davon
trennen; auch blieb eine Parthie ausgeschiedener Schwefel
damit in Verbindung. Alkalien schieden aus einer concentrirten Auflösung zwar eine geringe Menge ab; allein diese
ließ sich nicht aussüßen, sondern löste sich wieder auf:
auch beobachtete ich, daß solches durch überflüssiges Kali
seiner blauen Farbe nach einiger Zeit wieder beraubt, folglich höchst wahrscheinlich stärker oxydirt wurde. Auch die

bekannte Erfahrung Scheele's und anderer Chemiker, die Molybdänsäure durch die Auflösung in Säuren Flüssigkeiten darstellt, verfolgte ich in dieser Absicht. Salzsäure schien mir wegen ihrer Flüchtigkeit dazu vorzüglich geschickt zu seyn. Ich lösete daher 2 Drachmen des durch Zerlegung des molybdänsauren Ammonium, vermittelst des Glühens, erhaltenen braunen Oxydes in mäßig concentrirte Salzsäure auf; die Auflösung gieng während des Siedens aus dem Braungelben ins Gelblichgrüne, und endlich beym Eindicken ins Dunkelblaue über. Ich dampfte sie zur Trockene ab, und erhielt dadurch eine dunkelblaue Masse, die ich aber durchaus nicht von der noch beygemengten Salzsäure befreyen konnte. Mit Wasser abgewaschen löste sie sich zum Theil auf, und die Flüssigkeit, wie die noch rückständige Masse, enthielt Salzsäure. Erhitzte ich die blaue Masse noch stärker, so wurde sie grau, und hatte mit der Salzsäure auch ihre Auflöslichkeit im Wasser verloren. Nach noch mancherley andern abgeänderten Versuchen, die keinen Erfolg hatten, leitete mich endlich die so nahe liegende Erfahrung, nach welcher die Auflösung der Molybdänsäure bey Berührung mit den meisten Metallen eine blaue Farbe annimt, auf die einfachste Art zum Ziele. Ich konnte mit Grund erwarten, daß auch das Molybdänmetall selbst auf die Molybdänsäure eben solche Wirkung ausüben und durch die Theilung des Sauerstoffs blaues Oxyd entstehen würde.

25. Versuch. Es wurden daher 12 Gran Molybdänmetall mit 24 Gran Molybdänsäure zum feinsten Pulver zerrieben und mit 7 Unzen Wasser übergossen. Nach einem ruhigen Stehen von 10 Minuten entstand schon ein

umwandeln ließe, wenn ich solches abwechselnd eine Zeitlang mit Wasser befeuchtete, und dieses wieder verdunstete.
Der Rückstand wurde daher 10 Mahl hintereinander nur
so mit destillirtem Wasser befeuchtet, daß keine Flüßigkeit
darüber stand, und solches dann verdunstet, hierauf mit einer Unze Wasser übergossen, und das Gemenge 5 Minuten im Sieden erhalten. Es entstand hierdurch jedes Mahl
eine gesättigt blaue Auflösung; das braune Molybdänoxyd
war endlich bis auf 11 Gran verschwunden.

Es muß sich hier die Bemerkung aufdringen, daß diese
Verfahrensart, das blaue Molybdänoxyd zu bereiten, sehr
mühsam sey. Ich selbst fühlte die Mängel derselben, und
suchte auf mehreren Wegen eine bessere ausfindig zu machen.
Ich hatte die Erfahrung gemacht, daß, wenn man eine
Auflösung des Molybdäns in Schwefelsäure durch Schwefelkaliauflösung zerlegt, und hierauf wieder etwas Schwefelsäure hinzusetzt, der entstandene Niederschlag zerlegt und
eine blaue Auflösung gebildet werde. Allein ich konnte
auf keine Weise das entstandene blaue Oxyd rein darstellen; denn rauchte ich die filtrirte Auflösung des blauen
Oxyds ab, so konnte ich, wegen dessen Leichtauflöslichkeit
im Wasser, weder die Schwefelsäure noch das, mit dem
Kali des Schwefelkali gebildete, schwefelsaure Kali davon
trennen; auch blieb eine Parthie ausgeschiedener Schwefel
damit in Verbindung. Alkalien schieden aus einer concentrirten Auflösung zwar eine geringe Menge ab: allein diese
ließ sich nicht aussüßen, sondern löste sich wieder auf:
auch beobachtete ich, daß solches durch überflüssiges Kali
seiner blauen Farbe nach einiger Zeit wieder beraubt, folglich hierbei wahrscheinlich stärker oxydirt wurde. Auch die

worden war, und nun mit dem reinsten Wasser [...]
wurde, so entwickelte sich auf das unverkennbarste [...]
ruch beynahe wie Rosmarinöl und Kalmusöl, und [...]
kampherartig. Ein gewiß sehr auffallendes Phäno[...]
dessen Richtigkeit sich übrigens die bey mir anwesenden
Herren Trommsdorff, Haberle u. s. w. hinreichend
überzeugten. Wie dieser Geruch, welcher die größte Aehnlichkeit mit einem Gemische aus Rosmarin und Kalmus
hat, hervorgebracht werde, kann vielleicht durch Bearbeitung größerer Massen erwähnter Substanzen ausfindig gemacht werden.

27. Versuch. Sämmtliche blaue Flüssigkeit von den
bisher erzählten Versuchen, welche das blaue Oxyd in reinem Wasser aufgelöst enthielt, wurde jetzt in einer Porcellainschale unter Sieden zur dünnen Syrupskonsistenz
verdunstet. Sie war während des Siedens weit lichter
geworden, und erschien zuletzt ganz dunkelstahlgrün, nach
dem Erkalten völlig wie eine concentrirte Auflösung des
essigsauren Kupfers, etwas ins Blaue fallend, das heißt:
sie war dunkelbläulichgrün. Der Geschmack war bitter,
metallisch zusammenziehend. Uebrigens hatte sich nichts
aus der concentrirten Flüssigkeit abgesondert. Durch Vermischung mit etwas reiner, mäßig concentrirter Salzsäure
schien die anfängliche blaue Farbe des Oxydes wieder hergestellt zu werden. Offenbar zeigte dieser Erfolg, daß das
blaue Oxyd durch anhaltendes Sieden mit Wasser in einen höhern Zustand der Oxydation übergehen könne, und
daß man jenen Hitzgrad möglichst vermeiden müsse. Mehrere Versuche, welche hier anzuführen überflüssig sind, lehr-

Diesen widrigen Erfolg kann man auch noch dadurch
am sichersten verhindern, wenn man etwas Molybdänmetall oder brannes unvollkomnienes Molybdänoxyd so lange
mit der zu verdunstenden Auflösung des blauen Oxyds in
Berührung läßt, bis sie Syrupskonsistenz hat, wodurch jede
Portion Sauerstoff, welche eine höhere Oxydation herbeyführen könnte, unthätig gemacht wird.

Aus den Versuchen über das blaue Molybdänoxyd ergeben sich nun folgende Resultate:

1. Es sind dadurch mehrere der vorhin aufgefundenen Oxydationszustände bestättigt, theils noch einige
andere aufgefunden worden. Bey den Versuchen mit dem
Molybdänkönig bemerkte ich oft, daß die glänzende Fläche
desselben anlief, und wie mit einem grauen Ueberzug bedeckt wurde. Gewiß ist dieses eine anfangende Oxydation
und der niedrigste Grad derselben; das braune Oxyd ist
das nächste, es geht, wie wir oben gesehen haben, durch
Sieden mit Wasser in das blaue über, ja dies erfolgt schon,
wenn es, mit Wasser angefeuchtet, bey gewöhnlicher Temperatur der Luft ausgesetzt wird, und da sowohl das durch Erhitzung des Metalls als das durch Zersetzung des molybdänsauren Ammonium erhaltene braune Oxyd sich hierin gleich
verhalten, so kann man sie als identisch ansehen; auf das
blaue Oxyd folgt das blaugrüne, welches durch starkes
Einsieden des blauen, oder durch verlängerten Zutritt der
Luft zu demselben erhalten wird: es geht bey Berührung
mit Molybdänmetall, auch auf Zusatz von reinem Ammonium, in das blaue zurück; endlich geht das blaugrüne
Oxyd in ein gelbes, und dann in ein weißes oder die
bekannte Molybdänsäure über. Die Umänderung des blauen

Grad von Acidität besitze, als bey grösserem [11]); 2) die Acidität behält es auch, wenn es in das blaugrüne Oxyd übergegangen ist, welches auch auf den Zusatz von kohlensaurem Kali wieder in die blaue Farbe zurück gieng, wie unter den oben benannten Umständen; aus seiner Bereitung ergiebt sich schon seine Leichtauflöslichkeit im Wasser, die dem Grade nach noch zu bestimmen ist.

28. Versuch. Wir haben oben das Verhalten des Molybdänkönigs beym Zutritt der Luft unter Erhitzung kennen gelernt: einige Erscheinungen bey Bestimmung seines spec. Gewichts veranlaßten mich, es auch in gewöhnlicher Temperatur unter Mitwirkung des Wassers zu untersuchen. 30 Gran wurden zerrieben, und in einem Porcellainschälchen mit Wasser befeuchtet, welches langsam verdunstete. Frisch aufgegossenes Wasser wurde nun sogleich blau gefärbt, und durch öftere Wiederholung dieses Verfahrens wurde alles Metall in das blaue Oxyd verwandelt. Es zeigten sich hier also nicht die Zwischenzustände von Oxydation. Das braune Oxyd, auf gleiche Weise behandelt, gab dasselbe Resultat.

H. Versuche zur Bestimmung des Verhaltens
des Molybdänmetalls zu einigen Säuren.

1. Schwefelsäure.

29. Versuch. 10 Gran gepülvertes Molybdänmetall

---

11) Diese Folgerung, die übrigens schon aus den Eigenschaften der oxydirten Salzsäure gezogen worden, ist hier doch noch nicht begründet, denn das, was der Herr Verf. dafür anführt, kann durch die Leichtauflöslichkeit, also die grössere Masse des blauen Oxydes in gleichem Volum, bewirkt werden.   G.

Beydes in diese letztern Stufen wird durch die Gegenwart eines Alkali sehr begünstigt.

2. Die weiße Molybdänsäure geht in Berührung mit braunem Oxyd oder Metall, durch Vertheilung des Sauerstoffs in das blaue Oxyd über. Auf diesem Grunde einer Desoxydation beruhet die von Scheele, Hever und Ilsemann bemerkte Erscheinung des Blauwerdens der Molybdänsäure durch andere Metalle und oxydulirte Metallauflösungen. Auch durch andere entoxydirende Umstände wird die weiße Molybdänsäure in die blaue übergeführt, z. B. wenn man Ammoniumgas über dieselbe treten läßt.

Nach Entdeckung dieser verschiedenen Oxydationszustände wird es von Interesse seyn, ihre qualitativen und quantitativen Verhältnisse näher zu erforschen. Ich werde mir dies nebst andern weitern Forschungen angelegen seyn lassen, wenn ich mit hinreichendem Material versehen seyn werde. Vorzüglich würde diese Untersuchung das braune und blaue Oxyd treffen, welche eine festere Existenz besitzen, und leichter in einiger Menge von stets gleicher Beschaffenheit dargestellt werden können, auch vorzüglich interessant sind, da sie unter so mancherley Umständen bey Bearbeitung des Molybdäns entstehen. Ich bemerke jetzt von einigen vorläufigen Versuchen mit dem blauen Oxyd nur noch folgendes: 1) Es verhält sich ganz wie eine Säure, röthet Lacmuspapier schnell und stark, beydes in höherem Grade, wie die weiße Säure, verbindet sich mit kohlensauren Alkalien unter heftiger Entwickelung des kohlensauren Gas, wobei die Auflösung blau erscheint. Es giebt sich daraus die merkwürdige Anomalie, daß eine Säure bey geringerem Sauerstoffgehalt einen größeren

Um die Auflösung etwas zu beschleunigen, wandte ich gelinde Wärme an, worauf das Molybdän sehr bald verschwand und eine gelbbraune ins Rothe schielende Auflösung entstand. Ich setzte noch zwey Mahl 10 Gran gepülvertes Molybdänmetall hinzu; einige Zeit nach dem Zusatz der letzten Portion fieng die bis dahin ungetrübte bräunlichrothe Auflösung an, sich zu trüben und fleischfarbig zu werden, woraus, so wie aus der geringen Gasentwickelung ich auf die Sättigung der Säure schließen konnte. Nach einiger Ruhe zeigte sich am Boden des Glases, wo sich noch etwas unaufgelöstes Molybdänmetall befand, die Entstehung eines blauen Molybdänoxydes. Es trat hier also derselbe Umstand ein, wie bey der Auflösung der Schwefelsäure. Das nach 24 Stunden abgeschiedene trübende Pulver verhielt sich ganz wie Molybdänsäure. Auch ohne Anwendung von Wärme gab die, auf angezeigte Art verdünnte Salpetersäure nach einigen Stunden eine gelbbraune ins Rothe ziehende Auflösung, welche völlig klar blieb. Sie schmeckte schwach säuerlich, hinterher bitter, etwas metallisch schrumpfend; etwas davon, bey mäßiger Wärme im Porcellainschälchen bis zur staubigen Trockne verdunstet, ließ einen schmutzig röthlichgelben Rückstand, welcher sich durchs Schütteln mit einer mäßigen Menge destillirtem Wasser bis auf weniges, welches Molybdänsäure war, wieder auflöste. Die Auflösung war weingelb ins Röthliche ziehend. Durch Digeriren mit Molybdänkönig wurden diese Auflösungen blau. Die rauchende Salpetersäure erregte, als in 1 Drachme derselben 20 Gran gepülvertes Metall getragen wurden, ein äußerst heftiges Aufbrausen und Ausstoßen rother Dämpfe

wurden mit einer halben Drachme reiner Schwefelsäure
von 1,860 übergoſſen, und 24 Stunden in einer mittleren
Temperatur gelaſſen. Es zeigte ſich ſo nicht die mindeſte
Einwirkung, bey mäßiger Erhitzung aber entwickelte ſich
eine große Menge ſchweſelige Säure, und es bildete ſich
eine gelbbraune ſyrupdicke Flüſſigkeit, die nach dem Verdünnen mit 4 Mahl ſo viel Waſſer in das Braungelbe
übergieng, und nach einiger Ruhe etwas unaufgelöstes Molybdän abſetzte. Als ich nun die braungelbe Flüſſigkeit einige Stunden mit dem Metall in Berührung ließ, ſo gieng
ſie nach und nach ins Grüne, hierauf ins Blaue über,
wobey bemerkenswerth iſt, daß ſich ein Theil blaues Molybdänoxyd als ein blaues feines Pulver abſonderte, wovon die Urſache in der Folge noch aufzuſuchen iſt.

Dieſe Erſcheinungen deuten wohl offenbar darauf, daß
durch die Schwefelſäure das Molybdän in den Zuſtand
eines über dem grünen und blauen ſtehenden gelben Oxydes
verſetzt wurde, welches durch Desoxydation vermittelſt des
unaufgelöſten Molybdäns in erſtere zurückgieng.

2. Salpeterſäure.

30. Verſuch. Es iſt ſchon oben, bey Gelegenheit
der Oxygenirung des Molybdänkönigs, etwas über das
Verhalten der Salpeterſäure zu demſelben geſagt worden,
was ich durch die folgenden Verſuche weiter verfolgte. Zu 2
Drachmen mit eben ſo viel Waſſer vermiſchter Salpeterſäure von 1,220 ſpec. Gew. wurden 10 Gran gepülvertes Molybdänmetall geſetzt. Nach einer Viertelſtunde erfolgte unter Salpetergasentwickelung eine ſchwache Einwirkung und es bildete ſich eine blaßröthliche Auflöſung.

monium erhaltenen Oxyde kann man jenen braunen Niederschlag nicht ansehen, weil ersteres im Wasser unauflöslich zu seyn scheint, und weil dieser Niederschlag nicht wie jenes mit Molybdänsäure das blaue Oxyd gab, sondern nur, wenn er mit Molybdänmetall in Berührung war. Er mußte sich also in einem höhern Zustande der Oxydation befinden als das blaue.

3. Salzsäure.

32. Versuch. 10 Gran gepülvertes Molybdänmetall wurden mit 1 Drachme Salzsäure von 1,135 spec. Gewichte übergossen und 24 Stunden stehen gelassen. Es erfolgte so wenig hierdurch, als durch das, vermittelst Siedhitze, bewirkte Eindicken und Verjagen der Salzsäure Wirkung auf das Molybdän, sondern dieses behielt unverändert seine Gestalt; selbst dann, als aufs Neue 1 Drachme Salzsäure aufgegossen und einige Minuten im Kochen erhalten wurde.

Der Erfolg dieses Versuchs, welcher in Widerspruch mit der oben angeführten Eigenschaft des Molybdänkönigs, durch bloßes Befeuchten mit Wasser in den Zustand des blauen Oxydes überzugehen, zu stehen scheint, veranlaßte mich, auch das Verhalten der verdünnten Schwefelsäure gegen denselben zu prüfen, da sich dann fand, daß gar keine Veränderung des Metalls erfolgte, ich mogte Mischungen von gleichen Theilen Säure und Wasser oder von 2 bis 3 Theilen Wasser auf 1 Theil Säure anwenden; selbst durch Erwärmen und anhaltendes Digeriren nicht. Es scheint also, daß in jenem Fall die Oxydation nicht durch das Wasser, sondern durch den Sauerstoff der At-

und das Gemenge verwandelte sich in einen Klumpen, der
blaß bräunlichroth aussah. Beym Uebergießen mit noch ½
Drachme derselben Säure und mäßigem Erwärmen ging
er nun sehr leicht in das weiße Molybdänoxyd oder die
Säure über.

31. Versuch. Die röthlich gefärbten filtrirten Auflösungen von den oben erwähnten Versuchen, wurden behutsam mit Ammonium versetzt, welches einen braunrothen
lockern Niederschlag bewirkte, der, abgespült und getrocknet, als ein blaß braunrothes, mit vielen weißen glänzenden Kryställchen durchsetztes Pulver erschien. Etwas davon
löste sich durch Schütteln mit nicht sehr vielem Wasser in
mittler Temperatur, bis auf einige weiße Kryställchen,
wieder auf. Diese weiße Kryställchen waren noch keine
Molybdänsäure, denn sie waren bey weitem leichtauflösli-
cher als diese, und besaßen auch einen weit saurern
schrumpfendern Geschmack als die gewöhnliche Molybdänsäure. Die Auflösung des braunen Pulvers war weingelb,
ins Röthliche fallend; das Wasser, womit es nach seiner
Fällung war abgespült worden, besaß eine noch gesättig-
tere Farbe, weil der Niederschlag in diesem feuchten Zustande
auflöslicher ist. Wurde die Auflösung mit Ammonium oder
mit Kali vermischt, so sonderte sich nach und nach abermahls
ein braunrother Niederschlag ab; und behandelte man jenen Niederschlag mit einer Auflösung von kohlensaurem
Kali, so blieb der braunrothe Niederschlag zurück, und die
weißen Krystalle lösten sich unter Ausbrausen in dem Kali
auf. Eine künftige Untersuchung muß die Beschaffenheit
der hier gebildeten Producte aufklären: für übereinstimmend mit dem durch Zersetzung des molybdänsauren Am-

Drachme Phosphorsäure und 1 Drachme Wasser, [...]
ben in einem verstopften Glase in Berührung g[...]
bey sich nicht die mindeste gegenseitige Wirk[ung]
Ich ließ jetzt unter mäßigem Sieden das Gemenge
Trockne verdunsten. Als es fast trocken war, [...]
sich ein Dunst, der nur entfernt nach Phosphor roch
von einem schwachen Nebengeruch begleitet war, dem [...]
Dunstes beym Eindicken von Kalilauge ähnlich. Die Flamme
eines darüber gehaltenen brennenden Papiers wurde davon
grünlichgelb verändert. Es erfolgte indessen, als ich die ein-
getrocknete Masse einige Minuten schwach glühen ließ, [...]
stärkerer phosphorischer Geruch, was für keine große Wirkung sprach: in der That sonderte sich auch nach dem Aufweichen der erkalteten Masse mit einer halben Unze Wasser,
der größere Theil des Metalls unverändert wieder ab und
fiel zu Boden. Die überstehende Flüßigkeit war gelbbraun
gefärbt, schmeckte stark sauer und hinterher metallisch
schrumpfend. Wurde diese Auflösung mehrmahls über gepülvertes Molybdänmetall abgedunstet, so erfolgte nicht die
mindeste Veränderung und es bildete sich kein blaues Oxyd;
das Metall mußte sich also auf einer sehr niedrigen Oxydationsstufe befinden. Etwas von der Auflösung wurde
in einem Porcellainschälchen zur Trockne verdunstet, wodurch eine graulich blaue Masse zurück blieb, die zu meiner Verwunderung sich doch wieder mit gelbbrauner Farbe
auflöste. Durch Ammonium wurde jene Auflösung dunkler
gefärbt, ohne einen Niederschlag zu geben; nur nach
24 Stunden sah man wenige bräunliche Flocken sich absondern.

7. Boraxsäure.

36. Versuch. Bey Behandlung der gleichen Menge Materialien auf gleiche Art, mit Anwendung von Borax-säure, fing die Flüssigkeit an, nach einigen Stunden blau zu werden, was aber während der übrigen Zeit wenig zu-nahm, so wie auch nicht bedeutend, als das Gemenge bis zur Trockne eingedickt und wieder aufgelöst wurde. Es mögte also zu dieser geringen Färbung wohl nicht die Bo-raxsäure als solche beygetragen haben.

Dasselbe Resultat erhielt ich, als ich auf dieselbe Art die 8. Bernsteinsäure; 9. die Weinsteinsäure; 10. die Citronensäure versuchte: nur wurde bey der Bernsteinsäure die Flüssigkeit beym Verdunsten grün. 11. Die Essigsäure (Eisessig) wirkte in der Kälte gar nicht; durch siedendes Verdunsten bis zur Hälfte der Flüssigkeit wurde solche bräunlichgelb gefärbt. Mit Ammonium neu-tralisirt, erfolgte kaum eine Spur von Trübung.

Aus den bisher erzählten Versuchen ergiebt sich: 1. daß das Molybdänmetall, im Fall es von Säuren auf-gelöst wird, jedes Mahl auf Kosten dieser oxydirt werde, daher nur diejenigen Säuren dazu geschickt sind, welche in mehreren Oxydationszuständen erscheinen können, wie die Salpeter = Schwefel = oxydirte Salz = Phosphor = und Arseniksäure, die ihrer verschiedenen Natur nach den Sauer-stoff bey gewöhnlicher oder erst in höherer Temperatur ab-treten. 2. Daß das Molybdän durch die Behandlung mit Säuren zum Theil auf die Oxydationsstufe gebracht werde, in welcher es blau, zum Theil auf eine andere, in wel-cher es braun erscheint, welche letztere über der erstern

steht und noch näher zu untersuchen ist. Nur bei
Phosphorsäure scheint dieser Zustand noch wieder
zu seyn; 3. daß diese Auflösungen, wie sich aus der
ren Natur der Molybdänoxyde ergiebt, wohl nicht als
zige Verbindungen angesehen werden können.

I. **Verhalten des Kali zu dem natürlichen Schwe-**
felmolybdän auf dem nassen und trocknen
Wege.

37. **Versuch.** Eine Menge Aetzlauge, die 200 Gr.
reines Kali enthielt, wurde mehrere Mahl über 50 Gran
gepülvertes reines Schwefelmolybdän abgedampft und wieder aufgeweicht, zuletzt der unaufgelöste Rückstand ausgesüßt und getrocknet. Er hatte kaum 4 Gran am Gewicht
verloren, besaß sein voriges Ansehen unverändert und entwickelte mit verdünnter Schwefelsäure auch gar keine Hydrothionsäure. Die abfiltrirte Lauge schmeckte stark schwe-
felig; verdünnte Schwefelsäure entwickelte daraus häufig
Hydrothionsäure, die vorher blaß bräunlichgelb gefärbte
Auflösung gieng nach der Sättigung ins Braunrothe über
und nach einigen Minuten erfolgte ein lockerer schön braunrother Niederschlag, der nach und nach ins Rothbraune
und endlich ins Gelbbraune übergieng und die überstehende Flüssigkeit blaß bräunlichroth zurück ließ. Getrocknet sah er chocolatebraun aus, betrug $3\frac{1}{2}$ Gran, und
schien nichts anderes zu seyn, als bloßes hydrothionsaures
Molybdän: denn mit Salzsäure erhitzt, entwickelte sich eine
geringe Menge hydrothionsaures Gas, und im glühenden
Tiegel erhitzt zeigte er keine Schwefelflamme, sondern bloß
den Geruch von schwefeliger Säure. Durch Salpetersäure

zer-

zerlegt, entstand schnell Schwefelsäure, welche durch Baryt bemerklich gemacht wurde.

38. Versuch. Die Hälfte der im vorigen Versuch angewandten Materialien wurden gemengt, in einem Gläschen eingedickt und ½ Stunde im Tiegelbade leicht geglüht. Gleich wie die alkalische Masse zu fließen anfieng, wirkte das Kali so heftig auf das Molybdän, daß es völlig aufgeschlossen schien. Das Ganze hatte eine kirschrothe Farbe angenommen, welche ins Granatrothe, und endlich ins Dunkelkermesinrothe übergieng. Das Wasser gab eine dunkelgrüne Auflösung, die an der Luft nach einigen Stunden ihre Farbe verlor, und ein schwarzgraues, nach dem Aussüßen und Trocknen etwas heller graues, 20 Gran wiegendes Pulver zurückließ, welches wir weiterhin kennen lernen werden.

Aus der Auflösung entwickelten verdünnte, überflüssig zugesetzte, Schwefelsäure oder Salzsäure, Hydrothionsäure, und fällten einen, dem im vorigen Versuch ähnlichen, Niederschlag. Ein Theil des Molybdän bildete mit der freyen Säure eine blaue Flüßigkeit, die über dem Niederschlage stand. Salpetersäure bildete auch diesen Niederschlag, die blaue Auflösung wurde aber durch fortschreitende Oxydation grünlich und dann röthlich gelb.

Bey Vergleichung dieser Versuche mit denen Ilsemans [12]) und Hevers [13]) über denselben Gegenstand wird man leicht auffinden, in wie weit sie mit einander

12) Crells Annalen 1787. Bd. 1. S. 409.
13) Ebendaselbst Bd. 2. S. 26 — 32.

übereinstimmen, oder abweichend sind. Aus den auf
führten Versuchen ergiebt sich, daß das Kali auf troch
Wege nur wenig, und noch weniger auf nassem Wege
dem Molybdän auflöse. Ich glaubte, daß die Ursache
von in der geringen Menge des Schwefels liegen möchte
und stellte daher folgende Versuche mit Schwefelkali an.

39. Versuch. In ½ Unze siedender Kalilauge
obiger Mächtigkeit wurden 20 Gran Schwefel aufgelöst,
Gran gepülvertes Molybdän zugesetzt, und 2 Mahl fast
Trockne eingedickt und wieder aufgelöst. Trocken erschi
Masse, wie im Versuch 38, an den Seiten der Porcellainschale
kirschroth, die Auflösung war schön dunkelgrün; übrigens
das Molybdän nicht sehr angegriffen worden zu seyn, daher
noch 40 Gran Schwefel hinzugesetzt, und das angezeigt
Verfahren 3 Mahl wiederholt wurde. Das Molybdän
war aber dadurch wenig verändert worden, und hatte bloß
2 Gran verloren. Die Auflösung gab, durch Zerlegung mit
Schwefelsäure nur einen graulichweißen, der sogenannt
Schwefelmilch im Aeußern völlig gleichen Niederschlag, der
nur hin und wieder einige gelbgraue Flocken enthielt.

40. Versuch. Jetzt wurden 2 Drachmen Kalilauge
mit 30 Gran Schwefel und 10 Gran Molybdän in einem
hessischen Tiegelchen zur Trockne verdunstet, und ½ Stunde
dem Rothglühfeuer ausgesetzt, die geschmolzene Masse mit 8
Unzen Wasser aufgelöst und filtrirt, da denn 3 Gran
gelöst zurückblieben. Die schön gelblichroth gefärbte Flüssig
keit gab mit Schwefelsäure einen schwärzlichbraunen Nie
derschlag, welcher durch überflüssige Schwefelsäure nicht
im mindesten verändert wurde, keine Spur von blauer Auf

lösung gab, nach dem Aussüßen und Trocknen bräun-
schwarz aussah und 45 Gran wog.

Er wurde weder durch Kochen mit verdünnter Schwefelsäure, noch mit Salzsäure verändert; auf den Zusatz von
Salpetersäure zu letzterer aber und hinlängliches Sieden
erfolgte die Zerlegung. und Auflösung bis auf ein wenig
rückständigen Schwefel. Barytauflösung zeigte in der
Auflösung Schwefelsäure an. Durch Glühen in einem
Gläschen ließen 5 Gran des Niederschlags gegen 2 Gran
reinen Schwefel fahren. Der Rückstand wurde durchs
Sieden mit Salpetersalzsäure etwas schneller oxydirt, in
der Auflösung war aber auch Schwefelsäure enthalten, zum
Beweise der nur unvollständigen Zerlegung durch das Sieden. Aus dem eben Erzählten ergiebt sich, daß dieser
Niederschlag aus Molybdän im metallischen oder nur sehr
wenig oxydirten Zustande, mit schwefelwasserstofften Schwefel, und überflüssigem Schwefel bestehen mögte, wodurch
das Verhalten gegen die obigen Säuren bestimmt ward;
wogegen die Niederschläge im Versuch 38. das Molybdän
oxydirt, und vorzüglich nur mit Hydrothionsäure, oder doch
nur wenigem Schwefel verbunden enthielten. Die Wiederholung dieses Versuchs mit der vierfachen Menge und ¼
Stunde länger fortgesetztem Glühen gab dieselben Resultate,

K. Verhalten der hydrothionsauren Schwefelalkalien und der reinen Hydrothionsäure
aus der Molybdänsäure.

41. Versuch. Eine Auflösung des molybdänsauren
Ammonium in 20facher Menge Wasser wurde bis zur Wiederauflösung des entstandenen Niederschlags mit Schwefel-

säure versetzt, und dann schwefelwasserstofftes Schwefel-
monium hinzugefügt, wodurch ein röthlichbrauner Niederschlag erfolgte, der, je nach der Menge der zugesetzten
Schwefelsäure und des zur Auflösung angewandten Wassers mehr oder weniger stark war, und eine mehr oder
weniger blaugefärbte Flüssigkeit über sich hatte. Ich fand
ferner, daß, wenn man zu der Auflösung des bloßen molybdänsauren Ammonium eine nur geringe Menge schwefelwasserstofftes Schwefelammonium setzt, und dann die
Mischung durch Schwefelsäure zerlegt, gar kein Niederschlag
entstehe, sondern nur eine blaue Auflösung; bey einer größern Menge des schwefelwasserstofften Schwefelammonium
aber der vorerwähnte Erfolg Statt fand, also in dem einen
Falle aller schwefelwasserstoffte Schwefel zur Entoxydirung
der Molybdänsäure auf den bestimmten Punct verwandt
wurde.

42. Versuch. In einer Auflösung von 5 Gran sub-
limirter Molybdänsäure durch 10 Tropfen concentrirter
Schwefelsäure in 5 Unzen Wasser bewirkte schwefelwasserstofftes Schwefelammonium ebenfalls einen dunkelschoko-
lebraunen, getrocknet beynahe schwarzen Niederschlag, der
durch überschüssige Säure nicht zerlegt wurde, und keine
blaue Auflösung gab: folglich dem natürlichen Schwefel-
lybdän ähnlich war.

43. Versuch. Eine Auflösung des Schwefelkali bewirkte in dem in 12 Mahl so viel Wasser aufgelösten und
mit überflüssiger Schwefelsäure versetzten molybdänsauren
Ammonium einen hell röthlichbraunen Niederschlag, und
die darüber stehende Flüssigkeit war blau. Wurde zu dem

molybdänsauren Ammonium nur eben die zur Sättigung
erforderliche Menge Schwefelsäure gesetzt, so gab das schwefelwasserstoffte Schwefelkali einen fleischfarbenen, ins Rosen-
farbene fallenden, Niederschlag. In der bloßen Auflösung hingegen ohne Säure entstand gar kein Niederschlag,
sondern nur eine milchige Trübung, was auch nach der
oben erschienenen Fähigkeit der Schwefelalkalien, das Molybdän aufzulösen, zu erwarten war. Nachher hinzugesetzte
Säure bewirkte wieder den röthlichbraunen Niederschlag.
Alle diese Niederschläge wurden durch überschüssige Säure
zerlegt, es entstand eine gesättigt blaue Auflösung, und es
blieb bloß ein bräunlichgrauer Niederschlag von Schwefel,
der etwas Molybdän zurückgehalten hatte.

44. Versuch. Ich verband 2 Flaschen des Woulfe-
schen Apparats so, daß die eine als Entwickelungsflasche, die
andere als Auffangungsgefäß diente. In der letztern befand
sich eine Auflösung von 2 Drachme lufttrocknem molybdänsauren Ammonium in 8 Unzen Wasser, in der andern
wurde Hydrothionsäure aus 1 Unze, mit 8 Unzen Wasser
abgeriebenen, Schwefelkalk entwickelt. Gleich im Anfange
des Durchströmens fieng die Flüssigkeit an, sich röthlichbraun zu färben, was immer mehr zunahm, wobei sie aber
völlige Klarheit behielt. Sie roch stark nach Hydrothionsäure; etwas davon mit Salzsäure versetzt, ließ einen
schwärzlichen Niederschlag fallen. Nach 24 Stunden hatte
sie sich schwach getrübt, was sich durch 12stündiges Stehen
an freyer Luft in einer flachen Glasschale so vermehrte, daß sie
fast undurchsichtig und lehmfarben wurde. Bey Erhitzung
bis zum Sieden erschien die Auflösung wieder ungetrübt,
und wie vorhin gefärbt, nur etwas mehr ins Gelbe fallend.

Der beym Sieden sich bildende Schaum war gelb, wie Safrantinktur. Ich rauchte nun die [...] sehr mäßigem Feuer zur Trockne ab, [...] der Geruch nach Hydrothionsäure, und [...] werden viel Ammonium entwickelte.

Es wurden 55 Gran staubigtrockner [...] hell chocolatebrauner Farbe erhalten, welcher [...] genschaften zeigte: 1. bey mäßiger Erhitzung von [...] davon entwickelte sich ziemlich viel Ammonium, [...] nach der Hydrothionsäure begleitet, welche [...] stärkern Erhitzen sich fast nur allein zeigte, [...] selige Säure, wobey die Masse bläulichschwarz [...] Sie betrug jetzt noch 8 Gran und war im Wasser [...] mäßig koncentrirter Salzsäure, bei der mittlern Temperatur [...] gleich unauflöslich. In einen glühenden Tiegel [...] entglimmte sie schnell unter Entwickelung schwefeliger [...] Dämpfe, und schmolz zur Molybdänsäure zusammen [...] 2. 10 Gran davon mit einer Drachme Salzsäure [...] Sieden erhitzt, entwickelten nur wenig Hydrothionsäure und bildeten eine braungelbe Auflösung, die, mit Wasser [...] dünnt, blaugrün und endlich grün erschien. Wurde [...] selbe Menge vorher mit ½ Unze Wasser geschüttelt und dann die Salzsäure zugesetzt, so entwickelte sich [...] liche Menge Hydrothionsäure und es entstand eine [...] Auflösung, welche bald ins Blaugrüne übergieng [...] blauen Niederschlag fallen ließ, der im Wasser [...] lich war und den ich unter ähnlichen Umständen [...] mehrmahls zu beobachten Gelegenheit hatte. Da [...] Product im Aeußern dem blauen leichtauflöslichen [...] bänoxyde ähnlich ist, und doch in Ansehung der lichkeit davon sehr abweicht; so ist dieser Gegenstand noch genauer zu untersuchen; 3. ¼ Unze kaltes Wasser zeigte beym Schütteln mit 5 Gran dieses eingetrockneten Rückstandes keine merkliche Einwirkung, bey viertelstündigem Sieden aber löste er sich bis auf 2 Gran, welche schon röthlich gelb aussahen, zu einer wie vorhin gefärbten Flüssigkeit auf, die stark nach Schwefelwasserstoff roch, mit Schwefelsäure diesen Geruch noch stärker entwickelte und dann ebenfalls eine blaue, nachher grüne Auflösung gab. Hieraus ergiebt sich, daß dieses Product eine dreyfache Verbindung aus Hydrothionsäure, Ammonium und Molybdän sey, übrigens gegen Säuren sich so verhalte, wie die Niederschläge von Versuch 38. 41. 43. Durch Glühen wird es dem gewöhnlichen Schwefelmolybdän nahe gebracht, wovon es sich jedoch durch etwas Schwefelwasserstoff dann noch zu unterscheiden scheint, indem es weit schneller durchs Glühen in Säure umgeändert wurde, als das natürliche geschwefelte Molybdän.

45. Versuch. In demselben Apparat wurden 10 Gr. feingepülverte, ganz reine, glühend geflossene, Molybdänsäure, die vorher mit 10 Unzen Wasser eine viertel Stunde im Sieden erhalten, dadurch aber nur zum kleinern Theile aufgelöst worden, derselben Behandlung ausgesetzt. Sogleich bey anfangendem Einströmen wurde die Flüssigkeit braun, was immer mehr zunahm, und der größte Theil der noch in der Auflösung unaufgelöst schwimmenden Molybdänsäure löste sich auf: nur wenig blieb in bräunlich schwarzen Flocken zurück. Die Flüssigkeit besaß zuletzt die Farbe der des vorigen Versuchs und schmeckte und roch

sehr stark nach Hydrothionsäure; nach 24 Stunden hatte
die, bis auf jene Flocken völlig klare, Flüssigkeit sich getrübt und eine bedeutende Menge eines dunkel gelbbraunen,
nach dem Trocknen bräunlich schwarzen, Pulvers abgesondert. Die abfiltrirte gelbbraune Flüssigkeit ließ beym Sieden Hydrothionsäure fahren und setzte noch mehr von dem
erwähnten Niederschlage ab; sie roch jetzt nur noch schwach
nach Hydrothionsäure, war stahlgrün und wurde durch einige
Tropfen Salzsäure blau, wobey der Geruch nach Hydrothionsäure stärker wurde. Das erhaltene bräunlichschwarze
Pulver, verhielt sich gegen die Salzsäure in mittlerer Temperatur, wie der durch Erhitzung der Verbindung des vorigen Versuchs erhaltene Rückstand: allein bey anhaltenden
Sieden bildete sich eine braungelbe Auflösung. Etwas davon in einen schwach rothglühenden Schmelztiegel geworfen,
brannte sogleich mit Schwefelflamme, die aber schnell verschwand. Es ergiebt sich hieraus, daß auch die reine Molybdänsäure mit der Hydrothionsäure eine Verbindung eingehen könne, die aber nicht so beständig ist, wie die des
vorigen Versuchs, wo noch Ammonium in der Mischung
ist, sondern bald die Veränderungen erleidet, die aus der,
hier weniger beschränkten, entoxydirenden Wirkung der Hydrothionsäure fließen müssen, daher sie schon beym bloßen
Trocknen fast in denselben Zustand übergeht, der bey der
vorigen erst durch stärkere Erhitzung gebildet wurde, und,
durch die Oxydation eines Theils Wasserstoff, ein schwefelwasserstofftes Schwefelmolybdän bildet, welches durch Glühen unter Erscheinung einer bey dem natürlichen Schwefelmolybdän sich nicht zeigenden, lebhaften Schwe-
zersetzt und in Molybdänsäure umgeändert wird.

Jetzt hätte ich noch das Verhalten der Hydrothionsäure gegen das Molybdän unter den Verhältnissen, wie im 41. Versuch zu prüfen.

46. Versuch. Auf die obige Art wurde durch eine Auflösung von 1 Drachme molybdänsaurem Ammonium in 4 Unzen Wasser, zu deren Zerlegung und Wiederauflösung der gefällten Molybdänsäure, 3 Drachmen rectificirte Schwefelsäure angewendet worden, die angezeigte Menge Hydrothionsäure geleitet. Gleich nach einem zwey bis drey Minuten langen Durchströmen, wurde die vorher wasserhelle Flüssigkeit gesättigt blau gefärbt. Nach fünf Minuten bildete sich an den feuchten Wänden und auf der Oberfläche eine hell chocolatebraune Masse, welche nach einigen Minuten wieder verschwand. Die vorher schön blaue Auflösung verwandelte sich jetzt ins Schwarze und setzte einen starken Niederschlag von gleicher Farbe ab. Die von dem Niederschlage abfiltrirte Flüssigkeit war gelbbraun, wurde durchs Sieden aber wieder schön blau. Das zur Auflösung des Niederschlags mehrmahls angewandte Wasser wurde auch mäßig blau gefärbt; der jetzt getrocknete, bläulich schwarze Niederschlag verhielt sich folgender Gestalt: 1. durch Sieden mit mäßig starker Salzsäure gab er eine braungelbe Auflösung; 2. im schwach dunkelrothglühenden Tiegel brannte er mit schön blauer Flamme sehr schnell vorübergehend und in einem stark hellroth glühenden zeigte sich daher gar keine Flamme, wohl aber eine sehr große Menge schwefelige Säure. Der im erstern Falle nach dem Verschwinden der Flamme bleibende Rückstand sah schwarzbraun aus, löste sich im Wasser nicht auf, und gieng beym fortgesetzten Erhitzen in Molybdänsäure über;

3. mit Waſſer geſchüttelt bildete es ein
mäßig geſättigte blaue Tinctur. Der nach
ſeit durch ein Filter abgeſonderte Rückſt
bläuliche Farbe bis auf ein kaum merklich
ſah faſt rein ſchwarz, auch. Die Erſcheinung
ſacht deuten auf die im Anfange Statt. ſei
birung der Molybdänſäure und nachherige
ſchwächer oxydirten zu dem bräunlich ſchwarz
ſchlage, der noch etwas blaues Oryd mit ſich
zu haben ſchien (was hier beſonders iſt und
ſucht zu werden verdient), und ſich übrigens
Verſuch 45. und der erhitzte von Verſuch 44.

Aus den bisher unter K. erzählten Verſuch
ſich nun vorzüglich: 1. daß das Kali auf
nicht bedeutend, auf dem trocknen Wege hingege
auf das Schwefelmolybdän wirke, und durch
Auflöſung in Waſſer mehr oder weniger ſchwefel
Schwefelverbindungen bilde. 2. Auf gleiche Weiſe
ſich in ſeiner Wirkung das Schwefelkali. Säuren
der, vermittelſt des trocknen Weges, erhaltenen
einen Niederſchlag, welcher ſchwach ſchwefelwaſſer
ges Schwefelmolybdän iſt, und ſich gegen Säuren
t as natürliche Schwefelmolybdän verhält. 3.
ſelwaſſerſtofften Alkalien bewirken in der Auflöſung
lybdänſäure chocolatefarbne Niederſchläge, welche
ren blaue Auflöſungen bilden, und ſich von den vor
wähnten durch die Oxydation des Molybdäns,
größern Gehalt an Schwefelwaſſerſtoff und geri
Schwefel zu unterſcheiden ſcheinen. Es giebt demnach

verschiedene Verbindungen dieser Art, wovon die letztere unter verschiedenen Umständen in die erstere übergehen kann. 4. Die reine Hydrothionsäure geht ebenfalls mit dem Molybdän unter desoxydirenden Erscheinungen in Verbindung und bildet Producte, die denen durch ihre Verbindungen bewirkten ähnlich sind. Beym Durchtreten derselben durch molybdänsaures Ammonium entsteht ein dreyfaches Gemisch, welches in Wasser auflöslich ist, durch Erhitzung zersetzt wird und dem natürlichen Schwefelmolybdän ähnlich wird.

Hiermit beendige ich für jetzt die Mittheilung meiner Versuche über das Molybdän. Ich bescheide mich gern, daß sie keine solche vollständige Erndte für die Chemie gegeben haben mögen, als sie unter andern Umständen, besonders, wenn ich bisweilen mit größern Mengen hätte arbeiten können, würden gegeben haben: allein ich schmeichle mir mit der Hoffnung, daß man doch manches Interessante für das System unserer chemischen Kenntnisse daraus wird entnehmen können. Ueberdies mußten sie einmahl gethan seyn, und ich bin es mir bewußt, sie mit der möglichsten Vorsicht und Genauigkeit angestellt zu haben, so daß man auf ihre Richtigkeit unter den angegebenen Umständen bauen kann. Künftigen Versuchen bleibt es vorbehalten, das Mangelhafte derselben zu ergänzen, und sie weiter fort zu führen welches ich, sobald es Zeit und Wiedererlangung von Material erlaubt, mir angelegen seyn lassen werde.

II. Correspondenz; Litteratur.

1. Correspondenz.

Wolfach, den 2. April 1805.

— Die Analogie der Flußsäure und Phosphorsäure ist merkwürdig; [1] nur in Verbindung mit Kalk unterscheiden sie sich dennoch in Hinsicht auf Phosphorescenz, sowohl unter sich, als in Bezug auf die kohlensauren Kalkgattungen. Ich habe nehmlich längst bemerkt, und neuerlich mich durch Versuche überzeugt, daß sich das Leuchten des flußsauren Kalks durch ein bläuliches, hingegen jenes des phos-

---

[1] Siehe Bd. 3. S. 625—629 dieses Journals Klaproth's Abhandlung über den fossilen Elephantenzahn.

G.

phorsauren Kalks und des Apatits durch ein rein grün-
liches Licht bemerkbar machen. Unter eben diesen Verhältnissen bietet der Arragonit ein ungemischtes gelbes
feuerfärbiges Licht dar. Am allerwenigsten kann die
Phosphorescenz dieses letztern Fossils als eigenthümlicher
Charakter desselben, wie Bucholz irrig glaubt (in Ihrem
Journ. III. B. S. 72.), angesehen werden, indem alle
kohlensaure Kalkgattungen, insbesondere die Kalkspathe diese
Eigenschaft, unter Verbreitung eines gelben Lichts zu leuchten, mit demselben gemein haben: vornehmlich zeichnet sich
hierunter der ganz durchsichtige Kalkspath oder Doppelspath
aus, dessen Leuchten weit heller, und bemerkbarer ist, als
bey dem reinsten spanischen Arragonit [*]. Es scheint,
man habe bis jetzt zu wenig Rücksicht auf die wesentliche
Verschiedenheit der Farbe des Lichts bey der Phosphorescenz eines Fossils genommen, und alles mit der generellen
Bemerkung des Leuchtens, ohne sich in speciellere Untersuchung des Wie? einzulassen, abgethan geglaubt.

Auch ist es interessant, daß die Arseniksäure, die ihre
Wirkung auf Glas, wenn nicht gleich stark, wie die Fluß-
und Phosphorsäure, doch auf ähnliche Art äußert, in Verbindung mit Kalk also phosphorescirt. Der Pyrmontisch
leuchtet n. G.

G e k k.

St. Petersburg, den 30. März 1805.

Der verdienstvolle Lowitz, der nur von denen, die
ihn persönlich kannten, ganz gewürdigt werden kann, hat in
allen Meteorsteinen die er untersuchte, außer den von ihm
dann bewährlich gefundenen Bestandtheilen auch Chromsäure bemerkt.

[*] Bey der gewöhnlichen Kreide hat Herr Bucholz n. G.
sehe schon gesehen, wenn er damit auf einen erhitzten eisernen
Ofen schrieb. G.

Herr Oberapotheker Kirchhoff hieselbst hat inter=
sante Versuche über die Darstellung des [...]
angestellt. Zu Folge diesen wird derselbe aus [...]
bindung mit Salpeter= Salz= und Essigsäure [...]
concentrirte Lauge des durch Alkohol gereinigten [...]
Kali gefällt, und kann nach vorherigem Ausstoßen [...]
hol und nachherige Auflösung zu den schönsten [...]
dargestellt werden [2]). Läßt man ein Gemenge aus [...]
spath, Kohle und kaustischem Kali in gehörigem [...]
zusammenfließen, so kann man nachher ebenfalls den [...]
Baryt daraus erhalten. Das Nähere über die besondern
Umstände dabey wird Ihnen Herr K. selbst mittheilen, so
wie über ein noch nicht bekanntes Quecksilbersalz, welches
aus Schwefel, schwefeliger Säure und Quecksilber zu beste=
hen scheint, und bey seiner Auflösung in der Siedhitze Zin=
nober fallen läßt.

Die sehr geringe Menge Salzäther, die Sie erhielten,
als Sie nach Hrn. Basse's einer Vorschrift bloß salzsau=
res Gas auf den Alkohol wirken ließen (Ihr Journal Bd. 2.
S. 224 — 225.), und die große Uebereinstimmung des
Basse'schen Salzäthers mit dem durch das salzsaure oxy=
dirte Zinn gebildeten ließen mich vermuthen, daß die Bil=
dung des erstern ebenfalls auf dem Zutritt einer geringen
Menge Sauerstoff beruhe, wenn gleich die Quelle desselben
in Herrn Basse's Verfahren nicht gleich sichtbar ist. Ich
suchte diese Vermuthung durch einen Versuch zu prüfen.
Es wurde ein sorgfältig bereitetes Gemisch von 16 Unzen
Alkohol von 0,87 nach Richters Alkoholometer mit eben
so viel Schwefelsäure von 1,840 auf ein Gemenge von
32 Unzen geschmolzenem und noch warm gepülvertem Koch=
salz mit 1 Unze rothem Quecksilberoxyd gegossen, 12 Stun=
den ruhig stehen gelassen, dann den 1sten Tag äußerst
gelinde Wärme gegeben, und diese den 2ten und 3ten ver=
stärkt, bis der Rückstand trocken war. Das Uebergegan=
gene wurde auf den Rückstand zurückgegossen, und, nachdem
8 Unzen Wasser vorgeschlagen und aufs beste lutirt wor=

2) Diese Beobachtung ist der von Aufrye und Dareet in
diesem Journal Bd. 7. S. 325 — 326. erzählten entsprechend.

sen, wieder in Ungen abgezogen. Ich erhielt hierdurch, ohne was wegen der äußerst großen Flüchtigkeit des Aethers verloren gieng, aber zwei Unzen leichten Salzäther, den ich durch Schütteln mit etwas kaustischem Ammonium von anhängender Säure befreyt hatte [a]). Diese Beobachtung allein ist freylich noch nicht hinreichend, jene Vermuthung zu begründen, es fehlen dazu mehrere Data; aber sie kann Veranlassung geben, die Sache auf diesem Wege weiter zu verfolgen, und sie giebt eine Methode an, den leichten Salzäther mit weniger Schwierigkeit zu erhalten, als nach der des Herrn Basse.

W. Nasse,

2. Litteratur.

Recherches chimiques sur la végétation.
Par Théod. de Saussure. — In nova fert animus
mutatas dicere formas corpora. Di! coeptis (nam
vos mutastis et illas) aspirate meis. Ovid. lib.
1. Met. — A Paris chez la Ve. Nyon. An XII.
VIII. und 327.

Wir wollen hier einen vollständigen Auszug dieses reichhaltigen Werkes geben, welches seinen Gegenstand am umfassendsten behandelt, ohne uns für jetzt über die Ansichten des Verfassers Reflectionen zu gestatten.

Erstes Kapitel. Einfluß des Sauerstoffgas auf das Keimen. Sauerstoffgas und Wasser zugleich braucht die Natur, um das Keimen der Samen zu bewirken; letz-

---

a) Herr Nasse ist so gütig gewesen, mir eine Quantität dieses Aethers mitzutheilen, der in seinen abofischen Eigenschaften mit dem nach Herrn Basse's Methode bereiteten völlige Aehnlichkeit besitzt, selbst einige im Geschmack. Erst nach einer Untersuchung desselben habe ich noch nicht damit vorgehabt.

G.

teres allein ist dessen nicht fähig. Die Erscheinung des Würzelchen ist bey sehr vielen Pflanzen ein Zeichen des Keimens, aber nicht bey allen; denn bey manchen sehr ten Samen, z. B. dem Kaffee, erfolgt es und erfolgt der Zutritt der Luft und in Flüssigkeiten, die gewiß nicht zur Weckung des Keims geschickt sind, wie in siedendem, oder verschiedenen gesättigten Salzauflösungen. Es giebt zwar manche Samen, die ohne Zutritt der Luft unter Quecksilber keimen, aber bekanntlich enthält letzteres Luft. Lässet man gekochtes Wasser in einen mit Quecksilber gefüllten Recipienten steigen, so keimen Samen von Erbsen, Alisma plantago, Polygonum amphibium nicht mehr, sofern das Wasser ihr Volum nicht mehr als 7 oder 8 Mahl übersteigt, wohl aber, wenn es einige hundert Mahl größer ist, da das Wasser nie vollkommen von Luft befreyt werden kann. Erbsen, die in Wasser eingeweicht waren, keimten nicht unter Oel; wie Einige angegeben haben. Humboldt's Beobachtungen über die Wirkung der verdünnten oxydirten Salzsäure bestättigten sich bey Anwendung einer, die aus fester oxydirter Salzsäure und gekochtem destillirten Wasser bereitet war und zeigten dadurch, daß es nicht wesentlich erforderlich sey, daß der Sauerstoff sich in freyem Zustande befinde. Diese Säure besitzt aber auch nur allein jene Eigenschaft, nicht die verdünnte Salpeter= und Schwefelsäure; eben so wenig verschiedene Metalloxyde als das schwarze Manganes=, rothe Quecksilber= und Bleyoxyd, sofern der Versuch mit gekochtem Wasser, bey einer die den Samen nur 7 bis 8 Mahl übertreffenden Menge des letztern, in ganz damit erfüllten, verstopften und unter Quecksilber gestellten Gläsern angestellt wurden.

Rollo hat gezeigt, daß beym Keimen der Gerste im Sauerstoffgas letzteres verschwinde und kohlensaures an die Stelle trete. Er ist der Meynung, daß das Sauerstoffgas theils von den Samen absorbirt, theils zu der entstandenen Kohlensäure verwandt worden, die er aber nicht auf eine genaue Analyse gestützt hat, und worüber nur durch Vergleichung der Mengen des absorbirten Sauerstoffgas und der gebildeten Kohlensäure entschieden werden kann. Saussure hat im Journal de Physique pour Février ausführlich Versuche erzählt, die er in eingeschlossener, Quecksilber gesperrter, atm. Luft über das Keimen verschie jener Samen, die, um Absorbtion der Kohlensäure zu verhüten, nur mit wenigem Wasser befeuchtet waren, angestellt hat. Er fand ohne Ausnahme, daß durch das Keimen, so wie durch das Verbrennen von geglüheter Kohle, das Volum der Luft nicht merklich verändert wurde, und das Volum der gebildeten Kohlensäure dem des verschwundenen Sauerstoffgas entsprach. Letzteres wurde demnach allein zur Bildung der erstern verwandt. Die Samen müssen aber in diesen Versuchen mit der Luft in unmittelbarer Berührung seyn: sind sie zu sehr aufgehäuft, so geben sie, wie in sauerstoffleeren Gasarten, in Fäulniß und geben dann Wasserstoffgas, Kohlenoxydgas, Stickgas und kohlensaures Gas, was aber mit dem Keimen in gar keiner Beziehung steht und woraus man keine Folgerung über den Vorgang bey letzterm ziehen kann, wie Rollo (eigentlich Cruikshank in Rollo's Werk über die Harnruhr; übersetzt in Scherer's Journ. Bd. 1. S. 637 und Bd. 3. S. 289) gethan hat [1]).

Auch nach dem Keimen ist die fortdauernde Wirkung des Sauerstoffgas auf die Samenlappen den jungen Pflanzen nützlich, denn Bohnen z. B., die man hat unter Wasser keimen lassen, gedeihen nur, sofern die Samenlappen aus demselben hervorragen. Läßt man das Keimen auf diese Art in reinem Sauerstoffgas geschehen, so wird unter gleichen Umständen weit mehr Kohlensäure erzeugt, als in atmosphärischer Luft; im Zeitpunkt des Keimens selbst aber war kein Unterschied zu bemerken, es mochte in dem einen oder der andern geschehen, eben so wenig, wenn man Erbsen, Kresse an der Luft auf zwey Stücken Schwamm keimen ließ, wovon das eine mit gekochtem, das andere mit vermittelst einer Compressionsmaschine mit Sauerstoff geschwängertem Wasser angefeuchtet war.

Die verschiedenen Samen erfordern zum Anfangen ihres Keimens, wie man erwarten kann, verschiedene Mengen von Sauerstoffgas, die aber schwer zu bestimmen sind, da in Hinsicht des wahren Zeitpunkts immer einige Ungewißheit bleibt: die Schminkbohnen, Bohnen, Lattig scheinen ungefähr 0,01, der Weizen, die Gerste, der Portulack 0,001 bis 0,002 ihres Gewichts Sauerstoffgas zu gebrauchen,

[1]) S. Saussure's Abhandlung in Scherer's Journal Bd. 4. S. 73 u. f.

Neues Allg. Journ. d. Chem. 4. B. 6. H.   U u

um einen Anfang von Keimung zu zeigen; der gleich[...]
Verlust an Kohlenstoff beträgt nur ⅓ der angezeigten
gen. Diese erforderliche Quantität von Sauerst[...]
tet sich, wie vergleichende Versuche zeigten, nicht n[...]
Anzahl der Samen, sondern nach ihrem Gewicht. [...]
rend des Keimens bemerkt man keine Erscheinung,
einer Zersetzung des Wassers zuzuschreiben gewese[...]
es zeigt sich kein Wasserstoffgas, und der in der [...]
denen Kohlensäure befindliche Sauerstoff rührt [...]
Atmosphäre her, in welcher das Keimen geschah. [...]

Mehrere schleimige Samen werden beym Keimen [...]
atm. Luft süß, was Cruikshank, da es in bloßem Wa[...]
und sauerstoffleeren Medien nicht erfolgte, und da na[...]
derweitigen Erfahrungen der Zucker sauerstoffreicher i[...]
der Schleim, vom Zutritt des Sauerstoffs ableitet[...]
aber nicht nothwendig folgt, denn es könnte während [...]
Processes ein anderes Bestandtheilverhältniß eintreten, [...]
durch Verminderung des einen oder andern der b[...]
vorhandene Sauerstoff gegen die übrigen vermehrt werden.
Diese Verhältnißänderung tritt nun wirklich ein, denn [...]
höchsttrockne Samen in einem eingeschlossenen Raum [...]
keimt hatten, so zeigten sie nach dem Wiedertrocknen [...]
mer einen größern Gewichtsverlust, als sie nach Abzug des
zu der Kohlensäure verwandten Kohlenstoffs und der [...]
gen Menge durch das Wasser ausgezogenen Extracts [...]
ben sollten. 73 Stück = 200 Gran 5 Jahr alte, mehrere
Wochen in einer anhaltenden Wärme von 20° R. getrocknete, Erbsen bildeten beym Keimen 4½ Cz. Kohlensäure
= 0,85 Gr. Kohle, und das Wasser ließ 0,75 Gr. trocknen Rückstand beym Verdunsten zurück. Die während des
Trocknens gebildete Kohlensäure kann man nahe eben so
hoch rechnen. Also 200 — 0,85 $\times$ 2 — 0,75 = 197,5
aber sie wogen nach dem Trocknen nur 189. Sie müssen
also einen Theil Wasserstoff und Sauerstoff verlieren, welche
sich zu Wasser vereinigen. Dieses geht nicht sowohl während
des Keimens selbst vor, als während des nachherigen Trocknens, denn der Verlust war nicht größer, wenn man die
Vegetation einmahl doppelt und dreyfach so lange währen
ließ, wohl aber stand er mit der Dauer des Trocknens in
Verhältniß. Während des Trocknens wird das Volum der
Luft nicht vermindert, das Wasser also nicht durch Concurrenz
des darin befindlichen Sauerstoffs gebildet, es entsteht aber

wie bemerkt, Kohlenſäure, die nicht als ſolche aus den
Samen kommt, ſondern wozu dieſe nur den Kohlenſtoff
hergeben, gerade wie beym Keimen, bey welchem aber kein
Verluſt von Waſſerſtoff und Sauerſtoff Statt findet. Durch
jenen Verluſt muß nun der Kohlenſtoff an relativer Menge
zunehmen; wirklich gaben auch, nach einem Mittelverhältniß mehrerer Verſuche, 1,00 der gekeimten und wiederge-
trockneten Erbſen 0,18 Kohle, die ungekeimten dagegen
nur 17½ durch das Verkohlen.

Sennebier urtheilte zuerſt, daß das Licht dem Keimen nachtheilig ſey, was Ingenhouß nach vergleichenden
Verſuchen beſtättigte, und auch eine gemeine Beobachtung
der Gärtner iſt. Kommt dieſer ſchädliche Einfluß der Wärme oder dem Lichte der Sonnenſtrahlen zu? Man glaubte,
dem erſtern; weil das Thermometer in vergleichenden Verſuchen im Schatten und in den Sonnenſtrahlen gleiche
Temperatur gezeigt hatte. Aber dieſe Schätzung giebt nicht
die wahre Wärme an, welche die Samen auf ihrer Oberfläche durch die Sonnenſtrahlen annehmen, da ſie durch
die umgebenden Körper ſogleich zerſtreut wird. Sie ſteigt
vielleicht nach Rumford's Beobachtungen [4] bis zum
Glühen, und muß dem Pflänzchen um ſo nachtheiliger
ſeyn, da es weniger ausdunſtet und weniger kohlenſaures
Gas zerſetzt, durch deſſen Zerſetzung Kälte entſtehen muß,
da ſeine Zuſammenſetzung Wärme erzeugt. Bey Verſuchen
in einem undurchſichtigen und einem durchſichtigen, aber
nur ein geſchwächtes Licht, wie durch eine dicke Wolke,
erhaltenden Recipienten, in ganz gleicher Temperatur fand
Sauſſure den Anfang des Keimens ganz gleich; nachher
aber war die Vegetation im letztern lebhafter, und die
Pflänzchen in erſterem hatten die Beſchaffenheit, wie gewöhnlich im Dunkeln. Le Febvre glaubt auch [5], daß die
Sonne durch das Licht, und nicht durch die, die Samen
etwa austrocknende, Wärme wirke, weil ſie auch unter
Waſſer im Dunkeln ſchneller keimten. Allein außer dem,
was vorhin über die Schätzung der Wärme geſagt worden,
kommt hier noch das in Betracht, daß die Sonnenſtrahlen

[4] Essais politiques, économiques et philosophiques. T. 2.
p. 373.

[5] Expériences sur la germination des plantes, par le Febvre p. 135.

Nn 2

die im Waſſer befindliche, zum Keimen nöthige, Luft zum
Theil entwickeln.

  **Zweytes Kapitel. Einfluß des kohlen-
ſauren Gas auf die Vegetation.** S. 25 —
In reinem kohlenſauren Gas keimen Samen nicht. Eine
kleine Menge deſſelben, etwa $\frac{1}{12}$ zu atm. Luft geſetzt, hebt
das Keimen im Lichte, wie im Schatten mehr auf, als eine
gleiche Menge Stickgas oder Waſſerſtoffgas. Daher entwickeln ſich Samen etwas ſchneller, wenn man unter den
Recipienten, unter welchem ſie keimen, Baſen bringt, welche
die gebildete Kohlenſäure abſorbiren; daher keimen Samen
in Sauerſtoffgas langſamer, als in atmoſphäriſcher Luft,
weil jenes mehr Kohlenſtoff nimt, und Kohlenſäure erzeugt,
daher ſchneller in feuchtem Sande oder in Schwamm, als
in Erdreich, weil letzteres Kohlenſäure erzeugt. Es iſt
indeſſen unmöglich zu entſcheiden, ob die abſolute Abweſen-
heit derſelben beym Keimen nützlich oder ſchädlich iſt, da
man dieſe nicht bewirken kann, indem die Samen beym
Keimen immerfort viele erzeugen. Auch den bereits entwickelten Pflänzchen iſt die Kohlenſäure nicht ſehr gedeih-
lich. Von Erbſen, deren Würzelchen beym Anfange des
Verſuchs 2$\frac{1}{4}$ Linie (6 Millim.) hatten, und wovon ein
Theil auf einer mit Löchern verſehenen Platte in deſtillirtem, ein anderer in kohlenſaurem (urſprünglich $\frac{1}{4}$ ſeines
Volums haltenden) Waſſer wuchs, waren die erſtern nach
10 Tagen mit 5 Zoll (1,3 Decim.) längern Wurzeln und
verhältnißmäßig größern Stengeln und Blättern verſehen,
als die letztern. Wie die Vegetation aber weiter fortſchritt,
nach einem Monat, waren beyde gleich, und nun übertrafen
im Gegentheil die letztern die erſtern, denn nach 6 Wochen
wogen die in dem ſauren Waſſer gewachſenen 12 Drachmen 10 Gran (46,4 Grm.) mehr, wogegen die andern
nur 11 Dr. 66 Gr. (45,5 Grm.) an Gewicht zugenommen hatten. Auch Sennebier hat ſchon bemerkt, daß
junge Blätter bey gleichem Volum in gleicher Zeit weniger
Kohlenſäure zerſetzen, als ausgewachſene.

  In den eben erzählten Verſuchen erhielten die Pflanzen die Kohlenſäure bloß durch die Wurzeln. Es wurde
nun auch das Wachsthum in einer Atmoſphäre verſucht,
die aus atm. Luft und Kohlenſäure in verſchiedenem Verhältniß beſtand, und ſowohl im (wenns nöthig, gemäßig-
ten) Sonnenlichte, als im Schatten. Die Verſuche wur-

ben mit Erbsen angestellt, die 4 Zoll lang, und 20 Gr.
schwer waren. Im Sonnenlichte war die Vegetation am
stärksten, und die Pflanzen hatten am meisten an Gewicht
zugenommen (mehr als in bloßer atm. Luft), wenn das
Volum der Kohlensäure $\frac{1}{12}$ betrug; in dem Maße, als das
Verhältniß der letztern zunahm, bis zur reinen, war die
Vegetation geringer, oder die Pflanzen verwelkten ganz. Die
bloße atm. Luft war durch diese Vegetation (während zehn
Tagen) weder am Volum noch an Reinheit vermindert,
wo aber Kohlensäure, in jenem Verhältnisse, zugegen gewesen, war diese fast gänzlich in Sauerstoffgas umgeändert.
Wie erwähnt war die Vegetation bey einem gewissen Verhältniß von Kohlensäure lebhafter als in bloßer atm. Luft;
dieß war daher auch der Fall unter einem Recipienten,
unter welchem, ohne daß die Pflanzen es berührten, Erdreich war, welches jene Säure erzeugte, woraus man siehe,
daß es ihnen auch noch auf andere Weise Nahrung giebe,
als bloß durch die Wurzeln. Man muß indessen in diesem
Fall die Luft 2 Mahl in 24 Stunden erneuern, weil sonst
zu viel Kohlensäure entsteht, oder auch das Erdreich Dünste oder Miasmen ausgiebt, die, man weiß noch nicht wie,
der Vegetation äußerst schädlich sind. — Im Schatten
verhielt sich die Sache anders; selbst bey dem Verhältniß
von nur $\frac{1}{12}$ Kohlensäure wuchsen die Pflanzen weniger,
als in bloßer atm. Luft, und bey größern starben sie bald
ab. Damit aber das kohlensaure Gas, selbst im Sonnenlicht, den erwähnten guten Erfolg bewirke, muß die Luft,
in welcher sie wachsen, zugleich Sauerstoffgas enthalten;
thut man daher zu Stickgas, worin sonst Pflanzen aus-
dauern können, noch Kohlensäure, so sterben sie.

Aber nicht bloß befördert ein bestimmtes Verhältniß

den Stamm vereinigt blieben, fand derselbe ████████
wenn man sie unter jenen Umständen ████████
brachte: indessen starben die Zweige nicht ████
loren nur die Blätter, die nach einem Monat ████
schlugen, indem der Kalk durch die obere ████████
jetzt unwirksam geworden. — Im Schatten ████
es umgekehrt: in dem Recipienten, worin sich ████
gediehen die Pflanzen besser, als in einem ████
denselben; die Luft enthielt in dem ersteren ████
dem letztern 0,11 Kohlensäure nach dem ████████
letzterm sieht man, daß man aus diesen Versuchen ███
über den Einfluß der gänzlichen Abwesenheit ████████
säure auf die Vegetation im Schatten urtheilen ████
sie nicht in dem Maße, wie sie sich bildet, ████████
sondern nur schließen könne, daß die partielle ████
unter diesen Umständen der Vegetation vortheil████
Wegen dieser nicht erschöpfenden Wirkung des Kal████
auch die Blätter, wenn die Pflanze in Sauer████
mehr Kohlensäure erzeugt, vegetiren, selbst im ████
nicht ab. Man darf nicht glauben, daß jener ████████
Erfolg daher rühre, weil das Sauerstoffgas der ████
zur Bildung der, vom Kalk absorbirten, Kohlensäure ████
wandt worden, denn die entwickelten Erbsen können ████
nem Stickgas vegetiren, und auf die Sumpfpflanzen ████
in reinem Stickgas so gut wie in atm. Luft wachsen ████
der Kalk oder das Kali ihren ganzen tödtlichen ████
fluß aus.

Priestley bemerkte zuerst, daß die Blätter die ████
genschaft hätten, die durch das Verbrennen oder ████
verdorbene Luft zu verbessern, ohne jedoch auf die ████
davon zu gehen, die Sennebier in ihrer Zersetzung ███
Kohlensäure fand, deren Kohlenstoff sie sich ████████
Diese Thatsache, bisher nur an sich beobachtet, ████████
allen Rücksichten tiefer erforscht werden, um den ████
Vorgang in derselben aufzufinden. Saussure ████████
verschiedene Gewächse, Vinca minor, Mentha ████
Lythrum salicaria, Pinus genevensis, Cactus ████
tia in künstlichen Atmosphären aus einer bestimmten ███
kohlensaurem Gas und atmosphärischer Luft, deren ████
stoffgehalt durch das Phosphoreudiometer untersucht ███
unter Recipienten wachsen, die mit Quecksilber ████
██, welches, um den von den Holländ. Chemikern ████

ten, von Sauffure bestättigt gefundenen, nachtheiligen
Einfluß auf die Vegetation zu verhüten, mit einer dünnen
Schicht Wasser bedeckt wurde; die Wurzeln der Pflanzen
tauchten in ein besonderes kleines Gefäß mit Wasser, welches
zu wenig betrug, um eine merkliche Menge Kohlensäure
absorbiren zu können. In allen diesen Fällen fand sich die
Kohlensäure der zum Versuche gedienten Luft, bey der, nach
Beendigung desselben angestellten, Analyse ganz oder größten Theils verschwunden, die rückständige Luft hatte ein
größeres Verhältniß Sauerstoff, jedoch nicht ein solches,
als hätte Statt finden müssen, wenn aller in der absorbirten Kohlensäure befindliche Sauerstoff ausgeschieden worden wäre. Die Pflanzen hatten sich also einen Theil desselben assimilirt, dagegen hatten sie in allen Fällen Stickgas producirt, welches in den meisten der Menge des absorbirten Sauerstoffs gleich kam, daher in diesen das Volum der ganzen Luft auch nicht merklich verändert wurde,
wogegen es in andern, wo das erzeugte Stickgas weniger
betrug, in dem Maße vermindert war. Die Pflanzen,
welche in dieser kohlensäurehaltigen Luft vegetirt hatten,
gaben beym Verkohlen mehr Kohle, als ihr gleiches Gewicht vor dem Versuche. Solche hingegen, die in bloßer
atm. Luft während dieser Zeit gewachsen waren, zeigten
aber eine Verminderung des ursprünglichen Kohlenstoffge-
halts und die Luft war durch den Versuch weder im Volum noch in der Reinheit vermindert. — Haffenfratz
hat in einer Abhandlung über die Ernährung der Gewächse
(Annales de Chimie T. 13. Crells Annalen 1796.)
zu zeigen gesucht, daß Pflanzen, die in bloßem reinen
Wasser an freier Luft wachsen, zwar ein größeres Volum, jedoch nur bloß durch das Wasser, erhielten, daß
aber die absolute Menge des in den Samen befindlich
gewesenen Kohlenstoffs vermindert werde. Sauffure fand
gerade das Gegentheil: Pfeffermünze, die in destillirtem
Wasser, Bohnen, die in feuchtem Kieselsande gewachsen
waren, gaben weit mehr trockne Substanz und diese mehr
Kohle als gleiche Mengen vor dem Versuche. Die Pflanzen versetzen also, unter diesen Umständen, die gewöhnlich
in der Atmosphäre befindliche Kohlensäure, denn in nicht
erneuerter atm. Luft wurde, wie vorhin erwähnt ist, ihr
Kohlenstoffgehalt nicht vergrößert. Wahrscheinlich hat Haffenfratz seine Versuche im Schatten angestellt: in diesen

Fall fand S. den Kohlenstoffgehalt der Pflanzen [...] lich etwas vermindert, wovon sich der Grund [...] Vorigen zu ergeben scheint.

Ingenhouß glaubte, daß die Erzeugung des [...] stoffgas durch die Pflanzen in der Sonne dem [...] solchem, und nicht der dasselbe begleitenden Wärme [...] schreiben sey, weil solche, denen er im Finstern eine [...] Wärme, wie die durch die Sonne bewirkte, [...] vielmehr eine schlechtere Luft gaben. Dieser Schluß [...] sen ist voreilig, weil die Umstände in beyden Fällen [...] gleich sind. Durch die Sonnenstrahlen wird nur die [...] sichtige Pflanze erhitzt, das dieselbe umgebende [...] Mittel fast gar nicht und letzteres mäßigt die Wirkung [...] erstern, die für sich die Pflanze zerstören könnte. Die [...] Wärme hingegen bringt das Ganze auf eine gleiche [...] Temperatur, und die Pflanze muß leiden, da sie [...] durch das umgebende Mittel von der ihr mitgetheilten [...] Wärme entledigt werden kann. Man kann indessen [...] gemeinen annehmen, daß die Zersetzung der Kohlensäure [...] wirklich nur im Lichte vorgehe, da einige Anzeigen [...] sie auch im Finstern geschehe, zu schwach und zu [...] sind. — Sennebier fand, daß die nicht grünen Theile [...] der Pflanzen, als das Holz, die Wurzel, die im Herbst [...] roth gewordenen Blätter, die meisten Blumenblätter [...] kein Sauerstoffgas aushauchten. Hieraus muß man indessen [...] sen nicht schließen, daß die grüne Farbe ein wesentlicher [...] Character derjenigen Pflanzentheile, die die Kohlensäure [...] zersetzen, oder auch ein nothwendiges Resultat dieser Zersetzung [...] setzung sey: denn S. erhielt aus der Abart der Atriplex [...] hortensis, wo alle sonst grüne Theile roth oder dunkel [...] purpurfarbig sind, Sauerstoffgas, welches weder in Menge [...] noch Güte von dem aus der grünen Pflanze überhaupt [...] ward. — Die Fähigkeit, die Kohlensäure zu zersetzen [...] daher die Menge des Sauerstoffgas ist bey den verschiedenen [...] nen Pflanzen verschieden; ohne alle Ursachen davon [...] ben zu wollen, bemerkt S., daß sie sich vorzüglich [...] der Größe der Oberfläche richte, daher zersetzen die [...] gen Blätter, die Stengel ꝛc. weniger als die sehr [...] und eingeschnittenen Blätter. — Indem die Blätter [...] stoffgas ausgeben, entwickeln sie auch stets [...] in merklicher Menge jedoch das letztere, nur [...]

faſt in Verhältniß des zerſetzten kohlenſauren Gas. Die⸗
jenigen Blätter, die, ohne zu leiden, am längſten in einer
ſehr feuchten Atmoſphäre aushalten können, wie die der
Sumpfpflanzen, geben das reinſte Sauerſtoffgas; bey allen
aber iſt es im Anfange reiner als am Ende, was andeu⸗
tet, daß das Stickgas aus der Subſtanz der Pflanze ſelbſt
komme. Sauſſure iſt der Meynung, daß es aus den
Blättern durch das Sauerſtoffgas, welches dazu Verwandt⸗
ſchaft habe, entwickelt werde, und zwar in ſo größerm
Maße, als die Vegetation matter wird; daher zeige ſich
in atmoſphäriſcher Luft, der man kein kohlenſaures Gas
zugeſetzt habe, weit weniger Stickgas, weil die Blätter
hier mit weniger Sauerſtoffgas in Berührung kämen, und
dieſes durch das in der Luft ſchon befindliche Stickgas be⸗
reits geſättigt ſey.

Drittes Kapitel. Einfluß des Sauer⸗
ſtoffgas auf die entwickelten Pflanzen, S. 60 bis
135. Geſunde, nach einem heitern Sommertage geſam⸗
melte und während einer Nacht unter einen Recipienten
mit atm. Luft gebrachte, Blätter bewirken in dem ſie um⸗
gebenden Sauerſtoffgas, Modificationen, die nach der Na⸗
tur des Gewächſes ſcheinbar verſchieden ſind: 1. die mei⸗
ſten Gewächſe, beſonders mit dünnen Blättern, vermindern
das Volum ihrer Atmoſphäre und es bildet ſich zu glei⸗
cher Zeit kohlenſaures Gas, deſſen Volum geringer iſt, als
das des verſchwundenen Sauerſtoffgas; 2. die Blätter oder
grünen Theile der fleiſchigen Gewächſe, als Cactus opuntia, Agave americana, Sempervivum tectorum etc.
vermindern durch Abſorbtion des Sauerſtoffgas ihre At⸗
moſphäre, ohne eine merkliche Menge Kohlenſäure an die⸗
ſelbe abzugeben. Damit dieſe Erfolge wirklich und rein
beobachtet werden, müſſen die Pflanzen ein Volum zwiſchen
dem 7 und 20 Theil des der angewandten Luft ausma⸗
chen, weil bey weniger oder mehr die Verminderung ent⸗
weder nicht merklich ſeyn, oder durch die zu ſehr verdor⸗
bene Luft die Pflanzen leiden und zu falſchen Reſultaten
Anlaß geben würden. Aus gleichem Grunde müſſen ſie
auch ganz friſch gleich nach dem Abpflücken nach Sonnen⸗
untergang angewandt werden und nicht länger als 12
Stunden unter dem Recipienten bleiben; in dieſem Falle,
___ _____ werden, kann man alle Erfolge als

daxu ift er gefättigt. Bringt man ...
wieder an die freie Luft, und daraus ...
abermahls unter einen Recipienten; fo ...
die angezeigte Menge, und hieß geht ...
fo lange als er gefund ift.

Diefes waren die Erfcheinungen beym ...
im Dunkeln. Folgendes zeigen fich beym ...
im Lichte. Brachte man Cactus (6 Eub...)
Nacht Sauerftoffgas (4 Ez.) abforbirt hatte, ...
cipienten mit neuer Luft (48 Ez.) von 0,24 ...
gehalt, und von Kohlenfäure befreit, fo war ...
Luft um 4,4 Ez. im Volum vermehrt, und ...
Sauerftoffgehalt von 27½. Die ausgeathmeten ...
beftanden demnach in 4,18 Ez. Sauerftoffgas ...
Stickgas. Wurde das Einathmen bey Nacht ...
Ausathmen im Tageslicht wechfelweife mit ...
Pflanze fortgefetzt, fo wurde die Menge des ...
ausgeathmeten Sauerftoffgas immer geringer, ...
ausgeathmeten Stickgas immer größer; durch ...
Wiederholung hatte fie 21½ Ez. eingeathmet, und ...
Sauerftoffgas mit 6½ Stickgas ausgeathmet, wel...
tere mehr als die Hälfte der im letzten Mahl ...
meten Luft ausmachte. Wurde die Pflanze zufam...
men, ftatt in atm. Luft, unter Waffer gebracht, fo ...
die Erfcheinungen im Allgemeinen wie vorher; ...
die Pflanze nicht fo fehr erwärmt wurde, und fich ...
unangemeffenen Mittel befand, nicht fo ftark, und ...
geathmete Luft enthielt auch mehr Stickgas. Nach ...
mahliger Wiederholung betrug das von 6 Cub. ...
tus eingeathmete Sauerftoffgas 19 Cub. Zoll und ...
geathmete Luft beftand in 13,3 Cub. Zoll Sau...
und 5,7 Stickgas. Letzteres betrug fchon in der ...
Mahl ausgeathmeten Luft 0,20, wogegen das ...
erftern Umftänden ausgeathmite Sauerftoffgas ...
rein ift. Das Stickgas muß demnach aus der ...
ftanz der Pflanze kommen, weil fie um fo mehr ...
ftärker fie leidet. Wurden die Pflanzen, welche ...
met hatten, in Stickgas gebracht, fo war ...
mung größer als unter Waffer, aber weniger ...
atm. Luft. Die Ausathmung fteht immer in ...
hältnis mit der Einathmung; daher ift fie in ...

Blätter bey dem Cactus, der durch längeres Verweilen sein Maximum eingeathmet hat; und wenn man ihn die Nacht durch, statt in atm. Luft, in sauerstofficirte Gasarten bringt, so giebt er nachher am Tage in atm. Luft zwar auch Sauerstoffgas aus, das aber sehr wenig, bey jedesmaliger Wiederholung dieses Verfahrens immer weniger und nach dem fünften Mahl, wo die Pflanze gestorben war und in Fäulniß gieng, überhaupt noch nicht ihr ganzes Volum betrug. Der lebendige Kalk, oder das Kali, die beym Einathmen des Nachts nicht verändert werden, ziehen beym Ausathmen am Tage Kohlensäure an und das ausgeathmete Sauerstoffgas beträgt in diesem Fall merklich weniger, es übersteigt dann nie die Menge des eingeathmeten.

Die erzählten Versuche über das Ausathmen lassen sich nur mit solchen Pflanzen gut anstellen, die bey vieler Masse von grüner krautartiger Substanz wenig Oberfläche haben und ein beträgliches Volum unter dem Recipienten einnehmen, ohne seine Wände zu berühren, die durch ihre dann erlangte Wärme die Pflanzen bald tödten würden. Indessen gilt alles Gesagte im Allgemeinen unbezweifelt auch von den Pflanzen mit zärtern Blättern; denn 1. wenn man eine solche z. B. eine Münze zc. während 15 Tagen Tag und Nacht unter demselben Recipienten in atm. Luft läßt, so findet sich diese am Ende weder an Volum, noch an Reinheit verändert, da eine solche Pflanze zu wenig Raum einnimt, um merkliche Veränderungen zu bewirken, und ein Cactus von gleichem Volum unter gleichen Umständen selbst nicht mehr hervorgebracht haben würde; 2. wenn man hintereinander in zweyen Recipienten Blätter in dem einen einathmen, in dem andern ausathmen läßt, so findet man, wie schon Ingenhouß, ohne jedoch die Ursache zu ergründen, bemerkt hat, nach 15 Tagen in dem ersten die Luft verschlechtert, in dem letztern verbessert.

Sauffure hat die relative Menge der von vielerley Pflanzen im Finstern eingeathmeten Luft untersucht, um zu erforschen, ob dieselbe mit andern Umständen bey ihrer Vegetation in Beziehung stände. Er zieht aus den, tabellarisch aufgestellten, Beobachtungen folgendes Resultat: die Menge des von den Blättern absorbirten Sauerstoffgas steht im Ganzen mit der Güte des Bodens, und dem Sauerstoffgehalt der

Luft, in welchen sie vegetiren, in geradem Verhältniß. Die
Blätter der Bäume, die im Winter sie verlieren und in
einem fruchtbaren Boden in niedrigern Regionen wachsen,
absorbiren, dem größten Theil nach, mehr Sauerstoffgas und
verlieren mehr Kohlenstoff, als die immergrünen, z. B.
Fichte, Wacholder, Rhododendron, bey denen das Umgekehrte Statt findet. Die Gewächse mit fleischigen Wurzeln
absorbiren weniger Sauerstoff als die meisten andern; sie
halten die Kohlensäure auch stärker zurück, wie die oben
erwähnten Beobachtungen beym Einathmen gezeigt haben.
Daher können sie, indem sie ihren Kohlenstoff nicht so leicht
fahren lassen, länger die Entbehrung dieses Nahrungsmit-
tels ertragen, oder sie erfordern auch nur einen geringen
Zufluß desselben aus dem Boden: sie wachsen gewöhnlich im
Sande, Thon oder andern unfruchtbaren Boden und können, weil sie weniger Sauerstoff bedürfen, in verdünnten
Atmosphären wachsen. Die Sumpfpflanzen, die in einem
Mittel wachsen, wo sie durch die Dünste des freien Zu-
tritts des Sauerstoffs beraubt sind, consumiren auch weniger Sauerstoffgas, wie die meisten übrigen krautartigen
Gewächse.

Aus den bisher erzählten Erscheinungen zieht S. folgende Folgerungen: Das Ein = und Ausathmungsgeschäft
der Pflanzen scheine von ihrer Fähigkeit, die Kohlensäure
zu zersetzen, abhängig zu seyn, und beyde verhielten sich
wechselseitig als Ursache und Erfolg. Ist eine Pflanze der
Sonne ausgesetzt gewesen, so enthalte sie keine Kohlensäure;
indem nun, wie sich oben vom Wasserstoffgas zeigte, die Luft
frei durch die Pflanze gehe, bilde der Sauerstoff ersterer
mit dem Kohlenstoff letzterer Kohlensäure, die durch ihre
Vereinigung mit dem Vegetationswasser ihr Volum und
ihren elastischen Zustand verliere, was jedoch nur bis auf
einen gewissen Punkt geschieht, worauf sie dann frei in die
umgebende Atmosphäre geht. Wenigstens muß man diesen Zustand des absorbirten Sauerstoffgas annehmen, wenn
gleich er nicht unmittelbar bewiesen sey, weil sich nur daraus die vorzüglichsten Erscheinungen erklären lassen. Die
Erscheinung, daß im Dunkeln an freier Luft gelegene Blätter noch nicht gesättigt sind, und, wenn sie wechselsweis
aus freier in eingeschlossene gebracht werden, immer wieder
Sauerstoffgas absorbiren, leitet er daraus ab, daß die atm.

ihre Verwandtschaft zur Kohlensäure habe, und sie also den Blättern bis auf einen bestimmten Punkt entziehe, bis sich die beiderseitige Anziehung das Gleichgewicht hält.

Im Folgenden untersucht S. den Einfluß des atm. Sauerstoffgas auf die Wurzeln, die holzigen Zweige, die Blumen. Die Wurzeln bedürfen zum Gedeihen der Pflanzen des Sauerstoffs: junge Kastanienbäumchen, deren Wurzeln durch die Tubulatur eines mit Wasser gesperrten Recipienten hindurch mit den Enden in das Wasser, mit dem übrigen Theile in, im Recipienten befindliches, Wasserstoffgas, Stickgas, kohlensaures Gas tauchten, starben in einiger Zeit ab, wogegen andere unter gleichen Umständen in atm. Luft gut fortwuchsen. Es gieb auch Beobachtungen genug, welche beweisen, daß die Luft zu den Wurzeln bringt, und viele Verfahrensarten des Ackerbaues bezwecken es, diesen Zufluß zu befördern. Bringt man Wurzeln ohne Stengel, z. B. gelbe Rüben, Erdäpfel, in eingeschlossene atm. Luft, so vermindern sie ihr Volum ein wenig; nachher ist dieses constant, und es bildet sich bloß Kohlensäure. Dieses geschieht im Sonnenschein wie im Finstern, und sie verhalten sich hier fast eben so, wie die Blätter im Finstern allein, nur steigt die von ihnen bewirkte Absorbtion nie bis zu ihrem eigenen Volum. Dieser von ihnen absorbirte Sauerstoff scheint ihnen nicht als solcher assimilirt zu werden, denn bringt man sie, nachdem die Absorbtion zum Maximum gestiegen ist, aus der eingeschlossenen in freie Luft, und dann wieder in erstere zurück, so absorbiren sie gerade wieder eben so viel, wie dies bey den Blättern unter ähnlichen Umständen Statt findet. Anders ist der Fall, wenn die Wurzel mit ihrem Stengel versehen, und die Vorrichtung ungefähr so getroffen ist, wie oben bey den Kastanienbäumchen; dann absorbirt sie nach und nach viel mehr ihr eigenes Volum; diese absorbirte Quantität aber assimilirt sie sich nicht, sondern sie wird zu den Blättern geführt und von diesen verarbeitet. Daher, wenn sich die ganze Pflanze unter einem Recipienten befindet; so daß die Wurzel nur mit dem Ende in ein darunter befindliches besonderes kleines Gefäß mit Wasser taucht, so bleibt die Luft unverändert, weil die Blätter wieder gut machen, was die Wurzeln verderben und befinden sich die Wurzeln in einem Recipienten, der grüne Stengel im andern, so wird in erſterm die Luft an Sauerſtoff ärmer, in letzterm daran reicher.

Holzige, mit dem Ende in etwas Waſſer ſtehende, Zweige, kurz vor dem Ausbruch der Knospen in einen Recipienten mit atmoſphäriſcher Luft gebracht, ſchlugen dann aus, wie gewöhnlich, was aber nicht in Stickgas oder Waſſerſtoffgas geſchah, worin ſie vielmehr mit Entwickelung von Stickgas und kohlenſaurem Gas in Fäulniß übergiengen. Entblätterte Zweige, unter gleichen Umſtänden, verſchlechtern die atmoſphäriſche Luft, vermindern ſie aber nicht, ſondern geben eben ſo viel kohlenſaures Gas aus, als ſie Sauerſtoffgas abſorbirten, welches letztere ſie ſich demnach nicht aſſimiliren. Mit einem geringen Theile deſſelben mag dieſes wohl von ihrer grünen Subſtanz geſchehen, wenn ſie in der Sonne die gebildete Kohlenſäure zerſetzen; es iſt aber nicht merklich. Wegen dieſer unter der Rinde liegenden grünen Theile zeigen die Zweige auch, unter gleichen Umſtänden wie die Blätter, die Erſcheinungen des Einathmens und Ausathmens durch Verminderung und Wiederherſtellung des Luftvolums. Letztere ſind aber durch das Eudiometer nicht ſehr merklich, weil ſie durch ihre übrige Subſtanz in der Sonne mehr Kohlenſäure bilden, als im Schatten, und die grünen Theile nicht Oberfläche genug haben, um alle zu zerſetzen. Wird der Verſuch ſo angeſtellt, daß nur ein Theil des Zweiges in den Recipienten geht, ſo daß er an einem Ende mit dem Mutterſtamme verbunden bleibt, das andere beblätterte aus dem Recipienten herausſteht, ſo bleibt das Volum der Luft nicht gleich, ſondern wird vermindert, weil die gebildete Kohlenſäure zu den Blättern geführt wird. Wurden die Zweige entrindet, ſo fand, je nachdem die Vorrichtung auf die eine oder die andere angezeigte Art getroffen war, der eine oder andere Erfolg Statt, aber bey gleichem Bolum und gleicher Oberfläche in ein bis zwey Mahl kürzerer Zeit, als bey den nicht entrindeten Zweigen. Bekanntlich bedient man ſich des Entrindens der Stämme, um das Holz härter zu machen, welchen Erfolg mehrere Schriftſteller von der Abſorbtion des Sauerſtoffs ableiteten. Dieſes iſt aber nicht der Fall, da der Sauerſtoff, wie gezeigt worden, gänzlich zu Bildung der Kohlenſäure verwandt wird, ſondern es rührt vielmehr vom Kohlenſtoff her, nach denſelben Gründen, die oben beym Süßwerden. Der

Samen angeführt wurden. Auf eben diesen Gründen be=
ruht auch die dunkelgelbe oder braune Farbe, die manche
Hölzer, vorzüglich das Eichenholz an atmosphärischer Luft,
im Lichte weit schneller als im Dunkeln, in gleichem Ver=
hältniß mit der Erzeugung der Kohlensäure, annehmen,
wogegen sie im Stickgas, selbst im Lichte, ihre weiße Farbe
unverändert behalten. Berthollet hat (in seiner Färbe=
kunst Bd. I. S. 136. der Uebersetzung S. 143.) die Braun=
färbung ganz richtig von der Fällung des Kohlenstoffs und
der Bildung des Wassers abgeleitet, nur irrte er darin,
daß er letztere auf Kosten des atmosphärischen Sauerstoffs
bewirkt glaubte.

Die Blumen brechen in sauerstoffleeren Gasarten
nicht auf. Aufgeblühete Blumen verwandeln einen Theil
des Sauerstoffs ihrer Atmosphäre in Kohlensäure, und ab=
sorbiren einen andern Theil desselben. Indessen wird durch
letzteres das Volum ihrer Atmosphäre selten merklich ver=
ändert, (wenigstens nicht, nachdem sie sich unter einem an=
dern Recipienten mit so viel Kohlensäure gesättigt haben,
als ihr Zellgewebe aufnehmen kann), indem sie dasselbe
durch die Entwickelung einer fast gleichen Menge Stickgas
ersetzen, die, wenn gleich die Blumen gar keine Verände=
rung erlitten, sondern ganz ihren frischen Zustand behielten,
doch viel größer ist, als sie andere Pflanzentheile ausgeben.
Saussure meynt daher, ob diese Bildung des Stickgas
durch die Blumen nicht mit ihren Gerüchen in Verbindung
stände. Wenn auch nichtriechende Blumen eben sowohl
Stickgas entwickelten, als starkriechende, so würde dies
nichts gegen jene Vermuthung beweisen, denn es wäre
möglich, daß nicht von allen Blumen der Spiritus rector
unsern Geruch afficirte [6]). Im Lichte verbrauchen die
Blumenblätter mehr Sauerstoffgas, als im Dunkeln. Sie
hauchen kein Wasserstoffgas aus; S. versuchte ohne Erfolg
in Sauerstoffgas, worin er acht Tage durch, oft erneuerte,
Blumenähren vom weißen Diptam vegetiren lassen, eine

---

6) Manche Thiere lassen, höchst wahrscheinlich durch nichts
anders, als durch den Geruch geleitet, mehrere Pflanzen unbe=
rührt, an deren manchen der Mensch keinen Geruch bemerkt.
S.

Verpuffung zu bewirken [7]). Die Flamme, die man unter gewissen Umständen um diese Pflanze bewirken kann, scheint bloß durch ihr ätherisches Oel bewirkt zu werden. S. bezweifelt auch die Blitze, die einige an der spanischen Kresse und den Ringelblumen bemerkt haben wollen, und glaubt, daß der Glanz der Blumen Täuschungen bewirkt haben könnte.

Mit Früchten lassen sich in Hinsicht auf den bisherigen Gegenstand weit schwerer sichere Resultate erhalten, als mit andern Pflanzentheilen, da sie nach ihrer Absonderung von der Pflanze fast gar keine Vegetationskraft behalten. Unreife Weintrauben, die am Stock befestigt blieben, verbesserten während 15 Tagen die Luft des Recipienten, ohne eine merkliche Menge Kohlensäure zu verbreiten, und wurden reif. Wurde zugleich Kalk unter den Recipienten gebracht, so verschlechterten sie die Luft, und kamen nicht zur Reife. Die unreifen Früchte des Solanum pseudocapsicum gaben, unter gleichen Umständen, dasselbe Resultat. Die unreifen Früchte scheinen sich also eben so zu verhalten, wie die Blätter in demselben Falle. Wurden unreife Früchte vom Stock abgesondert, unter Recipienten gebracht, so verschlechterten sie die Atmosphäre selbst in der Sonne, indem sie den Tag über nicht so viel Kohlensäure zersetzen konnten, als sie in der Nacht erzeugten. Wurden sie mehrere Wochen durch in beständiger Dunkelheit erhalten, so assimilirten sie sich keinen Sauerstoff, sondern derjenige, den sie consumirten, fand sich als ein gleiches Volum von kohlensaurem Gas wieder.

Saussure untersuchte auch die Vegetation in reinem Sauerstoffgas. Pflanzen gedeihen im Schatten weniger darin, als wenn ihm eine gewisse Menge Stickgas (in der atm. Luft) oder Wasserstoffgas beigemischt ist, und obwohl diese letztern von den meisten Pflanzen sich nicht assimilirt werden, so können sie ihnen doch dadurch nützlich seyn, daß sie ihre Berührungspuncte mit dem Sauerstoff

---

[7] Dieser Versuch ist jetzt etwas zweifelhaft, nachdem von Humboldt und Gay-Lussac gezeigt haben, daß bei gewissen Verhältnissen der beiden Gasarten die Entzündung nicht mehr Statt finde. G.

Gas vermindern. Erbsen, die vermittelst Wasser und der in ihren Saamenlappen befindlichen Nahrung unter Glocken wuchsen, nahmen im Schatten in Sauerstoffgas während 10 Tagen um die Hälfte weniger an Gewichte zu, als in atm. Luft, und bildeten in ersterem auch viel mehr Kohlensäure, die an sich, unter diesen Umständen, schon schädlich ist. Waren sie aber den Sonnenstrahlen ausgesetzt, so war die Gewichtszunahme in beiden Fällen gleich, nur schienen die Stengel in atm. Luft länger und schlanker zu seyn. Diese Verkürzung kann nicht gewiß der Reinheit des Gas zugeschrieben werden, denn sie fand auch in einer künstlichen, im Verhältniß der atmosphärischen, aus, vermittelst Braunstein erhaltenen, Sauerstoffgas und aus Rindfleisch erhaltenen Stickgas gemischten, Luft Statt, die sich sonst gegen das Eudiometer ganz wie atm. verhielt. Sollte unsere Atmosphäre Substanzen enthalten, die dem Eudiometer entgehen und das Wachsthum der Pflanzen begünstigen? oder behalten die künstlichen Gasarten etwas von den Substanzen, woraus sie entwickelt wurden, zurück, welches sich jener Verlängerung widersetzt. So viel ist gewiß, daß das aus Rindfleisch vermittelst Salpetersäure erhaltene Gas, auch nach fleißigem Waschen einen thierischen und das aus atmosphärischer Luft durch Schwefelalkalien erhaltene einen schwefligen Geruch behält.

Viertes Kapitel. Einfluß des Sauerstoffgas auf verschiedene unmittelbare Bestandtheile der Pflanzen. S. 136 — 161. Man weiß, daß mehrere dadurch Veränderungen erleiden, deren nähere Untersuchung bisweilen vielleicht über ihre Modificationen während der Vegetation selbst Aufklärung geben könne. Fourcroy hat die Erscheinungen, welche mehrere Extracte bei dem Zutritt der Luft zeigen, der Absorbtion des Sauerstoffs zugeschrieben [1]), ohne jedoch durch eine Analyse der Producte oder eudiometrische Prüfung seine Behauptung zu begründen. Saussure fand, daß verschiedene Extractauflösungen von China, Eichenholz, und mehreren Arten Erdreichs, die über Quecksilber befindliche

---

[1] Annales de Chimie Tom. V. Crell's chemische Annalen 1790.

atmosphärische Luft etwas vermindert wurde, und daß sich
bei nachheriger eudiometrischer Prüfung der vorige Sauerstoffgehalt in dem erzeugten kohlensauren Gas nicht gänzlich wiederfand. Es zeigte sich aber dabei der besondere
Umstand, daß die Verminderung nie völlig an das Volum
der gebrauchten Extractauflösung reichte, z. B. bei 10 Maßen Auflösung und 1000 Maßen Luft gieng die Verminderung nie über 10. Es entstand daher die Vermuthung,
daß sie von absorbirter Kohlensäure herrühren mögte, die
denn auch durch die Luftpumpe in beynahe verhältniß-
mäßiger Menge erhalten wurde. Da sich aber solcherge-
stalt keine große Genauigkeit erreichen ließ, so schwängerte
S. Extractauflösungen mit Kohlensäure an, und nun erlitt-
ten sie, nach Entweichung der überschüssigen Kohlensäure
durch einiges Stehen, unter eine Glocke mit Luft gebracht,
unter denselben Erscheinungen gleiche Veränderungen; aber
die Luft in der Glocke wurde nicht im Volum vermindert,
sondern das absorbirte Sauerstoffgas fand sich durch eine
gleiche Menge kohlensaures ersetzt. Durch wiederholte vergleichende Versuche fand S. auch, daß das Extract durch
diesen Prozeß einen beträchtlichen Theil seines Wasserstoffs
und Sauerstoffs als Wasser verliere, und daher beym
Wiedereintrocknen weniger feste Masse gebe; daß dadurch
das Verhältniß des Kohlenstoffs in der übrigen vermehrt
werde, und daß folglich jene Flocken, die sich aus dem
Extract an der Luft absondern, anstatt oxydirtes Extract
zu seyn, vielmehr entoxydirtes oder mit Kohlenstoff übersät-
tigtes sind. — Die grünen Säfte der Pflanzen verminderten
das Volum der Luft nicht; der Saft von Sedum tele-
phium und Cactus opuntia gerannen in Berührung mit
Sauerstoffgas, und gaben eben so viel Kohlensäure aus,
als sie von ersterem eingesogen hatten. Man muß in diesen
Versuchen den Flüssigkeiten eine große Oberfläche geben,
und sie bei derselben Temperatur endigen, bei der man sie
anfieng, auch nicht so lange dauern lassen, daß die Flüssigkeiten in Gährung gehen könnten, sonst würde man falsche
Resultate erhalten.

Durch ähnliche Versuche fand Saussure, daß bei
der Essiggährung kein Sauerstoff in die Substanz der
aus dem Wein erzeugten Essigsäure aufgenommen wurde,
sondern daß die bemerkte Volumsverminderung der einge-

schlossenen Luft von Absorbtion der erzeugten Kohlensäure herrührte, daher sie auch, obgleich der Wein in Essig verwandelt
wurde, in einem ganzen Jahr nicht Statt fand, wenn der
Wein, unter den vorhin angegebenen Maßregeln, mit Kohlensäure angeschwängert wurde. Diese Versuche thun übrigens der allgemein angenommenen Meinung, daß der Wein
durch ein größeres Verhältniß von Sauerstoff zu Essig
werde, keinen Eintrag; nur dieses größere Verhältniß wird
nicht durch Zufügung von Sauerstoff, sondern durch Entziehung von Kohlenstoff durch Bildung von Kohlensäure
bewirkt.

Holzspäne, welche befeuchtet in sauerstoffleeren Gasarten gehalten werden, erzeugen aus ihrer eigenen Substanz
Kohlensäure; bei gegenwärtigem Sauerstoffgas ist der Erfolg anders: 15,29 Grm. (½ Unze) bei bestimmtem Ther-
mometer- und Hygrometergrade getrocknete, und, nach Be-
feuchtung mit Wasser zu einem Brey, fünf Wochen durch
in einem über Quecksilber stehenden großen Recipienten mit
atm. Luft gebrachte Eichenholzspäne hatten in dieser Zeit
das Volumen der Luft nicht verändert, aber 1,98 Cub-
centimeter (10 Cz.) kohlensaures Gas unter Verschwindung von eben so viel Sauerstoffgas erzeugt. Bei dem
vorigen Thermometer- und Hygrometerstande wieder getrocknet, zeigte sich ein Verlust von 796 Milligrm. (15 Grains);
in die gebildete Kohlensäure können aber nur 159 Milligrm. (3 Gr.) höchstens Kohlenstoff getreten seyn, das übrige
muß also ein Verlust von Sauerstoff und Wasserstoff als
Wasser seyn. Die Späne waren auf der Oberfläche mit
einer braunen Kruste bedeckt. Diese braune Substanz gab
bei dem Verkohlen 20½ Kohle; unverändertes Eichenholz
nur 17½. Die aus diesen Beobachtungen entspringenden
Folgerungen ergeben sich aus vorhergehenden.

Dasjenige Holz, welches sich durch bloßes Wasser,
ohne Zutritt des Sauerstoffs zersetzt, wie man an abgestorbenen, mit einer sehr dichten Rinde bedeckt bleibenden,
Zweigen bemerkt, erleidet eine von der ebenbemerkten sehr
abweichende Veränderung: es bleicht aus, anstatt sich zu
schwärzen, sein Kohlenstoff wird vermindert, statt vermehrt:
100 weißes faules Eichenholz gaben 16 Kohle, eben so
viel schwarzes, bei Zutritt der Luft gefaultes, 25½. Saussure glaubt, daß diese Verschiedenheit großen Theils von

dem Verlust der, mehr Kohlenstoff als die Holzfaser enthaltenden, extractiven und färbenden Theile herrühre, denn das durch Ausziehung mit vielem Wasser derselben beraubte Holz giebt weniger Kohle als das unveränderte.

Es ist unmöglich, durch noch so oft wiederholtes Auskochen mit Wasser die Holzspäne in einen Zustand zu versetzen, in welchem das Wasser nichts mehr daraus aufnimmt. Die Menge des Extracts nimt immer ab und bleibt zuletzt auf einem festen Punkt stehen. Läßt man sie jetzt, wieder angefeuchtet, einige Zeit der Luft ausgesetzt, so verwandeln sie das Sauerstoffgas in kohlensaures, ohne etwas von ersterm zu absorbiren, geben dann bei einer neuen Kochung etwas weniges mehr Extract und stehen hierauf wieder auf dem vorigen Punkt und so fort. Die Wirkung des Sauerstoffgas ist aber auf das ausgekochte Holz geringer, als auf das unveränderte.

Der Saft erleidet bei Bildung des Splints wahrscheinlich zum Theil ähnliche Veränderungen, wie ein Extract, welches sich durch Einfluß des Sauerstoffs carbonfirt und dadurch zum Theil in Wasser unauflöslich wird. Nur ist hier der Unterschied, daß bei der Veränderung des Extracts der, mehr oder weniger unreine, Kohlenstoff sich mit schwarzer Farbe aus der übrigen Mischung absondert, wogegen er in dem Safte durch eine besondere Anlage desselben oder durch die Wirkung der Vegetation damit verbunden bleibt, um den Splint zu bilden. Diese im Wasser unauflösliche Substanz enthält das Maximum von Kohlenstoff, aber die Verbindung wird zerstört, wenn sie der Luft ausgesetzt bleibt: es scheidet sich Kohlenstoff aus, der theils mit Sauerstoff in Verbindung tritt, theils, in der größern Menge, sich in Gestalt des Erdreichs oder sehr unreiner Kohle fället. Durch diese Ausscheidung geht das Holz in seinen erstern Zustand, einen im Wasser auflöslichen Saft, zurück.

Die Oele absorbiren das Sauerstoffgas; aber nicht, wie die vorhin erwähnten Substanzen, bloß unter Bildung von Kohlensäure. Therbenthinöl absorbirte in 4 Monaten sein zwanzigfaches Volum Sauerstoffgas und gab, auch wenn man es vorher mit Kohlensäure geschwängert hatte, das vierfache Volum weniger Kohlensäure aus. Bei dieser

Versuchen, zeigte sich auch die von Priestley angegebene Thatsache, daß das Therbenthinöl Stickgas absorbire; die Menge desselben schien indessen nie das Volum des Oels zu übersteigen. Leinöl konnte in 4 Monaten sein zwölffaches Volum Sauerstoffgas absorbiren, ohne eine wahrnehmbare Menge kohlensaures Gas auszugeben, unter allen thierischen und vegetabilischen Substanzen das einzige Beispiel dieser Art, so S. gefunden hat. Das Leinöl absorbirte auch kein Stickgas, und gab bei der Temperatur der Luft, in sauerstoffleeren Medien gar kein Gas aus. Diese Eigenschaften konnten es zu eudiometrischen Versuchen geschickt machen.[*] Es ist durch viele Beobachtungen dargethan, daß in lange der Luft ausgesetzten Oelen Wasser zum Vorschein komme, welches aber in den angeführten Versuchen nicht bemerkt wurde. Vielleicht dauerten sie nicht lange genug oder das gebildete Wasser blieb im Oele schweben; es ist daher noch durch neue Versuche auszumitteln, ob die Verharzung der Oele durch Entziehung einiger ihrer Bestandtheile oder durch Zutritt fremden Sauerstoffs oder durch beides zugleich erfolge. — Während des Vegetationsactes scheinen die Oele den Sauerstoff nicht zu absorbiren, denn ölige Samen zeigen bei dem Keimen ganz dieselben Erscheinungen, wie mehlige.

Die Fäulniß der vegetabilischen Substanzen zeigt sehr verschiedene Erscheinungen, nach der Beschaffenheit der Atmosphäre, in welcher sie erfolgt. Enthält diese viel Sauerstoffgas und ist der gährende Körper auf allen Puncten damit in Berührung, so wird, wie schon Berthollet bemerkt hat (Statique chimique T. II. P. 346), ihr Volum gar nicht vermehrt und es entwickelt sich weder Wasserstoffgas noch Stickgas, es wird bloß mit dem Sauerstoff kohlensaures Gas gebildet; bei geringem oder gar keinem Sauerstoffgehalt hingegen entwickelt sich in den ersten Gährungsperioden reines kohlensaures Gas, und in der letztern außer diesem mehrere entzündliche Gasarten und Stickgas. Merkwürdig ist in diesen Fällen der Unterschied, daß in dem erstern die Kohlensäure aus dem

[*] Man vergleiche Herrn Grimm's ähnliche Beobachtungen oben S. 166 — 175.   S.

Kohlenstoff des gährenden Körpers und dem Sauerst[...]
Luft, in letztern hingegen ganz allein aus seiner [...]
Substanz gebildet wird. So lange als vegetab[...]
stanzen sich in den erstern Graden der Gährung [...]
so scheinen sie das Volum der Atmosphäre nicht [...]
mindern, sondern das Sauerstoffgas wird bloß in [...]
saures umgeändert; sind sie hingegen in sauer[...]
Medien oder unter Wasser so weit gekommen, [...]
Wasserstoffgas entwickeln und bringt man sie dann [...]
Raum von atm. Luft, so ist das Volum des [...]
kohlensauren Gas dem des nach der eudiometr[...]
fung verloren gegangenen Sauerstoffgas nicht mehr [...]
sondern letzteres ist zum Theil absorbirt und in der [...]
ständigen Luft findet sich kein Wasserstoffgas. 3,82 [...]
Mehlleim z. B. hatte in der erstern Periode in [...]
atm. Luft während 8 Tagen 3 CZ. Sauerstoffgas [...]
birt und eben so viel kohlensaures erzeugt; er be[...]
nur den sauren Geruch des gegohrnen Brodteigs [...]
verlor durch Trocknen 2 Grains mehr als [...]
Menge von demselben frischen Mehlleim, die als [...]
tes Wasser anzusehen sind; in der zweiten Periode [...]
nach 8 Tagen dieselbe Menge Luft um $\frac{1}{4}$ CZ. verm[...]
ihr Sauerstoffgehalt hatte um $9\frac{1}{2}$ abgenommen und [...]
nur durch 8 CZ. kohlensaures Gas ersetzt. Es hatte [...]
weit mehr Wasser gebildet, welches Ammonium enth[...]
Bei dem Faulen an der Luft bedeckt sich der Mehlleim [...]
einem schwarzen Pulver, welches bei der Fäulniß [...]
Wasser nicht zum Vorschein kommt.

Fünftes Kapitel. Von der Dam[...]
(terreau végétal). Es wird darunter jene schwarze [...]
stanz verstanden, womit sich todte, der gemeinschaft[...]
Einwirkung des Sauerstoffgas und Wassers aus[...]
Gewächse bedecken, und die, nach dem Vorigen, nicht durch [...]
den Zutritt des Sauerstoffs zu ihrer Substanz, [...]
durch Entziehung eines Theils einiger Bestandtheil der [...]
Pflanze zu entstehen scheint. Sie wurde zu den ange[...]
ten Versuchen von reiner Beschaffenheit angewandt, wie [...]
man sie auf hohen Felsen oder in Baumstämmen findet, [...]
und durch ein dichtes Sieb geschlagen, so daß sie größten [...]
Theils von unzersetzten Pflanzentheilen befreiet war. Mit [...]
etwas Sand oder Gries, um durch Auflockerung den [...]

Sauerstoff Zutritt zu verschaffen, gemengt, scheint sie sehr fruchtbar, mit Ausnahme der in Bäumen entstandenen, aus welchen das Wasser keinen Ausfluß hat, die zu viel, die Gefäße der Pflanzen verstopfende, extractive Theile enthält.

Vergleichende Versuche mit Dammerde und den Gewächsen, woraus sie entstand, durch trockne Destillation zeigten, daß erstere mehr Kohlenstoff, mehr Stickstoff, und weniger Sauerstoff enthalte, denn sie gab weniger Wasser, welches Ammonium mit brenzlicher Säure und mit Kohlensäure verbunden enthielt; letztere dagegen gaben mehr Wasser, welches überschüssige Säure enthielt. Die Dammerde gab auch mehr Kohlenwasserstoffgas, und die davon erhaltene Kohle mehr Asche; dieser letztern ungeachtet aber war auch der wirkliche Kohlenstoffgehalt bei der Dammerde immer größer. Der größere Stickstoffgehalt ist nicht zu verwundern; da nach dem vorigen bei Gährung der Gewächse in Berührung mit der Luft sich kein Stickgas entwickelt. Klaproth erhielt zwar (Beiträge 3 Bd.) von Destillation des Torfs [10]) Producte, die zur wenig Stickgas enthielten, [11]), allein dieser ist kein wahres Erdreich, und das Product einer Zersetzung unter Wasser, zum Theil ohne Berührung der Luft, in welchem Fall sich Stickstoff in Gasform entwickelt.

Säuren zeigen auf die Dammerde wenig Wirkung, brausen nicht damit auf, und ziehen etwas Eisen und erdige Theile aus. Concentrirte Salz- und Schwefelsäure verwandeln sie in der Wärme in Kohle, und entwickeln, nach Bauquelins Bemerkung, etwas Essigsäure daraus. Alkohol zieht etwa 0,02 bis 0,03 extractive und harzige Theile aus. Kaustisches Kali und Natrum lösen sie unter Ammoniumentwickelung fast ganz auf, und geben durch Säuren einen verbrennlichen, braunen, im Verhältniß der angewandten Dammerde nur sehr wenig betragenden, Niederschlag.

Wasser löset die Dammerde in Substanz nicht auf,

---

10) Der erdigen Braunkohle S. 319? S.

11) Vergl. die Analysen mehrerer Torfarten von Buchholz in Scherers Journal Bd. 8. S. 595 — 596. und Thaer und Einhof in diesem Journal Bd. 3. S. 411. S.

scheidet aber extractive Theile daraus a[...], [...]
nach Verschiedenheit des Bodens abweicht: [...]
ner Rasenboden, fetter Gartenboden, und [...]
boden, die bis zur Sättigung mit Wasser [...]
und nach 5tägigem Stehen ausgepreßt wurden, [...]
Theile der ausgepreßten filtrirten Flüssigkeit [...]
pfen 26, 10 und 4 Theile Extract zurück. [...]
Dammerde trocken, und das Wasser kohlensaure[...]
sen war, so wurde doch durch die ausgepreßte [...]
Kalkwasser zu kohlensaurem Kalk gefällt, und [...]
CubZoll durch Sieden eine Luft erhalten, welche, jedoch [...]
2 CZoll, Kohlensäure enthielt. Wenn gleich diese [...]
mung nicht sehr genau seyn kann, so zeigen doch [...]
dere Beobachtungen, daß die Kohlensäure, welche die [...]
zeln aus einem gewöhnlichen Boden schöpfen, nur [...]
träglich sey.

    Siedendes Wasser zieht aus einer reinen, natürlichen
(nicht gedüngten, oder durch Anhäufung von Pflanzen [...]
standenen, höchstens 0,10 Asche zurücklassenden) Dammerde
nur wenig aus: 12mahliges Auskochen mit 24facher
Menge Wasser gab höchstens $\frac{1}{12}$ Extract, oft viel weniger.
Erdreich der letztern Art schien für Erbsen und Bohnen
fruchtbarer zu seyn, als was mehr Extract gab; indessen
wenn eine zu große Menge desselben nicht vortheilhaft ist,
so darf sie auch nicht zu klein seyn: Erbsen, Bohnen und
Weitzen, die in ausgekochter Erde gesäet wurden, waren in
Hinsicht der Größe und des Ertrags um $\frac{1}{4}$ geringer, als
in derselben unausgekochten. Die Dammerde verhält sich
gegen das Wasser genau wie das Holz: man kann sie
auch durch wiederholtes Auskochen damit nicht erschöpfen,
und ist der feste Punkt eingetreten, so giebt sie wieder mehr
Extract, wenn sie einige Zeit angefeuchtet der Luft ausgesetzt gewesen ist. Die auf diese Weise der extractiven Theile
zum Theil beraubte Dammerde giebt bei nachheriger Destillation etwas mehr Kohle; indessen ist diese Vermehrung
des Kohlenstoffs sehr begrenzt, denn sie nahm nicht weiter
zu, wie dieselbe Dammerde nun noch öfter ausgekocht
wurde.

    In dem Auszug einer reinen natürlichen Dammerde
nimt man gewöhnlich durch bloße Mischung mit Reagentien keine merkliche Menge von Kali, schwefelsaurem und

salzsaurem Kali wahr: es bedarf dazu, wie bei den Pflanzen, der Verbrennung und Einäscherung. Mehrere Schriftsteller haben geglaubt, daß die Pflanzen sich selbst die Salze erzeugen, die sie enthalten, indem siedendes Wasser aus der Asche der meisten Arten natürlicher Dammerde keine Salze ausziehe. Dieser Schluß ist sicher zu voreilig. Alle Dammerde enthält alkalische Salze, aber oft werden sie vom Wasser aus der Asche nicht aufgenommen, weil sie mit der großen Menge erdiger Theile derselben in halbverglaste Verbindung getreten sind. Daher erhält man sie immer aus der Asche des Extracts, welche nicht so viel erdige Theile enthält, und auch aus dieser nimmt bloßes Wasser nicht alle auf, sondern durch weitere Analyse derselben erhält man noch mehr davon [12]).

Die Dammerde, obgleich ein Product der Fäulniß, ist doch keiner weitern Fäulniß fähig, sondern kann selbst als fäulnißwidrig angesehen werden, denn die extractiven Theile, die im abgesonderten Zustande in Fäulniß gehen, erleiden in der Verbindung damit keine Veränderung, wenn man die Dammerde auch ein Jahr durch, mit Wasser befeuchtet, unter einem Recipienten über Quecksilber aufbewahrt. Nach der Kohle besitzt sie diese antiseptische Kraft am stärksten, denn Rindfleisch, welches unter übrigens gleichen Umständen, in Kohle, Dammerde, in Spänen von dem Holze, woraus die Dammerde entstanden, quarzigem, kalligem, und thonigem Sande, und an freier Luft gehalten wurde, erhielt sich in der Kohle nur etwas länger, als in der Dammerde, in letzterer aber viel länger gut, als unter allen übrigen Umständen. Durch diese Kraft eben ist sie so sehr zur Beförderung der Vegetation geschickt, denn ohne dies würden die extractiven und andere unzersetzte Pflanzentheile in Gährung gehen, in welchem Zustande sie der Vegetation nachtheilig sind. Indessen ist sie doch, obgleich nicht eigentlich fäulnißfähig, sicher durch gemeinschaftliche Wirkung der Luft und des Wassers gänzlich zerstörbar, wie, ohne auf ähnliche Versuche zurückzugehen, die Beobachtungen Sauf-

---

12) Hat man nie andere Gründe für jene Erzeugung aufgestellt, als den von einer so flachen Untersuchung: daß das Wasser aus der Asche keine Salze auflöse, genommenen? S.

sure's des Vaters im Großen über den ...
den bebaueten sehr fruchtbaren Boden der ...
Turin und Mailand beweisen (Voyages dans ...
§. 1319.), wo die Schichte der Dammerde ...
einen Fuß dick ist, die bei so langer Cultur ...
seyn müßte, wenn nicht die ununterbrochene ...
rem Anwuchs Grenzen setzte, daher auch die ...
Schichte Dammerde nicht als Maßstab ...
kann, seit wann der Boden die Fähigkeit erlangt ...
hervorzubringen, denn, wenn auch die Zersetzung ...
gabe des Clima, der Natur und Lage des der ...
zur Unterlage dienenden Bodens, der daselbst ...
Pflanzen, der Art der Cultur ꝛc. verschieden ...
nicht zu zweifeln, daß auch unter den zur ...
Dammerde günstigsten Umständen ein Zeitpunkt ...
welchen hinaus, da die zerstörenden Ursachen den ...
genden nun das Gleichgewicht halten, keine ...
weiter Statt findet. Diese Zersetzbarkeit zeigt ...
ohne allen Widerstreit denjenigen Landbauern, die ...
ger durch öfteres Umarbeiten des Bodens ...
chen, und ihn dadurch nach und nach ganz ...
Der mit Wasser befeuchtete und unter eine ...
atm. Luft gebrachte Humus verändert das Volum ...
gar nicht, ändert aber, der ausgekochte weniger ...
mit seinen extractiven Theilen versehene, das Sauer...
desselben in kohlensaures um, welches letztere genau ...
Menge des absorbirten erstern beträgt, so daß ...
Sauerstoff in die Mischung der rückständigen ...
tritt, welche letztere aber, wie sich aus dem ...
getrockneten Rückstandes, verglichen gegen das ...
zur Kohlensäure verwandten Kohlenstoffs ergiebt, ...
Wasserstoff und Sauerstoff, als Wasser, verliert. ...
wird durch letzteren Prozeß in vollkommener Dammerde ...
keine unverwesete Pflanzentheile mehr enthält, das ...
niß des Kohlenstoffs nicht, wie das Vorige es ...
Fällen gezeigt hat, vermehrt, sondern alle ihre ...
vermindern sich durch die gleichzeitige Wirkung ...

---

13) Schätzbare Bemerkungen über diesen Gegenstand ...
man in Neumanns Preisschrift über die erdigen Bestandtheile
der Gewächse. Berlin bei Maurer. 1800. 8.

Samen angeführt wurden. Auf eben diesen Gründen beruht auch die dunkelgelbe oder braune Farbe, die manche Hölzer, vorzüglich das Eichenholz an atmosphärischer Luft, bei Lichte weit schneller als im Dunkeln, in gleichem Verhältniß mit der Erzeugung der Kohlensäure, annehmen, wogegen sie im Stickgas, selbst im Lichte, ihre weiße Farbe unverändert behalten. Berthollet hat (in seiner Färbekunst Bd. I. S. 136. der Uebersetzung S. 143.) die Braunfärbung ganz richtig von der Fällung des Kohlenstoffs und der Bildung des Wassers abgeleitet, nur irrte er darin, daß er letztere auf Kosten des atmosphärischen Sauerstoffs bewirkt glaubte.

Die Blumen brechen in sauerstoffleeren Gasarten nicht auf. Aufgeblühete Blumen verwandeln einen Theil des Sauerstoffs ihrer Atmosphäre in Kohlensäure, und absorbiren einen andern Theil desselben. Indessen wird durch letzteres das Volum ihrer Atmosphäre selten merklich verändert, (wenigstens nicht, nachdem sie sich unter einem andern Recipienten mit so viel Kohlensäure gesättigt haben, als ihr Zellgewebe aufnehmen kann), indem sie dasselbe durch die Entwickelung einer fast gleichen Menge Stickgas ersetzen, die, wenn gleich die Blumen gar keine Veränderung erlitten, sondern ganz ihren frischen Zustand behielten, doch viel größer ist, als sie andere Pflanzentheile ausgeben. Saussure meynt daher, ob diese Bildung des Stickgas durch die Blumen nicht mit ihren Gerüchen in Verbindung stünde. Wenn auch nichtriechende Blumen eben sowohl Stickgas entwickelten, als starkriechende, so würde dies nichts gegen jene Vermuthung beweisen, denn es wäre möglich, daß nicht von allen Blumen der Spiritus rector unsern Geruch afficirte [6]. Im Lichte verbrauchen die Blumenblätter mehr Sauerstoffgas, als im Dunkeln. Sie hauchen kein Wasserstoffgas aus; S. versuchte ohne Erfolg in Sauerstoffgas, worin er acht Tage durch, oft erneuerte, Blumenähren vom weißen Diptam vegetiren lassen, eine

---

[6] Manche Thiere lassen, höchst wahrscheinlich durch nichts anders, als durch den Geruch geleitet, mehrere Pflanzen unberühret, an deren manchen der Mensch keinen Geruch bemerkt.

S.

ner atm. Luft wachsen ließ. Eine zweite Klasse von Pflanzen, die in Stickgas gut fortgehen, ist diejenige, welche mit der eben erwähnten Eigenschaft noch diejenige verbinden, nur wenig Sauerstoffgas zu bedürfen und eine sehr feuchte Atmosphäre zu ertragen, wie die Sumpfpflanzen, die sich daher, durch Wasser ernährt, eben so gut darin entwickeln, wie in atm. Luft.

Die Veränderung, die diese Pflanzen, im Lichte, in dem Stickgas bewirken, ist: daß sie Sauerstoffgas erzeugen. Die atm. Luft lassen sie, wie aus dem Vorigen bekannt ist, wenn die Vegetation darin auch noch so lange dauert, in Hinsicht des Sauerstoffgehalts unverändert. Befinden sich die Pflanzen im Stickgas in vollkommener Dunkelheit, so findet sich in ihrer Atmosphäre kohlensaures Gas, welches sie also ganz aus ihrer eigenen Substanz erzeugen; in atm. Luft fand diese Erzeugung auch Statt, aber hier gab die Pflanze bloß den Kohlenstoff an den Sauerstoff der Luft. Aus diesen Erscheinungen können wir jetzt die Quelle des Sauerstoffgas einsehen: es rührt nähmlich von der Zersetzung des aus sich erzeugten kohlensauren Gas im Tageslichte her. Daher geht jene Erzeugung auch nur bis auf einen gewissen Punkt, nach Eintritt dessen die Pflanze, wie in atm. Luft, bei Nacht den Sauerstoff absorbirt, den sie bei Tage erzeugt. Die Sumpfpflanzen, Lythrum salicaria, Polygonum persicaria können in dem Stickgas mehrere Monathe am Leben und gesund bleiben, wenn man auch durch ein Gemenge von Eisenfeile und Schwefel ihnen das Sauerstoffgas, welches sie noch erzeugen, entzieht, so daß nach Verlauf jener Zeit Salpetergas keine Spur davon anzeigte. Nur entwickeln sie sich in diesem Fall gar nicht, sondern die Vegetation befindet sich gleichsam im Stillstande. Brachte man aber statt jenes Gemenges ätzenden Kalk unter die Glocke und entzog ihnen dadurch das erzeugte kohlensaure Gas, ehe sie es in Sauerstoffgas umändern konnten, so starben sie darin weit schneller als in atm. Luft unter gleichen Umständen. Ein Uebermaß von Kohlensäure ist ihnen aber bei der Vegetation in Stickgas weit schädlicher als in atm. Luft; denn wenn sie in letzterer bei Zusatz von $\frac{1}{5}$ Kohlensäure, im Lichte recht gut vegetirten, so starben sie bei demselben Zusatz zu reinem Stickgas in wenig Tagen.

Priestley (Exper. and observ. Vol. 3. P. 332)
und Ingenhouß (Exper. sur les Végét. Vol. 1. P.
146) behaupteten, daß die Pflanzen das Stickgas absorbiren. Saussure hat in sehr vielen mit großer Sorgfalt angestellten und weit länger, als jene, fortgesetzten
Versuchen sowohl in atm. Luft, als in Stickgas nie eine
merkliche Absorbtion wahrnehmen können, worin auch Senebier und Woodhouse einstimmen. Da nun Pflanzen
Stickstoff enthalten, so müssen sie denselben, wenn er ein
Element ist, wenn er auch kein Bestandtheil des Wassers
ist, aus den extractiven Theilen des Bodens, ammonialischen Dünsten der Atmosphäre, deren Daseyn sich durch
die in einiger Zeit an freier Luft erfolgende Umänderung
der schwefelsauren Thonerde in Alaun zu erkennen giebt,
und ähnlichen Quellen nehmen und die in eingeschlossenen
Lufträumen sich entwickelnden Pflanzentheile müssen ihn auf
Kosten älterer, schon entwickelter, erhalten.

In dem Kohlenoxydgas, aus Kalkspath und Eisenfeile durch Glühen erhalten und von der dabei befindlichen Kohlensäure, so wie von $\frac{1}{100}$ Sauerstoffgas durch
schwefelwasserstofftes Schwefelkali gereinigt, verhielten sich
die verschiedenen Pflanzen im Lichte und im Dunkeln ganz
wie in Stickgas. Es selbst wurde durch die Vegetation
nicht zersetzt. Im Wasserstoffgas keimten Samen, bei
einer geringen Menge Wasser, nicht. Nach Senebier bewirken sie darin eine sehr beträchtliche Volumsveränderung;
dies geschieht, wenn sie in Fäulniß gehen, wodurch sich
Kohlensäure erzeugt, welche durch das Wasserstoffgas, vermittelst der bei der Gährung entwickelten Wärme, zersetzt
und in Kohlenoxydgas umgeändert wird. Die verschiedenen ganz entwickelten Gewächse vegetiren im Wasserstoffgas
ungefähr so, wie im Stickgas; fand ja ein Unterschied
statt, so schien er zu Gunsten des Stickgas zu seyn.
Daß die in Wasserstoffgas vegetirenden Pflanzen eine dunkler grüne Farbe annähmen, wie man behauptet hat, ließ
sich nicht bemerken. Das endliche Resultat der Vegetation
in Wasserstoffgas aber ist von dem in Stickgas verschieden:
man findet in dem Rückstande, durch Salpetergas, wenig
oder gar kein Sauerstoffgas, denn das durch die Pflanze
gebildete kohlensaure Gas wird in diesem Falle nicht durch
sie selbst, sondern durch das Wasserstoffgas zersetzt und

Waſſer nebſt Kohlenoxydgas erzeugt, welches [...]
nachheriges Verbrennen in der erzeugten [...]
finden iſt. Dieſe Beobachtungen, daß die [...]
Kohlenoxydgas nicht zerſetzen, und daß ſie [...]
nicht anders als bei gegenwärtigem Waſſer[...]
ſelbe umändern, ſpricht zu Gunſten der [...]
thollet's über dieſes Gas, die ſonſt vielleicht [...]
zu indirecte Verſuche unterſtützt iſt, um mit [...]
genommen werden zu können. Eine Aſſimil[...]
ſerſtoffs während der Vegetation in dem Gas [...]
Statt zu finden. Es wurde zwar etwas ver[...]
dieſe Verminderung rührte von dem zur Bildung [...]
ſers verwandten her und wurde durch das [...]
Kohlenoxydgas compenſirt. Eine andere [...]
geſchah durch das Sperrwaſſer und dieſe war [...]
groß, wie bei einem ähnlichen Apparat, worin [...]
zen waren. Wurde Waſſer über Queckſilber mit [...]
ſtoffgas in Berührung gebracht, ſo abſorbirte [...]
ſein gleiches Volum und nichts weiter; geſchah [...]
Sperrung bloß durch Waſſer, ſo hatte die Abſor[...]
Grenzen und es iſt, nach Gunton, ſehr wahrſchein[...]
in dieſem Fall das Waſſerſtoffgas an die atm. Luſt [...]
geben werde.

Selbſt in dem durch die Luftpumpe [...]
leeren Raum, der alle Tage erneuert [...]
mehrere Sumpfpflanzen, als Polygonum
Lythrum salicaria, Epilobium molle [...]
bei Ernährung mit etwas Waſſer, in [...]
(jedoch vor den unmittelbaren, ſelbſt [...]
ren, ſchädlichen, Sonnenſtrahlen geſchützt) [...]
durch eben ſo gut, wie in atm. Luſt und [...]
war nicht ſtärker als in letzterer. Die [...]
Drucks der Atmoſphäre oder die Ausdeh[...]
Pflanze dadurch erleiden muß, ſcheint auf [...]
keinen merklichen Einfluß zu haben. [...]
Umſtänden ſcheint die Vegetation nur [...]
gearbeiteten Sauerſtoffgas Statt finden [...]
unentwickelte Pflanzen zeigen ſie nicht [...]
nen, die dünnern Blätter des Cactus op[...]
bald darin, wie ſie auch in andern [...]
nicht ſo gut fortkommen.

Sieben

Siebentes Kapitel. Ueber die Bindung und Zersetzung des Wassers durch die Gewächse. Die Physiologen, die sich mit Untersuchung der Frage über die Zersetzung des Wassers durch die Pflanzen beschäftigen, haben darüber bisher nur durch nichts begründete Muthmaßungen aufgestellt. Senebier sah die Pflanze wie eine so bedeutende Menge Sauerstoffgas in einem eingeschlossenen Luftraum erzeugen, daß man auf eine Zersetzung des Wassers hätte schließen können, denn das wenige rührte von der Zersetzung der in dem grünen Farbstoffe befindlichen Kohlensäure her, indem es noch nicht das Volum der Pflanze erreichte. Er schloß jedoch eine Wasserzersetzung unter andern aus der Fähigkeit der Saamen, in reinem Wasser ohne Zutritt der Luft zu keimen. Die Richtigkeit dieses Schlusses ist indessen oben gezeigt worden. Ingenhouß hat zwar eine Verbesserung der Luft durch fette Pflanzen bemerkt; indessen seine eudiometrischen Mittel waren nicht sehr genau und er hat weder das Volum der Luft, noch der gebrauchten Pflanze angegeben. Ueber das letztere hat auch Spallanzani in Ungewißheit gelassen und Senebier hat bei Wiederholung dieser Versuche mit Beachtung aller Erscheinungen gezeigt, daß ihnen aus dem obigen Grunde die Beweiskraft fehle. Nach Berthollet hat die Zersetzung des Wassers, jedoch mehr nach Folgerungen als nach neuen Versuchen, angenommen. Pflanzen, die in eingeschlossener, gewaschener, atm. Luft vermittelst bloßen Wassers wachsen, nehmen zwar an Gewichte zu, aber dieses beweiset nichts, da sie bekanntlich, in feuchter Luft und bei starkem Schießen, substantielles Wasser aufnehmen können, welches nicht einmahl gebunden, geschweige zersetzt wird: sie müßten durch das Vegetiren unter jenen Umständen an trockner Masse zugenommen haben, in Vergleich gegen die trockne Masse eines gleichen Gewichtes derselben ganz gleichen, bis zu dem Versuch unter denselben Umständen gewachsenen, Pflanze; welche Vergleichung natürlich bei demselben Thermometer= und Hygrometerstande vorgenommen werden müßte. Durch zahlreiche, sehr sorgfältig angestellte, Versuche fand Saussure, daß die Vermehrung der trocknen Masse nur sehr wenig betrage (man muß bloß solche Versuche zu Resultaten benutzen, in denen die Pflanzen gänzlich gesund blieben; denn das Verwelken, auch nur einzelner Blätter, ist gegen=

theils Verlust), befonders daß fie fehr enge begrenzt war, und nicht weiter zunahm, wenn der Verfuch auch noch viel länger fortgefetzt wurde. Er fand ferner, daß wenn das Volum noch die Güte der Luft, in welcher die Vegetation Statt gefunden hatte, merklich verändert, möchte wäre aber auch nur jene geringe Gewichtsvermehrung von Zerfetzung des Waffers und Bindung des Wafferstoffs in der Pflanze hergekommen, fo hätte die, dem entfprechende, Ausgift von Sauerftoffgas durch Vergrößerung des Volums und die Eudiometerprobe fehr auffallend werden müffen; es mußte alfo das ganze Waffer firirt worden feyn.

Das Sichere in jenen Verfuchen war die Nichtvermehrung des Sauerftoffgehalts, denn die geringe Gewichtszunahme (1 — 2 Gr.) war faft nicht außer den Grenzen des Irrthums im Beobachten. Auffallender aber war das Refultat, wenn die Pflanzen in einer Atmofphäre wuchfen, die ein angemeffenes Verhältniß von Kohlenfäure enthielt: in diefem Fall wuchfen fie (wie oben S. 665. erwähnt worden) ftärker, und nahmen mehr an Gewicht zu, wie die gleiche Menge in bloßer atm. Luft wachfenden. Aber diefe Gewichtvermehrung war immer bedeutend größer, als fie nach Maßgabe des aus der, in Sauerftoffgas umgeänderten, Kohlenfäure aufgenommenen Kohlenftoffs hätte feyn müffen, und da nun von den in Wirkung befindlichen Stoffen fonft nichts verloren gegangen war (denn das Gewicht des der Pflanze affimilirten Sauerftoffs wurde durch eine ungefähr gleiche Menge ausgegebenes Stickgas compenfirt), fo mußten die Pflanzen Waffer firirt haben. Es ergiebt fich nun, woher in den vorigen Verfuchen die Gewichtsvermehrung durch das Waffer begrenzt war: fie kann nähmlich nicht fortfchreiten, als in fofern die Pflanze zugleich Kohlenfäure zerfetzen, und Kohlenftoff aufnehmen kann. Aber auch unter diefen Umftänden zeigten fich keine Erfcheinungen, die auf eine Zerfetzung des Waffers deuteten. Es giebt zwar Fälle, in welchen das in der Pflanze gebundene Waffer allerdings zerfetzt wird, z. B. wenn fie nach ihrem Tode bei ausgefchloffener Luft in Gährung gehen, fo wie wenn fie in fauerftoffleeren Gasarten vegetiren: aber hier gefchieht es durch Vermittelung des Kohlenftoffs, indem fich Kohlenfäure erzeugt, die in letzterm Fall nachher in Sauerftoffgas umgeändert wird. Unmittelbar aber fcheint das Waffer durch die Vegeration unter gewöhnlichen Umständen nicht zersetzt werden, denn, wie schon im vorigen erwähnt ist, wird die atmosphärische Luft durch feinblättrige Gewächse nicht verbessert; nur allein Cactus opuntia und andere fette Pflanzen scheinen auf den ersten Blick hiervon eine Ausnahme zu machen, indem in mehreren genauen Versuchen, die einen Monath durch fortgesetzt wurden, Cactus opuntia sein 3½faches Volum Sauerstoffgas erzeugte. Allein dieses rührte sicher nicht von unmittelbarer Zersetzung des Wassers her, sondern von zersetzter Kohlensäure, die sich ganz aus der eignen Substanz der Pflanze erzeugte, weil sie bei ihrer gegen ihre Masse geringen Oberfläche und der gegen die andern Pflanzen weit geringern Porosität ihrer Oberhaut nicht mit dem umgebenden Sauerstoffgas in hinlänglicher Berührung sind, und sich daher, nachdem die Sonne die darin befindliche freie Luft ausgetrieben hat, in denselben Umständen befinden, wie Pflanzen, die in Stickgas vegetiren, und dann aus ihrer eigenen Substanz Kohlensäure erzeugen, die nachher zersetzt wird. Daher zeigte sich, obgleich die Vegetation eben so gut von Statten gegangen war, wie im vorigen Fall, auch keine Verbesserung der Luft, als unter die Glocke zugleich Kali gebracht wurde, welches nur die letztere Kohlensäure absorbiren konnte, aber nicht diejenige, welche des Nachts durch Absorbtion des umgebenden Sauerstoffs entstand, da die Pflanze, wie aus dem Vorigen bekannt ist, diese in ihrem dicken Parenchyma zurückhält.

Achtes Kapitel. Von der Absorbtion aufgelöster Substanzen durch die Wurzeln der Pflanzen. Die Untersuchungen über die Absorbtion von Auflösungen durch die Gewächse sind für die Theorie ihrer Ernährung sehr wichtig, weil wir dadurch auf die Schätzung der Menge und Beschaffenheit der Nahrung geleitet werden können, welche sie durch ihre Wurzeln aus dem Boden ziehen. Die Wurzeln der Gewächse sind zu enge Filter, als daß sie feste Substanzen anders absorbiren könnten, als wenn sie so fein zertheilt sind, daß ihre Zertheilung in der Flüssigkeit einer Auflösung gleich kommt. So Pflanzen von Flöhkraut und von Pfeffermünze, die einen Monath durch in Wasser wachsen, worin, vermittelst etwas Zucker, sehr fein zertheilte Kieselerde schwebend erhal-

ten wurde, ließen weder bei der nachherigen Einäscherung
noch vermittelst der genauen Untersuchung der rückständigen Flüssigkeit, das Eindringen einer bemerklichen Menge
Kieselerde wahrnehmen. Von den, nicht eigentlich auflöslichsten, färbenden Theilen der Tinte, welche Bonnet von
einigen Gewächsen absorbiren ließ, würde nur eine merkbare Menge aufgenommen, welche durch die dichtesten Gitter, die wir machen können, weit reichlicher durchgegangen
seyn würden.

Tull, Van Helmont, Tillet, Bonnet, Duhamel ꝛc. haben zu zeigen gesucht, daß die Pflanzen ihr
Wasser aus dem Boden zogen, den der Dünger nur geschickt mache, mehr oder weniger die Wärme und Feuchtigkeit zurückzuhalten. Die Unvollkommenheit ihrer Versuche
ist hinreichend durch Bergmann, Kirwan und Hafsenfratz gezeigt worden: theils waren die Gefäße, in welchen sie sie anstellten, poröse und in Erde vergraben; theils
bedienten sie sich zum Begießen eines Wassers, welches
schon extractive Theile enthielt; theils ließen sie die Pflanzen in Materien wachsen, die mehr oder weniger im Wasser auflöslich waren. Jene Schriftsteller nahmen an, daß
die Lebenskraft durch mannigfaltige Mischung und Zersetzung der atmosphärischen Luft und des Wassers alle die
verschiedenen Substanzen, selbst die Salze, Erden und Metalle, welche man durch Einäscherung aus den Gewächsen
erhält, erzeuge: eine verwirrte Vorstellung, die eben so wenig bewiesen werden kann, als die Erzeugung des Goldes
aus Substanzen, die nichts davon enthalten. Ehe man
solche unverständliche, wunderbare, mit allen Beobachtungen in Widerspruch stehende Verwandlungen annimt, sollte
man sich erst genau überzeugen, daß die Pflanzen diese
Bestandtheile nicht ganz gebildet in den Medien, in welchen sie sich entwickeln, antreffen, und aus denselben ziehen. Andere Schriftsteller nahmen mit mehr Wahrscheinlichkeit an, daß die Gewächse alle ihre Bestandtheile, mit
Ausnahme des Wassers, im gasförmigen Zustande aus der
Atmosphäre schöpften; eine Annahme, die doch nicht ganz
haltbar ist, wenn man sich an die unmittelbar aus den
Beobachtungen fließenden Resultate hält. So viel wir
wissen, sind das Sauerstoffgas und das kohlensaure Gas
die einzigen gasförmigen Substanzen in der Atmosphäre

die zur Ernährung der Pflanzen dienen können. Das in
derselben befindliche Stickgas assimiliren sie sich nicht, obgleich der Stickstoff ein wesentlicher Bestandtheil der Pflanzen ist. Von den Erden, die sich in den Pflanzen befinden, ist nicht erweislich, daß sie im gasförmigen Zustande
in der Atmosphäre vorkommen; aber man findet sie darin
schwebend und in Dunstgestalt (en état de vapeurs), sie
zeigen sich in dem Wasser, welches die Gewächserde
durchdrungen hat, und in die Wurzeln tritt. Eben
dieses Wasser hält extractive Substanzen aufgelöst, die
Stickstoff als wesentlichen Bestandtheil enthalten. Man
weiß ferner, daß unter gewissen Umständen und innerhalb
gewisser Grenzen die Fruchtbarkeit des Bodens von der
Menge und Beschaffenheit der darin befindlichen im Wasser
auflöslichen Bestandtheile abhänge, und endlich, so sieht
man, daß die Pflanzen durch die Aneignung dieser Bestandtheile ihn zuletzt erschöpfen, oder unfruchtbar machen.
Diejenigen Pflanzen, die von Natur auf dürren Klippen
oder in reinem Sande wachsen, finden in den, in der Atmosphäre schwimmenden, Ueberbleibseln von Pflanzen und
Thieren die Nahrungsmittel, welche sie aus den Gasarten
der Atmosphäre nicht schöpfen können, indem diese Theilchen sich auf den Blättern absetzen, sich in dem von ihnen
verdichteten Wasser auflösen, und so ins Innere dringen.
Solcher Gewächse, die bloß aus der Atmosphäre ihre Nahrung schöpfen, giebt es nur sehr wenige: es gehören dazu
die ausdauernden, deren sehr langsame Entwickelung der
geringen Menge der Nahrungsmittel, die sie empfangen
angemessen ist; die meisten von ihnen, wie die Mose, Farn-
kräuter, die fetten Pflanzen, die Nadelbäume, sind stets
grün; ihre Blätter zersetzen das ganze Jahr durch Kohlensäure, bieten den in der Atmosphäre schwimmenden Theilchen stets Anhaltspuncte dar, athmen wenig aus, sind entweder lederartig oder saftig, und verlieren in diesen Fällen
nur sehr wenig Kohlenstoff durch die Wirkung des umgebenden Sauerstoffgas. Jährige Pflanzen hingegen, die sich
schnell entwickeln, gedeihen unter diesen Umständen nicht;
sie bleiben in einem Boden, wo sie nur auf die in ihren
Samenlappen befindlich gewesenen und diejenigen Nahrungsmittel, welche sie aus der Atmosphäre ziehen können,
beschränkt sind, zurück und behagen, wenn sie auch noch
so wollen zur Wiederkommen, wie Samen. Diejenigen,

welche Luft und Waſſer für die einzigen Nahrungsquellen
der Gewächſe halten, entgegnen, daß ſie im Sande, in
Haaren, und andern dergleichen Standorten deshalb nicht
gehörig fortkommen, weil dieſe Medien ihnen nicht die an-
gemeſſene Menge Waſſer zur Unterhaltung ihrer Vegetation darreichen könnten. Aber dieſer Einwand iſt nicht
gegründet: wir ſahen oben, daß die Dammerde durch Aus-
laugen mit vielem Waſſer zum großen Theil ihrer Fruchtbarkeit beraubt werden könne, und doch hatte ſie in dieſem
Zuſtande dieſelben phyſiſchen Eigenſchaften, gleiches äußere
Anſehen, Farbe, Schwere, Conſiſtenz, hielt eben ſo gut die
Feuchtigkeit und Wärme zurück, konnte gleich gut von den
Wurzeln durchdrungen werden, und ihnen zur Stütze dienen, wie vorher. Diente der Dünger vorzüglich nur durch
die Gasarten, die er ausgiebt, zur Ernährung der Gewächſe, ſo müßte der ganz brach liegende Acker eben ſo
ſich erſchöpfen, wie der, welcher eine reiche Saat trägt,
was gegen alle Erfahrung iſt, welche zeigt, daß wiederholte
Erndten den Boden erſchöpfen, nach der verſchiedenen Beſchaffenheit mehr oder weniger: die jährigen, ſtark ausdün-
ſtenden Gewächſe mehr, als die perennirenden, ſich langſamer entwickelnden, und als die jährigen Pflanzen mit ſaftigen Blättern, wie die Erbſen, der Buchweizen, welche
weniger ausdünſten.

Die Auflöſungen, mit denen Sauſſure in obiger Hinſicht Verſuche machte, waren Auflöſungen verſchiedener
Salze mit erdiger, alkaliſcher und metalliſcher Baſis, von
Zucker, Gummi und Extract aus Erdreich. Von jedem
wurden 12 Grains in 40 C3. deſtillirten Waſſers aufgelöſt
und Pflanzen von Polygonum perſicaria und Bidens
cannabina, die erſt ſo lange in reinem Waſſer erhalten
wurden, bis ihre Wurzeln ſich zu verlängern anfingen,
hineingeſtellt. Sie wuchſen in manchen davon fort, und
wickelten ſich in andern gar nicht und ſtarben in mehreren
bald; ſie abſorbirten aber von allen Subſtanzen, in deren
Auflöſungen ſie ſtanden, jedoch geſchah dieſe Auffaugung
nicht in Verhältniß des abſorbirten Waſſers, ſondern die
rückſtändige Flüſſigkeit war größer an Gehalt wie vorher;
die Menge war von den verſchiedenen Subſtanzen verſchieden, richtete ſich jedoch nicht nach der beſſern oder ſchlech-
tern Vegetation in denſelben, ſondern das ſchädliche Schwe-

sische Kupfer z. B. wurde vor allen andern in der größten Menge absorbirt; sie war doch auch bei einer und derselben Substanz in mehreren Versuchen nicht gleich, was
von dem verschiedenen Vegetationszustand der Wurzeln ab-
hing: die weniger lebhaften Pflanzen sogen mehr ein und
wenn die Wurzeln beschnitten wurden, so litten die Pflanzen
sehr schnell in den Auflösungen und absorbirten zwei bis
drey Mahl mehr von der aufgelösten Substanz als sonst.

Wurden, Statt einer, mehrere Substanzen in gleichen
Verhältnissen in gleichen Mengen Wasser aufgelöst, und
Pflanzen mit ihren Wurzeln in die Auflösung hineingestellt,
so galt alles vorhin Angeführte, nur saugen sie dann einige
vorzugsweise vor andern in größerer Menge ein: Sauss-
sure ist jedoch geneigt, dieses nicht sowohl von einer Art
von Verwandtschaft, sondern von dem Grade der Flüssigkeit oder Zähigkeit der verschiedenen Substanzen abzuleiten,
denn die Pflanzenwurzeln seyen ausnehmend viel dichtere
und vollkommenere Filter, als wir gewöhnlich machen,
wo freilich die zuerst durchgelaufene Hälfte einer Flüssigkeit keinen geringern Gehalt hat, als die in demselben zurückgebliebene. Die verschiedenen Pflanzen zeigten keinen
Unterschied in der Wahl: was das Flöhkraut in der
größern Menge absorbirte, das wurde es auch von andern
Pflanzen. Wurden abgeschnittene Zweige, ohne Wurzeln,
in solche gemischte Auflösungen gestellt, so wurden sie alle
fast ohne Unterschied eingesogen und in viel größerer Menge
als von den mit Wurzeln versehenen, fast in angemessenem
Verhältniß mit dem Wasser der Auflösung. Die Eindicke-
rung und die Analyse der Asche zeigte den wirklichen Uebergang der Salze in die Pflanzen. Asche von Polygonum,
welches in einer Auflösung von salzsaurem Kali gewachsen
war, betrug nahe so viel mehr als die von einer gleichen
Menge in destillirtem Wasser gewachsenen, wie die Auflösung an Salz verloren hatte; dieses letztere war nicht zersetzt worden, denn es ließ sich durch salpetersaures Silber
ganz wiederfinden, und die Asche war auch nicht reicher
an Kali als die andere.

4) Mehrere Schriftsteller haben die in den Gewächsen
vorkommenden mineralischen Substanzen wegen ihrer nur
geringen Menge als zufällig angenommen. Dies mag bei
denen ohne Zweifel der Fall seyn, die nicht beständig in

derselben Pflanze vorkommen. Die geringe Menge
Grund dafür, denn der phosphorsaure Kalk in einem
macht vielleicht auch noch nicht $\frac{1}{100}$ aus. Den
S. auch stets in allen untersuchten Pflanzen
es ist kein Grund, um anzunehmen; die Pflanzen
ohne ihn existiren. Eben so hat man aus einzeln Fällen
Schluß gezogen, daß Salze in allen Verhältnissen der
getation schädlich seyen. Aber die Beobachtung
dergleichen allgemeine, einem beliebten System
Annahmen nicht. Es giebt Pflanzen genug, die
einem Boden gedeihen, wo sie nicht Kochsalz,
oder salpetersauren Kalk antreffen; andere, deren Wachsthum durch Gyps befördert wird, der bei andern
fam ist, welcher letztere zugleich zum Beweise dient, daß
die Salze nicht (ohnehin bei der geringen Menge) durch
Beförderung der Fäulniß der Ueberreste abgestorbener Pflanzen oder Anziehung von Feuchtigkeit wirken, wie einige
wollen, in welchem Fall die Wirkung auch nicht auf so
wenige Pflanzen beschränkt seyn könnte. Thouvenel und
Cornette haben zu finden geglaubt, daß die salzigen
Auflösungen nicht in die Wurzeln der Pflanzen drängen,
sondern darauf vielmehr zusammenziehend wirkten. Die
Erfahrung hat aber doch gezeigt, daß die Pflanzen, die
in dem Boden, in welchem sie wachsen, befindlichen Salze
enthalten, wie schon oben angeführt worden und wie De
Buillion's Erfahrung zeigt (Mémoires d'Agriculture
1791), welcher Samen (von Helianthus annuus) in reinem
Sande wachsen ließ, und aus den darin gezogenen Pflan-
zen keine Spur Salpeter erhielt, womit andere in eben
solchem Sande wachsende, aber mit einer Auflösung von
Salpeter begossene, beladen waren. Die Zuträglichkeit der
Salze für manche Pflanzen findet jedoch nur bei geringer
Menge Statt; daher wahrscheinlich der gute Einfluß des
Gypses wegen seiner Unauflöslichkeit. Die Nützlichkeit der
Asche beruht auf der halbverglaseten Verbindung der salzigen
Theile mit den erdigen, weshalb sie nur nach und nach in
die Pflanzen bringen können; die Unwirksamkeit mancher
sehr leicht auflöslichen Salze, als des Salpeters, Kochsal-
zes, der Pottasche, die im reinen Zustande unmittelbar in
den Boden gebracht werden, ist für die meisten gewöhnlichen Gewächse anerkannt. Bei einigen Pflanzen häufen
sich die überflüssigen Salze auf der Oberfläche der Blätter

...und ihnen eine Kruste, welche sie durch die verhinderte Ausdünstung oft tödtet, z. B. bei den Kürbissen, wo diese Krankheit mit schleimigen, besonders auf der Oberfläche der Blätter in der Nähe der Blumenstiele ausschwitzenden Tropfen anfängt, die nach dem Trocknen weiße pulverige Flecke darstellen, die sich immer weiter verbreiten. Diese Efflorescenz besteht aus salzsaurem Kalk mit einer Spur Talkerde, die durch eine weiße vegetabilische, im Wasser und Alkohol unauflösliche, Substanz umhüllt ist. Diese Krankheit erfolgt besonders auf einem sehr gedüngten und gegen den Regen gedeckten Standort. Die Pflanzen schöpfen indessen nicht alle in ihnen befindliche mineralische Substanzen aus Auflösungen, wie man sie ihnen künstlich darreichen kann, sondern sie ziehen sie großen Theils aus Verbindungen, die wir nicht zu bilden im Stande sind, z. B. aus denen, worin sich die Bestandtheile dieser Salze mit dem Sauerstoff, Wasserstoff, Stickstoff und Kohlenstoff in dem Extract der Dammerde chemisch verbunden befinden, und woraus sie nur durch dessen Einäscherung aufgewiesen werden können.

Wir kennen die Wirkungen der Pflanze auf das Erdreich und dieses auf jene noch lange nicht vollständig genug, um Alles, was sie aus demselben schöpft, überschlagen und berechnen zu können. Hält man sich indessen an die theils in diesem Kapitel theils in den vorhergehenden dargelegten Beobachtungen, so weit dieselben reichen, so finden wir, daß das Extract des Erdreichs, das kohlensaure Gas, das Sauerstoffgas, alle im Wasser auflösliche Gemische, die aus dem Boden durch die Wurzeln in die Pflanze dringen, lange nicht hinreichend sind, um den größten Theil der trocknen Substanz der Pflanze zu bilden. Wir sahen oben S. 686, daß guter Gartenboden, der sich mit Wasser gesättigt hatte, einen Aufguß gab, der 0,001 trocknes Extract gab. In den in diesem Kapitel vorhin erzählten Versuchen sogen Pflanzen, die in die Auflösung solches Extracts gestellt worden, mit dem Wasser nur den vierten Theil des darin aufgelösten ein; eine Pflanze also, deren Nahrung dieses Extract ausmachte, würde ihre trockne Masse nur um $\frac{1}{4}$ Pfund vermehren, wenn sie 1000 Pfund das Aufgusses eingesogen hätte. Eine jährige Pflanze, z. B. eine Sonnenblume (Helianthus annuus), könnte von ih-

rem Keimen an in vier Monaten 8 Pfund im grünen Zu
stande und 1 Pfund im trocknen schwer werden. Diese
hätte, wie durch mehrmahliges Wiegen zu verschiedenen
Epochen ihrer Vegetation gefunden wurde, nicht mehr als
200 Pfund Wasser oder Aufguß in vier Monaten einsau
gen und ausdünsten können, wenn man mit Hales an
nimt, daß die Menge der Einsaugung und Ausdünstung
in 24 Stunden dem halben Gewicht des frischen Helian
thus gleich komme. Die Menge des in jenen 200 Pfund
befindlichen Extracts beträgt 100 Grammen oder $\frac{1}{5}$ Pfund
und hiervon würde die Pflanze, dem obigen zu Folge,
nur den vierten Theil oder 25 Grammen aufgenommen
haben. Hierzu ist noch die Kohlensäure zu rechnen,
welche wir oben in dem Aufgusse befunden haben,
die auf 70 Grains (3,7 Grammen) zu schätzen ist, wovon
sich aber die Pflanze nur die Hälfte dieses Gewichts assi
milirt, indem sie einen Theil davon durch Zersetzung in
ihre Bestandtheile als Gas wieder ausgiebt. Der Helian
thus hat also aus dem Boden 25 + 1,85 von seiner
trocknen Substanz geschöpft, die nur ungefähr $\frac{1}{10}$ seines
ganzen Gewichts im trocknen Zustande ausmachen. Dieser
Ueberschlag ist ohne Zweifel weit von strenger Genauig
keit entfernt, aber laß die Menge der Nahrungsmittel,
welche die Pflanze aus dem Boden schöpft, in jener
Schätzung zwey oder drey Mahl zu groß oder zu klein
seyn, so bleiben die wesentlichen und allgemeinen Resultate,
auf die es hier angesehen ist, eben so wohl dieselben: daß
nähmlich die trockne Masse der Pflanze, abgesehen vom
Wasser, nur zum kleinern Theil von dem Extract des Erd
reichs, den Gasarten und allen im Wasser auflöslichen
Bestandtheilen, die aus dem Boden in die Wurzeln der
Pflanzen dringen, herrühren. Gleichwohl treten sie kaum
sehr merklich in die Pflanze ein, und haben als Nahrungs
mittel, ihrer kleinen Menge ungeachtet, auf das Wachs
thum derselben einen sehr mächtigen Einfluß. Es ergiebt
sich zuletzt, daß das Wasser, welches die Pflanze theils
aus dem Boden, theils aus der Atmosphäre schöpft und
verdichtet, den größten Theil des Gewichts der trocknen
Masse der Pflanze ausmache; daß der Kohlenstoff als im
gasförmigen Zustande aus der Atmosphäre in größerer
Menge als aus irgend einer andern Quelle, der Stickstoff
die Salze und Erden hingegen von den durch die Wurzeln

Aufschluß der Wurzel gesammelt und alle übrige [...]
keiten möglichst vermieden. Das Eingesammelte [...]
einem trocknen Orte aufbewahrt und nachdem e[...]
war, noch einige Wochen in einem bis 20° R. [...]
Zimmer gelassen, worauf dann die Ausgift an troc[...]
bestimmt wurde. Es zeigte sich dabei, daß auch [...]
Pflanzen, nach den verschiedenen Epochen ihrer Vegeta[...]
bei einerlei Hitze eine verschiedene Trockenheitsstufe [...]
ten: im Allgemeinen schienen jüngere Gewächse voll[...]
ner auszutrocknen als ältere derselben Art, welcher [...]
stand freilich eine geringe Unsicherheit in den Resulta[...]
bewirken muß. Das Einäschern geschah auf einer eisern[...]
Platte und vollends in einem neuen irdenen Tiegel. [...]
Producte der Einäscherungen wurden, so wie sie aus dem
Tiegel kamen, noch heiß gewogen und demnächst analysirt.

Saussure fand es bestättigt, daß holzige Gewächse
weniger Asche geben, als krautartige. Da nach den Versuchen im vorigen Kapitel die Gewächse Erden und Salze
nicht anders als im aufgelösten Zustande in ihr Inner[es]
dringen lassen, so müssen sie um so mehr Asche enthalten,
je stärker ihre Ausdünstung und Einsaugung (die sich einander untergeordnet sind) ist. Nun aber sind diese nach den
Beobachtungen des Hales und Bonnet bei den krautartigen Gewächsen größer, als den holzigen. Unter den
letztern dünsten die immergrünen nach Hales weniger aus,
als die, welche im Winter ihre Blätter verlieren und letztere geben auch mehr Asche. Zwar dünsten die Blätter
der immergrünen Bäume das ganze Jahr durch aus; aber
im Winter ist die Ausdünstung sehr klein oder fast für
gar nicht zu rechnen und wahrscheinlich verlieren sie in dieser Jahreszeit vom Auswaschen durch den Regen eben so
viel, als sie aufnehmen. Die Blätter sind der Hauptsitz der
Ausdünstung: sie geben auch mehr Asche als die Zweige;
auch viel mehr als die Früchte, die nach Hales weniger
ausdünsten, als die Blätter. Die Rinde, der Sitz der
Ausdünstung des Stammes, giebt viel mehr, als das darunter befindliche Holz. Die Menge der Asche, welche man
aus den Blättern erhält, wächst in dem Maße, als sie
älter werden. Dieß ist jedoch nicht mehr auf ganze jährige Gewächse anwendbar, die man mit allen abgestorbenen Theilen sammelt und verbrennt: diese geben zur [...]

Waſſer an einem bedeckten Orte, in Sand, welcher in
freiſtehenden Glasſchalen befand, und in offenem
im Garten gewachſen waren, gaben 3,9, 7,5 und xx
Aſche. Das Verhältniß der Beſtandtheile der Aſche
faſt immer in Beziehung mit dem der Beſtandtheile des
Bodens. Die Aſche von Pflanzen, die in einem Erd-
wachſen, welches von einem kieſeligen Boden kommt, iſt
unter übrigens gleichen Umſtänden, reicher an Kieſelerde
und ärmer an Kalk, als die, welche auf einem kalkigen
Boden wachſen. Dieſer Unterſchied iſt jedoch nur merklich
inſofern die extractiven Beſtandtheile dieſer Bodenarten abweichende Verhältniſſe jener Erdarten enthalten. Aus dem
Gegentheil erklärt ſich das ganz gleiche Reſultat, welches
Lampadius erhielt, als er in ganz verſchiedenen Erden
Roggen baute. Er vergaß den Kuhmiſt, womit er düng-
te, zu zerlegen, welcher allein dem Roggen Nahrung gab;
man kann aus jenem Verſuch nur ſchließen, daß die Erden
nicht in die Pflanzen übergehen, wofern ſie nicht in Auflöſung ſind.

In dem Folgenden ſoll unterſucht werden, warum die
auf einerlei Boden wachſenden Pflanzen die Beſtandtheile
ihrer Aſche in verſchiedenem Verhältniß enthalten, und
warum ſelbſt in einzelnen Theilen deſſelben Gewächſes dieſes Verhältniß abweicht. Die Erklärungen werden bisweilen nicht ganz genügen, indem ſie oft von der Kenntniß
der Pflanzenorganiſation abhängen: aber ſie ſind weniger
abſurd, wie die, welche den Pflanzen ein Schöpfungsver-
mögen aller Elemente zuſchreiben, und können, wenn auch
ſie irrig ſind, wenigſtens auf neue Beobachtungen die Aufmerkſamkeit richten. Wir wollen die vorzüglichſten Beſtandtheile der Aſchen einzeln durchgehen.

Die Salze mit alkaliſcher Baſis (Kali,
Natrum) bilden ohne Vergleich den größten Antheil der
Aſche einer grünen krautartigen Pflanze, bei welcher alle
Theile ſich noch im Wachsthum befinden; auch in der
Aſche der Baumblätter bilden ſie den größern Theil. Dies
iſt ſelbſt der Fall, wenn die Gewächſe auf einem ſchlechten
Boden ſtanden; es darf aber nicht Verwunderung erregen,
da die Aſche von dem Extract aus ganz unbebautem Erd-
reich wenigſtens die Hälfte ihres Gewichts davon gab.
Wenn dies aber auch nicht der Fall wäre: es iſt oben
gezeigt worden, daß die verſchiedenen in einer Auflöſung

befindlichen Substanzen in desto größerm Maße in die Pflanze eingehen, je weniger viscös sie sind, und jene Salze sind es unter allen übrigen Bestandtheilen des Extracts hier am wenigsten. Das Verhältniß dieser Salze in der Asche wird im Verlaufe der Vegetation nie vermehrt, meistentheils aber vermindert. Dies gilt nicht bloß für die jährigen Gewächse, sondern auch für die Blätter der ausdauernden.

Eine Pflanze, die aus der Erde hervorgekommen ist, Blätter, die eben aufgebrochen sind, enthalten in dieser Epoche so viel und gewöhnlich mehr, als zu irgend einer spätern Zeit; der Verlust daran ist in einer gleich langen spätern Periode größer, als in einer mittlern. Durch Waschen vor dem Trocknen und Einäschern verlieren die Blätter von allen Bestandtheilen der Asche am meisten von diesen Salzen. Die Asche der Rinde enthält weit weniger, als die des Holzes und Splints; die Rinde erneuert sich nur sehr langsam, sie ist das ganze Jahr durch dem Auswaschen durch den Regen und Thau ausgesetzt, sie ist mit einer abgestorbenen Substanz der Oberhaut oder dem Kork beladen, sie muß also mehr als irgend ein anderer Theil dieser am leichtestauflöslichen Salze beraubt werden. Es scheint indessen dieser Umstand den angezeigten Ursachen nicht allein zugeschrieben werden zu können. Die Asche des ganz ausgebildeten Holzes ist fast eben so mit jenen Salzen beladen, wie der Splint; was besonders ist, da doch die Menge der Asche überhaupt, wenn letzterer in ersteres übergeht, vermindert wird. Aber das gesunde Holz ist keine todte Substanz, es dient zu Canälen, in welchen der Saft aufsteigt; diese sind aber wahrscheinlich enger als im Splint, und lassen daher nur die flüssigsten Säfte durch; überdies ist das Holz gegen den Einfluß der Atmosphäre, Regen ꝛc. geschützt. Es scheint daher, daß die Hölzer ein so größeres Verhältniß von alkalischen Salzen in ihrer Asche enthalten müßten, je härter sie und je dichter demnach ihre Kanäle sind, und je weniger daher das Regenwasser in ihre Substanz eindringen kann. Die Asche von den Samen der Gewächse enthält mehr von diesen Salzen, als die der Pflanzen, von welchen sie kamen, nahe so viel, wie die Asche der Pflanzen in der ersten Periode ihres Wachsthums, in welcher sie das meiste geben. Die meisten Samen, ..., wodurch sie gegen

die atmosphärischen Einflüsse geschützt sind, ... sie [...]
nig aus, und müssen also ihre Salze behalten; [...]
auch mit der Pflanze nur durch sehr feine Canäle [...]
men, die nur die flüssigsten Säfte eindringen lassen [...]
Häute und Schlauben der Samen enthalten [...]
ger als das Mehl.

Die phosphorsauren Erden, nähmlich die phos[...]
phorsaure Kalk = und Talkerde bilden in dem Extract der
Dammerde eine im Wasser auflösliche Verbindung, welche
nur die Natur hervorzubringen weiß. Es ist unbekannt,
ob diese erdigen Salze dem Extract wesentlich sind; wie dem
auch sey, wenn wir von ihrer Auflöslichkeit im Wasser sprei
chen, so verstehen wir nur die in Verbindung mit den ex
tractiven Theilen. Eben so in Hinsicht der Kieselerde, der
Kalkerde, und der Metalloxyde. Nach den Salzen mit
alkalischer Basis machen diese mit erdiger immer den größ
ten Theil der Asche aus; sie befolgen in Hinsicht ihrer rela
tiven Menge fast immer denselben Gang; Blätter, die man
vor dem Trocknen und Einäschern wäscht, verlieren nach
den alkalischen das meiste an diesen erdigen Salzen. Man
muß voraussetzen, daß die letztern nach den erstern die ver
dünntesten und am wenigsten schleimigen unter den freien
Bestandtheilen des Extracts sind. In Hinsicht der Menge
in verschiedenen Epochen der Vegetation gilt von ihnen
dasselbe, was von den vorigen Verbindungen gesagt wor
den: sie ist am größten, wenn sie sich eben entwickelt ha
ben. Daß die Menge der phosphorsauren Erden zur Zeit
der Reifung der Samen, wenn diese zahlreich sind, zu
nehmen scheint, ist eine Täuschung. Die Asche der Samen
ist reichlich mit phosphorsaurem Kali versehen, und dage
gen von kohlensaurem Kalk entblößt; die Asche der Blätter
und Stengel dagegen enthalten zur Zeit der Reife des
Samens nur wenig oder gar kein phosphorsaures Kali
und dagegen kohlensauren Kalk. Wird die ganze Pflanze
eingeäschert, so wird das phosphorsaure Kali in dem einen
Theile durch den kohlensauren Kalk des andern zersetzt, und
der phosphorsaure Kalk erscheint in der Asche in größerer
Menge, als er wirklich in der Pflanze ist. Die Samen
enthalten die phosphorsauren Erden zwar in größerer Men
ge, als die Stengel, allein die Summe der in beiden ent
haltenen giebt noch nicht die Gewichtsvermehrung derselben

in

bei der Ache der ganzen Pflanze. Die Rinde der Bäume
enthält in ihrer Asche weniger phosphorsaure Erden als der
Splint; die Ursache ist dieselbe, die bei den alkalischen
Salzen angegeben worden. Die Asche des Splints enthält mehr, als die des Holzes, was der oben angeführten
Verminderung der Asche im letztern überhaupt entspricht,
aber mit der bemerkten Vermehrung der Salze mit alkalischer Basis im Widerspruch steht, der oben, vielleicht nicht
ganz genügend, zu heben versucht worden; es ist möglich,
daß die Theile, welche zu wachsen aufhören, ihre Phosphorsäure verlieren oder zersetzen lassen, und bloß die erdige
Basis zurückbehalten. Das größere Verhältniß der phosphorsauren Erden in den Körnern des Weizens und Hafers,
als in den Halmen, so Vauquelin bemerkte, hat sich auch
in mehreren andern sehr verschiedenen Pflanzen gefunden.
Durch die Einwirkung des Kali auf die phosphorsaure
Ammoniumtalkerde, die er mit Fourcroy vor der Verbrennung in einigen Samen fand, wird wahrscheinlich die
große Menge phosphorsaures Kali erzeugt, welches mehrere
Aschen enthalten; jedoch gewiß auch durch Zersetzung der
bloßen phosphorsauren Kalk- und Talkerde.

Ein anderer Bestandtheil der Asche, die Kalkerde,
oder der kohlensaure Kalk nimmt mit dem Alter der Pflanzen
in derselben an Menge zu, indem das Verhältniß der vorhin durchgegangenen Bestandtheile vermindert wird: vor
dem Trocknen und Einäschern mit Wasser gewaschene Blätter gaben mehr Kalk. In Pflanzen daher, in welchen, wie
in den Bohnen, durch eine besondere Anlage das Verhältniß der Salze während ihrer Vegetation nur wenig verändert wird, nimmt die Menge des kohlensauren Kalks in der
Asche nicht merklich zu. Aus grünen krautartigen Pflanzen,
deren Theile sämtlich in vollem Wachsthum sind, beträgt
der kohlensaure Kalk in der Asche nur sehr wenig, welches
aber daher rührt, daß er das phosphorsaure Kali, aus welchem dann die salzigen Theile der Pflanze großen Theils
bestehen, zersetzt und zu phosphorsaurem Kalk wird. Daher kann man aus manchen Pflanzen, z. B. den grasar-
tigen, vor ihrer gänzlichen Entwickelung, gar keinen erhalten, woraus man aber nicht auf seine gänzliche Abwesenheit schließen darf. Aus dem Vorigen ergiebt sich schon,
daß die Asche der Rinde der Bäume sehr viel und weit
mehr als der Splint an kohlensaurem Kalk enthalten müsse,

und die des Holzes mehr als die von Splint; so wie daß
die Asche der meisten Samen keinen enthalt, weil in ihm
sehr viel phosphorsaures Kali befindlich ist. Die Samen
einiger Arten von Lithospermum erregen mit Säuren ein
schwaches Aufbrausen: sie enthalten vor dem Verbrennen
kohlensaure Kalkerde oder Talkerde, die sich aber nach der
Einäscherung doch vielleicht nicht in kohlensaurem Zustande
finden mögten.

Die Kieselerde ist in den Pflanzen, wenn diese noch jung
und in vollem Wachsthum sind, in den eben aufgebroch-
nen Blättern, immer nur in sehr kleiner Menge vorhanden;
ihr Verhältniß in der Asche vermehrt sich in dem Maß,
wie die Gewächse bei dem Fortgange der Vegetation an
den Salzen verlieren, daher nimt es auch nicht merklich zu,
wo diese letztern in allen Wachsthumsperioden fast in gleicher Menge vorhanden sind. Es wurden Körner von Mais
und Weitzen zu gleicher Zeit auf demselben Boden gesät.
Einen Monat nach dem Aufgehen waren alle Theile des
erstern in vollem Wachsthum; die untern Blätter des Wei-
tzens waren, obgleich er gut stand, schon trocken oder gelb;
die Asche des erstern gab jetzt 0,08, die des letztern 0,11
Kieselerde. Einen Monat nachher, zur Blütezeit, vegetirte
der Mais noch wie vorher, und gab auch jetzt 0,08 Kieselerde; der Weitzen hatte nun noch mehr gelbe Blätter,
und gab 0,32. Diese Beobachtungen zeigen, wie durch sehr
einfache Ursachen in Pflanzen, die auf einerlei Boden wachsen, eine verschiedene Beschaffenheit der Asche nach Verschiedenheit ihrer Vegetation hervorgebracht werden könne,
angenommen auch, daß sie aus diesem Boden einerlei Nahrung ziehen, welche sie aber wahrscheinlich bei Eintritt derselben nach der mehr oder weniger weiten Oeffnung ihrer
Poren modificiren. Die meisten Gräser haben mehr Kieselerde als andere Gewächse: man kann daraus schließen, daß
sie weit mehr aufnehmen und verlieren, als andere; nicht
zu sagen, daß die Poren ihrer Wurzeln weiter sind, als die
anderer Pflanzen, denn sie könnten vielmehr enger seyn, da
die Gräser in ihrer Jugend weniger kohlensauren Kalk enthalten. Man darf nur zugeben, daß sie weit stärker ein-
saugen und aussondern, und wirklich findet man bei mehreren eine besonders merkliche Ausdünstung (Senebier,
Physiologie végétale T. 4. P. 87.) Die von den Hül-
sen befreiten Samen enthalten weniger Kieselerde, als der

Stengel. Bei den Bäumen finden in Hinsicht der Kieselerde Verhältnisse statt, deren Grund nicht aufzufinden ist:
der Stamm derselben enthält in seinen verschiedenen Theilen nur wenig und oft fast gar keine Kieselerde, während
seine Blätter, besonders im Herbst, damit beladen sind.

Bei den Metalloxyden findet in Hinsicht ihres Verhältnisses in der Asche dieselbe Progression Statt, wie bei
der Kalk- und Kieselerde: die Blätter der Bäume und die
krautartigen Pflanzen enthalten später mehr davon; gewaschene Blätter enthalten mehr. Die Asche der Samen enthält
ein geringeres Verhältniß, als die von dem Stengel. Auch
die reinste Dammerde enthält sie immer sehr reichlich und
stets in größerer Menge als die Pflanzen, welche in ihr
wachsen.

Ob die Atmosphäre Einfluß auf die Asche
der Gewächse habe und diese Erden und Salze aus derselben ziehen, kann man finden, wenn man Gewächse in
bloßem destillirten Wasser wachsen läßt und die Asche der
entwickelten Pflanzen mit der einer gleichen Menge Samen vergleicht. 41 Samen von Bohnen (Vicia faba)
wurden in die erweiterten Hälse von eben so viel Gläsern
gelegt, deren jedes 30 Cub. Zoll Wasser enthielt. Sie
wuchsen vor einem Fenster an freier Luft und Sonne, vor
Regen geschützt, wurden einen Fuß und mehr hoch und blü-
heten auch; aber ihre Stengel waren sehr schwach und die
Blumen fast unkenntlich. Nach 2½ Monaten, gleich nach
und während der Blüte, wie sie schon anfingen abzuneh-
men, wurde dem Versuch ein Ende gemacht. Sie hatten
900 C3. Wasser absorbirt; die Gläser enthielten noch 200
C3. Wasser, welches nach dem Verdunsten 5,8 Decigrm.
(11 Grains) Rückstand ließ, der durch Verbrennen 1¼ Gr.
Asche gab, die aus drey Theilen Kalk, einem Theil Kieselerde und einer Spur alkalischer Salze bestand. Folgendes ist eine Uebersicht der Resultate dieses Versuchs.

Die Bohnen wogen vor
  dem Versuch — 79,135 Grmm. (2½ Unze 51 Grains)
Die Pflanzen getrocknet 85,337 — (2¼ — 5 —)
Das obige Gewicht Boh-
  nen gab vor dem Ver-
  such Asche — 2,601 (49 Gr.)
Die Pflanzen gaben 3,024 (58 —)

Die Asche enthielt von den unvegetirt. Bohnen	von den vegetirt.	58 Gr. Asche von dem freien Lande gewachsen
Kali — 10,9	13.	33,2
Phosphorſ. Kali 2,15	19,25	0,
Salzſ und ſchwefel-ſaures Kali 1,4	2,5	7,
Phosphorſ. Erden 13,68	17,5	8,7
Kohlenſ. Erden 0,	0,	3,
Kieſelerde 0,	eine Spur	1,2
Metalloxyde 0,25	0,25	0,25

Die Pflanzen gaben alſo 9 Gr. mehr Aſche als die Bohnen. Man kann, glaubt Sauiſure, aus dieſer geringen Gewichtsvermehrung wohl nicht ſchließen, daß die Pflanzen ſie ſich ſelbſt aus dem Waſſer und den Gadaten gebildet haben, ſondern ſie rührte aus der Atmoſphäre her. Man wüßte, wie ſchnell ſich ein Körper an der Luft mit Staub bedecke (und die 41 Pflanzen boten ihr faſt zwei Monate durch eine Fläche von mehr als einem Quadratfuß dar), und man müßte weniger darüber ſich wundern, daß dieſe Zunahme Statt fände, als wenn ſie nicht erfolgte; die Größe derſelben wäre gar nicht übernatürlich; überdieſe wäre das deſtillirte Waſſer nie rein, ſondern enthalte, wie ſeine Verderbniß zeige, fremdartige Beſtandtheile, die man nicht ſchätzen könne, da ſie mit verdunſteten. Die Atmoſphäre ſetzte hier alle gewöhnliche Beſtandtheile der Aſche an die Pflanze ab, vorzüglich aber Kalk; dieſer zerſetzte einen Theil phosphorſaures Kali und bildete phosphorſauren Kalk; ein kleiner Theil Kali verdunſtete während der Vegetation.

Dies ſind, größten Theils nur in ihren Reſultaten, die Verſuche, die der Verfaſſer über ſeinen Gegenſtand anſtellte. Ob ſeine Anſicht die richtige ſey, ob ſie uns nicht vielmehr ganz vom rechtem Wege abführe, ob die Natur, in ihrem regeſten Leben, wirklich ſo total todt iſt, wie ſie ſeine Anſicht uns darſtellt, das mag eine künftige Kritik unterſuchen.

Nominalregister

über den vierten Band.